DICIONÁRIO HISTÓRICO-BIOGRÁFICO DOS MORADORES DA HEROICA CACHOEIRA - SÉCULO XIX

Editora Appris Ltda.
1.ª Edição - Copyright© 2025 do autor
Direitos de Edição Reservados à Editora Appris Ltda.

Nenhuma parte desta obra poderá ser utilizada indevidamente, sem estar de acordo com a Lei nº 9.610/98. Se incorreções forem encontradas, serão de exclusiva responsabilidade de seus organizadores. Foi realizado o Depósito Legal na Fundação Biblioteca Nacional, de acordo com as Leis n°s 10.994, de 14/12/2004, e 12.192, de 14/01/2010.

Catalogação na Fonte
Elaborado por: Dayanne Leal Souza
Bibliotecária CRB 9/2162

M838d 2025	Moreira, Igor Roberto de Almeida Dicionário histórico-biográfico dos moradores da Heroica Cachoeira – século XIX / Igor Roberto de Almeida Moreira. – 1. ed. – Curitiba: Appris, 2025. 648 p. : il. ; 27 cm. – (Geral). Inclui referências. ISBN 978-65-250-7328-6 1. Moradores de Cachoeira. 2. Trajetórias. 3. Século XIX. I. Moreira, Igor Roberto de Almeida II. Título. III. Série. CDD – 920.03

Livro de acordo com a normalização técnica da ABNT

Editora e Livraria Appris Ltda.
Av. Manoel Ribas, 2265 – Mercês
Curitiba/PR – CEP: 80810-002
Tel. (41) 3156 - 4731
www.editoraappris.com.br

Printed in Brazil
Impresso no Brasil

Igor Roberto de Almeida Moreira

DICIONÁRIO HISTÓRICO-BIOGRÁFICO DOS MORADORES DA HEROICA CACHOEIRA - SÉCULO XIX

Appris editora

Curitiba, PR
2025

FICHA TÉCNICA

EDITORIAL	Augusto Coelho
	Sara C. de Andrade Coelho
COMITÊ EDITORIAL	Ana El Achkar (Universo/RJ)
	Andréa Barbosa Gouveia (UFPR)
	Antonio Evangelista de Souza Netto (PUC-SP)
	Belinda Cunha (UFPB)
	Délton Winter de Carvalho (FMP)
	Edson da Silva (UFVJM)
	Eliete Correia dos Santos (UEPB)
	Erineu Foerste (Ufes)
	Fabiano Santos (UERJ-IESP)
	Francinete Fernandes de Sousa (UEPB)
	Francisco Carlos Duarte (PUCPR)
	Francisco de Assis (Fiam-Faam-SP-Brasil)
	Gláucia Figueiredo (UNIPAMPA/ UDELAR)
	Jacques de Lima Ferreira (UNOESC)
	Jean Carlos Gonçalves (UFPR)
	José Wálter Nunes (UnB)
	Junia de Vilhena (PUC-RIO)
	Lucas Mesquita (UNILA)
	Márcia Gonçalves (Unitau)
	Maria Aparecida Barbosa (USP)
	Maria Margarida de Andrade (Umack)
	Marilda A. Behrens (PUCPR)
	Marília Andrade Torales Campos (UFPR)
	Marli Caetano
	Patrícia L. Torres (PUCPR)
	Paula Costa Mosca Macedo (UNIFESP)
	Ramon Blanco (UNILA)
	Roberta Ecleide Kelly (NEPE)
	Roque Ismael da Costa Güllich (UFFS)
	Sergio Gomes (UFRJ)
	Tiago Gagliano Pinto Alberto (PUCPR)
	Toni Reis (UP)
	Valdomiro de Oliveira (UFPR)
SUPERVISORA EDITORIAL	Renata C. Lopes
PRODUÇÃO EDITORIAL	Sabrina Costa
REVISÃO	Camila Dias Manoel
DIAGRAMAÇÃO	Andrezza Libel
CAPA	Eneo Lage
REVISÃO DE PROVA	Lavínia Albuquerque

Este trabalho é dedicado

*À minha amada avó paterna, **Maria da Conceição** (in memoriam), que foi, em minha vida, como uma segunda mãe. Foi ela quem acendeu em meu peito a chama da história, essa paixão que hoje me guia. Dona "Meire", guardiã das memórias e do legado da família Carvalho Moreira, era o elo vivo que nos unia às raízes e ao tempo ancestral da nossa amada Cachoeira. Este trabalho nasceu de nossas longas conversas, de seu saber transmitido com ternura e cuidado. Sem ela, nada disso teria sido possível. A ela, meu amor e minha eterna gratidão.*

APRESENTAÇÃO DO DICIONÁRIO HISTÓRICO-BIOGRÁFICO DOS MORADORES DA HEROICA CACHOEIRA (SÉCULO XIX)

Conhecer as nossas origens, tradições e história é fundamental não só para lermos, com o máximo de precisão possível, o presente como também para projetarmos um futuro mais justo e livre de mazelas que afligem o conjunto da sociedade. Por isso é tão importante o apoio a produções que objetivam a preservação de nossa história e memória, como é o caso deste *Dicionário histórico-biográfico dos moradores da Heroica Cachoeira – século XIX*, escrito pelo professor Igor Roberto de Almeida Moreira. O Dicionário abre verdadeiras portas para o conhecimento de personalidades importantes para a nossa história. Uma história, diga-se de passagem, construída a base de muita luta e regada pela resiliência de homens e mulheres que resistiram bravamente em defesa dos seus ideais de justiça e liberdade.

A Secretaria de Cultura da Bahia orgulha-se profundamente em apoiar um trabalho tão rico, fundamentado em uma ampla diversidade de fontes, como documentos judiciais, registros paroquiais, jornais, documentos privados e depoimentos orais. Grande parte desse acervo está preservada em nossos arquivos municipais e bibliotecas, evidenciando a inestimável importância dessas instituições baianas para a memória e a pesquisa histórica. Através da sua publicação, nós reafirmamos o nosso compromisso com a valorização da nossa história bem como o entendimento que é o conhecimento do nosso passado e das nossas tradições o caminho possível para fincarmos raízes e florescer em nossos objetivos coletivos e individuais. Só assim nos tornaremos protagonistas de nossas trajetórias, alheios às narrativas (pre)dominantes que muitas vezes se ocuparam de apagar e silenciar vozes que, com muita resistência, insistem em ecoar e se fazerem ouvidas através de registros como este que o leitor tem em mãos. Não nos resta dúvidas de que só a partir do conhecimento e do reconhecimento dos que nos antecederam nós poderemos avançar nessa complexa e fascinante empreitada que é a vida em sociedade.

Bruno Monteiro
Secretário de Cultura do Estado da Bahia.

APRESENTAÇÃO

A Fundação Pedro Calmon, unidade vinculada à Secretaria de Cultura do Estado da Bahia, tem entre suas atribuições a responsabilidade de promover a preservação e difusão de nossa história e memória, legado do nosso povo, da nossa gente múltipla e diversa, fundamentais para a construção e ainda para a continuidade de nossa sociedade. Promover a publicação do *Dicionário histórico-biográfico dos moradores da Heroica Cachoeira – século XIX* importante obra que reúne biografias e minibiografias dos habitantes da cidade de Cachoeira, na Bahia, viventes ao longo do século XIX, e fazer com que possamos nos conhecer enquanto sociedade.

Habilmente elaborado pelo pesquisador e professor Igor Roberto de Almeida Moreira, esta obra traz a lume trajetórias de vida de personagens que moldaram a história local, de figuras da elite a indivíduos das classes populares, incluindo escravizados e libertos. De abordagem histórico-social, situa a Heroica Cachoeira como um importante centro comercial da Bahia oitocentista, destacando sua relevância econômica e política, especialmente no contexto das lutas pela Independência do Brasil. O dicionário busca preencher lacunas na memória coletiva ao resgatar histórias pouco conhecidas, como a de Manuel Esmeraldino do Patrocínio, um homem liberto que ocupou papel de destaque na administração local, ou Joana Xixi da Costa, uma sobrevivente do tráfico de escravizados.

Sua pesquisa embasada em rica diversidade de fontes, incluindo arquivos municipais, bibliotecas, registros paroquiais, documentos privados e depoimentos orais, que se utiliza de uma abordagem inspirada em metodologias clássicas que valoriza o cotejamento de fontes para revelar detalhes significativos da vida cotidiana resulta em um texto sólido acerca de suas conclusões, mas que promove uma leitura fluida e fascinante.

Temos a certeza de que esta publicação promoverá o fomento a novas pesquisas históricas, e muito contribuirá na consolidação da identidade cultural da população de Cachoeira e do Brasil, ao dar visibilidade a contribuições de todos os grupos sociais na formação do país, destacando o protagonismo de personagens esquecidos na história oficial, que contam uma narrativa historicamente preterida pelas elites.

Vladimir Costa Pinheiro
Diretor Geral da Fundação Pedro Calmon

PREFÁCIO

O *Dicionário histórico-biográfico dos moradores da Heroica Cachoeira – século XIX* organiza-se em verbetes que retratam, individualmente, a trajetória de alguém que residiu, ao menos parte de sua vida, em Cachoeira no século XIX. Alguns dos personagens abordados são naturais de Cachoeira, outros não. Alguns chegam ao século XIX já com parcela significativa de suas vidas transcorridas na centúria anterior, outros, por sua vez, nasceram e morreram nos oitocentos. Há também aqueles que, oitocentistas de nascença, adentraram o século XX. Cada verbete tem o nome de solteiro daquele a quem se dedica, e se encaixa na ordenação do livro em sequência alfabética.

O livro é um receptáculo de memórias de famílias, algumas das quais ainda habitantes na cidade, e celebra suas raízes ao recontar as vidas de seus avós, bisavós e tataravós. É, portanto, um veículo de reconexão de muitos de nossos contemporâneos com suas tradições, histórias e ancestralidade. Cada verbete narra a trajetória de um morador, desde seu nascimento, passando por vários aspectos relativos a sua vida adulta, tais como suas ocupações econômicas, seus círculos sociais de atuação, suas teias familiares e eventos relevantes nos quais se envolveu, até sua morte. Esquivando-se de recortes sociais reducionistas, o *Dicionário* contempla indivíduos das mais diversas condições sociais, étnicas, jurídicas ou culturais, tais como grandes proprietários de terras e imóveis urbanos, comerciantes de grande monta, literatos, políticos, negros escravizados, negras ganhadeiras, indígenas, mulheres, oficiais mecânicos, músicos, alforriados e tantos outros que compuseram a dinâmica e complexa sociedade cachoeirana no século XIX.

Se o *Dicionário* se restringisse a essa dimensão memorialista, já seria uma grande contribuição. Entretanto, muito mais do que apenas contar as vicissitudes de uma vida pregressa, o autor exerce com acuidade, em cada verbete, seu ofício de historiador, tecendo, sempre amparado em rigoroso tratamento metodológicos de fontes e bibliografia referencial, narrativas historiográficas sobre as circunstâncias sociais, econômicas, culturais e os eventos que cercaram e interferiram nas vidas de cada um dos biografados. Entre as fontes usadas, vale a pena ressaltar, encontram-se jornais, testamentos, inventários, fotografias, relatos orais, registros de batismo, casamento, óbito, diários de famílias, desenhos, notas fiscais, anúncios e tantas outras; cada uma dessas tipologias é analisada de maneira crítica e meticulosa. Não se trata, portanto, de uma coletânea de pequenas biografias, mas de uma coletânea de pequenas biografias históricas.

A biografia foi defenestrada do debate historiográfico na primeira metade do século XX, a partir dos desdobramentos das reflexões e da produção dos historiadores vinculados àquela que ficou conhecida como a "Escola dos Annales".[1] Acreditava-se ser ela um tipo de narrativa que se apegava aos eventos particulares da vida de indivíduos, sem ter, portanto, abrangência explicativa conivente com as aspirações da época por uma História que privilegiasse análises estruturais, de coletividades sociológicas, atenta às permanências e em diálogo estreito com as ciências sociais.

---

[1] A Escola dos Annales foi um movimento de renovação historiográfica articulado em torno do periódico francês *Annales d'histoire économique et sociale*. A partir de um maior diálogo epistemológico com as ciências sociais, buscava romper com a história narrativa, focada em eventos e indivíduos, e investir em explicações globalizantes e centradas em coletividades. É importante notar, entretanto, que na sua primeira fase houve, por parte de Lucien Febvre, importantes iniciativas no sentido de renovar a biografia histórica. Referimo-nos às obras *Martinho Lutero, um destino* (1928) e *O problema da incredulidade no século XVI. A religião de Rabelais* (1942).

A partir da década de 1980, com mais ênfase, os historiadores passaram a reconsiderar a biografia como um gênero historiográfico de respeito. Buscava-se, assim, realocar a dimensão individual, particular, única e contingente no seio da História. Longe estava, entretanto, essa biografia reabilitada da tradicional biografia oitocentista. Não se intencionava, como outrora, vangloriar os feitos de personalidades heroicas do ideário nacional, sempre em construção, diga-se de passagem. Tratava-se de adotar o percurso de um sujeito, que poderia ser alguém comum em seu cotidiano, como uma linha condutora capaz de aclarar a complexidade do tempo em que ele viveu. Tensionava-se, com esse tipo de abordagem, o indivíduo único, irrepetível e impulsionado pelo livre-arbítrio, com condicionantes sociais, econômicos e culturais, na busca por explicações historiográficas. Seja submetendo-se aos constrangimentos de sua época, seja subvertendo-os, a vida de alguém seria capaz de iluminá-los e, assim, voltou a biografia a ser considerada História.

No âmbito da Escola dos Annales, destacamos as biografias de São Luís (1996) e de São Francisco (2001), escritas por Jacques Le Goff, e a de Guilherme, o Marechal, por George Duby (1984). Outra frente importante nesse sentido articulou-se em torno da editora Einaudi, com uma coleção dirigida por Carlo Ginzburg e Giovanni Levi, intitulada Micro-História. Fruto dessa iniciativa é o clássico e incontornável *O queijo e os vermes* (1976), de Carlo Ginzburg, que enfoca o ambiente cultural na península itálica no século XVI a partir da trajetória do moleiro Menocchio, apreendida por meio de fontes inquisitoriais. Sobre a articulação entre um indivíduo e seu horizonte cultural, Ginzburg esclarece seu posicionamento:

> [...] da cultura do próprio tempo e da própria classe não se sai a não ser para entrar no delírio e na ausência de comunicação. Assim como a língua, a cultura oferece ao indivíduo um horizonte de possibilidades latentes – uma jaula flexível e invisível dentro da qual se exercita a liberdade condicionada de cada um.[2]

O verbete dedicado a José Egídio Duarte Portela demonstra com clareza como a narração de uma vida pode mobilizar considerações históricas mais abrangentes.[3] José Egídio foi um abastado negociante branco, radicado em Cachoeira por volta de 1827, que morreu vítima da epidemia de *colera morbus* de 1855. Sua morte é a porta de entrada para análises sobre essa calamitosa situação que assolou Cachoeira. Foram, com essa meta, compulsados 830 registros de óbitos relacionados ao cólera, datados de agosto a dezembro de 1855. O autor contabiliza as mortes por grupo étnico, revelando que as seguintes percentagens sucumbiram com a doença: 9,1% de brancos; 0,1% de indígenas; 43,2% de negros; 21,9% de pardos. Em 24,7% dos registros, não foi possível definir a etnia do defunto.[4] Diante dos dados, Igor Roberto Moreira reitera a vulnerabilidade da população negra em contextos epidemiológicos. A morte de um indivíduo, evento a princípio isolado e sem grande impacto social, mobiliza o tratamento quantitativo de registros de óbitos, o que possibilita uma aproximação crítica da crise sanitária de meados do século XIX.

Outro verbete notável por sua densidade historiográfica é o referente a Rodrigo José Ramos,[5] eleitor com a maior renda presumível da cidade em 1878, conforme levantamento realizado no Livro de Qualificação de Votantes da Paróquia da Cachoeira. Em relação a sua vida,

---

[2] GINZBURG, Carlo. Prefácio à edição italiana. *In*: GINZBURG, Carlo. *O queijo e os vermes*. O cotidiano e as idéias de um moleiro perseguido pela Inquisição. São Paulo, Companhia das Letras, 1987. p. 25.
[3] Página 358.
[4] Conferir tabela na página 359.
[5] Página 599.

Igor Roberto Moreira detém-se sobre o fato de ter sido ele um dos membros do corpo diretivo da Caixa Comercial de Cachoeira, estabelecimento que pode ser considerado a primeira casa bancária do município. Neste ponto, o escopo do verbete amplia-se, e as transformações no mundo do crédito, percebidas ao longo do século XIX, são problematizadas. Segundo o autor, até o momento em análise, o crédito em Cachoeira ficava a cargo de instituições religiosas, sobretudo da rica Ordem Terceira do Carmo de Cachoeira. Ao longo do século XIX, as associações religiosas foram declinando tanto socialmente quanto economicamente, o que inviabilizava sua manutenção neste ramo.

José Egídio Duarte Portela e Rodrigo José Ramos foram membros de uma elite social, cultural e econômica de Cachoeira, representada por vários outros nomes ao longo do *Dicionário*, inseridos em diversificadas atividades. Assim, a lavoura e o beneficiamento do tabaco, bem como a produção fabril de charutos, podem ser conhecidos através de trajetórias como as de Albino José Milhazes e João da Nova Milhazes; o ambiente literário, pelas vidas, por exemplo, de Antônio Lopes de Carvalho Sobrinho e Manuel Lopes de Carvalho Ramos; e a música, por José de Souza Aragão, o Cazuzinha, "o mais popular compositor de modinhas brasileiras", nas palavras do estudioso do tema, professor Guilherme de Melo.

Muitos desses homens e mulheres teciam suas redes sociais e representavam-se publicamente conforme mecanismos tradicionais. Assim, José Antônio Fiúza da Silveira,[6] que vivia de rendas de propriedades e foros urbanos, reconheceu seus filhos naturais, mas não se casou com sua companheira, pois ela lhe era socialmente inferior; e Christóvão Pereira Mascarenhas projetou-se socialmente ao promover festividades, tendo atuado como Imperador da Festa do Divino.[7]

Outra dimensão reconstituída pela trajetória de homens proeminentes refere-se à configuração urbana de Cachoeira. No verbete sobre Francisco Gomes Moncorvo,[8] por exemplo, o autor oferece um histórico completo e robustamente documentado da construção, mudanças de proprietários e reformas do imponente edifício que hoje serve como sede da Fundação Hansen Bahia. No referente a Cândido Cunegundes Barreto,[9] integrante do que Igor Roberto Moreira chama de "elites locais não brancas", é possível conhecer sua atuação enquanto Intendente, responsável pela construção do parque infantil Goés Calmon (conhecido atualmente como Jardim do Faquir) e pela contratação e inauguração da luz elétrica. A construção da ponte D. Pedro II, que liga Cachoeira a São Félix, pode ser acompanhada através do verbete dedicado a Hugh Wilson,[10] responsável pela empresa *Imperial Central Bahia Railway Company Limited*, também catalizadora da modernização dos sistemas de transportes da região, através da expansão da malha ferroviária.

É possível afirmar que todos os verbetes contribuem para melhor conhecermos o cenário urbano de Cachoeira. Isso porque eles apontam o local de moradia dos biografados e, tomados em conjunto, portanto, desenham um panorama social da ocupação do espaço da urbe; panorama que se enriquece pela profusa documentação visual apresentada.

---

[6] Página 346.
[7] Página 174.
[8] Página 232.
[9] Página 160.
[10] Página 274.

Cachoeira no século XIX destacava-se pela efervescência comercial e de serviços. Ao passarem pela localidade, em 1817, Carl Friedrich Philipp von Martius e Johann Baptist von Spix encantaram-se com esse aspecto:

> A vista deste lugar, belamente edificado e animado de atividade europeia, foi um verdadeiro prazer para nós, que passamos tão grande temporada no sertão...
> É, sem dúvida, a mais rica, populosa e uma das mais agradáveis vilas de todo o Brasil. Numerosas vendas e armazéns, cheios de vários artigos europeus, revelam o alto grau de movimentação do seu comércio.[11]

Contribuía para esse cenário não apenas os comerciantes, mas também os oficiais mecânicos – relojoeiros, alfaiates, costureiras, marceneiros e tantos outros – presenças bem demarcadas no *Dicionário*. A trajetória da parteira Ana Maria da Conceição é singular, ao mobilizar fontes históricas e referências historiográficas para traçar uma reflexão sobre esse ofício.[12] Em 1828, ela solicitou que sua Carta de Parteira fosse registrada no livro competente, o que confirma ter sido ela uma das poucas parteiras de Cachoeira habilitada pela fisicatura-mor, órgão responsável pela regulamentação e fiscalização das práticas de curar. Segundo Igor Moreira, com base em bibliografia especializada, a arte de partejar só foi formalizada em 1813. Antes disso, e mesmo depois, o comum era que o ofício fosse aprendido na observação e na prática, e não dependesse da chancela da fisicatura-mor.

Alguns desses oficiais eram estrangeiros, como o chapeleiro Simão Pizzono, italiano residente em Cachoeira que convivia com um núcleo de patrícios, situação que evidencia a inserção e aclimatação de imigrantes na localidade.

Desde o período colonial, ofícios e atividades comerciais foram executados por africanos e seus descendentes, servindo-lhes como dispositivos de inserção e mobilidade social. Essa temática é muito bem representada no *Dicionário* por diversos biografados. As ganhadeiras eram comerciantes ambulantes, geralmente africanas ou afrodescendentes, cuja presença marcava o cenário urbano das vilas e cidades setecentistas e oitocentistas. Fabiana de Souza Almeida Saldanha foi uma delas. Africana de nação jeje, ex-escravizada, vendia seus produtos no local chamado "Debaixo dos Arcos".[13] O processo de seu inventário *post mortem* demonstra que ela acumulou bens e muitas joias. Segundo uma testemunha "o ouro dela era tanto que, quando se enfeitava com ele parecia uma rica e bem sortida tabuleta de joias". Os dados desta trajetória são problematizados à luz de referencial historiografia, que trabalha com as circunstâncias e o significado desse acúmulo de joias, considerando sua origem africana.

Gervásio José de Almeida e Caetano da Silva Soledade também foram negros que construíram seu lugar social em Cachoeira a partir do desempenho de ofícios.[14] O primeiro foi barbeiro e proprietário de uma banda musical. O segundo, pedreiro bem reputado, chegou a ser avaliador perito da Câmara de Cachoeira. Além disso, foi um homem letrado, integrante da milícia do terço dos homens pretos e distinto irmão da Irmandade de Nossa Senhora do Rosário dos Pretos, associação de leigos fundada na Igreja Matriz de Nossa Senhora do Rosário em 1727.

---

[11] VON SPIX e VON MARTIUS. *Através da Bahia:* excertos da obra *Reise in Brasilien*. Trasladados a português pelos Drs. Pirajá da Silva e Paulo Wolf. 3.ed. São Paulo, Rio de Janeiro, Recife, Porto Alegre: Companhia Editora Nacional, 1938. p. 76.
[12] Página 66.
[13] Página 212.
[14] Páginas 250 e 156.

Seu percurso, e de outros negros tratados no *Dicionário*, traz à tona o importante debate sobre as irmandades de negros no Brasil nos períodos colonial e imperial.

Caetano da Silva Soledade, Antônio Machado da Trindade e Luís Gonzaga dos Santos, pai do célebre Tambor Soledade, personagem imortalizado nos quadros de Antônio Parreiras sobre a aclamação de D. Pedro em 25 de junho de 1822, pela Câmara de Cachoeira, eram negros letrados com papéis administrativos importantes no interior da Irmandade de Nossa Senhora do Rosário dos Pretos.[15] Outras associações de mesmo cariz são contempladas na esteira das biografias como, por exemplo, a de José Luiz Teixeira da Costa, africano e um dos instituidores da Irmandade de São Benedito na Capela de Nossa Senhora D'Ajuda. Ele ocupou o cargo de consultor da associação em 1818, dado que contradiz a datação oficial de 1819, apresentada pelo pároco Requião, para o início do funcionamento da irmandade.[16] Vicente Ribeiro Brandão, próspero negociante africano, foi irmão das Irmandades de Nossa Senhora do Rosário do Sagrado Coração de Maria, denominação da Irmandade do Rosário dos Pretos a partir da primeira metade do século XIX, e da Irmandade do Senhor Bom Jesus dos Martírios, associação designada "de Jejes" e criada em 1765, no interior da capela dos frades carmelitas, e de várias outras.

Sobre a Irmandade de Nossa Senhora da Boa Morte, destacamos a inédita contribuição do *Dicionário* ao identificar algumas mulheres que lhe teriam pertencido. Embora muito já se tenha escrito sobre essa associação de mulheres negras que promove a belíssima Festa da Boa Morte em agosto, com rituais que combinam matrizes católicas e africanas, pouco foi produzido com base em pesquisa documental, lacuna que o *Dicionário* começa a preencher. Uma das contribuições mais significativas é o resgate de parte da trajetória de Júlia de Souza Gomes, considerada a primeira juíza perpétua da irmandade[17]. Até então, não existiam referências documentais sobre sua vida. A partir do Dicionário, sabemos que Júlia foi ex-escravizada de Constantino Gomes, comerciante, e filha da africana Hilária. Ela viveu por muitos anos com João Cassemiro do Nascimento, com quem teve vários filhos. Inicialmente residente na Rua do Amparo, Júlia mudou-se, no início do século XX, para a casa que ficou conhecida como "Casa Estrela", na Rua Ana Nery, onde faleceu em 1912.[18] Uma das irmãs provedoras dessa associação devocional foi Maria Águeda de Oliveira,[19] moradora em Cachoeira desde pelo menos a segunda metade do XIX. Ela foi a provedora dos festejos da irmandade em 1912, ao fim dos quais publicou uma nota de agradecimento e prestação de contas no jornal *A Ordem*.

Sobre os africanos e seus descendentes, o Dicionário apresenta contribuições em diversos outros sentidos. O verbete dedicado ao jurista Aprígio José de Souza aponta as articulações, em Cachoeira e São Félix, de escravizados que intencionavam desencadear uma sublevação, provavelmente articulada à Revolta dos Malês. Trechos do periódico *O Mensageiro* revelam o seguinte:

> O plano de uma insurreição de africanos, na Vila da Cachoeira e arraial de São Félix, acaba de ser descoberto. Na primeira, se indo dar busca em casa de pretos suspeitos, acharam-se em quantidade, livros ou folhetos escritos em caracteres árabes, papéis soltos com a escrituração, anéis, penas de taquaris, e alguns embrulhos contendo solimão.

---

[15] Páginas 156, 136 e 405.

[16] Página 380.

[17] BAHIA. Governo do Estado da Bahia. Secretaria de Cultura. Instituto do Patrimônio Artístico e Cultural da Bahia. *Cadernos do IPAC, 2 – Festa da Boa Morte*. Salvador: Fundação Pedro Calmon, 2011. p. 48.

[18] Página 398.

[19] Página 500.

Muitos negros moradores de Cachoeira foram retirados do anonimato pelo *Dicionário*. Alguns deles lutaram nas guerras da Independência, como o africano João do Nascimento e os "crioulos" Antônio José de Souza e José Antônio da Silva Bogarim.[20] Já a "parda" Caetana Maria do Sacramento precisou deixar a Bahia para fugir dos confrontos.[21]

Há, também, biografados, negros ou não, que já são conhecidos por sua atuação no processo de Independência. Destacamos, neste sentido, o verbete sobre Manoel da Silva Soledade, o Tambor Soledade, cuja trajetória é acompanhada e sustentada metodologicamente por acurada pesquisa documental,[22] além dos dedicados a José Gomes Moncorvo, José Joaquim de Almeida Arnizaut, José Pinto da Silva e Manoel Lino Pereira.[23]

A Independência do Brasil é temática recorrente no *Dicionário*, tratada tendo em vista não apenas a diversidade social, étnica e de condições jurídicas daqueles em que nela se envolveram, dentre os quais é apontado um indígena, Antônio Martins, mas também alguns fenômenos culturais que motivou, como a prática de se substituir sobrenomes de família de origem lusitana por outros que remetessem ao vocabulário indígena, atitude que exaltaria as origens pré-europeias da jovem nação, como podemos observar no verbete dedicado a André Diogo Vaz Mutum.[24]

Luiz Osana Madeira, "pardo", lutou nas guerras de Independência e engajou-se em outro movimento de ruptura muito importante do século XIX: o abolicionismo. Ele libertou seus escravizados e, na condição de solicitador, defendeu o direito à liberdade de três escravizadas ilegalmente.[25] O movimento abolicionista atravessa o livro na reconstituição das ações de vários de seus defensores, como José Lopes de Carvalho Ramos e Manoel Fontes Moreira, o último extremamente devotado à causa, tendo fundado importantes instituições que a propagaram, como o jornal *O Asteroide* e a Sociedade Abolicionista Libertadora Cachoeirana.

Outro grupo de biografados desvela a inserção e desenvolvimento do protestantismo no seio de uma Cachoeira oitocentista que carregava o catolicismo, disseminado no período colonial, como religião hegemônica. Hans Christian Both, natural da região que posteriormente se unificaria como Alemanha, agremiou-se a associações católicas, como a Santa Casa da Misericórdia de Cachoeira, tendo sido, inclusive, enterrado no solo de sua capela em 1872.[26] Entretanto, seu sepultamento foi interditado pela Igreja por ter sido ele identificado como acatólico. A situação levou a grande comoção na cidade, motivando a comunidade de acatólicos a fundar a Associação Evangélica Cachoeirana, em 1876, que teria como um de seus objetivos construir um cemitério para inumação de pessoas independentemente da religião. A esposa de Hans Both, Cordulina Maria Both,[27] um dos primeiros membros da associação, foi enterrada no cemitério dos acatólicos, assim como Manuel Alves Pereira, membro da Igreja Presbiteriana de Cachoeira.[28]

---

[20] Páginas 96 e 343.
[21] Página 155.
[22] Página 436.
[23] Páginas 360, 367, 385 e 452.
[24] Página 70.
[25] Página 411.
[26] Página 257.
[27] Página 194.
[28] Página 460.

Para além da disseminação do protestantismo e das associações religiosas, temas já mencionados, questões relacionadas à religião podem ser levantadas através dos verbetes dedicados a eclesiásticos. A cautelosa análise do testamento do padre Antônio de Pádua Gomes demonstra suas relações com a "preta forra" Isabel, a quem morreu devendo dinheiro e para quem deixou esmolas.[29] O estado de conservação da capela dos carmelitas de Cachoeira pode ser inferido através do verbete dedicado ao padre Guilherme Pinto da Silveira Sales, que, ao pregar o sermão da Sexta-Feira Santa, após a procissão do Senhor Morto, sofreu um acidente devido ao desabamento do púlpito.[30] A vida pouco ortodoxa do frei João de Santa Maria Souza fica testemunhada em sua pequena biografia, marcada por tratos pouco honestos com mulheres.[31]

Pretendeu-se, aqui, apenas oferecer uma pequena amostra da riqueza do *Dicionário* no que se refere à diversidade social, étnica, cultural, religiosa e econômica dos biografados e, a reboque, dos processos e fenômenos históricos que os verbetes a eles dedicados são capazes de evocar e problematizar. Obviamente, muito mais poderia ser dito.

Em cada trajetória, é possível perceber as escolhas, as decisões, os conflitos e os embates de uma vida. Em cada vida, é possível perceber os desdobramentos das ações individuais e, também, as limitações e condicionamentos a elas impostas por seu tempo. Assim, de sujeito em sujeito, o *Dicionário* trata da história de Cachoeira no século XIX e início do XX. Uma Cachoeira ainda eivada de disposições coloniais, marcada por critérios de distinção social arraigados em princípios que naturalizavam as desigualdades, sustentavam-se sobre a moral católica e confirmavam-se e reconfirmavam-se através de mecanismos tradicionais de representação, como as festas, os ritos fúnebres, os casamentos entre pares e os sodalícios. Uma Cachoeira profundamente marcada pela escravidão, persistente enquanto sistema de trabalho e de qualificação das pessoas mesmo após a Lei Eusébio de Queirós, que interrompeu o tráfico de africanos em 1850. Mas, também, uma Cachoeira que já fazia coro aos apelos nacionais e internacionais pelo fim da escravidão, com setores sociais engajados no movimento abolicionista, que se modernizava com estradas de ferro, luz elétrica e fábricas, que se diversificava religiosamente e se conectava com movimentos culturais globais. Uma Cachoeira que, em todo seu dinamismo, permanências, conflitos, beleza e contradições, muito nos ensina sobre a História do Brasil.

Prof.ª Dr.ª Camila Fernanda Guimarães Santiago,
Professora do curso de História do CAHL/UFRB

---

[29] Página 85.
[30] Página 254.
[31] Página 309.

LISTA DE SIGLAS

APMC   Arquivo Público Municipal de Cachoeira

APEB   Arquivo Público do Estado da Bahia

Amedoc   Acervo de Memória e Documentação Clemente Mariani

SUMÁRIO

AFRA LAURA DE CARVALHO 29
ALBINO JOSÉ MILHAZES (COMENDADOR) 30
ALEXANDRE ALVES MACIEL 35
ALFREDO LOPES DE CARVALHO 37
ALFREDO MACHADO DE FREITAS 42
ALFREDO PEREIRA MASCARENHAS (DOUTOR) 43
ALOYSIA EMÍLIA DE ARAÚJO ACTIS 44
ALTAMIRANO DE SOUZA BASTOS 46
ALZIRA AUGUSTA BASTOS MASCARENHAS ("SENHORA") 52
ALZIRA PEDREIRA MASCARENHAS 56
ALZIRA VIEIRA GOMES DE CARVALHO 57
ANA ÁLVARES BARRETO 60
ANA ALVES DA FRANÇA 61
ANA BENEDICTA DE SÃO JOSÉ 64
ANA JOAQUINA DO SACRAMENTO 65
ANA MARIA DA CONCEIÇÃO 66
ANACLETO DO CARMO MACHADO 67
ANASTÁCIO PEREIRA DA TRINDADE 68
ANDRÉ DIOGO VAZ MUTUM 70
ÂNGELO CUSTÓDIO PEREIRA 72
ANTÔNIA AUGUSTA DE MONCORVO MASCARENHAS 73
ANTÔNIA DAS CHAGAS 77
ANTÔNIA FRANCISCA NOGUEIRA 78
ANTÔNIA MARIA DA SILVA 79
ANTÔNIA MARIA DE OLIVEIRA 80
ANTÔNIA MARIA DO NASCIMENTO 81
ANTÔNIO ALLIONI 83
ANTÔNIO DA SILVA CERQUEIRA 84
ANTÔNIO DE PÁDUA GOMES (PADRE) 85
ANTÔNIO DE SOUZA BRANDÃO 86
ANTÔNIO EUSTÁQUIO BARRETO DA CUNHA 88
ANTÔNIO FERNANDES DA SILVA 89

ANTÔNIO FRANCISCO DA SILVA OLIVEIRA	90
ANTÔNIO FRANCISCO DE OLIVEIRA BORGES	91
ANTÔNIO JOAQUIM DE SÁ	93
ANTÔNIO JOSÉ ALVES BASTOS	94
ANTÔNIO JOSÉ DA FONSECA	95
ANTÔNIO JOSÉ DE SOUZA	96
ANTÔNIO LOBO DA CUNHA	97
ANTÔNIO LOPES DE CARVALHO SOBRINHO	98
ANTÔNIO MACHADO DA TRINDADE	136
ANTÔNIO MANOEL BARRETO	138
ANTÔNIO MARIA BELCHIOR	139
ANTÔNIO MARTINS	140
APRÍGIO JOSÉ DE SOUZA (DOUTOR)	141
APRÍGIO JOSÉ MOREIRA	145
ARISTIDES AUGUSTO MILTON (DOUTOR)	147
BELMIRA DOS SANTOS MOREIRA	150
BENEDICTA DO ROSÁRIO	151
BENEDICTO PEREIRA DE ARAÚJO	152
BERNARDA MARIA DE SÃO VICENTE	153
BERNARDINA DE SOUZA MARQUES	154
CAETANA MARIA DO SACRAMENTO	155
CAETANO DA SILVA SOLEDADE	156
CAETANO SALA	158
CÂNDIDO AUGUSTO FRAGA	159
CÂNDIDO CUNEGUNDES BARRETO (CORONEL)	160
CÂNDIDO DE SOUZA REQUIÃO (CÔNEGO DOUTOR)	162
CÂNDIDO JOSÉ MOREIRA	164
CAROLINA ISABEL MONCORVO BARBARINO E MASCARENHAS ("BELINHA")	169
CÉZAR DE SOUZA PINTO	170
CHRISTÓVÃO PEREIRA MASCARENHAS (TENENTE CORONEL)	174
CHRISTÓVÃO PEREIRA MASCARENHAS JÚNIOR (DOUTOR)	180
CHRISTÓVÃO TITO DOS SANTOS	189
CINCINATO PINTO DA SILVA (DOUTOR)	190
CIRÍACO BATHER	192
CIRILO DANIEL PINTO DA SILVEIRA	193
CORDULINA MARIA BOTH	194

COSME JOSÉ ACTIS 195

CUSTÓDIO LUIZ DA SILVA PEIXOTO 197

DELFINA MOREIRA 198

DERALDO LOPES DE CARVALHO 199

DESIDÉRIA DA SILVA SOLEDADE 202

DOMINGAS MARIA TORRES 203

DOMINGOS ANTÔNIO NETTO 204

DOMINGOS SAUBARA 205

EDUARDO GOMES DA COSTA 206

EPONINA DE SOUZA BASTOS 208

ESMERALDINA CÂNDIDA 211

FABIANA DE SOUZA ALMEIDA SALDANHA 212

FAUSTINO JOSÉ BALIEIRO 215

FELICIDADE MARIA DO ESPÍRITO SANTO 216

FELISBERTA RODRIGUES DE FREITAS 217

FELISMINA CLEMENTINA PEDREIRA 218

FÉLIX JOSÉ PINTO 219

FIRMINO JOSÉ MOREIRA 220

FLORENTINO RODRIGUES DA SILVA 222

FRANCELINA AFRA DA SILVA SOLEDADE 224

FRANCISCA MARIA DAS MERCÊS 225

FRANCISCA ROSA DOS SANTOS 226

FRANCISCO ANTÔNIO DA SILVA COUTO 227

FRANCISCO ANTÔNIO DE BORJA PEREIRA (CAPITÃO) 228

FRANCISCO DE OLIVEIRA LOPES (CAPITÃO-MOR) 229

FRANCISCO DE PAULA ABREU SEIXAS 230

FRANCISCO DE SÃO BENTO 231

FRANCISCO GOMES MONCORVO (CAPITÃO) 232

FRANCISCO JOSÉ DE MEIRELES 240

FRANCISCO VIEIRA DA SILVA GOMES 241

FRUCTUOSO GOMES MONCORVO (CORONEL) 242

GERMANA DE SOUZA MARQUES 249

GERVÁSIO JOSÉ DE ALMEIDA 250

GONÇALO PINTO DA ROCHA 253

GUILHERME PINTO DA SILVEIRA SALES (PADRE) 254

GUSTAVO SALOMÃO JUNOD 255

HANS CHRISTIAN BOTH	257
HELVÉCIO VICENTE SAPUCAIA	263
HENRIQUE PRAGUER	265
HENRIQUE SCHRAMM	268
HILDA PEDREIRA MASCARENHAS	269
HONORINA JOAQUINA DA SILVEIRA	271
HUGH WILSON	274
IDALINA DE CARVALHO MOREIRA	276
IGNÁCIO DE FIGUEIREDO MASCARENHAS	287
INÁCIA GOMES MONCORVO	289
IZABEL CONSTANÇA DO AMOR DIVINO	290
IZIDRO DA COSTA LÔBO	293
JACOMINI VACCAREZZA	294
JANUÁRIO PEREIRA MASCARENHAS	299
JERONIMO DA COSTA E ALMEIDA	300
JOANA XIXI DA COSTA	301
JOÃO AMARO LOPES	302
JOÃO BATISTA ÁLVARES RODRIGUES	304
JOÃO BATISTA SANTER	305
JOÃO DA MOTA ROCHA LIMA	306
JOÃO DA NOVA MILHAZES	307
JOÃO DE SANTA MARIA SOUZA (FREI)	309
JOÃO DO NASCIMENTO	310
JOÃO EVANGELISTA GONZAGA DOS SANTOS	311
JOÃO JOSÉ CHARLES	312
JOÃO LAERTE LAEMMERT	313
JOÃO LOPES DE CARVALHO (TENENTE)	314
JOÃO LOPES DE CARVALHO RAMOS ("JOÃOZINHO")	318
JOÃO MANOEL DA CONCEIÇÃO	321
JOÃO NEPOMUCENO FERREIRA	322
JOÃO PEDREIRA DO COUTO ("O VELHO")	323
JOÃO PEDREIRA LAPA	326
JOÃO PEREIRA DE ALMEIDA SEBRÃO	330
JOÃO VICENTE SAPUCAIA	331
JOÃO XAVIER DE MIRANDA	332
JOAQUIM INÁCIO DA SILVA MASCARENHAS	333

JOAQUIM PEDREIRA MASCARENHAS (MAJOR)	334
JOAQUIM PEDREIRA MASCARENHAS FILHO	340
JOSÉ ANTÔNIO DA SILVA BOGARIM ("JOSÉ MACAMBÉ")	343
JOSÉ ANTÔNIO DE ARAÚJO LIMA	345
JOSÉ ANTÔNIO FIUZA DA SILVEIRA	346
JOSÉ BONI	348
JOSÉ CAIÇARA CAMISÃO	349
JOSÉ CARDOZO DO NASCIMENTO	350
JOSÉ DA COSTA FERREIRA	352
JOSÉ DE CARVALHO MOREIRA ("ZECA MOREIRA")	353
JOSÉ DE SOUZA E ARAGÃO ("CAZUZINHA")	356
JOSÉ EGÍDIO DUARTE PORTELA	358
JOSÉ GOMES MONCORVO	360
JOSÉ HENRIQUES DA SILVA (PADRE)	365
JOSÉ JOAQUIM DE ALMEIDA ARNIZAUT	367
JOSÉ JOAQUIM GONÇALVES CAMARÃO	369
JOSÉ LOPES DE CARVALHO RAMOS ("CAZUZA")	371
JOSÉ LUIZ TEIXEIRA DA COSTA	380
JOSÉ MENDES BARATA	381
JOSÉ PEDRO DA SILVEIRA	382
JOSÉ PEREIRA DE CASTRO	384
JOSÉ PINTO DA SILVA (CORONEL)	385
JOSÉ RAIMUNDO DE FIGUEIREDO BRANCO	387
JOSÉ RAIMUNDO DE FIGUEIREDO BRANCO ("SEGUNDO")	389
JOSÉ TEIXEIRA DE FREITAS	390
JOSEFA MARIA DO AMOR DIVINO	391
JOSEFA MARIA DO SACRAMENTO	392
JOSEPHINA CÉSAR DE CARVALHO ("DEDÉ")	393
JOVINIANO DA SILVA BASTOS	395
JÚLIA DE SOUZA GOMES	398
LEANDRA ("PARDA")	400
LIBÂNIO SEBRÃO	401
LUCAS FREY	403
LUÍS GONZAGA DOS SANTOS ("LUIZINHO")	405
LUÍS PINTO DE SOUZA	407
LUIZ ANTÔNIO DA COSTA BELTRÃO	409

LUIZ OSANA MADEIRA	411
LUIZA GOMES	416
LUIZA LUCIANA DA SILVEIRA	417
LUIZA MARIA DE JESUS ("LUIZA AFRICANA")	418
LUSBELA RICARDA DE CARVALHO	419
MANOEL ALVES DE ANDRADE	420
MANOEL ALVES FERNANDES SICUPIRA	421
MANOEL ANTÔNIO FRANCISCO DE SOUZA BASTOS	422
MANOEL BERNARDINO BOLIVAR	430
MANOEL DA COSTA E SOUZA	434
MANOEL DA SILVA SOLEDADE ("TAMBOR SOLEDADE")	436
MANOEL EUSTÁQUIO DO NASCIMENTO	440
MANOEL FONTES MOREIRA	442
MANOEL GALDINO DE ASSIS (COMENDADOR)	444
MANOEL GALDINO MOREIRA	447
MANOEL GOMES MONCORVO ("MONCORVO")	448
MANOEL JOAQUIM CÂMARA	449
MANOEL JOSÉ DO CONDE	450
MANOEL JOSÉ MELGAÇO	451
MANOEL LINO PEREIRA	452
MANOEL MARTINS GOMES (CORONEL)	454
MANOEL MONTEIRO	458
MANOEL MOREIRA DE CARVALHO E SILVA	459
MANUEL ALVES PEREIRA	460
MANUEL DO NASCIMENTO DE JESUS	461
MANUEL ESMERALDINO DO PATROCÍNIO	462
MANUEL LOPES DE CARVALHO RAMOS (CARVALHO RAMOS)	467
MANUEL "ÍNDIO"	497
MARGARIDA DE JESUS MARIA	499
MARIA ÁGUEDA DE OLIVEIRA	500
MARIA ALEXANDRINA DO SACRAMENTO	501
MARIA AMÉLIA DE CARVALHO MOREIRA	502
MARIA ANA PEREIRA DA TRINDADE	503
MARIA ÂNGELA DA ANUNCIAÇÃO	504
MARIA ANICETA BELCHIOR	505
MARIA ANTÔNIA GERTRUDES PEREIRA	506

MARIA BELANIZIA PEDREIRA MASCARENHAS DE ALMEIDA ("MARIAZINHA") . . 508
MARIA CLARA DE SÃO JOÃO 510
MARIA CONSTANÇA DE MONCORVO MASCARENHAS BASTOS 511
MARIA CRISPINA DE MENEZES 517
MARIA DA ANUNCIAÇÃO 518
MARIA DA CONCEIÇÃO MARTINS 519
MARIA DA INVENÇÃO DA SANTA CRUZ 520
MARIA FELIPPA 521
MARIA ROZA DE LIMA MONCORVO 522
MARIA DE SÃO JOSÉ MONCORVO 523
MARIA DO BONFIM 524
MARIA DO ROSÁRIO PITANGA 525
MARIA ELVINA 526
MARIA FELICIANA DE ASSIS 527
MARIA FELISMINA DE ALMEIDA 528
MARIA ISIDÓRIA CAETANA DE SÃO JOSÉ 529
MARIA JOSÉ DE OLIVEIRA GOMES 530
MARIA JOSEFA DO SACRAMENTO 534
MARIA JUVÊNCIA DE CERQUEIRA 535
MARIA LINA DO ROSÁRIO 536
MARIA MARCIANA DE JESUS ("BARRIGA MOLE") 537
MARIA MATILDES DA CONCEIÇÃO 538
MARIA MENDES 539
MARIA MIQUELINA DE JESUS 540
MARIA RAMOS DA CONCEIÇÃO 541
MARIA RICARDA 542
MARIA RITA DA CONCEIÇÃO 543
MARIA ROZA FERNANDEZ 544
MARIA THEREZA DO CORAÇÃO DE JESUS 545
MARIA THOMAZIA PIZZONO VACCAREZZA 548
MARIANA DE JESUS RAMOS MOREIRA 549
MARIANA PEREIRA DA TRINDADE 553
MATHILDE ROSA DA SILVA 554
MIGUEL TAVARES 555
PASCOAL BAYLON PEDREIRA DA SILVA 556
PAULA DE BARROS LOBO 560

PEDRO NOLASCO DA COSTA	561
PEDRO PAULO DA COSTA MINHO	566
PETRONILHA GONÇALVES DOS SANTOS	567
PETRONILHA IGNÁCIA FERNANDEZ ("PATU")	568
QUINTINO AUGUSTO BAHIA (DOUTOR)	573
RAQUEL	574
RAUL DE CARVALHO MOREIRA	575
REINALDO MARTINS RAMOS (DOUTOR)	576
REINÉRIO MARTINS RAMOS (CORONEL)	577
RICARDA FELICIANA DOS REIS ("FILHINHA")	590
RICARDO JOSÉ RAMOS	593
RITA HENRIQUETA DAS MERCÊS GALVÃO	595
RODRIGO IGNÁCIO DE SOUZA MENEZES (CÔNEGO)	597
RODRIGO JOSÉ RAMOS (COMENDADOR)	599
ROQUE JOSÉ OSÓRIO COLECTOR	606
ROSULINA MARIA RAMOS	607
SEBASTIANA MARIA DA CONCEIÇÃO	609
SERGIA DIAS DA ROCHA	610
SIMÃO PIZZONO	611
SOFIA CÂNDIDA REGADAS	612
TEODORO DA DIVINA PROVIDÊNCIA (FREI)	613
TEODÓSIO FERREIRA	614
THEREZA DE JESUS DA PENHA	615
TRANQUILINA AMÉLIA DE MONCORVO MASCARENHAS	616
TRANQUILINA NOLASCO LAPA ("SINHAZINHA")	619
UBALDINA EULINA MOREIRA ("POMBA")	621
VICÊNCIA PEDREIRA DO COUTO FERRAZ	622
VICENTE FERREIRA PEREIRA MASCARENHAS	624
VICENTE MARTINS GOMES	626
VICENTE RIBEIRO BRANDÃO	629
VICTOR JORGE DE SANT'ANA	632
VIDAL ÁLVARES DA ROSA	633
VITOR BAHIANO	634
ZACARIAS DA NOVA MILHAZES	635
REFERÊNCIAS	637
ÍNDICE REMISSIVO	645

AFRA LAURA DE CARVALHO

Rua Ana Nery n. 52

Afra Laura de Carvalho, natural de Cachoeira, nasceu por volta do início da década de 1880. Residia na Rua Ana Nery, n. 52, e foi uma das integrantes da secular Irmandade de Nossa Senhora da Boa Morte. Em 1902, foi eleita para, junto à mesa diretora, organizar os festejos religiosos da irmandade, celebrados em 1903[32]. Afra Laura faleceu em sua residência em Cachoeira, no dia 5 de julho de 1948, vítima de nefrite crônica[33].

---

[32] Biblioteca Pública dos Barris, Setor de Periódicos Raros, jornal *A Ordem*, ed. 17.09.1902.
[33] APMC. Inventário *post mortem* de Afra Laura de Carvalho. Caixa 246, processo 2814, p. 5.

ALBINO JOSÉ MILHAZES (COMENDADOR)

Alto do Monte

Próspero comerciante português nascido em Póvoa do Varzim, adquiriu fortuna a partir dos seus empreendimentos comerciais, sobretudo após inserir-se no ramo da exportação de couro e tabaco. Especulamos que Albino Milhazes aportou em Cachoeira no final da década de 1840. O seu primeiro estabelecimento comercializava artigos de ouro e prata, sendo sua joalheria localiza na então Rua das Flores[34]. Em 20 de abril de 1857[35], na Igreja da Conceição do Monte, une-se pelos laços do matrimônio com a cachoeirana Silvia Rosa Milhazes, que, segundo seus registros, era filha natural[36] de Emiliana Maria dos Anjos[37].

Na década de 1870, com seus contínuos investimentos na lavoura e no beneficiamento do tabaco, firmou-se como um dos negociantes mais importantes e ricos da província da Bahia. Tinha um armazém de fumo e couro na Praça da Alegria nº06[38], além de ser sócio da fábrica de tecidos São Carlos, localizada às margens do Paraguaçu, no Tororó, que empregava 150 operários[39]. Essa posição lhe permitiu filiar-se ao Tribunal do Comércio da Bahia, fazendo parte do grupo seleto de comerciantes matriculados da província.

---

[34] Hemeroteca Digital da Biblioteca Nacional. Almanaque Administrativo, Mercantil e Industrial da Bahia, ed. 01, 1862, p. 463.

[35] Universidade Católica do Salvador. Laboratório Reitor Eugênio Veiga (LEV), Livro de casamentos da Paróquia de Nossa Senhora do Rosário da Cachoeira, 1828-1860, p. 228.

[36] O termo "filho natural" designava os filhos nascidos de pais que não eram casados, ou seja, que não tinham uma união oficialmente reconhecida pela Igreja ou pelo Estado. Além disso, o termo implicava que não havia impedimentos legais para o casamento dos pais. Portanto, esses filhos podiam ser legitimados posteriormente por meio do casamento dos pais ou pelo registro de reconhecimento de paternidade em cartório, conhecido como perfilhação.

[37] APEB. Judiciário. Livro de nascimentos de Cachoeira/BA, n. 01, termo n. 407.

[38] Biblioteca Pública dos Barris. Setor de Periódicos Raros. Freire, Antônio. Almanaque da Província da Bahia, Litho-Tipografia de João Gonçalves Tourinho, Salvador, 1881, p. 93.

[39] Hemeroteca Digital da Biblioteca Nacional. *Jornal do Comércio*, ed. de 02.06.1879.

Figura 1 – APMC. Procuração anexa ao inventário *post mortem* de Manoel Joaquim de Oliveira Guimarães, caixa 127, processo 1215, p. 48

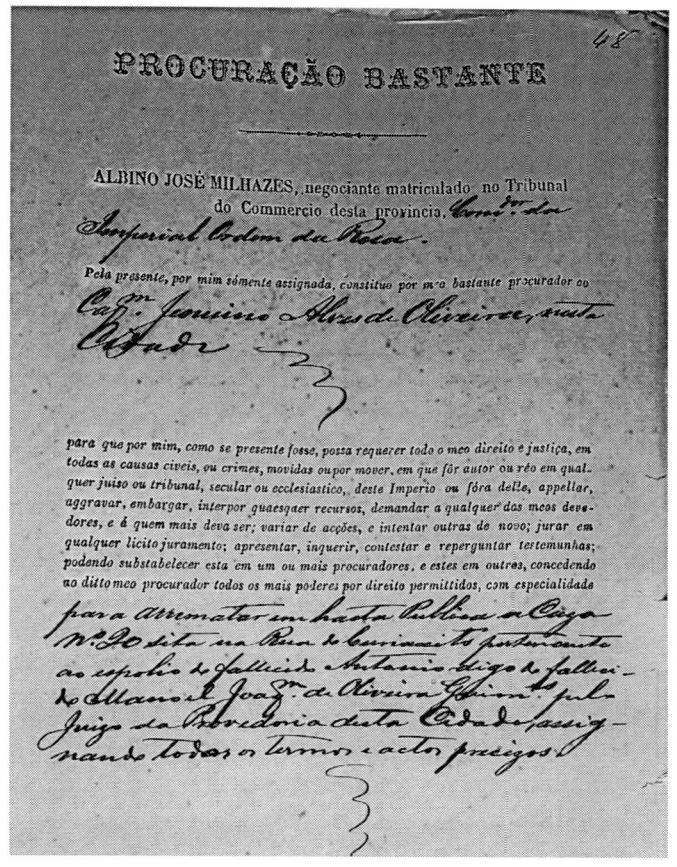

Figura 2 – Retrato a óleo do comendador Albino José Milhazes. Acervo de sua família. Imagem gentilmente cedida por dona Helena Milhazes. Autor desconhecido

Além desses aspectos que delineiam de forma geral o perfil socioeconômico de Albino Milhazes, encontramos uma escritura de doação em causa dote passada pelo casal Albino e Sílvia a sua filha Constança Milhazes em 1878, no valor de 25:200$000 (vinte e cinco contos e duzentos mil réis). Para facilitar a interpretação do leitor sobre o poder de compra de avultada quantia, informamos que seria possível adquirir um rebanho de 1.500 cabeças de gado. Levando em consideração o estudo desenvolvido por Uelton Rocha[40] sobre o perfil das fortunas em Cachoeira, analisando especificamente o período em que foi lavrada a escritura citada, o autor constatou que os dotes representavam apenas 1% dos patrimônios descritos. A partir desse dado, depreende-se que os bens de Albino Milhazes totalizavam valor infinitamente superior ao montante doado à filha.

A informação apresentada no parágrafo anterior demonstra que, no final da década de 1870, os negócios de Albino Milhazes seguiram numa direção que lhe propiciou um expressivo acúmulo de capital e consequente prestígio social. Seguindo essa lógica, é perfeitamente compreensível a sua ascensão nas instituições locais, vide o caso na Venerável Ordem Terceira do Carmo. Ingressou na Ordem Terceira do Carmo de Cachoeira em 31 de março de 1872 e, pouco após sua admissão, foi eleito para o mais alto posto na hierarquia administrativa, o de Prior[41]. Durante o exercício dessa função, foi reeleito por oito mandatos consecutivos, período em que fez significativas contribuições financeiras, beneficiando a instituição de maneira expressiva[42]. Apenas no repasse das joias, valor que os irmãos deveriam pagar para assumir os cargos diretivos, Albino injetou um total de 1:800$000 (um conto e oitocentos mil réis).

Visionário e ambicioso, o comerciante português buscou ampliar a sua atuação econômica; foi nesse momento que decidiu entrar com o processo de naturalização. Certamente visando obter algumas "graças e isenções" que eram concedidas apenas aos brasileiros. O seu processo foi exitoso, adquirindo a sua carta no princípio de 1880. Logo em seguida, dirige-se à Câmara Municipal da Cachoeira, solicitando aos edis que registrassem no livro competente.

Figura 3 – APMC. Livro de Atas da Câmara de Cachoeira, 1878-1882, p. 70

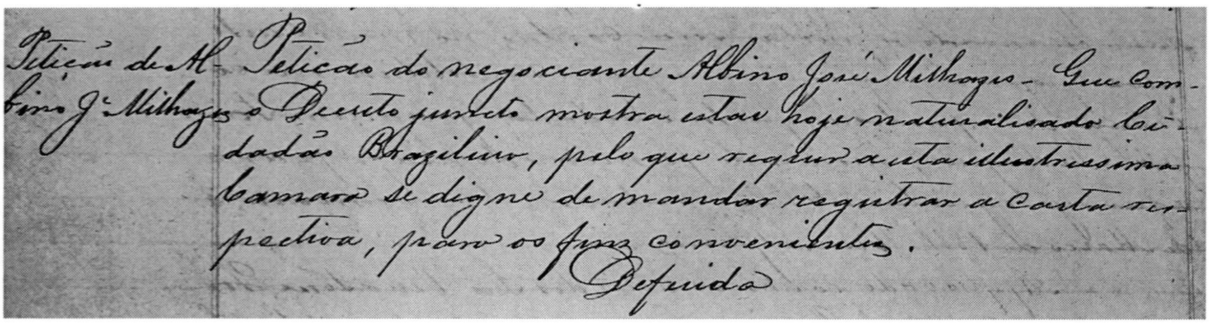

Petição de Albino José Milhazes. Petição do negociante Albino José Milhazes – Que com o decreto junto mostra estar hoje naturalizado cidadão brasileiro, pelo que requer a esta ilustríssima Câmara se digne mandar registrar a carta respectiva, para os fins convenientes. Deferida.

---

[40] ROCHA, Uelton Freitas. *"Recôncavas" fortunas*: a dinâmica da riqueza no Recôncavo da Bahia. (Cachoeira, 1834-1889). 2015. Dissertação (Mestrado em História) – Universidade Federal da Bahia, Salvador, 2015. p. 79.

[41] Arquivo da Venerável Ordem Terceira do Carmo da Cidade de Cachoeira. Livro de Profissões n. 04 (séc. XIX). Livro desorganizado, não sendo possível citar a sua paginação.

[42] Arquivo da Venerável Ordem Terceira do Carmo da Cidade de Cachoeira. Caixa n. 10. Livro de termos de posses e eleições, p. 6-41.

Em 1882, apareceu pagando o imposto de 20$000 (vinte mil réis) referente a sua Casa de Bilhar, situada à Rua Formosa, administrada pelo seu caixeiro Silvino, quantia referente ao exercício de 1881-1882[43]. Nesta mesma década, aparece como proprietário de duas embarcações (Orenôcor e Vancor) que realizavam o transporte de mercadorias para capital e vice-versa[44].

Buscando tornar-se um dos maiores produtores e exportadores de charutos, adquire, do espólio de Bernardo Mendes da Costa, os rapés Areia Preta e Meuron & Cia e, posteriormente, a mais antiga e renomada fábrica de charutos instalada no Recôncavo, a imperial fábrica de charutos Juventude, fundada em 1844 pelo português Francisco José Cardoso. Encontramos um relato interessante sobre a Juventude, produzido pouco antes de ser incorporada ao empreendimento Milhazes, informando que ali se empregavam mais de 150 pessoas, entre homens, mulheres e crianças. Todos realizavam o trabalho de forma manual, pois a fábrica não possuía maquinário. A matéria-prima utilizada provinha das lavouras de fumo de São Félix e de Nazaré das Farinhas[45]. Após a transferência da propriedade, Albino altera o nome fantasia da empresa para Grande Fábrica de Charutos de Albino José Milhazes.

Figura 4 – Jornal *O Guarany*, ed. 19 de 26.04.1884. Hemeroteca Digital da Biblioteca Nacional

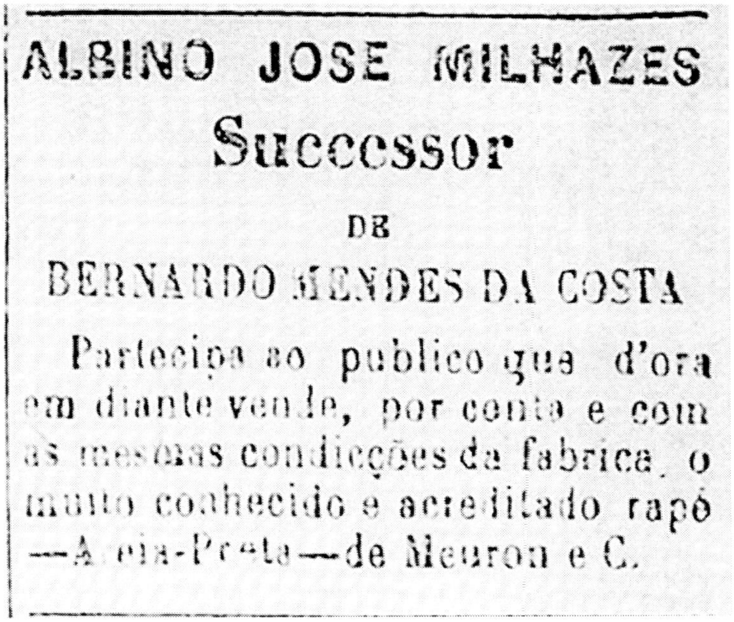
ALBINO JOSE MILHAZES

Successor

DE

BERNARDO MENDES DA COSTA

Participa ao publico que d'ora em diante vende, por conta e com as mesmas condicções da fabrica o muito conhecido e acreditado rapé —Areia-Preta—de Meuron e C.

[43] APMC. Talão de Pagamento de impostos da Câmara de Cachoeira, 1882, termo n. 64.

[44] Biblioteca Pública dos Barris. Setor de Periódicos Raros. LEAL, Xavier; VELASQUES, Diogo. *Almanaque da comarca da Cachoeira para o ano de 1889*. Bahia: Imprensa Popular, 1888. p. 72.

[45] Hemeroteca Digital da Biblioteca Nacional. Jornal *Diário da Bahia*, ed. 103 de 10.05.1882.

Figura 5 – Jornal *O País*, ed. de 26.12.1895. Hemeroteca Digital da Biblioteca Nacional

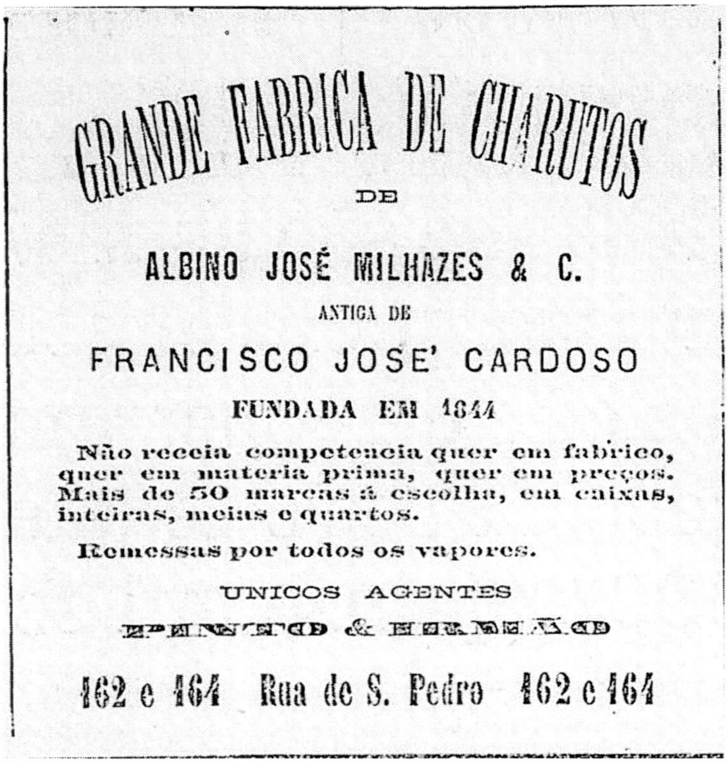

A exportação de produtos advindos do tabaco e couro, beneficiados nos seus armazéns, propiciou-lhe, além da aquisição material, benesses de caráter social de grande reconhecimento em todo o país — referimo-nos especificamente à Comenda da Ordem da Rosa adquirida em 1883[46].

O comendador Albino José Milhazes faleceu em 19 de setembro de 1891, vitimado por "*assistolia*", e foi sepultado no dia seguinte no Cemitério da Santa Casa[47]. O casal Rosa Milhazes deixou os seguintes filhos: Albino José Milhazes Filho, Constança Milhazes Ramos e Hercília Milhazes Magalhães.

---

[46] Hemeroteca Digital da Biblioteca Nacional. Jornal *Gazeta da Tarde*, ed. 113 de 18.05.1883.
[47] APEB. Judiciário. Livro de Óbitos de Cachoeira/BA, n. 05, termo n. 430.

ALEXANDRE ALVES MACIEL

Rua Ruy Barbosa n. 19

Alexandre Alves Maciel, filho natural de Maria Catarina de Jesus, nasceu por volta de 1870 na Vila de Monte Santo, Bahia. Durante sua infância, mudou-se para a cidade de Cachoeira, onde continuou seus estudos. Em 11 de junho de 1892, casou-se com Rosentina Amélia de Sant'Ana, filha de Antônio Joaquim de Sant'Ana e Joana Libânia de Sant'Ana, que era natural de Maragogipe, mas residia em Cachoeira, em uma cerimônia na igreja matriz[48].

No final do século XIX, Alexandre Maciel fundou e abriu a Relojoaria Maciel, estabelecimento que dirigiu por quase 30 anos. O memorialista Manoel Matheus Ferreira descreveu-a como um comércio excepcionalmente bem estabelecido, cujo dono era um perito habilidoso na reparação de relógios[49]. Maciel não só se destacou no comércio, mas também entrou para a política local, servindo como conselheiro municipal por dois quadriênios — uma posição equivalente à de vereador hoje em dia. Durante esse período, chegou a presidir o Legislativo de Cachoeira, assumindo a presidência do Conselho Municipal. Faleceu em 25 de novembro de 1916, aos 46 anos[50], deixando viúva e dois filhos adultos: Alexandre Alves Maciel Júnior, nascido em 1893, e Aloysio Alves Maciel, nascido em 1895. Segue a imagem e a transcrição do anúncio de seu falecimento, publicado na imprensa local:

---

[48] Universidade Católica do Salvador. Laboratório Reitor Eugênio Veiga (LEV). Livro de casamentos da Paróquia de Nossa Senhora do Rosário da Cachoeira, 1862–1927, p. 107v.
[49] Arquivo Público Municipal de São Félix. Jornal *Correio de São Félix*, ed. de 20.06.1964.
[50] Biblioteca Pública dos Barris. Setor de Periódicos Raros. Jornal *A Ordem*, ed. de 02.12.1916.

Figura 6 – Biblioteca Pública dos Barris. Setor de Periódicos Raros. Jornal *A Ordem*, ed. de 02.12.1916

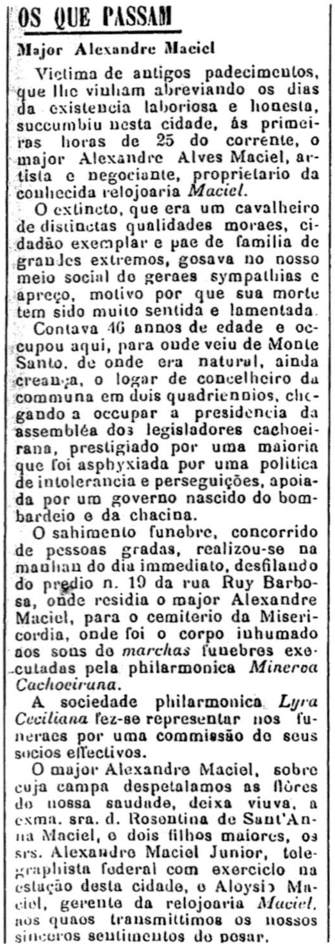

OS QUE PASSAM

Major Alexandre Maciel

Victima de antigos padecimentos, que lhe vinham abreviando os dias da existencia laboriosa e honesta, succumbiu nesta cidade, ás primeiras horas de 25 do corrente, o major Alexandre Alves Maciel, artista e negociante, proprietario da conhecida relojoaria *Maciel*.

O extincto, que era um cavalheiro de distinctas qualidades moraes, cidadão exemplar e pae de familia de grandes extremos, gosava no nosso meio social de geraes sympathias e apreço, motivo por que sua morte tem sido muito sentida e lamentada.

Contava 46 annos de edade e occupou aqui, para onde veiu de Monte Santo, de onde era natural, ainda creança, o logar de concelheiro da communa em dois quadriennios, chegando a occupar a presidencia da assembléa dos legisladores cachoeiranos, prestigiado por uma maioria que foi asphyxiada por uma politica de intolerancia e perseguições, apoiada por um governo nascido do bombardeio e da chacina.

O sahimento funebre, concorrido de pessoas gradas, realizou-se na manhan do dia immediato, desfilando do predio n. 19 da rua Ruy Barbosa, onde residia o major Alexandre Maciel, para o cemiterio da Misericordia, onde foi o corpo inhumado aos sons de *marchas* funebres executadas pela philarmonica *Minerva Cachoeirana*.

A sociedade philarmonica *Lyra Ceciliana* fez-se representar nos funeraes por uma commissão de seus socios effectivos.

O major Alexandre Maciel, sobre cuja campa despetalamos as flôres de nossa saudade, deixa viuva, a exma. sra. d. Rosentina de Sant'Anna Maciel, e dois filhos maiores, os srs. Alexandre Maciel Junior, telegraphista federal com exercicio na estação desta cidade, e Aloysio Maciel, gerente da relojoaria *Maciel*, aos quaes transmittimos os nossos sinceros sentimentos do pesar.

OS QUE PASSAM

Major Alexandre Maciel

Vítima de antigos padecimentos, que lhe vinham abreviando os dias da existência laboriosa e honesta, sucumbiu nesta cidade, as primeiras horas de 25 do corrente, o major Alexandre Alves Maciel, artista e negociante, proprietário da conhecida relojoaria Maciel. O extinto, que era um cavalheiro de distintas qualidades morais, cidadão exemplar e pai de família de grandes extremos, gozava no nosso meio social de gerais simpatias e apreço, motivo por que sua morte tem sido muito sentida e lamentada. Contava 46 anos de idade e ocupou aqui, para onde veio de Monte Santo, de onde era natural, ainda criança, o lugar de conselheiro da comuna em dois quadriênios, chegando a ocupar a presidência da assembleia dos legisladores cachoeiranos, prestigiado por uma maioria que foi asfixiada por uma política de intolerância e perseguições, apoiada por um governo nascido do bombardeio e da chacina. O saimento fúnebre, concorrido de pessoas gradas, realizou-se na manhã do dia imediato, desfilando do prédio n.º 19 da rua Rui Barbosa, onde residia o major Alexandre Maciel, para o Cemitério da Misericórdia, onde foi o corpo inumado aos sons de marchas fúnebres executadas pela filarmônica Minerva Cachoeirana. A sociedade filarmônica Lira Ceciliana fez-se representar nos funerais por uma comissão de seus sócios efetivos. O major Alexandre Maciel, sobre cuja campa despetalamos as flores de nossa saudade, deixa a viúva, a exma. sr.ª Rosentina de Sant'ana Maciel, e dois filhos maiores, os srs. Alexandre Maciel Júnior, telegrafista federal com exercício na estação desta cidade, e Aloísio Maciel, gerente da relojoaria Maciel, aos quais transmitimos os nossos sinceros sentimentos de pesar.

ALFREDO LOPES DE CARVALHO

Rua do Fogo[51]

Alfredo Lopes de Carvalho (assinatura)

Alfredo nasceu em 3 de março de 1883, na cidade de Cachoeira, Bahia, em residência de seus pais[52], Antônio Lopes de Carvalho Sobrinho e Petronilha Ignácia Fernandez, localizada na Rua Riacho do Pagão[53], e foi levado à pia batismal por seu irmão, Manuel Lopes de Carvalho Ramos, que o acompanhou como padrinho[54]. Realizou seus estudos em sua cidade natal e, surpreendentemente, aos 11 anos já desempenhava funções administrativas. Nesse período, aparece prestando serviços à Câmara de Cachoeira, atuando como escrivão em alguns processos eleitorais. Esse feito está registrado na imagem a seguir, redigida e assinada de próprio punho.

---

[51] Atual Rodrigo Brandão.
[52] APEB. Seção Judiciária. Livro de Nascimento de Cachoeira n. 02, termo 386.
[53] Conferir verbetes de Antônio Lopes de Carvalho Sobrinho e Petronilha Ignácia Fernandez.
[54] Informação fornecida por Maria da Conceição, sobrinha de Alfredo. Conferir verbete de Manuel Lopes de Carvalho Ramos.

Figura 7 – Livro de Prestação de Contas para o ano de 1895. Secretaria do Conselho Municipal de Cachoeira, doc.82

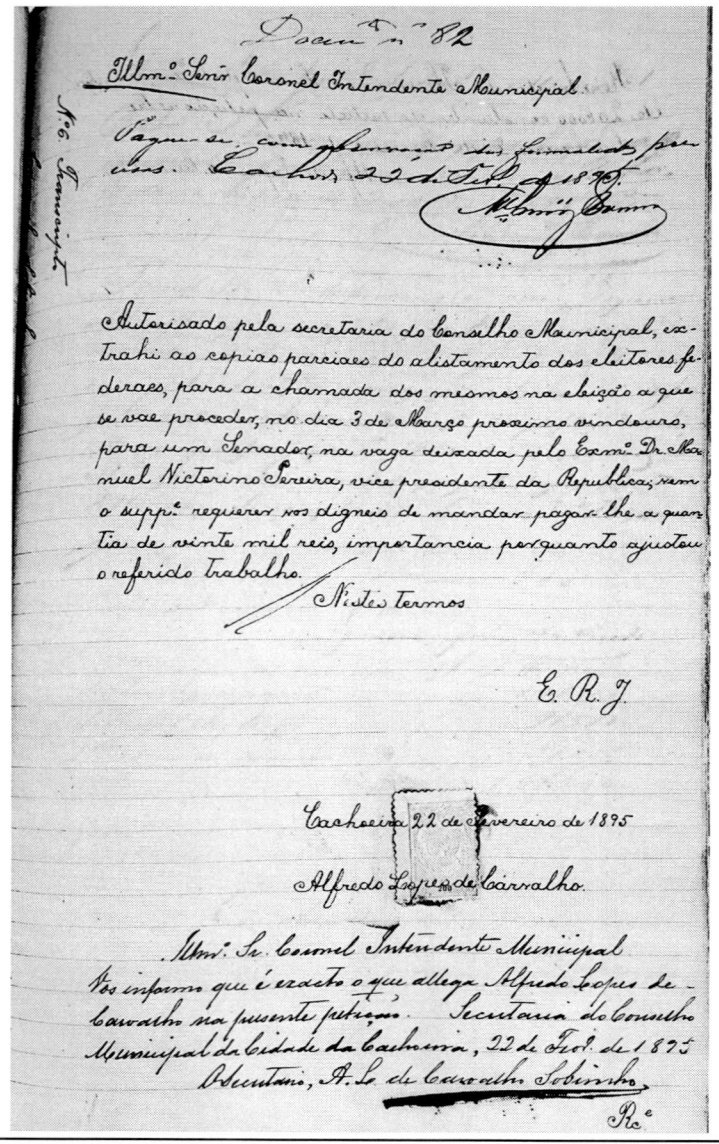

Ilmo. Sr. Coronel Intendente Municipal
Pagou-se, com a observação das formalidades precisas. Cachoeira, 22 de fevereiro de 1895. Manoel Martins Gomes.
Autorizado pela secretaria do Conselho Municipal, extrai as cópias parciais dos alistamentos eleitorais federais, para a chamada dos mesmos na eleição a que se vai proceder, no dia 3 de março próximo vindouro, para um senador, na vaga deixada pelo exmo. dr. Manuel Victorino Pereira, vice-presidente da República; vem o suplicante requerer-vos digneis de mandar pagar-lhe a quantia de vinte mil réis, importância porquanto ajustou o referido trabalho. Nestes termos. Espera Receber Justiça. Cachoeira, 22 de fevereiro de 1895. Alfredo Lopes de Carvalho
Ilmo. Sr. Coronel Intendente Municipal.
Vos informo que é exato o que alega Alfredo Lopes de Carvalho na presente petição. Secretaria do Conselho Municipal da Cidade da Cachoeira, 22 de fevereiro de 1895. O secretário, Antônio Lopes de Carvalho Sobrinho.

Algum tempo depois, iniciou sua trajetória profissional como caixeiro. Já nos primeiros anos do século XX, transferiu-se para a capital do estado, onde exerceu a função de contador no comércio local. Na cidade da Bahia, especificamente no distrito da Sé[55], o jovem cachoeirano conheceu Maria José Borges de Barros Faria, neta do Barão do Rio Fundo, que se tornou sua primeira esposa. O casamento com "Zezé", como era carinhosamente chamada, aconteceu em 19 de janeiro de 1907. Enquanto se casavam na capital, em Cachoeira, ocorria simultaneamente o casamento de seu irmão Adelino. Leiamos a notícia veiculada no jornal *A Ordem*:

Figura 8 – Biblioteca Pública dos Barris. Setor de Periódicos Raros. Jornal *A Ordem*, edição de 23.01.1907

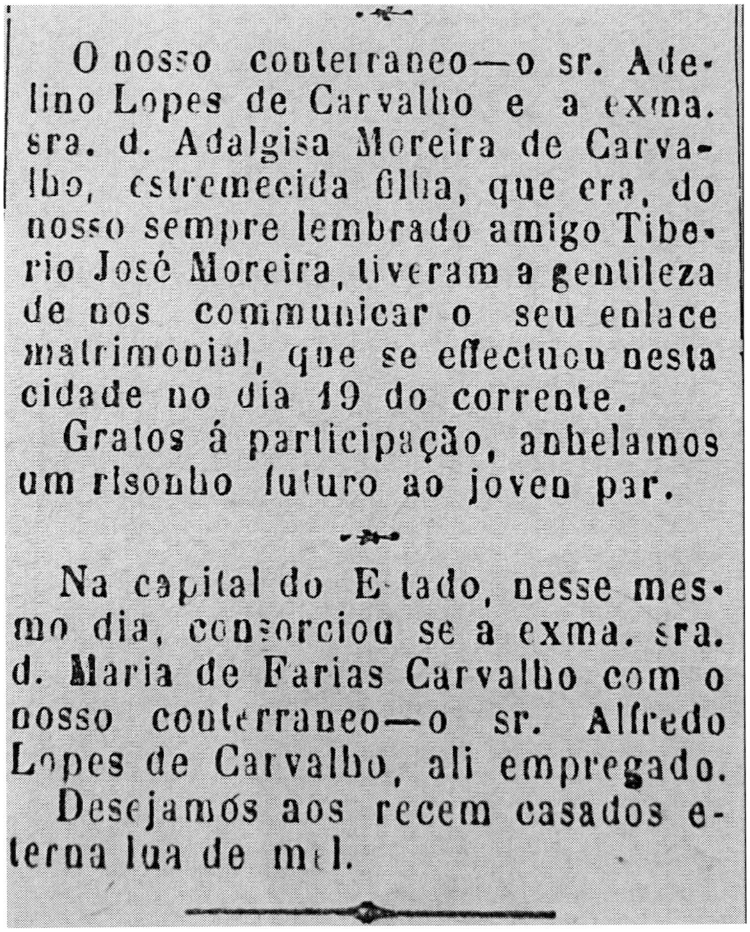

> O nosso conterraneo—o sr. Adelino Lopes de Carvalho e a exma. sra. d. Adalgisa Moreira de Carvalho, estremecida filha, que era, do nosso sempre lembrado amigo Tiberio José Moreira, tiveram a gentileza de nos communicar o seu enlace matrimonial, que se effectuou nesta cidade no dia 19 do corrente.
>
> Gratos á participação, anhelamos um risonho futuro ao joven par.
>
> Na capital do Estado, nesse mesmo dia, consorciou-se a exma. sra. d. Maria de Farias Carvalho com o nosso conterraneo—o sr. Alfredo Lopes de Carvalho, ali empregado. Desejamos aos recem casados eterna lua de mel.

Na capital do Estado, nesse mesmo dia, consorciou-se a exma. Sra. Maria de Farias Carvalho com o nosso conterrâneo o sr. Alfredo Lopes de Carvalho, ali empregado. Desejamos aos recém-casados eterna lua de mel.

Infelizmente, a união do casal foi efêmera. Três anos após a realização do matrimônio, a jovem Maria José teve sua vida interrompida abruptamente, falecendo de complicações no pós-parto da sua segunda filha.

---

[55] Livro de Casamentos do Distrito da Sé, p. 184v.

Figura 9 – Maria José Faria de Carvalho, esposa de Alfredo Lopes de Carvalho. Acervo de Marlene Maia Britez. Autor não identificado

Segundo Idalina de Carvalho Moreira[56], Zezé sofreu uma forte hemorragia, e não foi possível conter o sangramento. Após a morte da esposa, o jovem Alfredo continuou residindo na cidade do Salvador até que, no ano de 1912, transfere-se para então capital federal, a cidade do Rio de Janeiro, deixando suas filhas com a avó materna, a senhora Maria Cândida Borges de Barros Faria. No Rio de Janeiro, Alfredo casou-se mais duas vezes: primeiro com Izabel Auta Viana e, em seguida, com Cleomira Gomes. De ambos os casamentos não resultaram descendentes. Alfredo Lopes de Carvalho faleceu no Hospital São Francisco de Paula, na cidade do Rio de Janeiro, em 18 de dezembro de 1958, aos 75 anos, vítima de trombose cerebral e hipertensão arterial[57].

Figura 10 – Alfredo e sua filha Haydée passeando pelas calçadas da Avenida Rio Branco, no Rio de Janeiro, em 1931. Autor não identificado. Acervo de Marlene Maia de Britez

---

[56] Conferir verbete de Idalina de Carvalho Moreira, irmã de Alfredo Lopes de Carvalho.
[57] Anotações da Família, confere com seu atestado de óbito, emitido pelo Cartório da 9º Circunscrição do Registro Civil do Rio de Janeiro. Livro de óbitos n. 258, p. 283v.

Figura 11 – Alfredo e suas filhas. Notem que o paletó de Alfredo contém uma espécie de broche com o retrato da sua falecida esposa. Imagem do ano de 1912. Autor não identificado. Acervo de Marlene Maia Britez

ALFREDO MACHADO DE FREITAS

Praça da Regeneração[58]

Alfredo Machado de Freitas foi negociante e funcionário da Estrada de Ferro Central da Bahia, estabelecendo-se na cidade de Cachoeira por volta da década de 1880. Embora natural de Salvador, era descendente de antigas famílias de Cachoeira, dentre as quais se destacam os Teixeira de Freitas, cujo patriarca foi o capitão-mor José Teixeira de Freitas[59]. Alfredo era filho de Tibúrcio Teixeira de Freitas e Cândida Alves Machado de Freitas. Casou-se em Cachoeira com Ambrosina Ribeiro de Freitas, filha do rábula Henrique Ribeiro[60]. Dessa união nasceu Alice Ribeiro de Freitas, que se casou com o engenheiro e catedrático Plínio Alves Dias Gomes[61]. Alice e Plínio foram pais do renomado romancista, dramaturgo e autor de novelas Alfredo de Freitas Dias Gomes, conhecido como **Dias Gomes**, autor da célebre obra *O Bem-Amado*.

---

[58] Atual Dr. Milton.
[59] Conferir verbete de José Teixeira de Freitas.
[60] APEB. Judiciário. Livro de Nascimentos de Cachoeira n. 03, p. 118.
[61] Biblioteca Pública dos Barris. Setor de Periódicos Raros. Jornal *A Ordem*, ed. de 10.03.1909.

ALFREDO PEREIRA MASCARENHAS (DOUTOR)

Rua das Flores[62]

Figura 12 – Fotografia de Alfredo Pereira Mascarenhas. Autor e data desconhecidos

Promotor público e político que atuou em Cachoeira em finais do séc. XIX e início do XX[63]. Ingressou na então recém-fundada Faculdade de Direito da Bahia, onde colou grau em Ciências Jurídicas em 14 de março de 1894[64]. Nasceu em 1864 no distrito da Conceição da Feira, membro de numerosa família de pessoas ligadas à lavoura; filho de Leonídio Pereira Mascarenhas e de dona Antônia Augusta de Almeida Mascarenhas. Seu pai foi uma importante liderança política local, representando o distrito em algumas legislaturas na Câmara da Cachoeira[65]. Casou-se em 24 de fevereiro de 1910 com Leopoldina Milton da Silveira, sobrinha do famoso dr. Aristides Augusto Milton[66], filha do negociante tenente-coronel Guilhermino Adolfo da Silveira e Amabilia Milton da Silveira[67]. Em 1910, após ser eleito deputado estadual, abandonou a magistratura para dedicar-se à política[68].

---

[62] Atual Lauro de Freitas.
[63] Biblioteca Pública dos Barris. Setor de Periódicos Raros. Jornal *A Ordem*, ed. n. 31 de 23.04.1910.
[64] Hemeroteca Digital da Biblioteca Nacional. Periódico *Minas Gerais*, ed. n. 83 de 28.03.1894.
[65] APMC. Livro de Atas do Conselho Municipal, 1890-1900.
[66] Conferir verbete de Aristides Augusto Milton.
[67] Cartório do Registro Civil de Pessoas Naturais da cidade da Cachoeira. Livro de Casamento n. 8, termo 680.
[68] Biblioteca Pública dos Barris. Setor de Periódicos Raros. Jornal *A Ordem*, ed. n. 31 de 23.04.1910.

ALOYSIA EMÍLIA DE ARAÚJO ACTIS

Praça da Aclamação

Aloysia Emília de Araújo foi batizada na Igreja Matriz da Freguesia de São Gonçalo dos Campos em 1º de novembro de 1888, tendo como padrinho o reverendo vigário Galdino Pereira Borges, que, naquele ato, também representou sua madrinha, a figura de Maria de Nazaré, mãe de Jesus Cristo. Seguindo uma prática comum no século XIX, o vigário colocou a coroa de Nossa Senhora sobre a cabeça de Aloysia, simbolizando a participação espiritual de Maria e a bênção divina no sacramento.

> Ao primeiro dia do mês de novembro do ano de 1888, nesta matriz da Freguesia de São Gonçalo dos Campos batizei solenemente e pus os Santos óleos a Aloysia, parda, com idade de 10 anos, filha natural de Maria Sancha do Espírito Santo. Sendo padrinhos o reverendo vigário Galdino José Pereira Borges e Nossa Senhora. E para constar mandei fazer este assento que assino. O vigário Galdino José Pereira Borges.[69]

Nascida em 5 de maio de 1880, no distrito de Sobradinho, então pertencente à Vila de São Gonçalo dos Campos, Aloysia era filha natural do major Paulino Pereira de Araújo, lavrador e viúvo de Maria Francisca de Oliveira, natural de Santo Amaro da Purificação. Sua mãe, Maria Sancha do Espírito Santo, era viúva de Joaquim José Maurício e natural da Freguesia de São Gonçalo dos Campos[70].

Aloysia Emília de Araújo uniu-se em matrimônio com Cosme José Actis[71] no dia 20 de junho de 1896, em cerimônia realizada na residência da mãe da noiva, no Sobradinho[72]. Após o casamento, o casal estabeleceu residência em Cachoeira. O registro de nascimento da filha primogênita indica que, em 12 de maio de 1897, já moravam no Largo da Conceição do Monte, em Cachoeira, vizinhos do ilustre músico Manoel Tranquilino Bastos[73]. Isso pode ter contribuído para a sólida amizade entre as famílias Actis e Bastos[74].

---

[69] Arquivo da Cúria de Feira de Santana. Livro de Batismo da Freguesia de São Gonçalo dos Campos 1887-1891, p. 69.

[70] APEB. Seção Judiciário. Processo crime de Manoel de Figueiredo Mascarenhas, classificação: 7886 02/50/3, p. 12v; Arquivo da Cúria de Feira de Santana. Livro de Casamento da Freguesia de São Gonçalo dos Campos 1849-1861, p. 60; Livro de Casamento da Freguesia de São Gonçalo dos Campos 1863-1877, p. 171.

[71] Conferir verbete de Cosme José Actis.

[72] Cartório de São Gonçalo dos Campos. Livro n. 01 de casamento, termo 89, p. 80v.

[73] Manoel Tranquilino Bastos foi um destacado músico e intelectual autodidata, nascido e residente em Cachoeira durante a segunda metade do século XIX e início do século XX. Como um homem negro de significativa influência social, ele fundou e regeu por muitos anos a centenária Filarmônica Lyra Ceciliana.

[74] A informação é confirmada pela documentação privada do maestro Manoel Tranquilino Bastos, que contém correspondências trocadas com membros da família Actis. Esses registros são parte do acervo particular de Jorge Ramos.

Figura 13 – Dona Aloysia Emília, filhos, nora e sobrinhos. Acervo da família, autor e data desconhecidos

Aloysia Emília faleceu em Cachoeira no dia 2 de setembro de 1964, aos 84 anos, vítima de apoplexia cerebral. Ela foi sepultada no Cemitério da Santa Casa de Misericórdia, instituição da qual era irmã[75].

---

[75] Cartório do Registro Civil de Cachoeira, Distrito-Sede. Livro de óbitos do ano de 1964, termo 9.775. Assento do óbito de Aloysia Emília de Araújo Actis; Memorial da Santa Casa de Cachoeira. Livro de Irmãos, séc. XX.

ALTAMIRANO DE SOUZA BASTOS

Rua das Flores[76]

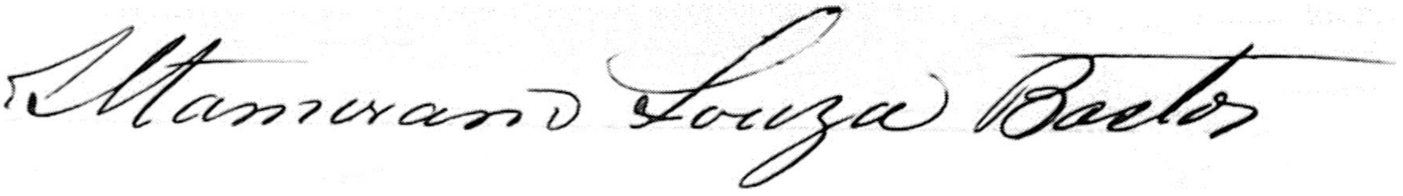

Negociante e político local. Em 4 de julho de 1877, o negociante Manoel Francisco de Souza Bastos compareceu ao cartório para prestar as informações sobre o nascimento do seu filho Altamirano de Souza Bastos, declarando que

> [...] no dia 4 do mês de junho próximo pretérito, sua senhora, dona Maria Constança de Moncorvo Mascarenhas Bastos[77], em sua casa de residência, à rua das Flores, nesta cidade da Cachoeira, às 6 horas da tarde deu à luz a dita criança[78].

A data informada no registro não bate com as anotações de família. No diário de Alzira Augusta Bastos Mascarenhas, irmã de Altamirano, consta que ele nasceu em 9 de maio de 1877, informação corroborada pela ed. de 7 de maio de 1919 do jornal *A Ordem*[79].

Figura 14 – Diário de anotações da família Bastos Mascarenhas

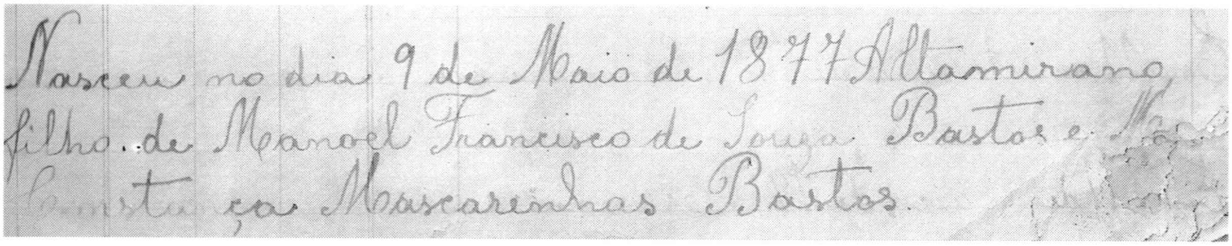

Nasceu no dia 9 de Maio de 1877 Altamirano
filho de Manoel Francisco de Souza Bastos e M.ª
Constança Mascarenhas Bastos.

Foi batizado no ano seguinte, em 29 de junho de 1878[80], na Igreja Matriz do Rosário, sendo paraninfos da cerimônia, na condição de padrinhos da criança, seus tios maternos, dr. Christóvão Pereira Mascarenhas Júnior e dona Antônia Augusta de Moncorvo Mascarenhas[81].

Altamirano estudou em sua terra natal. Em 1890, no censo escolar realizado pela câmara, foi informado que ele frequentava a escola pública municipal[82]. Acreditamos que poderia ser uma das classes regidas pelo professor Firmino Francisco de Santiago. Em 1897, funda o seu

[76] Atual Lauro de Freitas.

[77] Conferir verbetes de Manoel Antônio Francisco de Souza Bastos e de Maria Constança de Moncorvo Mascarenhas Bastos.

[78] APEB. Seção Judiciário. Livro de Nascimento n. 01 de Cachoeira, p. 27.

[79] Biblioteca Pública dos Barris. Setor de Periódicos Raros. Jornal *A Ordem*, ed. de 07.05.1919; conferir verbete de Alzira Augusta Bastos Mascarenhas.

[80] Universidade Católica do Salvador. Laboratório Reitor Eugênio Veiga (LEV). Livro de batismos da Freguesia da Cachoeira, 1872-1878, p. 190.

[81] Conferir verbetes de Christovão Pereira Mascarenhas Júnior e Antônia Augusta de Moncorvo Mascarenhas.

[82] APMC. Livro de Recenseamento das Crianças em idade escolar, 1890, Distrito-Sede, p. 7.

primeiro estabelecimento comercial, a casa *BASTOS & PINTO*, em regime de sociedade com aquele que viria a ser seu cunhado, Cezár de Souza Pinto. A seguir, uma notícia que foi veiculada no jornal *A Cachoeira* de 1897, sobre a inauguração do citado comércio:

Figura 15 – Jornal *A Cachoeira* de 1897

Altamirano de Souza Bastos e César de Souza Pinto
empregados bastante conhecidos nesta praça, avisam aos seus amigos e a todos em geral que se estabeleceram com loja de fazendas, roupas feitas, calçados, perfumaria e miudezas, nesta cidade,
à rua Ruy Barbosa, nº, 6 e 8
sendo a firma social BASTOS & PINTO [...].

Figura 16 – APEB. Nota fiscal da casa Bastos e Pinto. Anexo ao inventário *post mortem* de Maria Constança Mascarenhas Bastos 02/477/921/24, p. 26

Em 1905, a firma social Bastos & Pinto foi dissolvida, conforme declaração publicada e veiculada no periódico *A Ordem*, edição n. 53 de 15.04.1905.

Figura 17 – Biblioteca Pública dos Barris. Setor de Periódicos Raros

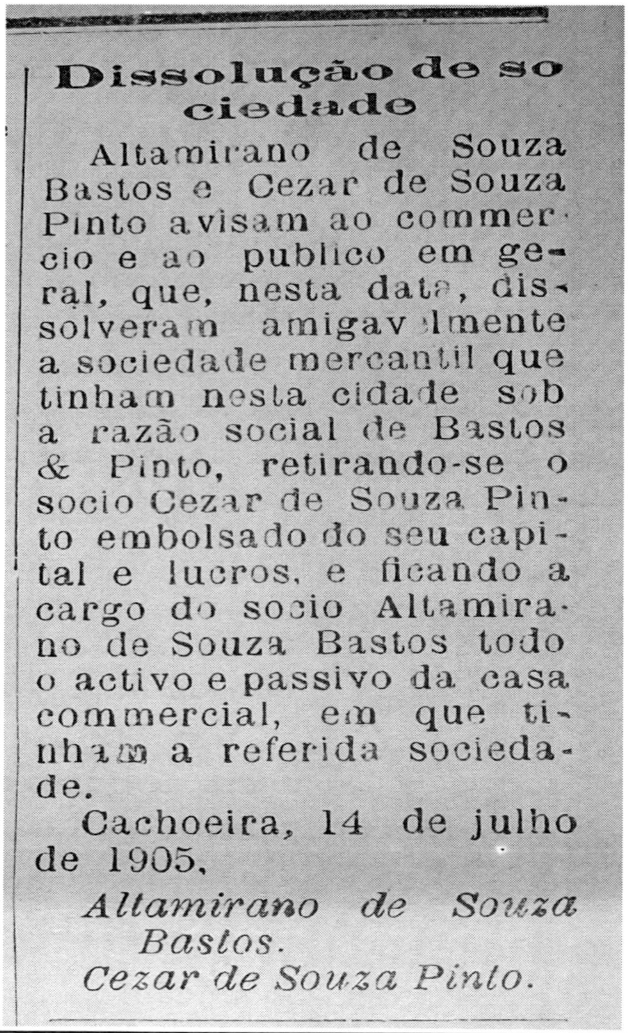

Dissolução de sociedade

Altamirano de Souza Bastos e Cezar de Souza Pinto avisam ao commercio e ao publico em geral, que, nesta data, dissolveram amigavelmente a sociedade mercantil que tinham nesta cidade sob a razão social de Bastos & Pinto, retirando-se o socio Cezar de Souza Pinto embolsado do seu capital e lucros, e ficando a cargo do socio Altamirano de Souza Bastos todo o activo e passivo da casa commercial, em que tinham a referida sociedade.

Cachoeira, 14 de julho de 1905.

Altamirano de Souza Bastos.

Cezar de Souza Pinto.

Dissolução de sociedade

Altamirano de Souza Bastos e Cezar de Souza Pinto avisam ao comercio e ao público em geral, que, nesta data, dissolveram amigavelmente a sociedade mercantil que tinham nesta cidade sob a razão social de Bastos & Pinto, retirando-se o sócio Cezar de Souza Pinto embolsado do seu capital e lucros, e ficando a cargo do sócio Altamirano de Souza Bastos todo o ativo e passivo da casa comercial, em que tinham a referida sociedade. Cachoeira, 14 de julho de 1905. Altamirano de Souza Bastos. Cezar de Souza Pinto.

Em 1907, Altamirano aparece com uma nova casa comercial, desta vez um grande armazém, onde se encontravam miudezas de armarinho e uma variedade de sortimentos comestíveis, a exemplo das mercadorias citadas na nota fiscal *supra*: marmelada, garrafa de vinho, lata de biscoitos finos, açúcar, café, algodão. Transferiu-se da Rua Ruy Barbosa para o sobrado de n. 13, situado na então Rua das Flores, propriedade herdada da sua falecida mãe.

Figura 18 – APMC. Nota fiscal da casa comercial de Altamirano Bastos. Estabelecimento fundado após a dissolução da firma Bastos & Pinto

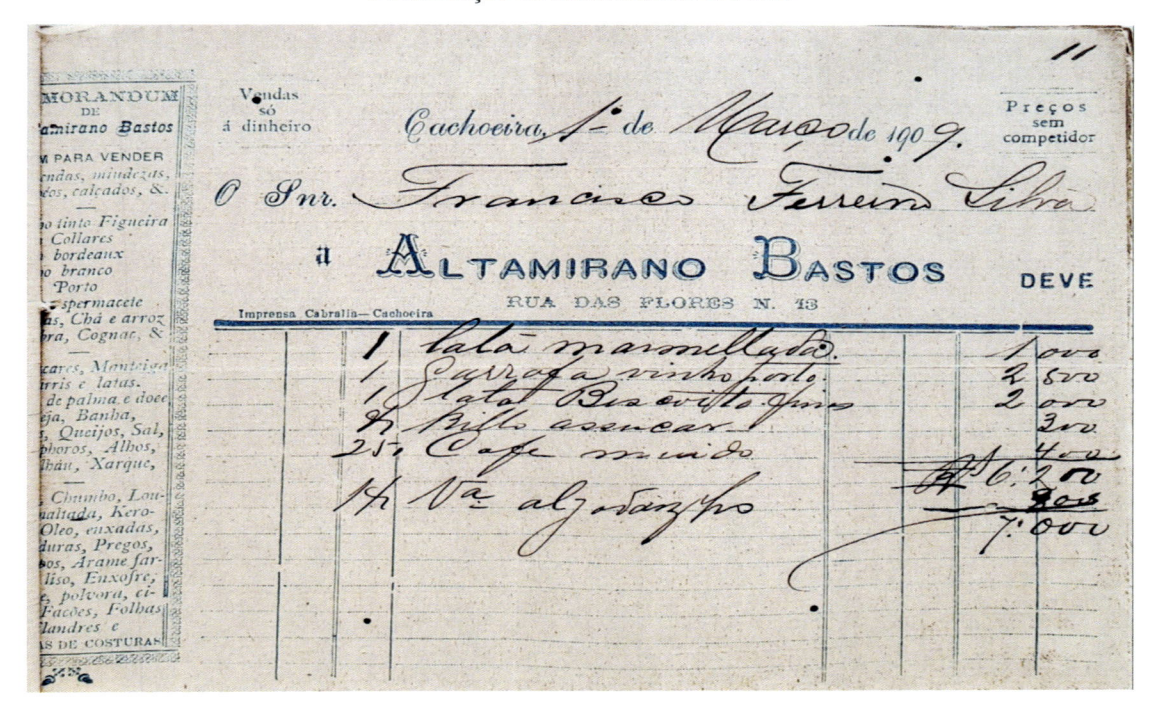

Altamirano Bastos figurou na elite cachoeirana do início do século XX, participando das principais instituições locais: Santa Casa de Misericórdia e Venerável Ordem Terceira do Carmo[83]. Ocupou, também, uma cadeira na Câmara, onde exerceu a função de conselheiro municipal, cargo equivalente ao de vereador, em funcionamento durante o período da República Velha.

Figura 19 – Altamirano Bastos no início do séc. XX. Acervo da família

---

[83] Memorial da Santa Casa de Misericórdia de Cachoeira. Livro n. 157; Arquivo da Ordem Terceira do Carmo de Cachoeira. Livro de Entrada de Irmãos referente à última década do séc. XIX.

Casou-se em 15 de setembro de 1900 com Semiramis de Souza Pinto, em cerimônia realizada no domicílio de Ana Rita de Cerqueira, tia da noiva, imóvel situado na então Rua do Recreio, atual Inocêncio Boaventura. Figuraram na condição de padrinhos e testemunha do ato matrimonial: dr. Inocêncio de Almeida Boaventura, amigo particular do noivo, e Joaquim Pedreira Mascarenhas, cunhado[84]. Faleceu tragicamente em sua casa comercial, na tarde de 11 de outubro de 1919, suicidando-se com uma corda. Vejamos a seguir a notícia que foi divulgada no jornal *A Ordem*, ed. de 15.11.1919.

Figura 20 – Biblioteca Pública dos Barris. Setor de Periódicos Raros. Jornal *A Ordem*, ed. de 15.10.1919

> **O fim tragico de um negociante**
>
> **Suicidou-se, enforcando-se no interior de sua casa commercial**
>
> **Nenhuma declaração foi encontrada**
>
> No dia 11 do corrente, á tarde, seriam 16 horas, foi a cidade abalada por uma sensacional noticia: o negociante Altamirano de Souza Bastos fôra áquella hora encontrado, no interior de sua casa commercial, á rúa das Flores, enforcado.
>
> O tristissimo facto, que a todos da cidade compungiu, dera-se minutos antes, sendo o corpo do mallogrado conterraneo encontrado balouçando, ainda quente, pelos srs. major Carlos Vieira e Edmundo Silva, das relações particulares do suicida, seus companheiros de palestra quotidiana.
>
> Altamirano Bastos contava 42 annos de edade e não deixou declaração alguma que elucidar possa o movel que o levou a commetter o estupido acto de desespero que privou dos cuidados de sua protecção uma familia das mais distinctas de nossa sociedade.
>
> Ha, entretanto, a versão, acceita por sua inconsolavel familia, de que Altamirano Bastos, espirito fraco, desertou da vida em consequencia do mau negocio que fizera, ha mezes, no sertão, da compra de uma fazenda de creação.
>
> O infeliz suicida occupava uma cadeira no concelho municipal desta cidade, era casado com a exma. sra. d. Semirames Pinto Bastos e deixa 5 filhos menores, as senhorinhas Constança e Paulina Pinto Bastos, e os meninos Alberto, Alcebiades e Armando.
>
> Era irmão das exmas. esposas dos srs. Joaquim Pedreira Mascarenhas e Cesar de Souza Pinto e cunhado dos srs. Tiberio e Manuel de Souza Pinto, negociantes desta praça.
>
> O enterro realizou-se no dia seguinte á tarde e sobre o que elle foi diremos no proximo numero desta *folha*, não o fazendo neste por falta absoluta de espaço.
>
> A' exma. familia do malaventurado Altamirano Bastos transmittimos a expressão do nosso pesar, extensiva a todos seus parentes.

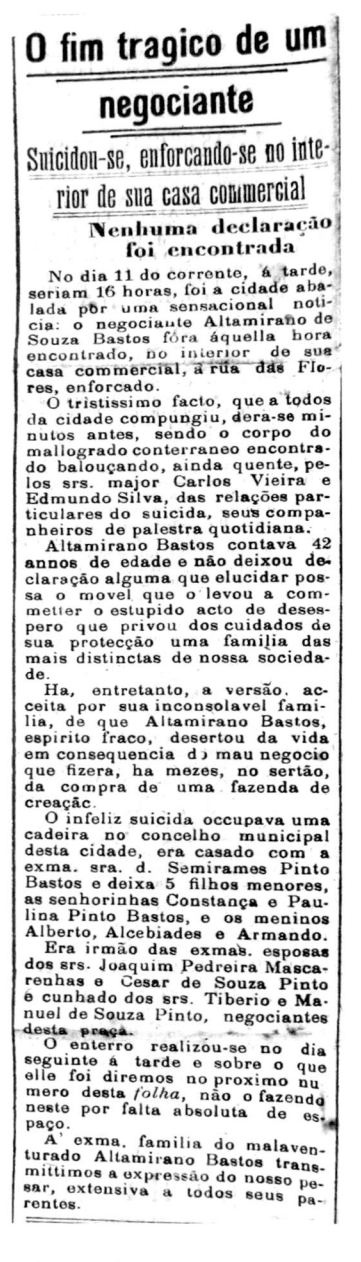

[84] Cartório do Registro Civil de Cachoeira, Distrito-Sede. Livro de casamento n. 05, p. 84, 84v.

> ***O fim trágico de um negociante.*** *<u>Suicidou-se, enforcando-se no interior de sua casa comercial.</u>*
> ***Nenhuma declaração foi encontrada.***
> *No dia 11 do corrente, à tarde, seriam 16 horas foi a cidade abalada por uma sensacional notícia: o negociante Altamirano de Souza Bastos fora aquela hora encontrado, no interior de sua casa comercial, a rua das Flores, enforcado. O tristíssimo fato, que a todos da cidade compungiu, deram-se minutos antes, sendo o corpo do malogrado conterrâneo encontrado balouçando, ainda quente, pelos srs. major Carlos Vieira e Edmundo Silva das relações particulares do suicida, seus companheiros de palestra cotidiana. Altamirano Bastos contava 42 anos de idade e não deixou declaração alguma que elucidar possa o móvel que o levou a cometer o estupido ato de desespero que privou os cuidados de sua proteção à uma família das mais distintas de nossa sociedade. Há, entretanto, a versão aceita por sua inconsolável família, de que Altamirano Bastos, espírito fraco, desertou da vida em consequência do mal negócio que fizera, há meses, no sertão, da compra de uma fazenda de criação. O infeliz suicida ocupava uma cadeira no conselho Municipal desta cidade, era casado com a exma. sra. d. Semirames Pinto Bastos e deixa cinco filhos menores, as senhorinhas Constança e Paulina Pinto Bastos, e os meninos Alberto, Alcebíades e Armando. Era irmão das exmas. esposas dos srs. Joaquim Pedreira Mascarenhas e Cézar de Souza Pinto, e cunhado dos srs. Tibério e Manoel de Souza Pinto, negociantes desta praça. O enterro realizou-se no dia seguinte à tarde e sobre o que ele foi diremos no próximo número desta folha, não fazendo neste por falta absoluta de espaço. A exma. família do mal-aventurado Altamirano Bastos transmitimos a expressão do nosso pesar, extensiva a todos os seus parentes.*

ALZIRA AUGUSTA BASTOS MASCARENHAS ("SENHORA")

Rua Treze de Maio

Figura 21 – Alzira Augusta Bastos Mascarenhas. Fotografia do ano de 1919, autor desconhecido. Acervo de Igor Roberto

Natural da cidade da Cachoeira, nasceu em 5 de março de 1870, filha legítima de Manoel Antônio Francisco de Souza Bastos e Maria Constança de Moncorvo Mascarenhas[85]. Foi batizada na igreja matriz da mesma cidade em 30 de abril de 1871, levada à pia batismal pelos seus avós maternos, ten.-cel. Christóvão Pereira Mascarenhas e dona Tranquilina Amélia de Moncorvo Mascarenhas[86].

Ao completar 18 anos, seu pai, Manoel Bastos, escolheu como seu futuro marido o negociante Joaquim Pedreira Mascarenhas. Em 1889, após o noivado oficial com Joaquim, Manoel Bastos partiu para Portugal acompanhado de sua esposa. Entre os diversos negócios que conduziu durante sua estada em terras portuguesas, estava a aquisição de todos os itens necessários para o enxoval de sua filha Alzira, que seria utilizado em seu casamento[87].

---
[85] Conferir verbetes de Manoel Antônio Francisco de Souza Bastos e de Maria Constança de Moncorvo Mascarenhas Bastos.
[86] Universidade Católica do Salvador. Laboratório Reitor Eugênio Veiga (LEV). Livro de batismos da Paróquia de Nossa Senhora do Rosário da Cachoeira, 1861-1872, p. 133. Conferir verbetes de Christóvão Pereira Mascarenhas e Tranquilina Amélia de Moncorvo Mascarenhas.
[87] Informação fornecida por Hilda Mascarenhas de Oliveira Lula, neta de Alzira Augusta Bastos Mascarenhas, que foi criada por sua avó.

Em 17 de janeiro de 1890, dona Maria Constança Mascarenhas, mãe de Alzira, encaminhou uma solicitação ao juiz de direito para que ele emitisse um alvará de licença para que pudesse seguir com os transmites do casamento da sua filha.

Figura 22 – APMC. Inventário *post mortem* de Manoel Francisco de Souza Bastos. Caixa 243, processo 2768, p. 67

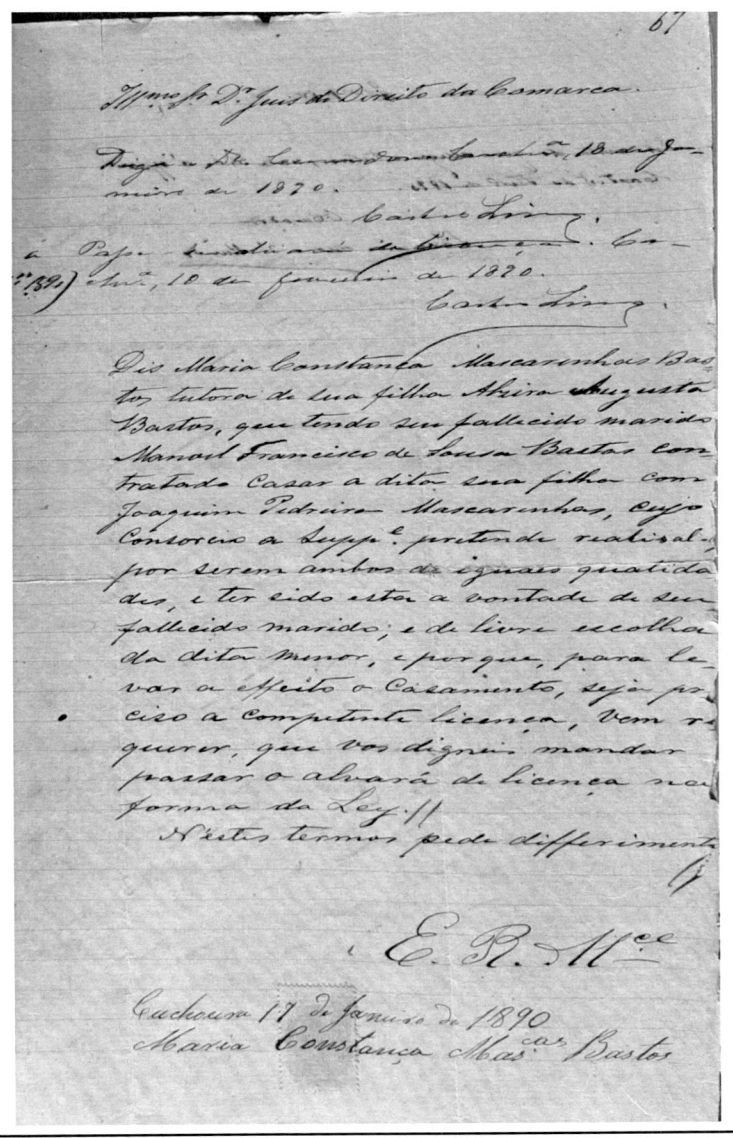

> *Ilmo. Sr. Dr. Juiz de Direito da Comarca*
> *Diz Maria Constança Mascarenhas Bastos, tutora de sua filha, Alzira Augusta Bastos, que tendo seu falecido marido Manoel Francisco de Souza Bastos contratado casar a dita sua filha com Joaquim Pedreira Mascarenhas, cujo consórcio a suplicante pretende realizá-lo por serem ambos de iguais qualidades, e ter sido esta a vontade de seu falecido marido; e de livre escolha da dita menor, e por que, para levar a efeito o casamento seja preciso a competente licença, vem requerer, que vos digneis mandar passar o alvará de licença na forma da lei. Nestes termos pede deferimento. E.R.M. Cachoeira, 17 de janeiro de 1890. Maria Constança Mascarenhas Bastos.*

Em 26 de abril de 1890, às 21 h, na Igreja Matriz da Cachoeira, o padre Heráclito Mendes da Costa celebrou o casamento de Alzira Augusta Bastos com Joaquim Pedreira Mascarenhas. A memória familiar registra que esse evento foi de grande destaque na sociedade cachoeirana, contando com a presença de figuras proeminentes da elite local como padrinhos das cerimônias civil e religiosa: o dr. Christóvão Mascarenhas Júnior, representando a noiva, e o major Sancho José da Costa, representando o noivo[88]. A título de curiosidade, é interessante notar a existência de um parentesco remoto entre os nubentes. A bisavó de Joaquim, Margarida de Jesus Maria[89], era prima de primeiro grau de Vicente Ferreira Mascarenhas[90], bisavô de Alzira. Ambos eram tetranetos de José Pereira Mascarenhas, capitão-mor da Freguesia do Iguape.

Na condição de dote, Joaquim Mascarenhas recebeu a herança que caberia à sua esposa pelo falecimento do pai e sogro, Manoel Bastos. O conjunto de bens era formado por uma propriedade de sobrado, casas térreas, terrenos e dinheiro[91].

Figuras 23 e 24 – Ilustração da fachada original do sobrado n.º 06, localizado na Rua Treze de Maio, e fotografia que registra as ruínas da propriedade

Desenho com a fachada do sobrado n. 6, Rua Treze de Maio, elaborado por Igor Pereira Trindade (2024). Ao lado, fotografia que retrata as condições do prédio na atualidade: <u>em completa ruína</u>. Esse sobrado compôs o dote de Alzira Augusta Bastos Mascarenhas; local onde residiu com seu esposo e formou a sua família. Imóvel edificado por volta do ano de 1840 na então Rua de Baixo, adquirido por Manuel

---

[88] Conferir verbete de Joaquim Pedreira Mascarenhas.
[89] Conferir verbete de Margarida Maria de Jesus.
[90] Conferir verbete de Vicente Ferreira Pereira Mascarenhas.
[91] APMC. Inventário *post mortem* de Manoel Francisco de Souza Bastos. Caixa 243, processo 2768.

> *Bastos em 1886 pela quantia de 1:800 (um conto e oitocentos mil réis). Entregue na condição de causa dotes a Joaquim Pedreira Mascarenhas em 1890. Como muitas propriedades de sobrado da cidade da Cachoeira, possuía grande dimensão, a sua escritura informa que estava dividida em 3 pavimentos: térreo, primeiro e segundo andar, além da existência de um sótão; armazém e nove quartos. APEB. Seção Judiciário. Livro de notas de Cachoeira n. 158, p. 52v*

A escritura da propriedade informa a dimensão do imóvel. Era um sobrado tão espaçoso e com cômodos ociosos que, em 1899, a Intendência Municipal de Cachoeira assinou um contrato de locação com Joaquim Pedreira Mascarenhas para que no primeiro andar funcionasse uma escola pública. O valor do contrato foi estipulado em 40$000 (quarenta mil réis) mensais[92].

No princípio do ano de 1939, Alzira Augusta foi acometida por grave enfermidade. Passados dois dias, sem obter melhora, as suas filhas resolveram consultar um médico, que diagnosticou que a sexagenária era portadora do diabetes, porém equivocou-se no tratamento. Conforme as instruções médicas, as filhas de Alzira prepararam doces para ela consumir. Logo, a condição de saúde piorou, como era de se esperar. Diante do agravamento causado pelo tratamento inadequado, os filhos levaram-na à capital do estado em busca de um especialista. Em 1º de março do mesmo ano, a família chegou a Salvador e consultou o dr. Exuperio Braga, um médico especialista, que constatou o equívoco no tratamento anterior. Infelizmente, não foi possível reverter a situação. Dona Alzira veio a falecer em Salvador no dia 18 de março de 1939, vítima de um colapso cardíaco durante um episódio de hiperglicemia decorrente do diabetes[93].

---

[92] Arquivo Público Municipal de Cachoeira. Intendência. Documentação avulsa não catalogada.

[93] Entrevista realizada com dona Jeronísia de Almeida Barros, neta de Alzira. Certidão de óbito de Alzira, anexa ao seu inventário *post mortem*. APMC. Caixa 259, processo 3041.

ALZIRA PEDREIRA MASCARENHAS

Rua Treze de Maio, n. 6

Figura 25 – Alzira Pedreira Mascarenhas, 1930. Acervo da família

Memorialista da família, coube-lhe a função de registrar os eventos vitais dos seus familiares. Natural da cidade de Cachoeira, filha legítima de Joaquim Pedreira Mascarenhas e Alzira Augusta Bastos Mascarenhas[94]. Nasceu em 28 de maio de 1896 e foi batizada em 3 setembro do mesmo ano, na igreja matriz, sendo padrinhos: João Pedreira Lapa e Tranquilina Nolasco Lapa[95], parentes de sua mãe.

Figura 26 – Recorte do diário de anotações da família Bastos Mascarenhas

Faleceu na cidade do Rio de Janeiro em 5 de março de 1989, com 92 anos de idade, vitimada por *doença pulmonar obstrutiva crônica*. Foi sepultada no dia seguinte no Cemitério São João Baptista[96].

---
[94] Conferir verbetes de Joaquim Pedreira Mascarenhas e Alzira Augusta Bastos Mascarenhas.
[95] Conferir verbetes de João Pedreira Lapa e Tranquilina Nolasco Lapa.
[96] Certidão de Óbito de Alzira. Registro lavrado na 5ª Circunscrição do Registro Civil. Livro de Óbitos 1989, fev./jun., v. 377.

ALZIRA VIEIRA GOMES DE CARVALHO

Rua Formosa[97]

Figura 27 – Alzira Vieira Gomes de Carvalho, 1911. Acervo da família

Alzira nasceu em 24 de junho de 1891, filha do próspero negociante Francisco Xavier Vieira Gomes e de Laurinda Pureza Pereira de Lima, ambos viúvos à época do seu nascimento. Foi batizada com o nome de Alzira Baptista em 24 de junho de 1897, levada à pia batismal pelos padrinhos, coronel Vicente Ferreira de Farias e dona Maria José de Oliveira Gomes[98], das relações de amizade do seu pai, ambos membros das elites locais. Casou-se com Deraldo Lopes de Carvalho[99] em 1911, e incorporou o cognome Carvalho da família do seu esposo.

Com apenas cinco anos de casada, em 1916, Alzira foi acometida por uma grave moléstia de pulmão, mas, a despeito de todo o desvelo da família no tratamento, fosse na busca de médicos especialistas; fosse mudança para outros locais com ares mais puros — como foi o caso da

---
[97] Atual J. J. Seabra.
[98] Universidade Católica do Salvador. Laboratório Reitor Eugênio Veiga (LEV). Livro de batismos da Paróquia de Nossa Senhora do Rosário da Cachoeira, 1889-1897, p. 101v. Conferir verbete de Maria José de Oliveira Gomes.
[99] Conferir verbete de Deraldo Lopes de Carvalho.

mudança para Conceição da Feira —, não foi suficiente para conter o avanço da enfermidade, que não pôde ser diagnosticada devidamente. Os tratamentos empregados, além de não sanar a doença, também não foram suficientes para evitar o aparecimento das doenças oportunistas, vindo a contrair tuberculose pulmonar no seu último mês de vida. Alzira Vieira Gomes de Carvalho faleceu em 4 de junho de 1918, vitimada por *"padecimentos internos"*, contando 27 anos incompletos[100]. A seguir uma nota localizada no jornal *A Ordem*, ed. de 6 de junho de 1918:

Figura 28 – Biblioteca Pública dos Barris. Setor de Periódicos Raros

> *D. Alzira Gomes de Carvalho*
> *Gratidão*
> *Deraldo Lopes de Carvalho, Laurinda Pureza Vieira Gomes, Amasília Vieira Guimarães, profundamente magoados com o imaturo e doloroso trespasse de sua prezada esposa, filha e irmã - d. Alzira Gomes de Carvalho – vem de público protestar a sua indelével gratidão as pessoas que lhe fizeram o caridoso favor de acompanhá-la a derradeira estância, no Cemitério da Piedade, as que ofereceram piedosamente bandejas de flores e as que lhes apresentaram expressões de conforto e pesar, pessoalmente ou por intermédio de delicadas letras. Agradecem também ao ilustre e humanitário clínico senhor doutor Inocêncio de Almeida Boaventura, ao sr. farmacêutico Arquimedes Ferraz Moreira, ao Sr. Augusto Leciague Régis, os solícitos cuidados dispensados, quando no seu leito de dor, a desventurada morta; ao distinto amigo major Antônio Joaquim Correia e suas excelentíssima família, a Sra. Isabel Maria*

---

[100] Cartório do registro das Pessoas Naturais da cidade de Cachoeira/BA, Distrito-Sede. Livro de óbitos n. 21, termo 37.

Gomes e ao Sr. Idalicio de Carvalho, pelos obséquios prestados durante a moléstia e por ocasião da morte da desventurada senhora; a estimada Filarmônica Minerva Cachoeirana, que se fez representar nos funerais por uma comissão de seus membros; e ao senhor Manuel Gonçalves Rafael, digno compadre da pobre extinta, que ofereceu bonita capela mortuária com delicada dedicatória. Estendem este seu agradecimento às pessoas da Conceição da Feira, que, quando a extinta lá esteve, a cumularam, bem assim a sua família, de obséquios; ao caridoso senhor professor Manoel Tranquilino Bastos e excelentíssima família; e as pessoas que também se prestaram com os seus serviços, quando a querida morta esteve residindo, durante meses, na ladeira do Monte, nesta cidade. Cachoeira, 6 de junho de 1918.

ANA ÁLVARES BARRETO

Ana Álvares Barreto, africana oriunda da Costa da Mina, chegou ao Brasil aos 14 anos e foi batizada na Freguesia de Nossa Senhora do Rosário, onde residiu. Comprada por Custódio Álvares Barreto, conquistou sua alforria por meio de pagamento. Em seu testamento, nomeou Gonçalo Álvares Barreto como testamenteiro, a quem também se referiu como compadre. A coincidência de sobrenomes sugere que Gonçalo pode ter sido escravizado pelo mesmo senhor, apontando para vínculos forjados durante a escravidão e reforçados posteriormente por laços espirituais. Ana foi integrante das Irmandades do Senhor Bom Jesus dos Martírios e de Nossa Senhora do Rosário do Santíssimo Coração de Maria, refletindo sua ativa participação nas confrarias religiosas da época[101]. Falecida em outubro de 1831, foi sepultada de forma solene no Convento do Carmo, como membro da Irmandade do Senhor dos Martírios. Sua trajetória revela não apenas a conquista da liberdade, mas também o papel central das redes sociais e religiosas na construção de sua identidade e status social[102].

---

[101] APMC. Testamento de Ana Álvares Barreto, anexo ao seu inventário *post mortem*, caixa 112, doc. 1084.

[102] APMC. Inventário *post mortem* de Ana Álvares Barreto. Caixa 112, processo 1084, p. 18.

ANA ALVES DA FRANÇA

Mulher ganhadeira. Em 1861, Ana Alves da França juntamente com outras companheiras de profissão subscreveram um requerimento que foi enviado à Câmara Municipal da Cidade da Cachoeira, solicitando providências contra o procedimento desrespeitoso do fiscal de posturas da câmara perante elas. Trata-se de um documento bastante interessante, que informa sobre aspectos socioeconômico de relevância que ajuda a compreender sobre a dinâmica comercial mais ampla que estava vigente no município e a movimentação de seus agentes. Vejamos a seguir o teor da representação:

> Dizem Antônia das Chagas, Ana Alves da Franca, Felicidade Maria do Espírito Santo, Lourença Maria de Jesus e Maria Felismina, ganhadeiras nesta cidade, que tendo sido intimadas pelo fiscal Manoel da Silva Soledade, para que se retirassem das praças e portas de vendas e fossem para os tamarindos na Praça do Chafariz enquanto se efetuava a casa do mercado, as suplicantes obedeceram a esse mandato e para ali se dirigiram. Acontece, porém, que o novo fiscal as tem tangido dali para fora por uma forma reprovada, como seja, meter os pés nas gamelas e virá-las misturando feijão com milho, derramando azeite, quebrando ovos, com que causa não pequeno prejuízo, as suplicantes vem requerer a Vossas Senhorias se dignem ordenar ao respectivo fiscal para que as deixe ali permanecer, até que a casa do mercado funcione legalmente. Nesses termos, pede deferimento. Arrogo das suplicantes, Cornélio Cipriano de Assis.[103]

Esse relato conta um pouco sobre um processo interessante: a transferência da feira de comercialização de cereais da então Praça dos Arcos (atual Praça Teixeira de Freitas) para a Praça do Chafariz (atual Praça Dr. Milton). Em 1857, um grupo de comerciantes descontentes com essa mudança promovida pela câmara encaminhou uma petição aos camarários contestando-a, argumentando que, tradicionalmente, a Praça dos Arcos sempre foi utilizada para aquele fim:

> Dizem os abaixo assinados, negociantes estabelecidos na rua dos Arcos desta cidade, que sendo costume de tempo imemorial ser ali a feira da farinha ou a reunião de todos os roceiros, que concorrem a esta cidade com milho, farinha, e feijão, houve esta ilustre Câmara de mandar mudar essa feira para o lugar do Açougue, constrangendo pelo meio de seus fiscais, e da polícia, as vendedoras para aquele novo lugar e para que os suplicantes na qualidade de negociantes estabelecidos nos Arcos sofrem grande prejuízo com essa mudança, pelo que tendo fiado seu gêneros a aqueles que ali concorriam [...].[104]

Os lavradores dos distritos também se mostraram desgostosos com a transferência do local e apelaram para as autoridades províncias alegando que:

> Sem a prévia autorização de Vossa Excelência, entendeu a referida Câmara Municipal remover o mercado dos legumes do lugar dos Arcos, onde há um século se mercadejava, para seu açougue, mandando retirar os talhos que ali existiam para onde convivência aos talhadores [...].[105]

---
[103] APMC. Legislativo. Requerimentos. Documentos avulsos não classificados.
[104] *Ibidem*.
[105] *Ibidem*.

Ao que parece, os protestos não surtiram efeito, e a mudança foi uma realidade. Aristides Milton descreve que, com a mudança ocorrida, a antiga casa de açougue transformou-se em mercado público[106].

Figura 29 – Antiga Praça do Chafariz/Tamarindeiros, atual Dr. Milton. Local onde funcionava a feira livre no século XIX e primeira metade do séc. XX. Imagem colhida do álbum de fotografias de Fernando José de Almeida

Partindo de lugares sociais distintos — negociantes, agricultores e vendedoras ambulantes —, os relatos mencionados representam grupos que negociavam e dinamizavam as trocas e vendagens de mercadorias no universo comercial da cidade. Talvez os proprietários das casas comerciais não tenham sido explícitos sobre a importância dessas ganhadeiras para o incremento e vantagem econômica dos seus empreendimentos, mas a leitura atenta desses documentos permite que depreendamos que as vendedoras de rua também eram consumidoras dos seus produtos. Certamente, revendiam as mercadorias adquiridas para obterem algum lucro. Ademais, esses relatos também podem evidenciar que essa zona — Praça dos Arcos — foi o reduto onde se concentravam as mulheres que atuavam na vendagem de rua, tanto para comercializarem seus produtos quanto para fixarem moradia. Vale indicar que o logradouro que fica ao lado da referida praça foi denominado de Rua das Ganhadeiras[107]. O primeiro registro na documentação referente a esse logradouro data do ano de 1838[108]. Sabemos, porém, que a cunhagem desses nomes se dava coletivamente, através da oralidade, ao longo de anos.

---

[106] MILTON, Aristides. *Ephemerides cachoeiranas*. Salvador: Ufba, 1979. (Coleção Cachoeira; v. 1). p. 114.
[107] Atual Rua Sete de Setembro.
[108] APMC. Inventário *post mortem* de João José da Silva e Azevedo, caixa 111, processo 1076.

Figura 30 – APMC. Primeiro documento localizado onde aparece o nome da Rua das Ganhadeiras de forma oficial. Inventário *post mortem* de João José da Silva e Azevedo, caixa 111, processo 1076

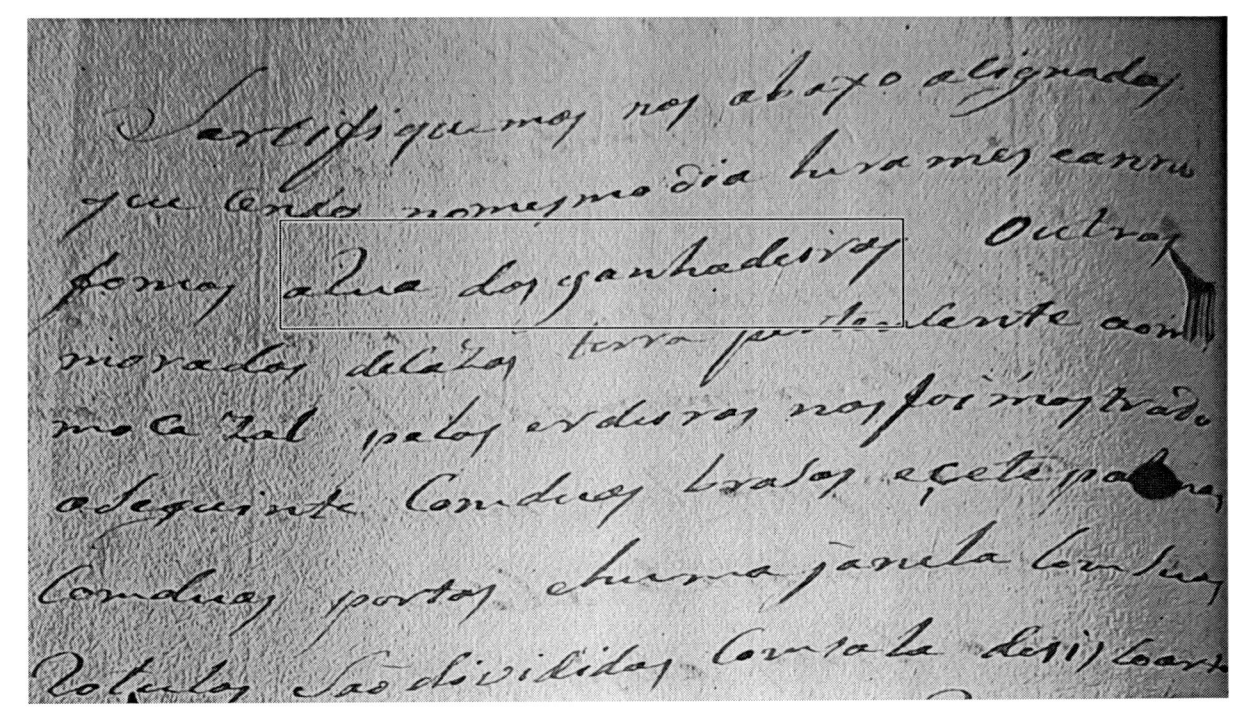

ANA BENEDICTA DE SÃO JOSÉ

Rua da Matriz[109]

Ana Benedicta, africana jeje[110] egressa do cativeiro, foi escravizada de Maria Joaquina de São José[111], uma mulher branca que foi casada com o reinol Domingos Alvares. Ana Benedicta teve pelo menos quatro filhos: Manoel Esmeraldino do Patrocínio[112], João de Deus Martins, Inácio José de Loiola e Ana Genoveva[113]. A data exata de sua alforria é desconhecida, mas sabemos que, em 1832, ela já era livre, conforme indicado no testamento de Ana Antônia de São José, mãe adotiva de Manoel Esmeraldino. O testamento estipulava que, para Manoel herdar sua casa, ele deveria cuidar de Ana Benedicta enquanto ela vivesse[114].

---

[109] Atual Ana Nery.

[110] Informação localizada no assento de casamento do seu filho Inácio. Universidade Católica do Salvador. Laboratório Reitor Eugênio Veiga (LEV), Livro de casamentos da Paróquia de Nossa Senhora do Rosário da Cachoeira, 1828-1860, p. 20v.

[111] Universidade Católica do Salvador. Laboratório Reitor Eugênio Veiga (LEV). Livro de batismos da Paróquia de Nossa Senhora do Rosário da Cachoeira, 1791-1805, p. 257v.

[112] Conferir verbete de Manoel Esmeraldino do Patrocínio.

[113] APEB. Seção Judiciária. Inventário *post mortem* de Ana Antônia de São José, classificação: 07/3113/18, p. 4, 4v.

[114] *Ibidem*, p. 5.

ANA JOAQUINA DO SACRAMENTO

Rua do Recreio[115] n. 24

Ana Joaquina do Sacramento nasceu em Cachoeira por volta do ano de 1825, filha legítima de Manoel Victorino Bezerra e sua mulher, d. Mariana Bezerra. No estado de solteira, viveu maritalmente com Manoel Antônio Costa[116], cuja relação nunca foi oficializada pelas leis da Igreja. Desta união nasceram diversos filhos, dentre os quais conseguimos coletar alguns nomes, que serão apresentados: Pedro Nolasco da Costa[117], Januário José da Costa, Sancho José da Costa e Clementina da Costa Serra. Após a dissolução da sua relação com Manoel Antônio Costa, casou-se pelas leis do Sagrado Concilio Tridentino com Manoel Correia de Araújo, união que não gerou descendência. Faleceu em 2 de fevereiro de 1890, às 12 h, em sua residência, em decorrência de problemas da sua avançada idade, 75 anos. Foi sepultada no Cemitério da Piedade[118], em uma das carneiras da Irmandade de Nossa Senhora da Conceição do Monte, agremiação na qual era associada.

---

[115] Atual Inocêncio Boaventura.
[116] Informação localizada no registro de nascimento de Etelvina, neta de Ana Joaquina, filha de Sancho José da Costa. APEB. Seção Judiciário. Livro de Nascimento de Cachoeira n. 02, p. 161v.
[117] Conferir verbete de Pedro Nolasco da Costa.
[118] APEB. Seção Judiciário. Livro de registro de Óbitos do Escrivão Cachoeira, n. 4, termo n. 618.

ANA MARIA DA CONCEIÇÃO

Parteira com carta de aprovação emitida pela Fisicatura-Mor do Império do Brasil, órgão do governo cuja função consistia na fiscalização e regulamentação das práticas relacionadas ao exercício da "arte de curar"[119]. Em 1828, Ana Maria da Conceição, residente na Vila da Cachoeira, comparecia ao Senado da Câmara solicitando que fosse registrada a sua Carta de Parteira no livro competente.

> Registro da carta de parteira de Ana Maria da Conceição. Domingos Ribeiro dos Guimarães Peixoto do Conselho de sua Majestade Imperial, comendador da Ordem de Cristo, fidalgo cavaleiro da sua Imperial Câmara, e cirurgião mor do Império do Brasil// Faço saber a todos os provedores, corregedores, ouvidores, em justiça, oficiais e pessoas delas, a quem direito haja de pertencer, que eu por esta carta de confirmação, dou licença a Ana Maria da Conceição para que possa usar do ofício de parteira, o que pelo ato foi examinada na presença do meu senhor delegado na província da Bahia Manoel José Estrela, pelos examinadores Manuel Martins da Silva, Manoel Bernardino, cirurgiões aprovados, os quais a deram por aprovada debaixo do juramento que havia recebido pelo que, lhe mandei passar a presente carta [...].[120]

Podemos considerar que Ana Maria da Conceição foi uma das raras parteiras da Vila da Cachoeira que foram aprovadas e habilitadas pela Fisicatura-Mor. Durante os três primeiros séculos de colonização no Brasil, a "arte de partejar" não era oficializada, sendo instituída apenas em 1813, com o objetivo de realizar um controle mais efetivo do ofício e daquelas que o praticavam. As parteiras deveriam submeter-se aos exames realizados pela Fisicatura-Mor, para então obter a licença e exercer o serviço de maneira legal. Entretanto, a maioria das profissionais não recorreram ao aparelhamento estatal para legitimar o seu saber, ficando tão somente com a bagagem prática adquirida a partir das observações e intervenções realizadas ao longo das suas respectivas vidas[121].

---

[119] PIMENTA, Tânia Salgado. *Artes de curar*: um estudo a partir dos documentos da Fisicatura-Mor no Brasil do começo do século XIX. 1997. Tese (Doutorado em História) – Universidade Estadual de Campinas, Campinas, 1997. p. 2.

[120] APMC. Licença registrada e lavrada em 09.05.1828 no Livro de Registro de Provisões do Senado da Câmara da Vila da Cachoeira, p. 219.

[121] PIMENTA, *op. cit.*, p. 107-115.

ANACLETO DO CARMO MACHADO

Militar, natural da Vila de Nossa Senhora do Rosário da Cachoeira. Filho natural de Florência, africana de nação jeje. Faleceu em 29 de maio de 1818. Foi sepultado utilizando a farda do seu regimento militar como mortalha, e seu corpo depositado em uma sepultura na igreja Matriz da vila[122].

---

[122] Universidade Católica do Salvador. Laboratório Reitor Eugênio Veiga (LEV). Livro de óbitos da Paróquia de Nossa Senhora do Rosário da Cachoeira, 1811-1825, p. 184v.

ANASTÁCIO PEREIRA DA TRINDADE

Currais Velhos[123]

Essa assinatura, embora desprovida de alinhamento estético, representa uma descoberta notável. Ela evidencia a interação com a cultura da escrita, ainda que limitada apenas à assinatura do nome, de alguém cuja liberdade foi cerceada por longos anos sob o jugo da escravidão.

Nas páginas amareladas do inventário *post mortem* de sua antiga senhora, dona Mariana Pereira da Trindade[124], o nome de Anastácio aparece em 1826, ainda sob a condição de escravizado e, por isso, descrito de forma desumanizadora, como se fosse apenas mais uma mercadoria: "Anastácio, crioulo, do serviço da enxada, defeituoso da perna esquerda, avaliado em 160$000 (cento e sessenta mil réis)". No mesmo processo, encontra-se o testamento de Mariana Trindade, onde ela declara que havia coartado seu escravizado Anastácio:

> Declaro que o dito meu primeiro testamenteiro e marido, depois do meu falecimento receberá do nosso escravo Anastácio cinquenta mil réis para lhe passar a carta de liberdade, no caso de o dito escravo não ter o mesmo dinheiro, lhe dará um ano para os ganhar, fim deste prazo não dando a dita quantia o chamará para o cativeiro.[125]

A coartação era uma espécie de acordo entre o senhor e seu escravizado, que deveria pagar-lhe, dentro de certo período, uma quantia combinada para que obtivesse sua alforria. Em linhas gerais, o escravizado que se encontrava nessa posição vivia em uma espécie de fase de transição que poderia culminar na sua libertação do cativeiro, estando sua manumissão consignada ao cumprimento da apresentação da soma fixada[126].

Anastácio alcançou sua tão desejada liberdade ao pagar o valor exigido por sua antiga senhora, tornando-se um homem liberto entre 1826 e 1827. Esse feito é uma prova inquestionável de sua vitória em todos os sentidos da palavra. Além de superar a condição de escravizado, ele também enfrentou suas limitações físicas, conforme indicado em sua avaliação no inventário de Mariana Pereira, mencionado anteriormente. Anastácio não apenas se libertou das correntes da escravidão, mas também ingressou em um seleto grupo de ex-escravizados que conseguiram acumular patrimônios significativos em Cachoeira. Embora os detalhes sobre sua inserção no trabalho após a alforria sejam desconhecidos, é plausível afirmar que ele obteve sucesso em

---

[123] Atual Praça Marechal Deodoro.
[124] Sobre sua antiga senhora, conferir verbete de Mariana Pereira da Trindade.
[125] APMC. Testamento de Mariana Pereira da Trindade, anexo ao seu inventário *post mortem*, caixa 151, doc. 1503.
[126] PINHEIRO, Fernanda Domingos. Nem liberto, nem escravo: os coartados em disputas judiciais (Mariana/MG –1750-1819). *História*, [São Paulo], v. 37, p. 1-25, 2018.

seus empreendimentos, adquirindo o status de proprietário urbano. Dentre suas conquistas, destacam-se a compra de um sobrado avaliado em um alto valor de mercado — três contos de réis — situado na antiga Rua do Curral do Conselho, também conhecida como Currais Velho, e outras duas casas térreas[127].

Casou-se com Bonifácia da Cruz, mas não deixou sucessão, cenário que lhe permitiu legar parte dos seus bens a duas sobrinhas que se encontravam na condição de cativas. Anastácio demonstrou toda preocupação e enorme desejo de propiciar a liberdade a seus parentes consanguíneos mais próximos, explicitando que o recurso da herança seria específico para essa finalidade, reiterando que, caso o montante da herança não fosse suficiente para arcar com a compra das alforrias, o dinheiro deveria ser remetido ao cofre nacional, a fim de alcançar o valor que permitiria o cumprimento dessa disposição testamentária[128]. Natural de Cachoeira, onde faleceu de moléstia interna, em 29 de outubro de 1857, foi sepultado na Capela de Nossa Senhora do Rosário do Sagrado Coração de Maria, conforme determinação expressa em seu testamento[129].

---

[127] APMC. Inventário de Anastácio Pereira da Trindade, caixa 151, doc. 1503, p. 11v.

[128] APMC. Testamento de Anastácio Pereira da Trindade, anexo ao seu inventário *post mortem*, caixa 151, doc. 1503,

[129] Universidade Católica do Salvador. Laboratório Reitor Eugênio Veiga (LEV). Livro de Registro de Óbitos da Paróquia de Cachoeira, 1850-1870, p. 81v.

ANDRÉ DIOGO VAZ MUTUM

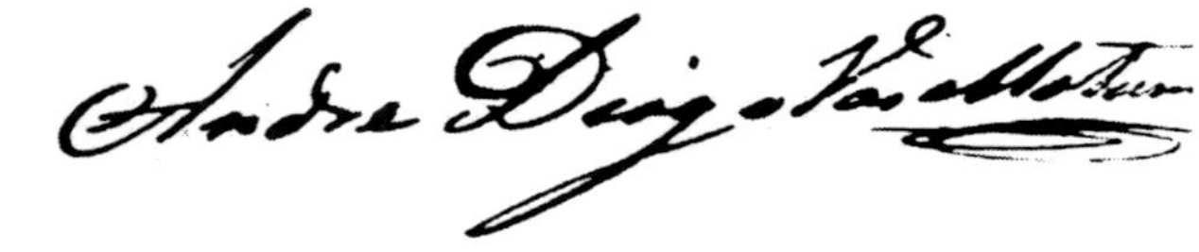

Homem pardo, músico e veterano da Independência. Foi batizado com o nome de André Diogo Vaz Lordelo, filho de Diogo Vaz Lordelo e Joana Maria da Encarnação Passos. A família substituiu o *cognome* Lordelo — de origem lusa — pelo Mutum, termo que remete ao vocabulário dos povos originários e designa uma espécie da fauna brasileira. O procedimento não foi incomum. O jornal *O Independente Constitucional*, publicado na Vila da Cachoeira, em 1823, cujo editor foi Francisco Gomes Brandão Montezuma, publicou diversos anúncios sobre mudanças e adoções de sobrenomes pelos patriotas brasileiros durante e após as lutas contra as tropas de Madeira de Melo. Entre os vários nomes localizados, encontramos o anúncio da família Mutum, informando sobre a adoção deste novo apelido de família[130]. A leitura dessas informações revela a existência de um fenômeno bastante interessante, e que ainda não foi devidamente estudado pela historiografia.

Hélio Viana nomeou essa ação patriótica de "antroponímia da independência"[131], processo que consistiu na adoção e/ou substituição dos nomes de famílias de origem lusitana pelos de origem nacional, sobretudo por aqueles que remetessem à nomenclatura indígena da fauna e flora nacional. Para essas pessoas, tal atitude exaltaria o sentimento de pertencimento a uma nova nação, cujas origens antecediam a chegada do colonizador português.

André Diogo exercia o ofício da música desde muito jovem, alcançando o reconhecimento enquanto músico e compositor durante o período em que marchou nas tropas patrióticas no biênio 1822-1823. Segundo Guilherme Teodoro Melo, André Diogo Vaz Mutum

> [...] constituía uma tríade de compositores de mérito, que se notabilizaram por ocasião da independência, tempo em que cada batalhão de voluntários, cada corpo da guarda nacional tinha o garbo de possuir uma banda marcial digna de seus brios militares.[132]

Além do reconhecimento pelos seus pares enquanto veterano da Independência, também foi condecorado pelo Imperador D. Pedro I com a medalha da restauração da independência na Bahia[133].

Figura 31 – *Almanaque Administrativo, Mercantil e Industrial da Bahia*, ed. 01, de 1854, p. 240

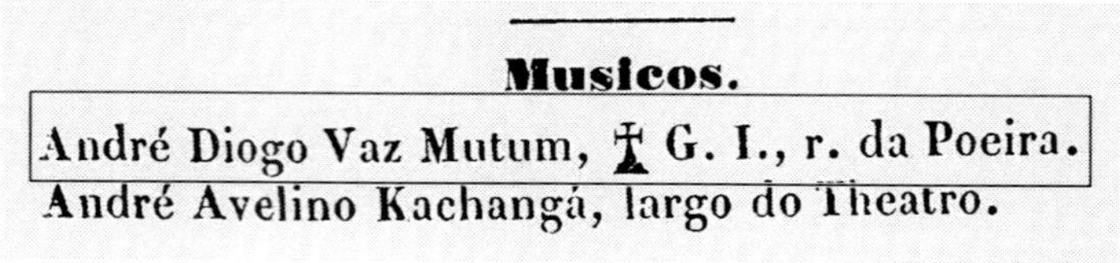

Musicos.

André Diogo Vaz Mutum, ✝ G. I., r. da Poeira.

André Avelino Kachangá, largo do Theatro.

---

[130] VIANA, Hélio. *Vultos do Império*. São Paulo: Companhia Editora Nacional, 1968. (Coleção Brasiliana; v. 339). p. 4.

[131] *Ibidem*, p. 1-5.

[132] MELLO, Guilherme Theodoro Pereira de. *A música no Brasil*: desde os tempos coloniais até o primeiro decênio da República. Bahia: Tipografia de S. Joaquim, 1908. p. 254.

[133] Hemeroteca Digital da Biblioteca Nacional. Almanaque Administrativo, Mercantil e Industrial da Bahia, ed. 01 de 1854, p. 240.

No final da década de 1820, transferiu o seu domicílio para a então cidade da Bahia, residindo na Rua da Poeira, no distrito de Santana do Sacramento. Casou-se em 23 de novembro de 1835[134], na Matriz do Sacramento e Santana, com Maria Joaquina do Coração de Jesus, que foi descrita no assento como mulher parda. Faleceu em 10 de dezembro de 1877, em sua residência, de enterite crônica, após um acidente, contando idade superior aos 80 anos. Foi sepultado no Cemitério da Quinta dos Lázaros[135]. Foi um dos mais prestigiados professores de música da capital baiana, onde exerceu o seu ofício até os seus últimos dias. Na condição de devoto da arte musical, compunha o quadro associativo da Irmandade de Santa Cecília, instituição que lamentou sua partida, declarando em ata o seu pesar com o cancelamento de uma sessão que estava agendada para ser realizada naquela data[136]. A seguir, a notícia do falecimento de André Diogo, veiculada nas páginas do jornal *O Monitor*:

> Faleceu ontem e sepultou-se ontem, no Cemitério da Quinta dos Lázaros, o decano da corporação musical, André Diogo Vaz Mutum, na idade 85 anos. O finado era veterano da independência e ainda exercia a sua profissão. Morreu vítima de uma queda.[137]

---

[134] Universidade Católica do Salvador. Laboratório Reitor Eugênio Veiga (LEV). Livro de Registro de Casamento da Paróquia de Santana da cidade do Salvador, 1819-1873, p. 68.
[135] Universidade Católica do Salvador. Laboratório Reitor Eugênio Veiga (LEV). Livro de Registro de Óbitos da Paróquia de Santana da cidade do Salvador, 1876-1887, p. 37v.
[136] Hemeroteca Digital da Biblioteca Nacional. *Jornal do Recife*, ed. de 16.12.1877, p. 1.
[137] Hemeroteca Digital da Biblioteca Nacional. Jornal *O Monitor*, ed. de 11.12.1877, p. 1.

ÂNGELO CUSTÓDIO PEREIRA

Rua da Pitanga

Ângelo Custódio Pereira foi o patriarca da família Pereira, que se estabeleceu em Cachoeira no último quartel do século XIX. Durante a segunda metade desse século, a cidade da Cachoeira recebeu um considerável número de migrantes provenientes da Freguesia de Madre de Deus da Pirajuia, termo de Jaguaripe, entre eles Ângelo Custódio Pereira. Nascido em Pirajuia por volta de 1834, filho de Antônio Custódio Pereira e Ana Rosa Pereira. Ângelo casou-se com Rosa Augusta Vieira Pereira, com quem teve vários filhos, entre eles Ricardo Vieira Pereira, Maria da Conceição Pereira, Virgílio Pereira, Maria Antônia Pereira e Cleta Pereira. Ângelo Custódio faleceu em Cachoeira no dia 21 de julho de 1917, aos 83 anos, em decorrência de complicações causadas por uma gangrena no pé[138].

---

[138] Cartório do Registro Civil das Pessoas Naturais, Distrito-Sede, Cachoeira/BA. Livro de óbitos n. 20-2, termo 236.

ANTÔNIA AUGUSTA DE MONCORVO MASCARENHAS

Rua de Baixo[139] n. 11

Antônia Augusta de Moncorvo Mascarenhas nasceu em 1852 na cidade da Cachoeira, onde também cursou o primário. Era filha legítima do tenente-coronel Christovão Pereira Mascarenhas e de dona Tranquilina Amélia de Moncorvo Mascarenhas[140]. Em 1880, com o coronel Christóvão já idoso e enfrentando enfermidades frequentes, ele decidiu adquirir o sobrado de número 11 na Rua de Baixo para fixar residência com sua esposa e filhas solteiras. A escritura foi registrada em nome de Antônia Augusta e Maria Amélia como uma medida para assegurar o futuro das filhas solteiras, que não possuíam outros bens, e para evitar que os demais filhos se habilitassem como herdeiros após o falecimento do coronel. A aquisição do imóvel proporcionaria estabilidade habitacional e geraria uma renda mensal proveniente das lojas localizadas na parte inferior da propriedade.

Figura 32 – Fotografia da rua onde estava situado o sobrado de d. Antônia Augusta. Imagem de domínio público

Cadeia sucessória do imóvel[141].
1º proprietário (1830) Francisco Gomes Moncorvo.
2º proprietário (1856) Álvaro Tiberio de Moncorvo e Lima (filho do antecessor)
3º proprietário (1869) – Maria da Glória Ramos de Moncorvo (esposa do antecessor)
4º proprietário (1880) – Antônia Augusta e Maria Amélia Moncorvo Mascarenhas (primas do marido da antecessora)

---
[139] Atual Treze de Maio.
[140] Conferir verbetes de Christovão Pereira Mascarenhas e de dona Tranquilina Amélia de Moncorvo Mascarenhas.
[141] APMC. Inventário *post mortem* de Antônia Augusta de Moncorvo Mascarenhas. Caixa 259, processo 3039, p. 8-12.

Por volta de 1900, dona Antônia Augusta de Moncorvo Mascarenhas começou a apresentar problemas psíquicos relacionados a um transtorno depressivo, o que causou grande preocupação entre seus familiares, uma vez que ela frequentemente expressava o desejo de tirar a própria vida. Em resposta às recomendações dos médicos locais, ela foi levada para consultar dois especialistas na capital do estado: os doutores Alfredo Brito e Aristeu de Andrade.

Figura 33 – Recibos anexos ao inventário *post mortem* de Antônia Augusta. APMC. Inventário *post mortem* de Antônia Augusta de Moncorvo Mascarenhas. Caixa 259, processo 3039, p. 40, 42

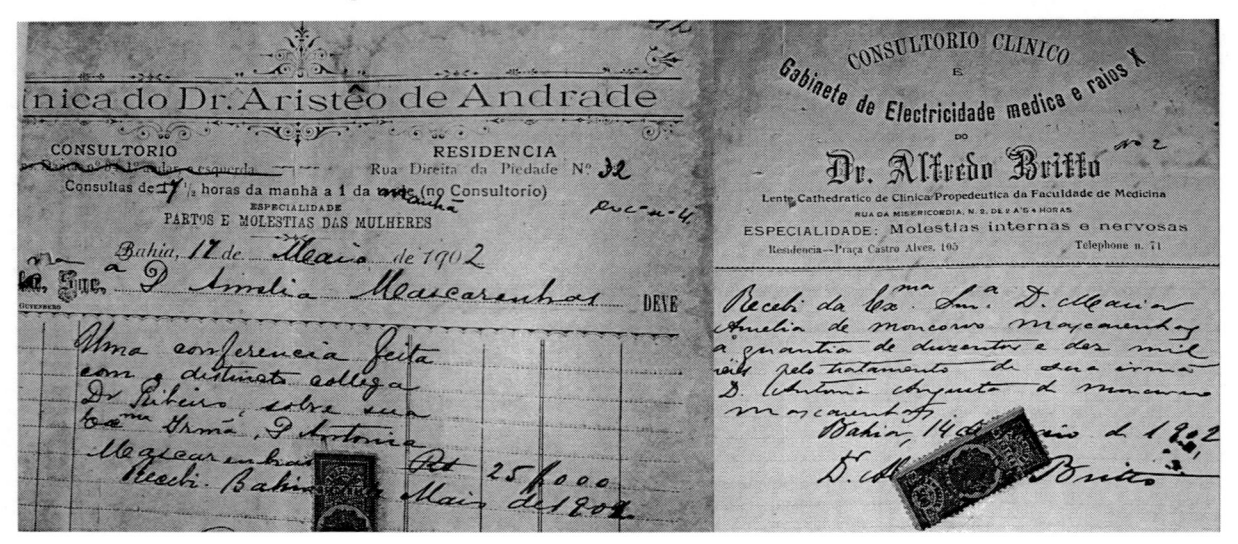

Infelizmente, em um momento de distração dos parentes que passavam férias na fazenda do major João Pedreira Lapa, dona Antônia Augusta conseguiu se deslocar para um local ermo, onde consumou o ato que frequentemente mencionava, o suicídio. Às 16 horas do dia 4 de fevereiro de 1903, na fazenda Boa Vista, Antônia Augusta de Moncorvo Mascarenhas, provocou o seu óbito. De acordo com o laudo do dr. Francisco Romano de Souza, Antônia faleceu devido a "asfixia por estrangulamento voluntário por meio de corda", aos 50 anos de idade[142]. A seguir, a reportagem publicada na edição de 6 de fevereiro de 1903 do jornal *A Ordem*.

---
[142] Cartório do Registro Civil das Pessoas Naturais, Distrito-Sede, Cachoeira/BA. Livro de óbitos n. 10, p. 6v.

Figura 34 – Biblioteca Pública dos Barris. Setor de Periódicos Raros. Jornal *A Ordem*, ed. de 06.02.1903

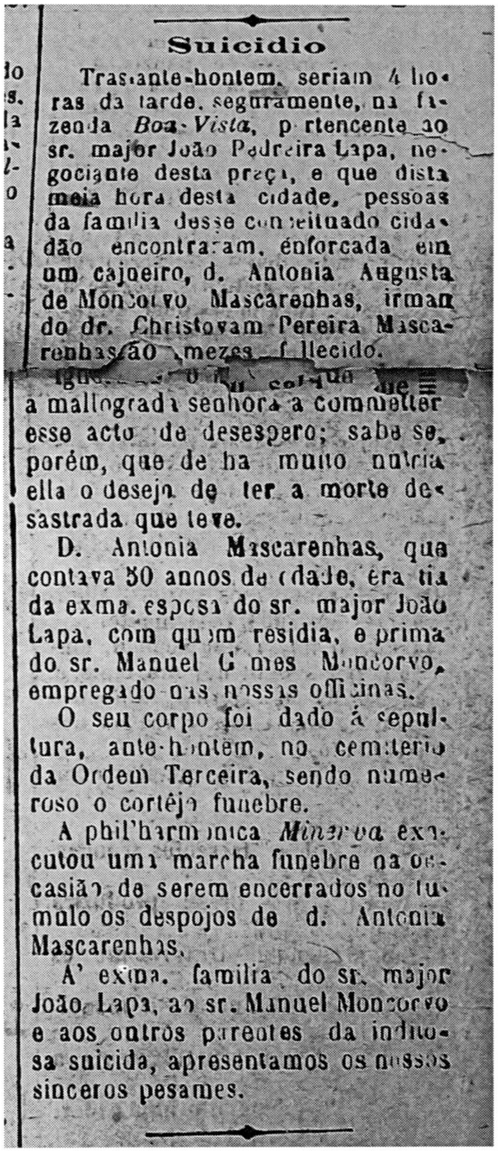

Suicidio

Trasante-hontem, seriam 4 horas da tarde, seguramente, na fazenda *Boa-Vista*, pertencente ao sr. major João Pedreira Lapa, negociante desta praça, e que dista meia hora desta cidade, pessoas da familia desse conceituado cidadão encontraram, enforcada em um cajueiro, d. Antonia Augusta de Moncorvo Mascarenhas, irmã do dr. Christovam Pereira Mascarenhas, ha mezes fallecido.

Ignora-se o motivo que levou a mallograda senhora a commetter esse acto de desespero; sabe-se, porém, que de ha muito nutria ella o desejo de ter a morte desastrada que teve.

D. Antonia Mascarenhas, que contava 50 annos de idade, era tia da exma. esposa do sr. major João Lapa, com quem residia, e prima do sr. Manuel Gomes Moncorvo, empregado nas nossas officinas.

O seu corpo foi dado á sepultura, ante-hontem, no cemiterio da Ordem Terceira, sendo numeroso o cortéjo funebre.

A phil'harmonica *Minerva* executou uma marcha funebre na occasião de serem encerrados no tumulo os despojos de d. Antonia Mascarenhas.

A' exma. familia do sr. major João Lapa, ao sr. Manuel Moncorvo e aos outros parentes da inditosa suicida, apresentamos os nossos sinceros pesames.

Suicídio

Trasanteontem, seriam 4 horas da tarde, seguramente, na fazenda Boa Vista, pertencente ao sr. major João Pedreira Lapa, negociante desta praça, e que dista meia hora desta cidade, pessoas da família desse conceituado cidadão encontraram, enforcada em um cajueiro, dona Antônia Augusta de Moncorvo Mascarenhas, irmã do dr. Christóvão Pereira Mascarenhas, há meses falecido. Ignora-se o motivo que levou a malograda senhora a cometer esse ato de desespero; sabe-se, porém, que de há muito nutria ela o deseja de ter a morte desastrada que teve. Dona Antônia Mascarenhas, que contava 50 anos de idade, era tia da exma. esposa do sr. major João Lapa, com quem residia e prima do sr. Manoel Gomes Moncorvo, empregado nas nossas oficinas. O seu corpo foi dado a sepultura, anteontem, no cemitério da Ordem Terceira, sendo numeroso o cortejo fúnebre. A filarmônica Minerva executou uma marcha fúnebre na ocasião de serem encerrados no túmulo os despojos de dona Antônia Mascarenhas. A exma. Família do Senhor major João Lapa, ao sr. Manoel Moncorvo e aos outros parentes da inditosa suicida, apresentamos os nossos sinceros pêsames.

A notícia *supra* relata que dona Antônia Augusta recebeu sepultura no Cemitério da Venerável Ordem Terceira do Carmo de Cachoeira. Esse acontecimento apresenta um ponto importante que merece destaque: a desobediência às normas que proibiam o enterro de suicidas nos terrenos considerados "sagrados" dos cemitérios católicos. Essa proibição era justificada pelo fato de que a última ação dos suicidas era escolher pôr fim à própria vida, o que implicava a falta de arrependimento[143]. Assim, os restos mortais dessas pessoas não seriam considerados dignos de repousar em solo consagrado. Em 1889 ocorreu um caso semelhante, porém com desdobramentos diferentes. Francisca Lyrio, uma mulher solteira que morava com o negociante Custódio Peixoto[144], cometeu suicídio e não pôde ser sepultada no Cemitério da Santa Casa da Misericórdia[145]. O que poderia explicar as reações distintas diante de duas situações tão similares? Provavelmente os elementos étnicos e econômicos. O prestígio social e financeiro da família de Antônia Augusta parece ter sido suficiente para que a comunidade aceitasse sua "falha", evidenciando a flexibilidade de certas práticas religiosas, condicionadas à posição social do indivíduo.

Figura 35 – Recibo de Pagamento dos anuais devidos à Ordem Terceira do Carmo de Cachoeira pela falecida Antônia Augusta de Moncorvo Mascarenhas. Anexo ao inventário *post mortem* de Antônia Augusta. APMC. Caixa 259, processo 3039, p. 31

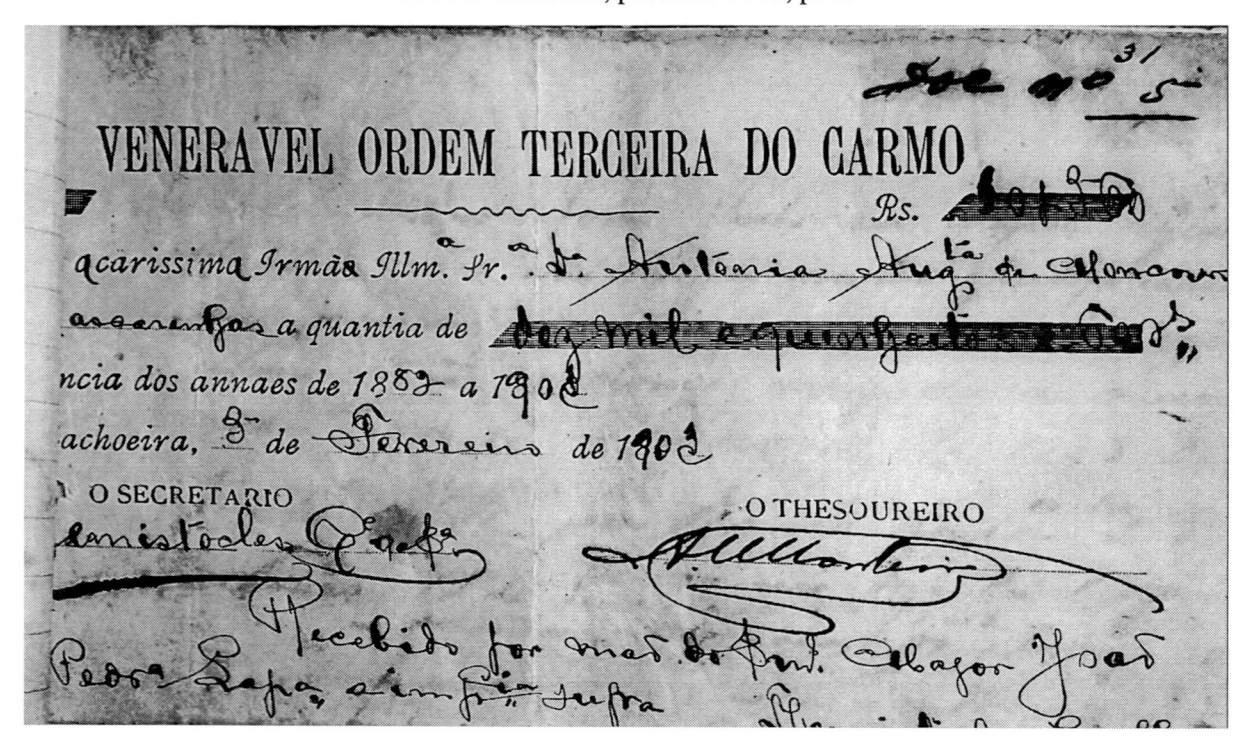

---

[143] RODRIGUES, Cláudia. *Nas fronteiras do além*: a secularização da morte no Rio de Janeiro (séculos XVIII e XIX). Rio de Janeiro: Arquivo Nacional, 2005. p. 151.

[144] Conferir verbete de Custódio Luiz da Silva Peixoto.

[145] APEB. Judiciário. Livro de óbitos de Cachoeira/BA, n. 04, p. 69.

ANTÔNIA DAS CHAGAS

Antônia das Chagas, uma mulher ganhadeira, utilizava gamelas — recipientes arredondados feitos de galhos — para armazenar e expor seus produtos à venda[146]. Além de funcionarem como expositores, as gamelas protegiam as mercadorias do contato direto com o chão e facilitavam seu transporte pelos locais de comércio. Antônia costumava circular pelos arredores da então Praça do Chafariz (atual Praça Dr. Milton), comercializando itens como feijão, milho, azeite e ovos[147]. Cecília Moreira Soares ressalta a diversidade de produtos vendidos pelas ganhadeiras, que enchiam tabuleiros e cestas habilmente equilibrados sobre a cabeça. Segundo Soares, "habilmente equilibradas sobre as cabeças, as ganhadeiras ocupavam ruas e praças da cidade destinadas ao mercado público e feiras livres, onde vendiam de quase tudo"[148]. A seguir, uma imagem ilustra esse ambiente, mostrando mulheres negras (escravizadas e livres) expondo e vendendo seus produtos.

Figura 36 – "Uma negra livre e outras mulheres de mercado". In: HENDERSON, James. *A history of the Brazil; comprising its geography, commerce, colonization, aboriginal inhabitants, &c. &c. &c.* London: Longman, Hurst, Rees, Orme, and Brown, 1821. p. 71

---

[146] SILVA, Antonio de Morais; BLUTEAU, Rafael. *Diccionario da lingua portugueza composto pelo padre D. Rafael Bluteau, reformado, e accrescentado por Antonio de Moraes Silva natural do Rio de Janeiro* Lisboa: Simão Tadeu Ferreira, [1789]. v. 1, p. 651.

[147] APMC. Legislativo. Requerimentos. Documentos avulsos não classificados.

[148] SOARES, Cecilia Moreira. *Mulher negra na Bahia no século XIX*. 1994. Dissertação (Mestrado) – Universidade Federal da Bahia, Salvador, 1994. p. 56.

ANTÔNIA FRANCISCA NOGUEIRA

Rua do Carmo[149]

Antônia Francisca Nogueira, natural da Freguesia de Nossa Senhora do Rosário do Porto da Cachoeira, nasceu por volta de 1745 e foi mãe de João Nepomuceno Ferreira, um próspero comerciante. Embora tenha mantido o estado civil de solteira, Antônia viveu em uma união que lhe rendeu filhos. Foi uma mulher longeva, passando seus últimos anos acamada devido a um acidente vascular cerebral, ou, como se dizia na época, vítima de um estupor. O capitão João Nepomuceno Ferreira, preocupado com a condição de sua mãe, a nomeou como herdeira de um terço de seus bens em seu testamento, para assegurar que ela pudesse sobreviver dos rendimentos, caso ele viesse a falecer[150]. E foi exatamente o que ocorreu: o capitão João Nepomuceno faleceu em 1831, deixando Antônia Francisca em um estado de saúde delicado, que demandava cuidados constantes[151].

Em 1834, pouco antes de seu falecimento, Antônia Francisca, por intermédio de seus procuradores, recorreu à justiça para que sua parte na herança de seu filho não fosse composta por casas térreas. A razão era que tal composição a impediria de obter dividendos, uma vez que o falecido capitão havia estipulado que sua mãe deveria receber as dívidas ativas, que geravam rendas mais consistentes por meio de juros, garantindo-lhe assim o sustento necessário. Seus procuradores argumentaram que essa medida seria mais benéfica para a herdeira, facilitando sua vida, especialmente considerando seu estado: "em deplorável estado, em uma cama estuporada, necessitando ter com que se possa alimentar"[152]. Antônia Francisca faleceu em 19 de agosto de 1834. Seu registro de óbito a descreve como uma mulher parda. Conforme consta:

> Faleceu aos 19 do dito, Antônia Francisca Nogueira de um estupor, parda, livre, com perto de 100 anos de idade, tendo recebido todos os sacramentos da penitência, foi amortalhada em hábito branco, encomendada por mim com todos os sacerdotes desta Vila e sepultada na Capela da Senhora da Conceição do Monte. - Vigário Joaquim da Silva Escolástica Mavignier.[153]

---

[149] Atual Inocêncio Boaventura.
[150] APMC. Testamento de João Nepomuceno Ferreira, verba n. 6, anexo ao seu inventário *post mortem*, caixa 123, processo 1185.
[151] Conferir verbete de João Nepomuceno Ferreira.
[152] APMC. Inventário *post mortem* de João Nepomuceno Ferreira, caixa 124, processo 1185, p. 82.
[153] *Ibidem*, p. 379.

ANTÔNIA MARIA DA SILVA

Enfermeira do Hospital da Santa Casa de Misericórdia de Cachoeira. Natural da cidade da Cachoeira, a enfermeira Antônia prestou relevantes serviços aos doentes do hospital durante mais de duas décadas. Em sessão de 11 de junho de 1880, os irmãos da Santa Casa resolveram aumentar o seu salário para 30$000 (trinta mil réis) mensais em "atenção ao serviço que tem prestado ao hospital no espaço de 23 anos consecutivos"[154].

---

[154] Memorial da Santa Casa de Misericórdia de Cachoeira. Livro de Atas n. 61, p. 2.

ANTÔNIA MARIA DE OLIVEIRA

Rua da Matriz[155]

Antônia Maria de Oliveira nasceu por volta de 1755 no Sítio do Tabuleiro do Gandu, na Freguesia de São Gonçalo dos Campos, filha legítima de José Correia de Oliveira e Maria da Conceição[156]. Em cerca de 1775, casou-se com Manoel Pedreira do Couto, integrante da tradicional e numerosa família Pedreira, que habitava a Freguesia de São Gonçalo desde as primeiras décadas do século XVIII. Nos últimos anos de sua vida, Antônia Maria vivia com seu filho, o padre Gonçalo Pedreira do Couto. Faleceu viúva e foi sepultada na Igreja Matriz da Cachoeira em 16 de junho de 1839, com mais de 80 anos de idade[157].

---

[155] Atual Ana Nery.

[156] APMC. Inventário *post mortem* de Maria da Conceição. Caixa 66, processo 624, p. 1.

[157] Universidade Católica do Salvador. Laboratório Reitor Eugênio Veiga (LEV). Livro de óbitos da Freguesia de Nossa Senhora do Rosário da Cachoeira, 1834-1844, p. 113.

ANTÔNIA MARIA DO NASCIMENTO

Natural da Freguesia de Santiago do Iguape, filha do reinol Sebastião Cardoso Godinho e de Maria de Almeida Coelho. Nasceu em 8 de setembro de 1739 e foi levada à pia batismal na Capela de Santa Maria Maior, em 28 do mesmo mês e ano, pelos padrinhos Francisco Dias de Oliveira e Antônia Nunes de Azevedo, pessoas das relações sociofamiliares da família materna[158]. Casou-se com o capitão-mor Domingos Ribeiro de Souza, gerando vários filhos dessa união[159]: Francisca Maria das Mercês e Maria Angélica do Sacramento, casadas respectivamente com os irmãos Vicente Ferreira Mascarenhas e Francisco Pereira da Silva; pe. Domingos Ribeiro de Souza, Antônia Maria Delfina, Antônio Ribeiro, João Ribeiro de Souza, José Ribeiro de Souza, Joana Francisca de São José, Manoel Ribeiro e Ana Zeferina de São Domingos, casada com seu parente, Manoel Estanilau de Almeida, senhor de engenho no Iguape[160]. Residiu durante muitos anos na fazenda Sergi, situada na Freguesia de São Gonçalo dos Campos, gerindo os bens que lhe couberam na partilha do inventário do seu finado marido; a seguir um recibo que demonstra a gerência do seu patrimônio, uma transação comercial com um dos seus genros[161]:

Figura 36 – APMC. Inventário *post mortem* de João Luís Maciel, caixa 95, processo 963, p. 25

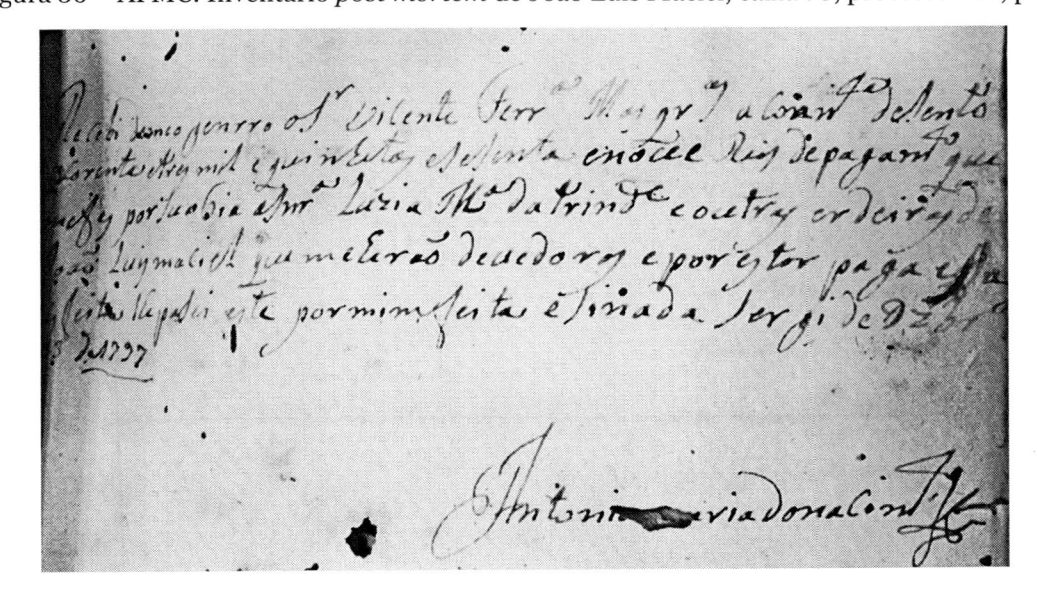

---

[158] Universidade Católica do Salvador. Laboratório Reitor Eugênio Veiga (LEV). Livro de batismos da Paróquia de Santiago do Iguape, 1708-1754, p. 269v.
[159] APEB. Seção Judiciário. Processo cível. Estante 42, caixa 1671, documento 10.
[160] APMC. Inventário *post mortem* de Manoel Estanilau de Almeida, caixa 158, processo 1539.
[161] APMC. Inventário *post mortem* de João Luís Maciel, caixa 95, processo 963.

> *Recebi do meu genro, o senhor Vicente Ferreira Mascarenhas, a quantia de cento e quarenta e três mil e quinhentos e sessenta e nove réis, de pagamento que me fez por sua tia a senhora Luzia Maria da Trindade e outras herdeiras de Joao Luiz Maciel, que me eram devedores e por estar paga e satisfeita lhe fiz este por mim feita e assinada. Sergi, dezembro de 1797. Antônia Maria do Nascimento.*

Com o avançar da idade e o surgimento de doenças, especialmente após a perda da visão, mudou-se por volta de 1814 para a Freguesia da Cachoeira, onde passou a residir na companhia de seu genro Vicente Mascarenhas. Permaneceu lá por cerca de uma década, até seu falecimento em 10 de junho de 1824, aos 85 anos de idade[162].

---

[162] APEB. Seção Judiciário. Processo cível. Estante 42, caixa 1671, documento 10.

ANTÔNIO ALLIONI

Negociante e proprietário, natural de Piemonte, Itália. Radicou-se em Cachoeira no final da primeira metade do século XIX. Teve o seu nome proposto e aprovado pela Mesa da Irmandade da Santa Casa de Misericórdia de Cachoeira. Assinou o termo de posse em 28 de agosto de 1853[163].

---

[163] Memorial da Santa Casa de Misericórdia de Cachoeira. Livro n. 01, p. 61.

ANTÔNIO DA SILVA CERQUEIRA

Militar. Foi um soldado que integrou o batalhão de honra da Campanha pela Independência do Brasil na Bahia. Natural da Freguesia de Santo Estevão do Jacuípe, residiu em Cachoeira, onde faleceu em 28 de maio de 1823, contando 26 anos de idade; foi sepultado na igreja Matriz[164].

---

[164] Universidade Católica do Salvador. Laboratório Reitor Eugênio Veiga (LEV). Livro de óbitos da Paróquia de Nossa Senhora do Rosário da Cachoeira, 1811-1825, p. 313v.

ANTÔNIO DE PÁDUA GOMES (PADRE)

Religioso português, natural da Freguesia de Lagarinhos, diocese de Coimbra, filho legítimo de Luiz Gomes e Isabel Garcia, teria nascido por volta de 1765. Foi religioso franciscano no Convento da Madre de Deus em Goa, de onde foi secularizado sob circunstâncias particulares e, posteriormente, tornou-se sacerdote do hábito de São Pedro. Por volta de 1817, mudou-se para o Brasil, fixando residência inicialmente na Freguesia da Sé, na Bahia, e, durante a guerra de independência do Brasil na Bahia, transferiu-se para a Vila da Cachoeira, onde permaneceu até seu falecimento. Manifestou o desejo de ser sepultado na Capela de Nossa Senhora da Conceição do Monte, vestido com seus hábitos sacerdotais, e que o enterro fosse organizado por seu executor testamentário. Seu testamento revela detalhes sobre suas interações com os escravizados, tanto os seus quanto os de seus familiares. Ele concedeu liberdade sem custos a pelo menos três cativos e fez-lhes doações significativas, que deveriam funcionar como dote, segundo sua vontade. Notável é sua relação com Isabel, uma "preta forra" e ex-escravizada de sua cunhada, cuja origem não é mencionada. Conforme o padre Antônio de Pádua Gomes, ele devia 20 mil réis a Isabel e ainda lhe deixou mais 500 mil réis em esmola. Isto levanta questões sobre a natureza da transação comercial entre o padre e Isabel, a forra. O testamento também menciona que o padre tinha a intenção de deixar esmolas para duas escravizadas da nação Angola, chamadas Teresa e Maria, ambas pertencentes a Isabel, em gratidão pelos bons serviços prestados durante sua doença. Isso indica que Isabel poderia ser uma das forras ativas no mercado de ganho, possivelmente alugando os serviços de suas escravizadas ao padre em um arranjo de pagamento conhecido como jornal, ou seja, receberia por jornada. O padre Antônio de Pádua Gomes faleceu em agosto de 1823[165].

---

[165] APEB. Seção Judiciária. Livro de Testamento de Cachoeira n. 10, p. 127.

ANTÔNIO DE SOUZA BRANDÃO

Lavrador, proprietário e veterano da Independência. Antônio de Souza Brandão nasceu no distrito de Belém aos 9 de maio de 1799, filho legítimo de Alexandre de Souza Brandão e d. Maria Madalena da Pureza[166], cujas famílias residiam na localidade desde pelo menos o princípio do século XVIII. A família Brandão, por exemplo, estabeleceu-se na região em período anterior à fundação do Colégio dos Jesuítas, que data de 1686[167].

Antônio Brandão seguiu os passos do seu pai ao investir na criação de gado e lavouras de produtos diversos nas suas propriedades rurais[168]. Também ocupou cargos na organização político-administrativa da então Vila da Cachoeira, exercendo o lugar de juiz de paz da Capela de Belém e Tibiry[169].

Figura 38 – Procuração escrita e assinada por Antônio de Souza Brandão constituindo procurador para assinar o termo de posse do cargo de Juiz de Paz. APMC. Legislativo. Documentos avulsos não classificados

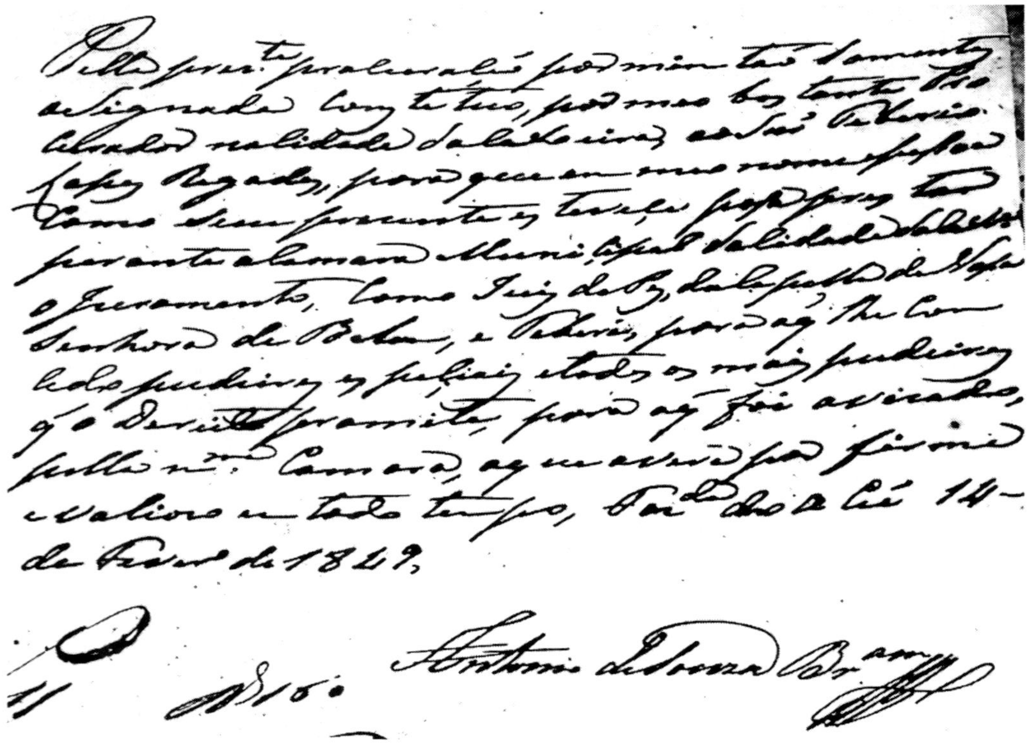

---

[166] Universidade Católica do Salvador. Laboratório Reitor Eugênio Veiga (LEV). Livro de batismos da Paróquia de Nossa Senhora do Rosário da Cachoeira, 1791-1805, p. 214.

[167] Informação colhida do processo genealógico elaborado por Igor Roberto de Almeida Moreira para fins de obtenção de dupla cidadania do sr. Ricardo dos Santos Almeida, descendentes das pessoas citadas neste livro. O processo integra o acervo dos inquéritos encaminhados à Comunidade Israelita de Lisboa, Portugal. Em 1691, o reinol Manoel Rodrigues Brandão casa-se com Maria Rebouças, natural da freguesia de Cachoeira, e residente em Belém. Tribunal do Santo Ofício-Conselho Geral, Habilitações, Vitorino, mç. 1, doc. 11, p. 8v

[168] Inventário *post mortem* de dona Maria Tereza de Jesus Brandão. Arquivo Público do Estado da Bahia. Classificação: Estante 2; Caixa 486; Maço 931; Documento n. 4.

[169] APMC. Legislativo. Documentos avulsos não catalogados.

Por volta de 1825, Antônio de Souza Brandão une-se em matrimônio com Maria Teresa de Jesus Brandão. Supomos que a cerimônia foi realizada na Freguesia de Santana do Camisão, onde suspeitamos ser o local de naturalidade e residência da noiva, filha do capitão João Machado da Silva, grande proprietário de terras na Freguesia do Camisão[170].

Sua participação direta nos movimentos emancipacionista que lutaram contra a tirania portuguesa em 1822 configura-se em uma efeméride na sua trajetória. Antônio de Souza Brandão, com 23 anos de idade à época, marchou em um dos muitos batalhões constituídos na então Vila da Cachoeira, sob o comando direto de Rodrigo Antônio Falcão Brandão, que viria a ser o Barão de Belém. Segundo a imprensa, Antônio foi encarregado de uma importante função durante o processo de lutas contra as tropas de Madeira de Melo, "sendo incumbido de proceder a derrama no centro em cuja espinhosa missão prestou relevantíssimos serviços"[171].

Não foi encontrada nenhuma menção a este termo na bibliografia relativa à independência do Brasil na Bahia. O termo "derrama" refere-se a um imposto do período colonial destinado a cobrar todos os tributos atrasados de uma só vez, mas neste contexto refere-se a uma situação diferente, como será explicado. Após uma pesquisa extensa, descobrimos documentação sobre o tema, especificamente a lista dos principais responsáveis pela derrama de gado, aos quais foram expedidas portarias de igual teor e data[172]. O documento destacava a importância de prevenir a falta de abastecimento de gado, já percebida na região, que fornecia a proteína essencial para o exército baiano em luta pela liberdade e independência política. O conselho governamental da província agiu rapidamente para organizar uma arrecadação de fundos entre os fazendeiros locais, cobrando uma cabeça de gado por proprietário. Aqueles que não pudessem contribuir com gado tinham a opção de pagar o valor equivalente em dinheiro, estimado em $ 10.000 por cabeça. O governo provisório dividiu a vila em zonas, designando uma pessoa responsável por cada uma para realizar a cobrança. Na região de Belém e arredores, Alexandre de Souza Brandão, pai de Antônio de Souza Brandão, foi nomeado responsável. É possível que Antônio tenha auxiliado seu pai na cobrança ou até mesmo sido incumbido dessa tarefa.

Antônio Brandão faleceu na madrugada de 24 de janeiro de 1885, aos 86 anos de idade[173], e já era viúvo há quase dez anos[174]. O casal teve muitos filhos, incluindo: Maria Joaquina Brandão Antunes, que se casou com João Antônio Antunes; Antônio de Souza Brandão Júnior; coronel Álvaro de Souza Brandão; Frutuoso de Souza Brandão, que se casou com Ernestina Mota Brandão; Ana Miquelina Brandão; Joaquina Tranquilina de Souza e Almeida, que se casou com José Joaquim Ferreira de Almeida; e Maria Eudoxia Brandão, que se casou com Antônio Rodrigues Brandão.

---

[170] Arquivo Público Municipal de Cachoeira. Livro de Notas de Conceição da Feira 1857-1869, p. 131.

[171] Hemeroteca Digital da Biblioteca Nacional. Jornal *O Guarany*, ed. n. 240 de 25.01.1885.

[172] Biblioteca Digital Luso Brasileira. Portaria do governo provisório da Vila da Cachoeira da Bahia, expedida a várias autoridades, p. 217 e 218. *Anais da Biblioteca Nacional*, v. 68.

[173] Hemeroteca Digital da Biblioteca Nacional, *op. cit.*

[174] Inventário *post mortem* de dona Maria Tereza de Jesus Brandão. Arquivo Público do Estado da Bahia. Classificação: Estante 2; Caixa 486; Maço 931; Documento n. 4.

ANTÔNIO EUSTÁQUIO BARRETO DA CUNHA

Comerciante que atuou na venda de joias e, posteriormente, foi admitido na fábrica de tecidos São Carlos do Paraguaçu, onde exerceu a função de caixeiro[175]. Natural da cidade de São Salvador da Bahia, era filho de Maria Joaquina da Cunha. Faleceu de forma repentina na tarde de 23 de setembro de 1877, aos 40 anos de idade. Deixou três filhos de seu casamento com Alexandrina Barreto da Cunha[176], chamados Victor, Antônio e Gregório.

---

[175] Hemeroteca Digital da Biblioteca Nacional. Periódico *O Monitor*, ed. n. 100 de 30.09.1877, p. 1.
[176] Livro de óbitos da Freguesia de Nossa Senhora do Rosário da cidade da Cachoeira, 1877-1878, p. 80.

ANTÔNIO FERNANDES DA SILVA

Antônio Fernandes da Silva era um africano da nação haussá, que alcançou sua liberdade por meio de seu próprio trabalho. Sua chegada ao Brasil é estimada no início do século XIX. Em uma pesquisa realizada com o periódico *Idade d'Ouro*, observamos uma prevalência dos haussás nos anúncios de fuga de escravizados na Bahia, durante o período de 1811 a 1823[177]. Sobre a presença global dos haussás, João Reis observou um aumento significativo dessa etnia no contingente total de escravizados na cidade de Salvador durante a primeira década do século XIX. De acordo com Reis, ao longo de dez anos, houve um aumento percentual que excedeu 100%, passando de 5,5% em 1800 para 20,8% em 1810[178]. Em 1830, valendo-se da sua nova condição de homem livre, solicitou um alvará de folha corrida, onde consta não ser réu em nenhum processo que tramitava na comarca; ser solteiro, morador na Vila da Cachoeira e maior de 40 anos[179]; demonstrando ter os requisitos necessários para ser empregado na função de capitão de assaltos da vila ou no distrito de Belém; infelizmente, a sua solicitação foi indeferida.

---

[177] MOREIRA, Igor Roberto de Almeida. Análise e reflexão dos anúncios de fuga dos escravizados na Bahia oitocentista, a partir do Jornal Idade d'Ouro - (1811-1823). Universidade Federal do Recôncavo da Bahia, 2016.

[178] REIS, João José. De escravo rico a liberto: a história do africano Manoel Joaquim Ricardo na Bahia oitocentista. *Revista de História [da] USP*, v. 174, 2016. p. 24.

[179] APMC. Documentos avulsos não classificados.

ANTÔNIO FRANCISCO DA SILVA OLIVEIRA

Rua Entre Pontes

Negociante português radicado em Cachoeira durante o final da primeira metade do século XIX. Acredita-se que ele chegou à cidade em 1849, já que no ano seguinte Antônio Francisco de Oliveira, outro comerciante local, comunicou na imprensa que mudaria seu nome para evitar confusões devido à chegada de um homônimo que também abriria uma casa comercial[180]. Este novo comerciante era o próprio Antônio Francisco da Silva Oliveira, nascido em Leça da Palmeira, no Porto, Portugal, filho de Antônio Francisco da Silva Oliveira e Rita Mariana da Silva Oliveira. Silva Oliveira casou-se com Maria Marques Pereira Suzarte em Cachoeira, em 16 de julho de 1859[181]. Ele se destacou como um bem-sucedido comerciante de tecidos e produtos correlatos, sendo proprietário da Loja da Fé, situada na antiga Rua Entre Pontes, número 5.

Figura 39 – APMC. Nota fiscal da casa comercial de Antônio Francisco, anexa ao inventário *post mortem* de Aristides Ferraz Moreira, caixa 262, processo 3089, p. 24

---

[180] Conferir verbete de Antônio Francisco de Oliveira Borges.
[181] Universidade Católica do Salvador. Laboratório Reitor Eugênio Veiga (LEV). Livro de casamentos da Paróquia de Nossa Senhora do Rosário da Cachoeira, 1828-1860, p. 245v.

ANTÔNIO FRANCISCO DE OLIVEIRA BORGES

Rua das Flores[182]

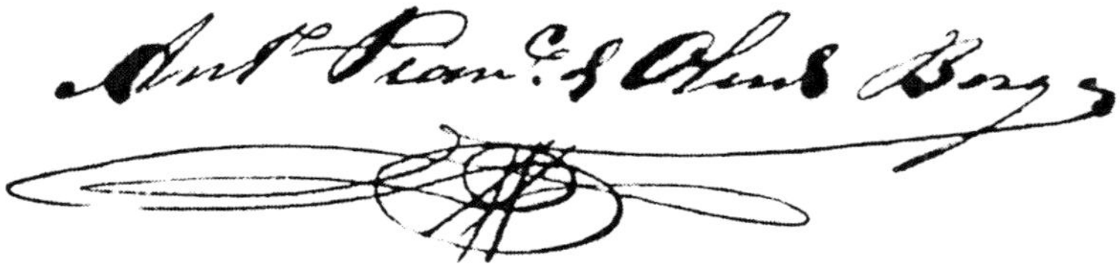

Antônio Francisco de Oliveira Borges, natural da Vila da Cachoeira, nasceu em 1826, filho legítimo do português Francisco José de Oliveira e de Thomazia Maria de Jesus. Casou-se em 8 de janeiro de 1852 com Balbina Francisca de Medeiros, também natural da Heroica. A cerimônia ocorreu no oratório privado da residência dos pais da noiva, Bento Manoel de Medeiros e dona Maria Francisca de Jesus[183]. Conforme o *Almanaque da Bahia de 1881*[184], Antônio Francisco possuía uma loja de fazendas localizada na Rua das Flores n. 25.

Figura 40 – ALMANAQUE da província da Bahia. Salvador: Litho-Tipografia de João Gonçalves Tourinho, 1881. p. 87

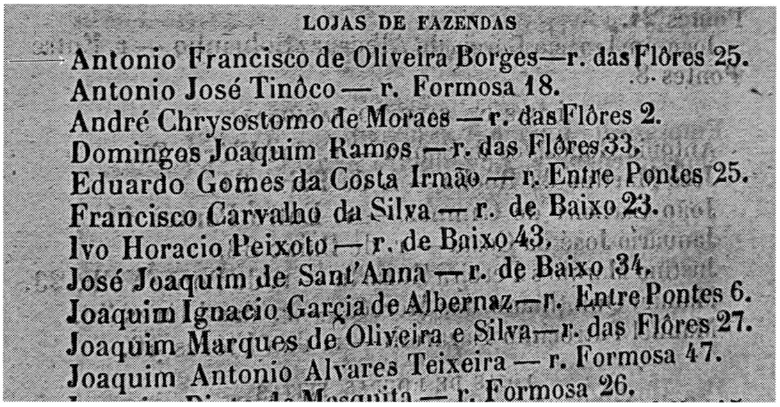

LOJAS DE FAZENDAS
Antonio Francisco de Oliveira Borges—r. das Flôres 25.
Antonio José Tinôco — r. Formosa 18.
André Chrysostomo de Moraes — r. das Flôres 2.
Domingos Joaquim Ramos — r. das Flôres 33.
Eduardo Gomes da Costa Irmão — r. Entre Pontes 25.
Francisco Carvalho da Silva — r. de Baixo 23.
Ivo Horacio Peixoto — r. de Baixo 43.
José Joaquim de Sant'Anna — r. de Baixo 34.
Joaquim Ignacio Garçia de Albernaz—r. Entre Pontes 6.
Joaquim Marques de Oliveira e Silva—r. das Flôres 27.
Joaquim Antonio Alvares Teixeira — r. Formosa 47.
— r. Formosa 26.

Além do comércio, Antônio Francisco também se dedicou às atividades militares, ingressando na extinta Guarda Nacional, no batalhão n. 12 da cidade de Cachoeira, onde obteve patentes de alferes e tenente. Posteriormente, foi reformado no posto de capitão, momento em que foi para o serviço da reserva em decorrência de incômodos de saúde que impediam o exercício pleno da função[185].

[182] Atual Prisco Paraíso.

[183] Universidade Católica do Salvador. Laboratório Reitor Eugênio Veiga (LEV). Livro de casamentos da Paróquia de Nossa Senhora do Rosário da Cachoeira, 1828-1860, p. 202.

[184] Biblioteca Pública dos Barris. Setor de Periódicos Raros. FREIRE, Antônio. *Almanaque da província da Bahia*. Salvador: Litho-Tipografia de João Gonçalves Tourinho, 1881. p. 87.

[185] APEB. Seção Colonial/Provincial, maço 3609. Guarda Nacional.

> Antônio Francisco de Oliveira Borges. Capitão da Guarda Nacional, do Batalhão nº12 organizado no município da Cachoeira, tendo obtido passagem para o serviço da reserva, teve de procurar sua apostila como é de lei, mas oferecendo-se dúvida a respeito do verdadeiro nome do suplicante, que em outro tempo chamou-se Antônio Francisco de Oliveira, vem ele agora com os documentos inclusos provar a V. Ex. que é o mesmo de que tratam suas patentes de Alferes e Tenente [...].

O documento *supra* revela uma informação importante: a mudança de nome ocorrida na fase adulta. Em qual circunstância se deu o fato? Vejamos o recorte extraído das páginas do jornal *O Argos Cachoeirano*, ed. n. 05, de 21 de setembro de 1850[186]:

Figura 41 – Jornal *O Argos Cachoeirano*, ed. n. 05, de 21 de setembro de 1850, p. 4

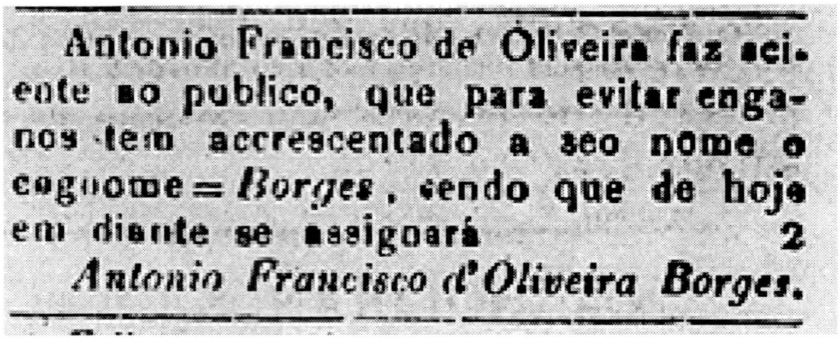

> Antonio Francisco de Oliveira faz sciente ao publico, que para evitar enganos tem accrescentado a seo nome o cognome = *Borges*, sendo que de hoje em diante se assignará
>
> *Antonio Francisco d'Oliveira Borges*.

Antônio Francisco argumentou que a alteração de seu nome era necessária devido à chegada de um comerciante homônimo em Cachoeira, buscando evitar futuras "contendas judiciais". Ele optou pelo sobrenome "Borges". Essa escolha foi aleatória ou Antônio buscou em sua genealogia um sobrenome significativo para homenagear ou resgatar o legado de um antepassado distinto? A análise de sua árvore genealógica pode fornecer algumas respostas. Antônio Francisco era neto do rico capitão Francisco Antônio de Borja Pereira[187], membro de uma família de origem pernambucana que se estabeleceu em Cachoeira no final do século XVIII. Alguns familiares começaram a usar o sobrenome Borges em vez de Borja, fosse intencionalmente ou não. O que é certo é que a memória familiar consagrou Borges como uma referência ao capitão. Isso é evidenciado quando Antônio Francisco, ao registrar o falecimento de sua mãe, a identifica como filha do capitão Francisco Antônio de Borges Pereira[188]. Neste contexto, o sobrenome escolhido homenageava a família materna, figuras de prestígio simbólico na sociedade de Cachoeira no início do século XIX. Antônio Francisco faleceu em sua casa, na noite de 3 de agosto de 1898, aos 72 anos, vítima de "marasmo senil", com atestado médico assinado pelo doutor Cândido Vaccarezza[189]. Deixou duas herdeiras: sua filha Flora Francisca Borges de Oliveira e sua neta Silvia Almerinda de Oliveira Lopes, casada com Claudionor Mário de Oliveira Lopes.

---

[186] Hemeroteca Digital da Biblioteca Nacional.

[187] Conferir verbete de Francisco Antônio de Borja Pereira.

[188] Universidade Católica do Salvador. Laboratório Reitor Eugênio Veiga (LEV). Livro de óbitos da Freguesia de Nossa Senhora do Rosário da cidade da Cachoeira, 1877-1878, p. 66v.

[189] Cartório do Registro Civil das Pessoas Naturais, Distrito-Sede, Cachoeira/BA. Livro de óbitos n. 06, termo n. 471.

ANTÔNIO JOAQUIM DE SÁ

Rua de Baixo[190]

Negociante que atuava nas duas principais praças comerciais da Bahia durante o séc. XIX: Salvador e Cachoeira. Em 1884 compareceu ao cartório do tabelião Helvécio Sapucaia e constituiu o advogado José Almachio Ribeiro Guimarães como seu representante legal para representá-lo em juízo na ação que movia contra Quintiliano Silva, devedor da sua casa comercial[191]. Casou-se em Cachoeira com Tranquilina Amélia de Moncorvo Mascarenhas Costa[192], viúva de Pedro Nolasco, que foi um dos mais abastados e conhecidos comerciantes locais[193].

---

[190] Atual Treze de Maio.
[191] APEB. Seção Judiciário. Livro de Notas e Procuração do Tabelião n. 150, p. 39.
[192] APEB. Judiciário. Livro de óbitos de Cachoeira/BA, n. 05, p. 117.
[193] Conferir verbete de Pedro Nolasco da Costa.

ANTÔNIO JOSÉ ALVES BASTOS

Rua das Flores[194]

Negociante, veterano da Independência. Nasceu por volta de 1770 no Reino de Portugal, filho legítimo de Francisco Gonçalves e Teresa Angélica Alvares. Casou-se em 27 de maio de 1804, na Matriz de Nossa Senhora do Rosário da Cachoeira, com Maria Francisca do Rosário, filha legítima do também negociante Antônio José de Souza Lopes[195]. Alves Bastos foi um próspero comerciante, conseguiu acumular vultuoso patrimônio. A sua riqueza poderia ser atestada pelo seu imponente sobrado, avaliado em 1822 pelo alta cifra de 6:400$000[196] (seis contos e quatrocentos mil réis), valor que permitiria adquirir, neste mesmo ano, um rebanho de aproximadamente 650 cabeças de gado vacum[197].

Em relação à sua inserção social na vila, foram localizados documentos que comprovam sua participação ativa no processo de emancipação política. Participou da Junta de Conciliação e Defesa estabelecida em Cachoeira[198]. Ademais, foi membro da Santa Casa de Misericórdia de Cachoeira, exercendo o cargo de Provedor, a posição mais elevada na hierarquia da instituição[199]. Faleceu em 5 de janeiro de 1851[200].

---

[194] Atual Lauro de Freitas.

[195] A estimativa do ano do seu nascimento, filiação e data de casamento foi extraída do seu assento de casamento. Universidade Católica do Salvador. Laboratório Reitor Eugênio Veiga (LEV). Livro de casamentos da Paróquia de Nossa Senhora do Rosário da Cachoeira, 1802-1820, p. 18v.

[196] APMC. Inventário *post mortem* de Maria do Rosário. Caixa 28, processo 281, p. 7v.

[197] Estimativas realizadas conforme o valor da cabeça de gado vacum neste mesmo período.

[198] Periódico *O Volantim*, ed. n. 27 de 02.10.1822.

[199] Memorial da Santa Casa de Misericórdia de Cachoeira. Livro de Registro de Fundação do Hospital, p. 12v.

[200] MILTON, Aristides. *Ephemerides cachoeiranas*. Salvador: Ufba, 1979. (Coleção Cachoeira; v. 1). p. 15.

ANTÔNIO JOSÉ DA FONSECA

Caquende

Antônio José da Fonseca, homem branco e pescador, nasceu na então Vila da Cachoeira, provavelmente no final do século XVIII. Filho natural de Josefa Maria da Conceição, seu inventário *post mortem* é de particular relevância, não pela acumulação de grandes riquezas, mas por oferecer um raro vislumbre do cotidiano de trabalho de um pescador na região. O documento detalha os instrumentos ligados à sua atividade, destacando-se a importância e a diversidade dos equipamentos de pesca que possuía. Esses itens evidenciam a importância e diversidade de seu ofício. Dentre os bens descritos no inventário, destacam-se vários instrumentos relacionados à pesca, incluindo redes específicas para a captura de pititinga, robalo e tainha, além de materiais utilizados na confecção de redes e duas canoas em ótimo estado de conservação[201]. Esses itens ressaltam tanto a relevância quanto a diversidade do ofício de Antônio José da Fonseca.

A atividade pesqueira na Vila da Cachoeira, conforme descrita pelo cronista Luís dos Santos Vilhena, que esteve na região na segunda metade do século XVIII, ressaltava a importância da pititinga, referida como uma "sardinha miúda" pescada em grande quantidade durante o verão. Esse peixe era comumente seco ou salgado, servindo como um valioso recurso alimentar ao longo do ano. Vilhena também destacou a prática de temperar as pititingas com limão e pimenta-malagueta, depois embrulhá-las em folhas secas, como as de bananeira, para fazer as "moquecas", alimentos amplamente consumidos tanto localmente quanto exportados para o sertão[202]. Essa descrição se alinha diretamente com o inventário *post mortem* do pescador Antônio José da Fonseca, que incluía uma rede específica para a pesca desse peixe. Isso evidencia a continuidade dessa prática pesqueira e reforça a importância da pititinga como recurso econômico e alimentar na Cachoeira, mesmo décadas após o relato de Vilhena.

Antônio José da Fonseca viveu maritalmente por muitos anos com Josefa Maria, filha de Félix Manoel e Francisca Maria. Juntos, tiveram filhos, sendo o primogênito nascido por volta de 1803[203]. Ao analisar o assento de casamento, realizado em 20 de janeiro de 1828 na igreja matriz da vila[204], juntamente com o inventário de sua esposa, conclui-se que a oficialização da união foi provavelmente motivada pelo temor da morte de Josefa, que faleceu poucos meses após a celebração. Naquela época, o casal residia no bairro do Caquende, e o inventário de Josefa, datado de 1828, revela que a família estava finalizando a construção de duas casas nessa localidade, evidenciando o esforço para consolidar o patrimônio familiar[205].

---

[201] APMC. Inventário *post mortem* de Antônio José da Fonseca. Caixa 119, processo 1143, p. 5v, 6.

[202] VILHENA, Luís dos Santos. *A Bahia no século XVIII*. Salvador: Itapuã, 1969. v. 2. p. 482.

[203] APMC. Inventário *post mortem* de Antônio José da Fonseca. Caixa 119, processo 1143, p. 1.

[204] Universidade Católica do Salvador. Laboratório Reitor Eugênio Veiga (LEV). Livro de casamentos da Paróquia de Nossa Senhora do Rosário da Cachoeira, 1820-1828, p. 100.

[205] APMC. Inventário *post mortem* de Antônio José da Fonseca. Caixa 119, processo 1143, p. 5.

ANTÔNIO JOSÉ DE SOUZA

Caquende

Antônio José de Souza nasceu no último quartel do século XVIII na Vila de Nossa Senhora do Rosário do Porto da Cachoeira. Fragmentos breves, mas significativos, de sua trajetória foram encontrados na imprensa. A edição número 866 do jornal *Diário de São Paulo* de 1868 informou que Antônio era um dos moradores mais antigos do bairro do Caquende, atuando como alfaiate; embora não detalhasse suas origens familiares, a menção de "crioulo" junto ao seu nome indica que ele poderia ser filho de africanos. Antônio garantiu seu lugar na história ao se alistar e participar ativamente do processo iniciado em 25 de junho de 1822 e que culminou na manhã gloriosa de 2 de julho de 1823. Embora as informações sobre seu falecimento sejam simplificadas, é plausível que sua participação nos movimentos de Independência tenha sido significativa, considerando que ele se uniu às tropas do Exército Imperial, marchou e lutou na Guerra da Cisplatina (1825-1828), sendo dispensado após o fim do conflito. Ele faleceu em 16 de junho de 1868, no hospital da Santa Casa de Misericórdia de Cachoeira[206].

---

[206] Hemeroteca Digital da Biblioteca Nacional. Jornal *Diário de São Paulo*, ed. n. 866 de 11.06.1868. Todas as informações fornecidas, incluindo estimativas, são baseadas nessa notícia divulgada pela imprensa a respeito do falecimento.

ANTÔNIO LOBO DA CUNHA

Rua D'entre Pontes[207]

Comerciante português que desembarcou no porto da Vila da Cachoeira na primeira metade do século XIX, presumivelmente por volta de 1828. Em 1833 já estava estabelecido com um armazém, comercializando uma variedade de produtos, incluindo secos e molhados, drogas e armas[208]. Dedicou-se ao comércio por mais de três décadas, acumulando um vasto cabedal. Posteriormente, aposentou-se e passou a viver das rendas de suas propriedades. Natural de "Entre as Vinhas - Freguesia de São Pedro de Juveiros", era filho legítimo de Antônio da Cunha Lobo e Custódia Leite. Tornou-se membro da Santa Casa de Misericórdia de Cachoeira, destacando-se ao doar à instituição um valioso patrimônio: o imponente palacete Lobo da Cunha, hoje Fórum Augusto Teixeira de Freitas[209].

Figura 42 – Propaganda que evidencia que, após o falecimento do proprietário, o prédio passou a acolher eventos culturais

Faleceu em sua residência, na então Rua Dentre Pontes, em 14 de dezembro do ano de 1878, no estado de solteiro e sem descendentes, contando a avançada idade de 90 anos, e foi sepultado na Igreja da Santa Casa de Misericórdia.

---

[207] Atual Ruy Barbosa.
[208] APMC. Legislativo (Licenças). Documentos avulsos não catalogados.
[209] APMC. Inventário *post mortem* de Antônio Lobo da Cunha. Caixa 121, processo 1169.

ANTÔNIO LOPES DE CARVALHO SOBRINHO

Rua das Flores[210]

Comerciante, escritor e funcionário público estabelecido em Cachoeira durante a segunda metade do século XIX. Antônio Lopes de Carvalho Sobrinho nasceu na fazenda Santo Antônio, situada na antiga Freguesia Velha de Santo Antônio da Jacobina (atual Campo Formoso/BA) em 5 de setembro de 1838, filho legítimo de José Mathias de Carvalho e Mariana Custódia de Jesus[211]. A escolha de seu nome está ligada a uma homenagem a seu tio materno, Antônio Lopes de Carvalho. A análise da antroponímia familiar sugere que o sobrenome "Lopes de Carvalho" remonta à linhagem materna, especialmente à sua avó, Anna Lopes de Miranda. Registros históricos indicam a presença de um sargento-mor, Francisco Lopes de Carvalho, na Freguesia Velha de Santo Antônio da Jacobina, na segunda metade do século XVIII, levantando a hipótese de que Ana poderia ser sua filha ou neta. Embora careça de confirmação documental, essa possibilidade abre novas direções para investigações genealógicas.[212]

Antônio Sobrinho iniciou os estudos em sua cidade natal e, ao concluir o ensino básico, decidiu procurar novas oportunidades não apenas financeiras, mas também intelectuais, onde pudesse publicar seus escritos e explorar seu talento literário, considerando as limitadas oportunidades que teria permanecendo em seu local de origem. Por isso, optou por se mudar para Cachoeira, que naquela época era uma das cidades mais prósperas do Império do Brasil. Em 1858, em Cachoeira, ele foi um dos signatários de uma petição, juntamente com um grupo de comerciantes e proprietários, solicitando a manutenção de uma "praça de mercado" no cais. Eles acreditavam que essa medida seria eficaz para facilitar a importação e exportação de mercadorias, trazendo benefícios para todos os comerciantes e para a população em geral[213]. Assinando esse documento, ele demonstrou não só seu papel como proprietário de uma casa comercial, mas também sua conexão com o circuito comercial da cidade. No mesmo ano, ele já estava presente nos círculos comerciais e tinha crédito na praça, como evidenciado por sua conta-corrente na Caixa Comercial de Cachoeira.

---

[210] Atual Lauro de Freitas.

[211] APEB. Seção Judiciário. Inventário *post mortem* de Mariana Custódia de Jesus. Classificação: 2/839/1308/3. FIGUEIREDO, Nelson Lopes. *Passageiro da história*: do sertão ao infinito. Goiânia: Kelps, 2016. p. 19.

[212] A pesquisa baseia-se em um estudo detalhado dos livros paroquiais da Freguesia Velha de Santo Antônio da Jacobina, preservados no Convento de Santo Antônio, em Campo Formoso-Ba. O nome do sargento-mor Francisco Lopes de Carvalho, casado com Margarida Perpétua, consta na página 5 do Livro nº 1 de Casamentos da Freguesia Velha da Jacobina. Quanto ao tio materno Antônio Lopes de Carvalho, destaca-se o registro de batismo, datado de 27 de dezembro de 1832, no Livro de Batizados (1830-1834), no qual ele, acompanhado de sua irmã, Mariana Custódia, conduz o sobrinho João, filho de João Lopes Neris, à pia batismal, na condição de padrinho. Em 4 de fevereiro de 1837, Antônio Lopes de Carvalho também é mencionado como testemunha em um casamento em sua terra natal, sendo descrito como "Antônio Lopes de Carvalho, solteiro, branco, morador nesta Freguesia Velha de Santo Antônio da Jacobina [...]". O nome da avó de Antônio Sobrinho foi identificado no Livro de Casamentos da Freguesia, referente ao período de 1829 a 1840, na página 71.

[213] APEB. Seção de Arquivo Colonial Provincial. Governo da Província. Câmara da Cachoeira. Maço 1273.

Figura 43 – APMC. Livro de Escrituração da Caixa Comercial de Cachoeira, s/n

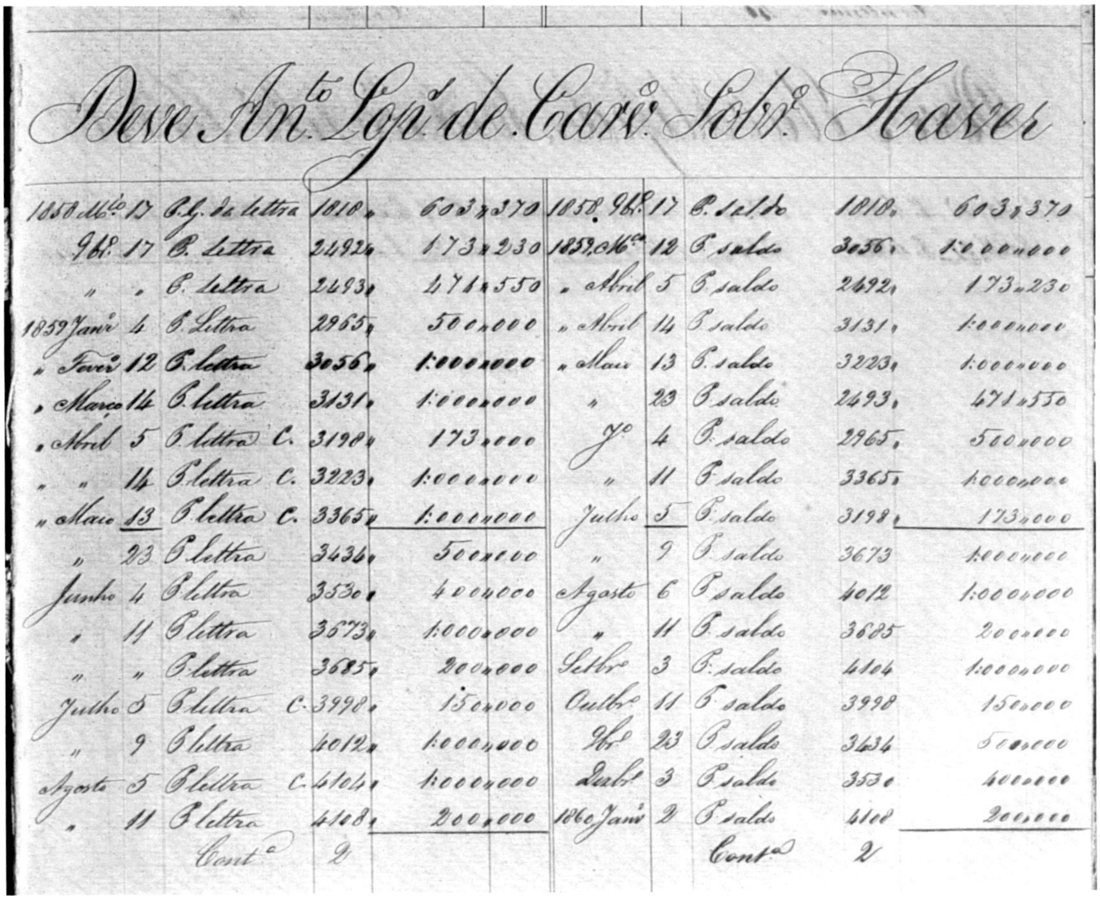

Deve Antº Lopes de Carvº Sobrº Haver

1858 Ab.º 17	C.L. da lettra	1810	603$370	1858 Obr.º 17	C. saldo	1810	603$370
Obr.º 17	C. lettra	2492	173$230	1859 Abril 12	C. saldo	3056	1:000$000
" "	C. lettra	2493	471$550	" Abril 5	C. saldo	2492	173$230
1859 Janrº 4	C. Lettra	2965	500$000	" Abril 14	C. saldo	3131	1:000$000
" Fevrº 12	C. lettra	3056	1:000$000	" Maio 13	C. saldo	3223	1:000$000
" Março 14	C. lettra	3131	1:000$000	" 23	C. saldo	2493	471$550
" Abril 5	C. lettra C.	3198	173$000	Jº 4	C. saldo	2965	500$000
" " 14	C. lettra C.	3223	1:000$000	" 11	C. saldo	3365	1:000$000
" Maio 13	C. lettra C.	3365	1:000$000	Julho 5	C. saldo	3198	173$000
" 23	C. lettra	3436	500$000	" 9	C. saldo	3673	1:000$000
Junho 4	C. lettra	3530	400$000	Agosto 6	C. saldo	4012	1:000$000
" 11	C. lettra	3673	1:000$000	" 11	C. saldo	3685	200$000
" "	C. lettra	3685	200$000	Setbro 3	C. saldo	4104	1:000$000
Julho 5	C. lettra C.	3998	150$000	Outbro 11	C. saldo	3998	150$000
" 9	C. lettra	4012	1:000$000	Novbro 23	C. saldo	3436	500$000
Agosto 5	C. lettra C.	4104	1:000$000	Dezbro 3	C. saldo	3530	400$000
" 11	C. lettra	4108	200$000	1860 Janrº 2	C. saldo	4108	200$000
	Contª	2			Contª	2	

O documento *supra* não apenas confirma que Antônio Lopes de Carvalho Sobrinho já estava estabelecido em Cachoeira em 1858, mas também revela um detalhe interessante: a crescente frequência de empréstimos ao longo de 1859, em contraste com o ano anterior. Esses dados sugerem um aumento no capital concedido pela Caixa Comercial, indicando sua progressiva inserção na comunidade cachoeirana, possivelmente impulsionada pelo casamento com uma moradora local. Além disso, em 1859, o cunhado de Antônio fazia parte da direção do banco[214].

Embora seu nome seja mencionado pela primeira vez em 1858, não é possível afirmar com exatidão que Antônio tenha aberto sua casa comercial na mesma época de sua chegada, sendo possível que ele tenha começado como caixeiro em alguma loja da cidade, prática comum em Cachoeira na segunda metade do século XIX.

Estas informações sugerem que Antônio pode ter se estabelecido em Cachoeira por volta de 1854. Talvez sua juventude tenha causado impacto, pois era um estrangeiro com recursos financeiros limitados e que rapidamente conquistou um lugar que o tornou visível de alguma forma. Vale ressaltar que Carvalho Sobrinho não tinha nenhum parente em Cachoeira, o que torna ainda mais interessante sua capacidade de se integrar socialmente na segunda cidade mais rica da antiga província da Bahia. Provavelmente, em 1858, ele já havia se comprometido com

[214] Arquivo da Venerável Ordem Terceira do Carmo da cidade de Cachoeira. Caixa 06, documentos diversos.

Rosulina Maria Ramos[215]; possivelmente o mediador desse casamento foi o homem que viria a ser seu cunhado, Rodrigo José Ramos[216], que já era um dos principais comerciantes de Cachoeira.

Finalmente chegou o dia 5 de março de 1859[217], momento em que Carvalho Sobrinho oficializa sua união com uma das famílias mais influentes e renomadas economicamente na região do Recôncavo baiano. Conforme contado pelos familiares, a cerimônia religiosa foi planejada com grande cuidado e luxo. O evento foi realizado na residência de Rodrigo José Ramos, em seu próprio oratório, e teve a presença da elite local, comerciantes e grandes proprietários como Lino Martins Bastos, Felicíssimo Moreira Martins e Egas José Guedes, todos com laços de amizade e/ou comerciais com Rodrigo Ramos, além de serem membros proeminentes da Caixa Comercial de Cachoeira[218].

Figura 44 – Antônio Lopes de Carvalho Sobrinho, com a seguinte legenda: "nosso avô casado recentemente", anotação feita por Nair Carvalho Teixeira Leite. Foto pertencente ao acervo de Marlene Carvalho Maia Brites. Imagem restaurada por Igor Almeida e Adson Assis em 2022. Fotografia do ano de 1860, autor desconhecido

À luz desse contexto, pode-se inferir que o casamento representou um marco na sociedade da época, contribuindo para uma inserção social ainda mais significativa. A cerimônia, possivelmente, foi o ponto alto, levando ao reconhecimento em um grupo privilegiado com influência econômica, política e social, abrangendo os principais círculos da região. É relevante mencionar que o casamento ocorreu na residência de Rodrigo José Ramos, seu cunhado, o que provavelmente conferiu mais destaque à celebração, especialmente porque as testemunhas eram

---

[215] Conferir verbete de Rodrigo José Ramos.
[216] Conferir verbete de Rodrigo José Ramos.
[217] Universidade Católica do Salvador. Laboratório Reitor Eugênio Veiga (LEV). Livro de casamentos da Paróquia de Nossa Senhora do Rosário da Cachoeira, 1828-1860, p. 236.
[218] Hemeroteca Digital da Biblioteca Nacional. Almanaque Administrativo, Mercantil e Industrial da Bahia, edição n. 01 do ano de 1860, p. 446.

relacionadas a Rodrigo. Isso pode indicar que Rodrigo Ramos teve papel ativo no processo de organização do casamento de sua irmã. A imagem a seguir mostra que as lojas de Antônio Lopes Sobrinho e seu cunhado Rodrigo foram avaliadas com a mesma categorização de produtos que vendiam, e estavam localizadas na mesma rua.

Figura 45 – *Almanaque Administrativo, Mercantil e Industrial da Bahia*, edição n. 01, do ano de 1860, p. 468

Lojas de ferragens, miudezas e drogas.

Antônio Francisco de Oliveira Borges, r. das Flores.
Antonio Lopes de Carvalho Sobrinho, idem.
Carlos Bernardino Freire, idem.
Fortunato José Ferreira Gomes, r. de Baixo.
Guilherme Benselum, idem.
José Bernardino de Almeida, r. da Ponte Velha.
Lino Martins Bastos, r. das Flores.
Leoni e Moreira, idem.
Manuel José da Vera-Cruz, r. de Baixo.
Pacifico Bispo de Lima, r. das Flores.
Paulino Alves Teixeira, r. Formosa.
Rodrigo José Ramos, r. das Flores.

A documentação sugere a proximidade que deveria existir entre Antônio e Rodrigo, o que corrobora a nossa hipótese de ser Rodrigo Ramos o mediador da concretização do casamento. Sobre esse aspecto, concordamos com o que diz a historiadora Cristina Cancela:

> O casamento, ao envolver alianças familiares e acordos patrimoniais, por si só, torna-se um assunto que envolve não apenas o casal, mas também o seu grupo de parentesco, particularmente nas famílias da elite e das camadas médias da população. Por sua vez, embora em meio à população pobre a união não passe pelos acordos em torno do patrimônio e da riqueza, nem por isso a interferência familiar deixa de se fazer presente.[219]

Ademais, percebemos também que Rodrigo tinha uma relação muito próxima com sua irmã Rosulina, sendo ela a escolhida para batizar o seu filho primogênito de nome, Reinerio Martins Ramos[220], ao lado do seu pai. Era muito comum que os avós batizassem os filhos mais velhos; neste caso, Rosulina representaria a sua mãe, que havia falecido na década de 1840. Vale ressaltar que Rodrigo possuía mais cinco irmãs, portanto é de presumir que a escolha partiu de uma predileção afetiva.

---

[219] CANCELA, Cristina Donza. *Casamento e relações familiares na economia da borracha*. Belém (1870-1920). 2006. Tese (Doutorado em História Social) – Universidade de São Paulo, São Paulo, 2006. p. 26.

[220] Conferir verbete de Reinério Martins Ramos.

Figura 46 – Universidade Católica do Salvador. Laboratório Reitor Eugênio Veiga (LEV). Nota memorial redigida pelo capitão Rodrigo José Ramos

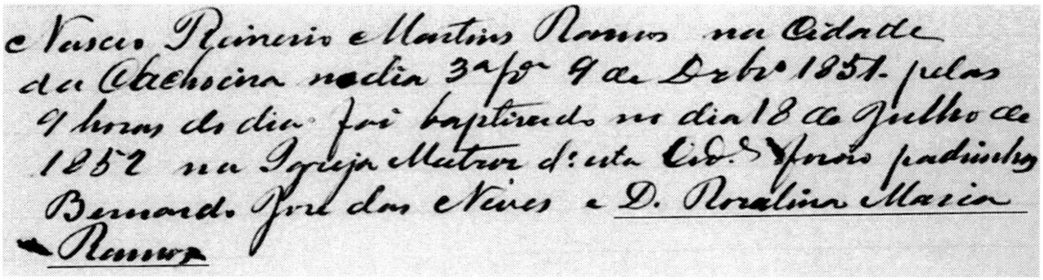
e Nasceo Raineiro e Martins Ramos na Cidade da Cachoeira no dia 3ª f.ª 9 de Oitbro 1851 pelas 9 horas do dia foi baptizado no dia 18 de Julho de 1852 na Igreja Matriz d'esta Cid.e forão padrinhos Bernardo José das Neves e D. Rosalina Maria Ramos

Neste início, é possível que Carvalho Sobrinho tenha se favorecido da reputação social de seu parente Rodrigo Ramos, ao fazer parte de sua família. Curiosamente, todos os filhos do casal Antônio e Rosulina adotaram o sobrenome materno, algo incomum na sociedade da época em Cachoeira. Se tivesse sido seguida a prática usual naquele período, os filhos teriam adotado o sobrenome materno seguido pelo paterno, resultando em: Ramos Lopes de Carvalho, ou simplesmente o sobrenome paterno, porém não foi isso que ocorreu. O sobrenome Ramos prevaleceu sobre o Lopes de Carvalho, originando a **família Lopes de Carvalho Ramos**. Esse evento evidencia de maneira clara a importância e a notoriedade da família Ramos, assim como a importância que os sobrenomes podiam exercer na sociedade.

Antônio Sobrinho deu continuidade a uma tradição da sua família, onde as filhas do sexo feminino recebiam um nome de batismo, seguido de um nome religioso e um sobrenome único. Ao contrário dos filhos homens, as filhas não tinham direito aos sobrenomes do pai e da mãe, sendo registradas apenas com o sobrenome da família paterna. Entretanto, Antônio adaptou a regra, e a única filha do casal foi registrada somente com o sobrenome Ramos, indicando que, na Cachoeira do século XIX, pertencer à família Ramos significava ter destaque. Além disso, o fato de os filhos das outras uniões de Antônio Lopes de Carvalho Sobrinho não terem o sobrenome materno reforça nossa afirmação.

Seguindo esta ótica de análise, a historiadora brasilianista Muriel Nazzari informa que, no século XIX, a maioria das esposas pertencentes às classes privilegiadas da sociedade paulista utilizavam seus nomes de solteira; desse modo, evidenciavam o sobrenome da sua família de origem[221]; um exemplo disso pode ser encontrado na família em questão. Ao longo de toda a sua trajetória, d. Rosulina Maria Ramos foi sempre mencionada por seu nome de solteira, conforme indicam todos os documentos consultados.

Um acontecimento confirma o que foi mencionado anteriormente sobre a relevância do casamento para um forasteiro. Em janeiro de 1860, aproximadamente dez meses depois da celebração do matrimônio, Carvalho Sobrinho foi indicado e aceito para ingressar em uma das instituições mais prestigiadas da comunidade cachoeirana do século XIX, a Irmandade da Santa Casa de Misericórdia, desembolsando 25$000 (vinte e cinco mil réis) pela joia[222]. Isso não significa que a decisão tenha sido tomada unicamente por causa do casamento, entretanto, pela proximidade temporal, é muito provável que o matrimônio tivesse tido um peso importante.

[221] NAZZARI, Muriel. *O desaparecimento do dote*: mulheres, famílias e mudança social em São Paulo, Brasil, 1600–1900. São Paulo: Companhia das Letras, 2001. p. 228.

[222] Memorial da Santa Casa de Misericórdia de Cachoeira. Livro n. 12 – Lançamento das joias de entrada dos irmãos, p. 10v.

Partindo do pressuposto de que, em meados do século XIX, o casamento ainda se configurava como um arranjo entre famílias, no qual interesses econômicos, sociais e patrimoniais desempenhavam um papel central, realizamos uma pesquisa detalhada com o objetivo de abranger todos os aspectos relevantes acerca do matrimônio de Antônio e Rosulina. Durante essa investigação, encontramos uma escritura de cessão de herança, formalizada por Germano Umbelino Marques e sua esposa, d. Cândida das Neves Marques, em favor do cunhado e irmão, Rodrigo José Ramos, avaliada em 1:055$00 (um conto e cinquenta e cinco mil reis)[223].

A partir desse dado, estimamos que a fortuna de Bernardo José das Neves (sogro de Carvalho Sobrinho) estivesse alçada em aproximadamente 12:000$00 (doze contos de réis), uma soma considerável, não fosse o fato de o casal possuir diversos filhos e, consequentemente, com a divisão, a pequena fortuna seria esfacelada. Como vimos anteriormente, na escritura de cessão, cada um dos herdeiros receberia pouco mais de um conto de réis, menor ainda seria o valor de um possível dote conferido aos genros.

A prática do dote sofreu transformações expressivas ao longo do século XIX. Em uma pesquisa inovadora, o historiador Uelton Rocha investigou as condições econômicas da cidade de Cachoeira nesse período, revelando uma importante constatação sobre os dotes matrimoniais. Ao analisar o período de 1851 a 1860, que coincide com o matrimônio de Antônio e Rosulina, Rocha observou que os dotes representavam apenas 1% das fortunas locais, o que indica que, nessa época, o valor do dote em relação ao patrimônio do casal era praticamente irrelevante[224].

Nesta perspectiva, pode-se argumentar que Bernardo José das Neves possivelmente não estivesse inclinado a conceder um dote à sua filha Rosulina, devido a diversas razões, dentre as quais se destacam as mudanças econômicas que marcaram o século XIX. A nova dinâmica de mercado provocava uma constante e progressiva alteração nos preços dos bens, especialmente se comparada com o cenário do século XVIII[225]. Um fato que corrobora essa hipótese é o falecimento de d. Lucina Maria Ramos, mãe de Rosulina, ocorrido por volta de 1848. Naturalmente, seria esperado que, com sua morte, fosse aberto de imediato um processo de inventário e partilha dos bens. Isto tornaria desnecessária a concessão de um dote a Rosulina, pois a parte da herança que lhe caberia assumiria o papel de dote no casamento. No entanto, esse inventário não foi realizado prontamente. Os bens do casal somente foram inventariados e divididos entre os herdeiros após o falecimento de Bernardo José das Neves, aproximadamente duas décadas depois da morte de Lucina[226].

A fim de dialogar com o que explanamos anteriormente, é pertinente apresentar a constatação da historiadora Muriel Nazarri, que, ao estudar as práticas do dote na sociedade paulista do século XIX, constatou que as famílias que continuaram a utilizar o dote como prática nupcial reduziram consideravelmente o montante que era utilizado para essa finalidade, de cerca de 42% do patrimônio no século XVIII para cerca de 7% no XIX. Partindo dessa premissa, seria difícil encontrar um "bom partido" para Rosulina, se o valor monetário do dote ainda representasse o único parâmetro de análise na escolha do cônjuge. Vejamos: no ano de 1840, capitão Frutuoso Gomes Moncorvo, o rico comerciante e pecuarista cachoeirano, ofereceu 4:000$00 (quatro

---

[223] APEB. Seção Judiciário. Livro de Notas do Tabelião, Cachoeira, n. 110, p. 30. Escritura lavrada em 03.03.1869.

[224] ROCHA, Uelton Freitas. *"Recôncavas" fortunas*: a dinâmica da riqueza no Recôncavo da Bahia. (Cachoeira, 1834-1889). 2015. Dissertação (Mestrado em História) – Universidade Federal da Bahia, Salvador, 2015. p. 79.

[225] NAZZARI, Muriel. *O desaparecimento do dote*: mulheres, famílias e mudança social em São Paulo, Brasil, 1600–1900. São Paulo: Companhia das Letras, 2001.

[226] Memorial da Santa Casa de Misericórdia de Cachoeira. Livro de Atas 1854-1862, p. 43.

contos de reis) para o dote de suas filhas, ou seja, o próprio valor da herança que caberia por morte dos pais de Rosulina estava muito distante do valor oferecido por Frutuoso Moncorvo 20 anos antes. Porém, existiram outros fatores na aliança matrimonial que tornavam o enlace benéfico e vantajoso para ambos.

Antônio era um forasteiro, e o casamento representou o enlace com toda a família Ramos, em especial o cunhado, Rodrigo José Ramos. Essa união não apenas lhe proporcionou acesso a todas as regalias e prerrogativas do "clã", mas também facilitou a construção de novas redes de relações e sociabilidade. Sobre esse aspecto, vejamos o que nos diz a historiadora Sheila de Castro Faria:

> O sentimento de pertencer a uma família específica transcendia a consanguinidade e se manifestava entre os parentes rituais. Um exemplo do século XIX, que demonstra a manutenção do conceito "família" no seu sentido lato, é elucidativo. Manoel de Aguiar Vallim, rico proprietário cafeicultor de bananal, cidade do vale do Paraíba paulista, em carta ao conselheiro José Thomaz Nabuco d'Araújo, referindo se ao cunhado e sua senhora, nomina-os dois membros de minha família ou meus parentes, quando, na verdade, nenhum laço de consanguinidade os unia.[227]

Portanto, o casamento era vantajoso para ambas as partes. Carvalho Sobrinho aceitaria receber uma pequena quantia referente ao dote, ou até mesmo não receberia nenhum valor monetário; em contrapartida, suas raízes em Cachoeira estariam fincadas. Ademais, existia entre ambos a "igualdade": "para casar-se, cada qual procurará fazê-lo com seu igual em idade, condição social, fortuna, educação, caráter e simpatia"[228].

Durante a primeira metade do século XIX, o Brasil passou por diversas mudanças que afetaram o cenário cultural do país, independentemente de sua natureza política, econômica ou social. Paralelamente a essas transformações, surgiram novas práticas que foram influenciadas por ideias e concepções inovadoras, tais como o *amor romântico*, o *cientificismo* e a introdução de *práticas pré-capitalistas*. Isso contribuiu para o surgimento de uma nova classe social formada por comerciantes bem-sucedidos, gerando novas elites e resultando na adoção de novos padrões de comportamento e mentalidade[229].

A instituição do "Matrimônio" passou por mudanças significativas ao longo do século XIX. Não é possível generalizar essas mudanças, pois sabemos que havia particularidades que variavam de acordo com as regiões e classes sociais. No entanto, podemos encontrar várias obras de diferentes naturezas, como filmes, livros e documentos históricos, que abordam e questionam cenários em que o casamento está no centro das questões discutidas.

Carvalho Sobrinho deixou resplandecer a sua veia poética e, no dia do seu casamento, dedica um Mote à futura esposa, mostrando diversas facetas de um mesmo sentimento: amor, devoção e abnegação. Características marcantes da primeira fase do Romantismo. Vejamos:

> *Para ti vivo somente*
> *Vivo somente p'ra ti.*
> *Colxeia*
> *O desprezo quem não sente*
> *Se no peito guarda-amor?*

---

[227] FARIA, Sheila de Castro. *A Colônia em movimento*: fortuna e família no cotidiano colonial. Rio de Janeiro: Nova Fronteira, 1998. p. 42.
[228] GARNIER, P. *O matrimônio considerado nos seus deveres, relações e efeitos conjugais*. Rio de Janeiro: H. Garnier, livreiro editor, 1879. p. 31.
[229] NAZZARI, Muriel. *O desaparecimento do dote*: mulheres, famílias e mudança social em São Paulo, Brasil, 1600–1900. São Paulo: Companhia das Letras, 2001. .

> *Eu aqui direi sem dôr*
> *Para ti vivo somente.*
> *Sou no mundo feliz ente*
> *Por achar abrigo em ti;*
> *E já que feliz nasci,*
> *A ti adorar só quero;*
> *Outro hymenêo?...qual! é zero!*
> *Vivo somente p'ra ti.*
>
> **Carvalho Sobrinho, Cachoeira, 10 de março de 1859.**[230]

O poema mencionado revela outras particularidades da ligação entre as famílias Ramos e Carvalho, destacando os sentimentos presentes antes do casamento. Além dos temas abordados sobre as estratégias matrimoniais, é relevante frisar que nossa análise é feita sob uma perspectiva histórica, respaldada por obras que debatem as questões relacionadas ao casamento e suas diferentes abordagens, buscando compreender o casamento através do ponto de vista de todos os envolvidos socialmente. Por meio desses versos, é possível perceber que as transformações sociais em andamento deveriam estar evidentes na Cidade Heroica da Cachoeira, porém é preciso salientar que esse processo não foi uniforme. Além disso, por se tratar de um aspecto cultural, as mudanças acontecem de maneira gradual e lenta, sendo prudente evitarmos generalizações[231]. Para uma compreensão mais aprofundada, seria necessário um amplo estudo sobre os matrimônios realizados na cidade de Cachoeira na época em questão, mas esse não é o foco do nosso trabalho.

Conforme discutido, várias razões favoreciam a união entre Antônio e Rosulina. No entanto, para Carvalho Sobrinho, os benefícios de natureza social e econômica podem não ter sido mais os únicos aspectos a serem considerados ao decidir se casar. Com a emergência da ideia do amor romântico, amplamente difundida pelas correntes do romantismo, a qual Antônio estava vinculado, esses fatores tradicionais poderiam ter se tornado menos relevantes em sua avaliação.

Com efeito, alterou a antiga concepção do "matrimônio feliz" baseado unicamente nos interesses da Igreja e do Estado, que viam o casamento como um "acordo" que deveria ser pautado em regras fixas de caráter político-social, sem considerar as particularidades do indivíduo. Na segunda metade do séc. XIX, segundo Muriel Nazzari, o casamento "passou a ser encarado muito menos como uma questão de bens e muito mais como um vínculo pessoal entre indivíduos, tendo no amor seu motivo preponderante"[232].

Logo após o casamento, o casal passou a residir em um sobrado na então "Praça da Manga", hoje Praça Manoel Vitorino, local onde nasceram alguns dos seus filhos.

---

[230] CARVALHO SOBRINHO, Antônio Lopes de. *Horas vagas*. Salvador: Tipografia de Camilo de Lellis Masson & Cia, 1863.

[231] BRAUDEL, Fernand. O *Mediterrâneo e o mundo mediterrâneo na época de Felipe II*. 2. ed. Lisboa: Publicações Dom Quixote, 1995.

[232] NAZZARI, Muriel. *O desaparecimento do dote*: mulheres, famílias e mudança social em São Paulo, Brasil, 1600–1900. São Paulo: Companhia das Letras, 2001. p. 211.

Figura 47 – Praça da Manga, atual Manuel Vitorino, logradouro onde residiu a família de Antônio Lopes de Carvalho Sobrinho. Fotografia do início do século XX. Acervo de Erivaldo Brito (domínio público). Autor não identificado. Fotografia restaurada por Igor Roberto de Almeida

Em 1878, Carvalho Sobrinho enfrentou o luto pela morte de sua esposa, com quem esteve casado por quase duas décadas. A partir de 1880, uniu-se maritalmente com a paraguaia Petronilha Ignácia Fernandez, e com ela teve seis filhos: Adelino, Alfredo, Amélia, Idalina, Augusto e Anísio. Nesse mesmo período, começou um relacionamento com Ricarda Feliciana dos Reis, com quem teve mais quatro filhos: Rosalvo, Deraldo, Lusbela e Durval[233].

Carvalho Sobrinho exerceu a função de comerciante durante aproximadamente 25 anos. Sua casa comercial localizava-se na então Rua das Flores n. 53, hoje Lauro de Freitas. Vejamos a seguir uma foto de onde mais ou menos situava-se a sua casa comercial:

Figura 48 – Antiga Rua das Flores — atual Lauro de Freitas —, logradouro onde se localizava a casa comercial Carvalho Sobrinho & Companhia. Autor: Archimedes Moreira, 1910. Acervo do Instituto Geográfico e Histórico da Bahia, fotografia 1050

---

[233] Conferir verbetes de Petronilha Ignácia Fernandez e Ricarda Feliciana dos Reis.

Figura 49 – Nota fiscal do estabelecimento comercial de Antônio Lopes de Carvalho Sobrinho em 1871. APMC. Inventário *post mortem* de Maria Arculina da Silva. Caixa 147. Doc. 1465

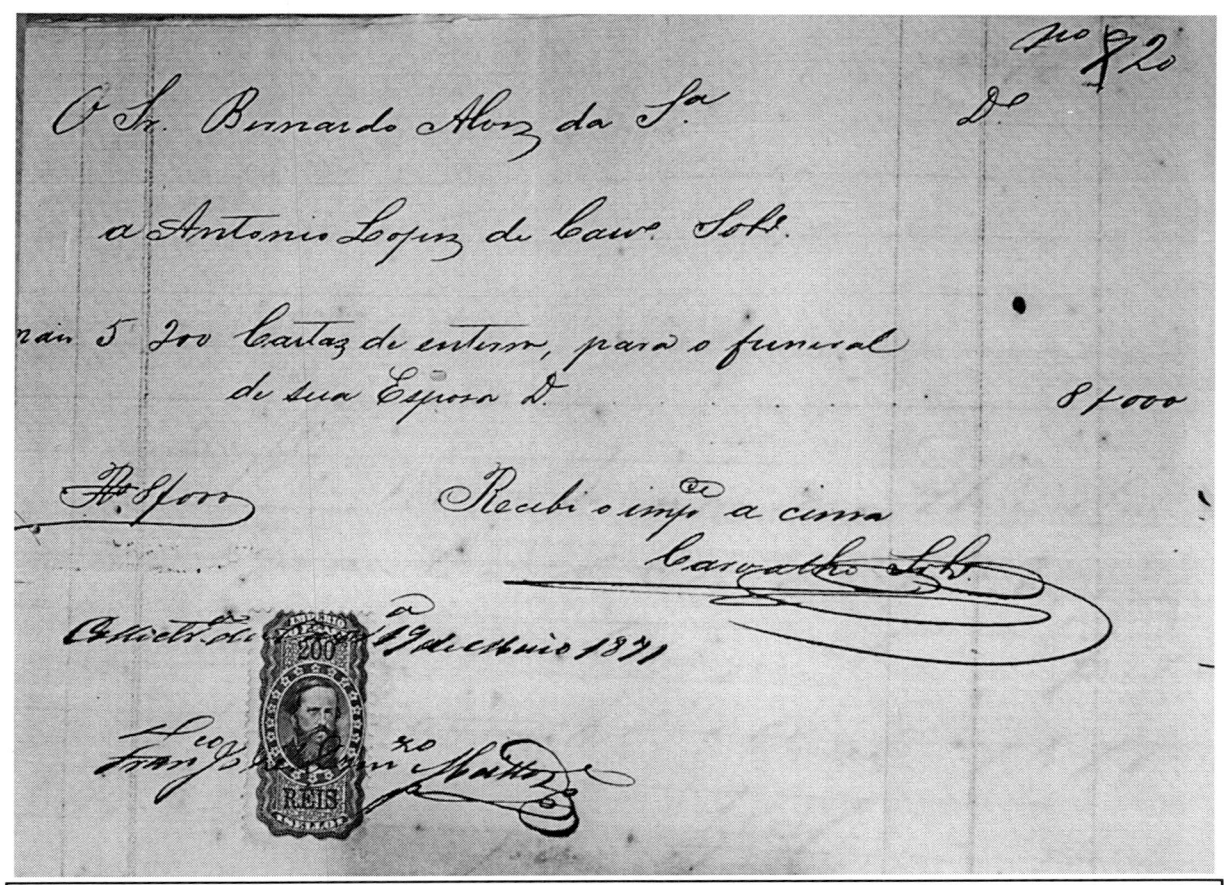

> *O Sr. Bernardo Alves da Silva*
> *A Antônio Lopes de Carvalho Sobrinho.*
> *[...] 200 cartas de enterro, para o funeral de sua esposa D. 8$000*
> *R$ 8$000*
> *Recebi a importância acima. Carvalho Sobrinho. Coletoria da Cachoeira, 19 de maio de 1871. Francisco José Damásio de Mattos.*

Como já foi citado anteriormente, Carvalho Sobrinho adentrou o circuito dos negociantes da cidade de Cachoeira no início da segunda metade do século XIX, período em que foi instalada a *Companhia Carvalho Sobrinho*, nome fantasia do seu estabelecimento comercial. Encontramos, nas notas dos tabeliães da Heroica Cachoeira, diversas procurações passadas por Antônio Lopes de Carvalho Sobrinho que citam transações comerciais da sua firma, além de fornecer outros dados importantes. Apresentaremos a seguir uma cópia de uma das procurações coletadas na pesquisa:

Figura 50 – APEB. Judiciário. Livro de Notas de Procuração Cachoeira n. 119, p. 18v

> *Procuração bastante que fazem* **Carvalho Sobrinho & Companhia**, **negociantes** *nesta Cidade.* Saibam quantos este público instrumento de Procuração bastante virem, que no ano de Nosso Senhor Jesus Cristo de mil oitocentos e setenta e cinco, aos vinte e seis dias do mês fevereiro, nesta Heroica Cidade da Cachoeira, e meu cartório, compareceu como outorgantes *Carvalho Sobrinho & Companhia, negociantes nesta cidade,* **representados pelo seu sócio Antônio Lopes de Carvalho Sobrinho** reconhecido de mim tabelião do que dou fé. E perante as testemunhas abaixo firmadas, em nome daquela firma social disse que nomeava e constituía por seu bastante procurador na Vila do Camisão e seu termo, em primeiro lugar a Bernardo José das Neves, e em segundo lugar a Aristides José das Neves[...]

O documento *supra*[234] traz um dado importante que até então não havíamos cogitado, a firma Carvalho Sobrinho & Companhia possuía outros sócios, ou seja, Antônio Lopes não era o único proprietário. Informação reforçada pelo alvará fornecido pela Câmara de Cachoeira, onde Antônio e o sócio são autorizados a vender drogas e armas não proibidas na sua casa comercial.

---

[234] APEB. Judiciário. Livro de Notas de Procuração Cachoeira n. 119, p. 18v.

Figura 51 – APMC. Legislativo. Licenças. Documentos avulsos não classificados

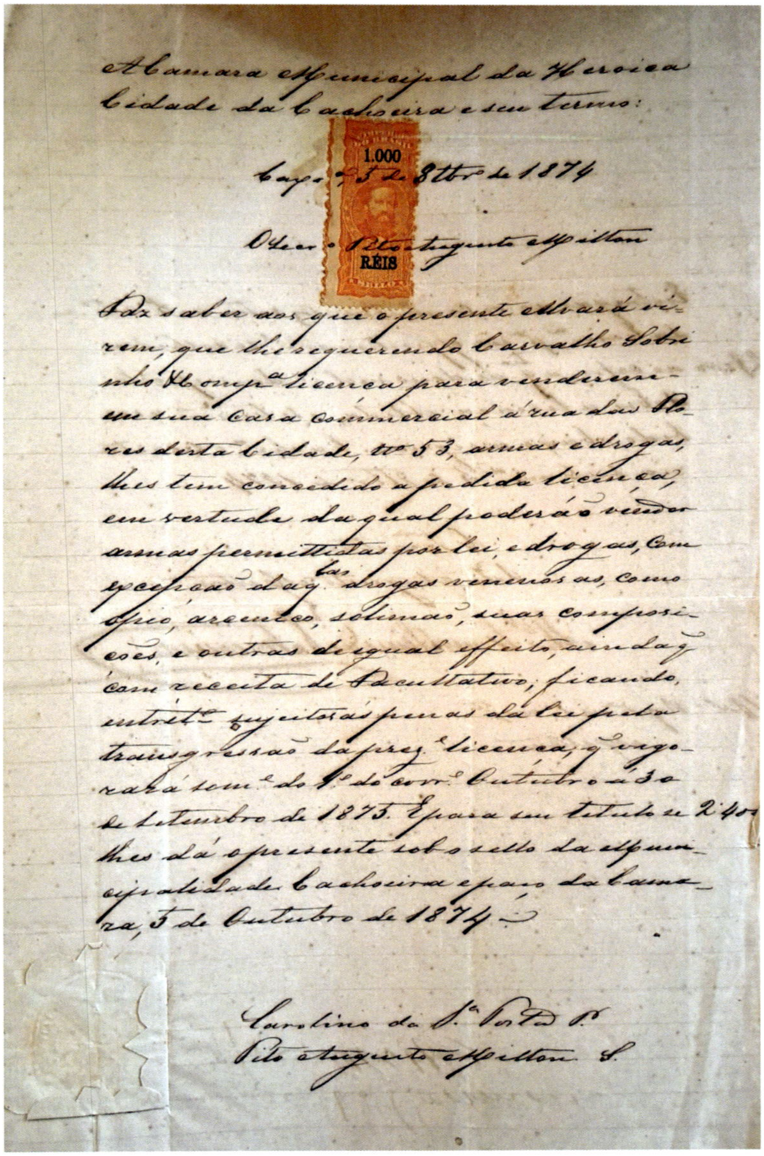

A Câmara Municipal da Heroica cidade da Cachoeira e seu termo:
Cachoeira, 5 de outubro de 1874
O secretário Tito Augusto Milton
Faz saber aos que o presente alvará virem que, lhe requerendo Carvalho Sobrinho & Cia licença para vender em sua casa comercial à rua das flores desta cidade, número 53, armas e drogas, lhes tem concedido a pedido licença, em virtude da qual poderão vender armas permitidas por lei e drogas, com exceção daquelas drogas venenosas, como ópio, arsênico solimão, suas composições, e outras de igual efeito, ainda que com receita de facultativo; ficando, entretanto, sujeitos as penas da lei pela transgressão da presente licença, que vigorará somente do primeiro do corrente outubro a 30 de setembro de 1875. E, para seu título, se lhes dar o presente sob o selo da municipalidade. Cachoeira e Paço da Câmara, 5 de outubro de 1874.
Carolina da Silva Tosta, presidente.
Tito Augusto Milton, secretário.

Teria sido este o primeiro estabelecimento comercial montado por Carvalho Sobrinho em Cachoeira? Quem seriam os outros sócios? Infelizmente a documentação que possuímos não fornece esses dados, e as transações comerciais que foram localizadas se limitam à década de 1870.

No entanto, é possível afirmar que no ano de 1878 a firma Carvalho Sobrinho & Companhia já não existia, é o que nos diz a procuração passada por Antônio em 6 de abril de 1878[235]. Corroborando essa informação, o *Almanaque da Província da Bahia* do ano de 1881, página 89[236], nos informa que Antônio Sobrinho possuía um armazém de gêneros alimentícios, diferindo do *Almanaque Administrativo Mercantil, e Industrial da Bahia* 1861-1863, que classificou no ramo das "Ferragens, miudezas e drogas".

Figura 52 – Freire, Antônio. ALMANAQUE da província da Bahia. Salvador: Litho-Tipografia de João Gonçalves Tourinho, 1881. p. 89

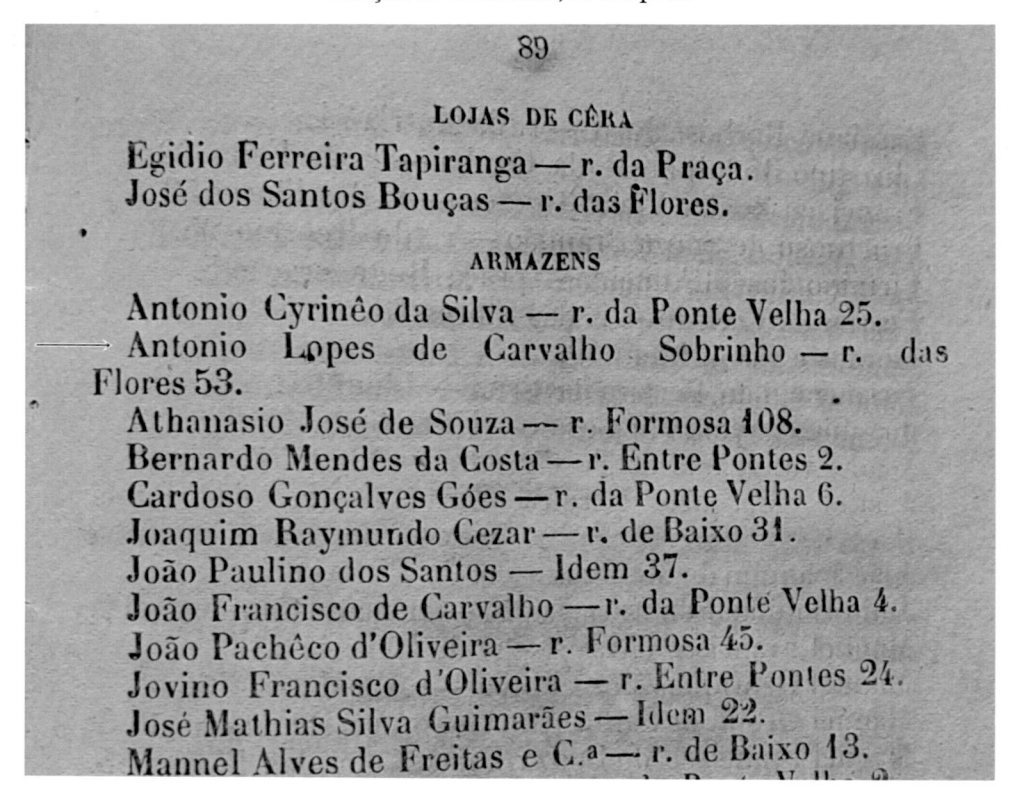

Nesta perspectiva, deduzimos que a mudança se deu após a extinção da firma social Carvalho Sobrinho & Companhia.

O maestro Manuel Tranquilino Bastos (1850-1935), uma figura de destaque na sociedade cachoeirana e respeitado por sua erudição e profundo conhecimento musical, em seu livro intitulado *Minhas percepções*, escrito entre o final do século XIX e início do XX, dedicou-se

---

[235] APEB. Judiciário. Livro de Notas de Procuração Cachoeira n. 128, p. 11.
[236] Biblioteca Pública dos Barris. Setor de Periódicos Raros. FREIRE, Antônio. *Almanaque da província da Bahia*. Salvador: Litho-Tipografia de João Gonçalves Tourinho, 1881.

a registrar a memória de alguns personagens históricos de Cachoeira. No artigo denominado "Meu ministério", Bastos buscou deixar para a posteridade um legado de figuras que, em suas palavras, "glorificaram a cidade no passado recente". Entre os nomes selecionados por ele, encontramos o de Antônio Lopes Sobrinho. A seguir, transcreveremos parte do artigo para destacar essa menção[237]:

> Eis o velho e extinto ministério, que outrora glorificou a Cachoeira, terra venturosa, genitora dos Teixeira de Freitas e dos primeiros heróis e mártires da independência e da liberdade nacional.
>
> Pasta da Disciplina Popular – O coronel do caráter, o condestável Joviniano José da Silva e Almeida.
> Pasta do Prestígio Geral – O conceituadíssimo advogado Manuel Galdino de Assis.
> Pasta do Fórum – O intemerato oficial da verdade, o tabelião Helvécio Vicente Sapucaia
> Pasta do Direito Individual – O conspícuo condutor de massas populares, o querido Manoel Baptista Leone.
> Pasta da Probidade – O supremo cavalheiro desta representação, o sincero Ramiro da Silva Pimentel.
> Pasta da Honestidade Comercial – O gênio altivo na observância exata das múltiplas circunstâncias, **o honrado Antônio Lopes de Carvalho Sobrinho** [...].[238]

Carvalho Sobrinho encerrou suas atividades comerciais em 1880. No ano seguinte, ingressa no serviço público municipal. Em sessão realizada na Câmara de Cachoeira em 20 de janeiro de 1881, sob a presidência do dr. Honorato Antônio de Lacerda Paim, o vereador tenente-coronel José de Araújo Aragão Bulcão apresentou um requerimento indicando a nomeação de Antônio Lopes de Carvalho Sobrinho para exercer o cargo mais importante na estrutura administrativa local, a função de secretário da Câmara: "Requeiro que seja nomeado para substituir ao ex-secretário João Cassimiro Barbosa, o cidadão Antônio Lopes de Carvalho Sobrinho. Em câmara, 20 de janeiro de 1881"[239]. Submetida a discussão e depois a votos, foi unanimemente aprovado; em seguida, prestou juramento e assinou o termo de posse redigido pelo vereador Antônio José Balieiro[240].

Logo após assumir, coube-lhe a árdua tarefa de organizar toda a documentação corrente, gerindo a contabilidade, apresentando os resultados em processos e balanços que se encontram depositados no Arquivo Público Municipal de Cachoeira. Também lhe foi confiada a função de procurador[241], de modo que pudesse compreender e sanar determinadas lacunas da parte contábil. Em pouco mais de dois anos, era visível a diferença na organização da secretaria e arquivo. Dada a complexidade do cargo e as muitas atividades e compromissos que a ele recaiam, o doutor Honorato Antônio de Lacerda Paim, em relatório encaminhado aos demais vereadores em 1883, final do biênio em que esteve à frente da Câmara, ressaltou a dedicação e habilidade de Antônio Lopes, sobretudo quando comparado com períodos anteriores[242]:

---

[237] RAMOS, Jorge. *O semeador de orquestras*: história de um maestro abolicionista. Salvador: Solisluna Editora, 2011. p. 172.

[238] *Ibidem*, p. 172.

[239] APMC. Livro de Atas da Câmara de Cachoeira 1878-1882, p. 59, 59v.

[240] APMC. Termos de Juramento, 1853-1881, p. 181v.

[241] Na folha de pagamentos do mês de janeiro de 1882, Antônio Lopes aparece exercendo duas funções: secretário e procurador. APMC. Livro de Receita e Despesas da Câmara – 1882, p. 5, 26.

[242] APMC. Legislativo. Documentos avulsos não catalogados. Relatório da administração da Câmara Municipal da Cidade da Cachoeira, dos anos de 1881 a 1883.

Figura 53 – APMC. Legislativo. Relatório da administração da Câmara Municipal da Cidade da Cachoeira, dos anos de 1881 a 1883

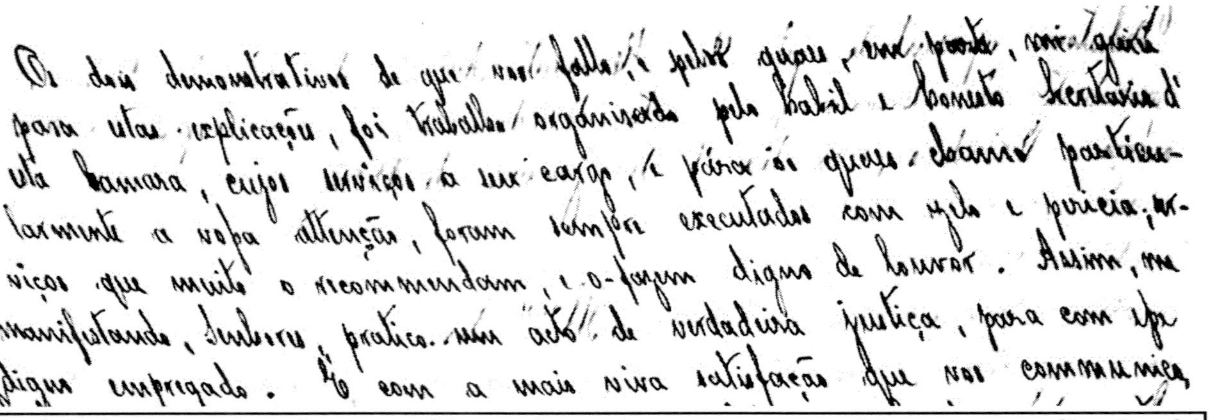

> Os dois demonstrativos de que vos falo, e pelos quais, em parte, me guiei para esta explicações, foi trabalho organizado pelo hábil e honesto secretário desta Câmara, cujo serviços a seu cargo, e para os quais chamo particularmente a vossa atenção, foram sempre executados com zelo e perícia, serviços que muito o recomendam, e o fazem digno de louvor. Assim, me manifestando, senhores, pratico um ato de verdadeira justiça para com esse digno empregado.

O discurso proferido pelo presidente Honorato Antônio contribuiu para que Antônio Lopes pleiteasse uma gratificação *pró-labore* para compensá-lo da sobrecarga de trabalho. Porém, não caberia à câmara deliberar sobre tal matéria, de alçada exclusiva da Assembleia Legislativa Provincial. Por volta do meado de 1883, o secretário Antônio redige um ofício solicitando uma gratificação

> [...] de 400$000 réis anuais, pagos pelo cofre desta municipalidade, alegando ser onerado de grande trabalho, por acumular ao de secretário, que exerce, os cargos de amanuense, contador e de arquivista, e sobre o que a Assembleia manda que esta Câmara informe.

A petição nos informa que ele também exerceu o posto de amanuense, cargo similar as funções de um escriturário, cabendo-lhe a emissão e cópias de documentos que integravam o arquivo da câmara. A Câmara respondeu favoravelmente ao pedido do suplicante, emitindo o seguinte parecer:

> Satisfazendo, portanto, o exigido, e devolvendo inclusa a petição, tem esta Câmara a informar que é o exato alegado pelo suplicante, e que, pelo modo porque esse empregado dedica-se aos diversos trabalhos a seu cargo, é sem dúvida alguma, digno da mercê que solicita.[243]

O cargo de secretário proporcionou a Antônio Lopes de Carvalho Sobrinho a oportunidade de expandir suas conexões sociais em diversos segmentos da cidade. Na década de 1880, a Câmara Municipal de Cachoeira e a Irmandade do Rosário do Santíssimo Coração de Maria do Monte Formoso discutiam o arruamento da área onde a capela estava edificada. Antônio desempenhou um papel de mediação que beneficiou essa agremiação religiosa. Em reconhecimento, os membros da mesa administrativa o convidaram a ingressar como irmão. Em 2 de fevereiro de 1887, Antônio foi admitido na irmandade. O escrivão Salustiano Pereira do Sacramento registrou que ele foi isento da taxa de entrada, prática comum nas associações da época, devido aos serviços prestados durante o alinhamento da Rua da Ladeira, em frente à capela[244].

---

[243] APMC. Livro de registro de ofícios expedidos pela Câmara de Cachoeira, 1881-1891, p. 26.

[244] Livro de Entrada dos Irmãos da Irmandade de Nossa Senhora do Rosário do Santíssimo Coração de Maria da cidade da Cachoeira/BA, séc. XIX, p. 8.

Em 1880, na condição de primeiro suplente do delegado de polícia, foi nomeado ao exercício do cargo de Delegado pelo então presidente da província, função exercida durante o biênio 1880-1881. Imbuído das prerrogativas legais que lhe competiam, realizou uma minuciosa vistoria nas instalações da cadeia públicas[245]. Ao constatar a precariedade em relação à salubridade, superlotação e carência de qualquer condição mínima de higiene, solicita perante os vereadores que fossem tomadas providências urgentes de modo que pudesse sanar aquelas condições degradantes, ou que ao menos amenizasse a insalubridade presente no recinto.

> Procedendo-me a poucos dias há um exame nas prisões públicas encontrei-as em um estado repugnante. Alguns presos acham sofrendo sensivelmente em sua saúde, devido, em grande parte a falta de asseio das prisões em que se acham recolhidas. A cadeia, como todos sabem, compreende poucos compartimentos; no pavimento térreo é apenas três compartimentos - dois para os homens e um para as mulheres; no pavimento superior há somente uma prisão para homens. Há, portanto, no todo, três prisões para homens e uma para mulheres, quando aliás acha-se recolhida constantemente nelas o número superior de 70 presos. Semelhante aglomeração, ajudada pela insalubridade das prisões, causa seguramente um mal incalculável. Em prisões estreitas e úmidas, completamente insalubres, pelo que, por muitas vezes há provocado do digno facultativo a esta delegacia as mais sérias reclamações, não é possível que os miseráveis, que jazem nelas possam gozar saúde, vindo assim a sofrer duas penas: moral e física. As duas prisões do pavimento térreo acham-se com os ladrilhos bastantemente estragados, pelo que se torna a umidade mais sensível. Assim, pois é, a bem desses infelizes, que tem por mundo quatro estreitas e denegridas paredes de um cárcere, vou solicitar desta ilustre corporação quaisquer providências no sentido de serem autorizadas e feitos as obras precisas, compreendendo o conserto do ladrilho, caiamento das paredes e a fatura de tarimbas aonde possam os presos repousar o corpo. Aproveite a oportunidade para fazer a V.S.s os meus protestos da mais estima e toda a consideração. Deus guarde a V.S. Ilmo. Srs. Presidente vereadores da Câmara Municipal. **O delegado, Antônio Lopes de Carvalho Sobrinho.**

Este requerimento é uma peça histórica de fundamental importância para quem deseja compreender sobre a estrutura física das prisões e sua correlação com a saúde dos detentos. Mas também diz muito sobre a formação humanista do seu autor, demonstrando respeito pela dignidade humana, ao exigir melhores condições higiênicas para a população carcerária, e apreço pelas boas práticas sanitárias em voga naquele momento. Certamente teria noção do risco de doenças infectocontagiosas e seu poder de transmissão em tais espaços.

Nossa tese citada no parágrafo anterior alinha-se com a declaração do médico doutor José Pereira Teixeira, que solicitou ajuda de Antônio Sobrinho enquanto secretário da Câmara Municipal para acelerar a tramitação de normativas ligadas à vacinação no município da Cachoeira. Segundo o dr. Teixeira, tratava-se de matéria urgente e que deveria ser prontamente apreciada para ser dado o parecer competente no âmbito do Legislativo municipal. O doutor Teixeira, conhecedor da resistência por parte de alguns setores em relação a medidas sanitárias, apela para aquele que compreenderia a dimensão da importância da salubridade dos espaços públicos e suas consequências benéficas em todas as esferas sociais para os munícipes, ao ressaltar o "espírito adiantado" do secretário Sobrinho: "Peço o seu auxílio, como excelente cidadão e espírito adiantado [...]".

---

[245] APMC. Correspondências (legislativo). Documentos avulsos não catalogados.

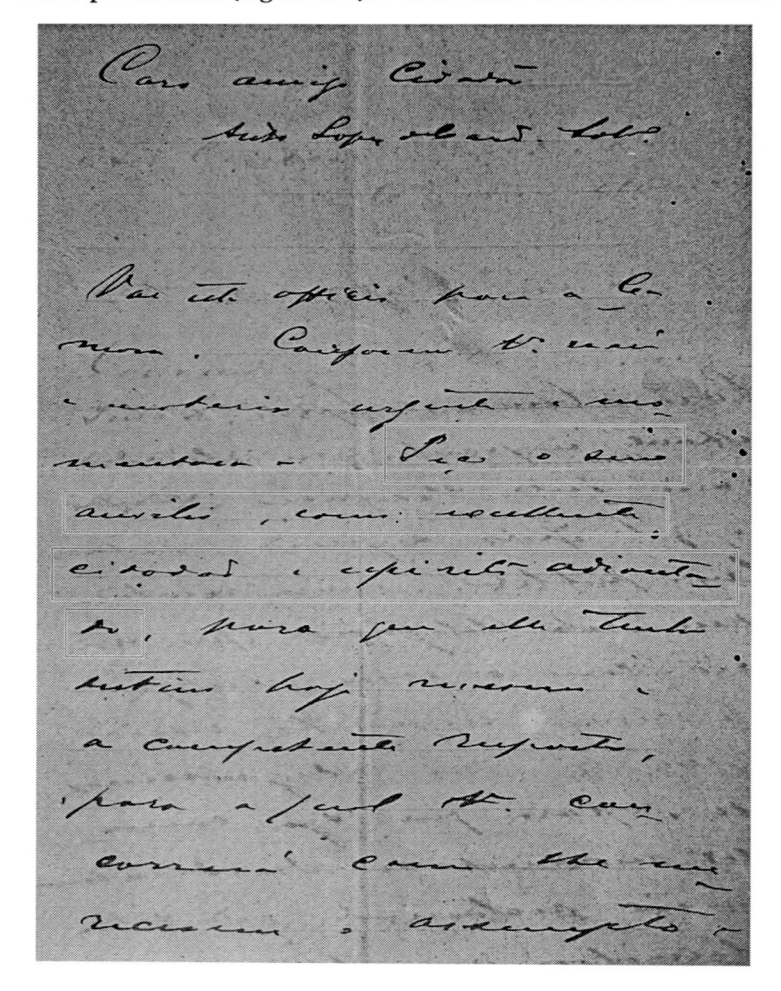

Figura 54 – Correspondências (legislativo). Documentos avulsos não classificados. APMC.

Antônio também ocupou funções eletivas, sendo eleito em 1881 para o lugar de Juiz de paz do distrito-sede da cidade[246], cargo criado pelo governo imperial em 1827, que atuaria como um juiz leigo, em processos de pequena causa com jurisdição estritamente local[247].

O jornalista e poeta Carvalho Sobrinho

Carvalho Sobrinho foi um homem de múltiplas facetas, que, apesar do tempo excessivo que dedicava às suas atividades comerciais, conseguiu se dedicar à literatura. Em 1863, publicou um opúsculo de versos intitulado *Horas vagas*, impresso na Tipografia de Camilo de Lellis Masson & Cia. O mote que ofereceu à sua esposa, já mencionado anteriormente, foi extraído desse livro.

Posteriormente, encontramos registros da atuação incisiva de Carvalho Sobrinho na imprensa, destacando que sua influência não se limitou à cidade de Cachoeira. Ele também colaborou com o periódico *O Monitor*, publicado na capital da província. A seguir, apresentare-

---
[246] APMC. Livro de Termos de Juramento, 1853-1881, p. 179v, 180.
[247] SANTOS, Jerlyane Dayse Monteiro dos. Juízes de paz no Império do Brasil: análise da experiência da magistratura leiga e eletiva na Província da Paraíba (1824-1840). *Temporalidades*, Belo Horizonte, v. 6, n. 1, jan./abr. 2014. p. 59.

mos uma descrição detalhada de cada um dos periódicos em que Antônio Sobrinho contribuiu, fosse como poeta ou por meio da redação de artigos jornalísticos que abordavam uma ampla gama de temas, incluindo política, economia, entre outros.

O primeiro e principal periódico em que se registra uma vasta e relevante produção literária, política e jornalística de Antônio Lopes é *O Americano*, editado na cidade de Cachoeira. Este periódico, vinculado ao Partido Liberal, era publicado uma ou duas vezes por semana e impresso na tipografia localizada na então Rua Formosa, n.º 81, de propriedade de Manoel Cardoso da Silva, também liberal. Sobre Manoel Cardoso, foi escrita a seguinte epígrafe: "Advogou os direitos dos vencidos de então contra os excessos dos vencedores da ocasião." (Edição de 3 de março de 1880, *O Americano*).

Ao examinarmos as edições publicadas entre 1867 e 1870, constatamos a presença do nome de Antônio Lopes em diversas ocasiões, evidenciando seu papel destacado como figura política e jornalista. Além disso, seus escritos revelam uma marcante inclinação literária, demonstrando não apenas um domínio técnico, mas também um engajamento cultural alinhado às tradições literárias de sua época, com atenção especial aos autores de sua província. Um exemplo dessa vertente é o soneto publicado em memória de Francisco Moniz Barreto, considerado um dos maiores poetas repentistas de sua geração[248]. Até o momento, este poema representa a primeira publicação poética de Antônio Lopes registrada na imprensa, oferecendo uma amostra de sua produção literária e sensibilidade artística. Vejamos:

Figura 55 – Instituto Geográfico e Histórico da Bahia. Jornal O Americano, ed. de 14.07.1868, p. 3

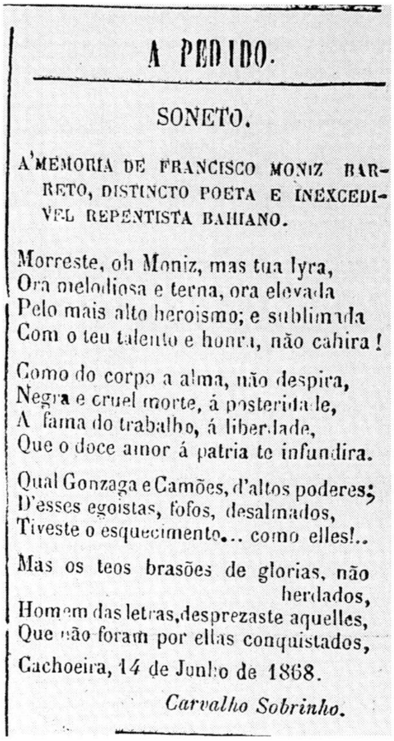

A PEDIDO.

SONETO.

A'MEMORIA DE FRANCISCO MONIZ BAR-
RETO, DISTINCTO POETA E INEXCEDI-
VEL REPENTISTA BAHIANO.

Morreste, oh Moniz, mas tua lyra,
Ora melodiosa e terna, ora elevada
Pelo mais alto heroismo; e sublimada
Com o teu talento e honra, não cahira!

Como do corpo a alma, não despira,
Negra e cruel morte, á posteridade,
A fama do trabalho, á liberdade,
Que o doce amor á patria te infundira.

Qual Gonzaga e Camões, d'altos poderes;
D'esses egoistas, fofos, desalmados,
Tiveste o esquecimento... como elles!..

Mas os teos brasões de glorias, não
                                    herdados,
Homem das letras, desprezaste aquelles,
Que não foram por ellas conquistados.

Cachoeira, 14 de Junho de 1868.

Carvalho Sobrinho.

---

[248] Para informações sobre Francisco Muniz Barreto, consultar: BLAKE, Sacramento. *Dicionário Bibliográfico Brasileiro*. Rio de Janeiro: Imprensa Nacional, 1895, v. 3, p. 55.

> *Soneto*
> *A memória de Francisco Moniz Barreto, distinto poeta e inexcedível repentista baiano*
> *Morreste, oh Muniz, mas tua Lira,*
> *Ora melodiosa e terna, ora elevada*
> *Pelo mais alto heroísmo; e sublimada*
> *Com o teu talento e honra não cairá!*
> *Como do corpo a alma, não despira,*
> *Negra e cruel morte, a posteridade,*
> *A fama do trabalho, a liberdade,*
> *Que o doce amor à pátria te infundira.*
> *Qual Gonzaga e Camões d'altos poderes;*
> *Desses egoístas, fofos, desalmados,*
> *Tivesse o esquecimento... como eles!*
> *Mas os teus brasões de Glória, não herdados,*
> *Homem das Letras, desprezaste aqueles,*
> *Que não foram por elas conquistados.*
> *Cachoeira, 14 de junho de 1868. Carvalho Sobrinho*

A década de 1860 foi crucial para que Antônio Sobrinho se consolidasse como um dos mais conhecidos escritores jornalísticos da cidade da Cachoeira e uma das vozes mais vibrantes do Partido Liberal na região. Liberal convicto, Sobrinho utilizava suas habilidades retóricas e literárias para colaborar regularmente com *O Americano*, jornal que funcionava como um dos principais veículos de comunicação e propaganda do movimento liberal. Logo após a sua vinculação na sociedade cachoeirana, Antônio filiou-se ao Partido Liberal, sendo um dos mais ferrenhos partidários políticos da sua geração. Logo a sua erudição foi reconhecida pelos seus pares, situação que lhe permitiu tornar-se um dos principais interlocutores liberais que atuaram nas "trincheiras" da imprensa cachoeirana oitocentista.

Suas contribuições exaltavam as convicções políticas liberais e combatiam com vigor as ideias e práticas do Partido Conservador, que representava os interesses opositores na política local e nacional. Abaixo, apresentamos uma das suas primeiras produções políticas registradas, exemplo de seu envolvimento ativo na construção de um discurso que buscava influenciar a opinião pública e consolidar a identidade liberal no cenário político da Cachoeira e do Brasil imperial.

> O Partido Liberal da Cachoeira. O Partido Liberal da Cachoeira não é formado por indivíduos sem prestígio algum, sem crenças e sem conhecimentos práticos e teóricos, como alguns conservadores desta cidade têm procurado fazer acreditar. Não; o Partido Liberal, que se levanta nesta heroica terra, forte pelas suas convicções e unidade de pensamentos, é composto por caracteres muito honrados, patriotas distintos, cuja inteligência é suficiente, ainda que não o queira o homem da Zona Tórrida, para alcançar, como os senhores conservadores, o conhecimento dos bons ou maus governos que se sucedem em nosso país. Cientes disso, firmes por suas crenças, apresentaram-se no dia 7 de setembro, no pleito eleitoral, para combater aqueles que freneticamente hoje apoiam o reinado do Sr. de São Lourenço, cujas administrações têm sido tão fatais para o desventurado Brasil. As boas ou ruins impressões que se recebem dos governos revelam-se por seus atos: revelam-se mais pela sua moderação e grande tino governativo, ou pelas suas arbitrariedades e despotismo. Para alcançar convenientemente o conhecimento de tais diferenças, não é necessário, por certo, a facúndia do Sr. da Zona Tórrida; basta saber pensar com critério; basta prestar a devida atenção à marcha dos negócios públicos, ler os expedientes e atos dos respectivos governos e conscientemente apreciá-los; estudar com calma e reflexão

as suas reformas e compará-las com as reiteradas promessas de outrora. Tudo isso é necessário saber, sem dúvida alguma; entretanto, está ao alcance de qualquer cidadão que não seja indiferente aos negócios do país, que tenha um pouco de inteligência e provado patriotismo. O estilo é o homem, e reproduzir, com justeza, na Câmara Geral, um dos nossos melhores tribunos. Portanto, para avaliar com acerto e justiça a capacidade, moralidade e tino de qualquer estadista, basta ouvi-lo na tribuna nacional e, posteriormente, observá-lo na alta direção do país, realizando ou não suas promessas. Ora, nesse ponto, o Partido Liberal tem sido feliz; tem sido muito leal quando no poder, visto que as poucas e melhores reformas que possuímos devemos exclusivamente a ele. Longe de cometer um crime de lesa-Itaboraí, presta relevante serviço aquele que sinceramente o apoiar. É dos governos liberais, especialmente, que nossa lavoura, indústria e comércio têm recebido alguma animação, por meio de acertadas medidas lançadas oportunamente. Desses governos, o país tem recebido eficaz remédio para suas cruéis enfermidades; por isso, o Partido Liberal é digno de todos os respeitos. Não, Sr. da Zona Tórrida, V. S. enganou-se na apreciação que fez. O Partido Liberal da Cachoeira tem crenças, tem fé no futuro e na reconhecida ilustração e critério de seus chefes — estadistas distintos que por tantas vezes se revelaram ao país, e dos quais somente se recebem lições. Dê a César o que é de César. Não contestamos, ainda, que alguns conservadores desta cidade sejam ilustrados, homens de prestígio e grandes habilitações, pois não é esse o nosso propósito. O que queremos, entretanto, é saber se esse prestígio tantas vezes aclamado foi e continua a ser empregado em favor desta pobre terra e, consequentemente, de seus habitantes. Queremos saber se esses conhecimentos — teóricos e práticos, tão frequentemente exaltados — têm contribuído para o engrandecimento deste infeliz município, que continua a sofrer grandes necessidades. Não vale, Sr. da Zona Tórrida, dizer somente: "Nós temos muito prestígio; temos este ou aquele conhecimento, os quais os liberais da Cachoeira não possuem!" Não, Sr. escritor; convém muito saber se essa tão perfeita ilustração de vosso partido também nos tem beneficiado — o povo, a pátria e... este pobre torrãozinho. Quanta inteligência há por aí, Sr. da Zona Tórrida, inteiramente funesta à felicidade dos povos? Quantas inteligências, repetimos, existem por aí, que se esforçam apenas para forjar cruéis cadeias destinadas aos pulsos do pobre e desvalido operário? Há, infelizmente, muitas, e temos convicção de que, ao menos neste ponto, seremos apoiados por V. S. Por fim, dizemos: se o que foi dito revela não haver crença, o Partido Liberal da Cachoeira não as tem. Tê-las-á, nas lutas eleitorais, o Partido Conservador; tê-las-á todo aquele que se presta a todos os governos. Carvalho Sobrinho[249].

A retórica do texto reflete o ambiente polarizado do período, caracterizado por debates políticos marcados por acusações mútuas e pela defesa fervorosa de ideias. O autor responde às críticas de um opositor identificado como *"Zona Tórrida"*, empregando argumentos que enaltecem a capacidade administrativa e o compromisso patriótico dos liberais de Cachoeira. A linguagem exaltada, característica da época, buscava mobilizar a opinião pública e consolidar a identidade partidária. O texto de Carvalho Sobrinho serve como registro das disputas políticas no Brasil oitocentista, onde as dinâmicas locais frequentemente espelhavam as tensões nacionais. A defesa do Partido Liberal e a crítica aos conservadores locais revelam como as questões políticas e sociais eram negociadas em um contexto marcado pela busca por prestígio, influência e preservação das hierarquias tradicionais. Ademais, a referência às demandas do "infeliz município" e dos "pobres operários" sugere uma tentativa de diálogo com as questões populares, ainda que de maneira limitada, em um cenário de lenta transformação social.

---

[249] Instituto Geográfico e Histórico da Bahia. Jornal *O Americano*, ed. de 09.10.1868, p. 1.

No periódico *O Americano*, Antônio Lopes utilizou, por vezes, pseudônimos, assinando textos com a letra "S". Sob essa identidade, comentava assuntos políticos, com foco especial na administração pública local. Seus textos frequentemente ocupavam a primeira página das edições do jornal, destacando-se por pequenas notas críticas. Um exemplo notável é encontrado na edição de 4 de maio de 1869, onde, ao abordar o tema do calçamento das ruas, cobrava de forma enfática melhorias nas vias principais da cidade. Em suas palavras:

> Não durmam o sono da indolência, não se reclinem na poltrona dos repletos, que conseguirão efetuar estes e outros importantes melhoramentos, nos quais devem ser empregadas as rendas do município, que aliás não são pequenas. Aguardemos a veracidade da notícia, para tratarmos mais largamente do assunto[250].

Essa crítica direta reflete sua postura vigilante em relação à gestão municipal dos seus opositores conservadores.

Essa visibilidade, conquistada por meio de uma intensa e prolífica produção jornalística, contribuiu de forma significativa para projetar o nome de Antônio Lopes além dos limites da Cachoeira, alcançando destaque em outros espaços, como na cidade do Salvador, uma das principais capitais de província do Império do Brasil, como veremos adiante. No entanto, essa notoriedade também trouxe consigo alguns dissabores. Antônio Lopes foi frequentemente acusado de utilizar pseudônimos desconhecidos para atacar desafetos, o que gerou polêmicas em torno de sua figura pública. Tais acusações foram prontamente rechaçadas por ele, como evidenciaremos a seguir.

Figura 56 – Instituto Geográfico e Histórico da Bahia. Jornal *O Americano*, ed. de 21.5.1870, p. 1

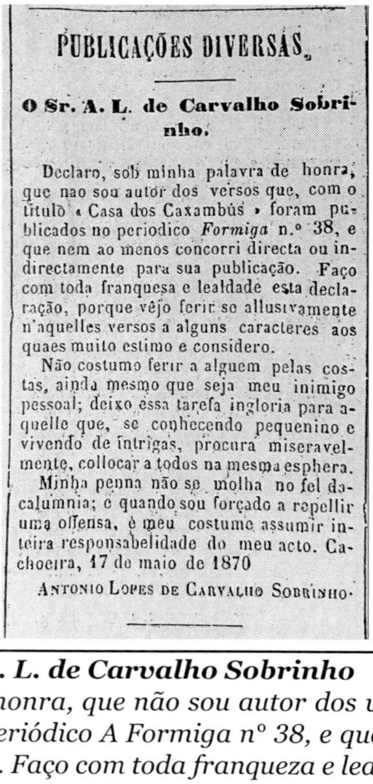

Publicações Diversas – O sr. A. L. de Carvalho Sobrinho
Declaro, sobre minha palavra de honra, que não sou autor dos versos que, com o título "Casa dos Caxambus" foram publicados no periódico A Formiga nº 38, e que nem ao menos concorri direta ou indiretamente para sua publicação. Faço com toda franqueza e lealdade essa declaração, porque vejo

---

[250] Instituto Geográfico e Histórico da Bahia. Jornal *O Americano*, ed. de 04.05.1869, p.1

ferir-se alusivamente naqueles versos a alguns caracteres aos quais muito estimo e considero. Não costumo ferir alguém pelas costas, ainda mesmo que seja meu inimigo pessoal; deixo essa tarefa inglória para aquele que, se conhecendo pequenino e vivendo de intrigas, procura miseravelmente, colocar a todos na mesma esfera. Minha pena não se molha no fel da calúnia; e quando sou forçado a repetir uma ofensa, é meu costume assumir inteira responsabilidade do meu ato. Cachoeira, 17 de maio de 1870. Antônio Lopes de Carvalho Sobrinho

O segundo periódico, intitulado *A Grinalda*, também foi editado e impresso na cidade de Cachoeira, distinguindo-se como uma publicação de caráter literário, recreativo e religioso, "dedicada ao belo sexo". Entre os exemplares datados de 1869, destaca-se a ativa participação de Antônio Lopes Carvalho Sobrinho, cuja contribuição foi predominantemente voltada para o âmbito literário-cultural. Ele colaborou com diversos poemas publicados na seção intitulada "Belas-Artes". Devido à quantidade de poesias coletadas, e visando à concisão, selecionamos apenas duas delas[251].

Figura 57 – Periódico A Grinalda, ed. de 28.03.1869, p. 3

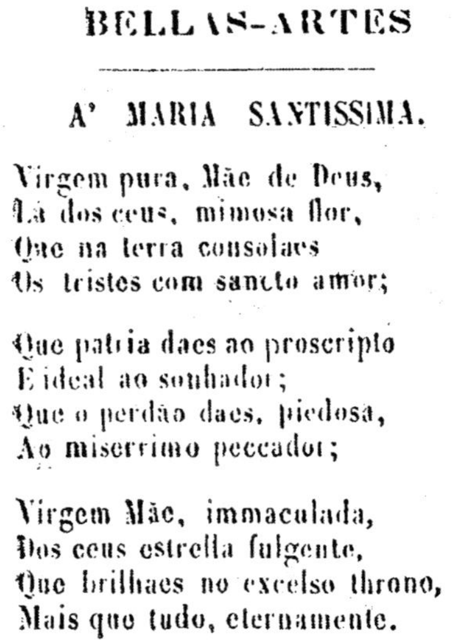

BELLAS-ARTES

A' MARIA SANTISSIMA.

Virgem pura, Mãe de Deus,
Lá dos ceus, mimosa flor,
Que na terra consolaes
Os tristes com sancto amor;

Que patria daes ao proscripto
E ideal ao sonhador;
Que o perdão daes, piedosa,
Ao miserrimo peccador;

Virgem Mãe, immaculada,
Dos ceus estrella fulgente,
Que brilhaes no excelso throno,
Mais que tudo, eternamente.

Belas Artes
À Maria Santíssima.
Virgem pura, mãe de Deus; Lá dos céus, mimosa flor; Que na terra consolares; Os tristes com tanto amor. Que pátria dais ao proscrito; E ideal ao sonhador; Que o perdão dais, piedosa; Ao misérrimo pecador. Virgem mãe, imaculada; Dos céus estrela fulgente; Que brilhais no excelso trono; Mais que tudo, eternamente. Venho aqui render-vos graças; Como filho obediente; Render também mil louvores; Ao vosso poder ingente. Bela filha de Israel; Dos céus excelsa rainha; Conservai pura e sem mancha; Neste mundo a vida minha. Assim como pelos anjos; Surge nos céus glorificada; Livrai a nós pecadores; D'uma vida desgraçada. Tornai-a doce e bem doce; Qual licor celestial...; Dai-nos crença inabalável; Dai-nos vida espiritual! Vós, que isenta do pecado; Foste, dentre as criaturas; Pelo amor do onipotente; Que vos tem lá nas alturas. Guia nos também como ele; Vos guiou, imaculada; Para que vejamos todos; Vossa glória desejada. Virgem pura - os vossos filhos; Que vos amam extremamente; Prostrados agora vos pedem; Seu perdão humildemente. Doce mãe dos pecadores; que a direita está de Deus; Não neguei vossos favores; A um só dos filhos seus.

---

[251] O acervo desse periódico encontra-se na Biblioteca Nacional.

Lá do trono excelso e puro; Onde um Deus vos colocou; Virgem pura, olhai bondosa; Para os que a Cruz salvou. Uma só vontade vossa; Doce mãe, imagem Santa; Torna isenta nossas almas; Da culpa, que nos espanta! Fazei, puríssima virgem; Farol de brilhante luz; Que viva sempre em nossa alma; A glória, que em vós reluz. Ave-Maria, tão bela; Feliz mãe do nosso Deus; Não desprezeis, eu vos peço; Si quer um voto dos meus. Carvalho Sobrinho.[252]

O poeta Carvalho Sobrinho, fervoroso devoto mariano e afiliado à Ordem Terceira do Monte do Carmo[253], bem como à Irmandade de Nossa Senhora do Rosário do Santíssimo Coração de Maria do Monte Formoso[254], expressou sua devoção na poesia intitulada "A Maria Santíssima". Nela, revela sua profunda ligação com a fé católica, particularmente no culto à Virgem Maria, mãe de Jesus Cristo, conforme evidenciado nos versos: "venho aqui render-vos graças, como filho obediente". Essa religiosidade sentimental, que entrelaça fé e emoção, transcendendo o caráter dogmático da Igreja, configurou-se como uma característica distintiva da primeira fase do romantismo no Brasil[255].

Neste segundo poema, destaca-se outra característica marcante da primeira fase do romantismo: a idealização do amor e da mulher. Carvalho Sobrinho construiu os versos baseados na concepção de que o amor era um sentimento completo, nobre e duradouro, servindo como alicerce para a vida[256]. A mulher, por sua vez, era idealizada como um ser puro, belo e angelical, tornando-se uma fonte contínua de inspiração e devoção para o poeta.

Figura 58 – Periódico A Grinalda, ed. de 28.03.1869, p. 3

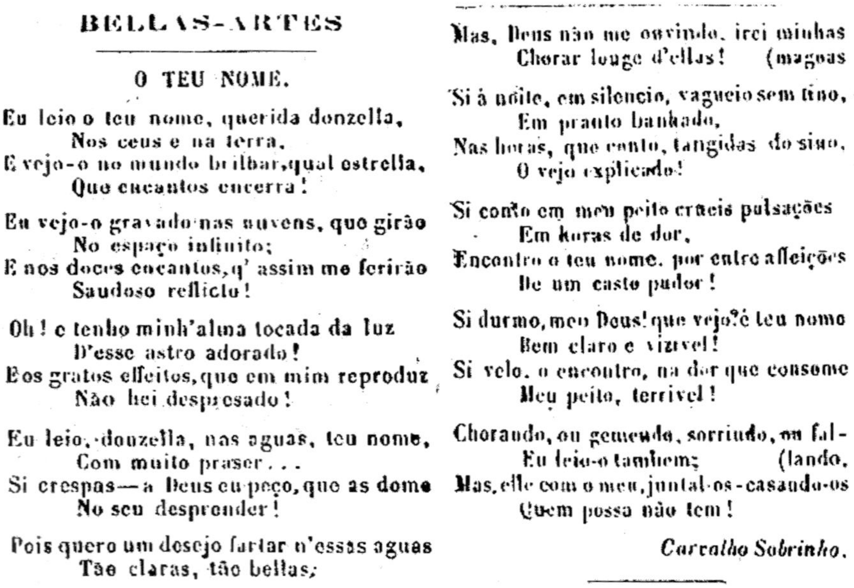
BELLAS-ARTES

O TEU NOME.

Eu leio o teu nome, querida donzella,
Nos ceus e na terra,
E vejo-o no mundo brilhar, qual estrella,
Que encantos encerra!

Eu vejo-o gravado nas nuvens, que girão
No espaço infinito;
E nos doces encantos, q' assim me ferirão
Saudoso reflicto!

Oh! e tenho minh'alma tocada da luz
D'esse astro adorado!
E os gratos effeitos, que em mim reproduz
Não hei despresado!

Eu leio, donzella, nas aguas, teu nome,
Com muito praser...
Si crespas — a Deus eu peço, que as dome
No seu desprender!

Pois quero um desejo fartar n'essas aguas
Tão claras, tão bellas;
Mas, Deus não me ouvindo, irei minhas
Chorar longe d'ellas! (magoas

Si à noite, em silencio, vagueio sem tino,
Em pranto banhado,
Nas horas, que conto, tangidas do sino,
O vejo explicado!

Si conto em meu peito crueis pulsações
Em horas de dor,
Encontro o teu nome, por entre affeições
De um casto pudor!

Si durmo, meu Deus! que vejo? é teu nome
Bem claro e visivel!
Si velo, o encontro, na dor que consome
Meu peito, terrivel!

Chorando, ou gemendo, sorrindo, ou fal-
Eu leio-o tambem; (lando,
Mas, elle com o meu, juntal-os-casando-os
Quem possa não tem!

Carvalho Sobrinho.

[252] Hemeroteca Digital da Biblioteca Nacional. Periódico *A Grinalda*, ed. de 28.03.1869, p. 3.

[253] Arquivo da Venerável Ordem Terceira do Carmo da cidade de Cachoeira. Livro de profissões n. 04 (séc. XIX). Livro desorganizado, não sendo possível citar a sua paginação.

[254] Livro de Entrada dos Irmãos da Irmandade de Nossa Senhora do Rosário do Santíssimo Coração de Maria da cidade da Cachoeira/BA, séc. XIX, p. 8.

[255] BOSI, Alfredo. *História concisa da literatura brasileira*. 43ª ed. São Paulo: Cultrix, 2006; BOSI, Alfredo. "Imagens do Romantismo no Brasil". In: GUINSBURG, Jacob (org.). *O Romantismo*. São Paulo: Perspectiva, 2011. p.239-256.

[256] Hemeroteca Digital da Biblioteca Nacional. Periódico *A Grinalda*, ed. de 04.04.1869, p. 3.

Os escritos de Antônio Lopes de Carvalho Sobrinho também contribuíram nas seções românticas dos periódicos capixabas oitocentistas. Encontramos o poema intitulado "Minha vida", publicado na parte dedicada à literatura nacional do jornal *Correio da Vitória*, folha veiculada na cidade de Vitória durante o século XIX[257]

Figura 59 – Periódico *Correio da Vitória*, ed. de 30.04.1870, p. 3

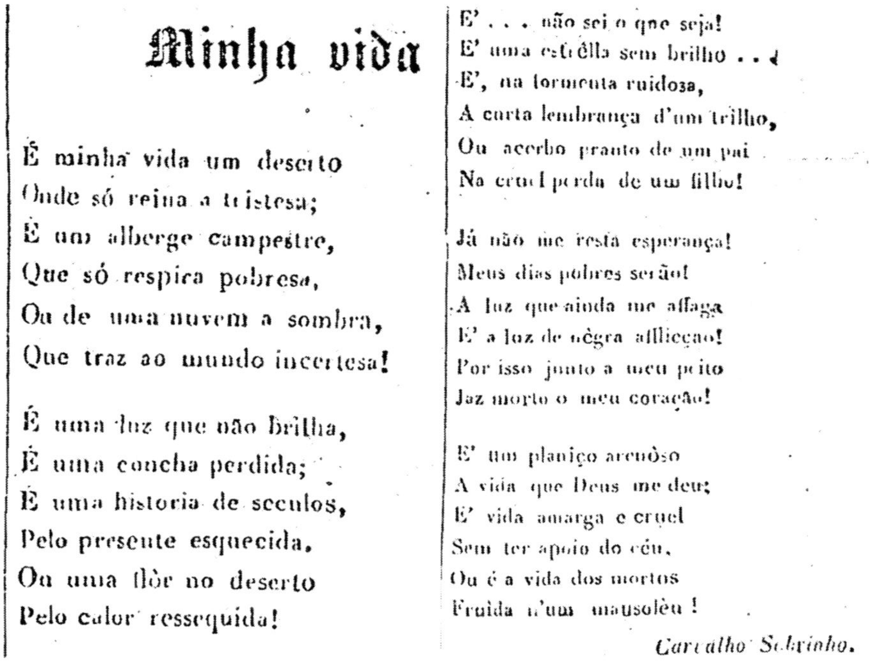

> **Minha vida.**
> É minha vida um deserto; Onde só reina a tristeza; É um albergue campestre; Que só respira pobreza; Ou de uma nuvem a sombra; Que traz ao mundo incertezas! É uma luz que não brilha; É uma concha perdida; É uma história de séculos; Pelo presente esquecida; Ou uma flor no deserto; Pelo calor ressequida! É... não sei o que seja! É uma estrela sem brilho...; É, na tormenta ruidosa; A curta lembrança d'um trilho; Ou acerbo pranto de um pai; Na cruel perda de um filho! Já não me resta esperança! Meus dias pobres serão! A luz que ainda me afaga; É a luz da negra aflição! Por isso junto ao meu peito; Jaz morto o meu coração! É um planiço arenoso; A vida que Dues me deu; É vida amarga e cruel; Sem ter apoio do céu; Ou é vida dos mortos; Fruida num mausoléu! Carvalho Sobrinho

Desta vez, o eu lírico assume a voz do próprio autor, manifestando seus descontentamentos em relação à vida. Essa forma de expressão reflete mais uma das características da escola romântica que predominou no Brasil durante o século XIX: o egocentrismo. Os poetas se permitiam explorar suas emoções e impressões de maneira livre e pessoal, criando um espaço íntimo para suas reflexões e sentimentos[258].

Além de ter escrito o livro *Horas vagas*, Antônio Lopes de Carvalho Sobrinho reuniu seus poemas com o objetivo de publicar um segundo livro, chamado *Álbum do meu silêncio*. Infelizmente, a obra não foi publicada, mas os originais foram guardados por seu neto Victor

---

[257] *Hemeroteca Digital da Biblioteca Nacional*. Periódico *Correio da Vitória*, ed. de 30.04.1870, p. 3.
[258] CÂNDIDO, Antônio. *O romantismo no Brasil* —São Paulo: Humanitas /. FFLCH / SP, 2002.

de Carvalho Ramos. Os escritos de Carvalho Sobrinho revelam sua ligação direta com a escola literária mais popular durante o período em que trabalhou na imprensa. Nesse contexto, é evidente a relevância dos jornais na propagação e popularização do Romantismo no Brasil, sendo o principal meio de divulgação das obras e ideias dos escritores românticos. Através dos jornais, os românticos conseguiam expressar seus pensamentos, opiniões, projetos e críticas, alcançando um público variado e extenso. Além disso, os jornais contribuíram para a criação de uma literatura nacional que abordava as questões políticas, sociais e culturais do Brasil do século XIX.

A imprensa cachoeirana do século XIX, além de exercer um papel cultural significativo, foi cenário de intensos embates políticos entre liberais e conservadores, especialmente por meio dos periódicos locais, conforme já demonstrado anteriormente. No contexto do Segundo Reinado no Brasil, essas divergências eram particularmente acirradas. Os liberais defendiam maior autonomia provincial, o federalismo, e a ampliação das liberdades individuais, como o sufrágio mais inclusivo e o fim de privilégios. Embora favoráveis à monarquia constitucional, buscavam uma modernização econômica e social, com maior participação política e menor controle centralizado. Em contraste, os conservadores advogavam pela centralização administrativa e legislativa, defendendo uma monarquia forte e a manutenção da ordem social vigente. Para estes, a estabilidade política e a hierarquia social, bem como o papel central da Igreja, eram pilares essenciais para o equilíbrio e a continuidade da nação. As propostas liberais, especialmente aquelas voltadas para reformas políticas e sociais, eram percebidas como ameaças à preservação dessas tradições[259]. Nesse contexto, Antônio Lopes de Carvalho Sobrinho, além de sua produção literária, participou ativamente desses debates políticos, posicionando-se como defensor das ideias liberais. Em suas contribuições aos periódicos locais e em outras publicações da imprensa baiana, seus textos frequentemente tratavam de questões políticas nacionais e regionais, evidenciando sua militância à causa liberal.

O terceiro jornal, intitulado *A Formiga*, foi fundado em fevereiro de 1869 como um periódico oposicionista, com um programa voltado, sobretudo, para divulgar os interesses da Freguesia de São Félix. Classificado como político e satírico, o periódico se declarava alinhado à causa liberal[260]. Seu fundador, José Ferreira Vieira, posteriormente incorporou o nome do periódico ao próprio nome, passando a chamar-se José Ferreira Vieira Formiga[261]. *A Formiga* destacou-se também como um dos principais veículos de divulgação das produções intelectuais de Antônio Carvalho Sobrinho. Apesar de apenas uma edição do jornal ter sido localizada, sabe-se, por meio de registros preservados, que o neto de Carvalho Sobrinho, Victor de Carvalho Ramos, mantinha um memorial sobre a vida de seu avô paterno. Esse memorial incluía uma coleção de artigos e poesias que Carvalho Sobrinho publicara na imprensa de sua época[262].

Como era de se esperar, conforme já destacado anteriormente, a participação efusiva de Antônio Lopes de Carvalho Sobrinho não passou despercebida e tampouco esteve livre de críticas. Sua voz encontrou eco, mas também resistência, sendo sistematicamente atacado por

---

[259] CARVALHO, José Murilo de. *A construção da ordem*: a elite política imperial. Rio de Janeiro: Editora UFRJ, 1996.
[260] Instituto Geográfico e Histórico da Bahia. Jornal *O Americano*, ed. de 9/2/1869, p. 2.
[261] Biblioteca Pública dos Barris. Setor de Periódicos Raros. Jornal *A Ordem*, ed. de 15/8/1903, p. 1.
[262] RAMOS, Victor de Carvalho. Hugo de Carvalho Ramos (esboço biográfico). *Lavoura e Comércio*, Uberaba, ed. 14809, 1949. p. 169.

diversos jornais locais, como *O Crítico*, *A Pulga* e *O Tamanduá*. Este último, embora de curta duração, foi criado com o objetivo explícito de "comer" *A Formiga*, ou seja, combater diretamente as ideias liberais defendidas por Carvalho Sobrinho. Esses periódicos, alinhados a interesses conservadores, utilizavam suas páginas para criticar e ridicularizar as produções liberais, tornando o debate político local ainda mais acirrado[263]. Localizamos um desses embates em que o médico conservador Antônio Viana utiliza as páginas do periódico *O Crítico* para refutá-lo e desmerecê-lo perante a sociedade, entretanto um anônimo que utilizou o pseudônimo "Tropeiro das Minas" sai em sua defesa; é o que leremos a seguir:

> Sr. Redator.
> Causou-me surpresa ver, no n°60 do Crítico, um pedido, assinado por – *três estrelinhas* – e, por cujo motivo, rogo lhe licença para dizer quatro palavras.
> Conquanto homem rústico e dos centros de Minas, tenho perfeito conhecimento, pela arte da quiromancia, das qualidades morais de qualquer indivíduo.
> Tenho notado no Sr. Sobrinho, moço honesto, onerado de família, e que tem orgulho de ser pobre, e de um caráter sisudo e desinteressado, ao passo, que não tenho a mesma opinião a respeito do dr. A.S.V., porque é rico.
> O Sr. Sobrinho foi acremente insultado pelas - *três estrelinhas* –, não reparando esse biltre que sua nojenta bílis, só poderá manchar a reputação daqueles que com ele tem bebido no mesmo copo, jogando na mesma banca, medido na mesma bitola.
> O Sr. Sobrinho, segundo ouço de amigos do dr. A.S.V., não agravou, e foi em represália que publicou uns versinhos na Formiga. (que, dizem os amigos do dr. ser lhe dirigidos.)
> Ora, Sr. Redator, pois o Sr. – *três estrelinhas* –, acobertando-se infamante do anônimo, não terá dado lugar a quem diga que veio defender uma causa indigna? Por certo que sim. O Sr. Sobrinho é filho do sertão, e conheço sua família, em a qual tenho encontrado bastante sisudez e honra para que não venha chafurdar-se no lodaçal dos vícios que disses (valha a verdade) ter o dr.. O Sr. Sobrinho, como homem particular, entra em qualquer casa e deixa saudades e o dr. não faz visitas que não deixe mau gosto.
> Sirvo-me do anônimo, porque não tendo a quem responder não faço mais do que dar o devido merecimento a quem o tem. Desculpe o Sr. Sobrinho, o tomar a mim essa defesa; e creia que nos sertões de Minas, para onde parto, terá um homem por amigo e que conhece-lhe e ao dr. A.S.V, com quem já tratou por mais de DOIS ANOS, quando na armada. Ele me conhece, e na minha volta, sabê-lo-á. Adeus Sr. Redator, até janeiro de 71, se Deus permitir. São Felix, 18 de maio de 1870. O Tropeiro de Minas.[264]

Conforme salientamos anteriormente, Antônio Lopes de Carvalho Sobrinho foi um dos liberais de Cachoeira que mais atuou na imprensa, inclusive expressando suas opiniões sobre fatos políticos que ocorriam em outras localidades da província, conforme atesta um artigo veiculado na edição do *O Monitor* de 20 de novembro de 1878[265], onde comenta sobre uma disputa por um cargo público na Vila de Remanso, travada entre Horácio de Medeiros Borges e Jesuíno Liberado Café, posicionando-se de forma veemente a favor do capitão Café, apontando todas as incoerência levantadas pelo seu desafeto; em outro artigo, expressa com propriedade o profundo conhecimento sobre a escola política a que estava vinculado, confrontando a dubiedade das convicções políticas do deputado Leão Veloso, conforme veremos a seguir[266]:

---

[263] RAMOS, Victor de Carvalho. Hugo de Carvalho Ramos (esboço biográfico). *Lavoura e Comércio*, Uberaba, ed. 14809, 1949. p. 169.
[264] Hemeroteca Digital da Biblioteca Nacional. Periódico *A Grinalda*, ed. 27 de 24.05.1870, p. 3.
[265] Hemeroteca Digital da Biblioteca Nacional. Periódico *O Monitor*, ed. de 20.11.1878, p. 2.
[266] Hemeroteca Digital da Biblioteca Nacional. Periódico *O Monitor*, ed. 180 de 11.01.1877, p. 3.

Figura 60 – Periódico *O Monitor*, ed. 180 de 11.01.1877, p. 3

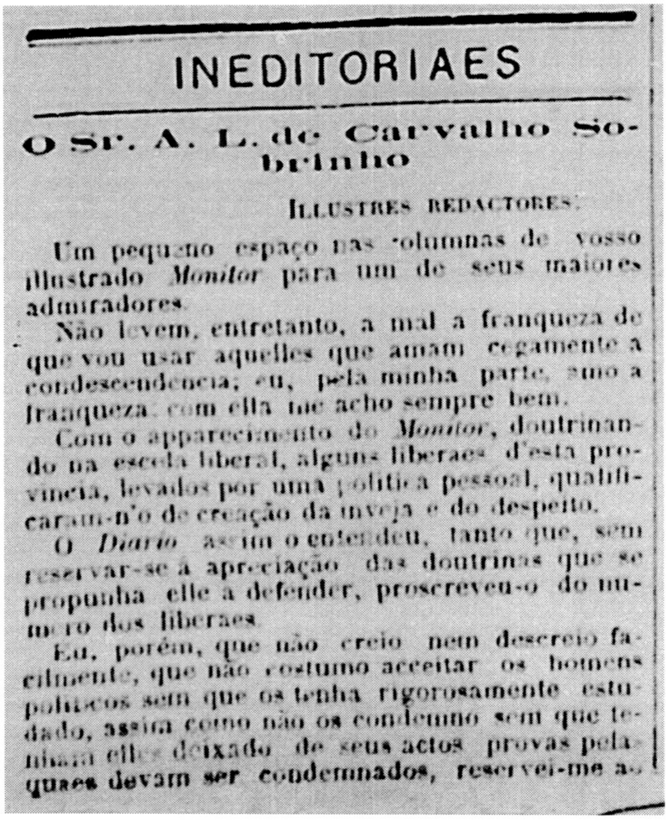

INEDITORIAES

O Sr. A. L. de Carvalho Sobrinho

ILLUSTRES REDACTORES:

Um pequeno espaço nas columnas de vosso illustrado *Monitor* para um de seus maiores admiradores.

Não levem, entretanto, a mal a franqueza de que vou usar aquelles que amam cegamente a condescendencia; eu, pela minha parte, amo a franqueza: com ella me acho sempre bem.

Com o apparecimento do *Monitor*, doutrinando na escola liberal, alguns liberaes d'esta provincia, levados por uma politica pessoal, qualificaram-n'o de creação da inveja e do despeito.

O *Diario* assim o entendeu, tanto que, sem reservar-se á apreciação das doutrinas que se propunha elle a defender, proscreveu-o do numero dos liberaes.

Eu, porém, que não creio nem descreio facilmente, que não costumo aceitar os homens politicos sem que os tenha rigorosamente estudado, assim como não os condemno sem que tenham elles deixado de seus actos provas pelas quaes devam ser condemnados, reservei-me a...

Ineditoriais
O senhor Antônio Lopes de Carvalho Sobrinho
Ilustres redatores
Um pequeno espaço nas colunas de vosso ilustrado Monitor para um de seus maiores admiradores. Não levem, entretanto, a mal a fraqueza de que vou usar aqueles que amam cegamente a condescendência; eu, pela minha parte, amo a franqueza: com ela me acho sempre bem. Com aparecimento do O Monitor, doutrinando na escola liberal, alguns liberais desta província, levados por uma política pessoal, qualificaram-no de criação da inveja e do despeito. O Diário assim o entendeu, tanto que, sem reservar-se a apreciação das doutrinas que se propunha ele a defender, proscreveu-o do número dos liberais. Eu, porém, que não creio nem descreio facilmente, que não costuma aceitar os homens políticos sem que os tenha rigorosamente estudado, assim como não os condeno sem que tenham eles deixado de seus atos provas pelas quais devam ser condenados, reservei-me ao estudo das doutrinas do novo órgão liberal, sem, contudo, deixar de reconhecer que aqueles que o dirigem mereceram e merecem do Partido Liberal o mais decidido conceito, a mais elevada estima. Vieram, finalmente, os fatos; O Monitor teve então ocasião de mostrar-se nas lutas, e o fez na altura de satisfazer aos exigentes da escola liberal. As ideias que propaga, as discussões que alimenta com os adversários, a marcha que vai imprimindo a seu partido- são, incontestavelmente, as mais sãs, as mais consentâneas com as circunstâncias em que horas se acha o país. Fui sempre da escola política daquele que dedicadamente se colocou à frente da ilustrada a redação do O Monitor; e exultei de prazer ao ver que tem sido cabalmente desmentido o mau conceito que dele faziam os fracos liberais. Dentre todas as questões sustentadas proficientemente nas colunas do O Monitor uma a meu ver, muito sobressai; refiro-me à apreciação que, com vantagem, tem ele feito da carta programa do senhor doutor Leão Veloso. Nesta questão, especialmente, O Monitor tem brilhado, já pela franqueza com que se anunciou, já pelas verdades que ali deixou ditas. As doutrinas contidas na famosa carta programa do senhor doutor Leão Veloso não devia passar sem um

> *enérgico protesto; e o protesto erguido pelo ilustrado O Monitor, órgão do legítimo Partido Liberal, foi o mais solene, o mais satisfatório. Entendo, como O Monitor, que a carta do senhor doutor Leão Veloso merece da parte dos liberais sinceros da província a mais formal condenação; e eu, que assim também o entendo, como liberal e na qualidade de eleitor - o faço do alto destas colunas, com todo o vigor de minhas convicções. O senhor doutor Leão Veloso assegura em sua carta programa que continua a ser liberal, mas liberal moderado, liberal refletido; entretanto que faz um programa essencialmente conservador! Como se compreende isto? É o senhor doutor Leão Veloso liberal no nome, mas conservador nas crenças! A qual das duas escolas será ele fiel de agora em diante? A liberal? Impossível! Sua carta programa protesta contra a sua lealdade as ideias liberais, ideias que ele já não ama. O partido conservador será, pois, quem aproveitará de agora em diante das luzes de sua inteligência; e, portanto, retiro o voto que lhe dei na qualidade de eleitor liberal; voto que lhe dei em recompensa de seus serviços ao partido que acaba de trair, mas nunca para lhe servir de asas a voar ao campo adverso. Sei que o senhor doutor Leão Veloso nada perde retirando-lhe eu meu voto, porque continua a ser deputado; mas ao menos satisfaço minha consciência de homem político. Eis o meu modo de pensar acerca deste fato, e é somente por ele que pauta o meu procedimento. A cada um de nós fique a responsabilidade de suas ações. Continue ilustrado O Monitor a derramar suas luzes sobre o grande Partido Liberal desta província, e fé em Deus: seu trabalho será fecundo. Cachoeira, 5 de janeiro de 1877. Antônio Lopes de Carvalho Sobrinho*

A sua postura destemida permitiu-lhe estabelecer vínculos de amizades com editores e jornalistas que militavam em outras gazetas vinculadas ao mesmo Partido Liberal. Foi o que ocorreu com os administradores do jornal *O Monitor*, folha que circulava na cidade do Salvador, com quem travou relações de proximidade a partir da partidarização política: é o que atesta a edição de sábado, 25 de maio de 1878[267], ao ser noticiado o falecimento da sua consorte, dona Rosulina Maria Ramos, falecida em 21 de maio de 1878.

Figura 61 – Periódico O Monitor, ed. 180 de 25.05.1878, p. 1

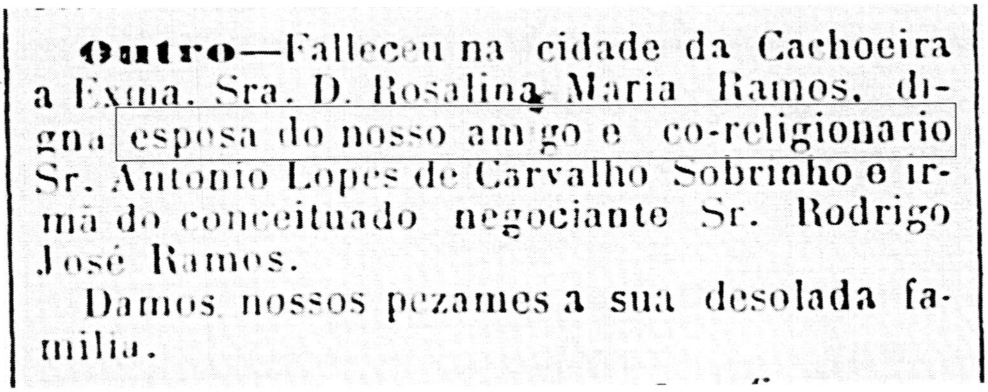

> **Outro**—Falleceu na cidade da Cachoeira a Exma. Sra. D. Rosalina Maria Ramos, digna esposa do nosso amigo e co-religionario Sr. Antonio Lopes de Carvalho Sobrinho e irmã do conceituado negociante Sr. Rodrigo José Ramos.
>
> Damos nossos pezames a sua desolada familia.

A lealdade ao seu partido político pode ser confirmada através do seguinte registro. Nomeado novamente em 15 de setembro de 1884 para ocupar o cargo de delegado de polícia, durante a época em que a província era governada pelo Partido Liberal. Após a saída do presidente José Luiz de Almeida Couto, em 29 de agosto de 1885, Antônio Lopes envia uma carta ao chefe de polícia, pedindo para ser dispensado do cargo[268].

---

[267] Hemeroteca Digital da Biblioteca Nacional. Periódico *O Monitor*, ed. 294 de 25.05.1878, p. 1.
[268] APMC. Polícia - séc. XIX. Documentos avulsos não classificados.

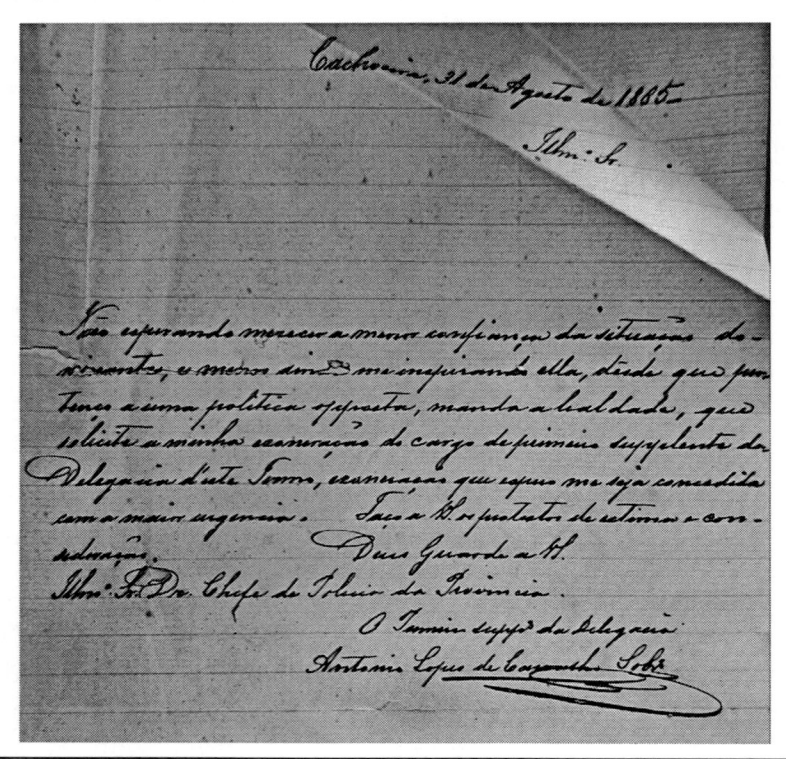

Figura 62 – APMC. Polícia – séc. XIX. Documentos avulsos não classificados

> *Cachoeira, 31 de agosto de 1885*
> *Ilustríssimo Senhor,*
> *Não esperando merecer a menor confiança da situação dominante, e menos ainda me inspirando ela, desde que pertenço a uma política oposta, manda a lealdade, que solicite a minha exoneração do cargo de primeiro suplente da delegacia deste termo, exoneração que espero me seja concedida com a maior urgência. Faço a V.S. os protestos de estima e consideração. Deus guarde a V.S.*
> *Ilustríssimo Sr. Dr. Chefe de Polícia da Província*
> *O primeiro suplente da delegacia*
> *Antônio Lopes de Carvalho Sobrinho*

    Os dados coletados por meio deste estudo permitem reconhecer Antônio Lopes Carvalho Sobrinho como um autodidata. Nascido em uma família simples no sertão da província, ele cresceu em uma região que não oferecia oportunidades para aqueles que almejavam uma formação intelectual sólida. O contexto educacional era extremamente limitado, fato corroborado pelo censo de 1872, que revelou um índice de alfabetização de apenas 3,6% na então Freguesia de Santo Antônio da Freguesia Velha de Jacobina. Esse cenário reflete as dificuldades enfrentadas por indivíduos como Carvalho Sobrinho, que, apesar das adversidades, conseguiu se destacar e desenvolver uma produção literária e política notável[269].

    Segundo dona Idalina de Carvalho Moreira, filha de Antônio Sobrinho, as atividades intelectuais desenvolvidas por seu pai podem ser enquadradas como puro diletantismo, sem nenhuma pretensão financeira ou política, no sentido de ocupar cargos eletivos nas câmaras ou assembleias legislativas.

---

[269] DIRETORIA GERAL DE ESTATÍSTICA DO BRASIL. *Recenseamento geral do Império de 1872*. Bahia. Rio de Janeiro: Typ. de G. Leuzinger e Filhos, 1876. p. 397.

A dedicação de Antônio Lopes Carvalho Sobrinho à educação dos filhos reflete seu profundo compromisso com o desenvolvimento intelectual da família, mesmo em meio a limitações financeiras. Apesar de ser arrimo de família e com recursos limitados, ele fez grandes esforços para garantir uma formação de qualidade para seus filhos, matriculando-os nas melhores escolas e internatos de Salvador. Seu objetivo era prepará-los para o ensino superior, como evidenciado nos verbetes de José Lopes de Carvalho Ramos e Manuel Lopes de Carvalho Ramos. No final de 1882, seus dois filhos, José e Manoel, foram aprovados e admitidos na prestigiada Faculdade de Direito do Recife. No entanto, sem condições financeiras para cobrir as despesas necessárias para enviá-los para estudar em outra região, Antônio recorreu a um pedido de adiantamento de dois meses de seu salário.

Figura 63 – APMC. Legislativo. Requerimentos. Documentos avulsos não classificados

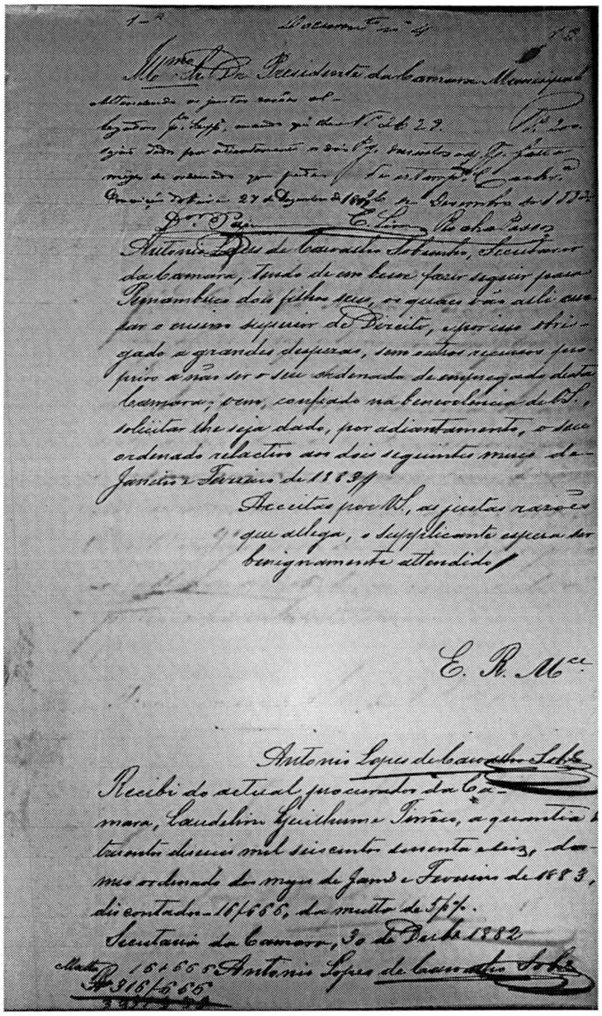

Ilmo. Sr. Dr. Presidente da Câmara Municipal
Antônio Lopes de Carvalho Sobrinho, secretário da Câmara, tendo de em breve fazer seguir para Pernambuco dois filhos seus, os quais vão ali cursar o ensino superior de direito e, por isso, obrigado a grandes despesas, sem outros recursos próprios a não ser o seu ordenado de empregado desta câmara;

> vem confiado na benevolência de V.S., solicitar lhe seja dado, por adiantamento, o seu ordenado relativo aos dois seguintes meses de janeiro e fevereiro de 1883.
> Aceitas por VS., as justas razões que alega, o suplicante espera ser benignamente atendido.
> E. R. M^(ce.)
> Antônio Lopes de Carvalho Sobrinho.
> Parecer: Atendendo as justas razões alegadas pelo suplicante, mando que lhes sejam dados por adiantamento os dois meses de ordenado que pediu. Conceição da Feira, 27 de dezembro de 1882. Dr. Honorato Antônio de Lacerda Paim

Com grande sacrifício, Antônio Lopes Carvalho Sobrinho conseguiu custear a estada no Recife e os demais gastos relacionados à formação de seus filhos, incluindo o pagamento das matrículas, a aquisição de livros e outros materiais essenciais. Muriel Nazzari, ao estudar as elites paulistas, destaca o investimento considerável em educação que as famílias da classe média realizavam, enfatizando a relevância das profissões liberais como uma via de ascensão social. Este fenômeno também se refletia nas práticas de Antônio Lopes, que, ao sacrificar recursos e tempo, visava proporcionar aos filhos as oportunidades que ele mesmo não teve, evidenciando um padrão comum entre as famílias que buscavam melhorar sua posição social por meio da educação[270].

Figura 64 – Antônio Lopes de Carvalho Sobrinho, retratado em um desenho baseado em fotografia original da década de 1870. O desenho é de autoria do artista Adson Assis, 2024. Acervo de Igor Roberto de Almeida

---
[270] NAZZARI, , Muriel. *O desaparecimento do dote*: mulheres, famílias e mudança social em São Paulo, Brasil, 1600–1900. São Paulo: Companhia das Letras, 2001. p. 209.

O passamento de Antônio Lopes de Carvalho Sobrinho

Enfim, depois de seis amargos anos,
De incessante labor, de acerbas penas,
Torno a fitar as ondas tão serenas
Do mar, que embala o berço dos baianos!

Quis Deus – nos seus incógnitos arcanos –
Me anediassem coisas tão pequenas!
Aqui, o luto e a dor; além, terrenas paixões,
Fruto de míseros enganos!

Mas uma força estranha, intraduzível,
De arpada lança que me rasga o seio,
Abre entre mim e os teus negro impossível!
Ontem e hoje, o abismo de permeio...
Hoje, amanhã, o enigma indefinível...
Misérrimo! Acabar em solo alheio!...

Carvalho Ramos, Bahia, 1899

Soneto escrito por Carvalho Ramos, em homenagem ao seu pai, Antônio Lopes de Carvalho Sobrinho, que havia falecido recentemente

No mês de dezembro de 1898, Antônio Lopes Carvalho Sobrinho começou a apresentar os primeiros sintomas da doença que, infelizmente, viria a ceifar sua vida. Com o agravamento de seu estado de saúde, ele submeteu ao Conselho Municipal um atestado médico, assinado pelo dr. Servílio Mário da Silva, solicitando uma licença para tratamento de sua saúde.

Figura 65 – Livro de Atas do Conselho Municipal, 1890-1900, folha 216

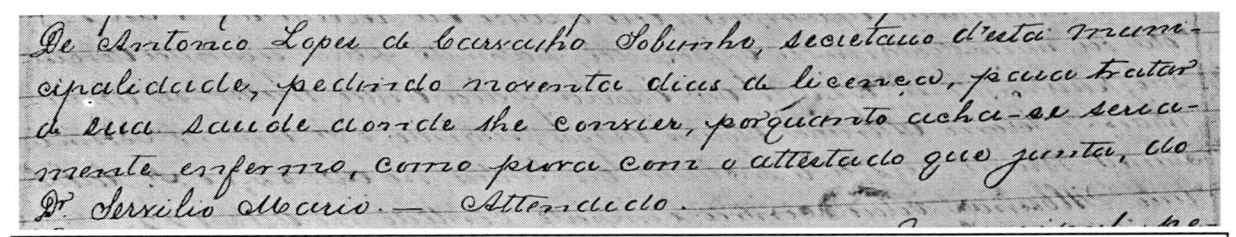

De Antônio Lopes de Carvalho Sobrinho, secretário desta municipalidade, pedindo noventa dias de licença, para tratar de sua saúde onde lhe convier, porquanto acha-se seriamente enfermo, como prova com o atestado que junta, do Drº Servílio Mario. Atendido.

Figura 66 – APMC – Atestado Médico de Antônio Lopes de Carvalho Sobrinho. Documentos avulsos não catalogados

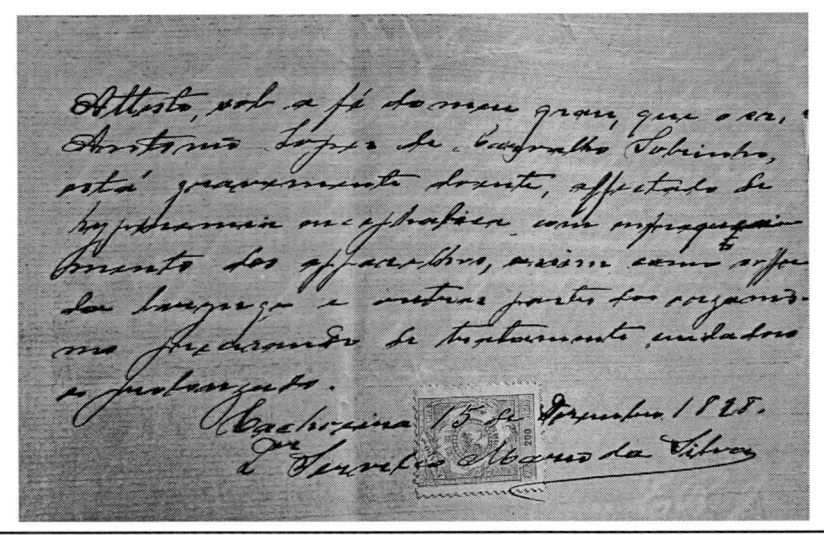

> *Atesto, sob a fé do meu grau, que o senhor **Antônio Lopes de Carvalho Sobrinho**, está gravemente doente, afetado de hiperemia encefálica, com enfraquecimento dos aparelhos, assim como sofre da laringe e outras partes do organismo, precisando de tratamento cuidadosos e prolongados. Cachoeira, 15 de dezembro de 1898. dr. Servílio Mario da Silva.*

Segundo as informações deixadas por sua filha Idalina[271], Antônio Sobrinho sofreu um acidente vascular cerebral, que ocasionou na perda dos movimentos dos membros inferiores. O agravamento do seu estado de saúde mobilizou toda a sua família. Nesse momento, dona Petronilha retorna para casa do seu antigo companheiro para auxiliar nos cuidados, a despeito da presença de Ricarda Feliciana, que também residia no mesmo endereço[272].

A documentação depositada no Arquivo Público Municipal de Cachoeira permite-nos acompanhar todo o processo que culminou no falecimento do patriarca dos Carvalho. No dia 17 de março de 1899, Carvalho Sobrinho envia ao Conselho Municipal outra petição solicitando mais seis meses de licença, alegando a permanência da doença que o acometia. O conselho deliberou da seguinte forma:

> *A comissão de Justiça a quem foi presente a petição do secretário desta municipalidade, pedindo mais seis meses de licença com ordenado, para continuar no tratamento de sua saúde, é de parecer que **a vista do estado mórbido do peticionário** [grifo nosso], que foi devidamente comprovado, se adapte a resolução seguinte que modifica o artigo 12 do regulamento de 22 de junho de 1893.*
> *Artigo 1 – Ficam concedidas ao secretário do Conselho, Antônio Lopes de Carvalho Sobrinho, seis meses de licença com ordenado para tratar de sua saúde aonde lhe convier.*
> *Artigo 2 – Essa prorrogação começará a correr do dia em que houver terminado a primeira licença concedida ao referido empregado.*
> *Artigo 3 – Revogam-se as disposições em contrário.*
> *Sala das comissões, 17 de março de 1899. Jeronimo José Albernaz, Francisco Vieira Tosta.*
> *Livro de Atas do Conselho Municipal de Cachoeira, 1890-1900. Sessão do dia 17.03.1899*

---

[271] Conferir verbete de Idalina de Carvalho Moreira.
[272] Conferir os verbetes de Petronilha Ignácia Fernandez e de Ricarda Feliciana dos Reis.

Infelizmente, com o agravamento do seu estado de saúde, surgiram outras complicações que deixaram Antônio Lopes Carvalho Sobrinho ainda mais debilitado. No dia 27 de maio de 1899, às 8 horas, em sua residência, situada à Rua do Amparo, n. 13, Carvalho Sobrinho exalou seus últimos suspiros, vitimado por "paralisia das extremidades inferiores complicada de diarreia"[273]. Após meses de sofrimento, ele partiu deste mundo aos 62 anos incompletos. Conseguimos recuperar uma nota que foi veiculada na imprensa local sobre seu falecimento:

Figura 67 – Notícia da morte de Carvalho Sobrinho, veiculada em um dos jornais de maior circulação na cidade. Jornal A Cachoeira, edição 67, ano 1899, domingo, 28.05.1899. Acervo do Arquivo Público Municipal de Cachoeira

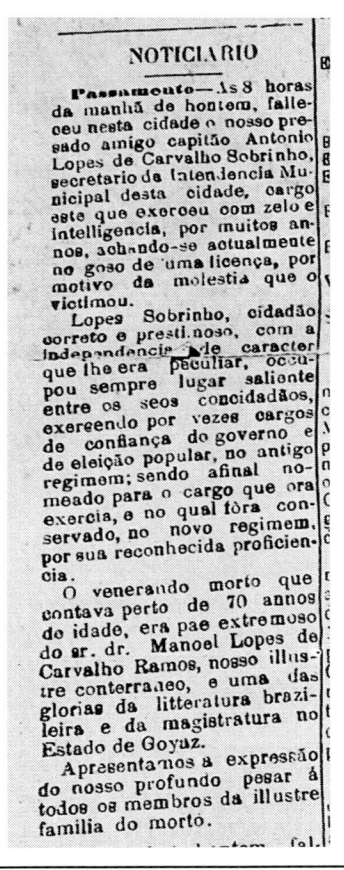

Passamento - Às 8 horas da manhã de ontem, faleceu nesta cidade o nosso presado amigo capitão Antônio Lopes de Carvalho Sobrinho, secretário da Intendência Municipal desta cidade, cargo este que exerceu com zelo e inteligência, por muitos anos, achando-se atualmente no gozo de uma licença, por motivo da moléstia que o vitimou. Lopes Sobrinho, cidadão correto e prestimoso, com a independência de caráter que lhe era peculiar, ocupou sempre lugar saliente entre os seus concidadãos, exercendo por vezes cargos de confiança do governo e de eleição popular, no antigo regime; sendo afinal nomeado para o cargo que ora exercia, e no qual fora conservado, no novo regime, por sua reconhecida proficiência. O venerando morto que contava perto de 70 anos de idade, era pai extremoso do sr. dr. Manuel Lopes de Carvalho Ramos, nosso ilustre conterrâneos, e uma das glorias da literatura brasileira e da magistratura no estado de Goiás. Apresentamos a expressão do nosso profundo pesar a todos os membros da ilustre família do morto.

[273] Cartório do Registro das Pessoas Naturais da cidade de Cachoeira/BA, Distrito-Sede. Livro de Óbitos n. 7, termo 254.

Os filhos menores de Antônio ficaram em completa orfandade, totalmente desprovidos de bens, pois a doença consumiu os poucos bens que a família possuía. A casa em que residiam era alugada e foi entregue logo após o falecimento, devido às dificuldades financeiras. Compadecendo-se da situação em que se encontravam as crianças e suas referidas mães, o conselheiro municipal dr. Candido Elpídio Vaccarezza encaminhou uma proposta que revertia o restante das parcelas da licença que Antônio estava em gozo aos seus filhos. É importante frisar que neste momento os recursos que a família possuía se restringiam ao valor de 200$000 reis mensais, referente ao seu ordenado, que era pago mediante o benefício da licença que havia conseguido.

Figura 68 – APMC. Livro de atas do Conselho Municipal de Cachoeira, 1890-1900, p. 233

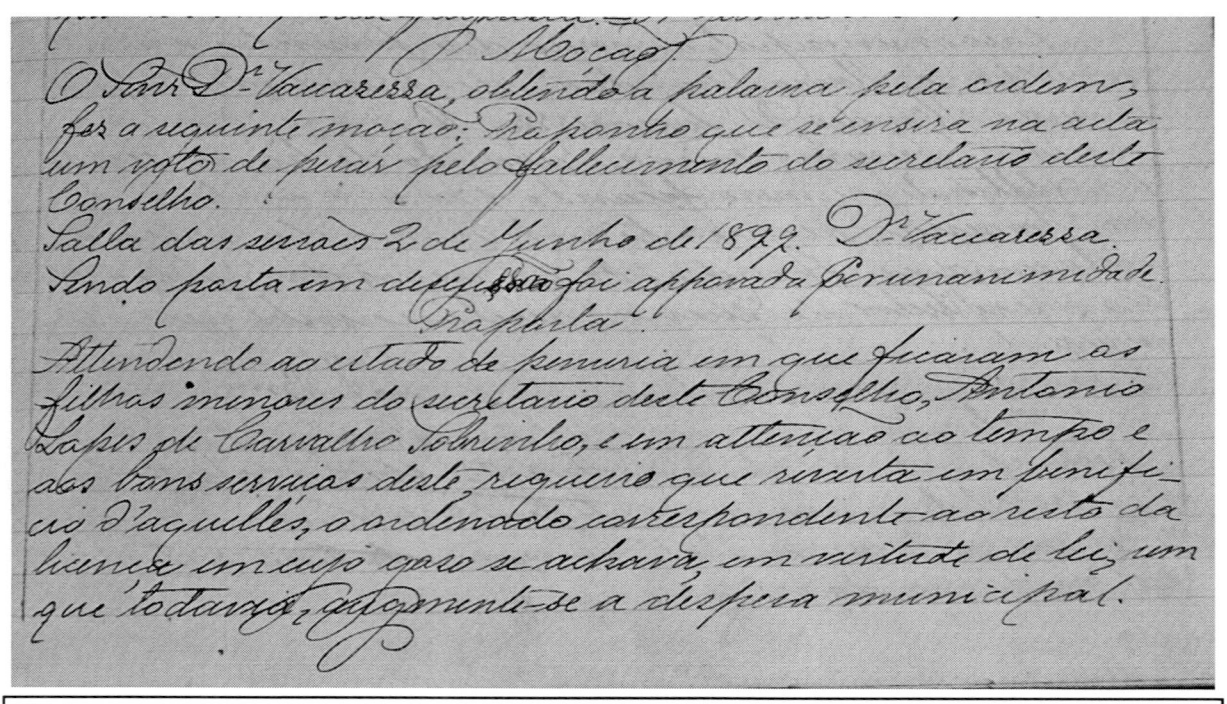

Moção
O Sr. dr. Vaccarezza, obtendo a palavra pela ordem, fez a seguinte moção: Proponho que se insira na ata um voto de pesar pelo falecimento do secretário deste Conselho. Sala das sessões, 2 de junho de 1899. dr. Vaccarezza. Sendo posta em discussão foi aprovada por unanimidade.
Proposta
Atendendo ao estado de penúria em que ficaram os filhos menores do secretário deste Conselho, Antônio Lopes de Carvalho Sobrinho, e **em atenção ao tempo e aos bons serviços deste** [grifo meu], requeiro que se reverta em benefício daqueles, o ordenado correspondente ao resto da licença em cujo gozo se achava, em virtude da lei, sem que, todavia, aumente a despesa municipal.

Os fatos apresentados anteriormente nos permitem inferir a desestruturação que ocorreu na família em decorrência da morte do patriarca, Antônio Lopes Carvalho Sobrinho. Conforme mencionado, a residência familiar foi vendida em menos de dois meses após seu falecimento. Através das pesquisas empreendidas, conseguimos localizar a escritura de compra e venda datada de 26 de julho de 1899, o que corrobora a nossa hipótese de que a família ficou totalmente desprovida de amparo. Essa venda precipitada indica não apenas a fragilidade financeira da família, mas também o impacto emocional e social que a morte do chefe da família teve sobre seus membros. A perda de Carvalho Sobrinho, uma figura central e de referência, deixou um vácuo significativo na estrutura familiar, comprometendo o sustento e a estabilidade emocional dos que permaneceram. A falta de recursos e a necessidade de tomar decisões rápidas para lidar com a nova realidade evidenciam o desespero e a vulnerabilidade que se seguiram a essa tragédia[274].

Não devemos esquecer que o nobre projeto proposto pelo dr. Candido Elpídio Vaccarezza, que concederia uma ajuda financeira aos filhos de Antônio, não foi executado de forma imediata; não obstante a celeridade com que foi tratada a questão, a tramitação do projeto só foi concluída na sessão do dia 15 de setembro. Vejamos a seguir o parecer final da Comissão de Orçamento e Justiça, que converteu o saldo restante da licença em que Antônio estava em gozo em benefício aos "filhos menores do falecido secretário".

Figura 69 – APMC. Livro de atas do Conselho Municipal de Cachoeira, 1890-1900, p. 233

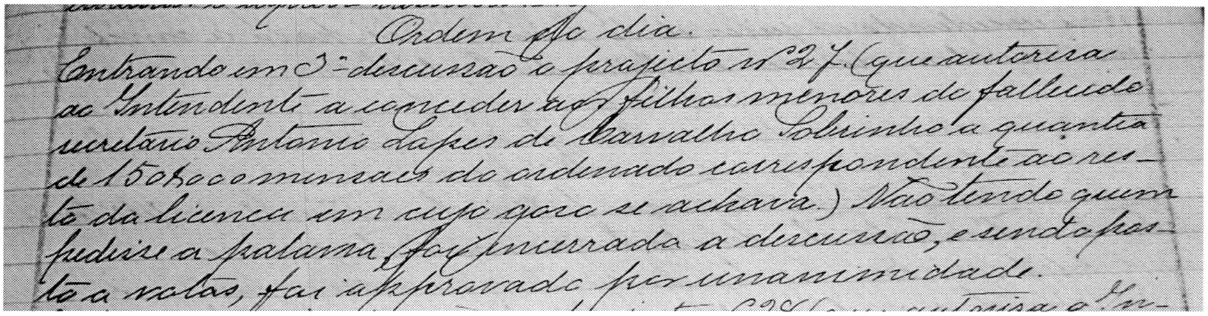

Ordem do dia. Entrando em 3ª discussão o projeto nº27 (que autoriza ao Intendente a conceder aos filhos menores do falecido secretario Antônio Lopes de Carvalho Sobrinho a quantia de 150$000 mensais do ordenado correspondente ao resto da licença em cujo gozo se achava). Não tendo quem pedisse a palavra, foi encerrada a discussão, e sendo posto a votos, foi aprovado por unanimidade.

Qual o destino, e as condições que foram impostas aos filhos do falecido capitão Carvalho Sobrinho? A única ajuda financeira que seria utilizada para custeio da família só foi liberada cerca de 11 meses após a morte do patriarca. Vejamos a seguir:

---

[274] Arquivo do Fórum Augusto Teixeira de Freitas. Escritura de venda lavrada em 26.07.1899 nas notas do tabelião Helvécio Vicente Sapucaia.

Figura 70 – Arquivo Público Municipal de Cachoeira. Livro de Contas da Câmara de Cachoeira, 1889-1900

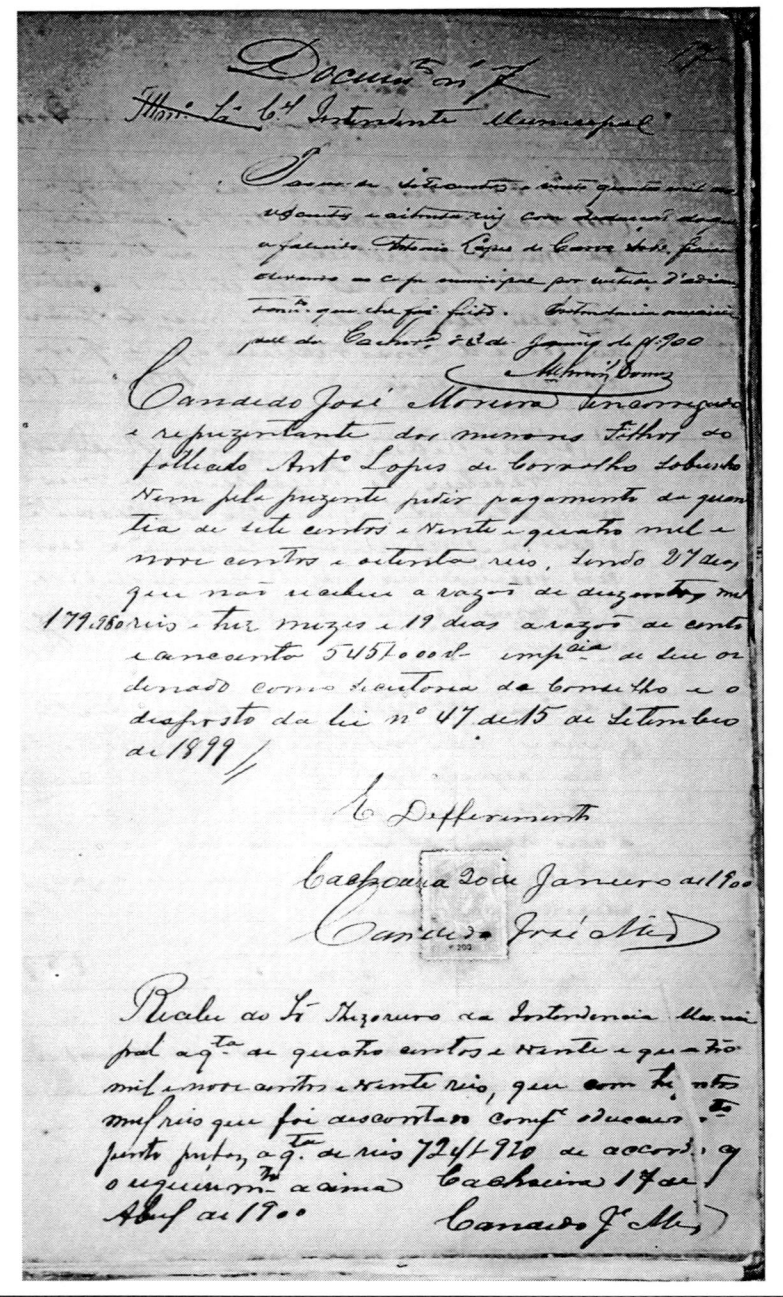

Cândido José Moreira encarregado e representante dos menores filhos do falecido Antônio Lopes de Carvalho Sobrinho, vem pela presente pedir pagamento da quantia de setecentos e vinte e quatro mil e novecentos e oitenta réis, sendo 27 dias que não recebeu a razão de duzentos mil - 179$960 réis; e três meses e 19 dias a razão de cento e cinquenta - 545$000, importância de seu ordenado como secretário do Conselho e o disposto da lei número 47 de 15 de setembro de 1899. Espera deferimento. Cachoeira, 20 de janeiro de 1900. Cândido José Moreira. Recebi do Senhor tesoureiro da Intendência Municipal, a quantia de quatrocentos e vinte e quatro mil e novecentos e vinte réis, que com trezentos mil réis que foi descontado, conforme o documento junto, perfaz a quantia de 724$920, de acordo com o requerimento acima. Cachoeira, 17 de abril de 1900. Cândido José Moreira.

Os bons serviços prestados à câmara foram reconhecidos, mas nem assim puderam ser utilizados como alento e amparo no momento do luto dos filhos menores. Ficando a indagação: como a família se sustentou durante esse período? Certamente foram tempos difíceis. A ausência do patriarca provocou uma desagregação no seio familiar, dando início à "peregrinação" dos irmãos Carvalho, que até então viviam todos juntos em companhia do seu pai; desse momento em diante, foram dispersados em lares diferentes.

ANTÔNIO MACHADO DA TRINDADE

Rua do Alambique[275]

Antônio Machado da Trindade foi um homem negro e letrado, que viveu em Cachoeira entre a segunda metade do século XVIII e os primeiros anos do século XIX. Descrito nas fontes como "crioulo"[276], é provável que fosse filho de africanos trazidos como escravizados para o Brasil. Assim como seus pais, Antônio também vivenciou a experiência do cativeiro, mas não se sabe ao certo em que circunstâncias conseguiu sua liberdade. Destacou-se por sua trajetória incomum no que diz respeito à instrução. A sua assinatura e as procurações redigidas de próprio punho demonstram seu domínio da língua portuguesa, algo notável em uma época em que pessoas de sua origem social eram geralmente excluídas do acesso à educação formal[277]. Nascido em Cachoeira em 1735, Antônio casou-se com Maria da Piedade, uma mulher negra e liberta, ex-escravizada do capitão-mor Manoel da Costa, natural de Salvador. Em 1771, com a morte de Maria da Piedade, Antônio Trindade ficou viúvo. Não foram gerados filhos dessa união[278].

Antônio Machado da Trindade exercia o ofício de caldeireiro, sendo dono de uma tenda na sede da Vila da Cachoeira[279]. Sua trajetória indica que ele conquistou certa relevância dentro das limitações impostas a seu grupo social. A patente de alferes sugere sua participação nas corporações militares formadas por "homens de cor". Além disso, foi uma figura de destaque na Irmandade de Nossa Senhora do Rosário dos Pretos, situada na Matriz de Cachoeira. Quando a irmandade solicitou autorização para construir sua própria sede, no final do século XVIII, Antônio ocupava a função de Juiz, a mais importante da associação leiga católica[280].

O contato com a documentação e a bibliografia sugere que a investidura de Antônio Machado da Trindade no cargo de Juiz da Irmandade de Nossa Senhora do Rosário dos Pretos resultava de uma trajetória de destaque entre os membros da associação, seja por razões de escolaridade, posição social ou econômica. A pesquisadora Lucilene Reginaldo, que estuda as irmandades negras no período colonial, afirma que o cargo de Juiz conferia poder e prestígio

---

[275] Atual Manoel Paulo Filho.
[276] Arquivo Histórico Ultramarino, Bahia. Avulsos. Cx. 212, doc. 14980, p. 86.
[277] APEB. Seção Judiciário. Inventário *post mortem* de Maria da Piedade. Classificação: 2/677/1136/5, p. 21.
[278] APEB. Seção Judiciário. Testamento de Maria da Piedade, anexo ao seu inventário *post mortem* classificação: 2/677/1136/5
[279] APEB. Seção Judiciário. Inventário *post mortem* de Maria da Piedade, classificação: 2/677/1136/5, p. 25v.
[280] Arquivo Histórico Ultramarino, Bahia. Avulsos. Caixa 242, doc. 16743.

àquele que o ocupasse[281]. Dentro dessa lógica, vale mencionar que o compromisso da Irmandade do Senhor Bom Jesus dos Martírios, fundada por africanos de nação Jeje em 1765 na Vila de Cachoeira, menciona, no capítulo V, que "para presidente se elegerá sempre um homem preto, e será sempre o mais conspícuo, tanto no seu procedimento, como no trato e posses"[282]. Esse trecho revela que esses espaços eram utilizados para construir posições de influência e fortalecer laços sociais em uma sociedade altamente hierarquizada, como a colonial. Ao impedir, por exemplo, que pessoas brancas ocupassem os cargos mais elevados na hierarquia da instituição, esses homens negros, embora ainda subordinados à lógica do Antigo Regime — que estabelecia uma sociedade hierarquizada baseada na desigualdade e nos privilégios concedidos a alguns em detrimento de outros[283] —, conseguiram, mesmo que simbolicamente, subverter a ordem vigente e afirmar seu poder dentro desses espaços.

---

[281] REGINALDO, Lucilene. *Os rosários dos angolas*: irmandades negras, experiências escravas e identidade africana na Bahia setecentista. 2005. Tese (Doutorado) – Universidade Estadual de Campinas, Campinas, 2005. p. 109.

[282] Arquivo Histórico Ultramarino. Códice, n. 1666, cap V.

[283] XAVIER, Ângela Barreto; HESPANHA, A. M. A representação da sociedade e do poder. *In*: MATTOSO, José (dir.). *História de Portugal*. Organização de Antônio Manuel Hespanha. Lisboa: Estampa, 1998. v. 4.

ANTÔNIO MANOEL BARRETO

Pitanga

[assinatura: Antonio Manoel Barreto]

Negociante e proprietário de uma roça às margens do Rio Pitanga, onde, em 1847, fundou uma fábrica de cola[284]. Faleceu em 18 de junho de 1865, contando 65 anos, era casado com Rosa Maria dos Santos Barreto. Foi sepultado de forma solene na Capela de Nossa Senhora do Monte[285].

---

[284] APMC. Requerimentos, legislativo. Documentos avulsos não classificados.
[285] Universidade Católica do Salvador. Laboratório Reitor Eugênio Veiga (LEV). Livro de Registro de Óbitos da Paróquia de Cachoeira, 1850-1870, p. 220v.

ANTÔNIO MARIA BELCHIOR

Rua Formosa[286]

Comerciante, proprietário de uma tenda de alfaiataria[287] e duas quitandas[288], situadas na Rua do Fogo e Formosa. Foi um conhecido babalorixá, apelidado de "Salacó"[289]. Nasceu em 1839, na heroica cidade da Cachoeira, filho dos africanos Belchior Rodrigues de Moura e Maria da Mota[290]. Agremiado na Irmandade de Nossa Senhora do Coração de Maria do Monte Formoso, onde exerceu função de escrivão[291]. Foi um dos fundadores de um importante clube carnavalesco intitulado Pândegos da Arábia, que esteve em funcionamento no final do séc. XIX, conforme relato do memorialista Manoel Matheus Ferreira:

> Aproximado o ano de 1894, quando a Cachoeira tinha tudo de vida e união, os artistas e mais pessoas residentes, uniram-se às influências reinantes entre os clubes carnavalescos: Democratas e Filhos do Sol — Netos da lua; e criaram seu clube carnavalesco com o nome de Pândegos da Arábia. Nesta ocasião, estando gente de alta posição, como os Belchior, Teófilo pedreiro, Pedro Onofre e grande quantidade de bons artistas que me falha a memória, fizeram sair às ruas da cidade um préstito carnavalesco do mais luxuoso, com o tipo característico do nome que lhe deram. Este clube repercutiu grande sensação de delírio [...].[292]

Antônio Maria Belchior faleceu no estado de solteiro, em 14 de janeiro de 1904, contando 65 anos de idade[293].

---

[286] Atual Av. ACM.
[287] Arquivo Público Municipal (APM) de São Félix. Jornal *O Correio de São Félix*, ed. de 29.08.1964. C – Livro de Qualificação Eleitoral. Na década de 1870, integrava o quarteirão n. 29, p. 21v; na déc. de 1890, esteve arrolado no quarteirão n. 44, p. 30. Descrito primeiramente na função de alfaiate e, posteriormente, como negociante. Indicando que talvez tenha ampliado sua atuação comercial.
[288] APMC. Livro de Indústrias e Profissões 1893-1894, p. 21, 23.
[289] NASCIMENTO, Luís Cláudio. *Bitedô, onde moram os nagôs: redes de sociabilidades africanas na formação do candomblé jêje-nagô no Recôncavo baiano*. Rio de Janeiro: Centro de Articulação de Populações Marginalizadas, 2010.
[290] APEB. Seção Judiciário. Inventário *post mortem* de Belchior Rodrigues de Moura, 02/602/1056/10.
[291] Livro de admissão dos irmãos da Irmandade de Nossa Senhora do Rosário do Sagrado Coração de Maria do Monte Formoso, séc. XIX, p. 150.
[292] Arquivo Público Municipal de São Félix. Jornal *O Correio de São Félix*, ed. de 26.09.1964.
[293] Biblioteca Pública dos Barris. Setor de Periódicos Raros. Jornal *A Ordem*, ed. de 10.01.1905.

ANTÔNIO MARTINS

Indígena, combatente anônimo da nossa Independência. Faleceu na Vila da Cachoeira em 20 de fevereiro de 1823, no hospital militar, e foi sepultado na igreja matriz. O registro detalhado do pároco sobre o local do óbito sugere que talvez tenha sido montado no hospital São João de Deus uma ala para atender aqueles que estavam no fronte dos conflitos armados durante os anos de 1822-1823. Esse registro nos permite identificar Antônio Martins como um dos soldados dos batalhões patrióticos. Mesmo sem informações biográficas detalhadas, a existência desse documento é significativa, pois comprova a participação ativa dos indígenas no processo de independência do Brasil na Bahia[294], corroborado nos versos de Ladislau Titara, veterano da Independência e autor do Hino da Bahia. Titara destacou em seu épico "Paraguaçu"[295] a contribuição dos Cariris, indígenas da Pedra Branca, hoje Santa Terezinha, nas batalhas contra as tropas de Madeira de Melo, ajudando a concretizar nossos ideais emancipatórios.

---

[294] Universidade Católica do Salvador. Laboratório Reitor Eugênio Veiga (LEV). Livro de óbitos da Paróquia de Nossa Senhora do Rosário da Cachoeira, 1811-1825, p. 302v.

[295] TITARA, Ladislau dos Santos. *Obras poéticas de Ladislao dos Santos Titara*: tomo 4 e primeira parte do Poema Paraguassú. Bahia: Tipografia do Diário de G. J. Bizerra e Comp., 1835. p. 155.

APRÍGIO JOSÉ DE SOUZA (DOUTOR)

Figura 71 – Casa Imperial Brasileira. L. A. Boulanger del. Rio de Janeiro. 1851. Imp. Lemercier Paris. Etienne David lith

Jurista e político, residiu em Cachoeira por cerca de uma década na primeira metade do século XIX. Nascido na Freguesia de Santo Antônio da Jacobina em 29 de dezembro de 1807, era filho de Antônio José de Souza e Antônia Clara da Encarnação. Desde a infância, mostrou dedicação aos estudos, aprendendo latim em sua terra natal e, mais tarde, aprendendo francês de forma autodidata. Vindo de uma família modesta, sem recursos para prosseguir com a educação formal, dedicou-se temporariamente ao comércio. Com a criação das academias jurídicas no final dos anos 1820, viu a oportunidade de seguir o ensino superior. Em 1831, ingressou na Faculdade de Direito de São Paulo, concluindo seus estudos em 1834 na Academia do Recife, onde obteve o título de bacharel em Ciências Jurídicas e Sociais. No mesmo ano, mudou-se para a Vila da Cachoeira, onde fixou sua residência[296].

Em 1835, com o objetivo de estabelecer relações com as autoridades político-administrativas locais, submeteu à câmara sua carta de bacharel para o devido registro no livro apropriado, habilitando-se assim para a advocacia e o exercício de funções públicas[297].

> Registro da carta do bacharel formado Aprígio José de Souza.
> Academia de Ciências Sociais e Jurídicas. Em nome da congregação: Eu Manoel Inácio de Carvalho, exercendo as funções de diretor da Academia de Ciências Sociais e Jurídicas da cidade de Olinda; tendo presente o termo de aptidão ao grau de bacharel formado obtido pelo senhor Aprígio José de Souza, filho de Antônio José de Souza, nascido na Vila da Jacobina, Província da Bahia, no dia 29 de dezembro de 1807, e de lhe haver sido conferido o dito grau pelo Presidente e Lentes, que o examinaram, e aprovaram plenamente. Em

---

[296] Hemeroteca Digital da Biblioteca Nacional. Periódico *O Republico*, ed. de 14.02.1855, p. 3-4.
[297] MILTON, Aristides. *Ephemerides cachoeiranas*. Salvador: Ufba, 1979. (Coleção Cachoeira; v. 1). p. 21.

> consequência da autoridade de que me é dada pelos estatutos que regem esta academia, e do que nele me é ordenado. Dou por esta presente ao dito Sr. Aprígio José de Souza a carta de Bacharel formado em Ciências Sociais e Jurídicas para que com ela goze de todos os direitos e prerrogativas atribuídas pelas leis do Império. Olinda, 28 de novembro de 1834. O presidente do ato Francisco Joaquim das Chagas. O diretor instrutor da Academia Jurídica, Manuel Inácio de Carvalho. O secretário da Academia Jurídica, Antônio José Coelho. N°1070. PG. 1$600 de selo. Olinda, 5 de dezembro de 1834.

Em Cachoeira, além de advogar no foro da comarca, também exerceu, de forma interina, funções públicas, pela investidura nas funções de Juiz Municipal, Juiz de Órfãos, Juiz de Direito[298], e chefe de Polícia[299].

Aprígio exerceu a magistratura em um período de conturbações e revoltas na província. Em 24 de janeiro de 1835, escravizados de origem islâmicas deflagaram uma das mais importantes rebeliões registradas no período imperial brasileiro, a Revolta dos Malês, movimento que foi severamente combatido e debelado, porém a ideia que movia os revoltosos permaneceu livre do "cárcere" e atingiu outras paragens. Em 21 de março do mesmo ano, foi descoberto pelas autoridades locais o plano de insurreição que seria executado em Cachoeira; vejamos a descrição a seguir:

Figura 72 – Hemeroteca Digital da Biblioteca Nacional. Periódico O Mensageiro, ed. n. 17, de 08.04.1835, p. 4

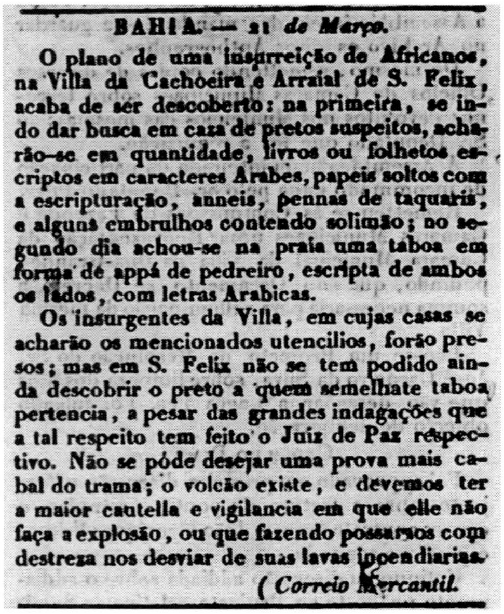

BAHIA: — 21 *de Março.*

O plano de uma insurreição de Africanos, na Villa da Cachoeira e Arraial de S. Felix, acaba de ser descoberto: na primeira, se indo dar busca em caza de pretos suspeitos, acharão-se em quantidade, livros ou folhetos escriptos em caracteres Arabes, papeis soltos com a escripturação, anneis, pennas de taquaris, e alguns embrulhos contendo solimão; no segundo dia achou-se na praia uma taboa em forma de appá de pedreiro, escripta de ambos os lados, com letras Arabicas.

Os insurgentes da Villa, em cujas casas se acharão os mencionados utencilios, forão presos; mas em S. Felix não se tem podido ainda descobrir o preto a quem semelhate taboa pertencia, a pesar das grandes indagações que a tal respeito tem feito o Juiz de Paz respectivo. Não se póde desejar uma prova mais cabal do trama; o volcão existe, e devemos ter a maior cautella e vigilancia em que elle não faça a explosão, ou que fazendo possamos com destreza nos desviar de suas lavas incendiarias.

(Correio Mercantil.

O plano de uma insurreição de africanos, na Vila da Cachoeira e Arraial de São Félix, acaba de ser descoberto. Na primeira, se indo dar busca em casa de pretos suspeitos, acharam-se em quantidade, livros ou folhetos escritos em caracteres árabes, papéis soltos com a escrituração, anéis, penas de taquaris, e alguns embrulhos contendo solimão; no segundo dia achou-se na praia uma tábua em forma de pá de pedreiro, escrita de ambos os lados com letras arábicas. Os insurgentes da vila, em cujas casas se acharam os mencionados utensílios, foram presos; no Arraial de São Félix não tem podido ainda descobrir o preto a quem semelhante tábua pertencia, apesar das grandes indagações que a tal respeito tem feito o juiz de paz respectivo. Não se pode desejar uma prova mais cabal da trama; o vulcão existe, e devemos ter a maior cautela e vigilância em que ele não faça explosão, o que fazendo possamos com destreza nos desviar de suas larvas incendiárias.

298 APMC. Requerimentos (legislativo). Documentos avulsos não catalogados.

299 APMC. Correspondências (legislativo). Documentos avulsos não catalogados.

É possível supor que o plano desbaratado *supra* tenha contado com o apoio de indivíduos que conseguiram fugir de Salvador na madrugada de 25 de janeiro de 1835. Esses fugitivos, hipoteticamente, buscaram refúgio no Recôncavo e poderiam ter se valido de articulações preexistentes, que ajudariam a estabelecer conexões revolucionárias entre Salvador e a região do Recôncavo. Tal cenário sugere que havia uma rede de apoio potencialmente voltada para fortalecer os elos revolucionários no contexto da Revolta dos Malês[300].

As autoridades mantiveram-se em estado de permanente alerta, a fim de debelar qualquer resquício das ideias revolucionárias do movimento, promovendo e editando medidas que coibissem a livre circulação e o ajuntamento dos escravizados[301], contando, para isso, com o apoio das elites escravistas que se encontravam apavoradas.

Nessa conjuntura, Aprigio José de Souza foi requisitado na condição de Juiz de Direito para que tomasse providências efetivas que pudessem acautelar as insurreições de escravizados. Foi-lhe sugerida a publicação de um edital, o que prontamente foi acatado. Após a sua elaboração, o edital foi fixado nos locais de maior trânsito[302].

> Ilustríssimos Senhores
> O doutor Aprígio José de Souza, juiz Municipal de direito, chefe de polícia interino da Vila da Cachoeira, e seu Termo.
> Faço saber a todos os habitantes desta vila e do arraial de São Félix, que de agora em diante fica proibido andar escravo algum pelas ruas depois do toque da recolhida às 9 horas da noite sem uma nota de seu senhor, ou administrador. A nota deve conter o nome do escravo, e sua nação, o lugar para onde se dirige, e o tempo provável da sua demora, e será datada e assinada por seu senhor ou administrador. O escravo que por qualquer patrulha ou oficial de justiça, forem encontrados depois das horas marcadas, sem a competente nota assim formalizada, será preso e no dia seguinte sofrerá 50 açoites na grade da cadeia. E para que chegue a notícia de todos, mandei publicar o presente, que vai por mim assinado, e será fixado nos lugares mais públicos desta vila, e arraial de São Félix. Cachoeira, 4 de abril de 1835. Aprígio José de Souza.

No ano seguinte, Aprígio casa-se com dona Elisa Henriqueta de Lima Moncorvo, filha do abastado comerciante local e capitão Francisco Gomes Moncorvo[303]. Em 1838, ingressa na política, onde ocupou os cargos de deputado provincial e deputado geral pela província da Bahia (equivalente a deputado federal)[304]. Dizem que se desgostou da vida após o falecimento da sua esposa, chegando a afirmar aos amigos mais chegados: "os meus dias estão contados... morro por aqui... E apontava para o coração!"[305] Faleceu repentinamente em 28 de janeiro de 1855 na cidade do Salvador, enquanto se dirigia a visitar a família de sua falecida mulher, caindo no chão após fulminante ataque de apoplexia. Foi uma figura controversa, amado e odiado na mesma proporção[306]. Conta-se que o seu funeral foi um dos mais concorridos daquele decênio, comparecendo amigos e adversários políticos[307].

---

[300] REIS, João José. Recôncavo rebelde: revoltas escravas nos engenhos baianos. *Afro-Ásia*, Salvador, n. 15, 1992. p. 120-121.

[301] APMC. Legislativo. Documentos avulsos não classificados.

[302] *Ibidem*.

[303] Universidade Católica do Salvador. Laboratório Reitor Eugênio Veiga (LEV). Livro de casamentos da Paróquia de Nossa Senhora do Rosário da Cachoeira, 1828-1860, p. 79v; conferir verbete de Francisco Gomes Moncorvo.

[304] Hemeroteca Digital da Biblioteca Nacional. Periódico *O Republico*, ed. de 14.02.1855, p. 3-4.

[305] *Ibidem*.

[306] Hemeroteca Digital da Biblioteca Nacional. Consultar edições dos jornais: *O Republico*, ed. de 14.02.1855; e *O Grito Nacional*, ed. n. 743 de 14.02.1855.

[307] Hemeroteca Digital da Biblioteca Nacional. Periódico *O Republico*, ed. de 14.02.1855, p. 3-4.

Figura 73 – UCSAL-LEV. Livro de óbitos da Freguesia de Santana, 1847-1860, p. 227

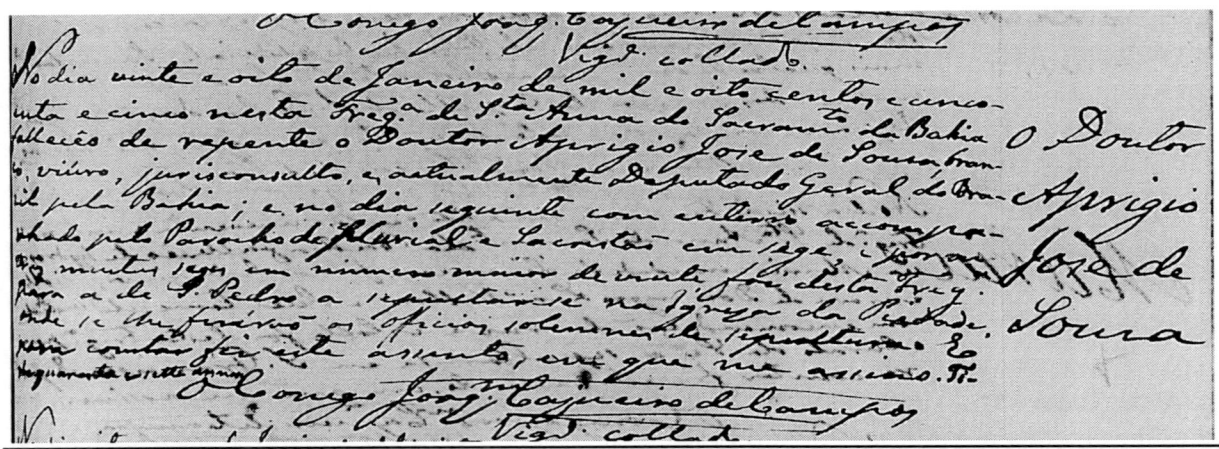

> No dia 28 de janeiro de mil oitocentos e cinquenta e cinco, nesta Freguesia de Santana do Sacramento da Bahia, faleceu de repente o doutor Aprígio José de Souza, branco, viúvo, jurisconsulto e atualmente Deputado Geral do Brasil pela Bahia; e no dia seguinte com enterro acompanhado pelo pároco de pluvial e sacristão em sege e por outros muito seges em número maior de vinte, foi desta freguesia para a de São Pedro a sepultar-se na igreja da Piedade, onde se lhe fizeram os ofícios solenes de sepultura. E para constar fiz este assento, em que assino. Tinha quarenta e sete anos. O Cônego Joaquim Carneiro de Campos, vigário colado.

APRÍGIO JOSÉ MOREIRA

Lavrador e proprietário de terras, residente na fazenda Gameleira no distrito de Belém e Tibiri. Aprígio José Moreira nasceu em 4 de fevereiro de 1856, filho primogênito do casal Firmino José Moreira e Umbelina Maria das Virgens. Foi levado à pia batismal pelos seus avós maternos em 1 de maio de 1856, na Matriz da Freguesia de Santo Estêvão do Jacuípe.

Figura 74 – Cúria Metropolitana de Feira de Santana. Livro de batismos da Paróquia de Santo Estevão do Jacuípe, 1851-1868, p. 114v

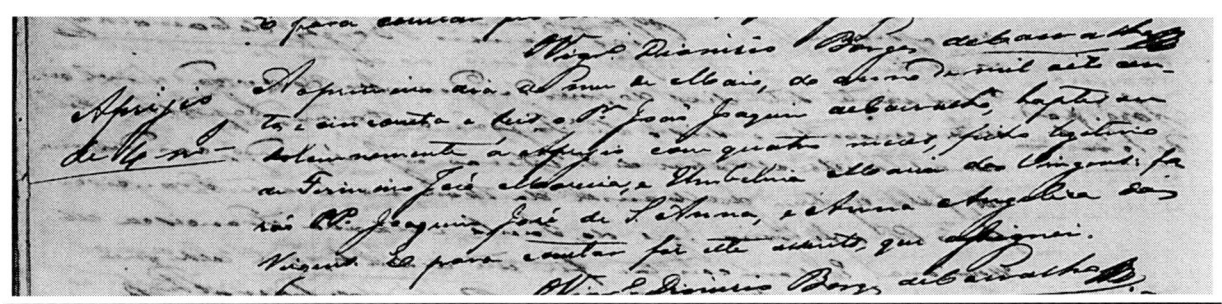

Aprígio de 4 meses. Ao primeiro dia do mês de maio, do ano de mil oitocentos e cinquenta e seis, o Pe. João Joaquim de Carvalho, batizou solenemente à Aprígio, com quatro meses, filho legítimo de Firmino José Moreira, e Umbelina Maria das Virgens. Foram padrinhos Joaquim José de Santana, e Ana Angélica das Virgens. E para constar, fiz este assento que assinei. O vigário Dionizio Borges de Carvalho.

Estudou as primeiras letras na cadeira de ensino de Belém da Cachoeira, onde se alfabetizou. Casou-se em 5 de maio de 1884[308] na Matriz da Freguesia da Conceição da Feira com dona Belmira Vitalina de Jesus[309].

Os territórios mencionados, tanto Feira da Conceição quanto Belém, pertenciam à Freguesia de Nossa Senhora da Conceição da Nova Feira, que foi criada pela Lei n. 275, de 25 de maio de 1847, após o desmembramento da Freguesia de Nossa Senhora do Rosário do Porto da Cachoeira[310].

---

[308] Cúria Metropolitana de Feira de Santana. Livro de Casamento n. 01 da Paróquia da Conceição da Feira, p. 23.
[309] Conferir verbete de Belmira dos Santos Moreira.
[310] Cúria Metropolitana de Feira de Santana. Livro n. 1: Tombo da Freguesia da Conceição da Feira.

Figura 74 – Assento do registro de casamento de Aprígio. Livro de Casamento n. 01 da Paróquia da Conceição da Feira, p. 23

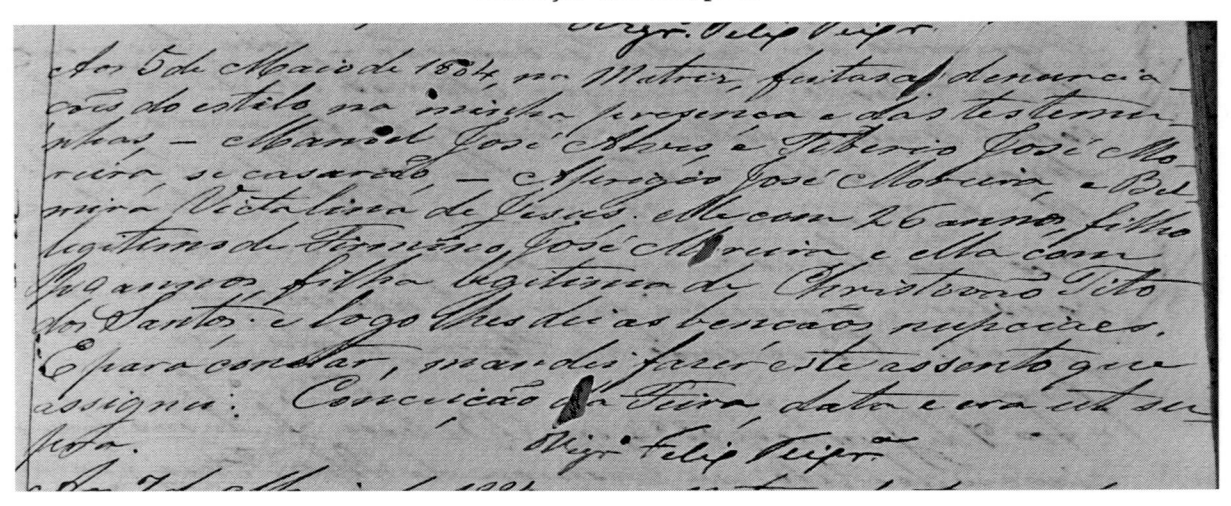

Aprígio exerceu durante toda a sua vida a função de lavrador, dedicando-se ao cultivo do tabaco e às culturas de pequena subsistência, tipo, farinha de mandioca, milho e outros produtos. Faleceu por volta do ano de 1928 no distrito de Belém[311].

---

[311] Estimativa realizada com base na leitura da escritura de venda de parte da fazenda Gameleira, realizada pelos herdeiros em 1928, supondo, assim, que Aprígio faleceu em data anterior a 16.07.1928. Cartório do Registro Civil de Pessoas Naturais da Cidade de Cachoeira/BA, distrito de Belém. Livro de notas sem numeração, p. 95.

ARISTIDES AUGUSTO MILTON (DOUTOR)

Rua 25 de Junho

Aristides A. Milton.

Aristides Augusto Milton, político, jurista e memorialista, dá nome a uma das principais praças de Cachoeira, a Praça Dr. Milton. Ele nasceu na cidade em 29 de abril de 1846, corrigindo o erro de fontes que indicam 29 de maio de 1848[312]. Numa quinta-feira, na então Rua da Praça (atual 25 de Junho), Leopoldina Clementina do Amor Divino deu à luz Aristides, um bebê frágil que despertou temores por sua sobrevivência. Com receio de sua morte prematura, o batismo foi apressado e realizado nos primeiros dias de maio de 1846 pelo padre Manoel Teixeira, em "artigo de morte". Felizmente, Aristides se recuperou. Anos depois, em fevereiro de 1860, seu batismo foi reafirmado em uma cerimônia no oratório da casa de seu pai, Tito Augusto Milton, tendo como padrinhos o major José Ruy Dias d'Afonseca e sua irmã Maria José Dias d'Afonseca[313].

Aristides era o primogênito de Tito Augusto Milton e Leopoldina Clementina, ambos solteiros, o que caracterizava sua união como concubinato, uma condição socialmente malvista na época. Leopoldina era conhecida como a "teúda e manteúda" de Tito Augusto, então escrivão e secretário da câmara municipal[314]. Interessantemente, Tito tentou ocultar a ilegitimidade de Aristides ao omitir o nome da mãe no registro de batismo, evitando assim que o filho fosse formalmente reconhecido como ilegítimo, algo que carregava forte estigma social. Curiosamente, essa mesma preocupação não foi observada no batismo das filhas, que foram simplesmente registradas como filhas naturais de Leopoldina[315]. Vale destacar que Tito Augusto era também filho natural do Cônego José Marcelino de Carvalho, o que sugere que ele próprio tenha sentido o peso da ilegitimidade e, por isso, procurou proteger Aristides desse estigma[316]. A situação reflete as complexidades sociais em torno da filiação e do status familiar no período.

Após concluir sua educação inicial em Cachoeira, Aristides Milton seguiu para Salvador, onde se matriculou no Ginásio Baiano, dirigido pelo professor dr. Abílio César Borges. Nessa instituição, compartilhou as aulas com figuras ilustres, entre elas o renomado poeta Castro Alves[317]. Em 1864, ambos ingressaram na Faculdade de Direito do Recife, mantendo a amizade e o vínculo intelectual. Logo no início de sua trajetória acadêmica, Milton demonstrou grande

---

[312] ALVES, Marieta. *Intelectuais e escritores baianos*: breves biografias. Salvador: Prefeitura Municipal do Salvador; Fundação do Museu da Cidade, 1997. p. 102.

[313] Arquivo da Faculdade de Direito Recife/PE. Livro de Certidão de idade de 1864, s/p.

[314] APMC. Legislativo - séc. XIX. Documentos avulsos não classificados.

[315] Referimo-nos aos batismos de Flora e Idalina. Universidade Católica do Salvador. Laboratório Reitor Eugênio Veiga (LEV). Livro de batismos da Paróquia de Nossa Senhora do Rosário da Cachoeira, 1861-1872, p. 31v, 32.

[316] Universidade Católica do Salvador. Laboratório Reitor Eugênio Veiga (LEV). Livro de óbitos da Freguesia de Nossa Senhora do Rosário da cidade da Cachoeira, 1877-1878, p. 11v.

[317] WILDBERGER, Arnold. *Os presidentes da província da Bahia*: 1824-1889. Salvador: Tipografia Beneditina, 1949. p. 156.

interesse pela literatura. Juntamente com Castro Alves, Luiz Ferreira Maciel Pinheiro e Antônio Carvalhal, fundou o periódico *O Futuro*, uma publicação científica e literária. O primeiro número foi lançado em 15 de junho de 1864, impresso na tipografia de Geraldo Henrique, com Milton entre os redatores. Através desse jornal, ele publicou seus primeiros textos literários, entre crônicas e poesias[318]. Apesar de sua breve existência, *O Futuro* foi crucial para a formação literária dos jovens estudantes, que utilizaram a literatura como veículo de crítica social e construção de suas reputações no ambiente acadêmico e cultural do Recife.

Figura 76 – Imagem de Aristides Augusto Milton, autor e data desconhecidas. In: WILDBERGER, Arnold. *Os presidentes da Província da Bahia*. 1824-1889. Salvador: Tipografia Beneditina, 1949. p. 156

No segundo semestre de 1865, em meio à mobilização para a Guerra do Paraguai, Aristides Milton compôs um hino em homenagem aos voluntários de Cachoeira. Nesse mesmo ano, destacou-se ao discursar e declamar poesias durante as comemorações do aniversário da Faculdade de Direito do Recife, ao lado de colegas notáveis, como Castro Alves e Siqueira Filho[319]. Foi também nesse período que escreveu seu primeiro drama, *A justiça do céu*[320]. *No final de 1868, concluiu o curso de Direito, recebendo o título de bacharel em Ciências Jurídicas e Sociais pela Faculdade de Direito do Recife, conforme registrado em sua carta de bacharel.*

> Do mesmo teor se passou a 18 de novembro de 1868 a carta do Bacharel Formado Aristides Augusto Milton, filho de Tito Augusto Milton, nascido em 29 de abril de 1846 na Bahia. Tomou o grau a 10 de novembro de 1868 e foi aprovado plenamente no mesmo dia, mês e ano, sendo Diretor o Exmo. Sr. Visconde de Camaragibe, Presidente do ato o Doutor Vicente Pereira do Rego e secretário Bacharel José Honório Bezerra de Menezes. Pagou onze mil réis do custo deste. Secretaria da Faculdade de Direito do Recife, 18 de novembro de 1868.[321]

---

[318] NASCIMENTO, Luiz do. *História da imprensa de Pernambuco (1821-1954)*. Recife: Universidade Federal de Pernambuco/Imprensa Universitária, 1967-1982. v. 6, p. 203.

[319] Jornal *O Progresso*, ed. n. 35 de 11.09.1865, p. 1.

[320] *Ibidem*, p. 2.

[321] Arquivo da Faculdade de Direito do Recife. Registro de diplomas de bacharéis (1858-1881). Folha sem número: Aristides Augusto Milton.

Recém-formado, Aristides Milton iniciou sua carreira como juiz municipal em Lençóis e Maracás, na Bahia. Ao retornar a Cachoeira, consolidou-se como uma das principais lideranças do Partido Conservador. Sua transferência para o Piauí, onde assumiria o cargo de Juiz de Direito da comarca da capital, foi amplamente destacada pelo jornal *A Ordem*. No embarque para a capital baiana, uma comitiva de admiradores o acompanhou, em reconhecimento aos serviços prestados à causa conservadora[322]. Este verbete, no entanto, não se aprofunda em sua trajetória política, jurídica ou literária, mas explora aspectos inéditos de sua vida e sua influência na dinâmica social de Cachoeira, temas até então pouco abordados.

Aristides Milton teve uma atuação destacada em diversas instituições de sua cidade natal. Como irmão e procurador da Irmandade de Nossa Senhora do Rosário de Monte Formoso, em 1875, ele intermediou a liberação de loterias cuja arrecadação foi destinada às obras da capela[323]. Na Santa Casa de Misericórdia, serviu como provedor por muitos anos, sendo reeleito 14 vezes consecutivas, tornando-se um dos maiores beneméritos da instituição[324]. Em reconhecimento, a Irmandade da Santa Casa construiu um imponente mausoléu para seus restos mortais[325]. No final do século XIX, presidiu o Conselho Municipal antes de assumir uma cadeira no Congresso Federal[326]. Além de suas atividades políticas e filantrópicas, Milton foi também um renomado memorialista, publicando registros históricos de sua cidade nas revistas do Instituto Geográfico Histórico da Bahia, os quais posteriormente reuniu no livro *Ephemerides Cachoeiranas*. Ele faleceu no Rio de Janeiro, em 26 de janeiro de 1904, aos 58 anos, vítima de arteriosclerose[327].

---

[322] Hemeroteca Digital da Biblioteca Nacional. Jornal *Gazeta da Bahia*, ed. n. 323 de 18.12.1881, p. 1.
[323] Hemeroteca Digital da Biblioteca Nacional. *Jornal da Bahia*, ed. de 31.08.1857, p. 1.
[324] Memorial da Santa Casa de Misericórdia de Cachoeira. Livro de Registro de Fundação do Hospital, p. 45.
[325] Biblioteca Pública dos Barris. Setor de Periódicos Raros Jornal *A Ordem*, edição de 21.10.1914, p. 2.
[326] APMC. Livro de Atas do Conselho Municipal, 1890-1900, p. 213v.
[327] Registro Civil da Cidade do Rio de Janeiro. Livro de óbitos da 6ª Circunscrição, 1903-1904, p. 167.

BELMIRA DOS SANTOS MOREIRA

Belmira dos Santos Moreira, outrora Belmira Vitalina de Jesus, nasceu em 1864, na propriedade agrícola do seu pai, situada no distrito de Belém, filha legítima de Christóvão Tito dos Santos e dona Maria Josefa do Nascimento. Casou-se com Aprigio José Moreira em 5 de maio de 1884, alterando o seu nome após o matrimônio[328].

Sobre Belmira, a memória oral da família guardou uma passagem bastante interessante: uma de suas filhas, de nome Margarida, nasceu com um grave problema de saúde, requisitando sérios e contínuos cuidados, situação que a preocupava deverasmente. Belmira incumbiu-se de todas as funções inerentes ao tratamento da filha. Segundo Idalina de Carvalho Moreira, nora de Belmira, ela pedia diariamente que Deus não permitisse que sua morte antecedesse a de sua filha, pois acreditava que ninguém seria capaz de cuidar de Margarida. Em 17 de outubro de 1908[329], Belmira dos Santos Moreira cerrou os olhos, dando os últimos suspiros de lamento ao perceber que partiria antes da filha doente. Após todos os preparativos fúnebres, na manhã seguinte, a família se dirigiu ao cemitério de Belém para sepultar a sua matriarca. Ao voltarem para a fazenda Gameleira, localizada no distrito de Belém e Tibiri, depararam-se com uma cena surpreendente: Margarida havia falecido, cumprindo, assim, o desejo de sua mãe de não a ver desemparada dos seus cuidados.

O casal Santos Moreira gerou numerosa prole. Citaremos os nomes dos filhos que conseguimos colher na pesquisa: Pedro José Moreira, *casado com Idalina de Carvalho Moreira*; Augusto José Moreira; Zulmira dos Santos Moreira, *casada com Silvino Lopes de Almeida*; Adalgisa dos Santos Moreira, *casada com Augusto José de Santana*; Agnelo José Moreira; José dos Santos Moreira; Eurídice dos Santos Moreira, *casada com Januário Cassimiro de Oliveira*; Laudelina Moreira, *casada com Manoel Otávio Pedreira*; Margarida Moreira; Arthur José Moreira; Aprígio José Moreira Filho; Virgílio José Moreira, *casado com Amessália Maria de Jesus*; e Alberto José Moreira, *casado com Eulina de Assis Moreira*[330].

Figura 77– Laudelina Moreira Pedreira, uma das filhas de Belmira. Acervo da família, autor e data desconhecidos

---

[328] Conferir verbete de Aprigio José Moreira.
[329] APMC. Imagens soltas do inventário *post mortem* de Belmira dos Santos Moreira, tramitado no cartório do tabelião Manoel Vicente Sapucaia. Documentos avulsos não catalogados.
[330] *Ibidem*.

BENEDICTA DO ROSÁRIO

Rua do Fogo[331]

Benedicta do Rosário foi uma das inúmeras mulheres africanas escravizadas que foram trazidas à força para o Brasil, estimando-se que nasceu por volta de 1817. Após conquistar sua alforria, ela se aventurou no comércio ambulante, vendendo seus produtos nas ruas. Benedicta faleceu às 11 h da manhã do dia 28 de abril de 1877, aos 60 anos, e foi sepultada no Cemitério de Nossa Senhora do Rosário do Sagrado Coração de Maria, conhecido como Rosarinho. Deixou um filho maior, chamado Manoel Bernardino do Rosário[332].

---

[331] Atual Rodrigo Brandão.

[332] Universidade Católica do Salvador. Laboratório Reitor Eugênio Veiga (LEV). Livro de óbitos da Freguesia de Nossa Senhora do Rosário da cidade da Cachoeira, 1877-1878, p. 40v.

BENEDICTO PEREIRA DE ARAÚJO

Benedicto Pereira de Araújo, comerciante estabelecido em Cachoeira por cerca de uma década, era natural da Freguesia de São Pedro da Muritiba, filho de Maurício Pereira de Araújo e Josefa Maria do Sacramento. Antes de fixar residência em Cachoeira, atuou na praça comercial da cidade de Caetité. Após casar-se com Clementina Rosa Moreira em 26 de julho de 1851, transferiu seus negócios para Cachoeira, possivelmente com o intuito de se integrar às influentes redes comerciais locais[333]. Sua integração foi bem-sucedida, pois em 1862 tornou-se membro do corpo diretivo da Caixa Comercial de Cachoeira[334], uma instituição de crédito com capital de 890 contos de réis, fundada por prósperos negociantes, incluindo Felicíssimo Moreira Martins, seu cunhado[335]. Benedicto faleceu em 29 de janeiro de 1866, aos 42 anos, em decorrência de complicações cardíacas[336].

---

[333] Universidade Católica do Salvador. Laboratório Reitor Eugênio Veiga (LEV). Livro de Registro de Casamentos da Paróquia de Cachoeira, 1828-1860, p. 201v.

[334] Hemeroteca Digital da Biblioteca Nacional. Almanaque Administrativo, Mercantil e Industrial da Bahia, ed. 01 de 1862, p. 428

[335] Hemeroteca Digital da Biblioteca Nacional. Periódico *Correio Mercantil*, ed. 112 de 23.04.1856, p. 1.

[336] Universidade Católica do Salvador. Laboratório Reitor Eugênio Veiga (LEV). Livro de Registro de Óbitos da Paróquia de Cachoeira, 1850-1870, p. 225v.

BERNARDA MARIA DE SÃO VICENTE

Nasceu por volta de 1753 na então Vila de Nossa Senhora do Rosário do Porto da Cachoeira, filha legítima de Bernardo Antunes Pereira e Antônia Maria de Souza. Casou-se em 13 de novembro de 1769 com Antônio Pinto da Silva, natural de Maragogipe[337]. Seu registro de óbito a identifica como uma mulher parda e sugere que ela ficou viúva e, mais tarde, uniu-se a Antônio João Baptista de Sena. Veio a falecer em 1 de fevereiro de 1866, após viver mais de um século, devido a complicações naturais do envelhecimento[338].

---

[337] Universidade Católica do Salvador. Laboratório Reitor Eugênio Veiga (LEV). Livro de Registro de Casamentos da Paróquia de Cachoeira, 1765-1785, p. 53.

[338] Universidade Católica do Salvador. Laboratório Reitor Eugênio Veiga (LEV). Livro de Registro de Óbitos da Paróquia de Cachoeira, 1850-1870, p. 226.

BERNARDINA DE SOUZA MARQUES

Rua da Pitanga

Bernardina de Souza Marques, uma mulher centenária, despertou grande curiosidade na sociedade cachoeirana do século XIX com a notícia de sua morte, relatada pelo jornal *A Ordem* em 22 de outubro de 1876. O periódico a descreveu como a "*Matusalém cachoeirana*", devido à sua impressionante idade de 128 anos, um dado corroborado por seus descendentes. Segundo o relato, sua longevidade era marcada pela construção da Igreja Matriz de São Pedro da Muritiba, freguesia onde nasceu por volta de 1749. Um de seus netos informou ao jornal que Bernardina afirmava ter nascido em 1747 ou 1748, lembrando-se de ter presenciado, aos 6 ou 7 anos, o início das obras da igreja em 1754. Embora a precisão dessa informação não possa ser confirmada, já que sua certidão de óbito não registrava a idade, e possivelmente até o padre responsável desconfiava desses dados extraordinários, é plausível que Bernardina tenha sido uma das raras mulheres negras centenárias da região. O testemunho de seu neto reforça essa hipótese, ao mencionar que ela foi matriarca de uma grande família, deixando trinetos com mais de 20 anos[339].

---

[339] Hemeroteca Digital da Biblioteca Nacional. Periódico *O Globo*, ed. 305 de 10.11.1876, p. 1.

CAETANA MARIA DO SACRAMENTO

Ladeira do Assobio[340]

Caetana Maria do Sacramento, uma mulher parda e comerciante, era natural de Cachoeira e residia na Ladeira do Assobio. Filha natural de Agostinha Nunes, casou-se com Francisco Domingos da Costa, mas não teve descendência. Em seu testamento, ela expressou o desejo de ser sepultada na Igreja de sua Irmandade de Nossa Senhora do Amparo, envolta em um hábito branco, e solicitou a presença de suas outras agremiações, Nossa Senhora do Rosário dos Pretos e Martírios, das quais também era afiliada. Essa disposição revela sua ligação com as irmandades de pretos e pardos, corroborando a identificação de sua condição não branca. Além disso, o testamento de Caetana oferece informações relevantes sobre as lutas pela independência do Brasil na Bahia. No início de 1822, ela residia na cidade da Bahia, que estava sob o domínio das tropas de Madeira de Melo. Após os tumultos de fevereiro de 1822, um êxodo em massa teve início; muitos, amedrontados, abandonaram suas casas, frequentemente deixando tudo para trás. Este foi o caso de Caetana Maria, que declarou em seu testamento que seu único bem era uma casa térrea, localizada no número 36 da Ladeira do Assobio, em terreno pertencente ao Convento do Carmo. Todos os seus pertences haviam sido saqueados pelos lusitanos quando ela deixou Salvador, dirigindo-se à vila da Cachoeira e chegando desprovida de bens em virtude desse episódio. Essa declaração foi realizada em 1º de julho de 1823, na véspera do dia da vitória, quando Madeira de Melo e suas tropas foram finalmente expulsos da Bahia. Suas conexões sociais, possivelmente estabelecidas nas irmandades, facilitaram seu apoio financeiro por parte de Custódio Vaz Peixoto, um membro da elite local. Embora Caetana não tivesse filhos, ela manifestou em seu testamento afeição por Manuel Luís, uma criança da sua casa, filho de sua escravizada, a quem criou com dedicação e a quem concedeu carta de liberdade gratuita[341].

---

[340] Atual Tambor Soledade.
[341] APEB. Seção Judiciária. Livro de testamento de Cachoeira n. 10, p. 95.

CAETANO DA SILVA SOLEDADE

Mestre pedreiro e egresso do cativeiro, Caetano da Silva Soledade foi descrito na documentação do século XVIII como "homem cabra"[342], uma expressão que, conforme o dicionário do padre Raphael Bluteau, referia-se na época à miscigenação, significando "filho ou filha de pai mulato e mãe negra, ou vice-versa"[343]. Nascido por volta de 1737 em Salvador, Caetano foi batizado na Freguesia do Pilar, filho da escravizada Joana dos Santos[344]. As circunstâncias de sua libertação são desconhecidas, mas seu nível de letramento sugere que foi alforriado na primeira década de vida. Por volta de 1760, casou-se em Salvador, na Freguesia de Santo Antônio Além do Carmo, com Adriana da Costa Araújo, também liberta, que fora escravizada pelo capitão Manoel da Costa de Araújo[345].

Em 1770, à beira de completar uma década de casamento, ocorreu o falecimento de sua esposa[346]. Viúvo, ele decidiu mudar-se imediatamente para a Vila de Nossa Senhora do Rosário do Porto da Cachoeira. No mesmo ano, ganhou a licitação para a construção de uma ponte calçada próxima à Ordem Terceira e para o reparo do cais dos barcos[347]. Assim começou a estabelecer sua reputação como um dos principais mestres pedreiros ativos na região durante o último quartel do século XVIII e início do século XIX. Contribuiu para vários projetos de melhoria da infraestrutura local e serviu como avaliador e perito oficial do Senado da Câmara de Cachoeira, inspecionando serviços públicos e emitindo pareceres para edificações privadas. É provável que aqueles que examinaram os inventários *post mortem* dos habitantes da Vila de Cachoeira durante o período de sua atuação profissional tenham encontrado documentos anexados escritos e assinados pelo habilidoso Caetano Soledade.

Caetano Soledade certamente percebeu que mudar para Cachoeira poderia ser uma chance de reconstruir sua vida sociofamiliar. Ele se juntou às milícias do terço dos homens pretos, alcançando a patente de capitão. Esses milicianos, conhecidos como Henriques em referência a Henrique Dias, fundador dessas tropas de homens negros e pardos, tinham uma participação

---

[342] Arquivo Histórico Ultramarino, Bahia. Avulsos, Cx. 212, doc. 14980, p. 19v.

[343] SILVA, Antonio de Morais; BLUTEAU, Rafael. *Diccionario da lingua portugueza composto pelo padre D. Rafael Bluteau, reformado, e accrescentado por Antonio de Moraes Silva natural do Rio de Janeiro*. Lisboa: Simão Tadeu Ferreira, [1789]. 2 v. v. 1, xxii, p. 207.

[344] Universidade Católica do Salvador. Laboratório Reitor Eugênio Veiga (LEV). Livro de Casamentos da Freguesia de Cachoeira 1765-1785, p. 57.

[345] APMC. Inventário *post mortem* de Adriana da Costa Araújo. Caixa 01, processo 04, p. 8, 12.

[346] *Ibidem*, p. 12.

[347] SIMAS FILHO, Americo. *Termos de arrematação de obras da Cachoeira*, 1758-1781. Salvador: Universidade Federal da Bahia/Centro Editorial e Didático/Núcleo de Publicações, 1973. p. 11.

militar que, embora fosse secundária em comparação com o terço dos homens brancos, poderia proporcionar um certo prestígio social a seus membros, conforme indica a dissertação de Michel Marta[348].

Além das atividades profissionais, também se envolveu em outros espaços sociais, como na Irmandade de Nossa Senhora do Rosário dos Pretos, situada na igreja matriz, onde desempenhou funções administrativas importantes, incluindo a de procurador-geral no ano de 1789[349]. Imaginamos que o fato de ser um dos únicos homens negros letrados da localidade deva ter facilitado a sua inserção e promoção nesta associação. O compromisso da Irmandade do Senhor Bom Jesus dos Martírios reforça a nossa hipótese, ao exigir que o escrivão da Mesa fosse um homem preto que soubesse ler e escrever[350]. Em nossa dissertação de mestrado, ressaltamos o papel catalisador dessas associações na promoção de redes de sociabilidade e compadrio, e os consequentes impactos em outros espaços da vida cotidiana dos seus membros[351]. Acreditamos que, na Irmandade do Rosário, pôde forjar e consolidar laços, integrando redes afetivas e profissionais.

Caetano casou-se novamente em 27 de janeiro de 1784, na Igreja Matriz da Cachoeira, com Ana Maria, africana forra da nação Mina, anteriormente escravizada de José Tavares Simas[352]. Faleceu em 16 de abril de 1822, no estado de viúvo, decorrente de hidropisia. Contava 95 anos[353].

---

[348] MARTA, Michel Mendes. *Em busca de honras, isenções e liberdade*: as milícias de homens pretos forros na cidade do Rio de Janeiro. 2013. Dissertação (Mestrado em História) – Universidade Federal Fluminense, Niterói, 2013.

[349] Arquivo Histórico Ultramarino, Bahia. Avulsos. Caixa 242, doc. 16743.

[350] Arquivo Histórico Ultramarino, Códice, n. 1666. Compromisso da Irmandade do Senhor Bom Jesus dos Martírios, ereta no Convento de Nossa Senhora do Monte do Carmo de Villa da Cachoeira, Bahia, capítulo IV.

[351] MOREIRA, Igor Roberto de Almeida. *"E por tais terceiros na Ordem do Carmo"*: os dignitários irmãos da Ordem Terceira do Carmo da Vila da Cachoeira, 1691-1773. 2021. Dissertação (Mestrado) – Universidade do Estado da Bahia, Santo Antônio de Jesus, 2021.

[352] Universidade Católica do Salvador. Laboratório Reitor Eugênio Veiga (LEV). Livro de Casamentos da Freguesia de Cachoeira 1765-1785, p. 57.

[353] Universidade Católica do Salvador. Laboratório Reitor Eugênio Veiga (LEV). Livro de óbitos da Paróquia de Nossa Senhora do Rosário da Cachoeira, 1811-1825, p. 294.

CAETANO SALA

Rua dos Artistas

O imigrante italiano Caetano Sala, nascido em Milão[354] por volta de 1822, era filho de Pedro Sala e Carolina Zappa. Na Bahia, trabalhou na Estrada de Ferro Central da Bahia. Inicialmente, estabeleceu-se em Salvador, no distrito de Paripe, e posteriormente mudou-se para o Recôncavo. Em Paripe, conheceu Leocadia Francisca de Vasconcelos, com quem começou uma vida conjugal. A relação foi oficializada com a mudança para Cachoeira, numa cerimônia na igreja matriz em 26 de maio de 1883[355]. Tiveram cinco filhos: Caetano, Rodolfo, Octávio, José Alexandre e Adelaide Constança Sala[356]. Caetano faleceu aos 69 anos em 16 de novembro de 1890[357], de *beribéri*, e foi enterrado no dia seguinte no Cemitério da Santa Casa de Misericórdia, associação da qual se tornou membro em 1883[358].

---

[354] Universidade Católica do Salvador. Laboratório Reitor Eugênio Veiga (LEV). Livro de óbitos da Paróquia de Nossa Senhora do Rosário da Cachoeira, 1885-1914, p. 79v.

[355] Universidade Católica do Salvador. Laboratório Reitor Eugênio Veiga (LEV). Livro de casamentos da Paróquia de Nossa Senhora do Rosário da Cachoeira, 1862-1927, p. 76.

[356] APEB. Judiciário. Livro de óbitos de Cachoeira/BA, n. 05, termo n.112.

[357] Universidade Católica do Salvador. Laboratório Reitor Eugênio Veiga (LEV). Livro de óbitos da Paróquia de Nossa Senhora do Rosário da Cachoeira, 1885-1914, p. 79v.

[358] Memorial da Santa Casa de Misericórdia de Cachoeira. Livro n. 12 – Lançamento das joias de entrada dos irmãos.

CÂNDIDO AUGUSTO FRAGA

Praça da Regeneração[359]

Comerciante, proprietário de um estabelecimento que vendia produtos do ramo secos e molhados[360]. Nasceu na Freguesia de São Pedro da Muritiba por volta de 1860, filho legítimo de Cândido da Silva Fraga e Umbelina Vieira Tosta[361]. Faleceu em Cachoeira no dia 14 de novembro de 1903, solteiro, vítima da sífilis, aos 42 anos. Era membro da Irmandade de Nossa Senhora D'Ajuda, pela qual tinha grande apreço. Mesmo em uma época em que não era comum deixar grandes quantias ou bens para as irmandades católicas, Cândido Augusto decidiu deixar em testamento o imóvel número 14 localizado na Praça da Aclamação como uma contribuição para o patrimônio da sua prestimosa agremiação[362].

---

[359] Atual dr. Milton.

[360] Biblioteca Pública dos Barris. Setor de Periódicos Raros. LEAL, Xavier; VELASQUES, Diogo. *Almanaque da comarca da Cachoeira para o ano de 1889*. Bahia: Imprensa Popular, 1888. p. 78.

[361] APMC. Inventário *post mortem* de Cândido Augusto Fraga, caixa 253, processo 2930.

[362] Biblioteca Pública dos Barris. Setor de Periódicos Raros. Jornal *A Ordem*, ed. n. 90 de 18.11.1903, p. 1.

CÂNDIDO CUNEGUNDES BARRETO (CORONEL)

Figura 78 – Cândido Cunegundes Barreto no início do séc. XX. Acervo da família

Comerciante com grande influência na política local. O coronel Cunegundes Barreto integra a galeria das elites locais não brancas que alçaram posição de destaque no cenário político e econômico da cidade da Cachoeira. Nasceu em 3 de março de 1874[363], na fazenda Boa Vista, distrito do Capoeiruçu, pertencente à cidade da Cachoeira, e foi batizado na igreja matriz em 8 de dezembro do referido ano. Foram seus padrinhos o reverendo vigário Candido de Souza e Requião e Manoel Vicente Ferreira da Silva, casado com a irmã do batizando. Filho do lavrador Antônio de Souza Barreto, viúvo à época do seu nascimento, e de Maria Arcanja de Menezes[364]. Em pouco tempo, conseguiu multiplicar a herança recebida do seu pai, tornando-se proprietário de fazendas de criação, imóveis urbanos e alguns empreendimentos comerciais; citamos os açougues que possuía na cidade da Cachoeira, por exemplo[365]. Na política, exerceu os cargos de Conselheiro Municipal, vice-presidente e presidente do Conselho Municipal[366] e, finalmente, em 1928, foi eleito ao cargo mais elevado na esfera municipal, ocupando o lugar de Intendente (cargo equivalente ao de prefeito). Sua gestão foi marcada por grandes obras de melhoria na

---

[363] Universidade Católica do Salvador. Laboratório Reitor Eugênio Veiga (LEV). Livro de batismos da Freguesia da Cachoeira, 1872-1878, p. 77.
[364] Antônio de Souza Barreto legitimou e reconheceu em testamento os filhos havidos de Maria Arcanja. Para mais informações, conferir o registro de óbito de Antônio de Souza Barreto em APEB, livro de óbitos de Cachoeira nº 4, p. 61v.
[365] Biblioteca Pública dos Barris. Setor de Periódicos raros. Jornal *A Ordem*, ed. de 21.02.1925, p. 2.
[366] *Ibidem*, p. 2.

infraestrutura urbana, como a construção do Parque Infantil Góis Calmon (Jardim do Faqui) e a contratação e inauguração da luz elétrica[367].

Figura 79 – Fotografia registrada durante a inauguração do Parque Infantil Góis Calmon, retratando o prefeito Cunegundes Barreto, o governador da Bahia, Góis Calmon, autoridades e populares presentes. A imagem integra o acervo do Arquivo Público Municipal de Cachoeira

Em 20 de março de 1931, Alberto de Souza Bastos, genro do coronel Cunegundes, dirige-se ao cartório do registro civil e declarou[368]: "hoje, às 16 horas, em sua residência, à rua doutor Seabra, faleceu de neoplasma do fígado, o coronel Cândido Cunegundes Barreto, com 56 anos de idade, de cor parda, industrial". Deixou viúva dona Maria Prima de Oliveira Barreto e quatro filhos.

---
[367] Hemeroteca Digital da Biblioteca Nacional. *Revista Etc.*, ano 3, n. 112, 10.02.1930, p. 5.
[368] Cartório do Registro Civil das Pessoas Naturais, Distrito-Sede, Cachoeira/BA. Livro de óbitos n. 28, p. 184v.

CÂNDIDO DE SOUZA REQUIÃO (CÔNEGO DOUTOR)

Rua da Praça[369]

Vigário colado da Freguesia de Cachoeira. Cândido de Souza Requião nasceu na cidade do Salvador, em 11 de setembro de 1829, filho legítimo de Miguel de Souza Requião. Após concluir os estudos secundários, ordenou-se clérigo na então cidade da Bahia, em seguida, rumou em direção à capital de Pernambuco, onde se matriculou na Faculdade de Direito do Recife, instituição que lhe conferiu o grau de bacharel em Ciências Jurídicas e Sociais em 3 de dezembro de 1857.

Figura 80 – Registro da carta de bacharel de Cândido Requião. Arquivo da Faculdade de Direito do Recife

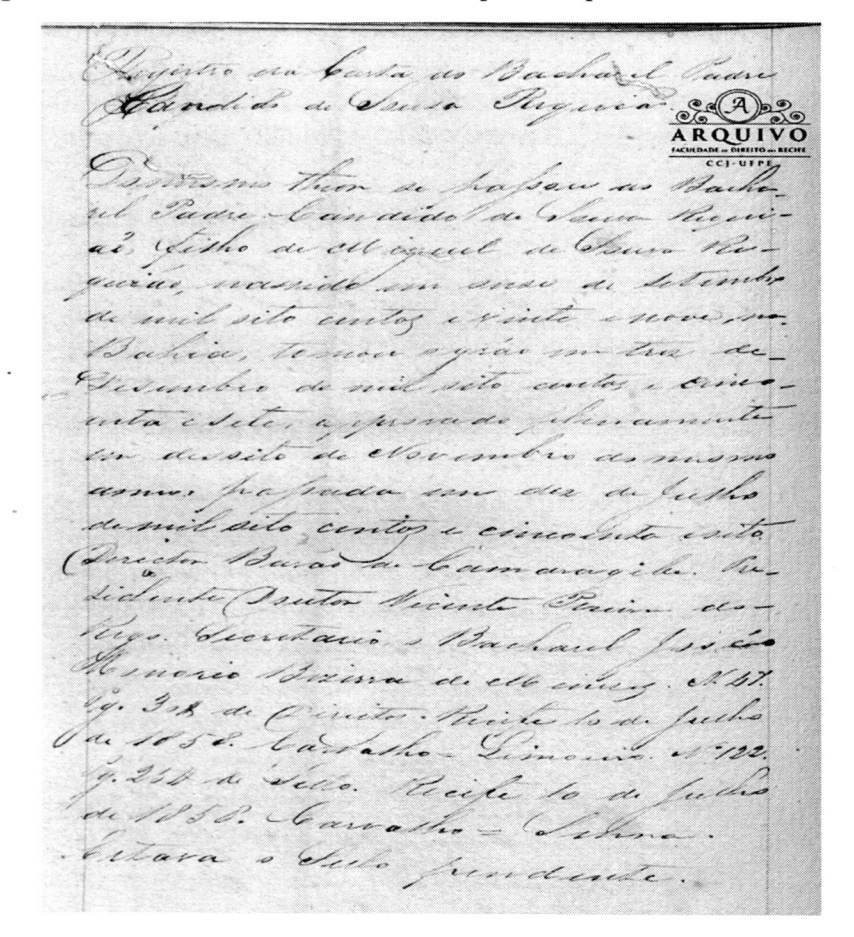

---

[369] Atual Vinte e Cinco de Junho.

> *Registro da carta ao bacharel padre Cândido de Souza Requião.*
> *No mesmo teor se passou ao bacharel padre Cândido de Souza Requião, filho de Miguel de Souza Requião, nascido em 11 de setembro de 1829, na Bahia, tomou o grau em 3 de dezembro de 1857, aprovado plenamente em 18 de novembro do mesmo ano, passado em 10 de julho de 1858. Diretor Barão de Camaragibe. Presidente Dr Vicente Pereira do rego. Secretário o bacharel José Honório Bezerra de Menezes. Número 47. Pagou 30$ de direitos. Recife 10 de julho de 1858. Carvalho Limoeiro. Nº122. Pagou 25$ de selo. Recife 10 de julho de 1858. Carvalho, Lima. Estava o selo pendente.*

Em fevereiro de 1860, foi nomeado Vigário colado da Freguesia de Nossa Senhora do Rosário da Cachoeira. Os vigários colados eram padres responsáveis pela administração permanente de paróquias canônicas oficialmente reconhecidas, cargo que foi mantido durante o período monárquico no Brasil, sob o sistema de padroado régio. Cândido ocupou esse posto por 20 anos[370]. De acordo com o advogado e memorialista Aristides Milton[371], o padre Cândido "incontestavelmente, foi o melhor pároco de que há memória entre nós". Famoso por seus discursos eloquentes e pelos serviços significativos na manutenção da Matriz da Cachoeira, ele realizou esforços para levantar fundos destinados a reparos e ajustes necessários para o funcionamento adequado da igreja. Em 1868, recebeu o título de cônego da Catedral Metropolitana[372]. Seu falecimento ocorreu na cidade do Salvador em 22 de julho de 1880[373].

---

[370] Hemeroteca Digital da Biblioteca Nacional. Jornal *Diário de Pernambuco*, ed. n. 58 de 10.03.1860.
[371] MILTON, Aristides. *Ephemerides cachoeiranas*. Salvador: Ufba, 1979. (Coleção Cachoeira, v. 1). p. 249.
[372] Hemeroteca Digital da Biblioteca Nacional. Jornal *Correio Mercantil, e Instrutivo, Político, Universal (RJ)*, ed. n. 182 de 03.07.1868.
[373] MILTON, *op. cit.*, p. 249.

CÂNDIDO JOSÉ MOREIRA

Rua das Flores[374] n. 53

Cândido José Moreira

O negociante Cândido José Moreira nasceu no distrito de Belém em 3 de outubro de 1857[375], filho de Firmino José Moreira[376] e d. Umbelina Maria das Virgens. Cursou a cadeira de ensino público do referido distrito. Por volta de 1874, transfere-se para Cachoeira, onde exerceu função de caixeiro de casas comerciais por aproximadamente seis anos até que, em 1880, com a realização do seu matrimônio, recebe das mãos do seu sogro, na condição de causa dotes, um armazém de secos e molhados[377]. A seguir, provas documentais que atestam que o endereço comercial de Cândido corresponde ao mesmo que fora do seu sogro[378].

Figura 81 – Hemeroteca Digital da Biblioteca Nacional. Anúncio do Armazém de Cândido, veiculado no jornal *A Ordem*, ed. de 05.07.1893

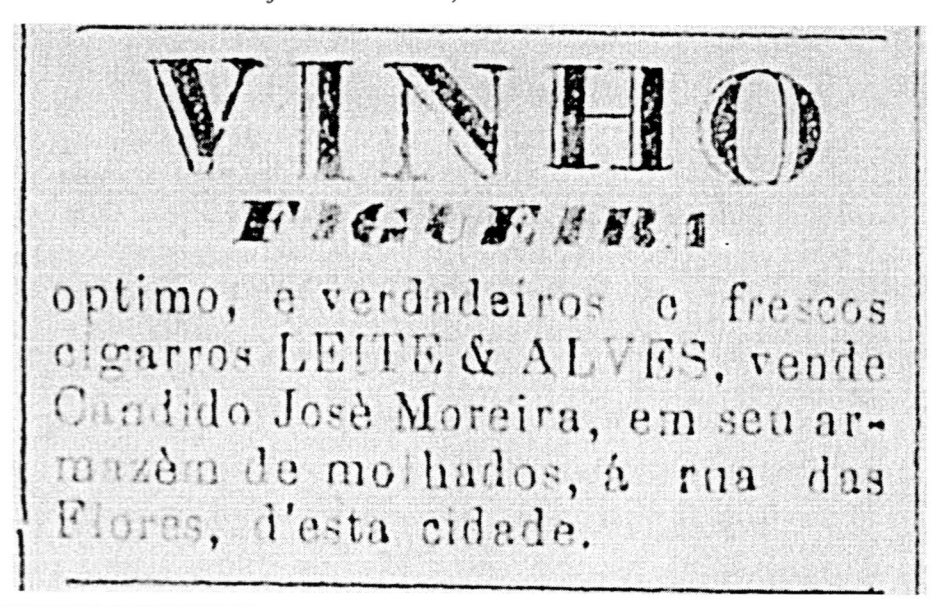

Vinho Figueira ótimo, e verdadeiro e frescos cigarros Leite & Alves, vende Cândido José Moreira, em seu armazém de molhados, à rua das Flores, d'esta cidade.

---

[374] Atual Lauro de Freitas.
[375] APMC. Jornal *A Cachoeira*, ed. 03.10.1901.
[376] Conferir verbete de Firmino José Moreira.
[377] Conferir verbete de Marianna de Jesus Ramos Moreira.
[378] APMC. Livro de Pagamentos de Impostos do Comércio, p. 58v; conferir verbete de Antônio Lopes de Carvalho Sobrinho.

Figura 82 – APMC – Livro de impostos das indústrias e profissões 1893-1894

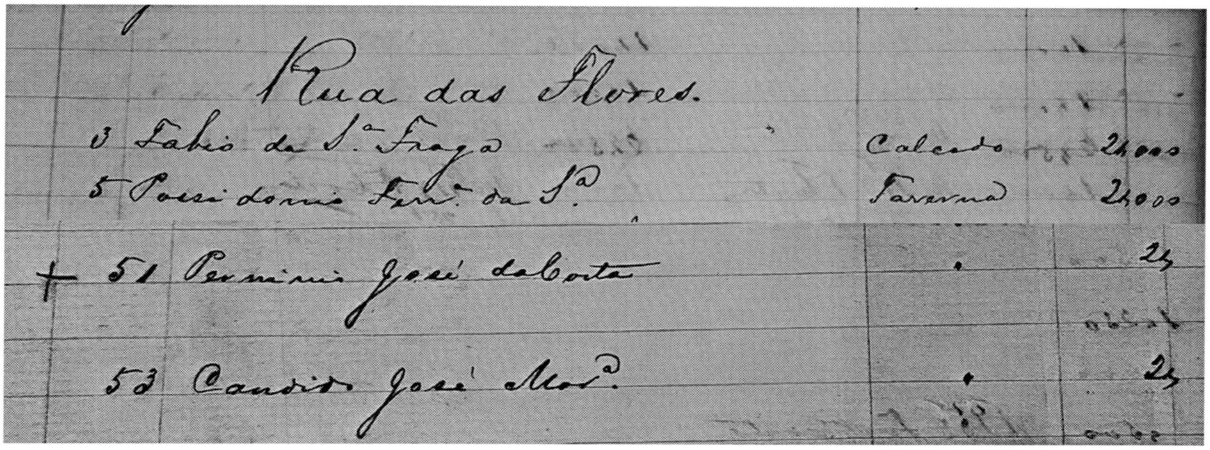
Rua das Flores.

3 Fabio da S.a Fraga — Calcado — 2$000

5 Possidonio Ferr.a da S.a — Taverna — 2$000

51 Permino José da Costa — 2$

53 Candido José Mor.a — 2$

O consórcio realizou-se em Cachoeira em 8 de fevereiro do ano de 1880[379]. Após o casamento com dona Marianna de Jesus Ramos[380], iniciou o seu processo de ascensão social. Em 1880, por ato do então presidente da província da Bahia Antônio de Araújo de Aragão Bulcão, Cândido foi nomeado e adquire a patente de tenente da 1ª Companhia da Guarda Nacional da comarca da Cachoeira[381]. Posteriormente, eleva sua patente à condição de capitão e, no final do século XIX, foi reformado no posto de major fiscal do sexto batalhão da reserva.

Também é válido pontuar que à época do seu casamento, seu sogro, Antônio Sobrinho, possuía grande prestígio na sociedade local, onde construiu um vasto círculo de relações com as principais personalidades do município. Embora fosse beneficiado por essa trama de relações sociais, Cândido Moreira buscou tecer a sua própria rede. Como primeiro ato, elegeu o coronel Reinério Martins Ramos[382] para batizar o seu primogênito. O coronel Reinério, grande influência política e econômica da Cachoeira do final do século XIX, era primo-irmão da sua esposa[383]. As fontes revelam a relevância socioeconômica da escolha. Em 1884, Reinerio Ramos aparece habilitando-o para arrematar alguns impostos que estavam sendo leiloados pela Câmara de Cachoeira. Ou seja, Cândido adquiriu um fiador de grande prestígio para as suas pretensões. Não por acaso, a sua proposta foi aceita e deferida[384].

379 Hemeroteca Digital da Biblioteca Nacional. Jornal *O Futuro*, ed. de 14.02.1880.

380 Conferir verbete de Marianna de Jesus Ramos Moreira.

381 APEB. Judiciário. Livro de Registro de Patentes do Escrivão n. 01, p. 43.

382 Conferir verbete de Reinério Martins Ramos.

383 Conferir verbetes de Rodrigo José Ramos e Rosulina Maria Ramos.

384 APMC. Arrematação de Impostos (Legislativo). Documentos avulsos não classificados.

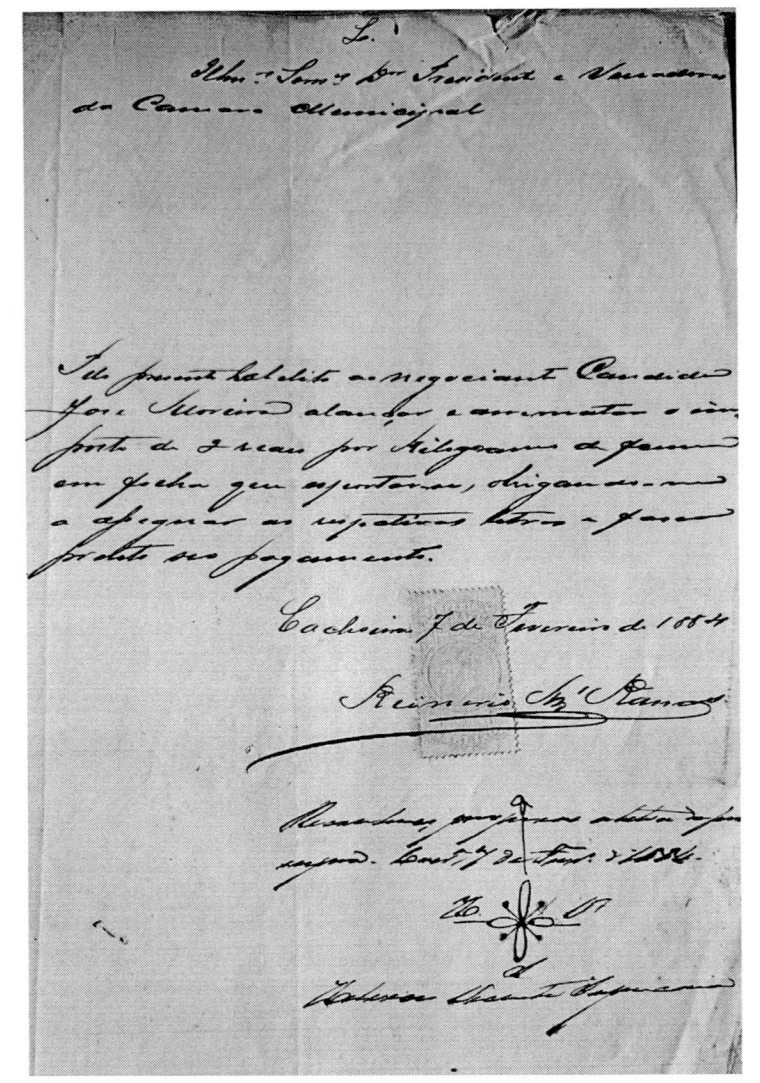

Figura 83 – APMC – Arrematação de Impostos. Documentos avulsos não classificados

> *Ilmos. Srs. Dr. Presidente e Vereadores da Câmara Municipal*
> *Pela presente, habilito ao negociante Cândido José Moreira a lançar e arrematar o imposto de 2 réis por quilograma de fumo em folha que exportar-se, obrigando-me a assinar as respectivas letras e fazer pronto seu pagamento. Cachoeira, 7 de fevereiro de 1884. Reinério Martins Ramos.*

Cândido também ingressou em importantes instituições da cidade, como a Santa Casa de Misericórdia[385] e a Irmandade de Nossa Senhora da Conceição do Monte. Nesta última exerceu, por diversas vezes, cargos da mesa diretora, inclusive o de tesoureiro em 1891[386]. Foi mestre maçom da Loja Caridade e Segredo de Cachoeira, onde também integrou a administração, assumindo o cargo de terceiro expedicionário em 1898[387].

---

[385] Memorial da Santa Casa de Misericórdia de Cachoeira. Livro n. 73, p. 143. Ingressou na instituição em 23 de abril de 1883.
[386] APEB. Judiciário. Livro de Notas de Procuração Cachoeira n. 177, p. 8.
[387] Hemeroteca Digital da Biblioteca Nacional. *Boletim do Grande Oriente do Brasil*: Jornal Oficial da Maçonaria Brasileira, Publicação Mensal (RJ), ed. n. 01 de 1898, p. 107.

Por volta do ano de 1898, Cândido resolve expandir seus negócios e, juntamente com o major Severo Joaquim Ferreira, funda uma casa comercial de nome "Ferreira & Moreira", situada à Rua das Flores, que funcionou por apenas quatro anos[388].

Figura 84 – APMC. Nota fiscal da Casa Ferreira & Moreira. Documentos avulsos não classificados

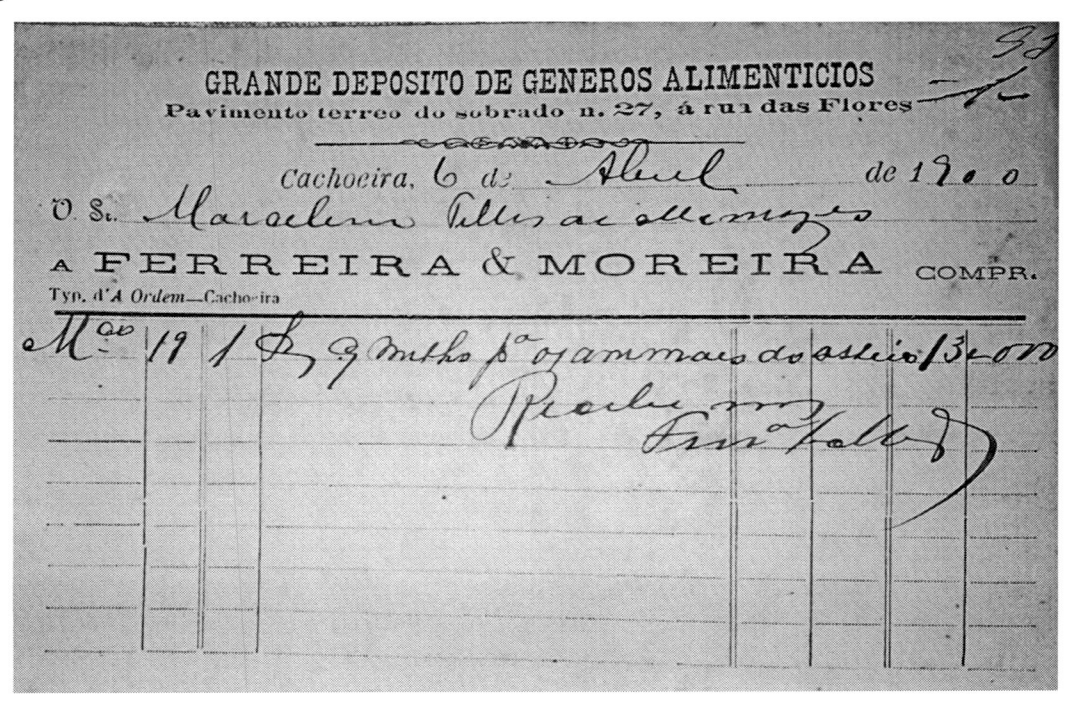

Por volta do mês de abril de 1902, Cândido apresenta sérios problemas decorrentes do que foi diagnosticado como "beribéri galopante". Por recomendações médicas, no início do mês de maio, transfere-se para Itaparica, onde faria um tratamento baseado em banhos salgados[389]. Segundo Lima e Silva,

> Itaparica é, pois, sem contestação, excelente refúgio para sanatório contra o beribéri para as pessoas que não podem migrar para Europa ou para o sul do império, e como tal deve merecer a confiança da classe médica...[390]

A propagação dessas e de outras informações transformou a pacata Itaparica em um refúgio para os beribéricos.

Cândido José Moreira faleceu em 24 de maio de 1902 em Itaparica, vitimado por beribéri galopante. Neste momento, exercia o cargo de juiz de paz na comarca da Cachoeira. O seu corpo foi conduzido para a heroica cidade, onde foi sepultado no Cemitério da Misericórdia, em carneira da sua Irmandade da Santa Casa de Misericórdia.

---

[388] APMC. Inventário *post mortem* de Cândido José Moreira, caixa 262, processo 3090.

[389] Informação fornecida por Idalina de Carvalho Moreira, confirmada e complementada no inventário *post mortem* de Candido Moreira, depositado no APMC.

[390] SILVA LIMA, José Francisco da. Itaparica, refúgio para beribericos. *Gazeta Médica da Bahia*, Salvador, ano 8, n. 10, out. 1876 *apud* PAZ, Daniel J. Mellado. A Europa dos pobres: a ilha de Itaparica como sanatório do beribéri. *In*: SEMINÁRIO DA HISTÓRIA DA CIDADE E DO URBANISMO, 12. *Anais* [...]. Porto Alegre: Propur-UFRGS; Propar-UFRGS, 2012. 1 CD-ROM.

Figura 85 – Notícia da morte de Cândido Moreira. Biblioteca Pública dos Barris. Setor de Periódicos Raros. Jornal *A Ordem*, ed. de 28.05.1902

> —Falleceu, ás 5 horas da tarde de 24 do expirante, em Itaparica, para onde havia ido com a intenção de combater a molestia que o acommettera ultimamente, e o victimou —beri-beri galopante, intercurrente a uma lesão aortica, o conceituado cidadão Candido José Moreira, 3º juiz de paz, em exercicio, desta cidade.
>
> O seu corpo veio para aqui e foi sepultado em um dos carneiros da Santa Casa de Misericordia, de que era irmão.
>
> O finado gozava de geral estima, nesta cidade, onde fôra estabelecido, á rua das Flores, com armazem de molhados, e ultimamente fizera parte da extincta firma commercial de Ferreira & Moreira, que gyrava nesta mesma cidade.
>
> Pesames á sua exma. familia.

Figura 86 – Biblioteca Pública dos Barris. Setor de Periódicos Raros. Jornal *A Ordem*, ed. de 11.06.1902

> **A PEDIDO**
>
> **Agradecimento**
>
> Arthur de Carvalho Moreira e sua familia vêm agradecer a todos os que se dignaram acompanhar seu inditoso pae á jazida dos que finaram; e bem assim aos distinctos cavalheiros Candido Mauricio Garcia, Severiano Godofredo de Souza e Pedro dos Santos Menezes, que em Itaparica lhe serviram de valioso auxilio nos ultimos momentos de seu pae.
>
> Jámais se apagará de sua gratidão os seus amigos dr. José Adeodato de Souza e Juvenal de Carvalho, que o acompanharam áquella cidade. Um, o verdadeiro apostolo da medicina, com desvelo e abnegação, empregando todos os recursos da sciencia; o outro, incançavel, dando sobejas provas de dedicação sem limites.
>
> São estes os nossos protestos de reconhecimento do bem recebido e Deus lhes pagará.
>
> Cachoeira, 10 de junho de 1902.
>
> ARTHUR DE CARVALHO MOREIRA.

CAROLINA ISABEL MONCORVO BARBARINO E MASCARENHAS ("BELINHA")

Nasceu em Cachoeira a 19 de novembro de 1843, onde viveu até aproximadamente a casa dos seus 20 anos, filha legítima de José Rufino Barbarino e Carolina Amália Moncorvo Barbarino. Ingressou na comunidade das irmãs de São Vicente de Paulo a 24 de maio de 1869, ordem de origem francesa que se estabeleceu em Salvador no final da primeira metade do século XIX[391]. Após cumprir o período do noviciado, adotou o nome religioso de irmã Agostinha e foi enviada para o Hospital Central do Exército na então capital do Império, cidade do Rio de Janeiro, onde faleceu a 25 de dezembro de 1921, depois de prestar mais de meio século de serviços à instituição[392].

---

[391] SOUZA, Rose Mary de Souza e. *Revolta das internas no Recolhimento do Santo Nome de Jesus*: uma edição semidiplomática. 2013. Trabalho de Conclusão de Curso (Licenciatura em Letras) – Universidade Federal da Bahia, Salvador, 2013. p. 26.

[392] Hemeroteca Digital da Biblioteca Nacional. *O Social*: Semanário Ilustrado (RJ), 1922, ed. 254, p. 39.

CÉZAR DE SOUZA PINTO

Rua das Flores[393]

Figura 87 – Fotografia de Cézar de Souza Pinto. Acervo da família

Negociante, nasceu em 6 de novembro de 1874. Natural da vila Wagner, à época pertencente a Morro do Chapéu, filho legítimo de Gabriel de Souza Pinto e Paulina Flávia de Cerqueira Pinto[394]. Na década de 1880, um grupo familiar, formado pelas famílias Pedreira Lapa e Souza Pinto, aparentadas entre si, provenientes do citado povoado de Wagner, migrou para Cachoeira em busca de melhores condições de vida, onde fixaram residência[395]. Cézar de Souza Pinto foi um dos membros desse clã familiar. Em 1893, localizamos o primeiro vestígio documental que atesta a sua presença em solo cachoeirano: assinou, na condição de testemunha, o assento do óbito de dona Tranquilina Amélia de Moncorvo Mascarenhas[396], avó da sua futura esposa.

---

[393] Atual Lauro de Freitas.
[394] APEB. Informação extraída da sua certidão de casamento, anexa ao inventário *post mortem* de Maria Constança Mascarenhas Bastos, 02/477/921/24.
[395] Diversos integrantes dessa parentela fixaram residência em Cachoeira no final do século XIX; citamos: Alberto Pedreira Lapa, Cesário Pedreira Lapa, João Pedreira Lapa, Manuel de Sousa Pinto, Semíramis de Souza Pinto, Cézar de Souza Pinto etc.
[396] APEB. Judiciário. Livro de óbitos de Cachoeira/BA, n. 06, termo n. 474; conferir verbete de Tranquilina Amélia de Moncorvo Mascarenhas.

Cézar Pinto tornou-se grande amigo daquele que viria a ser o seu cunhado, Altamirano de Souza Bastos. Juntos fundaram, em 1897, a casa Bastos & Pinto, sociedade que se manteve ativa até o ano de 1905, quando por mútua decisão resolveram dissolvê-la[397]. Durante um período de aproximadamente cinco anos, manteve-se afastado das atividades comerciais, ao empregar-se na Estrada de Ferro Central da Bahia[398]. No princípio da década de 1920, retoma o posto de negociante, firmando sociedade com Hipólito Peixoto na firma H. Peixoto & Cia, situada à Rua das Flores n. 17 e, posteriormente, fundou a casa Flor de Liz[399]. O seu último estabelecimento comercial girava com o nome fantasia de Pinto & Filhos, sociedade estabelecida com seus filhos Gabriel e Manoel em 1926. Em 1932, encerrou definitivamente a sua participação na praça comercial de Cachoeira; vejamos o documento a seguir.

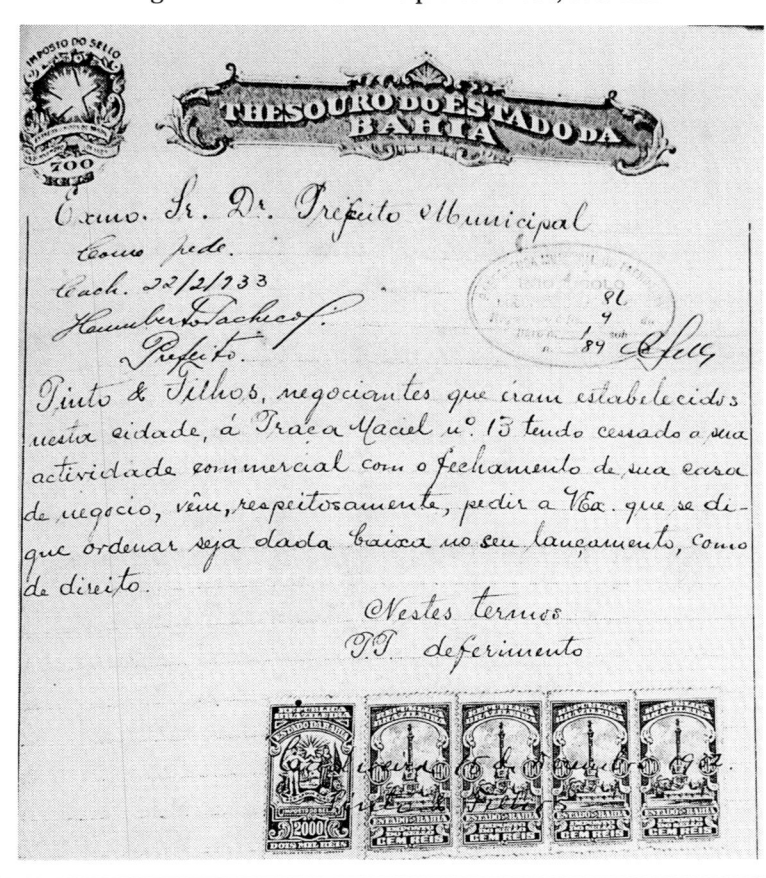

Figura 88 – APMC – Requerimentos, séc. XX

Exmo. Sr. Dr. Prefeito Municipal
Pinto & Filhos, negociantes que eram estabelecidos nesta cidade, à praça Maciel nº13, tendo cessado a sua atividade comercial com o fechamento de sua casa de negócio, vem, respeitosamente, pedir a V.Exa. que se digne ordenar seja dada baixa no seu lançamento, como de direito. Nestes Termos, pede deferimento. Cachoeira, 15 de dezembro de 1932. Pinto & Filhos. Como pede. Cachoeira, 22/2/1933. Humberto Pacheco, prefeito.

---

[397] Conferir verbete de Altamirano de Souza Bastos.
[398] Cartório do Registro das Pessoas Naturais da cidade de Cachoeira/BA, Distrito-Sede. Livro de registro de nascimentos n. 8, termo 124.
[399] Biblioteca Pública dos Barris. Setor de Periódicos Raros. Jornal *A Ordem*, ed. de 10.07.1926.

Na condição de forasteiro, e com parcos recursos, vislumbrou que a união com uma família tradicional local seria um importante atalho social, facilitando o acesso ao dinheiro e nas principais instituições locais. Casou-se em 1898 com dona Eponina de Souza Bastos[400] e, consequentemente, passou a gerir o seu patrimônio, avaliado em cerca de 10:000$000 (dez contos de réis)[401]. Este montante, formado por casas térreas, sobrado, terrenos, joias e dinheiro, figurou como uma espécie de dote, sendo entregue a Cézar logo após a celebração matrimonial. Embora parte considerável deste 'dote' fosse constituído de imóveis urbanos, isso não impediu que fosse revertido favoravelmente em seus empreendimentos comerciais. Por exemplo, em 1904, Cézar hipotecou alguns prédios para obter a quantia de 6:000$000 (seis contos de réis) que seriam revertidos no giro da sua casa comercial[402].

Durante o longo período que residiu na Heroica Cachoeira, totalizando mais de meio século, demonstrou ter construído um bom círculo de relações sociais, a partir da sua inserção nas mais diversas instituições locais. Foi irmão da Venerável Ordem Terceira do Carmo, Santa Casa de Misericórdia, Irmandade de Nossa Senhora da Conceição do Monte e da Sociedades Orfeica Lira Ceciliana. Nesta última, exerceu o cargo de presidente, eleito para chefiar a associação na legislatura de 1925. Verificar imagem a seguir, que apresenta toda a mesa diretora eleita em assembleia na data de 10.04.1925.

Figura 89 – Notícia sobre a eleição em que Cézar Pinto foi eleito presidente da Filarmônica Lira Ceciliana. Jornal *A Ordem*, ed. de 22.04.1925

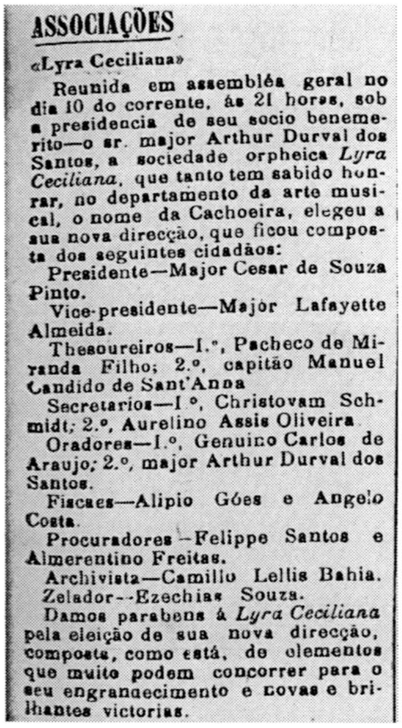

ASSOCIAÇÕES

«Lyra Ceciliana»

Reunida em assembléa geral no dia 10 do corrente, ás 21 horas, sob a presidencia de seu socio benemerito—o sr. major Arthur Durval dos Santos, a sociedade orpheica *Lyra Ceciliana*, que tanto tem sabido honrar, no departamento da arte musical, o nome da Cachoeira, elegeu a sua nova direcção, que ficou composta dos seguintes cidadãos:

Presidente—Major Cesar de Souza Pinto.

Vice-presidente—Major Lafayette Almeida.

Thesoureiros—1.º, Pacheco de Miranda Filho; 2.º, capitão Manuel Candido de Sant'Anna

Secretarios—1.º, Christovam Schmidt; 2.º, Aurelino Assis Oliveira.

Oradores—1.º, Genuino Carlos de Araujo; 2.º, major Arthur Durval dos Santos.

Fiscaes—Alipio Góes e Angelo Costa.

Procuradores—Felippe Santos e Almerentino Freitas.

Archivista—Camillo Lellis Bahia.

Zelador—Ezechias Souza.

Damos parabens á *Lyra Ceciliana* pela eleição de sua nova direcção, composta, como está, de elementos que muito podem concorrer para o seu engrandecimento e novas e brilhantes victorias.

Reunida em assembleia geral no dia 10 do corrente, às 21:00, sob a presidência de seu sócio benemérito – o sr. Major Arthur Durval dos Santos, a sociedade orfeica Lira Ceciliana, que tanto tem sabido honrar, no departamento da arte musical, o nome da Cachoeira, elegeu a sua nova direção, que ficou composta dos seguintes cidadãos: ***<u>Presidente – major Cezár de Souza Pinto</u>*** *[...].*

[400] Conferir verbete de Eponina de Souza Bastos.

[401] Estimativa realizada com base na soma das heranças paterna e materna. Conferir inventários de Manoel Francisco de Souza Bastos e Maria Constança Mascarenhas Bastos.

[402] Cartório do Registro de Imóveis da cidade da Cachoeira. Livro de Termos de Hipoteca do ano de 1904, número de ordem n. 1931.

Cezár e Eponina foram pais de uma numerosa prole, composta por Cenina de Souza Pinto, Manoel de Souza Pinto Sobrinho, Gabriel de Souza Pinto, Paulina de Souza Pinto, Aurelina de Souza Pinto, Aurino de Souza Pinto, Constança de Souza Pinto, José de Souza Pinto, Edezira de Souza Pinto e Altamirando de Souza Pinto. No ano de 1943, Cézar Pinto mudou-se com seus familiares para o Rio de Janeiro, onde veio a falecer em sua residência na Rua Pereira Nunes n. 176a, devido a complicações da arteriosclerose, no dia 2 de abril de 1949, aos 75 anos de idade.[403]

---

[403] Caderno de anotações da família Bastos Mascarenhas.

CHRISTÓVÃO PEREIRA MASCARENHAS (TENENTE CORONEL)

Fazenda Pedra Branca[404]

O tenente-coronel Christóvão Pereira Mascarenhas, condecorado com a honraria de cavaleiro da Imperial Ordem da Rosa[405], senhor do Engenho de Santa Maria do Cabiongo, destacou-se como uma das principais influências políticas do antigo 3º Distrito Eleitoral da Bahia, que abrangia a cidade da Cachoeira, além de atuar como comerciante e militar, prestando inúmeros serviços à Guarda Nacional. Como cidadão de grande inserção social e idealizador de um teatro, ele se tornou uma figura emblemática na sociedade cachoeirana na segunda metade do século XIX, podendo ser considerado um agitador cultural da época. Neste trabalho, enfocaremos dois momentos significativos de sua trajetória em Cachoeira: a fundação da Sociedade União Cachoeirana e sua participação nos festejos do Divino Espírito Santo.

Christóvão Pereira Mascarenhas, natural da Vila da Cachoeira, era filho de Vicente Ferreira Mascarenhas e Francisca Maria das Mercês[406]. Nascido em 1805, na propriedade rural de sua família, situada no território, que, mais tarde, em 1847, se tornaria a Freguesia da Conceição da Feira. Cresceu na fazenda Preguiça, localizada na divisa com a Freguesia de São Gonçalo dos Campos. Quinto filho entre 13 irmãos, Christóvão vinha de uma família abastada, proprietária de terras e de uma grande escravaria, que contava com 32 pessoas escravizadas. Na classificação apresentada em nossa dissertação de mestrado, ao analisar o perfil das escravarias dos irmãos da Ordem Terceira do Carmo de Cachoeira no século XVIII, identificamos cinco categorias de proprietários: micro, pequenos, médios, grandes e mega. Nesse contexto, concluímos que os pais de Christóvão Pereira Mascarenhas se enquadrariam na categoria de grandes proprietários de escravizados[407].

Christóvão Pereira Mascarenhas ingressou em uma das famílias mais abastadas e de alto prestígio social do Recôncavo baiano, os Moncorvo. Em 1840, contraiu matrimônio com dona Tranquilina Amélia Gomes Moncorvo, em cerimônia realizada no oratório particular da residência do capitão Fructuoso Gomes Moncorvo, seu futuro sogro e pai da noiva. Os padrinhos da cerimônia foram o próprio capitão Fructuoso Gomes Moncorvo, Francisco de Sales Ferreira e Vicente Ferreira Mascarenhas, pai do noivo[408]. Como dote, Christóvão recebeu uma quantia considerável de 4:000$000 (quatro contos de réis)[409].

---

[404] Atuais imediações da Quintino Bocaiuva, antigo Curiachito.
[405] Hemeroteca Digital da Biblioteca Nacional. Jornal *Correio Mercantil*, ed. de 11.03.1860.
[406] Conferir verbetes de Vicente Ferreira Pereira Mascarenhas e de Francisca Maria das Mercês.
[407] MOREIRA, Igor Roberto de Almeida. *"E por tais terceiros na Ordem do Carmo"*: os dignitários irmãos da Ordem Terceira do Carmo da Vila da Cachoeira, 1691-1773. 2021. Dissertação (Mestrado) – Universidade do Estado da Bahia, Santo Antônio de Jesus, 2021. p. 113.
[408] Conferir verbete de Tranquilina Amélia de Moncorvo Mascarenhas.
[409] APEB. Seção Judiciária. Inventário *post mortem*, classificação: 8/3364/1.

Embora não seja nosso objetivo traçar um perfil político detalhado de Christóvão Pereira Mascarenhas, é relevante mencionar sua atuação como vereador na década de 1850, período em que se destacou como a principal influência política na Freguesia de Conceição da Feira. Em 1857, um conflito eleitoral eclodiu na mesma freguesia, motivado por suspeitas de fraude. O caso foi submetido à Câmara dos Deputados, onde se evidenciou a influência predominante do tenente-coronel Christóvão Pereira Mascarenhas, bem como sua estreita relação com os presidentes da província da Bahia. Destacou-se também que, em Cachoeira, a Feira de Conceição se caracterizava pela ausência de partidos políticos, com a preponderância da influência da família Mascarenhas[410]. Abaixo, um documento escrito e assinado por Christóvão, onde ele relatou algumas das atribuições que lhe foram conferidas enquanto vereador.

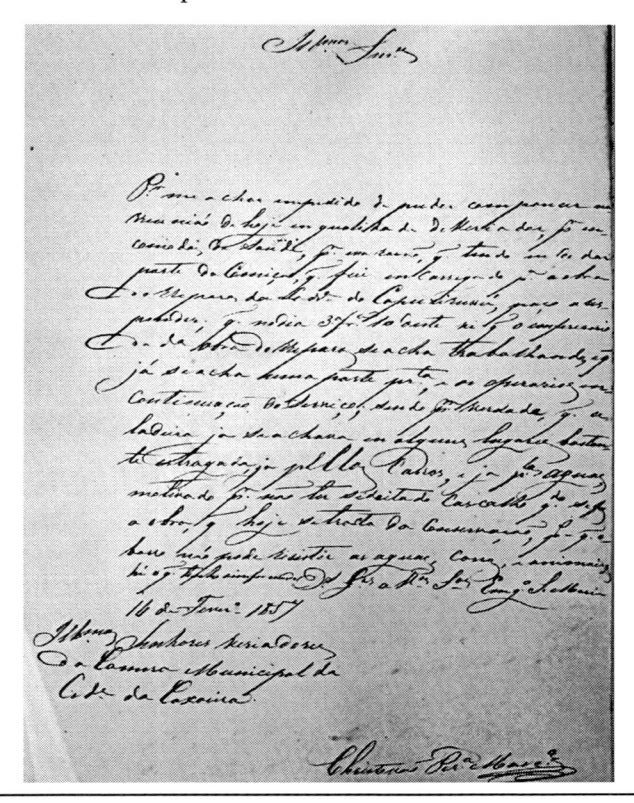

Figura 90 – APMC. Correspondências. Documentos avulsos não classificados

Ilmos. Srs.
Por me achar impedido de poder comparecer na reunião de hoje em qualidade de vereador por incômodos de saúde, por essa razão que tendo eu de dar parte da comissão que fui encarregado para a obra do reparo da Ladeira do Capoeiruçu, passo a responder que no dia de terça-feira 10 deste, vi que o empresário da dita obra de reparos se acha trabalhando, e que já se acha uma parte pronta, e os operários em continuação do serviço; sendo por verdade, que a ladeira já se achava em alguns lugares bastante estragado já pelos carros, e pelas águas, motivado por não ter se deitado o cascalho quando se fez a obra, que hoje se trata da conservação, porque o barro não pôde resistir as águas, carros e animais, é o que tenho a informar. Deus guarde a V.Ss. Engenho de Santa Maria, 14 de fevereiro de 1857. Ilustríssimos senhores vereadores da Câmara Municipal da cidade da Cachoeira. Christóvão Pereira Mascarenhas

---

[410] Hemeroteca Digital da Biblioteca Nacional. Jornal *Correio Mercantil*, ed. de 16.04.1857; *Anais do Parlamento Brasileiro*, ano de 1857, sessão de 14.05.1857, p. 263.

Na sede da cidade, Christóvão Pereira Mascarenhas residiu em diversos endereços, sendo que a primeira propriedade adquirida, conforme nossa pesquisa, localizava-se nos subúrbios da cidade, na área conhecida como Pedra Branca, atualmente denominada Curiachito. Em 1856, ele comprou do capitão Francisco Gomes Moncorvo uma propriedade que anteriormente abrigava o alambique desse capitão Moncorvo[411]. Esta propriedade tinha uma casa térrea com 11 janelas sobre pilares de tijolo e cal, sala de estar forrada, três quartos, sala de jantar e cozinha. Nesta mesma propriedade, também existia outra casa sobre pilares de tijolo e cal, semelhante a um engenho, com uma parte aberta e outra fechada com paredes duplas de pedra e cal, e uma senzala com telhado de telhas à margem do rio, delimitada, de um lado, pelo Rio Paraguaçu e, de outro, pelo local denominado de *Três Riachos*, cercada por árvores, coqueiros, limoeiros e goiabeiras[412].

Ele não só estabeleceu sua residência ali, mas também utilizou a infraestrutura existente para gerar renda, alugando parte dos terrenos para o município instalar o matadouro público[413].

Figura 91 – Desenho da fazenda Pedra Branca, realizado a partir das descrições contidas na escritura aliada à imagem do mapa da Vila de Cachoeira de 1792. Desenho de Igor Pereira Trindade, 2024

Durante a mesma década, Christóvão e um grupo de pessoas fundaram a Sociedade União Cachoeirana, com o propósito de construir uma grandiosa casa de teatro na cidade, organizando-se como uma entidade social. Para levantar fundos, ações foram emitidas, cada uma ao custo de dez mil réis. Em janeiro de 1859, a diretoria fez um anúncio público para os acionistas realizarem o pagamento de 10% do valor de cada ação[414], quantia que seria utilizada para comprar o terreno onde o teatro seria construído. No mesmo ano, o presidente Christóvão Pereira Mascarenhas e outros membros da diretoria adquiriram do comerciante José Amato Lopes três casas térreas,

---

[411] Conferir verbete de Francisco Gomes Moncorvo.
[412] APEB. Seção Judiciário. Processo cível. Estante 330, caixa 1162, documento 2, s/n.
[413] APMC. Legislativo. Requerimentos. Documentos avulsos não classificados.
[414] Amedoc – CAHL (UFRB). Jornal *O Defensor Cachoeirano*, ed. de 22.01.1859.

de números 2, 3 e 4, localizadas no Alto da Conceição do Monte, em terreno foreiro ao coronel Fructuoso Moncorvo, pelo valor de 750 mil réis[415]. Em seguida, as casas foram demolidas para iniciar o projeto. Ao planejar mudanças nas confrontações, larguras e fachada do novo edifício a ser construído, dirigiram-se à câmara municipal para solicitar licenças e inspeções.

Figura 92 – Licenças. Legislativo. Documentos avulsos não classificados. APMC

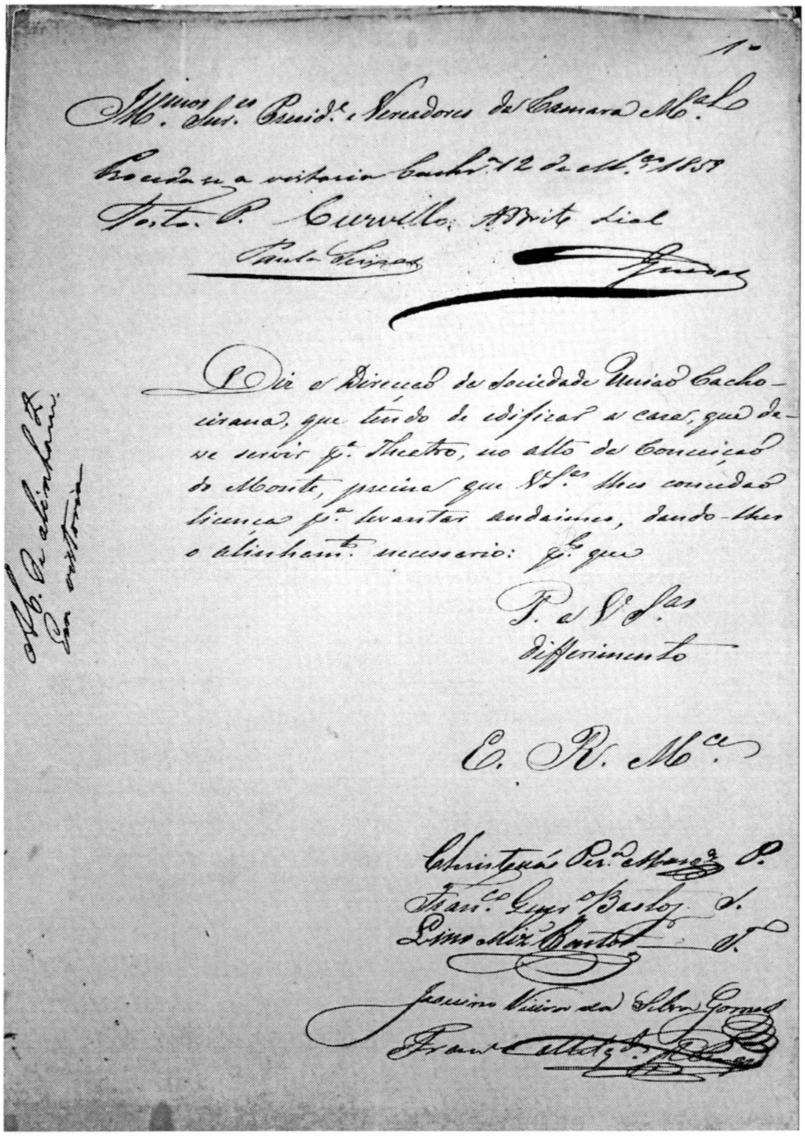

Ilmos. Srs. Presidente e Vereadores da Câmara Municipal
Diz a Direção da Sociedade União Cachoeirana, que tendo de edificar a casa, que deve servir para teatro, no Alto da Conceição do Monte, precisa que V.s.as lhes conceda licença para levantar andaimes, dando-lhes o alinhamento necessário, pelo que pede a vossas senhorias deferimento. E.R.M. Christovão Pereira Mascarenhas, presidente; Francisco Querino Bastos secretário; Lino Martins Bastos tesoureiro; Jesuíno Vieira da Silva Gomes; Francisco Melchiades de Cerqueira.

---
[415] APEB. Seção Judiciário. Livro de Notas de Escritura de Cachoeira, n. 105, p. 242.

Infelizmente, os custos não foram corretamente estimados, ou foi idealizado um projeto que ultrapassava as possibilidades financeiras da Sociedade. Como resultado, a construção, planejada com excessiva ambição, consumiu todo o orçamento apenas em suas fundações e permaneceu inacabada[416].

Outro capítulo de sua história pode revelar mais sobre sua integração na comunidade cachoeirana. Conforme relatado na edição de 15 de junho de 1878 do jornal *A Ordem*, no domingo anterior, 9 de junho, ocorreu na Igreja da Venerável Ordem Terceira do Carmo a celebração da festa do Divino Espírito Santo, com o reverendo frei Antônio da Virgem Maria Itaparica proferindo o sermão. Ao contrário dos costumes atuais, no século XIX era comum designar um homem adulto para assumir o papel de imperador durante as festividades. O jornal noticiou que o tenente-coronel Christóvão Pereira Mascarenhas foi escolhido para ser o imperador da festividade no ano seguinte, com a responsabilidade de promovê-la em 1879[417].

As cerimônias solenes da Igreja Católica no Brasil, para além de seus aspectos religiosos, incluíam elementos que conferiam a tais celebrações um caráter de discriminação e hierarquia. Por exemplo, no século XVIII, na ordem de precedência de determinadas procissões, era comum as irmandades formadas por pessoas brancas da elite terem prioridade em relação às de pardos e negros, mesmo que estas últimas fossem mais antigas. Esses rituais solenes, que ultrapassavam os limites da igreja, serviam como símbolo e ensinamento à comunidade sobre a posição social de cada indivíduo naquela época; dessa forma, a posição ocupada por cada pessoa revelava e podia indicar o prestígio de um indivíduo ou de sua família[418].

Não dispomos de informações concretas que possam datar o início das comemorações em Cachoeira, mas há registros de uma irmandade religiosa dedicada ao Divino Espírito Santo desde o século XVIII[419]. Infelizmente, não foram encontradas descrições ou referências sobre a festividade organizada pelo imperador Christóvão Mascarenhas em 1879. No entanto, descobriu-se documentação referente às celebrações de 1881, que fornece detalhes sobre o evento. Naquele ano, a missa festiva foi realizada na Igreja de Nossa Senhora do Amparo, após uma celebração no dia anterior, que incluiu a montagem de um palanque para a apresentação da filarmônica *Orphesina Cachoeirana*, que executou músicas de seu repertório. Durante os intervalos, rodas de fogo, com cores meticulosamente selecionadas, foram acesas, obras do fogueteiro José Florêncio. A igreja foi decorada e iluminada esplendidamente, tanto interna quanto externamente, e, durante o evento, o reverendo padre Turíbio Tertuliano Fiúsa, pregador imperial, proferiu um sermão tocante. Após a cerimônia, foram distribuídos pães e cem donativos de 500 réis cada[420]. Em um período marcado pelo movimento abolicionista, era comum a libertação de escravizados durante essas celebrações. Um exemplo disso ocorreu durante o reinado do imperador Davino Régis, em 1888, quando ele concedeu liberdade aos seus dois últimos escravizados[421].

Algumas das bibliografias consultadas ressaltam a centralidade da figura do imperador em todo o processo das festividades do Divino Espírito Santo, sendo descrito como um personagem de grande extravagância, adornado com símbolos de autoridade, como a coroa, o cetro,

---

[416] MILTON, Aristides. *Ephemerides cachoeiranas*. Salvador: Ufba, 1979. (Coleção Cachoeira; v. 1). p. 96.

[417] APMC. Jornal *A Ordem*, ed. de 15.06.1878.

[418] SANTIAGO, Camila Fernanda Guimarães. *A vila em ricas festas*: celebrações promovidas pela Câmara de Vila Rica – 1711-1744. Belo Horizonte: C/arte; Face-Fumec, 2003.

[419] MOREIRA, Igor Roberto de Almeida. *"E por tais terceiros na Ordem do Carmo"*: os dignitários irmãos da Ordem Terceira do Carmo da Vila da Cachoeira, 1691-1773. 2021. Dissertação (Mestrado) – Universidade do Estado da Bahia, Santo Antônio de Jesus, 2021. p. 152.

[420] Hemeroteca Digital da Biblioteca Nacional. Jornal *O Guarany*, ed. de 03.06.1881, p. 2.

[421] Hemeroteca Digital da Biblioteca Nacional. Jornal *O Asteroide*, ed. de 27.04.1888, p. 2.

o espadim e a bandeira do divino[422]. Essa imponência deveria refletir diretamente a situação social das pessoas elegíveis à função. Em Pirenópolis, por exemplo, no decorrer do século XIX, os Imperadores do Divino pertenciam ao clero, à Guarda Nacional ou à esfera política local. Quase sempre eram membros das famílias mais importantes[423].

Embora não haja uma lista completa dos imperadores cachoeiranos do século XIX, o perfil de Christóvão corresponde ao descrito: tenente-coronel da Guarda Nacional, influente politicamente e pertencente a uma família tradicional. Conseguimos identificar apenas três imperadores em Cachoeira no XIX, todos com condições econômicas favoráveis e inserção social: Christóvão Pereira Mascarenhas, Manoel Martins Gomes e Davino Pereira Regis. Os três possuíam perfis sociais similares, com a ressalva que apenas o coronel Martins Gomes não era branco. Martins Gomes foi escolhido durante seu mandato como intendente, quando já havia estabelecido sua posição de comerciante próspero[424]. Isso sugere que havia pré-requisitos específicos para a seleção do imperador, refletindo o prestígio e o capital simbólico associados ao cargo. Marta Abreu deduziu que o imperador do Divino representava o poder e a autoridade monárquica, legitimando a proteção aos pobres e a promoção da felicidade coletiva[425].

O tenente-coronel Christóvão Pereira Mascarenhas faleceu em 15 de setembro de 1881, contando a avançada idade de 76 anos, vitimado por um antraz. Foi sepultado de forma solene nas carneiras dos irmãos da Venerável Ordem Terceira do Carmo. A notícia do seu transpasse foi noticiada por diversos veículos da imprensa. Sobre o tenente-coronel Mascarenhas, o dr. Aristides Milton registrou o seguinte em sua Ephemerides Cachoeiranas:

> Em 1881, faleceu contando 76 anos de idade, o tenente-coronel Christóvão Pereira Mascarenhas, que entre nós ocupou posição social distinta, e muito se recomendava pela fidelidade aos princípios da escola política de que se tornara adepto. Um traço de sua vida o fotografa nitidamente. Como houvesse perdido toda a sua fortuna, em consequência de sucessivos reveses, o dedicado conservador nem por isto se acovardou. Muito ao contrário, ganhando coragem no próprio infortúnio, aceitou para viver independentemente o lugar de caixeiro, que lhe fora oferecido. Lição eloquentíssima, digna de ser aprendida! Exemplo, que merece ser imitado![426]

Deixou cinco filhos do seu consórcio com dona Tranquilina Amélia Moncorvo Mascarenhas, de nomes: dr. Christóvão Pereira Mascarenhas Júnior, dona Maria Amélia de Moncorvo Mascarenhas, dona Antônia Augusta de Moncorvo Mascarenhas, dona Maria Constança de Moncorvo Mascarenhas Bastos e dona Tranquilina Amélia de Moncorvo Mascarenhas Costa; as duas últimas casadas, respectivamente, com os negociantes, Manoel Francisco de Souza Bastos e Pedro Nolasco da Costa[427].

---

[422] ABREU, Martha. *O império do Divino*: festas religiosas e cultura popular no Rio de Janeiro, 1830-1900. 1996. Tese (Doutorado em História) – Universidade Estadual de Campinas, Campinas, 1996. p. 36.

[423] INSTITUTO DO PATRIMÔNIO HISTÓRICO E ARTÍSTICO NACIONAL (IPHAN). *Dossiê da Festa do Divino Espírito Santo, Pirenópolis – GO*. Brasília: Iphan, 2010. p. 23.

[424] Conferir verbete de Manoel Martins Gomes.

[425] ABREU, *op. cit.*, p. 38.

[426] MILTON, Aristides. *Ephemerides cachoeiranas*. Salvador: Ufba, 1979. (Coleção Cachoeira; v. 1). p. 251.

[427] APEB. Judiciário. Livro de óbitos n. 03, Cachoeira/BA, termo n. 251; conferir verbetes de Christóvão Pereira Mascarenhas Júnior, Antônia Augusta de Moncorvo Mascarenhas, Maria Constança de Moncorvo Mascarenhas Bastos, Manoel Francisco de Souza Bastos e Pedro Nolasco da Costa.

CHRISTÓVÃO PEREIRA MASCARENHAS JÚNIOR (DOUTOR)

Rua do Assobio[428] n. 06

Figura 93 – Christóvão Pereira Mascarenhas, data e autor desconhecidos

Engenheiro e político cachoeirano, nasceu em julho de 1842, provavelmente na residência de seus pais, o tenente-coronel Christóvão Pereira Mascarenhas e Tranquilina Amélia Moncorvo Mascarenhas[429], localizada, naquela época, na Rua Formosa. Recebeu o batismo em 31 de outubro do mesmo ano, na Capela da Conceição da Feira, sendo levado ao batistério pelos seus tios paternos, Vicente Ferreira Mascarenhas e Alexandrina Rosa do Sacramento

> Aos 31 de outubro de 1842 na capela da Conceição Nova da Feira, o padre capelão Umbelino José de Azevedo, de licença minha, batizou a Christóvão, de 3 meses de idade, filho legítimo de Christóvão Pereira Mascarenhas e dona Tranquilina Amélia Gomes Mascarenhas, brancos. Foram padrinhos, Vicente Ferreira Mascarenhas, e dona Alexandrina Rosa do Sacramento.[430]

Realizou seus estudos iniciais em sua terra natal e, posteriormente, mudou-se para Salvador, onde completou o ensino secundário no Ginásio Bahiano. Depois, transferiu-se para o Rio de Janeiro, onde se matriculou no curso de Engenharia Civil da Escola Central, hoje conhecida

---

[428] Atual Tambor Soledade.
[429] Conferir verbetes de Christóvão Pereira Mascarenhas e de Tranquilina Amélia Moncorvo Mascarenhas.
[430] Universidade Católica do Salvador. Laboratório Reitor Eugênio Veiga (LEV). Livro de batismos da Paróquia de Nossa Senhora do Rosário da Cachoeira, 1842-1846, p. 27v.

como Escola Politécnica da Universidade Federal do Rio de Janeiro. Ao entrar na instituição, na década de 1860, ela era subordinada ao Ministério da Guerra. Dez anos mais tarde, em 1874, a escola se desvinculou das funções militares e passou a formar exclusivamente engenheiros civis[431].

Após a conclusão do curso e colação de grau, retornou para a sua província natal. Ao que parece, durante a década de 1870, esteve a serviço da Estrada de Ferro São Francisco, atuando no processo de construção de uma ligação de Alagoinhas a Juazeiro, denominado de *prolongamento*, em virtude de ser uma continuidade de um projeto iniciado pela companhia *Bahia and San Francisco Railway*, que ligaria a cidade do Salvador ao São Francisco[432]. Encontramos indicações da sua presença em Itapicuru, onde, inclusive, desenvolveu um projeto pessoal de promover grandes escavações à procura de tesouros que ali acreditava terem sido enterrados pelos franciscanos que instituíram missões no séc. XVII[433]. As fontes também revelam que atuou diretamente no trecho da Vila Nova da Rainha, atual cidade de Senhor do Bonfim, residindo durante alguns anos na Freguesia de Santo Antônio das Queimadas, termo desta vila, onde, em virtude das suas funções laborais, adquiriu bens de raiz para fixar residência[434].

Supostamente, desvinculou-se do projeto *supra* em 1880, pois, neste mesmo ano, constituiu Felipe Navarro Teixeira[435] na condição de seu procurador, para assinar um contrato com a empresa da estrada de ferro do Paraná; indicando sua intenção de mudar-se para aquele território. Em 1882, foi contratado pelo empreiteiro chefe da *Brazilian Imperial Central Bahia Railway Company Limited*, para exercer a função de superintende dessa estrada de ferro, conforme atesta o documento a seguir.

> Procuração bastante, que faz **Hugh Wilson**, engenheiro civil, empreiteiro da Brazilian Imperial Central Bahia Railway.
> Em 9 de março de 1882, nesta heroica cidade da Cachoeira, em meu cartório compareceu Hugh Wilson, engenheiro civil, empreiteiro da Brazilian Imperial Central Bahia Railway, morador nesta freguesia, reconhecido de mim, tabelião, e das testemunhas abaixo declaradas, de que dou fé, e perante as mesmas, disse que nomeava e constituía por seu bastante procurador, neste termo e em quaisquer outros que forem necessários tratar-se dos interesses da mesma estrada, ao **doutor Christóvão Pereira Mascarenhas**. Especialmente, para que possa o dito seu procurador em toda a extensão das sessões da referida estrada, encarregar-se com todos os poderes para administrar a construção, despedir e empregar quaisquer empregados na referida construção, e determinar seus salários e todos os negócios concernentes a ela, em conformidade com a concessão do contrato de construção aprovado pelo governo Imperial, podendo o dito seu procurador requerer e representar a ele outorgante relativamente a mesma construção, em acordos com o engenheiro fiscal do governo Imperial ou quaisquer outra pessoa ou pessoas, em nome dele, representando com pleno, geral e ilimitados poderes em todos os outros negócios estabelecidos e que hão a ser estabelecidos, referidos à mesma construção, tudo em conformidade com as instruções que recebeu dele outorgante, e usar, como se fossem o que especificados, todos os mais poderes em direito necessário. O tabelião,

---

[431] SILVEIRA, Luciana de Almeida. *As "escolas do imperador" das freguesias da Nossa Senhora da Glória, de São Christovão e de Sant'Anna*: sobre a emergência de diferentes estéticas do olhar na cidade do Rio de Janeiro (1870-1889). 2021. Trabalho de Conclusão de Curso (Licenciatura em Educação) – Universidade Federal do Rio de Janeiro, Rio de Janeiro, 2021. p. 115.

[432] FERNANDES, Etelvina Rebouças. Duas ferrovias para ligar o mar da Bahia ao rio do sertão: Bahia and San Francisco Railway e a Estrada de Ferro São Francisco. *Cadernos PPG-AU/Ufba*, v. 5, n. 1, 2006.

[433] Hemeroteca Digital da Biblioteca Nacional. *Periódico Pequeno Jornal*, ed. de 09.05.1891, p. 1.

[434] APEB. Seção Judiciário. Livro de Notas de Cachoeira n. 153, p. 28.

[435] APEB. Seção Judiciário. Livro de Notas de Cachoeira n. 135.

Francelino do Valle Cabral. Hugh Wilson. Testemunhas: Satyro da Silva Pinto e Luiz Fernandes Moncorvo.[436]

A nova função que desempenharia na estrada de ferro Central fez com que se estabelecesse definitivamente em Cachoeira. Logo após firmar contrato com a empresa de Hugh Wilson[437], em 23 de março de 1882, adquiriu em leilão uma casa na Rua do Assobio, número 8, anteriormente pertencente aos herdeiros de Francisco de Paula Abreu Seixas[438], onde, desde então, passou a morar.

Uma das primeiras ações do engenheiro Mascarenhas, como superintendente da empresa Central, foi construir um ramal ferroviário conectando o Arraial de São Gonçalo dos Campos à linha de Feira de Santana. O agrimensor Clemente Borri foi o encarregado pela realização dessa obra. A imprensa local destacou que o serviço era de grande necessidade e relevância, devido ao potencial do comércio no arraial. Finalizaram a notícia parabenizando os responsáveis: "Parabéns, portanto, aos trabalhadores e louvores aos srs. Hugh Wilson e dr. Christóvão Mascarenhas"[439].

Christóvão Mascarenhas também desempenhou um papel crucial na resolução dos impasses que ainda dificultavam o início das obras da ponte D. Pedro II. Comparecendo à câmara de vereadores, apresentou esclarecimentos sobre a extensão da ponte, a localização da obra e a destinação do terreno do Cais da Manga e da praça adjacente, conforme planejado pela empresa responsável. Após a resolução de todas as dúvidas, a licença para a construção da ponte e para a ocupação de parte do Cais da Manga foi finalmente concedida durante a sessão de 21 de abril de 1882[440].

Figura 94 – Cais da Manga e Ponte D. Pedro II. Imagem registrada logo após a sua inauguração em 1885. Hemeroteca Digital da Biblioteca Nacional. *Revista dos Constructores* (RJ), ano 1, ed. n. 8 de 28.09.1886, p. 119

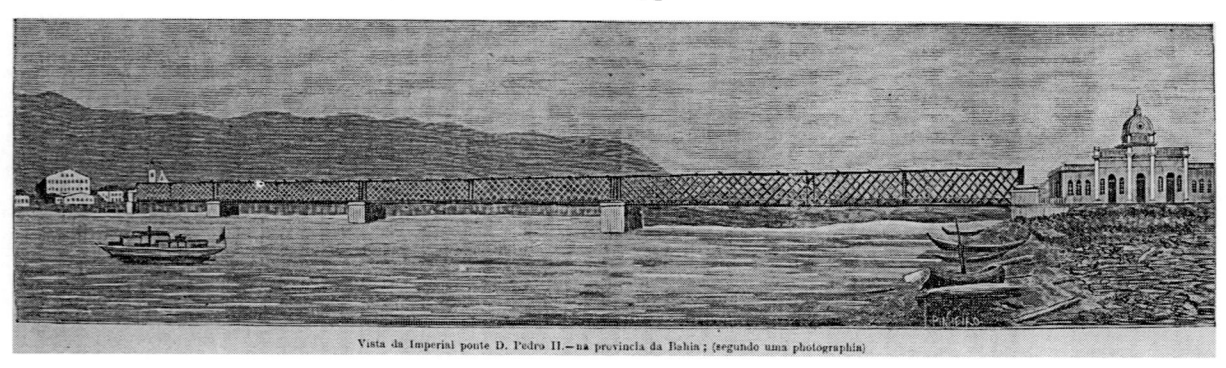

Christóvão prestou relevantes serviços à municipalidade da Cachoeira, elaborando projetos, conferindo pareceres, supervisionando obras etc. Dentre tantas atividades, destacamos a sua participação na construção do cemitério, cuja planta, que se encontra no Memorial da Santa Casa, é da sua autoria. O próprio Christóvão elencou alguns dos trabalhos oferecidos gratuitamente ao município, ao solicitar dispensa de uma multa por não ter comparecido à sessão do Tribunal do Júri. Segundo Christóvão Pereira Mascarenhas,

---

[436] APEB. Seção Judiciário. Livro de Notas de Cachoeira n. 141.
[437] Conferir verbete de Hugh Wilson.
[438] APEB. Seção Judiciário. Livro de Notas de Cachoeira n. 141, p. 61; conferir verbete de Francisco de Paula Abreu Seixas.
[439] Hemeroteca Digital da Biblioteca Nacional. Jornal *Gazeta da Bahia*, ed. n. 83 de 16.04.1882.
[440] APMC. Livro de Atas da Câmara, 1878-1882, p. 135.

Alegando em seu favor, além da ocupação inerente ao cargo de Superintendente da Brazilian Imperial Central Bahia Railway, ter sido chamado quando em serviços se achava na linha, o que poderá provar. Não é que o suplicante queira eximir-se da multa e considerar-se como cidadão refratário à lei e o dever. O suplicante tem prestado verdadeiros serviços a municipalidade como deve constar seu arquivo, e ultimamente está prestando como engenheiro das obras do cemitério desta cidade, sem retribuição alguma; portanto, já vê V.S. que concorrendo o suplicante com seus serviços graciosamente, não só mostra dedicação, como deve ser considerado no caso em que a lei permite dispensa, não sendo somente o serviço do Júri o único a prestar-se. O suplicante aguarda deferimento de vossas senhorias. Cachoeira, 30 de março de 1883.[441]

O livro de ofícios da câmara não apenas corrobora as alegações feitas por Christóvão Mascarenhas, mas também demonstra que os vereadores continuaram a solicitar os serviços do engenheiro. Em 1884, por exemplo, ele foi encarregado de realizar estudos para melhorias na infraestrutura urbana de São Félix, que culminaram na elaboração de um projeto. Este episódio reforça sua importância no desenvolvimento de obras de infraestrutura na região, bem como a confiança depositada nele pela câmara municipal[442].

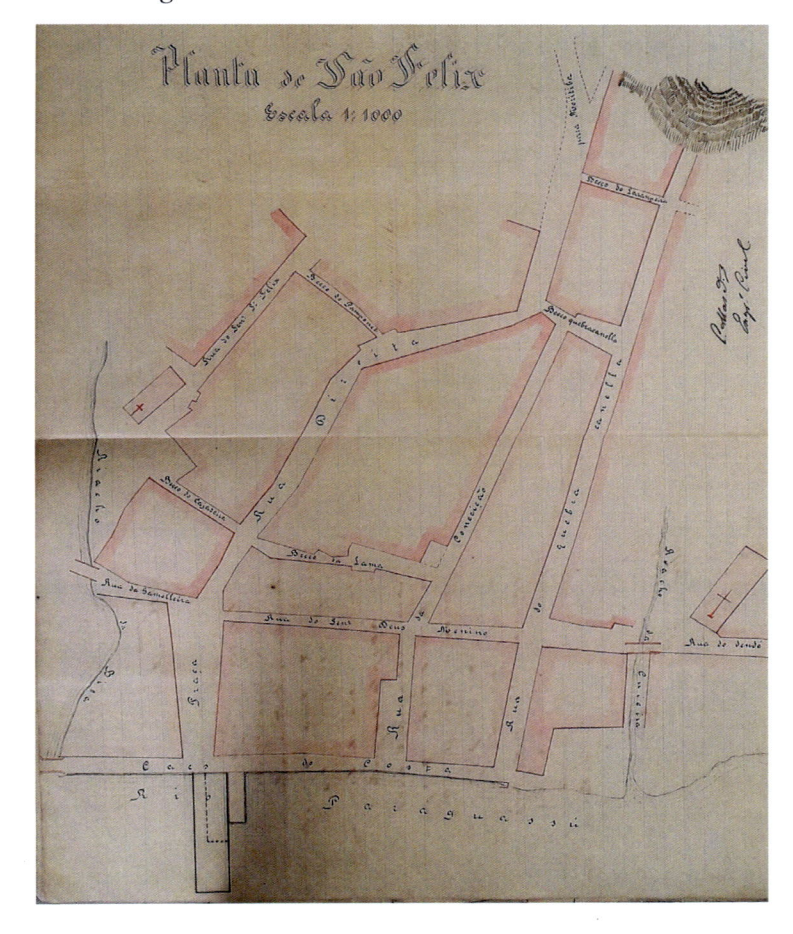

Figura 95 – APMC. Legislativo. Obras Públicas. Documentos avulsos não classificados

---
[441] APMC. Documentos avulsos não catalogados.
[442] APMC. Livro de Ofícios enviados pela Câmara de Cachoeira, 1881-1891.

O cargo de superintendente conferiu grande prestígio na sociedade cachoeirana. Como reflexo desse reconhecimento, no ano seguinte à sua nomeação, Christóvão Mascarenhas foi convidado pela diretoria da Sociedade Monte Pio dos Artistas Cachoeiranos para integrar o quadro de sócios honorários da instituição.

> Termo de sócio Honorário. Aos oito dias do mês de abril do ano do nascimento de nosso Senhor Jesus Cristo de mil oitocentos e oitenta e três, nesta heroica cidade da Cachoeira, e sala das sessões do conselho da Sociedade Montepio dos Artistas Cachoeiranos, compareceu o doutor engenheiro Christóvão Pereira Mascarenhas, disse que sendo convidado para assinar termo de sócio honorário assim o faria, declarou chamar-se dr. Christóvão Pereira Mascarenhas, solteiro, idade 35 anos, natural esta cidade, prometeu cumprir as disposições dos estatutos desta sociedade; e por assim haver prometido e entregado espontaneamente a joia de [...] Assinou o presente termo que foi lavrado pelo secretário. Luiz Fernandes Moncorvo. Christóvão Pereira Mascarenhas. Sancho José da Costa presidente.[443]

Logo após a Proclamação da República, Christóvão Pereira Mascarenhas ingressou na política. No final de 1890, por ato do governo estadual de 24 de dezembro, foi nomeado Intendente do Município da Cachoeira. Durante o governo provisório, o Intendente acumulava as funções de chefe do Executivo e presidente do Conselho Municipal, uma vez que ainda não havia a separação entre os Poderes Legislativo e Executivo nos municípios. Essa estrutura seria modificada com a promulgação da Constituição baiana de 1891, que, em seu artigo 105, formalizou a criação do cargo de Intendente como chefe do Executivo municipal. A seguir, a imagem da ata da sessão de posse de Christóvão no cargo de Intendente do Conselho Municipal da Cachoeira.

---

[443] Livro n. 01 dos termos de admissão e posse dos membros do Monte Pio dos Artistas Cachoeiranos, p. 48.

Figura 96 – APMC. Livro de Atas do Conselho Municipal, 1890-1900, p. 15v

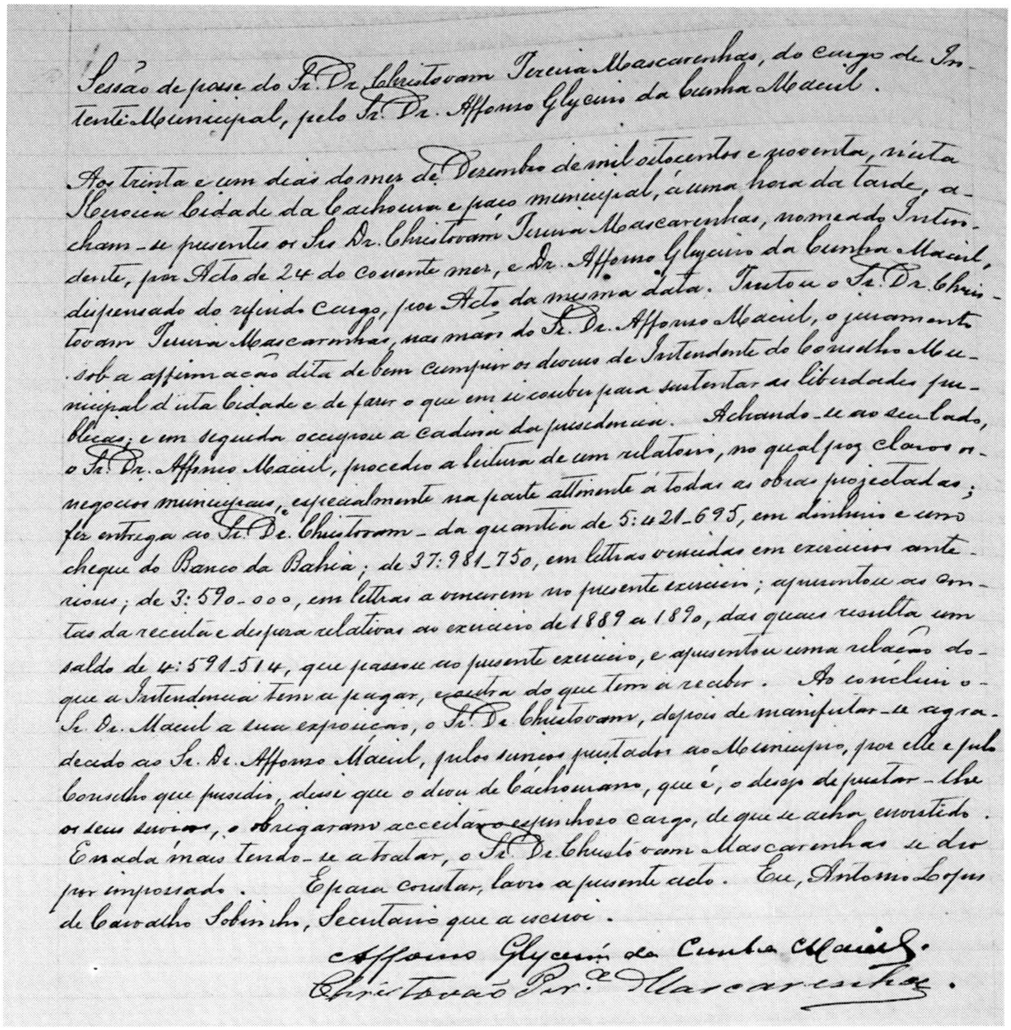

Sessão de posse do Sr. Dr. Christóvão Pereira Mascarenhas, do cargo de Intendente Municipal, pelo sr. Dr. Afonso Glicério da Cunha Maciel. Aos 31 dias do mês de dezembro de 1890, nesta Heroica cidade da Cachoeira e paço municipal, a uma hora da tarde, acham-se presentes os srs. Dr. Christóvão Pereira Mascarenhas, nomeado intendente, por ato de 24 do corrente mês, e Dr. Afonso Glicério da Cunha Maciel, dispensado do referido cargo, por ato da mesma data. Prestou o Sr. Dr. Christóvão Pereira Mascarenhas, nas mãos do Sr. Dr. Afonso Maciel, o juramento sobre a afirmação dita de bem cumprir os deveres de Intendente do Conselho Municipal desta cidade e de fazer o que em si couber para sustentar as liberdades públicas; e em seguida ocupou a cadeira da presidência, achando-se ao seu lado o sr. Dr. Afonso Maciel, procedeu a leitura de um relatório, no qual pôs claros os negócios municipais, especialmente na parte atinente a todas as obras projetadas; fez entrega ao sr. Dr. Christóvão - da quantia de 5:421$695, em dinheiro e um cheque do Banco da Bahia; de 37:981$750, em letras vencidas em exercícios anteriores [...]. Ao concluir o sr. Dr. Maciel, a sua exposição, o sr. Dr. Christóvão, depois de manifestar-se agradecido ao sr. Dr. Afonso Maciel, pelo serviço prestados ao município, por ele e pelo conselho que presidiu, disse que o dever de cachoeirano, que é, e o desejo de prestar-lhe os seus serviços, o obrigaram a aceitar o espinhoso cargo, de que se acha revestido. E nada mais tendo-se a tratar, o sr. Dr. Christóvão Mascarenhas se deu por empoçado. E Para constar, lavro a presente ata. Eu, Antônio Lopes de Carvalho Sobrinho, secretário que a escrevi. Afonso Glicério da Cunha Maciel. Christóvão Pereira Mascarenhas.

A sua nomeação para o cargo de Intendente da Cachoeira foi vivamente comemorada por parte da imprensa local, ferrenha opositora do seu antecessor, o também engenheiro civil Afonso Glicério da Cunha Maciel. Além das discordâncias de cunho político, identificamos um fator de caráter bairrista. Parcela da população não admitia que um forasteiro governasse o município. Vejamos a seguir uma das notas divulgadas após a posse do engenheiro Mascarenhas.

> **Parabéns à cachoeira**
> Está nomeado Intendente desta cidade, nosso distinto conterrâneo e amigo, Dr. Christóvão Pereira Mascarenhas. Filho desta cidade, patriota distinto por muitos títulos, profissional inteligente e ilustrado do que deu exuberantes provas na direção da Estrada de Ferro Central desta cidade, o doutor Christóvão merece a consideração de todos os seus conterrâneos, e hoje que acaba de ser escolhido pelo honrado governador deste estado, para exercer o cargo de Intendente desta cidade, muito devemos esperar de sua administração. No regime da República deve os governos atender sempre nas nomeações de seus agentes, aos interesses das localidades, procurando homens que gozam de geral estima, de caráter e probidade reconhecidas e que disponham entre seus conterrâneos de profundo respeito e consideração. Felizmente o doutor Christóvão Mascarenhas está neste caso; ele une em si todos os predicados e cerca-se também de todos esses elementos indispensáveis; é, pois, a sua nomeação, nem só um ato de justiça, mas também um fato que vem engrandecer a cachoeira pois que abrimos o novo horizonte, largo e esplêndido. O ato de 24 passado que nomeou a nova intendência pode-se bendizer que foi o melhor, mais proveitoso do benefício que podia dar-nos o atual governador. Nesta época em que todos procurem engrandecer se pelo progresso, pelo trabalho; e em todas as localidades almejam o progresso de seus filhos, a Cachoeira, a mimosa filha do Paraguaçu, não pode deixar de possuir-se de vivo contentamento. Honra, pois, ao patriótico governo do Estado. Honra ao digno doutor Christóvão Mascarenhas. Parabéns à Cachoeira. (Do "O Americano").[444]

No princípio do ano seguinte, em fevereiro de 1891, foi eleito deputado constituinte para Assembleia Estadual da Bahia. Integrou a base governista do então governador interino, José Gonçalves da Silva[445].

Figura 97 – Periódico *Diário de Notícias*, ed. de 11.03.1891, p. 1

---

[444] Hemeroteca Digital da Biblioteca Nacional. Jornal *O Republicano*, p. 1.
[445] Hemeroteca Digital da Biblioteca Nacional. Periódico *Diário de Notícias*, ed. de 11.03.1891, p. 1.

Ao que parece, suas incursões na política foram breves, restringindo-se a esses dois episódios. Demonstrando, talvez, que não estivesse apto, ou não fosse do seu feitio, transitar em zona tão árida e íngreme. Não almejou tornar-se um político profissional; presumimos que desejou tão somente experiências políticas. Essas vivências não puderam ser aproveitadas na sua integralidade, pois durante esse período foi combalido por moléstia que o prostou no leito da cama durante certo tempo[446]. Em maio de 1891, o *Pequeno Jornal*, editado em Salvador, publicou uma sessão especial, intitulada "Tipos parlamentares da Bahia na atualidade"; vejamos o que foi escrito sobre o engenheiro Mascarenhas:

> É pacato, modesto e silencioso, goza do conceito de homem sério. Ainda não tomou assento na constituinte por andar adoentado, e não fez como nosso Vaz, que lá apareceu uma vez para fazer direito ao subsídio. Os seus íntimos asseguram que com ele ninguém pode contar para bandalheiras da politicagem; isto nos faz admirar ter consentido em fazer parte da jumilícia. Em política, é recém-nascido: ninguém antes o conhecia, uma espécie de Aristides de Queiroz, mas menos ambicioso; pelo menos não pretendeu sobre as buchas ser deputado federal [...].[447]

Findada a experiência política, resolveu ampliar a sua atuação econômica-profissional. Encontramos um requerimento encaminhado ao governo do Estado da Bahia, onde solicitava privilégio para fabricar *caoutchouc* purificado, vulcanizado, sulfuretado e seus derivados. Esse pedido se relaciona à crescente produção de borracha no final do século XIX, impulsionada pela extração na Amazônia e pela demanda industrial em expansão, especialmente nas áreas de manufatura e transporte. Além das funções inerentes a sua profissão, Christóvão também se dedicou à pecuária. Adquiriu, na última década do XIX, uma fazenda de criação na região de Mundo Novo, denominada "Bom Jardim", com centenas de animais, entre os quais cerca de 200 cabeças de gado[448].

O prestígio conquistado pelo engenheiro Mascarenhas enquanto atuava como superintendente da estrada de ferro foi reconhecido com diversas honrarias, incluindo a concessão de uma comenda de uma das Ordens Militares do Império do Brasil, conforme decreto de 20 de junho de 1888. Em dezembro daquele ano, ele prestou juramento como comendador da Imperial Ordem da Rosa, reforçando sua distinção social[449]. Esta Ordem, de natureza militar e civil, foi estabelecida em 1829 por decreto do imperador D. Pedro I, em celebração ao seu casamento com a princesa Amélia de Leuchtenberg. Os comendadores ostentavam suas insígnias, e por tais recebiam tratamentos diferenciados[450].

Christóvão Mascarenhas faleceu em 23 de fevereiro de 1902, decorrente de *AVC*, após um longo período de tratamento que, infelizmente, não surtiu efeito, conforme atesta uma declaração do médico cachoeirano dr. Inocêncio Boaventura[451]:

> Serviços médicos prestados desde julho de 1901 a fevereiro de 1902, constituindo estes serviços em visitas quase cotidianas, várias conferências com o doutor José Adeodato de Souza, diversas injeções de soro, cateterismo da uretra e lavagens intestinais.

---

[446] APMC. Livro de Atas do Conselho Municipal, 1890-1900, p. 24v.

[447] Hemeroteca Digital da Biblioteca Nacional. Periódico *Pequeno Jornal*, ed. de 09.05.1891, p. 1.

[448] APEB. Seção Judiciário. Inventário *post mortem* de Christóvão Pereira Mascarenhas, classificação 2/477/921/1.

[449] APEB. Seção colonial/provincial. Presidência da Província. Termos de juramentos e posse de cargos, 1868 -1889.

[450] Biblioteca Pública dos Barris. Setor de Periódicos Raros. PIMENTA, Albino Rodrigues. *Almanaque administrativo, comercial e industrial da província da Bahia para o ano de 1873*. Salvador: Tipografia de Oliveira Mendes & C., 1872. p. 9-10.

[451] APEB. Seção Judiciário. Inventário *post mortem* de Christóvão Pereira Mascarenhas, classificação 2/477/921/1, p. 14.

A seguir, notícia veiculada na imprensa local sobre o seu falecimento:

> Vítima de paralisia em consequência de congestão cerebral, faleceu nesta cidade, às 9 horas da noite de 23, o engenheiro civil Christóvão Pereira Mascarenhas, nosso ilustre conterrâneo. Contava 60 anos de idade. Era um profissional notabilíssimo e homem de caráter. Foi superintendente da Estrada de Ferro Central, lugar que exerceu com todo zelo e circunspecção, Intendente deste município por nomeação do governo do estado, e, como deputado, um dos signatários da Constituição da Bahia. Se bem que esperada, sua morte foi sentida nesta cidade, onde o doutor Christóvão Mascarenhas era muito acatado. O seu corpo, acompanhado, na tarde do dia seguinte, por muitas pessoas gradas, foi dado a sepultura no Cemitério da Venerável Ordem Terceira do Carmo. Era tio das exmas. esposa dos senhores major João Pedreira Lapa, César de Souza Pinto e Joaquim Pedreira Mascarenhas, e do senhor Altamirano de Souza Bastos, negociantes desta praça, e primo do senhor Manoel Gomes Moncorvo, empregado das nossas oficinas, aos quais transmitimos sentidos pêsames pela perda que acabam de sofrer.[452]

O Conselho Municipal também externou pêsames pelo seu passamento, conforme o registro em ata de 07.03.1902[453]:

Figura 98 – Livro de Atas do Conselho Municipal de Cachoeira, 1900-1912, s/n

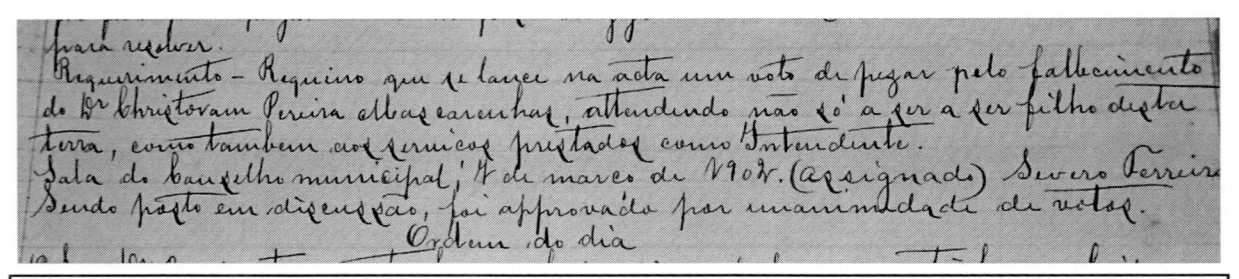

Requerimento - Requeiro que se lance na ata um voto de pesar pelo falecimento do Dr. Christovam Pereira Mascarenhas, atendendo não só a ser filho desta terra, como também aos serviços prestados como Intendente. Sala do Conselho municipal, 7 de março de 1902 (assinado) Severo Ferreira. Sendo posto em discussão, foi aprovado por unanimidade de votos.

---

[452] Biblioteca Pública dos Barris. Setor de Periódicos Raros. Jornal *A Ordem*, ed. de 26.02.1902.
[453] APMC. Livro de Atas do Conselho Municipal, 1900-1912, s/n.

CHRISTÓVÃO TITO DOS SANTOS

Lavrador e proprietário de terras, Christóvão Tito dos Santos nasceu no Arraial de Belém da Cachoeira, aproximadamente em 1829, sendo filho legítimo de Manoel Joaquim dos Santos e de dona Joana Maria do Espírito Santo[454]. Ele se alfabetizou e estudou as primeiras letras na escola do distrito de Belém.

Christovão Tito dos Santos casou-se em primeiras núpcias com Umbelina de Santa Rosa, também natural e residente no distrito de Belém, filha de Manuel Alves de Almeida e Maria das Mercês. Esse casamento não gerou descendentes devido ao falecimento precoce de Umbelina[455]. Após ficar viúvo, Christovão contraiu segundas núpcias com Maria Josepha do Nascimento, integrante da família Sacramentos Alves, conhecida tanto em Belém quanto em toda a Freguesia da Conceição da Feira. A cerimônia matrimonial ocorreu por volta de 1855 na Capela de Nossa Senhora de Belém[456].

No último quartel do século XIX, Christóvão Tito dos Santos tornou-se um dos comerciantes mais prósperos da paróquia de Conceição da Feira. Como proprietário de diversas fazendas, engajou-se na criação de gado bovino e no comércio de carne verde em seus açougues, tanto em sua propriedade rural quanto na sede do distrito. Investiu também no cultivo de tabaco, alcançando na última colheita mencionada em seu inventário *post mortem* em 1888 uma soma superior a 1:000$000 (um conto de réis). O capital acumulado com seu trabalho permitiu-lhe investir no mercado de crédito, oferecendo empréstimos financeiros ao longo de sua vida[457]. Adicionalmente, desempenhou um papel burocrático na administração do distrito, assumindo temporariamente o cargo de subdelegado de polícia de Conceição da Feira[458].

Christóvão faleceu próximo de completar o seu 60º aniversário em 27 de fevereiro de 1888, vitimado por "*moléstia interna*", e foi sepultado no cemitério de Belém[459]. Da união de Christóvão Tito dos Santos e Maria Josepha do Nascimento nasceram os seguintes filhos: **Leonídia Maria de Jesus**, casada com José Joaquim de Santana; **Belmira dos Santos Moreira**, casada com Aprígio José Moreira; **Silvina de Jesus Maria**, casada com José Leonardo dos Santos; **Joviniano Tito dos Santos**, casado com Maria Astrogilda Torres; **João José dos Santos**; **Afra Madalena de Jesus**, casada com Belarmino Domingues dos Santos; **Justo Tito dos Santos**, casado com Maria Honorina Torres; os gêmeos **David José dos Santos** e **Firmino Tito dos Santos**, casado com Ana Joaquina Torres; **Maria Vitalina de Jesus**, casada com José de Oliveira Torres; e **Joaquim Torres dos Santos**[460].

---

[454] Universidade Católica do Salvador. Laboratório Reitor Eugênio Veiga (LEV). Livro de casamentos da Paróquia de Nossa Senhora do Rosário da Cachoeira, 1802-1820, p. 135v.; APMC. Livro de qualificação de votantes Conceição da Feira, 1876, p. 149.

[455] APMC. Inventário *post mortem* de Maria das Mercês. Caixa 133, processo 1297.

[456] A estimativa foi feita com base na leitura completa do Livro de Batismo do Distrito de Belém, referente ao período de 1855 a 1858, disponível no acervo do Laboratório Reitor Eugênio Veiga. Nessa análise, foram identificados registros de batismos dos filhos do casal, o que possibilitou estimar aproximadamente o período em que ocorreu o matrimônio.

[457] APEB. Seção Judiciária. Inventário *post mortem* de Christovão Tito dos Santos, classificação: 02/519/964/16.

[458] Hemeroteca Digital da Biblioteca Nacional. Jornal *Correio da Bahia*, ed. de 14.03.1882.

[459] Cúria Metropolitana de Feira de Santana. Livro de óbitos da Paróquia da Conceição da Feira, 1885-1896, p. 133v.

[460] APEB. Seção Judiciária. Inventário *post mortem* de Christovão Tito dos Santos, classificação: 02/519/964/16.

CINCINATO PINTO DA SILVA (DOUTOR)

Praça da Manga[461]

Cincinato Pinto da Silva, médico e político, nasceu aproximadamente em 1834 na cidade de Cachoeira, Bahia, filho do coronel José Pinto da Silva e de dona Maria Constança Borges da Silva[462]. Graduou-se em Medicina pela Faculdade de Medicina da Bahia em 1857, defendendo a tese "Indicações que exigem a Operação Cesariana".

Figura 99 – Retrato do Doutor Cincinato Pinto da Silva, séc. XIX, óleo sobre tela, J. A. C. Couto. Memorial da Faculdade de Medicina/Ufba. Disponível em: https://repositorio.ufba.br/handle/ri/24698. Acesso em: 15 maio 2024

Serviu no Corpo de Saúde da Armada e administrou as províncias de Sergipe, Alagoas e Maranhão durante o regime monárquico, onde realizou notáveis serviços de benemerência. Dentre suas realizações, destaca-se a criação do montepio dos servidores do estado em Alagoas, o primeiro no Brasil, que funcionou como um verdadeiro banco para os funcionários públicos estaduais[463].

---
[461] Atual Manoel Victorino.
[462] APMC. Inventário *post mortem* de Maria Constança Borges da Silva, caixa 147, processo 1466, p. 2.
[463] Hemeroteca Digital da Biblioteca Nacional. *Diário de Pernambuco*, ed. de 18.10.1919, p. 1.

Foi condecorado com diversas honrarias, incluindo a comenda da Ordem da Rosa, e destacou-se como erudito autor de obras como *Convalescença, Responsabilidade médica* e *Os homens de cera*. Exerceu o cargo de secretário na Faculdade de Medicina da Bahia, onde também se aposentou. Como fervoroso abolicionista, cofundou a Sociedade Libertadora Dois de Julho em seus anos acadêmicos[464]. Em Salvador residia na ladeira de São Bento. Casou-se com Maria Clementina de Carvalho Silva[465] e faleceu em 7 de outubro de 1912, aos 76 anos, em Salvador[466].

---

[464] Informações disponíveis em: https://cparq.ufba.br/acervo/secretario-drcincinato-pinto-da-silva. Acesso em: 10 jun. 2024.

[465] Universidade Católica do Salvador. Laboratório Reitor Eugênio Veiga (LEV). Livro de Registro de batismos da Paróquia de São Pedro da cidade do Salvador, 1865-1872, p. 35.

[466] Hemeroteca Digital da Biblioteca Nacional. *Jornal do Comércio* (RJ), ed. de 20.10.1912.

CIRÍACO BATHER

Rua dos Remédios[467]

Ciríaco Bather, imigrante africano radicado em Cachoeira e residente na Rua dos Remédios, é descrito na escritura de perfilhação de suas filhas como um "africano livre", o que indica que não era escravizado nem liberto. Não há informações precisas sobre se ele foi um dos resgatados do tráfico ilegal ou um dos africanos que chegaram ao Brasil para trabalhar nas lavouras e indústrias. Com a promulgação da Lei Eusébio de Queiroz em 1850, as autoridades brasileiras começaram a interceptar navios negreiros, apreendendo os africanos que neles chegavam. Embora legalmente reconhecidos como "livres", esses africanos, chamados de "africanos livres", não experimentavam a plena liberdade. Em vez de serem realmente libertados, eram entregues ao governo ou a particulares como "aprendizes" ou "serviçais", vivendo em condições que se assemelhavam à escravidão. A Santa Casa de Misericórdia de Cachoeira foi uma das instituições que se beneficiaram dessa mão de obra[468], enquanto o governo justificava tal prática como uma forma de "educar" e "civilizar" os africanos, quando na verdade buscava perpetuar a exploração de seu trabalho[469].

Ciríaco Bather, nascido no continente africano na primeira metade do século XIX, imigrou para o Brasil por volta de 1852, acompanhado de sua filha primogênita, fruto de um relacionamento anterior na África, conforme consta na escritura de reconhecimento de suas filhas. Embora as fontes não sejam claras quanto à sua atividade comercial, é sabido que ele acumulou certo patrimônio, possuindo três casas térreas avaliadas em cerca de 2:000$000 (dois contos de réis). Em Cachoeira, Bather envolveu-se com Mathilde, africana escravizada do Barão de Santiago, com quem teve Sabina Leite, que provavelmente obteve sua liberdade por intermédio de seu pai, por meio da compra de sua alforria. Por volta de 1872, Bather iniciou um relacionamento com Rozalina, também escravizada da viúva do barão. Em 21 de novembro de 1883, Ciríaco Bather compareceu ao cartório do tabelião Francelino do Vale Cabral para formalmente reconhecer suas três filhas, nascidas de uniões não oficializadas pela Igreja ou pelo Estado. Na ocasião, ele declarou os nomes de suas filhas: Eufrásia, africana, e Sabina Leite e Sarah, ambas brasileiras.[470]

---

[467] Atual Cunegundes Barreto.
[468] Memorial da Santa Casa de Misericórdia de Cachoeira. Livro de Atas 1854-1862, p. 7.
[469] BERTIN, Enidelce. *Os meia-cara*. Africanos livres em São Paulo no séc. XIX. 2006. Tese (Doutorado) – Universidade de São Paulo, São Paulo, 2006.
[470] Todas as informações apresentadas foram extraídas da escritura de perfilhação das filhas de Ciríaco. APEB. Seção Judiciário. Livro de Notas de Escritura de Cachoeira, n. 147, p. 72.

CIRILO DANIEL PINTO DA SILVEIRA

Rua do Dendê[471]

Cirilo Daniel Pinto da Silveira, um africano liberto do cativeiro, nasceu aproximadamente em 1788. Em Cachoeira, casou-se com Felicidade Machado e tiveram dois filhos: Roque Daniel Pinto da Silveira e Ambrosia Silveira. Cirilo Daniel veio a falecer em sua casa às 5 h da manhã do dia 15 de junho de 1882, aos 94 anos, devido a uma diarreia, e foi enterrado no Cemitério da Santa Casa[472].

---

[471] Atual rua dos Artistas.
[472] APEB. Judiciário. Livro de óbitos da cidade da Cachoeira, n. 03, p. 152.

CORDULINA MARIA BOTH

Praça Maciel

Acatólica, um dos primeiros membros da Associação Evangélica Cachoeirana. Foi batizada na Igreja Matriz da Freguesia de São Pedro da Muritiba, de onde era natural, recebendo o nome de Cordulina Maria do Amor Divino, filha de José Rufino de Melo e Josefa Maria do Amor Divino[473]. Casou-se em primeiras núpcias com o estrangeiro João Batista Santer[474], enviuvando cerca de um ano após a celebração da união, da qual nasceu uma filha de nome Cordulina Maria, que faleceu com apenas 1 ano de idade[475]. Coincidentemente, casou-se pela segunda vez com Hans Both, também forasteiro de origem alemã, região predominantemente praticante do protestantismo. Um fato marcou profundamente a sua vida: o momento do transpasse do seu segundo esposo, que teve a sua conversão ao catolicismo questionada, gerando uma celeuma entre as autoridades do arcebispado e os membros da Santa Casa de Cachoeira; situação que chegou à beira de provocar uma exumação dos despojos de Both para que se apaziguasse a situação[476].

No momento da sua morte, Cordulina Both, na condição de protestante, foi sepultada no cemitério dos acatólicos[477]. Imaginamos que a sua conversão pode ter ocorrido após o falecimento do seu marido. Inclusive, suspeitamos que o caso Both pode ser lido como o estopim para que a comunidade acatólica se reunisse para conceber o projeto da construção de um cemitério que não fosse gerido pelos órgãos da Igreja Católica. Foi então que surgiu a Associação Evangélica Cachoeirana, agremiação instituída na Heroica Cachoeira em 1876, com o fim de "construir um cemitério fora do recinto desta cidade para inumação de cadáveres de pessoas de qualquer religião, seita ou crença, que recorrerem a esta, para ali terem um jazigo para seus finados"[478]. Cordulina faleceu em sua residência, sita à Praça Maciel, em 12 de junho de 1893, com a longeva idade de 78 anos, decorrente de erisipela[479].

---

[473] Universidade Católica do Salvador. Laboratório Reitor Eugênio Veiga (LEV). Livro de casamentos da Paróquia de Nossa Senhora do Rosário da Cachoeira, 1828-1860, p. 120v.

[474] Conferir verbete de João Batista Santer.

[475] Universidade Católica do Salvador. Laboratório Reitor Eugênio Veiga (LEV). Livro de óbitos da Paróquia de Nossa Senhora do Rosário da Cachoeira, 1834-1844, p. 116.

[476] Conferir verbete de Hans Christian Both.

[477] APEB. Judiciário. Livro de óbitos de Cachoeira/BA, n. 06, termo n. 729.

[478] APMC. Legislativo. Requerimentos. Documentos avulsos não classificados.

[479] APEB, *op. cit.*

COSME JOSÉ ACTIS

Alto da Conceição do Monte

Cosme José Actis, maquinista da Estrada de Ferro Central da Bahia, nasceu em 15 de novembro de 1864 na Estação do Periperi, distrito de Pirajá, em Salvador. Ele era o terceiro filho do italiano Carllos Actis Datto, que posteriormente abrasileiraria seu nome para Carlos Francisco Actis, empregado da ferrovia, e de Antônia Maria de Souza Actis, uma mulher "parda" nascida em Santana do Catu. Cosme foi batizado em 18 de janeiro de 1866 na Freguesia de São Miguel de Cotegipe, tendo como padrinhos João Mortta e Olimpia Balbina, representando Nossa Senhora. Seu nome foi escolhido em homenagem aos Santos Mártires, pois sua mãe, Antônia, estava grávida de gêmeos, mas apenas Cosme sobreviveu, enquanto seu irmão, Damiano, faleceu logo após o nascimento[480].

Figura 100 – Assento de batismo de Cosme e Damiano. Livro de Batismo da Freguesia de São Bartolomeu de Pirajá, 1851-1870

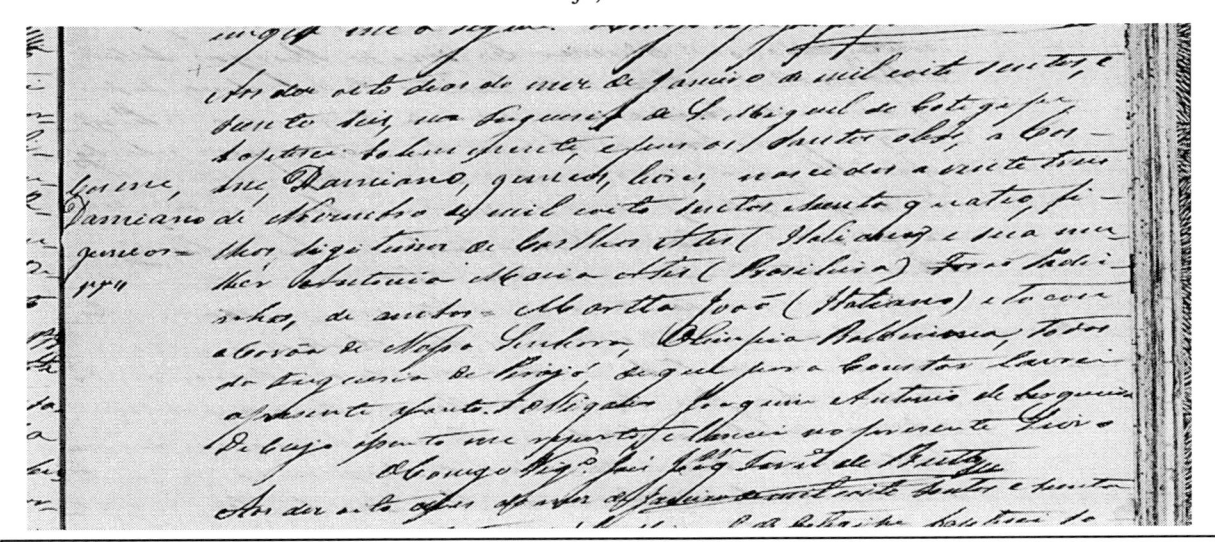

Aos dezoito dias do mês de janeiro de mil oitocentos e sessenta e seis, na Freguesia de São Miguel do Cotegipe, batizei solenemente, e pus os santo oléos, a Cosme, Damiano, gêmeos, livres, nascidos a vinte e três de novembro de mil oitocentos e sessenta e quatro, filhos legítimos de Carlos Actis (italiano), e sua mulher Antônia Maria Actis (brasileira). Foram padrinhos, de ambos Mortta, João (italiano) e tocou a coroa de Nossa Senhora, Olímpia Balbina, todos da Freguesia de Pirajá, de que para constar lavrei o presente assento. O Vigário Joaquim Antônio de Cerqueira. De cujo acento me reporto, e lancei no presente livro. O cônego vigário José Joaquim Ferreira de Brito.

---

[480] Universidade Católica do Salvador. Laboratório Reitor Eugênio Veiga (LEV). Livro de batismos da Paróquia de São Bartolomeu de Pirajá, 1851-1870, p. 116.

Cosme José Actis ingressou na estrada de ferro Central durante as últimas décadas do século XIX, sendo designado para o ramal da linha férrea número 27, localizado em Feira de Santana. Essa nova oportunidade exigiu que ele deixasse sua cidade natal para estabelecer-se na "princesinha do sertão". Foi nesse período que ele conheceu dona Aloysia Emília, que morava em Sobradinho, uma localidade pertencente à vila de São Gonçalo dos Campos, onde posteriormente se casaram.

O sobrenome Actis tem origem italiana, com raízes na região de Piemonte, mais precisamente na cidade de Rodallo, na província de Turim. A trajetória dessa família no Brasil começou em 1859, com a imigração de quatro irmãos: Carllo Dato Actis, Muholi Grosso Actis, Gio Carlo Foglizzo Actis e Carlo Floglizzo Actis. Eles partiram de Gênova e desembarcaram no porto da cidade de Salvador, então denominada cidade da Bahia, no dia 2 de julho daquele ano. Entre eles estava Carlo Actis Dato, que desempenhava funções na construção ferroviária. De acordo com a tradição oral, os irmãos foram convocados para trabalhar na ferrovia que estava em fase inicial de operações no Brasil, fato corroborado pelos registros de chegada ao país. Após desembarcarem, fixaram-se no povoado de Periperi, pertencente à Freguesia de São Bartolomeu de Pirajá[481].

Cosme José Actis faleceu na *Tapera*, município de Monte Cruzeiro, em 16 de novembro de 1919, vítima de "padecimentos psíquicos"[482], com a idade de 55 anos. A seguir, notícias veiculadas no jornal *A Ordem*, editado na cidade de Cachoeira, sobre a doença e morte de Cosme.

Figura 101 – Biblioteca Pública dos Barris. Setor de Periódicos Raros. Jornal *A Ordem*

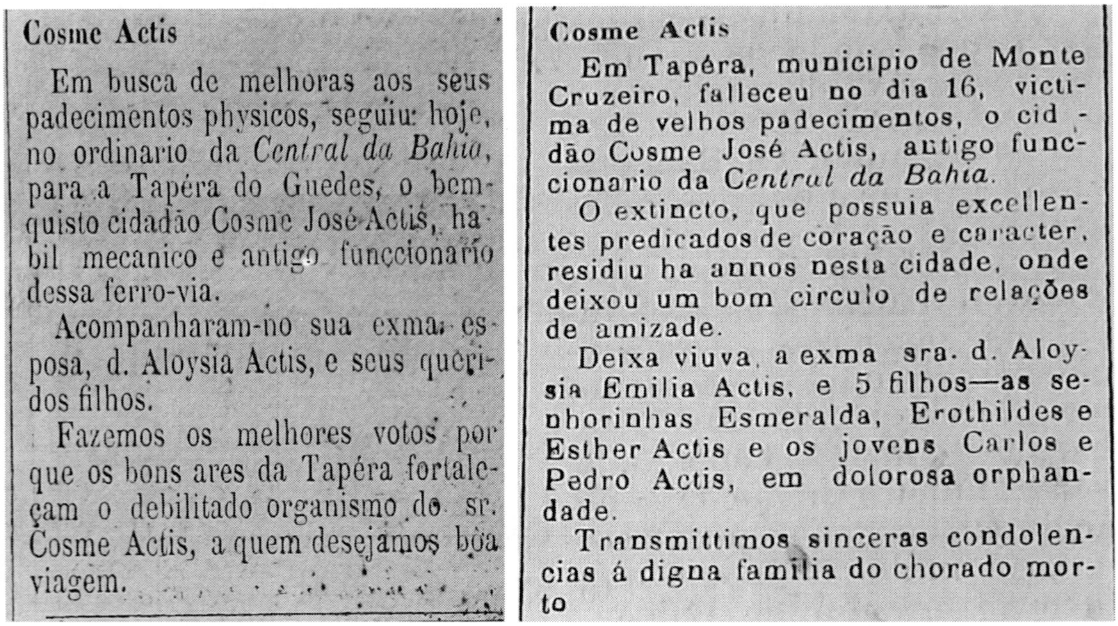

Cosme Actis

Em busca de melhoras aos seus padecimentos physicos, seguiu hoje, no ordinario da *Central da Bahia*, para a Tapéra do Guedes, o bemquisto cidadão Cosme José Actis, habil mecanico e antigo funccionario dessa ferro-via.

Acompanharam-no sua exma. esposa, d. Aloysia Actis, e seus queridos filhos.

Fazemos os melhores votos por que os bons ares da Tapéra fortaleçam o debilitado organismo do sr. Cosme Actis, a quem desejamos boa viagem.

Cosme Actis

Em Tapéra, municipio de Monte Cruzeiro, falleceu no dia 16, victima de velhos padecimentos, o cidadão Cosme José Actis, antigo funccionario da *Central da Bahia*.

O extincto, que possuia excellentes predicados de coração e caracter, residiu ha annos nesta cidade, onde deixou um bom circulo de relações de amizade.

Deixa viuva, a exma sra. d. Aloysia Emilia Actis, e 5 filhos—as senhorinhas Esmeralda, Erothildes e Esther Actis e os jovens Carlos e Pedro Actis, em dolorosa orphandade.

Transmittimos sinceras condolencias á digna familia do chorado morto

---

[481] Livro de Entrada de passageiros n. 1, 1855-1889, p. 63. Arquivo Público do Estado da Bahia.
[482] Biblioteca Pública dos Barris. Jornal *A Ordem*, edição de 19 de novembro de 1919.

CUSTÓDIO LUIZ DA SILVA PEIXOTO

Rua Treze de Maio

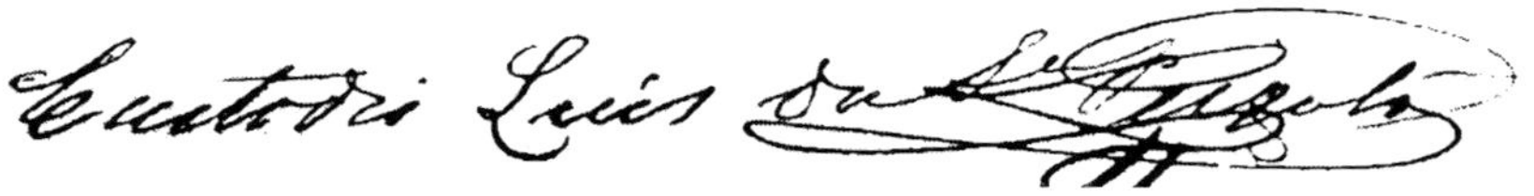

Custódio Luiz da Silva Peixoto, comerciante e natural do Reino de Portugal, nasceu por volta de 1839[483]. Estabelecido na cidade de Cachoeira, foi sócio da firma Santos & Peixoto, e posteriormente fundou a casa comercial Armazém Preço Fixo, de Custódio Peixoto & Cia, que assumiu a massa falida da antiga firma, dedicando-se ao comércio de gêneros secos e molhados[484].

Figura 102 – APMC. Nota fiscal da firma Custódio Peixoto & Cia, anexa ao inventário *post mortem* de Antônia Rosa de Assis, caixa 241, processo 2743, p. 13

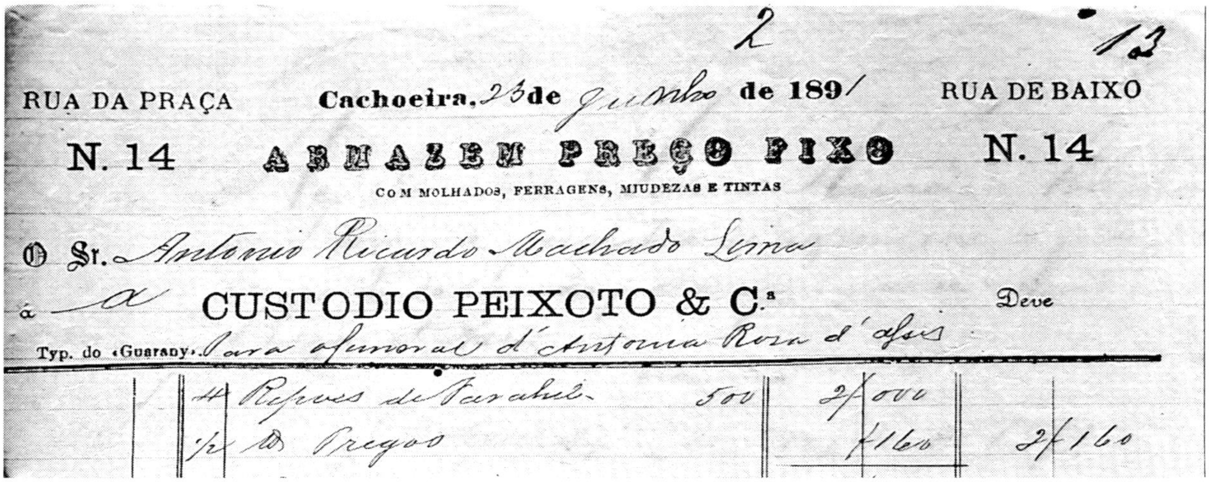

2 13

RUA DA PRAÇA Cachoeira, 23 de Junho de 1891 RUA DE BAIXO

N. 14 ARMAZEM PREÇO FIXO N. 14

COM MOLHADOS, FERRAGENS, MIUDEZAS E TINTAS

O Sr. Antonio Ricardo Machado Lima

á CUSTODIO PEIXOTO & Cª Deve

Typ. do «Guarany». Para o funeral d'Antonia Rosa d'Assis

4 Repos de Parahiba 500 2$000

1/2 [illegible] Pregos $160 2$160

Custódio Luiz da Silva Peixoto faleceu em 13 de novembro de 1893, aos 54 anos, em sua residência situada na Rua Treze de Maio. Solteiro, ele foi sepultado em uma das carneiras do Cemitério da Misericórdia[485].

483 APEB. Judiciário. Livro de óbitos de Cachoeira/BA, n. 06, termo n. 508.

484 Hemeroteca Digital da Biblioteca Nacional. Jornal *O Guarany*, ed. de 24.04.1884, p. 1.

485 APEB, *op. cit.*

DELFINA MOREIRA

Rua das Ganhadeiras[486]

Delfina Moreira, uma mulher africana, residia com sua filha e neta na Rua das Ganhadeiras. O registro de nascimento de sua neta, Ambrosia, fornece informações valiosas sobre essa família e pode auxiliar futuros pesquisadores interessados no estudo desse logradouro, a partir da investigação do perfil de seus moradores. Ao contrário de sua filha, Antônio Rosa de Assis, e de sua neta, que nasceram livres, Delfina chegou à Cachoeira como escravizada, conquistando sua liberdade posteriormente[487]. Os nomes dessa família podem ser analisados minuciosamente para investigar a profissão e outros aspectos que possam ajudar a reconstruir suas histórias de maneira mais abrangente. Por exemplo, é possível considerar o endereço mencionado, pois pesquisas indicam que poderia ser um local de encontro de mulheres negras que residiam próximo às margens do rio na cidade. A historiadora Glenda Spósito, especializada na pesquisa sobre as ganhadeiras e o comércio de rua na Vila da Cachoeira, ressalta a importância estratégica desses espaços. De acordo com Spósito, essas mulheres conciliavam suas residências particulares com atividades itinerantes — serviços que eram principalmente dependentes do fluxo de pessoas no porto —, o que beneficiava os negócios comerciais desse grupo de trabalhadoras autônomas, além de promover a criação de redes de amizade originadas dessas interações[488].

---

[486] Atual Sete de Setembro.
[487] APEB. Seção Judiciária. Livro de Registro de Nascimento de Cachoeira, n. 1, p. 4.
[488] SPÓSITO, Glenda de Castro. *As donas dos tabuleiros*: perfis sociais e interações entre mulheres ganhadeiras da Vila da Cachoeira (1756-1770). 2022. Trabalho de Conclusão de Curso (Graduação em História) – Universidade Federal do Recôncavo da Bahia, Cachoeira, 2022.

DERALDO LOPES DE CARVALHO

Rua Formosa[489]

Deraldo Lopes de Carvalho

Deraldo Lopes de Carvalho nasceu na Heroica Cachoeira em 16 de agosto de 1888[490] na Praça da Regeneração, atual Dr. Milton. Foi o segundo filho da união de Antônio Lopes de Carvalho Sobrinho com Ricarda Feliciana dos Reis[491]. Estudou na Escola Pública Municipal do primeiro distrito da Cachoeira, instituição regida pelo professor Firmino Francisco de São Tiago, onde se destacou como um dos melhores alunos da sua classe[492].

Após o falecimento de seu pai, viu-se sem a proteção afetiva e material necessária, o que o levou a começar a trabalhar precocemente, assumindo a posição de auxiliar de caixeiro no comércio local. Em 1911, enamora-se pela jovem Alzira Baptista Vieira Gomes, filha do próspero comerciante Francisco Xavier Vieira Gomes, falecido recentemente. As intenções matrimoniais de Deraldo não foram bem recebidas pela sogra, que inicialmente não o considerou um "bom partido" para sua filha. A recusa inicial foi motivada por sua condição social e étnica; é importante ressaltar que na época ele enfrentava dificuldades financeiras, pois não tinha emprego fixo e não possuía propriedades. Além disso, sendo filho de um casal inter-racial, Deraldo também enfrentou as mazelas sociais do racismo[493]. O período do noivado foi suficiente para que dona Laurinda Pureza, sua futura sogra, reconsiderasse a sua postura inicial, reconhecendo as inúmeras qualidades morais e de caráter que ornavam a índole daquele que desposaria a sua filha caçula[494].

Em 2 de dezembro de 1911, na casa de residência da noiva, à Rua Formosa, ocorreu a celebração do ato matrimonial de Deraldo Lopes de Carvalho e de Alzira Baptista Vieira Gomes. A cerimônia contou com a participação das seguintes testemunhas: Doutor José Pereira Teixeira Filho, Sabino Farias, Arthur de Carvalho Moreira, José Correia de Melo, Américo Xavier Pereira, João Teles Dourado e Francisco Cardoso Fróes[495].

---

[489] Atual J. J. Seabra.

[490] Cartório do registro das Pessoas Naturais da cidade de Cachoeira/BA, Distrito-Sede. Habilitação para o casamento de Deraldo Lopes de Carvalho em 1911.

[491] Conferir verbetes de Antônio Lopes de Carvalho Sobrinho e de Ricarda Feliciana dos Reis.

[492] APMC. Documentos avulsos (educação). Mapa dos alunos da escola do primeiro distrito regida pelo professor Firmino Francisco de São Tiago, 1898.

[493] Informações fornecidas pela neta de Deraldo Lopes de Carvalho, dona Terezinha Carvalho Guimarães

[494] Memórias de Idalina de Carvalho Moreira; entrevista realizada com Terezinha Carvalho Guimarães, neta do casal Deraldo e Alzira.

[495] APMC. Certidão de casamento anexa ao inventário *post mortem* de Francisco Xavier Vieira Gomes, caixa 255, processo 2960.

Figura 103 – Fotografia tirada no dia da celebração do casamento em 1911. Acervo da família

Após a concretização do enlace, Deraldo recebeu em causa dote, um sobrado situado na citada Rua Formosa, onde fixaram residência; e alguns contos de réis, provenientes do saldo restante das heranças adquiridas por Alzira[496]. O capital foi investido parcialmente na montagem de uma panificação, conforme veremos no recorte de jornal a seguir:

Figura 104 – Jornal *A Ordem*, ed. de 15 de agosto de 1914. Biblioteca Pública dos Barris

Padaria Carvalho
Inaugura-se, hoje, nesta cidade, á rua Formosa n. 31, onde esteve estabelecido ultimamente o sr. Pompilio Reis, uma nova panificação, com a denominação de *Padaria Carvalho* e de propriedade de nosso conterraneo — o sr. Deraldo Carvalho.

O *Peitoral de Angico Pelotense*, verdadeiro especifico de rouquidões, bronchites

---

[496] APMC. Inventário *post mortem* de Francisco Xavier Vieira Gomes, caixa 255, processo 2960, p. 80.

Figura 105 – Casa de residência do casal. Sobrado situado na esquina do beco que vai para Rua do Fogo. Atual residência da dra. Rita Maluf. Imagem do acervo da família. Fotografia da década de 1920

Após o precoce falecimento de sua esposa, estando deverasmente abalado, Deraldo retira-se para o Rio de Janeiro, onde permaneceu por certo tempo[497]. Ao regressar conhece Astrogilda de Carvalho Moreira, filha do falecido comerciante Tiberio José Moreira, com quem passou a viver maritalmente. Deraldo Lopes de Carvalho faleceu em 16 de dezembro de 1932[498], contando 44 anos de idade, vitimado por *hemofetise*, deixando sucessão de suas duas uniões.

Figura 106 – Última fotografia de Deraldo Lopes de Carvalho, tirada pouco antes do seu falecimento. Acervo da família

[497] APEB. Polícia do Porto. Livro de registro de saída de Passageiros n. 66, p. 129v.
[498] Cartório do registro das Pessoas Naturais da cidade de Cachoeira/BA, Distrito-Sede. Livro de óbitos n. 29, termo 188.

DESIDÉRIA DA SILVA SOLEDADE

Natural da cidade do Salvador da Bahia, nascida em 23 de maio de 1764, filha legítima de Caetano da Silva Soledade e de Adriana da Costa e Araújo, ambos alforriados. Faleceu em 19 de maio de 1817, contando 53 anos incompletos. Foi sepultada na Igreja Matriz da Cachoeira[499].

---

[499] Universidade Católica do Salvador. Laboratório Reitor Eugênio Veiga (LEV). Livro de óbitos da Paróquia de Nossa Senhora do Rosário da Cachoeira, 1811-1825, p. 153v.

DOMINGAS MARIA TORRES

Nascida no Paraguai por volta de 1848, estabeleceu-se em Cachoeira na segunda metade do século XIX. É provável que tenha sido uma das paraguaias que deixaram seu país durante a trágica Guerra do Paraguai. Casou-se com Francisco Máximo da Silva e veio a falecer em 20 de junho de 1872, na cidade da Cachoeira, aos 24 anos, devido a hidropisia[500].

---

[500] Universidade Católica do Salvador. Laboratório Reitor Eugênio Veiga (LEV). Livro de Registro de Óbitos da Paróquia de Cachoeira, 1870-1876, p. 54v.

DOMINGOS ANTÔNIO NETTO

Rua da Ponte Velha[501]

Comerciante espanhol que se notabilizou como um dos principais fabricantes de pólvora em Cachoeira durante o século XIX. Natural de Vigo, Espanha, e filho de Izabel de Começanha Netto, imigrou para o Brasil em 1844[502]. Chegando a Cachoeira, montou uma taberna[503] perto de sua residência, na Rua da Ponte Velha e, com o lucro adquirido, investiu no negócio de pólvora. Fundou sua fábrica no local conhecido como Pedra Branca[504], hoje Curiachito, onde a equipou de maneira apropriada, estabelecendo-se como o principal fornecedor do produto na região. Ademais, dedicou-se ao processamento de tabaco, armazenado em seu depósito[505], como mencionado em seu testamento. Neste documento, ele confessou ter dívidas com Francisco Cardoso e Silva & Cia, resultantes de empréstimos recorrentes para aquisição de folhas de tabaco. Também mencionou que enviava remessas de tabaco manufaturado para essa firma, sugerindo uma relação comercial estreita entre os dois estabelecimentos[506]. Investiu igualmente na construção de propriedades na área do Caquende[507]. Acumulou significativo patrimônio, que incluía casas, terrenos, sobrados e equipamentos de sua fábrica. Legou uma quantia modesta para a Santa Casa de Misericórdia, à qual era afiliado, e repartiu o restante de seus bens entre herdeiros em Salvador e na Espanha. Veio a falecer em 4 de abril de 1886, aos 64 anos, e foi enterrado no dia seguinte no Cemitério da Santa Casa[508].

---

[501] Atual Treze de Março.
[502] APEB. Seção Judiciária. Testamento de Domingos Antônio Netto anexo ao seu inventário *post mortem*, classificação: 02/520/965/11.
[503] Hemeroteca Digital da Biblioteca Nacional. Almanaque Administrativo, Mercantil e Industrial da Bahia, edição n. 03, do ano de 1857, p. 401.
[504] APMC. Legislativo. Documentos avulsos não classificados.
[505] Biblioteca Pública dos Barris. Setor de Periódicos Raros. FREIRE, Antônio. *Almanaque da província da Bahia*. Salvador: Litho-Tipografia de João Gonçalves Tourinho, 1881. p. 93.
[506] APEB. Seção Judiciária. Testamento de Domingos Antônio Neto anexo ao seu inventário *post mortem*, classificação: 02/520/965/11, p. 5.
[507] APEB. Seção Judiciária. Inventário *post mortem* de Domingos Antônio Netto, classificação: 02/520/965/11; APMC. Legislativo. Documentos avulsos não classificados.
[508] Universidade Católica do Salvador. Laboratório Reitor Eugênio Veiga (LEV). Livro de óbitos da Paróquia de Nossa Senhora do Rosário da Cachoeira, 1885-1914, p. 12v.

DOMINGOS SAUBARA

Africano liberto radicado em Cachoeira. Um detalhe da vida de Domingos Saubara despertava espanto e curiosidade: a sua longeva idade. Nasceu no continente Africano por volta de 1750 e faleceu em Cachoeira no ano de 1864, contando inacreditáveis 114 anos. Infelizmente, não conseguimos localizar mais detalhes da sua longa trajetória; o seu registro de óbito apenas informa que era solteiro e egresso do cativeiro[509].

---

[509] Universidade Católica do Salvador. Laboratório Reitor Eugênio Veiga (LEV). Livro de Registro de Óbitos da Paróquia de Cachoeira, 1850-1870, p. 207.

EDUARDO GOMES DA COSTA

Rua Formosa[510] n. 06

Eduardo Gomes da Costa nasceu em 1838[511] na Freguesia de Santana do Camisão, filho do veterano da Independência, tenente-coronel Antônio Gomes da Costa, e de Ana Joaquina de Andrade[512]. Por volta de 1860, mudou-se para Lençóis, iniciando suas atividades comerciais[513]. No final dessa década, transferiu-se para Cachoeira, então o segundo maior centro comercial da Bahia, em busca de melhores oportunidades. Não é possível determinar com precisão onde começou a atuar ao chegar à Heroica Cachoeira, contudo é certo que em 1874 já era socialmente integrado, visto que consta sua assinatura no termo de admissão como irmão da Santa Casa de Misericórdia de Cachoeira[514].

Nos séculos XVIII e XIX, uma estratégia comum entre os recém-chegados a Cachoeira que desejavam se estabelecer na cidade era a integração em redes locais de negócios e amizades. Essa prática facilitava a inserção social e trazia benefícios expressivos aos empreendimentos, como, por exemplo, alianças matrimoniais vantajosas que poderiam proporcionar o capital necessário para expandir ou iniciar novos negócios. Nesse contexto, acredita-se que a admissão de Eduardo Gomes da Costa na Santa Casa de Misericórdia tenha favorecido uma união matrimonial vantajosa, devido às conexões estabelecidas com José Joaquim de Oliveira, um próspero comerciante português residente em Cachoeira, que viria a se tornar seu sogro. Em 1º de setembro de 1877, no oratório privado da residência da noiva, Eduardo Gomes da Costa casou-se com Maria José de Oliveira, filha de José Joaquim de Oliveira[515].

Não sabemos ao certo o patrimônio adquirido por Eduardo durante sua vida de solteiro, mas podemos afirmar consistentemente sobre os benefícios recebidos após a realização do ato matrimonial, incorporando ao seu patrimônio diversas propriedades recebidas da herança paterna da sua esposa na condição de causa dotes. Além desses valores, Eduardo também informou em seu testamento que a sua sogra havia lhe emprestado quantia superior a 16 contos de réis[516]. Além das funções comerciais, Eduardo também ocupou por certo tempo o lugar de subdelegado de polícia[517].

---

[510] Atual J. J. Seabra.

[511] APMC. Livro de Qualificação de Votantes da Freguesia da Cachoeira, 1878. Eduardo foi arrolado no 41º quarteirão da divisão eleitoral.

[512] APMC. Caixa 120, doc. 1160, testamento de Eduardo Gomes da Costa, p. 4v., anexo ao seu inventário *post mortem*.

[513] APMC. Petição de Eduardo Gomes da Costa enviado ao juiz de direito da comarca da Cachoeira. Documentos avulsos não classificados.

[514] Memorial da Santa Casa de Misericórdia de Cachoeira. Livro n. 01, p. 134.

[515] Universidade Católica do Salvador. Laboratório Reitor Eugênio Veiga (LEV). Livro de casamentos da Paróquia de Nossa Senhora do Rosário da Cachoeira, 1862-1927, p. 67v.

[516] APMC. Caixa 120, doc. 1160, testamento de Eduardo Gomes da Costa, p. 4, anexo ao seu inventário *post mortem*.

[517] Hemeroteca Digital da Biblioteca Nacional. Jornal *Correio da Bahia*, ed. 289 de 22.03.1878.

Eduardo Gomes da Costa faleceu durante uma de suas viagens à cidade do Salvador, enquanto adquiria mercadorias para seu estabelecimento comercial, em 7 de março de 1883. Ele foi sepultado no Cemitério da Conceição da Praia, em um jazigo reservado aos membros da Irmandade do Santíssimo Sacramento daquela paróquia. Em seu testamento, designou como beneficiários seus irmãos e sobrinhos: Irênio Gomes da Costa, Belmiro Gomes da Costa, Ignez da Costa Lôbo, e, na falta desta última, seus sobrinhos, filhos desta irmã, Antônio, Adelaide, Emília e Izidro da Costa Lôbo[518].

Figura 107 – Recibo do pagamento da joia de entrada na Irmandade do Santíssimo Sacramento de Nossa Senhora da Conceição da Praia. Anexo ao seu inventário *post mortem*. APMC. Caixa 120, doc. 1160, p. 101

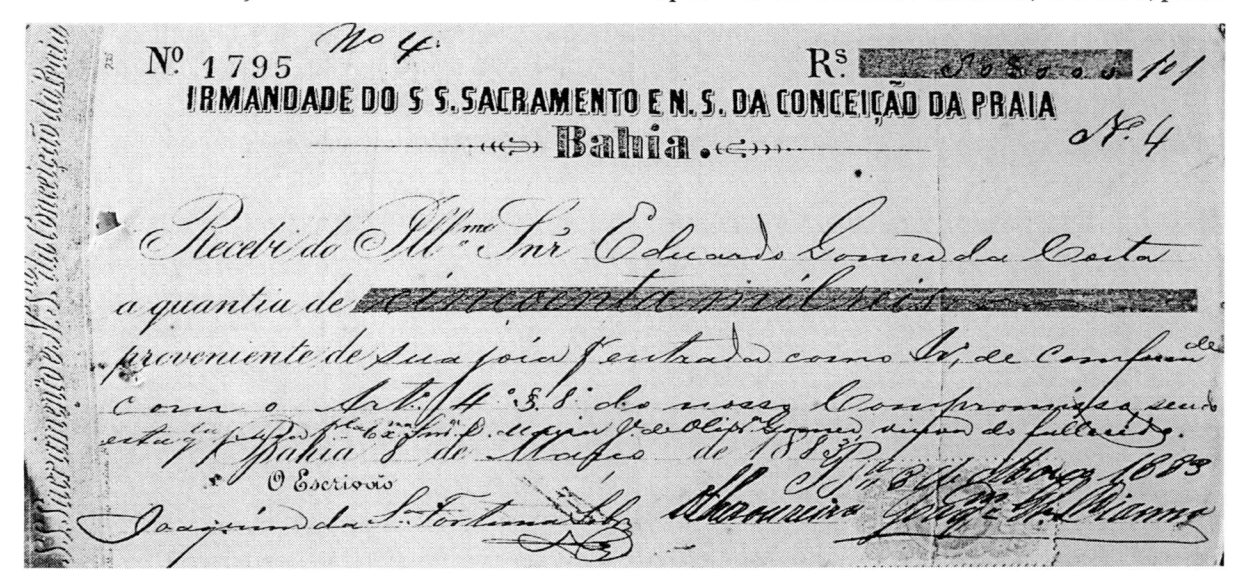

---

[518] APMC. Caixa 120, doc. 1160, testamento de Eduardo Gomes da Costa, p. 5, anexo ao seu inventário *post mortem*.

EPONINA DE SOUZA BASTOS

Rua das Flores[519]

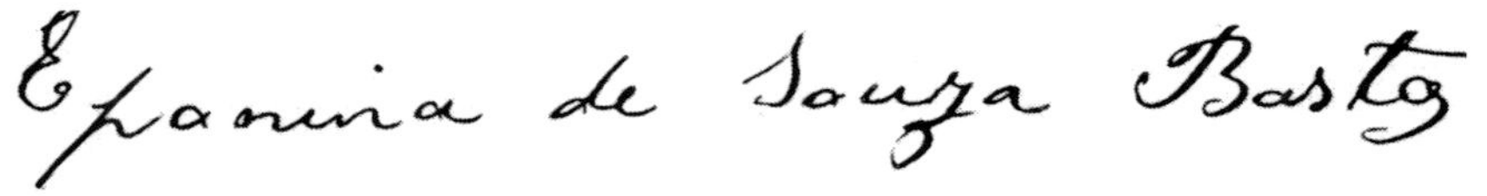

Eponina de Souza Bastos

Filha caçula do casal Manoel Francisco de Souza Bastos e dona Maria Constança Mascarenhas Bastos[520]. Eponina nasceu em 2 de junho de 1883[521], seu nome foi escolhido para homenagear e rememorar a memória da sua irmã homônima, que havia falecido em 6 de fevereiro de 1882, com pouco mais de 2 anos de idade, conforme atesta o registro a seguir.

Figura 108 – Universidade Católica do Salvador. Laboratório Reitor Eugênio Veiga (LEV). Livro de Registro de Óbitos da Paróquia de Cachoeira, 1876-1885, p. 113

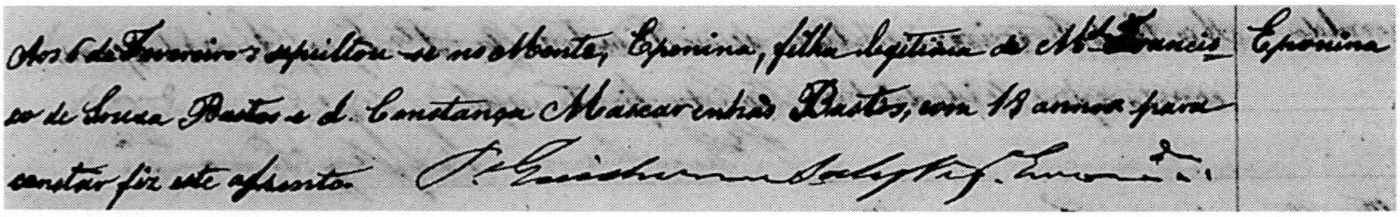

Aos 6 de fevereiro (1882) sepultou-se no Monte, Eponina, filha legítima de Manoel Francisco de Souza Bastos e d. Constança Mascarenhas Bastos, com 18 anos[522]. Para constar fiz este assento. Pe. Guilherme Sales, vigário encomendado" **Destacamos a idade por estar incorreta, Eponina "primeira", que antecedeu a segunda, Eponina de Souza Bastos, nasceu em 06 de abril de 1880, portanto, possuía exatos 22 meses de vida quando faleceu[523].**

Ela frequentou as escolas públicas de sua cidade natal. Uma variação de seu nome foi descoberta no inventário *post mortem* de seu pai, onde foi registrada como Eponina Augusta Bastos. Aos 14 anos, ficou órfã de pai e mãe, levando seu irmão a acelerar o processo de um casamento que estava em andamento, embora sem data definida para sua realização. Em vida, sua mãe, dona Maria Constança, havia escolhido Cézar de Souza Pinto[524] como marido para sua filha mais caçula. Vejamos o documento a seguir:

---

[519] Atual Lauro de Freitas.
[520] Conferir verbetes de Manoel Francisco de Souza Bastos e de Maria Constança de Moncorvo Mascarenhas Bastos.
[521] Caderno de anotações da família Bastos Mascarenhas.
[522] Equívoco: na verdade, Eponina "primeira" possuía 22 meses, e não 18 anos.
[523] Universidade Católica do Salvador. Laboratório Reitor Eugênio Veiga (LEV). Livro de Registro de Óbitos da Paróquia de Cachoeira, 1876-1885, p. 113.
[524] Conferir verbete de Cézar de Souza Pinto.

Figura 109 – APEB. Seção Judiciário. Inventário *post mortem* de Maria Constança Mascarenhas Bastos, 02/477/921/24, p. 15

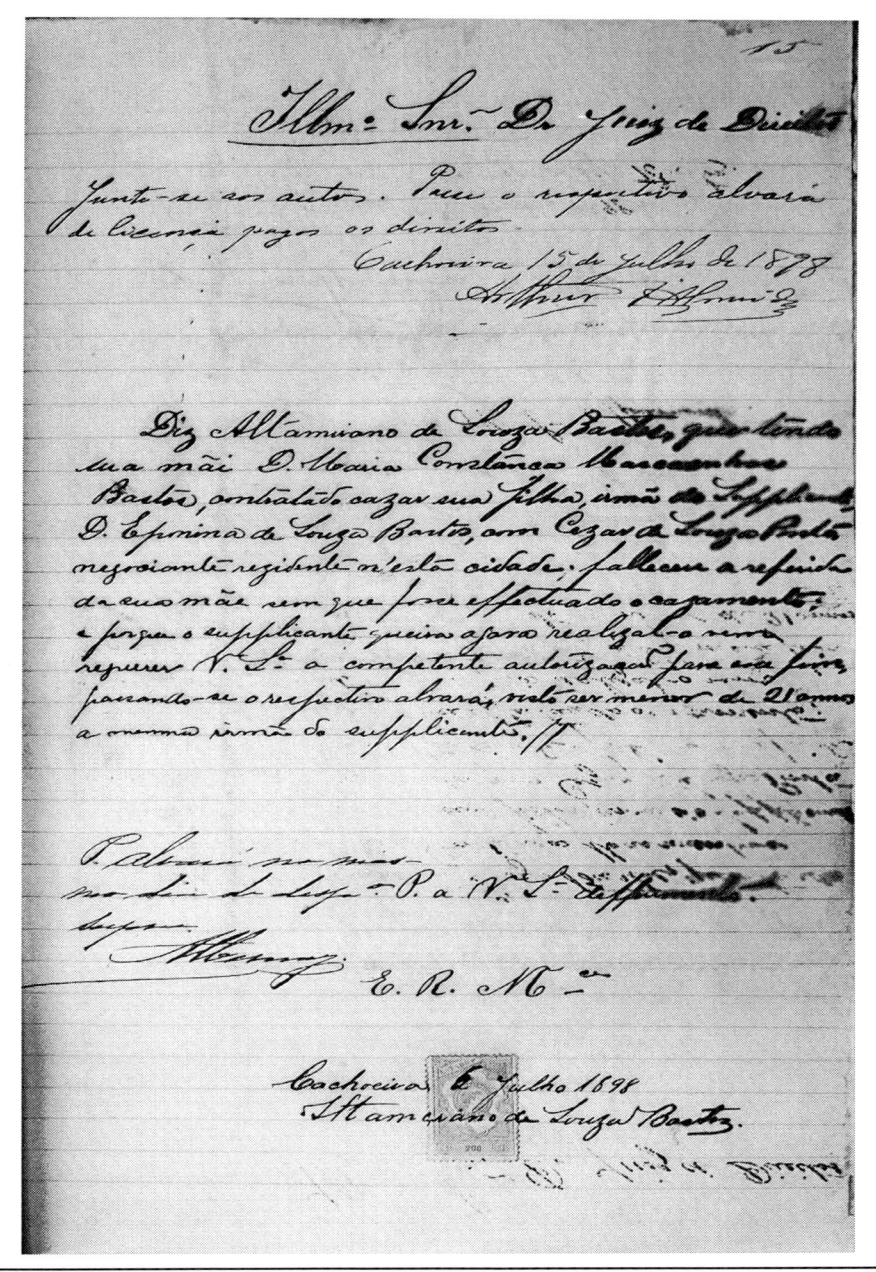

Ilmo. Sr. Dr. Juiz de Direito.
Junte-se aos autos. Passe o respectivo alvará de licença pago os direitos. Cachoeira, 15 de julho de 1898
Diz Altamirano de Souza Bastos, que tendo sua mãe, dona Maria Constança Mascarenhas Bastos, contratado casar sua filha, irmã do suplicante, dona Eponina de Souza Bastos, com Cézar de Souza Pinto, negociante, residente nesta cidade; faleceu a referida sua mãe sem que fosse efetuado o casamento; e por que o suplicante queira agora realizá-los vem requerer a V.S. a competente autorização para esse fim, passando-se respectivo alvará, visto ser menor de 21 anos a menor irmã do suplicante. P. a V.S. deferimento. E.R. Mercê Cachoeira, 6 de julho de 1898. Altamirano de Souza Bastos. Junte-se aos autos. Passe o respectivo alvará de licença, pagos os direitos. Cachoeira, 15 de julho de 1898.

Eponina completou 15 anos em junho e casou-se no mês seguinte, em 30 de julho de 1898[525]. A cerimônia de casamento ocorreu no oratório privado da residência de seu irmão, Altamirano Bastos, localizada na Rua das Flores, sob a presidência do juiz de paz em exercício, Manoel Baptista Leone. Contou também com a presença dos comerciantes João Pedreira Lapa e Joaquim Pedreira Mascarenhas[526], que atuaram como testemunhas, assinando o livro de registro. A decisão de realizar o casamento durante o inventário *post mortem* de sua mãe visava evitar custos adicionais ao processo, convertendo a herança em um dote matrimonial. Após o casamento, Eponina adotou o sobrenome do marido, passando a se chamar Eponina Bastos Pinto.

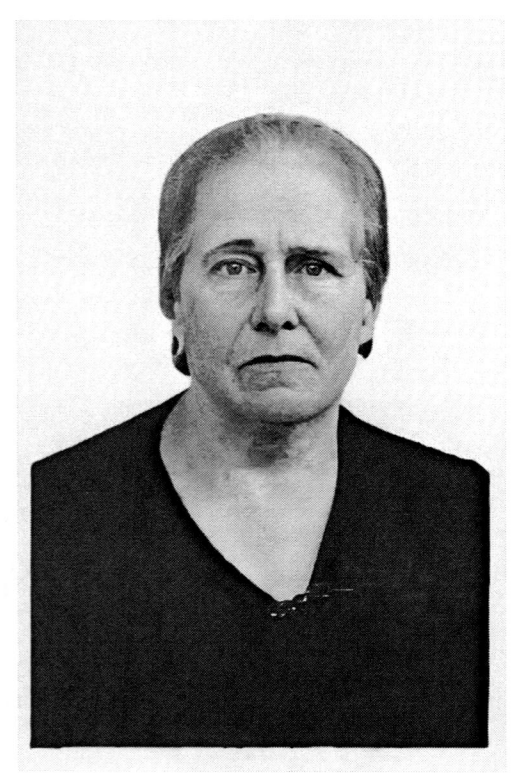

Figura 110 – Eponina Bastos Pinto, em data ignorada. Acervo da família, autor não identificado

Eponina Bastos Pinto faleceu na cidade do Rio de Janeiro em 2 de janeiro de 1963, no hospital Souza Aguiar, vitimada por "infarto do miocárdio e pressão arterial", contando 79 anos de idade[527].

---

[525] APEB. Seção Judiciário. Inventário *post mortem* de Maria Constança Mascarenhas Bastos, 02/477/921/24, p. 15
[526] Conferir verbetes de Altamirano de Souza Bastos, João Pedreira Lapa e Joaquim Pedreira Mascarenhas.
[527] Anotações da Família, confere com seu atestado de óbito, emitido pelo cartório da 6º Circunscrição do Registro Civil do Rio de Janeiro, livro de óbitos, termo n. 63030, p. 170v.

ESMERALDINA CÂNDIDA

Rua do Recreio[528]

Figura 111 – Revista Renascença, ano 5, n. 62, de 31.08.1920. Hemeroteca Digital da Biblioteca Nacional

Nascida em Cachoeira por volta de 1885 e residente na Rua do Recreio, n. 55, atualmente Inocêncio Boaventura, ela se tornou uma figura conhecida em todo o país, tendo sua imagem publicada nas páginas dos principais jornais das primeiras décadas do século XX como a "garota-propaganda" do Elixir de Nogueira. Segundo Esmeraldina, a fórmula criada pelo farmacêutico João da Silva Silveira foi responsável por curar um eczema que a afligiu por quase três anos[529].

---

[528] Atual Inocêncio Boaventura.
[529] Hemeroteca Digital da Biblioteca Nacional. Revista *Renascença*, ano 5, n. 62, de 31.08.1920.

FABIANA DE SOUZA ALMEIDA SALDANHA

Rua de Baixo[530]

Mulher africana, egressa do cativeiro, de nação jeje. A indicação do sobrenome Saldanha pode sugerir que tenha sido escravizada do comerciante Roberto Barbosa Saldanha. Fabiana viveu maritalmente durante muitos anos com o também africano liberto Gervásio José de Almeida[531]. Em 19 de julho de 1831, oficializaram sua união perante os ritos da Igreja, em cerimônia celebrada pelo frei Antônio de Santa Inês no Convento de Nossa Senhora do Carmo da Cachoeira, com a presença das testemunhas tenente Francisco de Sales Ferreira e sua esposa, dona Joana Ferreira de Jesus, ambos brancos[532]. Fabiana, ao lado do seu marido, contribuía para aumentar o patrimônio da família, adquirindo lucros da sua profissão de negociante ambulante. Durante muitos anos, manteve uma quitanda sortida no lugar "Debaixo dos Arcos", atual Praça Teixeira de Freitas, na orla fluvial da vila e depois cidade.

A notificação referente à abertura do inventário de Fabiana Almeida desvenda detalhes interessantes sobre seu itinerário. Como o processo envolve um litígio, testemunhas foram chamadas e forneceram informações preciosas através de seus depoimentos. Quanto às atividades profissionais de Fabiana, foi unânime entre as testemunhas que ela vendia seus produtos no local chamado "Debaixo dos Arcos"[533]. Ao compararmos a trajetória de Fabiana Almeida com a de Ana Alves da França[534], outra mulher ganhadeira, notamos que os locais de atuação desse grupo de comerciantes eram claramente definidos pelas autoridades locais. Luciano Figueiredo aponta que, mesmo não sendo necessário um ponto fixo para tal negócio e permitindo-se a circulação livre, as autoridades faziam questão de determinar locais específicos para o funcionamento das bancas e tabuleiros. De acordo com Figueiredo, tais medidas buscavam um controle social mais efetivo sobre as trabalhadoras, além de simplificar a inspeção e a tributação dos produtos vendidos[535].

Mesmo após uma grave moléstia que a impediu de negociar nas ruas, Fabiana Almeida transferiu sua quitanda para sua residência e continuou obtendo lucro. A análise do processo sugere que ela foi uma das mais bem-sucedidas comerciantes ambulantes da primeira metade do século XIX em Cachoeira. Os relatos das testemunhas no processo corroboram a afirmação do genro de Fabiana sobre o acúmulo de objetos de ouro e prata. De acordo com André Silva, "o ouro dela era tanto que, quando se enfeitava com ele, parecia uma rica e bem sortida tabuleta de joias", evidenciando a vasta quantidade e a grande variedade de peças em seu acervo[536].

A historiadora Bárbara Primo, ao estudar os aspectos culturais das mulheres forras em São João del Rey nos séculos XVIII e XIX, observa que essas mulheres possuíam um número significativamente maior de joias em comparação com as mulheres livres. Para Primo, esses

---

[530] Atual Treze de Maio.

[531] Universidade Católica do Salvador. Laboratório Reitor Eugênio Veiga (LEV). Livro de óbitos da Paróquia de Nossa Senhora do Rosário da Cachoeira, 1811-1825, p. 311; conferir verbete de Gervásio José de Almeida.

[532] Universidade Católica do Salvador. Laboratório Reitor Eugênio Veiga (LEV). Livro de casamentos da Paróquia de Nossa Senhora do Rosário da Cachoeira, 1828-1860, p. 47v.

[533] APEB. Seção Judiciário. Notificação para inventário *post mortem* de Fabiana Almeida, 9/3704/1.

[534] Conferir verbete de Ana Alves da França.

[535] FIGUEIREDO, Luciano; MAGALDI, Ana Maria. Quitutes e quitandas: um estudo sobre rebeldia e transgressão femininas numa sociedade colonial. *Cadernos de Pesquisa*, n. 54, 1985. p. 59.

[536] APEB. Seção Judiciário. Notificação para inventário *post mortem* de Fabiana Almeida, 9/3704/1, p. 45.

objetos não apenas simbolizavam riqueza, mas também carregavam significados subjetivos importantes para a construção da identidade desse grupo[537]. A pesquisadora Cláudia Mól oferece dados que ajudam a compreender esse significado para as mulheres africanas. Segundo Mól, a prática de adornar-se com joias era comum na África e indicava status social, idade e situação familiar. As joias eram confeccionadas com diversos materiais. A autora ainda destaca que essas peças muitas vezes apresentavam características africanas distintas, como o uso de balangandãs e joias de coral, contrastando com os materiais comumente utilizados na Europa[538]. Bárbara Primo aponta que a presença desses objetos valiosos nos inventários *post mortem* das mulheres revela as brechas em uma sociedade altamente hierárquica e excludente que, apesar das normas aparentemente rígidas e estáticas, permitia que esse grupo de mulheres contornasse algumas das restrições impostas[539].

Com o agravamento de seus problemas de saúde, em 6 de novembro de 1858, Fabiana de Souza Almeida decidiu ditar suas últimas vontades e registrá-las em testamento. A leitura desse documento nos dá a clara impressão de que Fabiana utilizou esse meio exclusivamente para validar seu alegado estado de vulnerabilidade econômica, evitando, assim, disputas e questionamentos sobre seus bens após sua morte, conforme expresso no terceiro artigo:

> Declaro que, para prevenir litígios infundados que possam surgir entre aqueles que por linha de parentesco e direito sejam meus familiares, admito que vivo em grande pobreza, não possuo nada em meu nome, e, portanto, nada tenho para deixar, não podendo, assim, nenhum deles reivindicar ser meu herdeiro.[540]

A declaração foi veementemente negada por seu genro, André Pereira da Silva, que afirmou que sua sogra, Fabiana, havia deixado escravos, bens móveis e imóveis. André alegou que Fabiana teria simulado a venda de todos os seus bens para evitar penhoras em razão de uma execução promovida pelo tenente Antônio Francisco Ribeiro Silva. Além disso, indicou que o verdadeiro objetivo de Fabiana era beneficiar sua filha Maria Felismina[541] por meio de doações ilegais[542].

Um depoimento que consideramos crucial e potencialmente esclarecedor é o de Rita Galvão, uma mulher africana e ganhadeira, que mantinha uma relação próxima com Fabiana. Esse testemunho é particularmente relevante, pois os procuradores de Maria Felismina de Almeida, filha de Fabiana, demonstraram temor e tentaram impedir que Rita prestasse depoimento. A situação revela não apenas a importância da voz de Rita, mas também as tensões que cercavam a busca por justiça e reconhecimento das experiências das mulheres afrodescendentes na época[543].

Rita Galvão afirmou que o escravizado Fortunato, que supostamente havia sido vendido, continuou a servir Fabiana até o seu falecimento. Disse ainda que, em várias visitas, encontrou Fortunato prestando serviços na casa de Fabiana. Além disso, relatou que, durante uma

---

[537] PRIMO, Bárbara Deslandes. *Aspectos culturais e ascensão econômica de mulheres forras em São João Del Rey*: séculos XVIII e XIX. 2010. Dissertação (Mestrado em História) – Universidade Federal Fluminense, Niterói, 2010. p. 107, 121.

[538] MÓL, Cláudia Cristina. *Mulheres forras*: cotidiano e cultura material em Vila Rica (1750-1800). Dissertação (Mestrado) – UFMG, Belo Horizonte, 2002. p. 135-136 *apud* PRIMO, Bárbara Deslandes. *Aspectos culturais e ascensão econômica de mulheres forras em São João Del Rey*: séculos XVIII e XIX. 2010. Dissertação (Mestrado em História) – Universidade Federal Fluminense, Niterói, 2010.

[539] PRIMO, *op. cit.*, p. 122.

[540] APEB. Seção Judiciário. Testamento de Fabiana Souza Almeida, anexo no seu inventário *post mortem*, 9/3704/1, p. 10.

[541] Conferir verbete de Maria Felismina de Almeida.

[542] APEB. Seção Judiciário. Notificação para inventário *post mortem* de Fabiana Almeida, 9/3704/1, p. 43, 45.

[543] *Ibidem*, p. 81.

de suas visitas, Fabiana mencionou que, apesar de sua doença e das despesas com contendas judiciais contra Antônio Francisco Ribeiro, ainda não havia sido necessário vender nem sequer um "pingo" do seu ouro[544].

Embora não possamos afirmar com certeza quem estava dizendo a verdade, existem indícios que sugerem que os fatos apresentados por André Pereira da Silva tinham fundamento. Por exemplo, o cativo Fortunato, citado por Rita Galvão como tendo estado com Fabiana até seu falecimento, havia sido alegadamente vendido por Fabiana a Tibério Lopes Regadas. Coincidentemente, em 1858, Tibério Regadas revendeu Fortunato a Maria Felismina de Almeida[545].

Fabiana de Souza Almeida Saldanha, também conhecida como Fabiana de Souza Almeida, faleceu e foi sepultada em 13 de outubro de 1859 na Igreja do Carmo[546]. Ela tinha 70 anos de idade e foi vítima de uma inflamação. Fabiana foi enterrada vestida com hábito branco e, conforme suas disposições testamentárias, foi sepultada na mesma sepultura que havia sido construída para seu marido na referida igreja[547].

---

[544] APEB. Seção Judiciário. Notificação para inventário *post mortem* de Fabiana Almeida, 9/3704/1, p. 81.
[545] *Ibidem*, p. 25.
[546] Universidade Católica do Salvador. Laboratório Reitor Eugênio Veiga (LEV). Livro de Registro de Óbitos da Paróquia de Cachoeira, 1850-1870, p. 130.
[547] APEB. Seção Judiciário. Testamento de Fabiana Souza Almeida, anexo no seu inventário *post mortem*, 9/3704/1, p. 11.

FAUSTINO JOSÉ BALIEIRO

Comerciante português estabelecido em Cachoeira no segundo quartel do século XIX, era proprietário de uma casa comercial que vendia armas, drogas e ferragens, localizada na Rua das Flores[548]. Natural da Ilha Graciosa, era filho legítimo de Antônio Correa e Rosa Perpétua da Glória. Casou-se em 27 de julho de 1836 com Carlota Maria de Magalhães, residente e natural da Freguesia de São José das Itapororocas[549]. Faustino José Balieiro faleceu em 7 de outubro de 1867, devido a uma inflamação, e foi sepultado na Capela do Monte[550].

---

[548] APMC. Legislativo (Licenças). Documentos avulsos não classificados.

[549] Universidade Católica do Salvador. Laboratório Reitor Eugênio Veiga (LEV). Livro de casamentos da Paróquia de Nossa Senhora do Rosário da Cachoeira, 1828-1860, p. 78.

[550] Universidade Católica do Salvador. Laboratório Reitor Eugênio Veiga (LEV). Livro de Registro de Óbitos da Paróquia de Cachoeira, 1850-1870, p. 245.

FELICIDADE MARIA DO ESPÍRITO SANTO

Cais do Alambique[551]

Ganhadeira, natural e residente em Cachoeira. Em 1842, Felicidade Maria encaminhou à câmara um requerimento solicitando licença para edificar uma casa para sua residência, informando que

> [...] aforou uma e meia braça de terras, citas no Porto do Alambique, ao major Francisco Peixoto Mascarenhas, para fazer uma morada de casa para sua residência. E porque não possa principiar sem que primeiramente seja demarcado por vossas senhorias.[552]

Felicidade foi uma das muitas mulheres ganhadeiras que ofereciam seus produtos na antiga Praça do Chafariz, ou Largo dos Tamarindos (atual Dr. Milton)[553], circulando pelas adjacências desse logradouro, ou fixando-se debaixo dos tamarindeiros que existiam na praça. Durante a segunda metade do séc. XIX, a feira livre do município funcionou nesse perímetro, local onde também estava situada a casa de Mercado. Segundo o memorialista Manoel Matheus Ferreira,

> A praça Milton, após ficar com este nome, muito custou ao povo a mudança pelo costume do antigo nome *Praça dos Tamarindos* e também *Portas dos Açougues*, junto ao costume chamadas. Via-se bastante tamarindeiros, que servia de abrigo a negociantes de toda espécie de gêneros, no movimento de quartas e sábados, ou diariamente.[554]

A seguir, uma imagem da citada praça em 1930, onde ainda é possível visualizar o antigo prédio em que funcionava a casa de Mercado, demolido tempos depois para ali ser erigida a atual agência dos Correios.

Figura 112 – Imagem da Praça Dr. Milton, antiga dos Tamarindeiros, em 1929, autor desconhecido. Em destaque, com uma seta, o antigo prédio onde funcionava a casa de Mercado. Revista *Vida Doméstica*, 11.1929. Hemeroteca Digital da Biblioteca Nacional

---

[551] Atual Jardim do Faquir.
[552] APMC. Legislativo. Requerimentos. Documentos avulsos não classificados.
[553] *Ibidem*
[554] Arquivo Público Municipal de São Félix. Jornal *Correio de São Félix*, ed. de 20.06.1964.

FELISBERTA RODRIGUES DE FREITAS

Rua da Pitanga

Felisberta Rodrigues de Freitas, nascida no continente africano por volta de 1817, chegou à Cachoeira como escravizada. Com o tempo, obteve sua liberdade e acredita-se que se associou às ganhadeiras, mulheres que vendiam mercadorias nas ruas, principalmente no cais. Faleceu na madrugada de 30 de novembro de 1877, aos 60 anos, em sua casa na Rua da Pitanga. Solteira, deixou três filhas: Maria Sabina, nascida em 1837, Fausta Rodrigues em 1847, e Bibiana Rodrigues em 1850[555].

---

[555] Universidade Católica do Salvador. Laboratório Reitor Eugênio Veiga (LEV). Livro de óbitos da Freguesia de Nossa Senhora do Rosário da cidade da Cachoeira, 1877-1878, p. 98v.

FELISMINA CLEMENTINA PEDREIRA

Felismina Clementina de Jesus, filha caçula de uma extensa família de 14 filhos, nasceu na Freguesia de São Gonçalo dos Campos, termo da Vila da Cachoeira, sendo filha legítima de Ignácio de Figueiredo Mascarenhas e Rosa Maria do Espírito Santo[556]. Em 29 de abril de 1850, uniu-se em matrimônio com José Pedro Pedreira, membro de uma tradicional família da mesma freguesia. A cerimônia foi oficiada pelo padre Manuel Cerqueira do Couto e ocorreu na residência de Manoel Pedreira Lapa, parentes do noivo, em São Gonçalo dos Campos[557]. Na década de 1890, Felismina viveu por algum tempo com seu filho Joaquim Pedreira Mascarenhas, na cidade de Cachoeira[558]. Do casamento com José Pedro Pedreira, nasceram sete filhos: Francisco José Pedreira, Joaquim Pedreira Mascarenhas, Antônio Pedreira Mascarenhas, Maria Pedreira Mascarenhas, Antônia Pedreira Mascarenhas, Clementina Pedreira Mascarenhas e Alexandrina Pedreira Mascarenhas[559]. Após o casamento, Felismina adotou o sobrenome da família de seu esposo, substituindo o "Jesus" devocional por "Pedreira", passando a se chamar Felismina Clementina Pedreira. Ela faleceu em São Gonçalo dos Campos, no dia 24 de abril de 1911, com mais de 80 anos de idade.

Figura 113 – Nota sobre a data de falecimento de Felismina, conforme registrado no livro de registros dos eventos vitais da família Bastos Mascarenhas

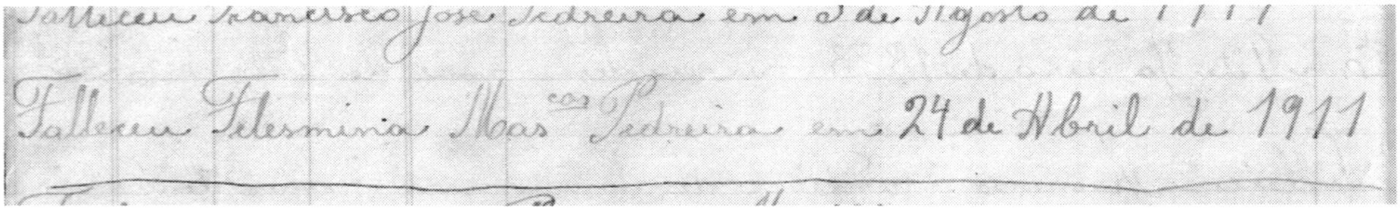

Falleceu Felesmina Mas.cas Pedreira em 24 de Abril de 1911

[556] APMC. Inventário *post mortem* de Ignácio de Figueiredo Mascarenhas, caixa 194, processo 2142; conferir verbete de Ignácio de Figueiredo Mascarenhas.

[557] Cúria Metropolitana de Feira de Santana. Livro de casamento da Paróquia de São Gonçalo dos Campos, 1844-1852, p. 108.

[558] As informações sobre Felismina Clementina Pedreira foram fornecidas por Hilda Mascarenhas de Oliveira Lula, neta de Alzira Augusta Bastos Mascarenhas, que era nora de Felismina. Hilda foi criada por sua avó, o que lhe permitiu ter acesso a detalhes sobre a história familiar. Conferir verbete de Joaquim Pedreira Mascarenhas.

[559] Documentos particulares. Caderno de anotações da família Bastos Mascarenhas.

FÉLIX JOSÉ PINTO

Ladeira da Praça[560]

Protocolista, função que se encarregava de protocolar e escriturar os papéis referentes aos processos que tramitavam nas comarcas[561]; atuou em Feira de Santana e Cachoeira. Nascido em torno de 1798 na cidade do Salvador[562], era filho de Maurício Pinto da Silva[563] e o último herdeiro do encapelado do Caquende[564]. Em 1832, casou-se em Cachoeira com Maria Rita da Conceição, filha do pescador Antônio José da Fonseca, ambos residentes no Caquende[565]. Félix faleceu em 17 de fevereiro de 1878, decorrente de lesão orgânica do coração; contava 80 anos[566].

---

[560] Atual Benjamin Constant.
[561] APMC. Livro de Qualificação de Votantes da Freguesia da Cachoeira, 1876, p. 184v.
[562] APMC. Inventário *post mortem* de Manoel da Silva Soledade, caixa 148, processo 1476, p. 37.
[563] APMC. Livro de Qualificação de Votantes da Freguesia da Cachoeira, 1876, p. 184v.
[564] Hemeroteca Digital da Biblioteca Nacional. *O Monitor*, ed. n. 217 de 21.02.1878; conferir verbete de Luiz Pinto de Souza.
[565] APMC. Inventário *post mortem* de Antônio José da Fonseca. Caixa 119, processo 1143; conferir verbete de Antônio José da Fonseca.
[566] Universidade Católica do Salvador. Laboratório Reitor Eugênio Veiga (LEV). Livro de óbitos da Freguesia de Nossa Senhora do Rosário da cidade da Cachoeira, 1877-1878, p. 129v, 130.

FIRMINO JOSÉ MOREIRA

Rua dos Artistas

[assinatura: Firmino José Moreira]

Em agosto de 1822, durante a guerra da independência do Brasil na Bahia, nasceu Firmino José Moreira na fazenda de seus pais, José Gabriel Moreira e Francisca Maria de Jesus, situada entre os distritos de Belém e Tibiri[567]. Firmino seguiu a carreira do pai na agricultura e na pecuária. Por volta de 1853, casou-se com Umbelina Maria das Virgens, filha de Joaquim José de Santana e Ana Angélica das Virgens[568]. Na década de 1870, Firmino decidiu vender sua propriedade e se mudou para a cidade de Cachoeira com parte de sua família. Ele faleceu em 16 de maio de 1899, aos 77 anos, em decorrência de complicações intestinais, deixando uma herança de 10 contos de réis, fruto da venda de suas terras no distrito de Belém.

Figura 114 – Hemeroteca Digital da Biblioteca Nacional. Jornal *A República*, ed. de 06.10.1899

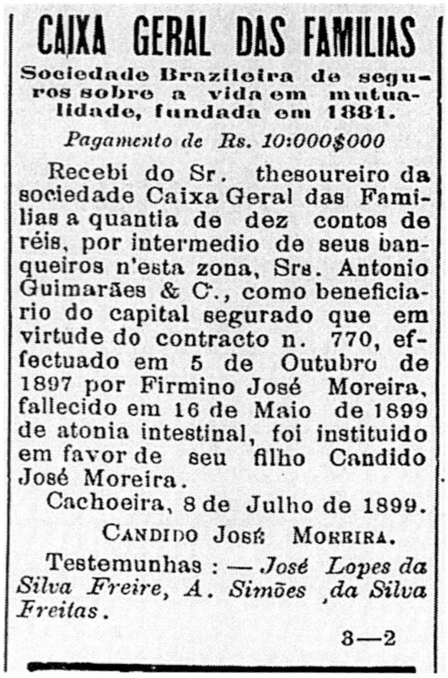

CAIXA GERAL DAS FAMILIAS
Sociedade Brazileira de seguros sobre a vida em mutualidade, fundada em 1881.
Pagamento de Rs. 10:000$000

Recebi do Sr. thesoureiro da sociedade Caixa Geral das Familias a quantia de dez contos de réis, por intermedio de seus banqueiros n'esta zona, Srs. Antonio Guimarães & C., como beneficiario do capital segurado que em virtude do contracto n. 770, effectuado em 5 de Outubro de 1897 por Firmino José Moreira, fallecido em 16 de Maio de 1899 de atonia intestinal, foi instituido em favor de seu filho Candido José Moreira.
Cachoeira, 8 de Julho de 1899.
CANDIDO JOSÉ MOREIRA.
Testemunhas: — *José Lopes da Silva Freire, A. Simões da Silva Freitas.*

3—2

---
[567] Universidade Católica do Salvador. Laboratório Reitor Eugênio Veiga (LEV). Livro de Registro de batismos da Paróquia de Cachoeira, 1616–1823, p. 300.
[568] A estimativa foi baseada no registro de batismo do primogênito, Aprígio, cuja cerimônia ocorreu em 1856. Joaquim e Ana Angélica foram registrados como padrinhos. É comum que os pais escolham os avós maternos para o batismo do primeiro filho, conforme consta na página 114v do Livro de Batismo de Santo Estevão do Jacuípe, que abrange o período de 1851 a 1868.

Figura 115 – APMC. Notícia do Falecimento de Firmino Moreira. Jornal *A Cachoeira*, ed. de 20.05.1899

> **Fallecimento** — Em 16 do corrente falleceu e sepultou-se no cemiterio da Santa Casa desta cidade o cidadão Firmino José Moreira na idade de 77 annos, o qual era natural da Parochia da Conceição da Feira.
>
> Ao seo digno filho nesta cidade, o sr. capitão Candido José Moreira e aos demais parentes, nossos sentidos pesames.

FLORENTINO RODRIGUES DA SILVA

Rua da Matriz[569]

Comerciante, músico e regente da Orquestra de Nossa Senhora D'Ajuda, Florentino substituiu o padre Manoel do Nascimento de Jesus como o terceiro diretor da corporação musical, ocupando o cargo por quase duas décadas[570]. A seguir, apresenta-se um recibo em que Florentino confirma o recebimento de honorários pelos serviços prestados como músico no funeral de Manoel Ignácio Martins:

Figura 116 – APMC. Inventário *post mortem* do major Manoel Ignácio Martins, caixa 133, processo 1288, p. 34

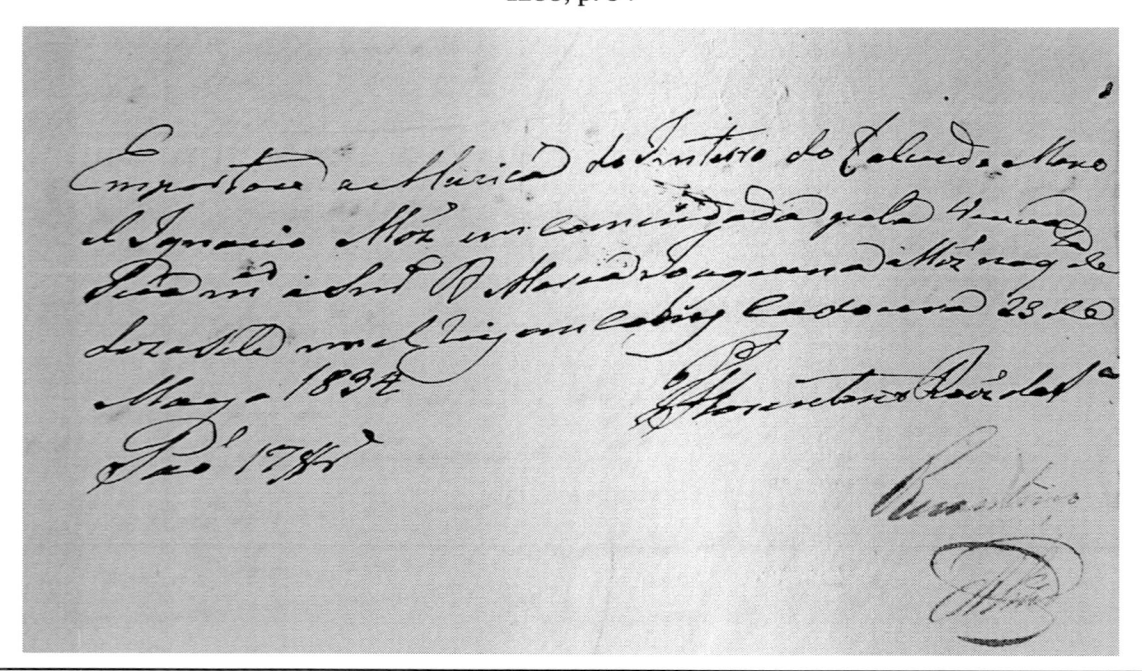

Importou a música do enterro do falecido Manoel Inácio Martins, encomendado pela viúva, sua mulher, a senhora Maria Joaquina Martins, na quantia de dezessete mil réis em cobres. Cachoeira, 23/05/1834 Florentino Rodrigues da Silva.

---

[569] Atual Ana Nery.

[570] Universidade Católica do Salvador. Laboratório Reitor Eugênio Veiga. Fundo Governo Arquidiocesano, grupo Chancelaria, subgrupo Irmandades Obras Pias, série Irmandade de São Benedito da Cachoeira, fl. 1.

Em 1835, concedeu permissão para que a Irmandade de São Benedito edificasse uma sacristia no terreno adjacente à capela[571]. Florentino Rodrigues da Silva exerceu cargo diretivo na primeira Mesa Administrativa da Santa Casa da Vila da Cachoeira, em 1826[572]. Também ocupou uma cadeira na Câmara de Cachoeira durante a legislatura de 1836[573]. Faleceu em 7 de fevereiro de 1839, contando 70 anos de idade, e foi sepultado na Capela D'Ajuda. Era casado com Isabel Joaquina de Santana[574].

---

[571] *Ibidem.*
[572] Memorial da Santa Casa de Misericórdia de Cachoeira. Livro de Registro de Fundação do Hospital, p. 7.
[573] APMC. Livro de Termos de Juramento 1833-1853, p. 93.
[574] Universidade Católica do Salvador. Laboratório Reitor Eugênio Veiga (LEV). Livro de óbitos da Paróquia de Nossa Senhora do Rosário da Cachoeira, 1834-1844, p. 97.

FRANCELINA AFRA DA SILVA SOLEDADE

Francelina Afra, descrita como uma mulher parda, nasceu em Cachoeira por volta de 1855 e era filha legitimada do célebre Manoel da Silva Soledade, conhecido como Tambor Soledade, e de Maria Joaquina da Conceição[575]. Embora tenha permanecido solteira, Francelina deu à luz um filho, Manoel Saturnino da Silva, em 5 de março de 1877. Em 1890, durante o recenseamento escolar promovido pela municipalidade, Francelina compareceu para fornecer informações sobre seu filho e o ambiente familiar. Nesse registro, constatou-se que a família vivia em extrema pobreza. Seu filho, aos 13 anos, não frequentava a escola e era analfabeto, incapaz de assinar o próprio nome, o que interrompeu um ciclo de letramento que havia sido mantido na família até então[576]. Embora Francelina fosse alfabetizada, as severas condições de vida impediram a continuidade desse legado educacional, que, ao longo de gerações, havia sido transmitido em uma família negra de recursos limitados.

---

[575] APMC. Inventário *post mortem* de Manoel da Silva Soledade, caixa 148, doc. 1476, p. 100; conferir verbete de Manoel da Silva Soledade.
[576] APMC. Livro de Recenseamento das Crianças do Sexo Masculino em Idade Escolar, 1890, p. 14v.

FRANCISCA MARIA DAS MERCÊS

Natural da Freguesia de São Gonçalo dos Campos, filha legítima do capitão-mor Domingos Ribeiro de Souza e Antônia Maria do Nascimento[577], casou-se em finais do século XVIII com Vicente Ferreira Mascarenhas. O casal, ao longo da vida, percorreu as diversas freguesias que pertenciam à Vila da Cachoeira. Fixou-se na fazenda Preguiça, em uma casa "de morar nova tapada de adobes com sala de tijolos, com nove portas e fechaduras e janelas"[578], situada no território de Cachoeira, local que, uma década depois, comporia a Freguesia da Conceição da Feira. Nesta mesma propriedade, Francisca faleceu em 4 de fevereiro de 1836, contando 60 anos de idade[579], deixando numerosa prole da sua união.

---

[577] APEB. Seção Judiciário. Processo cível. Estante 42, caixa 1671, documento 10.
[578] APEB. Seção Judiciário. Inventário *post mortem* de Francisca Maria das Mercês, 03/962/1431/05, p. 9v.
[579] Universidade Católica do Salvador. Laboratório Reitor Eugênio Veiga (LEV). Livro de óbitos da Freguesia de Nossa Senhora do Rosário da Cachoeira, 1834-1844, p. 30v.

FRANCISCA ROSA DOS SANTOS

Natural de Portugal, viúva do comerciante Gonçalo José dos Santos. Faleceu em 7 de dezembro de 1858, contando 86 anos de idade. Sobre a sua *causa mortis*, o pároco registrou que "morreu de velha"[580].

---

[580] Universidade Católica do Salvador. Laboratório Reitor Eugênio Veiga (LEV). Livro de Registro de Óbitos da Paróquia de Cachoeira, 1850-1870, p. 106v.

FRANCISCO ANTÔNIO DA SILVA COUTO

Praça do Chafariz[581]

Enfermeiro que atuou no hospital da Santa Casa de Misericórdia de Cachoeira durante o século XIX. Acredita-se que ele nasceu por volta de 1785 e começou a trabalhar no hospital após a fundação da Santa Casa em 1826, sendo responsável unicamente pelo cuidado dos pacientes internados. Durante a devastadora epidemia de cólera em 1855, ele prestou serviços notáveis nas enfermarias do hospital. Em reconhecimento a seus esforços, foi efetivado no cargo, com um salário anual de 240$000 (duzentos e quarenta mil réis) e uma casa para morar[582]. Em sessão de 25 de dezembro de 1864, a mesa provedora resolveu demiti-lo, alegando que a sua avançada idade e seu estado "valetudinário" impediam o cumprimento das suas obrigações; ponderaram, entretanto, que, em razão das décadas dedicadas ao exercício da sua função, pagariam uma pensão mensal de 10$000 (dez mil réis), além de fornecer uma casa do patrimônio da instituição para abrigá-lo juntamente com sua família[583]. Francisco Antônio, descrito em seu registro de óbito como homem pardo, não gozou de nenhuma fortuna. Inclusive, a casa que ele planejou construir em 1847 para viver com sua família, no Largo dos Remédios, não foi adiante[584].

Francisco Antônio da Silva Couto, infelizmente, não teve a oportunidade de desfrutar do merecido descanso remunerado após anos de trabalho incessante. Ele faleceu em 15 de fevereiro de 1865, aos 80 anos, vítima de uma "moléstia interna", apenas dois meses após sua dispensa[585]. Deixou uma esposa, que, lamentavelmente, se viu completamente desamparada, pois a mesa administrativa da Santa Casa revogou a pensão após seu óbito[586].

---

[581] Atual dr. Milton.
[582] Memorial da Santa Casa de Misericórdia de Cachoeira. Livro de Atas 1854-1862, p. 42
[583] Memorial da Santa Casa de Misericórdia de Cachoeira. Livro de Atas n. 36, 1861-1869, p. 83v, 86v.
[584] APMC. Requerimentos (legislativo). Documentos avulsos não catalogados.
[585] Universidade Católica do Salvador. Laboratório Reitor Eugênio Veiga (LEV). Livro de Registro de Óbitos da Paróquia de Cachoeira, 1850-1870, p. 217.
[586] Memorial da Santa Casa de Misericórdia de Cachoeira. Livro de Atas n. 36, 1861-1869, sessão de 19.02.1865.

FRANCISCO ANTÔNIO DE BORJA PEREIRA (CAPITÃO)

Rua da Ponte Velha[587]

Militar e próspero comerciante, natural da Freguesia do Corpo Santo da Vila de Santo Antônio do Recife, era filho legítimo de José Pereira de Souza e Maria Antônia de Jesus[588]. Casou-se com Tereza dos Santos Ferreira, também natural de Pernambuco. No final do século XVIII, mudaram-se para a capitania da Bahia, estabelecendo-se na próspera Vila de Nossa Senhora do Rosário do Porto da Cachoeira, onde seu irmão, Antônio Pereira de Souza, já morava. Em 1789, o casal aparece nos registros paroquiais no batismo de sua filha Thomazia, realizado na igreja matriz, evento que teve a presença de Antônio Pereira como padrinho[589], evidenciando a relevância dos vínculos familiares para sua integração social em Cachoeira. Nesse local, um dos principais polos comerciais do Brasil, abriu uma loja de fazendas secas, vendendo tecidos e itens de vestuário e, mais tarde, adquiriu um alambique[590]. Visando melhorar a distribuição de seus produtos, comprou um barco que ficava ancorado às margens do Paraguaçu[591]. Faleceu em 18 de julho de 1814, e foi sepultado na Igreja Matriz da Cachoeira[592].

---

[587] Atual Treze de Março.
[588] Universidade Católica do Salvador. Laboratório Reitor Eugênio Veiga (LEV). Inquirição de genere de João Francisco de Borja Pereira 22-Ge19-09 1811.
[589] Universidade Católica do Salvador. Laboratório Reitor Eugênio Veiga (LEV). Livro de Registro de batismos da Paróquia de Cachoeira, 1781-1791, p. 258.
[590] Universidade Católica do Salvador. Laboratório Reitor Eugênio Veiga (LEV). Inquirição de genere de João Francisco de Borja Pereira 22-Ge19-09 1811.
[591] APMC. Livro de impostos de lojas e embarcações, 1813, p. 14v.
[592] APEB. Seção Judiciário. Inventário *post mortem* de Francisco Antônio de Borja Pereira, 02/772/1238/01, p. 21.

FRANCISCO DE OLIVEIRA LOPES (CAPITÃO-MOR)

Militar, morador na Vila da Cachoeira. Faleceu repentinamente em 9 de outubro de 1821, foi sepultado de forma solene na Matriz da Cachoeira, amortalhado em vestes militares. Era casado com Antônia Maria Espínola[593].

---

[593] Universidade Católica do Salvador. Laboratório Reitor Eugênio Veiga (LEV). Livro de óbitos da Paróquia de Nossa Senhora do Rosário da Cachoeira, 1811-1825, p. 281v.

FRANCISCO DE PAULA ABREU SEIXAS

Rua da Matriz[594]

Veterano da Independência, advogado provisionado que atuou na comarca da Cachoeira durante o século XIX. Em julho de 1854, Francisco de Paula Abreu Seixas compareceu à Câmara de Vereadores da Cachoeira para apresentar a provisão concedida pelo imperador Dom Pedro II, que lhe conferia o direito de advogar no foro daquela cidade[595].

> Há por bem conceder ao suplicante licença por tempo de um ano, para advogar na forma dita, se, no entanto, não mandar o contrário sem embargo de não ser formado, e ordena as pessoas a quem o conhecimento desta pertencer, deixem o suplicante exercer as funções do dito emprego, e haver os emolumentos, e o mais que por direito lhe competir debaixo da posse juramento, que já prestou de guardar em tudo o serviço público, o direito às partes.

Casou-se com dona Umbelina Maria de Andrade[596]. Foi um dos veteranos das lutas pela independência do Brasil na Bahia, agraciados com a Medalha da Guerra da Independência.

Figura 117 – Hemeroteca Digital da Biblioteca Nacional. *Almanaque Administrativo, Mercantil e Industrial da Bahia*, ed. 0002, de 1860, p. 433

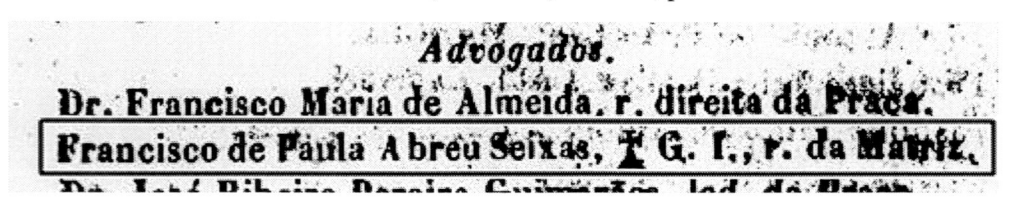

Francisco de Paula também fez parte do 42º Batalhão dos Voluntários da Pátria, formado na cidade de Cachoeira, que se dirigiu aos campos de batalha no Paraguai. De acordo com o jornal *O Publicador*, edição n. 1.140, de 28 de junho de 1866, Francisco alcançou a patente de Capitão e foi ferido no confronto ocorrido em 2 de maio de 1866, durante a Guerra do Paraguai.

---

[594] Atual Ana Nery.
[595] APMC. Livro de Registro de Cartas Alvarás, 1833-1859, p. 64v.
[596] Universidade Católica do Salvador. Laboratório Reitor Eugênio Veiga (LEV). Livro de batismos da Paróquia de Nossa Senhora do Rosário da Cachoeira, 1846-1861, p. 190v.

FRANCISCO DE SÃO BENTO

Francisco de São Bento, homem forro e genro do mestre pedreiro Caetano da Silva Soledade, era natural da Vila da Cachoeira, onde se casou por volta de 1787 com Thomazia da Silva Soledade[597]. Segundo o sogro, Caetano Soledade, Francisco era um "sujeito de má conduta e dado ao vício da sobriedade", sendo o casamento realizado contra sua vontade[598]. Francisco faleceu em 28 de dezembro de 1817 e foi sepultado no Cemitério de São João de Deus[599], um local comumente destinado às pessoas das classes menos favorecidas, que não pertenciam a irmandades ou devoções estabelecidas.

---

[597] APMC. Inventário *post mortem* de Adriana da Costa Araújo. Caixa 01, processo 04, p. 8.
[598] *Ibidem*, p. 4.
[599] Universidade Católica do Salvador. Laboratório Reitor Eugênio Veiga (LEV). Livro de óbitos da Paróquia de Nossa Senhora do Rosário da Cachoeira, 1811-1825, p. 177.

FRANCISCO GOMES MONCORVO (CAPITÃO)

Rua de Baixo[600] n. 13

Militar, veterano da independência do Brasil na Bahia, comerciante de grosso trato que atuou em Cachoeira e Salvador durante a primeira metade do séc. XIX. Francisco Gomes Moncorvo nasceu em 1790, no Porto de São Félix, território pertencente à Freguesia de São Pedro da Muritiba, termo da Vila de Nossa Senhora do Rosário do Porto da Cachoeira; filho legítimo de Fructuoso Gomes Moncorvo e de dona Elena Maria do Sacramento[601]. Casou-se em 14 de novembro de 1809, na Matriz da Cachoeira, com dona Maria de Santa Rosa de Lima. Os irmãos Teixeira de Freitas foram os paraninfos da cerimônia, Antônio Teixeira de Freitas Barbosa e Manoel Teixeira de Freitas[602].

Os dados indicam que, pelo menos desde 1813, Francisco Moncorvo já possuía um estabelecimento comercial situado na então Rua de Baixo, onde se dedicava à venda de tecidos e diversas miudezas[603]. A seguir, apresenta-se uma nota fiscal emitida por Francisco Moncorvo em 1839, na qual estão descritas as mercadorias adquiridas pelos herdeiros de Florentino Rodrigues da Silva para a realização de seu funeral, incluindo tachas douradas, cartas de convite, pregos, entre outros itens.

---

[600] Atual Treze de Maio.
[601] Estimativa baseada na idade informada em seu registro de óbito. Laboratório Reitor Eugênio Veiga (LEV). Livro de casamentos da Paróquia de Nossa Senhora do Rosário da Cachoeira, 1802-1820, p. 79.
[602] Laboratório Reitor Eugênio Veiga (LEV), Livro de casamentos da Paróquia de Nossa Senhora do Rosário da Cachoeira, 1802-1820, p. 79.
[603] APMC. Novo Imposto de Loja e Embarcações-1813, p. 4.

Figura 118 – APEB. Seção Judiciário. Inventário *post mortem* de Florentino Rodrigues da Silva, classificação: 02/6427/1097A/05, p. 61

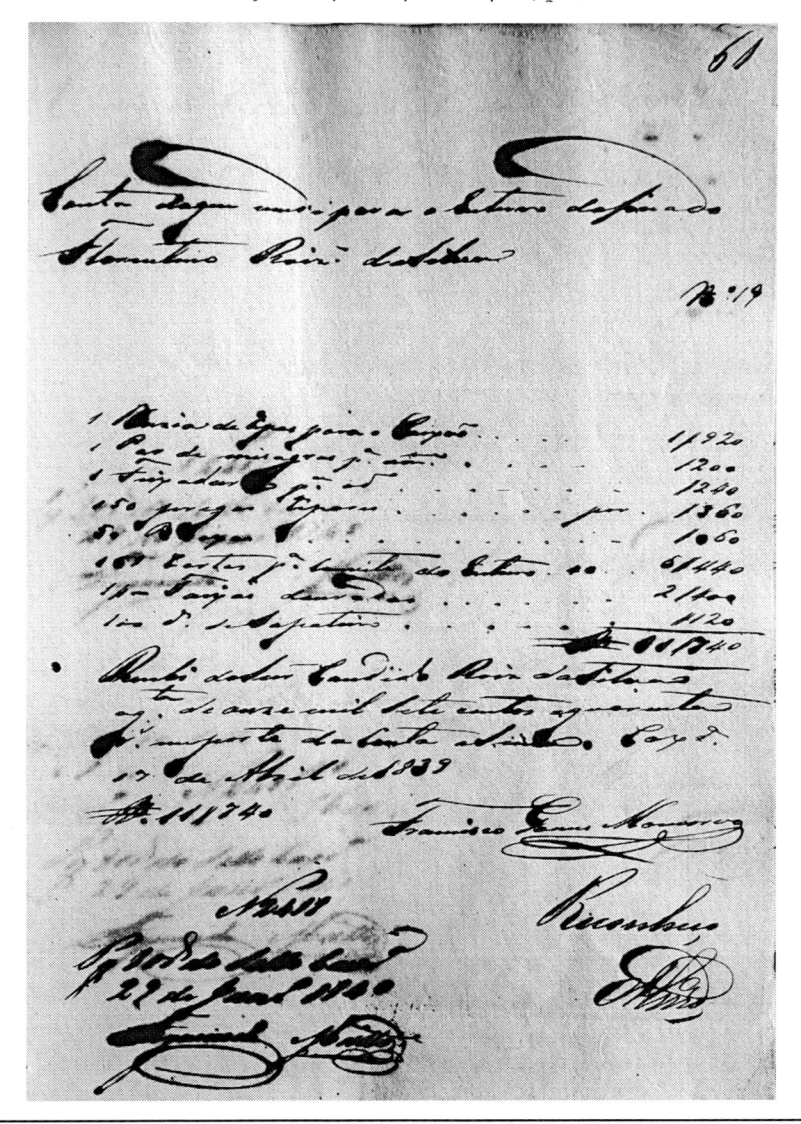

Conta do que vendi para o enterro do finado Florentino Rodrigues da Silva.
1 dúzia de ripas para o caixão........ 1$920
1 par de missagra para o mesmo........ $200
1 fechadura para o dito.........$240
150 pregos ripares........por $360
50 brochas....... $060
161 cartas convite do enterro... 40.......6$440
14 tacha douradas......2$400
100 ditas de sapateiro ...$120.
11$740
Recebi do Sr. Cândido Rodrigues da Silva a quantia de onze mil setecentos e quarenta réis, importância da conta acima. Cachoeira 17 de abril de 1839.
$ 11$740
Francisco Gomes Moncorvo

O êxito dos seus empreendimentos comerciais propiciou-lhe posição privilegiada no circuito econômico da vila. Imaginamos que, com a consolidação da sua casa de negócio na Praça da Cachoeira, almejou atingir outros nichos econômicos. Em 1826, arrematou, juntamente com Manuel da Rosa, o novo imposto a favor do Banco do Brasil, disposto no alvará de 20 de outubro de 1812, que estabelecia um valor a ser pago sobre as lojas e embarcações para o fundo de capital do Banco do Brasil[604].

Em menos de duas décadas, Francisco Moncorvo conseguiu multiplicar o capital investido em seus empreendimentos, tornando-se um dos homens mais ricos da então Vila da Cachoeira[605]. Não é surpresa que, em um período de escassez financeira enfrentado pelo Senado da Câmara da Cachoeira em 1831, os camarários tenham recorrido ao seu patriotismo, solicitando-lhe um empréstimo para socorrê-los[606].

Para as elites dos períodos colonial/imperial no Brasil, a posse da riqueza material deveria coadunar-se com a exteriorização da sua posição na sociedade do seu entorno, o famoso jargão "viver a lei da nobreza". Ou seja, não bastava ser rico, seria preciso que os outros também estivessem convencidos disso.

Na cachoeira oitocentista, existiam alguns símbolos que denotavam prestígio e poder, usados muitas vezes para enquadrar os cidadãos na hierarquia socioeconômica local. Francisco Gomes Moncorvo ostentava inúmeros signos sociais de relevância para aquela conjuntura. Adentrou o corpo diretivo da Hospital São João de Deus, antes mesmo de esta entidade ser elevada à condição de Santa Casa. Foi nomeado em 1825 para compor a junta diretiva que administrava o Hospital São João de Deus[607]; importa destacar que cabia a esses dirigentes a guarda e gerência do patrimônio da instituição, portanto este local já era considerado por alguns pesquisadores um dos espaços de poder da Vila da Cachoeira. Compôs a primeira mesa diretiva da recém-inaugurada Santa Casa de Misericórdia da Vila da Cachoeira em 1826. Seguiu as lógicas hierárquicas da agremiação, e, em 1843, foi eleito para exercer o cargo mais importante, o posto de Provedor[608]. Na condição de camarário, exerceu o lugar de vereador na legislatura do ano de 1824[609], além de ter "imortalizado" seu nome como uma das figuras mais entusiastas do processo de lutas pela nossa independência em 1822[610]. Também ingressou na Venerável Ordem Terceira do Carmo da Cachoeira[611] nesse mesmo período, professando em 04.04.1828.

Além de todos esses distintivos sociais, Francisco Moncorvo demonstrou o sinal inequívoco da sua abastança com a construção de um imponente e luxuoso prédio que seria a sua nova casa de residência, condizente com o seu novo status de opulência. Referimo-nos ao majestoso edifício situado na então Rua de Baixo n. 13, atual Rua Treze de Maio. Segundo o inventário realizado pelo Ipac, esta propriedade foi descrita como: "Sobrado palaciano de dimensões avantajadas, originário

---

[604] APMC. Livro de Registro de ofícios e alvarás, 1820-1830, p. 75v.

[605] Quando se estabeleceu com casa de negócio, possuía um patrimônio de cerca três contos e quinhentos mil réis. Levantamento realizado com base no valor recebido na herança paterna em 1807. As informações apresentadas foram extraídas da pesquisa de doutorado do autor deste trabalho, intitulada *Representam a cabeça de toda a Ordem: os irmãos mesários da Ordem Terceira do Carmo de Cachoeira*. O estudo está sendo desenvolvido no âmbito do Programa de Pós-Graduação em História (PPGH) da Universidade Federal da Bahia.

[606] APMC. Livro de Registro de Ofícios, 1830-1833, p. 44.

[607] Memorial da Santa Casa de Misericórdia de Cachoeira. Livro de Registro de Fundação do Hospital, p. 4.

[608] *Ibidem*, p. 14v.

[609] APMC. Livro de Termos de Arrematação e Vistorias, 1809-1862, p. 47.

[610] MILTON, Aristides. *Ephemerides cachoeiranas*. Salvador: Ufba, 1979. (Coleção Cachoeira; v. 1). p. 219.

[611] Arquivo da Venerável Ordem Terceira do Carmo da cidade de Cachoeira. Livro de profissões número 04 (séc. XIX), livro desorganizado, não sendo possível citar a sua paginação.

do primeiro terço do século passado"[612]. Essa informação é corroborada por nossas pesquisas. Em 1826, Francisco Moncorvo apresentou um requerimento ao presidente do Senado da Câmara da Cachoeira solicitando a realização de uma vistoria no cano público que se estendia da travessa da Matriz até a Rua de Baixo. O suplicante alegou que as águas represadas estavam prejudicando o trânsito público e o andamento das obras de "uma casa nobre" que estava construindo[613].

Em sua representação, Francisco Moncorvo enfatizou repetidamente a grandiosidade do seu empreendimento. As habitações urbanas da época, na Vila da Cachoeira, serviam como símbolos de status social. A arquitetura residencial dividia-se basicamente entre casas térreas e sobrados, sendo estes últimos mais valorizados e geralmente habitados pelas famílias mais ricas. Contudo, a edificação de uma residência de tipologia palaciana, trazida ao cenário arquitetônico local por Moncorvo, foi algo inédito naquela conjuntura. Conforme afirmam Carvalho, Nóbrega e Sá, "esses edifícios remetem ao padrão compositivo dos palácios e solares portugueses, adotado no Brasil para as residências mais importantes"[614]. Essa construção imponente não só destacava a posição social de Moncorvo, mas provavelmente alterou a percepção dos moradores sobre a hierarquia das moradas existentes na vila, reforçando seu status como um dos homens mais influentes da região.

Devido à importância dessa propriedade no âmbito patrimonial e social da cidade da Cachoeira, e a quase inexistência de publicações que apresentem históricos calcados em pesquisa documental sistemática sobre essa construção e seus proprietários, mostraremos a seguir alguns detalhes sobre esse processo, seguido da cadeia sucessória do imóvel.

No princípio da década de 1820, Francisco Gomes Moncorvo arrematou as ruínas de casas do finado padre Miguel Álvares de Andrade e, neste local, reedificou duas propriedades de números 11 e 13[615]. Ao que parece, as obras estavam quase findadas em 1829, pois ele constituiu José Luiz Xavier para, em seu nome, arrematar os terrenos da Marinha, sitos nos fundos das referidas edificações[616]. Para esta transação, oferecia o valor correspondente "a despesa de se fazer com o novo cais e entulho da rua". A proximidade com o cano público, e consequente represamento de águas, transformava os arredores do sobrado em um verdadeiro pântano, sujeito à junção de todo tipo de imundice, além de gerar gases pútridos que "contagiavam" os ambientes da sua residência, situação que fez com que Francisco Moncorvo primeiro providenciasse revestir o cano de abóbada como forma de impedir o atravessamento das águas, alegando que tal medida seria benéfica, inclusive para os demais moradores. Para dar o arremate, também construiu um muro e um portão situados ao lado direito da sua casa, que "aformoseia a rua, como a propriedade do suplicante"[617]. As construções não resolveram o problema, que danificava severamente o imóvel. Neste sentido, providenciou a construção de uma nova casa térrea, de modo que o lamaçal e umidade não mais avariasse as laterais da sua imponente morada, comprometendo-se a não obstruir a circulação dos transeuntes durante mais essa intervenção naquele logradouro[618].

---

[612] BAHIA. Secretaria da Indústria e Comércio. *Ipac-BA*: Inventário de Proteção do Acervo Cultural da Bahia. Salvador: Secretaria da Indústria e Comércio, 1982. v. 3, 2. parte. p. 65v.

[613] APMC. Livro de Termos de Arrematação e Vistorias, 1809-1862, p. 56v.

[614] CARVALHO, Cláudia; NÓBREGA, Cláudia; SÁ, Marcos. Guia da arquitetura colonial. *In*: SANTOS, Suellen Dayse Versiani dos. *A casa brasileira do século XIX e seus desdobramentos na produção residencial de Belo Horizonte – influência dos antecedentes coloniais e o papel do neoclassicismo e do ecletismo.* Dissertação (Mestrado) – Universidade Federal de Minas Gerais, Belo Horizonte, 2011. p. 46.

[615] APMC. Livro de Termos de Arrematação e Vistorias, 1809-1862, p. 56v.

[616] APMC. Requerimentos. Legislativo. Documentos avulsos não classificados.

[617] APMC. Requerimento encaminhado à Câmara em 18/02/1829. Documentos avulsos não classificados.

[618] *Ibidem.*

Figura 119 – Imagem do sobrado de Francisco Gomes Moncorvo, sito à rua 13 de Maio nº13, atual sede da Fundação Hansen Bahia. Desenho de Igor Pereira Trindade, 2024

Uma casa de sobrado sita à rua de Baixo, com dois andares, em terreno próprio, com caixa dobrada com 11 janelas, sendo as do primeiro andar de bacias e grades de ferro e portas envidraçadas, e as do segundo com outras tantas janelas envidraçadas, divididas com salas, quartos, sala de jantar, cozinhas e quintal correspondente até o Rio Paraguaçu, contendo quatro lojas nos baixos da frente da mesma propriedade, de pedra e cal, que avaliaram por 22 contos de réis. (Descrição contida no inventário *post mortem* de Francisco Gomes Moncorvo, depositado no APEB, 07/2922/02)

Cadeia Sucessória do imóvel

Primeiro proprietário: Francisco Gomes Moncorvo, responsável pela edificação da propriedade. O imóvel permaneceu em seu poder até o ano do seu falecimento, ocorrido em 1856. (APMC. Documentos avulsos.)

Segunda proprietária: Maria de Santa Rosa de Lima Moncorvo, "viúva Moncorvo", viúva do antecessor; na condição de meeira, manteve a posse da propriedade. Foi nesse período que o imóvel entrou para os anais da história da cidade, pois em 1859 hospedou, durante alguns dias, o imperador D. Pedro II, sua consorte, a imperatriz dona Tereza Cristina, e toda a comitiva Imperial. O *Jornal da Bahia* noticiou, em outubro de 1859, que "alguns proprietários da Cachoeira resolveram coadjuvar a Câmara Municipal nas despesas necessárias para a recepção de S.M.I. somando já as cotas deles e a parte da Câmara em 16:000$ (dezesseis contos de réis).

A casa escolhida para S.M. foi a do finado negociante F.G. Moncorvo"[619]. Também encontramos nas Memorias da Viagem de Suas Majestades Imperiais à província da Bahia: "dirigiram-se SS. MM. para a casa que lhes estava sumptuosamente preparada, pertencente à sra. Viúva Moncorvo"[620]. Essa efeméride incutiu nas pessoas o desejo de conhecer os aposentos mais íntimos que serviram de Casa Imperial durante alguns dias. Nesta mesma conjuntura, o prédio tornou-se um "salão nobre" da vida em sociedade na Cachoeira, abrigando os eventos mais requintados. A edição n. 42, de 21.10.1862, do jornal *O Progresso*, editado em Cachoeira, noticiou um pomposo concerto que seria realizado no grande salão do segundo andar do imóvel[621]:

> Concerto - Sábado próximo terá lugar, no grande salão do segundo andar do sobrado Moncorvo, a rua de baixo, o concerto vocal instrumental em benefício da jovem Angelina Bottini, no qual tomam parte por especial obséquio a beneficiada, a exma. Sra. D. Aurélia Gentil e os distintos professores José de Souza Aragão e Cornélio Vidal da Cunha. A Sra. Luigia Bottini e o barítono da companhia italiana, o Sr. Orlandini também fazem parte do concerto. As peças de música, que devem ser executadas nessa noite, são todas escolhidas das melhores óperas italianas. É este o primeiro concerto completo, que se dá nesta cidade, e por isso julgamos que será bastante concorrido.

Terceiro proprietário: Francisco Gomes Moncorvo Júnior, filho primogênito dos antecessores. Adquiriu o imóvel em 1865, em causa de herança paterna e materna, sendo lançado no seu quinhão[622].

Quarto proprietário: Aprigio Gomes Moncorvo e Artemiza Rosa de Aragão Moncorvo, filhos do antecessor. Adquiriram o imóvel em 1868, após o óbito do seu pai, em causa de herança paterna, sendo lançada a média parte nos seus respectivos quinhões[623] (inventário *post mortem* do comendador Francisco Gomes Moncorvo, caixa 161, doc. 1574A, 77v, 78v).

Quinto proprietário: Manoel Antônio da Silva Pinto e Eliza Moncorvo da Silva Pinto, cunhado e irmã dos antecessores. Adquiriram o imóvel em 1872, comprando as partes correspondentes dos indivíduos citados anteriormente (Livro de Registro e Transmissão de imóveis referente ao ano de 1888, n. de ordem 241).

Sexto proprietário: em 1904, o casal Manoel Antônio e Eliza Moncorvo Silva Pinto vende a propriedade pela cifra de 17:000$000 (dezessete contos de réis), a fábrica de charutos Poock & Ci. (Livro de Registro e Transmissão de imóveis n. 4, n. de ordem 1088).

Sétimo proprietário: em 29.10.1925, a Companhia de Charutos Poock, sucessora de Poock & Cia, vende a propriedade ao dr. José Nascimento da Costa Falcão, pela quantia de 20:000$000 (vinte contos de réis). (Livro de Notas do tabelião Raimundo Ferreira Coelho de n. 14, p. 192, 193.)

Oitavo proprietário: em 1974, o dr. José Nascimento da Costa Falcão doou o imóvel a seus parentes José Haroldo de Athayde Costa Falcão e Joselita de Athayde Falcão Medalha. (Escritura lavrada em 27.09.1974, nas notas do tabelião Newton de Carvalho Menezes, do 1º Ofício da capital da Bahia.)

---

[619] Hemeroteca Digital da Biblioteca Nacional. Jornal *Correio da Vitória*, ed. de 20.10.1859.

[620] SOUSA, Bernardo Xavier Pinto de. *Memórias da viagem de S.S Magestades Imperiaes às provincias da Bahia, Pernambuco, Parahiba, Alagoas, Sergipe, e Espírito-Santo, dividida em 6 partes e um additamento*: com retratos de SS. Magestades, e das Serenissimas Princezas as Senhoras D. Isabel e D. Leopoldina. Rio de Janeiro: Pinto de Sousa, 1861. p. 145.

[621] APMC. Documentos avulsos não catalogados.

[622] APEB. Seção Judiciário. Inventário *post mortem* de Francisco Gomes Moncorvo, 07/2922/02.

[623] APMC. Inventário *post mortem* do comendador Francisco Gomes Moncorvo, caixa 161, doc. 1574A, 77v, 78v.

Nono proprietário: coincidentemente, após quase oito décadas, o imóvel retorna para um membro da família do primeiro proprietário. Em 1978, José Haroldo de Athayde Costa Falcão e Joselita de Athayde Falcão Medalha vendem a propriedade para o negociante cachoeirano Fernando José de Almeida, conhecido popularmente por Fernando Minho, descendente direto do capitão Fructuoso Gomes Moncorvo. Fernando Minho adquiriu o imóvel pela cifra de 310 mil cruzeiros (notas da tabeliã Gisélia Cerqueira Bittencourt, livro n. 76, folhas 57v/60v – Conceição da Feira).

Retomemos a trajetória de Francisco Moncorvo. Ele residiu neste endereço até meados da década de 1840, quando se transferiu, juntamente com a sua família, para a cidade do Salvador.

O desejo da diversificação de investimentos fez com que almejasse tornar-se um dos comerciantes de "grosso trato", expressão que seria um sinônimo de atacadista, ou seja, aquele negociante que compra em grande quantidade, revendo em lotes e no varejo[624]. Foi então que solicitou e obteve o deferimento para ser um dos comerciantes matriculados pelo Tribunal da Imperial Junta do Comércio, Agricultura, Fábricas e Navegação. Essa instituição foi criada para cuidar das pautas inerentes às transações comerciais, promovendo e fomentando a produção nacional, além de ser um espaço para emersão e consolidação das elites mercantis, através, por exemplo, dos privilégios, isenções e concessões conferidos aos seus membros.

> Dom Pedro, pela graça de Deus e Unânime Aclamação dos Povos, Imperador Constitucional e Defensor Perpétuo do Império do Brasil. Faço saber aos que esta provisão virem que, atendendo ao que me representou Francisco Gomes Moncorvo para ser matriculado negociante de grosso trato da Vila da Cachoeira, da província da Bahia e constando ele, pela atestação que da Mesa da Inspeção da dita província apresentou no tribunal da Junta do Comércio, Agricultura Fábricas e Navegação deste Império, que é cidadão brasileiro e se acha estabelecido com crédito e fundos proporcionados para o giro de seu negócio, tendo, além disso, instrução suficiente do comércio e da escrituração mercantil e os mais requisitos [...].[625]

Apesar de ter residido durante a maior parte da sua vida em Cachoeira, Francisco Moncorvo possuía vultuosos negócios na então cidade da Bahia, onde possuía um dos mais aparatados e conhecidos trapiches da capital baiana, o "Trapiche Moncorvo". O trapiche era uma construção situada à beira-mar, que funcionava como espécie de um grande armazém que estocava mercadorias que seriam embarcadas ou distribuídas em solo[626]. Possuía estruturas que facilitavam o trânsito dos produtos, tais como: pontes, guindastes etc. Segundo Ricardo Moreno, esse trapiche armazenava estritamente produtos destinados à exportação, tais como café, tabaco, açúcar, algodão etc.[627]

> Um trapiche, sito na Rua do Pilar denominado - Moncorvo - tendo na frente a largura de 112 palmos e de comprimento 237, tendo uma varanda com 23 e mais palmos de largura, as paredes da frente e fundo com cinco palmos de largura e as laterais com 4 ditas, com dois pavimentos um térreo e outro assoalhado além de um sótão, compartilhado, edificado sobre pilares, contendo o pavimento térreo 3 portas para o mar e as acomodações respectivas, e o superior que é assoalhado, tem três janelas para o mar, uma porta e um aero, o sótão contém três janelas de frente e três para o mar, com o salão. O trapiche

---

[624] Disponível em: https://machadodeassis.net/referencia/negociante-de-grosso-trato/46715. Acesso em: 10 mar. 2024.
[625] APMC. Livro de Registro de ofícios e alvarás, 1820-1830, p. 89.
[626] PINTO, Luiz Maria da Silva. *Diccionario da lingua brasileira*. Ouro Preto: Typographia de Silva, 1832. s/n.
[627] PINHO, José Ricardo Moreno. *Açambarcadores e famélicos*: fome, carestia e conflitos em Salvador (1858 a 1878). 2015. Tese (Doutorado em História) – Universidade Federal Fluminense, Niterói, 2015.

contém seis coxias, uma grande ponte com 283 palmos de comprimento e 60 de largura, firmada sobre esteios de biriba, coberta de telhas com dois guindastes de madeira com correntes de ferro e todos os mais pertences relativos do serviço do trapiche, achando-se em bom estado e conservação, avaliado em setenta e cinco contos de reais.[628]

Francisco Moncorvo faleceu em 24 de dezembro de 1856, na cidade do Salvador, em sua residência situada na Freguesia de Santana, decorrente de apoplexia. Foi sepultado no dia seguinte na Freguesia da Vitória, Cemitério da Misericórdia, e contava 66 anos[629].

---

[628] APEB. Seção Judiciário. Inventário *post mortem* de Francisco Gomes Moncorvo, 07/2922/02, p. 8v.

[629] Laboratório Reitor Eugênio Veiga (LEV). Livro de óbitos da Freguesia de Sant'Ana, cidade do Salvador, 1847-1860, p. 264v.

FRANCISCO JOSÉ DE MEIRELES

Comerciante e veterano da independência do Brasil, era proprietário do Hotel Meireles, localizado no cais Maria Alves. Nasceu na Vila de Nossa Senhora do Rosário do Porto da Cachoeira no início do século XIX, e veio a falecer no mesmo local em 27 de maio de 1870, aos 70 anos de idade[630]. Foi uma das figuras salientes no decurso da guerra da independência do Brasil na Bahia, feito que o levou a ser incluído no distinto grupo de baianos agraciados com a medalha da Campanha da Restauração da província da Bahia, uma honraria concedida a baianos que se destacaram na luta pela independência do Brasil[631].

---

[630] Hemeroteca Digital da Biblioteca Nacional. *Jornal do Recife*, ed. de 10.06.1870, p. 1.
[631] Hemeroteca Digital da Biblioteca Nacional. *Almanaque Administrativo, Mercantil e Industrial da Bahia*, ed. 01 de 1862, p. 469.

FRANCISCO VIEIRA DA SILVA GOMES

Praça do Caquende

Figura 120 – Francisco Vieira da Silva Gomes. Fotografia do início do séc. XX. Acervo de Terezinha Carvalho Guimarães

Negociante cachoeirano, nasceu no domicílio de seu pai, na Rua Formosa, em 13 de julho de 1881[632]. Filho de Francisco Xavier Vieira Gomes e Laurinda Pureza Vieira Gomes. Faleceu aos 33 anos, vítima de congestão cerebral, solteiro e sem descendência[633].

---

[632] APMC. Livro de Recenseamento das Crianças do Sexo Masculino em Idade Escolar, 1890, p. 13v.
[633] Cartório do Registro das Pessoas Naturais da Cidade de Cachoeira/BA, Distrito-Sede. Livro de óbitos n. 18, p. 79.

FRUCTUOSO GOMES MONCORVO (CORONEL)

Rua Formosa[634]

Comerciante, militar, político, entre outras ocupações. O coronel Frutuoso Gomes Moncorvo nasceu na então Vila de Nossa Senhora do Rosário do Porto da Cachoeira em 1815, filho primogênito do casal Fructuoso Gomes Moncorvo e de dona Antônia Francisca das Virgens[635]. A seguir, a transcrição do seu registro de batismo:

> Aos 8 de fevereiro de 1816, de licença minha, o reverendo Vigário colado de Santo Estevão do Jacuípe, Francisco Gomes dos Santos, na sua mesma Matriz, batizou e pôs os Santos óleos a **Fructuoso**, párvulo, filho legítimo de Fructuoso Gomes Moncorvo, de sua mulher Antônia Francisca das Virgens, moradores nesta Vila, foram padrinhos: Manoel Fernandes Pereira e sua mulher, Ana Joaquina de São José. E para constar mandei fazer este e assinei. O vigário encomendado Carlos Melquíades do Nascimento.

Batizado com o nome de Fructuoso Gomes Moncorvo Júnior, retirou o sufixo Júnior após a morte do seu pai. A experiência com a pesquisa na região do Recôncavo baiano durante os períodos colonial e imperial permite-nos afirmar que os filhos que levavam o mesmo nome dos seus pais utilizavam o sufixo (Filho, Júnior) apenas durante a vida do genitor, por isso é muito difícil encontrarmos o sufixo Neto em uso. Neste caso, por exemplo, Fructuoso Gomes Moncorvo era homônimo do seu pai e avô, sendo o terceiro Fructuoso da sua família. Esse último dado é deveras importante, pois a ausência desses sufixos (Filho, Júnior, Neto etc.) pode provocar dificuldades e confusões no momento da identificação genealógico-familiar, levando o pesquisador a confundir personagens de diferentes gerações.

Frutuoso Moncorvo Júnior se casou em 22 de novembro de 1841[636], no oratório da casa de residência do tenente Bento José de Almeida, com dona Cândida Marcolina de Almeida. A cerimônia foi celebrada pelo padre Rodrigo Inácio de Souza Menezes e teve o casal Alvino José da Silva e Almeida e Maria Joaquina de Almeida como padrinhos. Frutuoso e Cândida Marcolina viveram juntos durante 35 anos.

O memorialista Aristides Augusto Milton[637] descreve Frutuoso enquanto o homem mais rico da Cachoeira durante o terceiro quartel do século XIX, classificando-o como um "abastado capitalista". Para a historiadora Silvana Santos[638], o termo "capitalista" era comumente

---

[634] Atual Av. J. J. Seabra.

[635] Universidade Católica do Salvador. Laboratório Reitor Eugênio Veiga (LEV). Livro de Registro de batismos da Paróquia de Cachoeira, 1816-1823, p. 2.

[636] Universidade Católica do Salvador. Laboratório Reitor Eugênio Veiga (LEV). Livro de casamentos da Paróquia de Nossa Senhora do Rosário da Cachoeira, 1828-1860, p. 141.

[637] MILTON, Aristides. *Ephemerides cachoeiranas*. Salvador: Ufba, 1979. (Coleção Cachoeira; v. 1). p. 393.

[638] SANTOS, Silvana Andrade dos. *Escravidão, tráfico e indústria na Bahia oitocentista*: a sociedade Lacerda e Cia e a Fábrica Têxtil Todos os Santos (c. 1844-c. 1878). 2020. Tese (Doutorado em História) – Universidade Federal Fluminense, Niterói, 2020. p. 75-82.

utilizado para referir-se a um grupo de pessoas com avultadas fortunas, com investimentos em diferentes nichos econômicos, como, por exemplo, proprietários rurais e urbanos, comerciantes, investidores no mercado do empréstimo a juros. Este conceito se aplica ao nosso morador Fructuoso, dada a sua participação em diversos setores na sociedade baiana oitocentista. Neste verbete apresentaremos apenas uma das suas muitas facetas enquanto negociante: o investimento no ramo imobiliário local. Quando faleceu, esta foi a principal característica descrita nos noticiários da imprensa brasileira oitocentista: "Fructuoso, o maior proprietário de prédio entre nós"[639].

As pesquisas historiográficas que vêm sendo desenvolvidas nas últimas décadas sobre o perfil dos patrimônios adquiridos no Brasil durante os séculos XVIII e XIX demonstram que a aquisição de imóveis urbanos era uma estratégia recorrente para aqueles que almejavam "viver de rendas". Em nossa dissertação de mestrado, analisamos o perfil dos irmãos da Ordem Terceira do Carmo de Cachoeira (1691-1773) e destacamos que o investimento imobiliário já demonstrava sua atratividade desde a primeira metade do século XVIII. Um exemplo notável ocorreu em 1738, quando o comerciante Lourenço Corrêa Lisboa adquiriu 16 "moradas de casas térreas" por 2:500$000 (dois contos e quinhentos mil réis), o que revela o potencial de retorno financeiro no mercado locatício[640].

Na década de 1840, Frutuoso Moncorvo deu início ao seu empreendimento imobiliário urbano na cidade da Cachoeira. Em 1846, assinou uma escritura de compra e venda, através da qual adquiriu seu primeiro lote de terrenos devolutos espalhados pelas principais zonas da heroica cidade, totalizando 204 braças de terras, pela quantia de 1:225$000[641] (um conto duzentos e vinte e cinco mil réis). No ano seguinte, encaminhou solicitações à câmara, onde requereu uma vistoria para que fosse elaborado plano de alinhamento dos prédios que seriam construídos nas Ruas da Ponte Nova e Curral Velho. A seguir, um dos pareceres sobre essas solicitações:

> Termo de vistoria a requerimento de Fructuoso Gomes Moncorvo a que procedeu à Câmara Municipal, pelo que abaixo se declara. Aos sete dias do mês de fevereiro do ano de 1848, nesta heroica cidade da Cachoeira e lugar do Curral Velho, onde foi vindo a câmara municipal composta dos senhores vereadores Manoel Galdino de Assis, Pe. Manoel Teixeira, Joaquim Inácio da Costa e Figueiredo, Francisco Pereira do Nascimento e Silva, Pe. José Joaquim Martins Milagres e Fructuoso Gomes Moncorvo, a requerimento do vereador Fructuoso Gomes Moncorvo, para proceder à vistoria e alinhamento no terreno devoluto ao lado esquerdo do curral velho onde pretende edificar casas térreas; aí resolveu a câmara que seguisse em linha reta dos fundos da casa do mesmo suplicante até a travessa que vai ter a casa de Manoel Lino Pereira, 30 palmos distantes da muralha do curral velho, ficando com 23 palmos a Rua Nova a contar das casas edificadas para acerca fronteira de Lino Martins Bastos sendo a dita cerca retirada até onde for necessário para completar os ditos 23 palmos da rua. E para constar mandou a Câmara lançar o presente em que assinou. Eu, Antônio Francisco do Nascimento Viana, secretário que assinei.[642]

---

[639] Hemeroteca Digital da Biblioteca Nacional. *Jornal Correio da Bahia*, ed. de 13.12.1876.

[640] MOREIRA, Igor Roberto de Almeida. *"E por tais terceiros na Ordem do Carmo"*: os dignitários irmãos da Ordem Terceira do Carmo da Vila da Cachoeira, 1691-1773. 2021. Dissertação (Mestrado) – Universidade do Estado da Bahia, Santo Antônio de Jesus, 2021. p. 104.

[641] APMC. Índice dos registros de petições, escrituras e processos lavrados e tramitados nos cartórios da Comarca da Cachoeira, primeira metade do séc. XIX. Escritura lavrada em 04.09.1846, nas notas do tabelião Guedes.

[642] APMC. Livro de Termos de Arrematação e Vistorias, 1809-1862, p. 138v.

Foram construídas ao menos 18 casas nessa localidade[643], que corresponde às atuais Ruas Coronel Garcia, Praça Marechal Deodoro, Rua do Fogo e adjacência. O cruzamento das fontes permite que afirmemos que a configuração urbana dessas zonas foi moldada a partir da intervenção direta do coronel Moncorvo.

Uelton Rocha analisou o perfil das fortunas em Cachoeira no período de 1833 a 1889, revelando que era comum investir parte do capital na compra de propriedades urbanas. Um levantamento minucioso e a comparação de dados mostraram que, na sociedade cachoeirana do século XIX, os imóveis, tanto urbanos quanto rurais, eram os ativos mais estáveis. Especificamente sobre a área urbana, a partir das considerações de Rocha, é possível inferir que possuir esse tipo de patrimônio apoiava as atividades comerciais, facilitando, por exemplo, o acesso a empréstimos financeiros que podiam ser investidos no funcionamento das casas de negócio[644].

Embora fosse uma prática comum e usual, o caso de Fructuoso Moncorvo torna-se singular pelo volume de capital dispendido nesse investimento. A leitura da dissertação de Uelton Rocha aliada à análise de alguns inventários de comerciantes depositados no Arquivo Público Municipal de Cachoeira[645] revelam que os prédios construídos e adquiridos estavam dispersos pela cidade, inclusive em áreas que não eram muito valorizadas. Rocha menciona o caso do casal Manoel José da Silva Lemos, que possuía 34 imóveis, os quais representavam apenas 20% do seu patrimônio, totalizando um valor aproximado de 14:000$000, o que indica que não eram propriedades tão valiosas, certamente por estarem construídas em locais mais afastados do centro urbano-comercial[646]. Diferindo desses casos, veremos mais adiante que as propriedades de Moncorvo estavam situadas majoritariamente nas zonas mais valorizadas, a começar pela sua residência.

Além da construção de prédios e possível retorno na obtenção dos aluguéis, Moncorvo também vislumbrou que a aquisição de terrenos onde já existiam propriedades edificadas poderia ser um ativo rentável, pelo recebimento dos foros e laudêmios. Em 1852, dispendeu uma pequena fortuna, quantia superior a 3:000$000 (três contos de réis), na compra de mais de 300 braças de terras espalhadas pelas principais ruas da cidade: Ponte Nova, Praça da Alegria, Largo dos Amores, Rua Formosa, Travessa do Monte, Rua da Pitanga, Três Riachos, Beco do Anastácio, Rua das Ganhadeiras, Ponte Velha, Rua das Flores etc.[647]

---

[643] APEB. Escritura de convenção, reconhecimento de débito, obrigação e hipoteca que fazem tenente coronel Frutuoso Gomes Moncorvo, sua mulher e seu sócio aos seus credores. Seção Judiciário. Classificação 59/2096/8.
[644] ROCHA, Uelton Freitas. *"Recôncavas" fortunas*: a dinâmica da riqueza no Recôncavo da Bahia. (Cachoeira, 1834-1889). 2015. Dissertação (Mestrado em História) – Universidade Federal da Bahia, Salvador, 2015.
[645] Referimo-nos aos comerciantes: Manoel Francisco de Souza Bastos, José Egídio Duarte Portela, Bernardo Alves da Silva.
[646] ROCHA, *op. cit.*, p. 62.
[647] APEB. Seção Judiciário. Livro de Notas n. 99, p. 75-77.

Figura 121 – APMC. Recibo anexo ao inventário *post mortem* de Joaquim Ribeiro Pinto, caixa 140, documento 1367

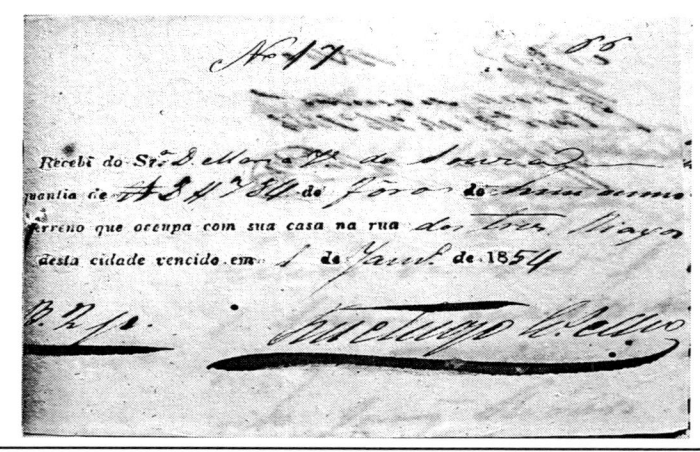

> *Recebi da Srª D. Maria José de Souza a quantia de 8$784 de foros de um ano do terreno que ocupa com sua casa na rua dos Três Riachos nesta cidade, vencido em 1º de janeiro de 1854. Fructuoso Gomes Moncorvo*

Fructuoso Gomes Moncorvo viveu em uma imponente casa na antiga Rua Formosa n. 7, que possuía as seguintes características: um sobrado com dois andares, com 11 janelas em cada andar, com grades de ferro, bacias de cantaria delicada e armazéns nos baixos[648]. Ao que tudo indica, era uma das moradias mais luxuosas da região. Não por acaso, foi a residência escolhida pelo Visconde de Serro Frio, na época presidente da província da Bahia, para se hospedar durante sua visita ao Recôncavo em maio de 1874[649]. A seguir, duas fotografias da Rua Formosa, mostrando o antes e depois do calçamento realizado durante a administração do intendente coronel Martins Gomes.

Figura 122 – Imagem de Domínio Público. Cachoeira, Rua Formosa antes do calçamento, em 1860. Autor desconhecido

---

[648] APEB. Escritura de convenção, reconhecimento de débito, obrigação e hipoteca que fazem tenente coronel Frutuoso Gomes Moncorvo, sua mulher e seu sócio aos seus credores. Seção Judiciário. Classificação 59/2096/8.
[649] Hemeroteca Digital da Biblioteca Nacional. Jornal *A Reforma*, ed. de 06.06.1874.

Figura 123 – Fotografia da Rua Formosa depois do calçamento, no princípio do séc. XX. *Revista do Brasil*, ed. 0001, ano de 1911, autor desconhecido

Renomeada Rua Formosa no início do século XIX, essa via abandonou a antiga designação de Rua do Pasto. O novo nome evocava, segundo as reportagens da época, a sua reputação como uma das mais notáveis ruas do Brasil, exaltando não apenas sua extensão, mas também a elegância de seus edifícios[650]. Durante a segunda metade do século XIX, a Rua Formosa se destacou como o principal polo comercial da cidade, sendo reconhecida por sua amplitude e por não ser afetada pelas enchentes do Paraguaçu[651]. Isso fazia com que os imóveis nessa região tivessem um valor elevado. Além do seu sobrado de dois andares, Fructuoso Moncorvo possuía mais seis sobrados e sete casas terras com armação para loja, totalizando 14 propriedades apenas nesta zona[652]. O fato de ser um investidor do ramo imobiliário fez com que buscasse mitigar a situação calamitosa das vias públicas, pois isto refletiria negativamente nos seus negócios. Sua atuação era tão significativa que o presidente da província da Bahia na época, João Maurício Wanderley, ressaltou seu empenho perante a Assembleia Estadual:

> Se alguma coisa se fizesse, era na Rua Formosa, e isso devido ao Senhor Fructuoso Gomes Moncorvo, que de todos me parece ser o que mais boa vontade tem para que se melhore o péssimo estado das calçadas das ruas da Cachoeira.[653]

Esse comprometimento de Moncorvo refletia não apenas em benefícios para a população, mas também em valorização dos seus imóveis e aluguéis localizados na região.

Infelizmente, o inventário do coronel Frutuoso Gomes Moncorvo não sobreviveu à posteridade, e a documentação dos tabelionatos também não foi conservada devidamente, o que impede uma análise serial e sistemática, dificultando, assim, que saibamos quantos imóveis urbanos compunham o seu rico patrimônio. Entretanto, buscamos documentos que sanassem essa lacuna, mesmo que parcialmente. Localizamos uma escritura de débito e hipoteca passada

---

[650] Hemeroteca Digital da Biblioteca Nacional. Jornal *Idade d'Ouro do Brasil*, ed. n. 48 de 20.06.1817, p. 1.
[651] Arquivo Público Municipal de São Félix. Jornal *O Correio de São Félix*, ed. de 19.09.1964.
[652] APEB. Escritura de convenção, reconhecimento de débito, obrigação e hipoteca que fazem tenente coronel Frutuoso Gomes Moncorvo, sua mulher e seu sócio aos seus credores. Seção Judiciário. Classificação 59/2096/8.
[653] *Fala Registrada na Abertura da Assembleia Legislativa da Bahia pelo Presidente da Província o Doutor João Mauricio Wanderley no 1º de março de 1855.* Tipografia de A. Olavo da França Guerra e Comp., 1855, p. 9.

pelo coronel Moncorvo a diversos credores na cidade da Bahia, onde hipotecou parte dos seus bens. Neste documento, são descritos 57 imóveis, entre sobrados, armazéns e casas térreas, localizados em sua maioria nas principais ruas da cidade[654]. Esse número elevado de imóveis hipotecados na parte urbana da cidade, sem contar com os demais situados em outras localidades, transformou-o no maior proprietário de prédios urbanos da cidade, com vultuosos rendimentos. Mesmo com abandono da vida comercial, permaneceu, segundo o livro de qualificação eleitoral da paróquia de Cachoeira, com a maior renda entre os eleitores do município.

Figura 124 – Recibos de aluguel personalizado com o nome de Fructuoso Gomes Moncorvo. Neste recibo, Fructuoso declarou ter recebido 10$000 (dez mil réis) do procurador da Câmara Municipal, pelo uso do prédio n. 09, situado à Rua Formosa. Acervo do Arquivo Público Municipal de Cachoeira. Livro de Contas da Câmara, ano de 1875

Figura 125 – APMC. Livro de Qualificação de Votantes da Paróquia da Cachoeira, 1876, p. 195. Quarteirão número 41. 21 - *Fructuoso Gomes Moncorvo, 62 anos, casado, proprietário, sabe ler e escrever, filho de Fructuoso Gomes Moncorvo, renda de 4:000$000*

---

[654] APEB. Escritura de convenção, reconhecimento de débito, obrigação e hipoteca que fazem tenente coronel Frutuoso Gomes Moncorvo, sua mulher e seu sócio aos seus credores. Seção Judiciário. Classificação 59/2096/8.

Fructuoso Gomes Moncorvo faleceu em 8 de dezembro de 1876, vitimado por moléstia do coração, contando 62 anos. O jornal *A Ordem*, editado em Cachoeira e declaradamente "filiado" ao Partido Conservador, na sua edição do dia 09.12.1876, noticiou o fato de forma tímida, afinal Moncorvo foi um liberal; vejamos:

> Faleceu ontem nesta cidade o tenente coronel Frutuoso Gomes Moncorvo, vítima de padecimentos internos, de que há tempos estava sendo vítima. Era o maior proprietário de prédios entre nós. Seu cadáver será dado hoje à sepultura na igreja da Conceição do Monte. A sua respeitável família dirigimos nossos sinceros pêsames.[655]

Foi sepultado no dia 9, na Capela da Conceição do Monte, de cuja agremiação era afiliado[656].

---

[655] Hemeroteca Digital da Biblioteca Nacional. Jornal *Correio da Bahia*, ed. de 13.12.1876.
[656] Universidade Católica do Salvador. Laboratório Reitor Eugênio Veiga (LEV). Livro de Registro de Óbitos da Paróquia de Cachoeira, 1876-1885, p. 34.

GERMANA DE SOUZA MARQUES

Rua do Amparo[657]

Germana de Souza Marques nasceu por volta de 1818, na cidade de Salvador, e posteriormente se mudou para Cachoeira. Filha de Felizarda, uma africana alforriada. Germana acumulou bens ao longo da vida, o que lhe permitiu adquirir uma propriedade avaliada em 1:000$000 (um conto de réis) na Rua do Amparo, n. 17[658]. Seu testamento revela certo dinamismo social ao nomear dois comerciantes, Bento José da França Vanique e Antônio Lopes de Carvalho Sobrinho[659], como testamenteiros. Além disso, constata-se sua participação como membro da Irmandade de Nossa Senhora do Rosário do Sagrado Coração de Monte Formoso. Germana faleceu em 6 de maio de 1878, aos 60 anos, vítima de uma lesão orgânica no coração[660]. Solteira e sem descendentes, foi sepultada no Cemitério de Monte Formoso (Rosarinho), conforme seu último desejo.

---

[657] Atual João Vieira Lopes.

[658] APMC. Testamento de Germana de Souza Marques, anexo ao seu inventário *post mortem*, caixa 133, doc. 1286.

[659] Conferir verbete de Antônio Lopes de Carvalho Sobrinho.

[660] Universidade Católica do Salvador. Laboratório Reitor Eugênio Veiga (LEV). Livro de óbitos da Freguesia de Nossa Senhora do Rosário da cidade da Cachoeira, 1877-1878, p. 166.

GERVÁSIO JOSÉ DE ALMEIDA

Rua de Baixo[661]

Negociante, africano, egresso do cativeiro. Gervásio José de Almeida foi um homem africano que viveu em Cachoeira entre o final do século XVIII e a primeira metade do XIX. Em seu testamento, afirma ser natural da África, porém sem nenhuma menção sobre o local específico do nascimento ou sobre a sua filiação. Entretanto, a partir da verba 11 do seu testamento, podemos realizar algumas especulações sobre a sua trajetória; vejamos: "Fui escravo do finado, meu senhor Antônio José de Almeida, a quem pela minha liberdade dei quatrocentos mil réis, e por isso nada devo ao mesmo casal, bem como nada devo a pessoa alguma". A partir do cruzamento com outras fontes, estimamos que tenha nascido por volta de 1770 e, logo em seguida, deve ter sido capturado e enviado para o Brasil na condição de escravizado. O citado Antônio José de Almeida, antigo senhor de Gervásio, foi um dos prósperos homens de negócios da Vila da Cachoeira, matriculado na Real Junta do Comércio, Familiar do Santo Ofício, e natural do Reino de Portugal[662].

Em um documento localizado no APMC, estimamos que Antônio José de Almeida tenha falecido por volta de 1820[663]; portanto, é plausível considerar a possibilidade de Gervásio ter obtido sua liberdade durante os primeiros anos do século XIX. O que se sabe com certeza é que, em 29 de julho de 1823, ele já era descrito como um homem livre, ao registrar o falecimento de Manoel, seu escravizado de nação Moçambique, ocasião em que Gervásio é identificado como senhor de escravizados. O seu inventário *post mortem* também permite conjecturar que tenha sido um dos muitos escravizados de ganho atuantes na Vila; amealhando dinheiro para adquirir a sua liberdade a partir dos valores recebidos pelo aluguel dos seus serviços, prática intitulada de jornal, ou seja, correspondente ao recebimento de quantias por jornadas de trabalho. Esses "contratos" informais, estabelecendo um preço fixo a ser entregue aos senhores, permitiam que os escravizados retivessem qualquer valor excedente, contribuindo para a acumulação de recursos por parte destes trabalhadores. Isso, por sua vez, os transformava em "consumidores", uma condição que lhes possibilitava negociar e barganhar a sua própria liberdade[664].

Embora não tenha mencionado de forma explícita, ao analisarmos de forma conjunta o seu testamento e o inventário do seus bens, inferimos que foi um escravizado que se ocupou nas atividades urbanas, inserido no universo dos barbeiros sangradores e músicos que prestavam seus serviços nas praças, ruas e orla da Vila. Jean-Baptiste Debret observa o desenvolvimento desse ofício na praça do Rio de Janeiro do séc. XIX e nos apresenta uma descrição bastante completa:

> O oficial de barbeiro no Brasil é quase sempre negro ou pelo menos mulato. Esse contraste chocante para o europeu não impede ao habitante do Rio de Janeiro entrar com confiança numa dessas lojas, certo de aí encontrar numa mesma pessoa um barbeiro

---

[661] Atual Treze de Maio.
[662] Arquivo Nacional da Torre do Tombo (TSO-CG). Habilitações, António, mç. 191, doc. 2832.
[663] APMC. Inventário *post mortem* de Ana Joaquina de São José. Caixa 29, processo 299.
[664] GRAHAN, Richard. *Alimentar a cidade*: das vendedoras de rua à reforma liberal (Salvador, 1780-1860). Tradução de Berilo Vargas. São Paulo: Companhia das Letras, 2013.

hábil, um cabeleireiro exímio, um cirurgião familiarizado com o bisturi e um destro aplicador de sanguessugas. Dono de mil talentos, ele tanto é capaz de consertar a malha escapada de uma meia de seda, como de executar, no violão ou na clarineta, valsas e contradanças francesas, em verdade arranjadas a seu jeito.[665]

O inventário dos seus bens coaduna diretamente a descrição *supra*, ao citar que Gervásio possuía: "Um terno completo de música, com zabumba, caixas, clarinetas, trompas, clarins, árvore de campanha, e mais pertences, em bom uso, avaliados em trezentos e cinquenta mil réis"; além de três escravizados africanos, "moços", barbeiros e tocadores[666]; revelando, assim, que poderia ser regente ou simplesmente proprietário de uma banda de barbeiros. Sobre esse aspecto, o relato do cronista Thomas Ewbank, sobre a movimentação existente nas ruas do Rio de Janeiro durante as festividades do Espírito Santo, em finais da primeira metade do oitocentos, incrementa a narrativa descritiva de Debret: "Daqui a pouco uma banda negra, composta por duas trompas francesas, três tambores, um clarinete e um pífano, emergiram e reiniciaram um ar de valsa no meio da rua"[667].

Nicolau Parés também reafirma sobre essa conjunção de serviços oferecidos pelos barbeiros que atuavam na cidade do Salvador durante os séculos XVIII e XIX[668]. A pesquisa de Parés nos ajuda a refletir sobre a participação desse grupo nas irmandades religiosas. Aliando o estudo de Parés com os dados levantados na pesquisa sobre o universo sócio-religioso-devocional da Vila da Cachoeira — território onde existiam dezenas de irmandades constituídas[669] —, pode-se admitir que, de algum modo, a presença desses indivíduos nos espaços associativos leigos contribuiu para que essas instituições se tornassem consumidoras dos serviços de música. No caso específico de Gervásio, localizamos dados que reforçam essa hipótese. Encontramos um documento que atesta que a Irmandade do Senhor Bom Jesus da Paciência contratou, em 1842, pelo preço de 6 mil réis, os serviços musicais de uma banda de barbeiros[670]. Coincidentemente, refere-se à mesma agremiação citada por Gervásio em seu testamento, onde declarou ser afiliado na condição de irmão.

---

[665] DEBRET, Jean-Baptiste. *Viagem pitoresca e histórica ao Brasil*. São Paulo: Livraria Martins, 1949. t. 1, p. 151.

[666] APMC. Inventário *post mortem* de Gervásio José de Almeida. Caixa 107, processo 1041, p. 3v.

[667] EWBANK, Thomas. *Life in Brazil; or, A journal of a visit to the land of the cocoa and the palm, with an appendix, containing illustrations of ancient South American arts*. New York: Harper & Brothers, 1856. p. 251.

[668] PARÉS, Luis Nicolau. Milicianos, barbeiros e traficantes numa irmandade católica de africanos minas e jejes (Bahia, 1770–1830). *Tempo*, n. 20, p. 1-23, 2014. p. 1-23. DOI 10.5533/TEM-1980-542X-2014203607.

[669] MOREIRA, Igor Roberto de Almeida. *"E por tais terceiros na Ordem do Carmo"*: os dignitários irmãos da Ordem Terceira do Carmo da Vila da Cachoeira, 1691-1773. 2021. Dissertação (Mestrado) – Universidade do Estado da Bahia, Santo Antônio de Jesus, 2021. p. 152.

[670] APMC. Documentos avulsos não catalogados.

Figura 126 – Banda formada por músicos negros na Festa do Espírito Santo. BRIGGS, Frederico Guilherme. Begging for the holy ghost. Rio de Janeiro: Ludwig and Briggs, 1845. 1 gravura, litografia, pb, 23 cm. Disponível em: http://objdigital.bn.br/acervo_digital/div_iconografia/icon70370/icon70370_29.jpg. Acesso em: 15 maio 2024

A profusão dos ritos católicos, fosse na liturgia festiva ou nas cerimônias fúnebres, tornou-se catalisador para os serviços ligados à arte da música. Ao compulsarmos os inventários depositados no arquivo de Cachoeira, sobretudo os do século XVIII e da primeira metade do XIX, percebe-se ser bastante frequente o aparecimento, na prestação de contas, de quantias referentes ao pagamento dos músicos que participavam dos funerais. Nicolau Parés também destaca sobre a rentabilidade dessas bandas de barbeiros, ao identificar processos acelerados de acumulação de capital[671]. O perfil econômico de Gervásio é bastante similar aos que foram identificados por Parés em Salvador. Além dos escravizados da banda, possuía mais duas cativas quitandeiras, peças de ouro e prata e bens de raiz, além de residir em uma casa localizada na zona nobre da Vila. Essas informações demonstram, de modo inequívoco, que estamos diante de uma trajetória singular na dinâmica social dos libertos que residiam na Cachoeira oitocentista.

Gervásio Almeida casou-se perante os ritos da Igreja com Fabiana Francisca de Souza Almeida Saldanha, gerando duas filhas dessa união, Maria Felismina e Maria Carolina. Também declarou que antes do seu matrimônio teve uma filha de nome Ludovina Pedreira de Almeida, havida de uma escravizada residente na Freguesia de São Gonçalo dos Campos, a qual "para restituir minha filha da liberdade paguei trezentos mil réis, cuja quantia deve entrar no seu quinhão a fim de não prejudicar os demais meus herdeiros"[672]. Gervásio José de Almeida faleceu em 25 de julho de 1838 e foi sepultado, a seu pedido, no Convento do Carmo[673].

---

[671] PARÉS, Luis Nicolau. Milicianos, barbeiros e traficantes numa irmandade católica de africanos minas e jejes (Bahia, 1770–1830). *Tempo*, n. 20, p. 1-23, 2014. p. 1-23. DOI 10.5533/TEM-1980-542X-2014203607. p. 18.

[672] APMC. Testamento de Gervásio José de Almeida, anexo ao seu inventário *post mortem*. Caixa 107, processo 1041.

[673] Universidade Católica do Salvador. Laboratório Reitor Eugênio Veiga (LEV). Livro de óbitos da Paróquia de Nossa Senhora do Rosário da Cachoeira, 1834-1844, p. 90.

GONÇALO PINTO DA ROCHA

Gonçalo Pinto da Rocha era proprietário de um armazém de molhados onde comercializava diversos produtos, como vinho, bacalhau, azeite, queijo do reino, manteiga, aguardente e sabão[674]. Ele pode ser considerado um dos primeiros produtores de licor mencionados na documentação de Cachoeira no século XIX. No inventário *post mortem*, foi registrado que Gonçalo possuía pipas e barris utilizados para a produção de licores, que eram vendidos em sua loja, localizada "na rua principal desta Vila"[675] — provavelmente, a então Rua das Flores. Embora o processo não forneça muitos detalhes sobre sua vida, a participação das Irmandades do Senhor dos Martírios e de São Benedito no funeral de sua esposa sugere que a família de Gonçalo não era branca[676].

---

[674] APMC. Inventário *post mortem* de. Gonçalo Pinto da Rocha, caixa 120, doc.1153, p. 12.
[675] *Ibidem*, p. 3, 7.
[676] *Ibidem*, p. 11.

GUILHERME PINTO DA SILVEIRA SALES (PADRE)

Rua da Matriz[677]

Nascido por volta de 1822, filho de Ana Quitéria de São José[678], migrou para Cachoeira ainda criança e foi ordenado padre no final dos anos 1840. Durante a epidemia de *cólera morbus* em 1855, destacou-se ao prestar auxílio espiritual e humanitário aos aflitos, diferenciando-se por não ter fugido, como fez a maioria das autoridades[679]. Durante esse período, assumiu a cátedra de latim na cidade. Foi coadjutor da paróquia sob a administração do pároco dr. Cândido de Souza Requião e, após o falecimento deste, em 1880, tornou-se o pároco da Freguesia da Cachoeira. Como talentoso compositor de modinhas e dono de uma voz encantadora, deixou cantos sacros e partituras que comprovam seu notável talento artístico[680]. Sua trajetória em Cachoeira não só evidencia sua importância no contexto religioso, mas também destaca o estado deplorável dos prédios religiosos no século XIX. Em 1878, na Sexta-Feira Santa, após a procissão do Senhor Morto, enquanto pregava o sermão de lágrimas no Convento do Carmo, a tábua do púlpito se soltou, e o padre Guilherme caiu, sendo levado quase sem vida para um salão do convento, onde recebeu os primeiros socorros do doutor Norberto Francisco de Assis. Diz-se que, por providência divina, ele sobreviveu. O editor de um jornal da época ressaltou a deterioração da Igreja da Ordem Primeira do Carmo, a ponto de quase não poder mais receber ofícios divinos[681]. Posteriormente, o padre Guilherme foi substituído pelo padre Heráclito Mendes da Costa. Padre Guilherme faleceu em 23 de outubro de 1901[682].

---

[677] Atual Ana Nery.
[678] APMC. Livro de Qualificação de Votantes da Paróquia da Cachoeira, 1878, p. 112.
[679] APMC. Requerimentos. Legislativo. Documentos avulsos não classificados.
[680] MELLO, Guilherme Theodoro Pereira de. *A música no Brasil*: desde os tempos coloniais até o primeiro decênio da República. Bahia: Tipografia de S. Joaquim, 1908. p. 249.
[681] Hemeroteca Digital da Biblioteca Nacional. Jornal *Diário do Rio de Janeiro*, ed. de 02.05.1878, p. 2.
[682] Biblioteca Pública dos Barris. Setor de Periódicos Raros. Jornal *A Ordem*, edição de 24.10.1903, p. 1.

GUSTAVO SALOMÃO JUNOD

Rua de Baixo[683]

Gustavo Salomão Junod foi um imigrante suíço que se estabeleceu na cidade de Cachoeira durante o final da primeira metade do séc. XIX[684]. Filho de Daniel Francisco Junod e Lytle Junod, trouxe consigo a profissão de marceneiro, abrindo uma oficina que rapidamente o consolidou como um dos mais afamados artesãos da região. Seu sucesso é evidenciado pelo inventário *post mortem*, que revela um patrimônio superior a 25 contos de réis. Além da marcenaria, Junod também atuava como credor, emprestando dinheiro a diversos comerciantes locais, o que demonstra sua inserção no setor de crédito[685].

Como protestante, Junod foi um dos pioneiros do presbiterianismo em Cachoeira. Alugava um de seus sobrados para os cultos da congregação, permitindo que a primeira sede de uma igreja não católica na cidade funcionasse ao lado da Igreja Matriz de Nossa Senhora do Rosário, no antigo Beco da Matriz (atual Rua Lions Clube).

Figura 127 – Sobrado onde se realizaram cultos da Igreja Presbiteriana na década de 1870, em Cachoeira, Bahia. A imagem, datada do início do século XX e de autor desconhecido, registra a fachada do edifício

---

[683] Atual Treze de Maio.

[684] A estimativa é baseada em sua participação na Santa Casa de Misericórdia, onde Junod já estava registrado como irmão em uma sessão realizada em 21 de outubro de 1855.

[685] APEB. Seção Judiciário. Testamento de Gustavo Salomão Junod, anexo ao seu inventário *post mortem*. Classificação: 2/538/984/1.

Em seu testamento, assegurou que a congregação jamais seria despejada nem teria o aluguel de 400 mil réis anuais aumentado enquanto ocupasse o local[686].

O documento também ressalta a estreita amizade entre Gustavo Salomão Junod e Hans Christian Both[687], um imigrante alemão e colega de profissão, que possivelmente compartilhava a mesma fé religiosa. Ambos foram membros da Santa Casa de Misericórdia de Cachoeira durante o mesmo período, o que fortaleceu seus laços tanto profissionais quanto sociais[688]. No testamento, Junod incluiu como herdeiros a esposa de Both e seus descendentes, evidenciando a profundidade dessa relação e o apreço que tinha pela família, ampliando seus vínculos para além das esferas comerciais e da vida agremiativa[689].

Gustavo Salomão Junod faleceu em 30 de janeiro de 1879, aos 63 anos, vítima de tísica laríngea[690]. Deixou um extenso acervo de obras de marcenaria, muitas em jacarandá, comprovando sua habilidade e prestígio entre os clientes locais. Em seu testamento, expressou o desejo de ser sepultado no cemitério dos acatólicos, que estava em reforma, e destinou a quantia de 300 mil réis para as obras, instruindo que a doação fosse entregue ao pastor da Congregação Presbiteriana[691].

---

[686] APEB. Seção Judiciário. Testamento de Gustavo Salomão Junod, anexo ao seu inventário *post mortem*. Classificação: 2/538/984/1, p. 3v.
[687] Conferir verbete de Hans Christian Both.
[688] Memorial da Santa Casa de Misericórdia de Cachoeira. Livro de Atas 1854-1862, p. 41.
[689] APEB. Seção Judiciário. Testamento de Gustavo Salomão Junod, anexo ao seu inventário *post mortem*. Classificação: 2/538/984/1, p. 4.
[690] APEB. Judiciário. Livro de óbitos n. 02, Cachoeira/BA, termo n. 28.
[691] APEB. Seção Judiciário. Testamento de Gustavo Salomão Junod, anexo ao seu inventário *post mortem*. Classificação: 2/538/984/1, p. 3v.

HANS CHRISTIAN BOTH

Marceneiro alemão radicado em Cachoeira na primeira metade do século XIX. Embora seja citado na documentação enquanto imigrante alemão, vale mencionar que Hans Christian Both nasceu em Glückstadt por volta do ano de 1808[692], período em que a referida cidade integrava o Reino da Dinamarca, sendo posteriormente incorporada ao território alemão. Antes da unificação, a Alemanha era dividida em estados que formavam a Confederação Germânica. Apesar de a unificação alemã ter ocorrido apenas em 1871, pode-se considerar que a existência de certo sentimento de unidade é anterior. Os intensos conflitos ocorridos nesses territórios ao longo do século XIX contribuíram em alguma medida para gerar um certo espírito de nacionalidade, ao serem destacados elementos culturais comuns entre os estados[693].

Filho legítimo de João Both e Hediwiges Gever, desembarcou no porto da então cidade da Bahia por volta do ano de 1832, contando à época pouco mais de 20 anos. Em 1839, já residindo em Cachoeira, aparece casando-se com Cordulina Maria do Amor Divino, brasileira, residente em Cachoeira, viúva de João Santer, que coincidentemente também era imigrante alemão[694]. O casamento simbolizou para Hans Christian Both a materialização da sua incorporação na comunidade local. Imaginamos que, a princípio, o idioma pode ter sido um entrave para a consolidação de laços na comunidade, e isso talvez explique o fato de ter se casado com a viúva de um seu patrício.

No ano de 1849, Hans Both aparece hipotecando um escravizado a Leocadio Joaquim da Cruz para adquirir certa quantia em empréstimo. Na escritura, Both informa que o dinheiro seria aplicado na ampliação da sua tenda de marcenaria, situada na então Rua de Baixo[695].

Nascido e criado em uma conjuntura religiosa que professava em sua maioria o luteranismo[696], Both se contrapôs ao afirmar ser católico, conforme a declaração expressa no seu registro de casamento,

---

[692] Universidade Católica do Salvador. Laboratório Reitor Eugênio Veiga (LEV). Livro de casamentos da Paróquia de Nossa Senhora do Rosário da Cachoeira, 1828-1860, p. 120v.

[693] RABELLO, Evandro Henrique. *Deutschtum na Bahia*: a trajetória dos imigrantes alemães em Salvador. 2009. Dissertação (Mestrado em História) – Universidade Federal da Bahia, Salvador, 2009.

[694] Universidade Católica do Salvador. Laboratório Reitor Eugênio Veiga (LEV). Livro de casamentos da Paróquia de Nossa Senhora do Rosário da Cachoeira, 1828-1860, p. 120v; conferir verbetes de Cordulina Maria Both e de João Baptista Santer.

[695] Arquivo do Fórum Augusto Teixeira de Freitas. Livro de registro de hipotecas do Cartório de Registro de Imóveis de Cachoeira. Sem especificação, p. 78v, 78.

[696] RABELLO, *op. cit.*, p. 35.

> [...] que professa a religião Católica Apostólica Romana, como consta de um atestado, ou justificação feita pelo Consul da Dinamarca, e jornal deste Consulado da Bahia J. Bretton Ayres, em 28 de M.º de 1839, como também mostrou o escripto de confissão da Matriz de S. Pedro na Bahia.[697]

Acreditamos que Hans Christian Both deva ter percebido a relevância da religião católica, credo oficial do Império do Brasil, para a inserção na comunidade e construção de sociabilidades culturais e econômicas, tão importantes para um forasteiro que falava outro idioma e buscava construir laços que possibilitassem a sua circulação em redes comerciais, o que poderia favorecer seu progresso econômico.

Não por acaso, na década de 1850, consegue galgar outras posições sociais, a partir da afiliação em importantes associações leigas presentes na cidade da Cachoeira oitocentista: Santa Casa de Misericórdia[698] e Irmandade do Santíssimo Sacramento[699]. Nessas agremiações, Hans Both participou ativamente, diferindo de alguns irmãos menos comprometidos, tendo exercido funções na mesa administrativa, custeando festas[700] e contribuído para o aumento do acervo material das instituições, através, por exemplo, da doação de 16 cadeiras para aformosear o salão da Santa Casa[701].

Hans Christian Both faleceu em 4 de janeiro de 1872. Como integrante da Irmandade da Santa Casa, recebeu as honras fúnebres devidas aos irmãos e foi sepultado dentro da igreja, conforme o rito católico. No entanto, houve um desacordo entre os membros da confraria, com o Provedor e o Escrivão contestando o local de sepultamento de Both, alegando que ele era estrangeiro e pertencia à "seita protestante". O conflito escalou e se estendeu para além dos limites da Irmandade da Santa Casa, levando os opositores do funeral de Both a informar o pároco local, padre dr. Cândido de Souza Requião. A controvérsia se acirrou quando o Pároco notificou o Arcebispo, que respondeu com uma rigorosa penalidade de interdito à Igreja São João de Deus.

> Tomando na devida consideração o que trouxe ao nosso conhecimento o reverendíssimo Cônego Cândido de Souza Requião, pároco colado da Freguesia de Nossa Senhora do Rosário da cidade da Cachoeira desta província e arcebispado da Bahia, de terem alguns irmãos da Santa Casa da Misericórdia da mesma cidade, contra a determinação do provedor e escrivão da mesa administrativa e recusa da guia do referido pároco, dirigidos em corpo de irmandade, conduzido com aparato fúnebre o cadáver do protestante Hans Christian Both, falecido no dia 4 do corrente, sem que tivesse abjurado os erros de sua seita, e lhe dando sepultura em sagrado, dentro da igreja da Santa Casa: havemos por bem lançar o interdito na referida igreja da Santa Casa da Misericórdia na cidade da Cachoeira, até que preenchido o tempo marcado no regulamento dos cemitérios, se possa fazer a exumação dos restos mortais do mesmo protestante e reconciliar-se à Igreja: cessando inteiramente aí durante este tempo todos os ofícios divinos e enterramentos. O reverendíssimo pároco publicará esta nossa portaria na igreja Matriz, a estação da missa conventual, e intimará a mesa administrativa, remetendo-a por cópia. Dada nesta cidade da Bahia, sob o nosso sinal e selo das nossas armas, aos 10 de janeiro de 1872. Arcebispo, Conde de São Salvador.[702]

---

[697] Universidade Católica do Salvador. Laboratório Reitor Eugênio Veiga (LEV). Livro de casamentos da Paróquia de Nossa Senhora do Rosário da Cachoeira, 1828-1860, p. 120v.

[698] Memorial da Santa Casa de Misericórdia de Cachoeira. Livro n. 1, p. 72v.

[699] APMC. Legislativo (correspondências). Documentos avulsos não catalogados.

[700] Hemeroteca Digital da Biblioteca Nacional. Periódico *Correio do Brasil*, ed. de 2 de fevereiro de 1872, p. 3.

[701] Memorial da Santa Casa de Misericórdia de Cachoeira. Livro de Atas 1854-1862, p. 99v.

[702] Hemeroteca Digital da Biblioteca Nacional. Periódico *O Apóstolo*, ed. de 10 de março de 1872, p. 2.

Vários jornais do Império noticiaram o fato, mas um específico nos chamou atenção, ao evidenciar algumas contradições desse episódio. O periódico *Correio do Brasil*, edição de 2 de fevereiro de 1872, na p. 3, informou o seguinte:

> O interdito lançado na referida igreja por sua excelência reverendíssima pode estar de acordo com as leis canônicas: mas há, sem dúvida, contradição neste procedimento com o de consentir que o mencionado protestante, que aliás, segundo dizem, tinha tensão de batizar-se na religião Romana, exercesse naquela Santa Casa os **cargos de mesário e até de provedor**[703], e fizesse parte de irmandades, concorrendo por sua parte para celebração de festas religiosas.[704]

A notícia *supra* apenas se enganou na informação dos cargos ocupados na Santa Casa, pois, durante os 17 anos em que ali esteve, Both ocupou apenas o cargo de Consultor[705].

Ao longo da sua vida em Cachoeira, Both comportou-se, pelo menos no externo, como um verdadeiro católico. Casou-se, e neste ato jurou ser Católico Apostólico Romano, conforme apresentamos anteriormente; também apareceu em alguns assentos dos livros de batismo de Cachoeira na condição de padrinho de algumas crianças[706], além de ter batizado a sua filha Jesuína em 18.11.1849[707]. E o mais importante: foi admitido em irmandades religiosas, tendo ocupado, inclusive, o cargo de tesoureiro da Irmandade do Santíssimo Sacramento em 1857[708]. Essa associação, cuja principal função era o culto ao Santíssimo Sacramento da Eucaristia e a organização das solenidades de Corpus Christi, Anjo Custódio e Santo Borges, apresenta um viés majoritariamente devocional, calcado nos dogmas do catolicismo. Portanto, podemos inferir que a própria comunidade acatou a veracidade do credo de Both. Mas fica o questionamento: o que mudou com a morte de Both, por que apenas neste momento ele foi visto e enquadrado enquanto um protestante?

A inserção de Both no catolicismo pode ser entendida enquanto uma farsa, ou uma sábia estratégia para ser aceito na comunidade local? Devemos ressaltar que, apesar de a Constituição Imperial de 1824 permitir alguma liberdade de culto, ela também confirmava o catolicismo enquanto religião oficial do Império[709]. Esta posição centralizou, durante longo tempo, os alicerces basilares da sociedade nas entranhas do catolicismo. As celebrações dos matrimônios e dos atos de inumação dos defuntos, por exemplo, estiveram durante toda a primeira metade do século XIX sob jurisdição exclusiva da Igreja Católica.

Quando analisamos essa conjuntura, aliada à visão preconceituosa sobre as demais crenças e o número ínfimo de pessoas que se declaravam protestantes, conforme apontou o censo de 1872, onde foram contabilizados apenas 11 acatólicos[710], imaginamos o que Both deva ter enfrentado em 1839, ano de seu casamento. É válido citar o projeto ultramontano, em voga no Brasil na segunda metade do oitocentos, o qual consistia em uma reação da Igreja Católica às transformações sociopolíticas que questionavam a sua hegemonia, incluindo o combate ao

---

[703] Informação equivocada. Both ocupou apenas o cargo de consultor.
[704] Hemeroteca Digital da Biblioteca Nacional. Periódico *Correio do Brasil*, ed. de 2 de fevereiro de 1872, p. 3.
[705] Pesquisa realizada nos livros de Atas do Memorial da Santa Casa referentes ao período de 1855-1872.
[706] Universidade Católica do Salvador. Laboratório Reitor Eugênio Veiga (LEV). Livro de batismos da Paróquia de Nossa Senhora do Rosário da Cachoeira, 1846-1861, p. 52, 92v.
[707] *Ibidem*, p. 63v.
[708] APMC. Correspondências (legislativo). Documentos avulsos não catalogados.
[709] BRASIL. [Constituição (1824)]. *Constituição Política do Império do Brasil*. Rio de Janeiro, 1824.
[710] IBGE. *Recenseamento do Brasil em 1872*. Rio de Janeiro: Tipografia Nacional, 1876. p. 73.

protestantismo, que se espalhava no Império com a vinda dos imigrantes[711]. Tal contextualização nos ajuda a compreender que a simples presença desse pequeno contingente de protestantes deve ter sido suficiente para causar certo temor no monopólio católico local, gerando incômodos e postura defensivo-combativa.

O jornal *O Progresso*, edição de finais do mês de novembro de 1862, pode servir para visualizarmos a posição dos católicos cachoeiranos perante a chegada e permanência dos imigrantes que professavam outra fé. Em um artigo intitulado "Uma conversão", o redator informava sobre a conversão do europeu Almado Frederico Stoch, conforme leremos a seguir:

> No domingo 23 do corrente, teve lugar na matriz desta cidade um desses atos solenes da religião que transtornam ceticismo, ou a indiferença dos modernos, que fortifica o crente, prepara novos mancebos, um desses atos cuja cerimônias tomam o coração e simpatizam com a nossa alma - Uma conversão. O senhor Almado Frederico Stoch, tendo passado os seus 28 anos de existência na seita protestante, nas trevas e no erro, foi iluminado, e reconhecendo afinal a verdadeira religião, muito diferente daquela que no berço lhe deram, saiu das trevas para a luz, abjurou o erro, e fez um novo protesto, o de defender a religião Católica Apostólica Romana. Mas se isso se passa no meio de um templo em presença de milhares de católicos; se vê um homem coberto de flores e, que o contentamento de outros espargiram lhe, abraçando cordialmente primeiro aquele que tinha feito uma cruz sobre sua fronte conversa, depois a quantas testemunharam o seu juramento de católico [...] A missa de verso assistira todos os sacerdotes, a Mesa da Irmandade do Santíssimo Sacramento, muitas famílias distintas, além do povo imenso que presenciara o ato da conversão. Quando o converso ajoelhou-se diante do Santíssimo Sacramento, o prazer geral foi acompanhado de uma bela e tocante ouverture executada pela corporação musical, que espontaneamente se prestou essa função. Os sons dos sinos das igrejas, o troar dos ares pela girândolas de foguetes, ainda mais publicaram a cena religiosa de 23 de novembro, na qual, cedendo o erro a verdade, as trevas a luz, apareceu triunfante o cristianismo, abençoando um para glória de todos os seus filhos. Depois do ato, por todo dia, deram-se sinais festivos nas igrejas, e a noite em algumas houve iluminação.[712]

Em um cenário onde não existia um grupo de acatólicos constituído em assembleia, os fiéis não poderiam contar nem mesmo com um amparo associativo, portanto falsear a fé católica seria um modo de permanecer "vivo", socialmente falando, lembrando que estamos falando de um forasteiro que não dominava o idioma local.

O caso Both reavivou uma discussão que estava adormecida: a construção do cemitério público. A epidemia de *cólera morbus* que acometeu a cidade em 1855 evidenciou a extrema necessidade de uma reestruturação no código de posturas a respeito dos enterramentos no município. Em 4 de abril de 1856[713], a Câmara de Cachoeira envia ofício ao presidente da província solicitando auxílio para construção de um cemitério público. Certamente, a comissão de salubridade pública da câmara deve ter constatado a extrema urgência da abolição dos sepultamentos no interior das igrejas, prática totalmente incompatível com as boas normas sanitárias estabelecidas pelo regulamento de 25 de julho de 1856. Tornava-se necessária a construção de um espaço adequado para inumações, fora do perímetro urbano.

---

[711] RODRIGUES, Cláudia. Sepulturas e sepultamentos de protestantes como uma questão de cidadania na crise do Império (1869-1889). *Revista de História Regional*, v. 13, verão 2008. p. 26.

[712] Hemeroteca Digital da Biblioteca Nacional. Jornal *Correio Sergipense*, ed. n. 106 de 31.12.1862, p. 1-2.

[713] APEB. Seção Colonial Provincial. Correspondências Cachoeira - 1271

O primeiro projeto elaborado durante essa conjuntura determinou que o local seria denominado Cemitério de Nossa Senhora do Rosário da cidade da Cachoeira, e seria erigido no Monte Formoso, gerenciado e executado pela Câmara Municipal de Cachoeira. Em abril de 1857, os camarários encaminharam ofícios às irmandades religiosas interrogando sobre o interesse em adquirir carneiras para os seus agremiados. Todas as associações consultadas manifestaram interesse, porém apenas após a construção do muro e organização do espaço conveniente para os jazigos, não demonstrando disponibilidade em concorrer com as despesas iniciais. A falta de recursos inviabilizou a continuidade da obra, e o governo da província encarregou a mesa administrativa da Santa Casa de levar adiante o projeto.

Em ofício enviado ao presidente da província logo após o falecimento de Both, datado de 14.01.1872, os administradores da Santa Casa expuseram a situação em que se encontravam as obras do cemitério e a inviabilidade financeira de seu prosseguimento. Em outra correspondência, datada de 05.02.1872, a mesa cita o interdito que foi lançado na capela após o enterramento do "protestante" irmão Hans Both, evidenciando os impactos negativos e a urgente necessidade da retomada das obras do cemitério:

> [...] vai pedir a vossa excelência que se digne mandar entregar-lhe pela repartição competente a quantia de 9:000$000 (nove contos de réis), restante da de 10:000$000, consignadas pela assembleia provincial para as obras do mesmo cemitério em lei sob nº 1119 de 3 de junho do ano de 1870, a fim de que por este modo possa, mais animada, continuar, até sua ultimação, aquela obra altamente reclamada pela mais urgente necessidade, além de ser do maior e mais palpitante interesse, **agora especialmente, que os irmãos da Santa Casa se acham privados do direito que tem a um jazigo na capela, em virtude do interdito lançado nela por provisão do Ex.ᵐᵒ Prelado Metropolitano.**[714]

Este episódio também fez com que a mesa administrativa da Santa Casa ponderasse e deliberasse sobre a resolução de 20 de abril de 1870, que solicitava das autoridades eclesiásticas da Igreja Católica a reserva de espaços para sepultamentos dos acatólicos[715]. No livro de atas do ano de 1872, na sessão de 14 de julho, o irmão escrivão lançou o seguinte requerimento:

> [...] indicou que para o fim de se não reproduzir o facto, que se deu em janeiro do corrente ano, por ocasião do falecimento do Irmão H.C. Both, da seita protestante; facto, que deu lugar a grande descontentamento, - se mandasse quanto antes fazer em lugar não sagrado, para o qual houvesse outra entrada, que não fosse a da capela, duas ou mais sepulturas para alguns irmãos que ainda restam, daquela mesma seita, - até a conclusão do cemitério.[716]

Coincidentemente ou não, em 1876, o reverendo James T. Houston, pastor presbiteriano, apresentou perante a Câmara Municipal um ofício solicitando que os edis cachoeiranos aprovassem os estatutos da Associação Evangélica Cachoeirana, que acabava de ser fundada, com o fim de construir um cemitério fora do recinto dessa cidade para inumação de cadáveres de pessoas de qualquer religião, seita ou crença[717].

---

[714] APEB. Seção Colonial Provincial – Correspondências Cachoeira – 1271.
[715] RODRIGUES, Cláudia. Sepulturas e sepultamentos de protestantes como uma questão de cidadania na crise do Império (1869-1889). *Revista de História Regional*, v. 13, verão 2008. p. 31.
[716] Memorial da Santa Casa de Misericórdia de Cachoeira. Livro de Atas n. 43, 1869-1880, p. 44v.
[717] APMC. Requerimentos (legislativo). Documentos avulsos não catalogados.

Todas as informações levantadas revelam que a trajetória do imigrante Both, muitas vezes, confunde-se com a própria história social da Cachoeira oitocentista. As teias sociais tecidas ao longo da sua vida e, sobretudo, o seu passamento revelam todo um cenário de disputas religiosas e consequentes mudanças estruturais nas últimas décadas do regime monarquista no Brasil. Portanto, este breve resumo é uma introdução suscinta e figura como um convite para novas incursões que possibilitem novos olhares e aprofundamentos sobre uma temática tão instigante e inexplorada.

HELVÉCIO VICENTE SAPUCAIA

Rua da Matriz[718] n. 31

Helvécio Vicente Sapucaia nasceu na Vila de Nossa Senhora do Rosário do Porto da Cachoeira em 1831 e foi batizado em 20 de setembro do mesmo ano. Seu padrinho, Francisco Vieira Tosta, afirmou que o recém-batizado tinha 4 meses de idade na ocasião[719]; filho legítimo de João Vicente Sapucaia e d. Alexandrina Angélica do Nascimento.

Helvécio Sapucaia se notabilizou socialmente a partir da investidura de tabelião público da cidade da Cachoeira, ocorrida em 1857[720]; e do exercício simultâneo de escrivão do Cível e Crime[721]. Qualquer pessoa que busque desenvolver estudos históricos sobre Cachoeira e seu termo durante a segunda metade do século XIX inevitavelmente se deparará com a caligrafia inconfundível do tabelião Sapucaia.

Em 24 de junho de 1865, em Oratório particular na residência da família da nubente, ocorreu a celebração do matrimônio de Helvécio Vicente Sapucaia com d. Carolina Augusta Ribeiro da Silva. A noiva, também natural e moradora na cidade da Cachoeira, filha natural do abastado negociante Antônio Francisco Ribeiro Alves da Silva e de Maria Angélica de Oliveira[722].

A união do casal foi efêmera, em consequência do falecimento prematuro de Carolina Augusta. Após algum tempo da viuvez, Helvécio casa-se novamente, com d. Maria Virgilina Ribeiro da Silva, seguindo uma prática muito comum no século XIX: o rearranjo com a família da esposa falecida por meio do casamento com uma cunhada solteira. Desta vez, a cerimônia foi celebrada em casa do noivo pelo vigário Cândido Requião em 14 de janeiro de 1871, e contou com uma dispensa matrimonial: "impedimento de afinidade lícita em primeiro grau da linha obliqua"[723], referente ao parentesco de cunhadio existente entre os cônjuges. Da união com Maria Virgilina Ribeiro da Silva, nasceram os seguintes filhos: Helvécio Vicente Sapucaia Júnior, Manuel Vicente Sapucaia, América Sapucaia e Virgilina Alexandrina Sapucaia[724].

No decurso de sua vida, Helvécio Vicente Sapucaia participou ativamente de diversas instituições locais, sendo membro da sociedade Monte Pio dos Artistas Cachoeiranos, da Irmandade de Nossa Senhora do Amparo e da Santa Casa de Misericórdia. Ele faleceu em 24

---

[718] Atual Ana Nery.

[719] Universidade Católica do Salvador. Laboratório Reitor Eugênio Veiga (LEV). Livro de batismos da Freguesia da Cachoeira, 1829-1835, p. 117.

[720] Hemeroteca Digital da Biblioteca Nacional. Jornal *Correio Mercantil*, n. 341, ed. de 14.12.1857.

[721] APMC. Jornal *A Cachoeira*, ed. de 26.09.1901.

[722] Universidade Católica do Salvador. Laboratório Reitor Eugênio Veiga (LEV). Livro de casamentos da Paróquia de Nossa Senhora do Rosário da Cachoeira, 1862-1927, p. 18v.

[723] *Ibidem*, p. 35v.

[724] Informações extraídas do livro de batismo da cidade de Cachoeira, correspondentes ao período de 1872 a 1878.

de setembro de 1901, aos 70 anos. Segundo a imprensa local, seu prestígio social se refletiu em seu cortejo fúnebre, pois

> [...] o préstito que o conduziu a última morada foi dos mais numerosos que esta cidade testemunhou; e dele fizeram parte quase todas as irmandades religiosas e diversas comissões de associações. Fez-lhe as honras funerais a Corporação Musical de Nossa Senhora D'Ajuda...[725]

---

[725] APMC. Jornal *A Cachoeira*, ed. de 26.09.1901.

HENRIQUE PRAGUER

Henrique Praguer, um imigrante europeu do então Império Austríaco, foi um engenheiro autodidata, mineralogista e historiador, além de pai da pioneira médica Francisca Praguer Fróes. Nascido em 1834 na histórica cidade de Aquileia, localizada na região de Friuli-Venezia Giulia, no Nordeste da Itália, área que fazia parte do Império Austro-Húngaro na época, e que teve suas fronteiras redefinidas após o Congresso de Viena em 1815, no rescaldo das Guerras Napoleônicas[726]. Henrique era filho legítimo de Maurício Praguer e Josefa Francisca Praguer, e supõe-se que tenha chegado a Salvador por volta do final da década de 1850[727]. Ao se estabelecer na cidade de Cachoeira, Henrique conheceu e enamorou-se por Francisca Rosa Barreto, filha da viúva Rosa Barreto. Sendo um forasteiro, ele precisou comprovar seu estado civil de solteiro para poder se casar. Em 1867, iniciou um processo de justificação de solteiro na câmara arquiepiscopal, onde declarou que, naquele momento, residia na Freguesia da Vitória, em Salvador, e expressou o desejo de casar-se com dona Francisca Rosa Barreto, uma mulher com mais de 24 anos[728].

Figura 128 – Francisca Rosa Barreto, em data desconhecida. FRÓES, F. Pe.; PRAGUER, A. B. *Livro posthumo* (*in memoriam*). Salvador: Imprensa Oficial do Estado, 1919 apud RAGO, Elisabeth Juliska. *Outras falas*: feminismo e medicina na Bahia (1836-1931). São Paulo: Annablume; Fapesp, 2007. p. 38

---

[726] Universidade Católica do Salvador. Laboratório Reitor Eugênio Veiga (LEV). Justificação de solteiro de Henrique Praguer, ano de 1867, estante n. 01, caixa 74, p. 2.
[727] Ibidem.
[728] Ibidem.

Após o casamento, realizado em 1867, Henrique transferiu seu domicílio da então cidade da Bahia para a cidade da Cachoeira. Henrique Praguer se aliou a uma família de influência social, o que facilitou seu ingresso e ascensão no segundo maior centro comercial da Bahia. A união o aproximou de Veríssimo Antônio de Farias, cunhado de sua esposa, e um dos comerciantes mais acatados da cidade[729]. Não por coincidência, poucos meses após o casamento, Henrique foi admitido como irmão na Santa Casa de Cachoeira e, na década seguinte, tornou-se membro da sociedade do Montepio dos Artistas Cachoeiranos[730].

Henrique atuou em diversas áreas, destacando-se como engenheiro autodidata e visionário. Ele idealizou projetos que objetivavam modernizar a cidade de Cachoeira. Em 1871, apresentou à câmara um projeto para criar uma companhia de abastecimento de água potável para Cachoeira e sua vizinha Freguesia de São Félix, utilizando tubulações e equipamentos modernos[731]. Em 1872, assumiu o cargo de gerente e sócio da Companhia de Trilhos Cachoeirenses, que instalou trilhos de ferro nas ruas comerciais de Cachoeira para facilitar o transporte de cargas da capital e do interior, direcionando-as para os armazéns locais[732]. O projeto buscava reduzir os danos causados pelo transporte nas ruas, além de aumentar a eficiência, segurança e economia[733]. Ainda em 1872, a empresa firmou um contrato com a câmara para instalar trilhos de comunicação rápida entre os povoados de São Félix e Muritiba[734]. Nesse mesmo ano, Henrique também investiu na construção de uma olaria no bairro da Pitanga, em Cachoeira[735].

No final da década de 1870, Henrique mudou-se com a família para Salvador[736]. Como mineralogista, desenvolveu pesquisas significativas e reuniu uma vasta coleção de minerais, focando especialmente o território baiano[737]. Também se dedicou ao estudo da história do Brasil, publicando, em 1889, um estudo sobre a Revolta da Sabinada, de 1837, impresso pela Tipografia dos Dois Mundos.

---

[729] Biblioteca Pública dos Barris. Setor de Periódicos Raros. Jornal *A Ordem*, ed. de 07.02.1906.
[730] Memorial da Santa Casa de Misericórdia de Cachoeira. Livro n. 01, assento lavrado em 22.09.1867; Livro n. 01 dos termos de admissão e posse dos membros do Monte Pio dos Artistas Cachoeiranos, assento lavrado em 17.09.1876.
[731] APMC. Legislativo. Requerimentos. Documentos avulsos não classificados.
[732] Hemeroteca Digital da Biblioteca Nacional. *Jornal do Comércio*, ed. de 05.07.1871.
[733] APMC. Legislativo. Requerimentos. Documentos avulsos não classificados.
[734] Hemeroteca Digital da Biblioteca Nacional. *Jornal do Comércio*. ed. de 15.02.1872.
[735] Hemeroteca Digital da Biblioteca Nacional. *Jornal do Comércio*. ed. de 05.07.1871.
[736] RAGO, Elisabeth Juliska. *Outras falas*: feminismo e medicina na Bahia (1836-1931). São Paulo: Annablume; Fapesp, 2007.
[737] Biblioteca Pública dos Barris. Setor de Periódicos Raros. Jornal *A Ordem*, ed. de 07.02.1906.

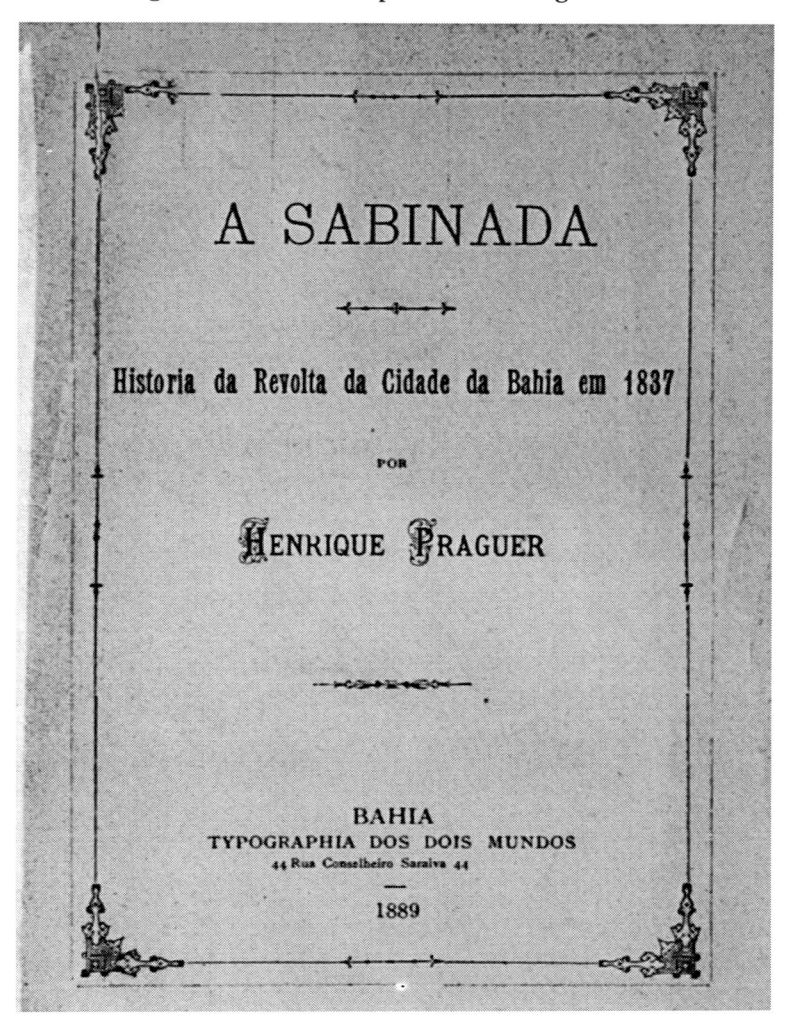

Figura 129 – Obra disponível no Google Livros

A SABINADA

Historia da Revolta da Cidade da Bahia em 1837

POR

HENRIQUE PRAGUER

BAHIA
TYPOGRAPHIA DOS DOIS MUNDOS
44 Rua Conselheiro Saraiva 44

1889

Henrique Praguer faleceu em 29 de janeiro de 1906, na cidade de Salvador, aos 72 anos, devido a um acesso total de enterocolite. Deixou três filhos de seu casamento com Francisca Praguer: os médicos Antônio Barreto Praguer e Francisca Praguer Fróes, e o juiz de direito Henrique Barreto Praguer[738].

---

[738] Biblioteca Pública dos Barris. Setor de Periódicos Raros. Jornal *A Ordem*, ed. de 07.02.1906.

HENRIQUE SCHRAMM

Rua da Ponte Nova[739]

Henrique Schramm

Henrique Schramm, imigrante alemão, chegou ao Brasil na década de 1850, contratado pela Imperial Companhia Metalúrgica do Assuruá[740]. Esse empreendimento, fundado em 1858 por comerciantes do semiárido, obteve do Governo Imperial uma concessão de 30 anos para explorar ouro na região. No entanto, a companhia encerrou suas atividades em 1861 em decorrência de uma severa seca[741]. Estima-se que Henrique tenha se estabelecido em Cachoeira na década de 1860, onde abriu uma oficina de ferreiro. Em 1883, ele solicitou à câmara municipal a permissão para expandir sua oficina, situada à margem do Rio Pitanga, na Ponte Nova. Em sua justificativa, argumentou que a construção de um telheiro tornaria seu trabalho mais eficiente, além de embelezar a rua e contribuir para a saúde pública, evitando o acúmulo de lixo[742]. Filho de Augusto Schramm, Henrique casou-se com Berta Schramm. Ele faleceu em 5 de fevereiro de 1902, aos 74 anos, em sua residência na Ponte Nova, vítima de astenia, e foi sepultado no cemitério dos protestantes[743].

---

[739] Atual Virgílio Damásio.
[740] Biblioteca Púbica dos Barris. Setor de Periódicos Raros. Jornal *A Ordem*, ed. de 07.02.1902.
[741] TEIXEIRA, João Batista Guimarães. *Ouro na Bahia*: metalogênese e potencial exploratório. Salvador: CBPM, 2019. p. 82.
[742] APMC. Documentos avulsos não catalogados.
[743] Cartório do registro das Pessoas Naturais da cidade de Cachoeira/BA, Distrito-Sede. Livro de óbitos n. 10, termo 323.

HILDA PEDREIRA MASCARENHAS

Nasceu em 25 de janeiro de 1894 na cidade da Cachoeira, Bahia, no domicílio de seus pais, localizado na Rua Treze de Maio, n. 06. Era filha legítima do comerciante Joaquim Pedreira Mascarenhas e de dona Alzira Augusta Bastos Mascarenhas. Foi batizada na igreja matriz, tendo como padrinhos seus tios maternos, Altamirano de Souza Bastos e dona Antônia Augusta de Moncorvo Mascarenhas[744].

Figura 130 – Hilda Pedreira Mascarenhas em 1919, autor desconhecido. Acervo da família

Figura 131 – Caderno de anotações da família Bastos Mascarenhas

---
[744] Conferir verbetes de Joaquim Pedreira Mascarenhas, Alzira Augusta Bastos Mascarenhas, Altamirano de Souza Bastos e de Antônia Augusta de Moncorvo Mascarenhas.

Estudou em sua terra natal, onde concluiu o ensino primário. Dedicou-se à música, aprendendo a tocar piano. De acordo com relatos familiares, suas apresentações musicais encantavam os eventos realizados em sua casa. Junto com suas quatro irmãs, formou uma espécie de banda familiar, na qual cada uma tocava um instrumento diferente[745].

Faleceu em 20 de junho de 1920, com apenas 26 anos de idade, vitimada por *peritonite consequente a laparotomia*[746], *foi* sepultada no Cemitério da Ordem Terceira do Carmo. A seguir, uma notícia veiculada no jornal *A Ordem* que informou sobre o seu falecimento e cerimônia fúnebre.

Figura 132 – Biblioteca Pública dos Barris. Setor de Periódicos Raros. Jornal *A Ordem*, ed. de 06.1920

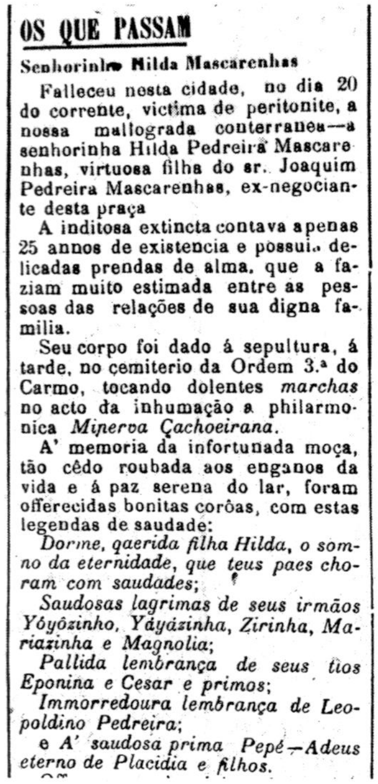

OS QUE PASSAM

Senhorinha Hilda Mascarenhas

Falleceu nesta cidade, no dia 20 do corrente, victima de peritonite, a nossa mallograda conterranea—a senhorinha Hilda Pedreira Mascarenhas, virtuosa filha do sr. Joaquim Pedreira Mascarenhas, ex-negociante desta praça

A inditosa extincta contava apenas 25 annos de existencia e possuia delicadas prendas de alma, que a faziam muito estimada entre as pessoas das relações de sua digna familia.

Seu corpo foi dado á sepultura, á tarde, no cemiterio da Ordem 3.ª do Carmo, tocando dolentes *marchas* no acto da inhumação a philarmonica *Minerva Cachoeirana.*

A' memoria da infortunada moça, tão cêdo roubada aos enganos da vida e á paz serena do lar, foram offerecidas bonitas corôas, com estas legendas de saudade:

Dorme, querida filha Hilda, o somno da eternidade, que teus paes choram com saudades;

Saudosas lagrimas de seus irmãos Yôyôzinho, Yáyázinha, Zirinha, Mariazinha e Magnolia;

Pallida lembrança de seus tios Eponina e Cesar e primos;

Immorredoura lembrança de Leopoldino Pedreira;

e *A' saudosa prima Pepé—Adeus eterno de Placidia e filhos.*

OS QUE PASSAM

Senhorinha Hilda Mascarenhas

Faleceu nesta cidade, no dia 20 do corrente, vítima de peritonite, a nossa malograda conterrânea - a senhorinha Hilda Pedreira Mascarenhas, virtuosa filha do sr. Joaquim Pedreira Mascarenhas, ex negociante desta praça. A inditosa extinta contava apenas 25 anos de existência e possuía delicadas prendas de alma, que a faziam muito estimada entre as pessoas das relações de sua digna família. Seu corpo foi dado a sepultura, à tarde, no cemitério da Ordem Terceira do Carmo, tocando dolentes marchas no ato da inumação a filarmônica Minerva Cachoeirana. A memória da infortunada moça, tão cedo roubada aos enganos da vida e a paz serena do lar, foram oferecidas bonitas coroas, com estas legendas de saudade: Dorme, querida filha Hilda, o sono da eternidade, que teus pais choram com saudades; Saudosas lágrimas de seus irmãos, Yozinho, Yazinha, Zirinha, Mariazinha, Magnólia; Pálida lembrança de seus tios Eponina e César e primos; Imorredoura lembrança de Leopoldino Pedreira; e A saudosa prima Pepé - Adeus eterno de Placidia e filhos.

745 Informação fornecida por Hilda Mascarenhas de Oliveira Lula, sobrinha de Hilda Pedreira Mascarenhas. Criada por sua avó, Alzira Bastos Mascarenhas, mãe de Hilda Pedreira Mascarenhas, Hilda de Oliveira Lula teve a oportunidade de acessar importantes detalhes sobre a história familiar.

746 Arquivo da Ordem Terceira do Carmo de Cachoeira. Livro de óbito dos irmãos da Ordem Terceira do Carmo de Cachoeira

HONORINA JOAQUINA DA SILVEIRA

Praça Maciel

Honorina Joaquina da Silveira, quitandeira, com casa de negócio situada na então Rua da Ponte Velha, atual Treze de Março[747]. Natural da cidade de Cachoeira, nasceu em 19 de maio 1858, filha de Maria Joaquina da Silveira[748]. Irmã da tradicional devoção de Nossa Senhora da Boa Morte[749], foi uma próspera comerciante, como atestado em seu inventário *post mortem*. Nele, constam quatro imóveis localizados no centro de Cachoeira e quase dois quilos de ouro em joias, incluindo correntões, rosários, voltas, argolas, pulseiras e bentinhos[750].

Essas joias, comumente classificadas como joias de crioula, iam além da ornamentação: eram símbolos da posição social e da resistência cultural das mulheres negras, escravizadas e libertas, no Brasil colonial e imperial[751]. Dentre os adornos presentes no inventário de Honorina, destacam-se três correntões de obi, que juntos pesavam 500 gramas. Esses longos colares não eram apenas peças estéticas; o "obi" faz referência a uma semente africana usada em rituais religiosos, carregando significados espirituais de proteção, ancestralidade e conexão com as tradições africanas. Já os bentinhos, pequenos relicários com imagens de santos, serviam como amuletos de proteção[752]. É possível imaginar que essas peças fossem usadas durante as cerimônias religiosas, como nas celebrações litúrgicas do mês de agosto, que faziam parte do calendário da irmandade. Em uma entrevista realizada em 2004 pelo historiador Luiz Cláudio Nascimento, a ialorixá Gaiaku Luísa de Oyá mencionou que, até a primeira metade do século XX, as irmãs da Boa Morte de Cachoeira utilizavam exclusivamente ouro. Ela citou o exemplo de uma irmã chamada Maria de Melo, afirmando que, segundo suas palavras: *"não se enxergava o braço, via-se apenas as peças de ouro que a adornavam"*[753].

Honorina faleceu em um dia emblemático: 15 de agosto de 1920, data festiva para sua irmandade, que celebrava a vitória sobre a morte, representada por Nossa Senhora da Glória. A procissão das irmãs da Boa Morte naquele ano, sem dúvida, deve ter sido diferenciada, marcada pela perda de uma de suas integrantes[754]. Honorina tinha 62 anos e foi vitimada por apoplexia. Solteira, seu sepultamento ocorreu no Cemitério do Rosário, no Monte Formoso[755]. O jornal *A Ordem* noticiou o falecimento de Honorina e publicou uma nota de agradecimento escrita pela família, destinada às pessoas que, durante o curso de sua doença, ofereceram assistência e apoio.

---

[747] APMC. Livro de Indústrias e Profissões 1910, p. 12.

[748] Cartório do registro civil de pessoas naturais da cidade da Cachoeira. Livro de óbitos n. 22, termo 477.

[749] Biblioteca Púbica dos Barris. Setor de Periódicos Raros. Jornal *A Ordem*, 17.09.1902.

[750] APMC. Inventário *post mortem* de Honorina Joaquina da Silveira, caixa 277, documento 3371, p. 4-5, 37-39.

[751] TEIXEIRA, Amanda Gatinho. Sob os signos do poder: a cultura objetificada das joias de crioulas afro-brasileiras. *Em Tempo de Histórias*, n. 22, p. 12-31, 2013.

[752] LIMA, Vivaldo da Costa. Os obás de xangô. *Afro-Ásia*, Salvador, n. 2-3, 1966. p. 33. Disponível em: https://periodicos.ufba.br/index.php/afroasia/article/view/20246. Acesso em: 4 out. 2024.

[753] Entrevista disponível em: https://www.youtube.com/watch?v=Vup8a6ewF4Y. Acesso em: 10 set. 2024.

[754] APMC. Inventário *post mortem* de Honorina Joaquina da Silveira, caixa 277, documento 3371, p. 2.

[755] Biblioteca Púbica dos Barris. Setor de Periódicos Raros. Jornal *A Ordem*, ed. 25.08.1920, p. 2.

Figura 133 – Biblioteca Pública dos Barris. Setor de Periódicos Raros. Jornal A Ordem, ed. 25.08.1920, p. 2

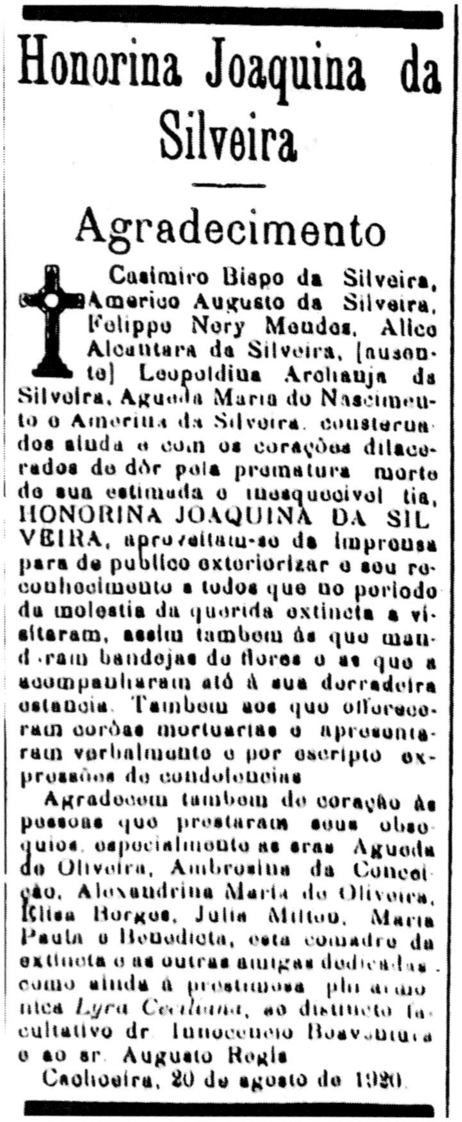

Honorina Joaquina da Silveira

Agradecimento

Casimiro Bispo da Silveira, Americo Augusto da Silveira, Felippe Nery Mendes, Alice Alcantara da Silveira, [ausente] Leopoldina Archanja da Silveira, Agueda Maria do Nascimento e Amerina da Silveira, consternados ainda e com os corações dilacerados de dôr pela prematura morte de sua estimada e inesquecivel tia, HONORINA JOAQUINA DA SILVEIRA, aproveitam-se da imprensa para de publico exteriorizar o seu reconhecimento a todos que no periodo da molestia da querida extincta a visitaram, assim tambem ás que mandaram bandejas de flores e as que a acompanharam até á sua derradeira estancia. Tambem aos que offereceram corôas mortuarias e apresentaram verbalmente e por escripto expressões de condolencias.

Agradecem tambem de coração ás pessoas que prestaram seus obsequios, especialmente as sras. Agueda de Oliveira, Ambrosina da Conceição, Alexandrina Maria de Oliveira, Elisa Borges, Julia Milton, Maria Paula e Benedicta, esta comadre da extincta e as outras amigas dedicadas, como ainda á prestimosa philarmonica *Lyra Ceciliana*, ao distincto facultativo dr. Innocencio Boaventura e ao sr. Augusto Regis.

Cachoeira, 20 de agosto de 1920.

Honorina Joaquina da Silveira.
Agradecimento
Casimiro bispo da Silveira, Américo Augusto da Silveira, Felipa Nery Mendes, Alice Alcântara da Silveira [ausente], Leopoldina Arcanja da Silveira, Águeda Maria do Nascimento e Amerina da Silveira, consternados ainda e com os corações dilacerados de dor pela prematura morte de sua estimada inesquecível tia, Honorina Joaquina da Silveira, aproveitam-se da imprensa para de público exteriorizar o seu reconhecimento a todos que no período da moléstia da querida extinta a visitaram, assim também as que mandaram bandeja de flores e as que acompanharam até a sua derradeira estância. Também aos que ofereceram coroas mortuárias e apresentaram verbalmente por escrito expressões de condolências. Agradecem também de coração as pessoas que prestaram seus obséquios, especialmente as sras. Águeda de Oliveira, Ambrosina da Conceição, Alexandrina Maria de Oliveira, Elisa Borges, Júlia Milton, Maria Paula e Benedita, esta comadre da extinta e as outras amigas dedicadas, como ainda a prestimosa filarmônica Lyra Ceciliana, ao distinto facultativo dr. Inocêncio Boaventura e ao senhor Augusto Régis. Cachoeira, 20 de agosto de 1920.

Além de revelar os parentes mais próximos da falecida, a nota de agradecimento, ao mencionar pessoas do círculo de amizades de Honorina, permitiu identificar Águeda de Oliveira, que integrava a Irmandade de Nossa Senhora da Boa Morte e havia ocupado o cargo de provedora nos festejos de 1912[756]. A partir dessa descoberta, levanta-se a hipótese de que as demais mulheres citadas — Ambrosina da Conceição, Alexandrina Maria de Oliveira, Elisa Borges, Júlia Milton, Maria Paula e Benedita — também fossem suas confreiras nessa associação devocional.

---

[756] Conferir verbete de Maria Águeda de Oliveira.

HUGH WILSON

Praça da Manga[757]

Figura 134 – Fotografia de Hugh Wilson. Imagem de domínio público. Disponível em: https://pt.wikipedia.org/wiki/Hugh_Wilson#/media/Ficheiro:Engenheiro_Civil_Hugh_Wilson.jpg. Acesso em: 10 maio 2024

    Engenheiro e empresário inglês, Hugh Wilson desempenhou um papel significativo na Bahia durante a segunda metade do século XIX. Suas contribuições em Cachoeira são registradas a partir da década de 1870, com seu envolvimento no setor ferroviário. Em 1869, sob a presidência do Visconde de São Lourenço, ele comprou a massa falida "Paraguassu Steam Tram-Road", da qual era um dos principais acionistas. Reestruturou a empresa sob o nome *Brazilian Imperial Central Bahia Railway Company Limited* e reiniciou as operações em 1876 — dando continuidade à concessão para construir uma ferrovia que conectaria a Freguesia de São Félix à Chapada Diamantina, expandindo assim o alcance ao interior da Bahia. Foi também o responsável pela edificação da ponte entre Cachoeira e São Félix, bem como pelo trecho ferroviário que ligava Cachoeira à vila de Feira de Santana[758].

---
[757] Atual Manoel Vitorino.

[758] Hemeroteca Digital da Biblioteca Nacional. Jornal *O Monitor*, ed. de 18.08.1878; MATTOSO, Kátia M. de Queirós. *Bahia, século XIX*: uma província no Império. Rio de Janeiro: Nova Fronteira, 1992. p. 472.

Em 1873, Hugh representou a Câmara Municipal da Cachoeira, sugerindo a alteração do local de construção da ponte que conectaria Cachoeira a São Félix. De acordo com Wilson, essa mudança beneficiaria toda a população, especialmente aqueles que dependiam das atividades portuárias. Ele ressaltou a inadequação do local inicialmente escolhido, que comprometeria o único porto de São Félix e o importante Porto da Manga. Propôs, então, um ajuste na localização, deslocando-a ligeiramente para cima ou para além do cais da Manga[759]. A edificação da ponte no novo local começou em 1881 e concluiu-se em 1885, sendo inaugurada em 7 de julho do mesmo ano, com a presença de autoridades, incluindo o presidente da província. Hugh Wilson obteve permissão do imperador Dom Pedro II para que sua empresa incluísse as armas imperiais na estrutura da Imperial Ponte Dom Pedro II, permissão essa que foi outorgada[760], conforme veremos na imagem a seguir.

Figura 135 – Ponte D. Pedro II (Cachoeira/BA), 1886. Imagem registrada logo após a sua inauguração em 1885. Hemeroteca Digital da Biblioteca Nacional. *Revista dos Construtores* (RJ), ano 1, ed. n. 9, de 30.10.1886, p. 38

---

[759] APMC. Requerimentos (Legislativo). Documentos avulsos não classificados.
[760] Hemeroteca Digital da Biblioteca Nacional. Jornal *O Guarany*, ed. de 18.06.1885.

IDALINA DE CARVALHO MOREIRA

Rua Cel. Garcia, n. 17

Costureira de Cachoeira. Nascida em 14 de março de 1886, na residência de seus pais na Rua do Amparo, filha legitimada do capitão Antônio Lopes de Carvalho Sobrinho e de Petronilha Ignácia Fernandez[761], foi batizada na Matriz de Nossa Senhora do Rosário, na cidade de Cachoeira. Recebeu o nome de Idalina de Carvalho, mantendo a tradição paterna de as filhas adotarem apenas um sobrenome. O major Candido José Moreira[762] e sua esposa, Marianna de Jesus Ramos Moreira, cunhado e irmã de Idalina, atuaram como padrinhos na cerimônia religiosa[763]. Segue uma correspondência enviada ao pai de Idalina felicitando-o pelo nascimento de sua filha:

Figura 136 – Correspondência encaminhada ao secretário Carvalho Sobrinho

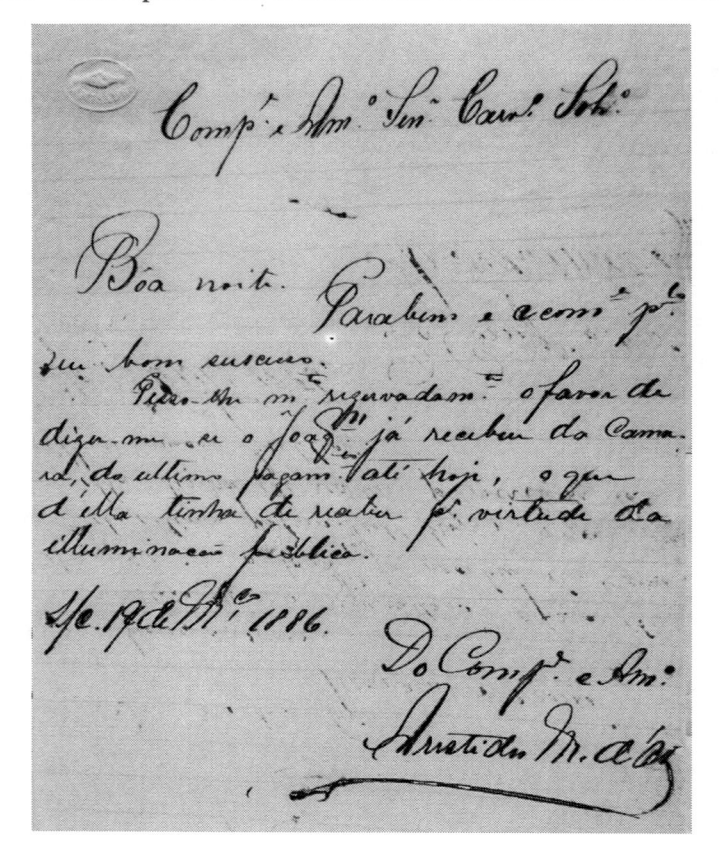

---

[761] Conferir verbete de Antônio Lopes de Carvalho Sobrinho e de Petronilha Ignácia Fernandez.
[762] Conferir verbete de Candido José Moreira.
[763] Memorial deixado por Idalina de Carvalho Moreira com informações sobre a sua parentela.

> *Compadre e amigo Srº Carvalho Sobrinho,*
> *Boa Noite. Parabéns e acompanho pelo seu bom sucesso. Peço-lhe muito reservadamente o favor de dizer-me se o Joaquim já recebeu da Câmara, do último pagamento até hoje, o que dela tinha de receber pela virtude da iluminação pública.*
> *S/C 17 de março de 1886. Do compadre e amigo. Aristides Martins de Oliveira.*

Desde a infância, Idalina se destacava na família, tornando-se a predileta do patriarca, o poeta Carvalho Sobrinho. Sua postura resoluta e persistente tanto encantava quanto surpreendia aqueles que achavam inadequado tal comportamento para uma menina. No âmbito escolar, Idalina sobressaiu, estudando as primeiras letras em sua cidade natal, onde concluiu o ensino primário com distinção e louvor. Esse sucesso também era fruto do ambiente familiar literário; crescendo em um lar onde a literatura era tema constante, influenciada pelo pai autodidata e pelos irmãos estudantes de direito na Faculdade de Direito do Recife. Com apenas 8 anos, já exibia uma caligrafia comparável à de muitos adultos.

Figura 137 – Idalina de Carvalho Moreira, fotografia da década de 1940. Acervo da família

O pendor para as letras fez com que Idalina ajudasse seu pai com os papéis e documentos da Câmara de Vereadores da Cachoeira, desde aproximadamente seus 8 anos de idade; é o que revela o documento a seguir:

Figura 138 – Ofício escrito por Idalina quando apenas possuía 8 anos. Livro de Ofícios expedidos do Conselho Municipal de Cachoeira, década de 1890. Arquivo Público Municipal de Cachoeira

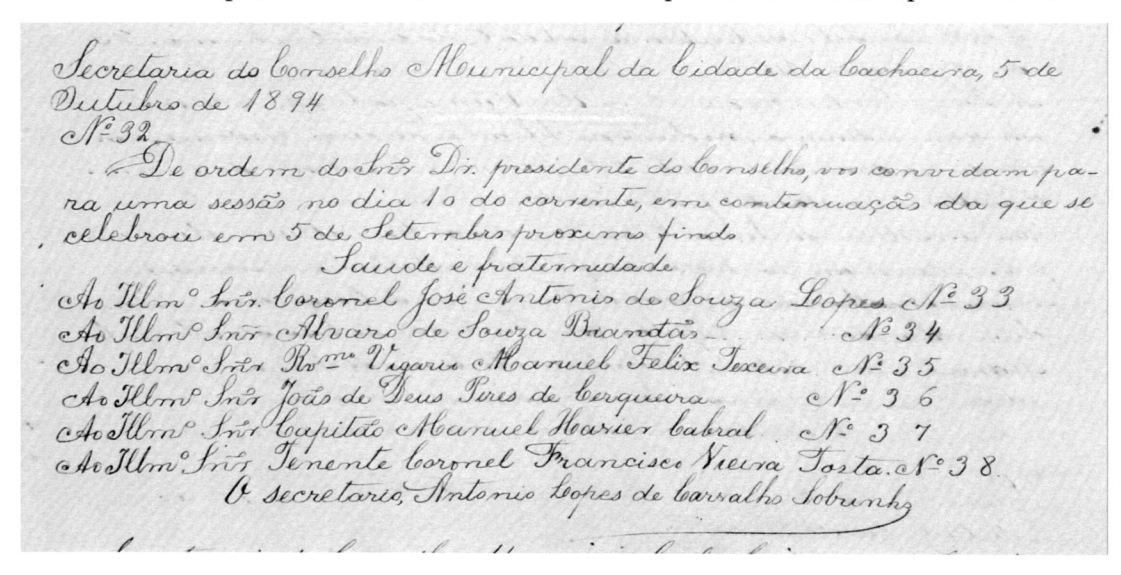

Ao apreciar a imagem *supra*, dona Maria da Conceição Magalhães, filha de Idalina, falou com bastante convicção: **"não resta dúvida, é a letra de mamãe, com toda certeza"**[764].

A morte de seu pai marcou um ponto de virada em sua vida. A enfermidade que o levou esgotou os limitados recursos da família, deixando seus filhos em absoluta pobreza material. Idalina encontrou-se sem o suporte e proteção paternos, antevendo tempos árduos. Ao voltar para sua cidade natal, Carvalho Ramos, irmão de Idalina, deparou-se com a situação que agora descrevemos: seus irmãos completamente privados de recursos financeiros. As análises e descrições em documentos, bem como o depoimento de sua irmã Idalina, mostram que Manuel Lopes de Carvalho Ramos possuía um espírito generoso e desprendido, e naturalmente se condoeu com a situação encontrada. Assim, decidiu levar consigo para Goiás seus irmãos Alfredo, de 16 anos, e Idalina, de 13 anos. Conforme Idalina, além de assegurar um futuro digno, o irmão prometeu que ambos prosseguiriam com os estudos.

É importante destacar que os filhos mais velhos de Carvalho Sobrinho estudaram em internatos na capital baiana, mas o mesmo não pôde acontecer com os demais, pois vivenciaram uma realidade diferente dos tempos "áureos" em que Antônio Lopes de Carvalho Sobrinho se dedicava as atividades do comércio e possuía uma condição financeira um pouco mais confortável.

Após alguns dias, Manuel Lopes de Carvalho Ramos voltou ao Rio de Janeiro, onde ficou por um período, à espera de seus irmãos que ainda estavam em Cachoeira finalizando os preparativos para a mudança. Em 16 de julho de 1899, os irmãos Carvalho partiram para o Rio de Janeiro. O documento a seguir registra a data da partida, o destino e o nome do navio que levou os jovens cachoeiranos. Ao examinarmos o documento, identificamos o nome do dr. Manoel Vicente Sapucaia, um cachoeirano que viajava com os irmãos Alfredo e Idalina, e que provavelmente foi encarregado de acompanhá-los até o encontro com Carvalho Ramos.

---

[764] Informação colhida em entrevista com a senhora Maria da Conceição Magalhães.

Figura 139 – APEB. Polícia do Porto. Livro de Registro de saída de passageiros

Figura 140 – Foto mais próxima do registro

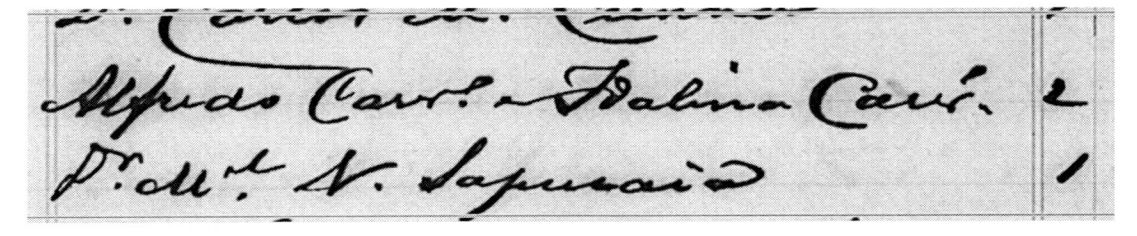

Ao chegarem ao Rio de Janeiro, os irmãos Carvalho foram ao hotel onde Carvalho Ramos e sua família estavam hospedados. Eles permaneceriam ali por um período antes de retornarem ao estado de Goiás. De acordo com Idalina de Carvalho Moreira, ao chegarem ao hotel, encontraram seu irmão Manuel, a cunhada Mariana Loyola Carvalho Ramos e os sobrinhos Victor, Hugo e Ermelinda. Idalina percebeu, desde o início, que a cunhada não era receptiva. A impressão se confirmou quando Mariana, esposa de Manuel, expressou seu desconforto: para ela, Idalina não era irmã, e sim filha de Manuel, concebida enquanto ele morava em Cachoeira. Para Mariana, essa era a única explicação para a generosidade de seu marido[765]. Parece que, em termos de personalidade e visão de mundo, havia um grande abismo entre o casal Loyola/Carvalho Ramos, já que nem os anos de convivência fizeram com que Mariana entendesse a sensibilidade de seu esposo.

As suspeitas de Mariana pareciam estar fundamentadas na significativa diferença de idade entre Manuel, nascido em 1865, e Idalina, nascida em 1886, uma diferença de 21 anos. A semelhança física entre os irmãos, que exibiam traços marcantes da família Carvalho, também

---

[765] Memorial deixado por Idalina de Carvalho Moreira com informações sobre a sua parentela.

reforçava suas desconfianças. Desconfiada, Mariana tentou confrontar Idalina, afirmando que, se ela reconhecesse Manuel como pai, teria nela uma aliada; do contrário, seria sua inimiga. Idalina, conhecida por sua "personalidade forte", declarou que nunca se submeteria às vontades de sua cunhada, especialmente para validar uma informação falsa. Percebendo que Idalina não cederia, Mariana recorreu a outros "métodos", começando por restringir o contato de Hugo com o pai. Idalina dizia que Carvalho Ramos era muito ligado ao filho Hugo, e com essa ação Mariana atingiu a vulnerabilidade de seu marido, para que ele "revelasse" a verdadeira razão por trás de ter levado a irmã para viver com eles.

Confrontada com a situação, Idalina decidiu voltar para Cachoeira, procurou seu irmão Manuel e comunicou sua decisão, que foi imediatamente recusada. Manuel resistiu aos desejos de sua esposa e manteve sua resolução de levar os irmãos para morar com ele na cidade de Goiás.

No dia seguinte, no hotel, num impulso, Mariana lança uma mala cheia de dinheiro escada abaixo. Diante do "espetáculo da cena", Idalina proclama "Voltarei para Cachoeira"; e vai ao encontro de seu irmão para informar sua decisão, mas recebe outra recusa. Idalina, com uma altivez e temperamento parecidos com os de Mariana, ameaça que, se sua vontade não fosse respeitada, "se atiraria da janela do hotel". Diante da confusão causada e seguindo o conselho de um amigo que presenciou o "dramalhão familiar" e disse "Carvalhinho, a baianinha é igual à goianinha", e antevendo a difícil convivência entre as duas, Carvalho Ramos não vê outra opção senão concordar com o retorno de sua irmã a Cachoeira, contanto que Alfredo a acompanhasse.

O regresso à Cachoeira representou o "naufrágio" dos sonhos. Os irmãos não tinham meios para suportar as despesas dos estudos. Além disso, o ambiente ao redor de Carvalho Ramos, que propiciava crescimento intelectual, também poderia trazer oportunidades materiais, já que se achavam completamente despossuídos de bens naquele instante. O que sobrou foi repartido entre os demais herdeiros, pois, no momento da divisão, Alfredo e Idalina já tinham um futuro promissor predestinado ao lado do irmão.

Figura 141 – APEB. Polícia do Porto. Livro de Entrada de passageiros

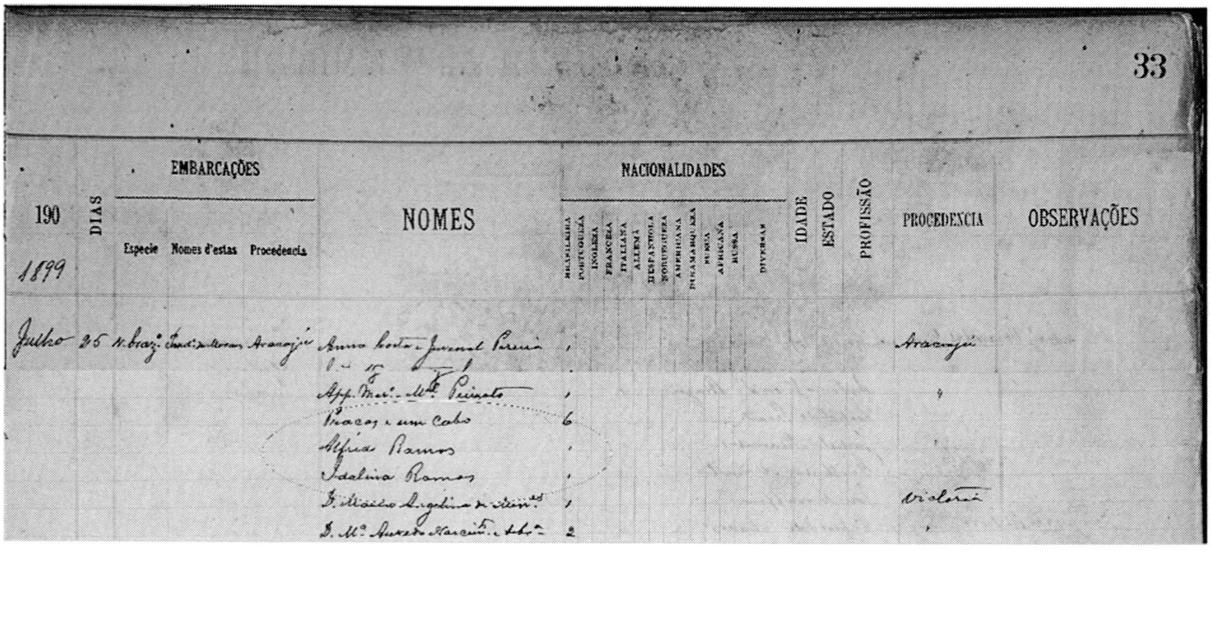

No dia 25 de julho, retornando da capital da República, os irmãos Alfredo e Idalina chegaram à "cidade da Bahia", envoltos em um véu de dúvidas quanto ao que os aguardava na Heroica Cachoeira. Caminhavam imersos em um manto de incertezas, levando consigo apenas uma convicção: que o porvir era incerto. Nos corações, pesavam as sombras das frustrações — de tudo o que poderia ter sido, mas jamais foi.

Chegando a Cachoeira, ela ficou sob a proteção de seu cunhado e padrinho, o major Cândido José Moreira. Infelizmente, não muito depois, o major Moreira veio a falecer, aos 42 anos. Na época, a jovem Idalina, com apenas 16 anos, passou aos cuidados de uma senhora viúva, Libânia Martins Bastos da Silva, residente na então Rua Formosa. Conhecida como "dona Libânia", essa senhora era filha de Lino Martins Bastos e Teófila Bastos, pertencentes a uma tradicional família local e compadres do pai de Idalina. A decisão da escolha de dona Libânia para aperfeiçoar a educação de Idalina foi intencional; além de dominar a arte da costura, Idalina estaria sob a influência da rígida educação que a viúva impunha a seus filhos. Não por acaso, em um futuro não muito distante, a jovem Idalina viria a se destacar como uma das mais conhecidas costureiras da cidade.

Em 1907, Idalina encontrou seu futuro esposo, o jovem comerciante Pedro Moreira. Durante uma visita à casa de seu sobrinho Arthur de Carvalho Moreira, ela foi apresentada a Pedro, que era primo de Arthur e havia recentemente se estabelecido na cidade, abrindo uma pequena loja de molhados na Praça da Regeneração — hoje Praça Doutor Milton. A proximidade entre as famílias Moreira e Carvalho, reforçada pelo casamento da irmã mais velha de Idalina, Mariana, com o tio de Pedro, Cândido, facilitou a aproximação e o convívio social, culminando em um pedido formal de noivado de Pedro à família de Idalina. No final de 1908, após o noivado, o casal começou a organizar sua futura residência, o enxoval e os procedimentos burocráticos necessários.

Figura 142 – Imagem da habilitação de casamento de Pedro e Idalina. Fórum Augusto Teixeira de Freitas

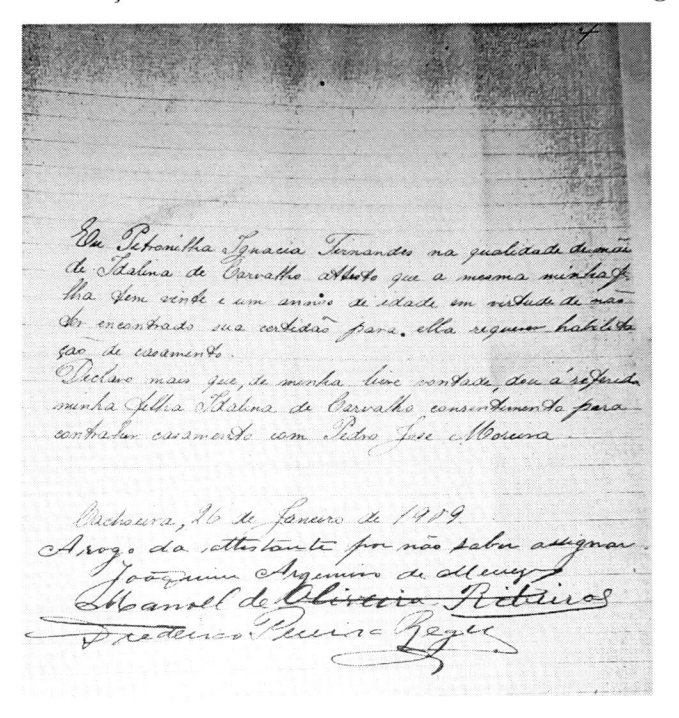

> *Eu, Petronilha Inácia Fernandes na qualidade de mãe de Idalina de Carvalho, atesto que a mesma minha filha tem 21 anos de idade em virtude de não ter encontrado sua certidão para ela requerer habilitação de casamento. Declaro mais que de minha livre vontade dou a referida minha filha Idalina de Carvalho consentimento para contrair casamento com Pedro José Moreira Cachoeira, 26/01/1909*

No dia 20 de fevereiro de 1909, às 16 h, na Rua Formosa, celebrou-se o casamento de Pedro e Idalina. A cerimônia íntima foi presidida pelo juiz dr. Joaquim Antônio da Silva Carvalhal, com a presença somente de familiares e amigos mais próximos. Conforme o código civil da época, Idalina adotou automaticamente o sobrenome do marido, passando a assinar como **Idalina de Carvalho Moreira**. Foram testemunhas do ato civil os negociantes cachoeiranos Manoel de Oliveira Ribeiro e Joaquim Argemiro de Menezes, pelo noivo; Alfredo Lopes de Carvalho e Otílio Guimarães, pela noiva[766].

Idalina deu à luz seu filho primogênito em 2 de janeiro de 1910. O menino tinha os olhos azuis da mãe e os cabelos loiros do pai. Na época, houve um desacordo entre o casal sobre o nome da criança: o pai desejava que a criança levasse o seu nome, enquanto a mãe preferia Gilberto. Após uma discussão, o pai "cedeu" à escolha de Idalina. Para surpresa da família, o bebê foi batizado como Gilberto, mas registrado como Pedro José Moreira Filho, descoberta realizada recentemente. A inocente criança faleceu na noite de 25 de agosto de 1910, com apenas 9 meses, vítima de uma grave diarreia. O funeral do pequeno tornou-se uma cerimônia simbólica, onde ele foi vestido como São Pedro e acompanhado por crianças vestidas de anjos até o Cemitério da Piedade, sendo sepultado no jazigo da Irmandade de Nossa Senhora da Conceição do Monte. Essa simbologia oferecia consolo aos enlutados, na crença de que, dessa maneira, seu filho estaria sob a proteção do santo guardião, São Pedro, na vida após a morte. A pesquisa do historiador Luiz Vailati [767] demonstrou que, no Brasil do século XIX, era algo comum vestir o cadáver das crianças com o santo de seu nome, além da colocação de símbolos que tornariam inconteste aquela representação. Sobre este aspecto, conta-se uma anedota ocorrida no dia do féretro do inocente Pedro: Filhinha, mãe dos irmãos de Idalina — mulher que viveu durante certo tempo com Carvalho Sobrinho —, ao chegar ao velório e perceber a ausência do elemento característico de São Pedro, profere a seguinte frase: "São Pedro, São Pedro, cadê a chave?", uma alusão à ausência da chave nas mão da criança, pois, no Evangelho de São Mateus, consta uma passagem que revela que São Pedro recebeu as chaves do céus das mãos de Jesus[768]. A seguir, um registro desse tipo de funeral, realizado na província de São Paulo no ano de 1880.

---

[766] Cartório do Registro Civil das Pessoas Naturais, Distrito-Sede, Cachoeira/BA. Livro de casamento n. 07, p.132.
[767] VAILATI, Luiz Lima. As fotografias de "anjos" no Brasil do século XIX. *Anais do Museu Paulista*: História e Cultura Material, São Paulo, v. 14, n. 2, p. 51-71, 2006.
[768] Evangelho de São Mateus, capítulo 16, versículo 19; Informações deixadas por Idalina de Carvalho Moreira.

Figura 143 – Fotografia de Militão Augusto de Azevedo. Acervo do Museu Paulista da Universidade de São Paulo. Disponível em: https://www.scielo.br/j/anaismp/a/4nnF5jY6pkQFt4Mdb3Wz7YS/?format=pdf&lang=pt. Acesso em: 15 jun. 2024

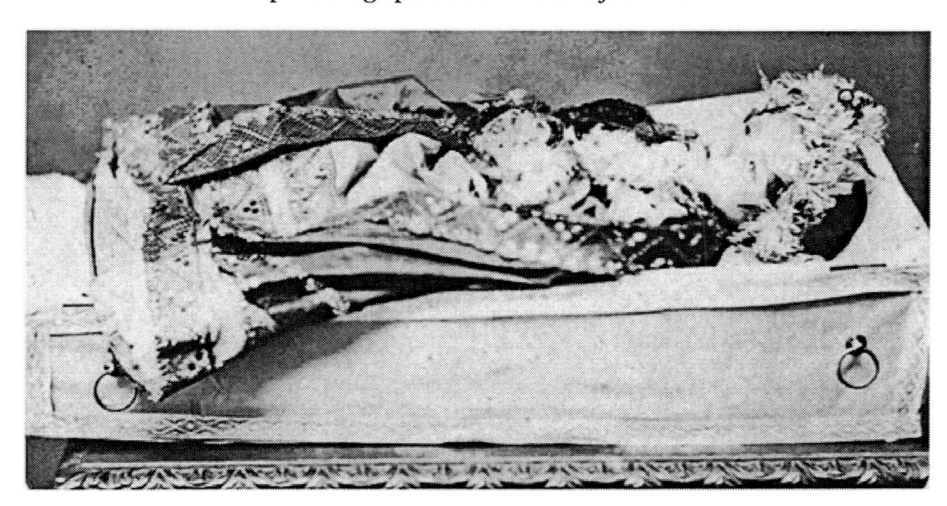

Na vivência conjugal de Idalina, o que parecia ser o começo de uma nova fase em águas calmas rapidamente se transformou em um terrível pesadelo. Logo, ela descobriu que seu marido tinha graves problemas relacionados ao alcoolismo. Idalina relata que a vida em família com Pedro se dividia em duas fases ao longo do ano: na primeira, sem consumir álcool, ele se mostrava um verdadeiro cavalheiro, cuidando da casa e assumindo várias tarefas domésticas, exceto pendurar roupas no varal, por medo de ser visto pelos vizinhos e contrariar a visão machista de que homens não deveriam fazer trabalhos de casas; na segunda fase, era um tormento, pois ele bebia excessivamente quase todos os dias, alterando drasticamente seu comportamento, ao ponto de Idalina ter que escapar pelos quintais para evitar que ele destruísse seu trabalho de costura. Ela mencionou que naquela época diziam que o comportamento dele piorou devido a um feitiço lançado contra Pedro, supostamente por uma jovem com quem ele teve um breve flerte e que não aceitava ter sido rejeitada.

O martírio de Idalina no casamento estendeu-se por aproximadamente sete anos. É um equívoco pensar que ela se submeteu por medo ou dependência financeira. Com determinação e dignidade, ela escolheu terminar a sua relação matrimonial, desafiando as repercussões de uma sociedade marcada pelo machismo, na qual a mulher separada é marginalizada, independentemente das razões do término, já que o ônus da separação invariavelmente caía sobre ela.

Exausta de tantas adversidades, na noite de 14 de julho de 1916, Idalina deixou sua residência com suas filhas, enquanto seu marido a procurava armado. Ela encontrou abrigo na casa de seu sobrinho, Zeca Moreira, que intercedeu por ela, acolhendo-a junto com as meninas. Ele, contudo, estipulou que ela deveria se separar de vez. Durante a conversa, foram interrompidos pelos vizinhos alarmados, que gritavam: "fechem as portas, Pedro está vindo armado". Zeca prontamente declarou:

> Deixe-o vir, minha tia está sob minha proteção, não vou abandoná-la, pois é irmã de minha mãe, em detrimento dele que, apesar de ser meu primo, é um insolente que

desonra a família; avise que se ele é realmente um homem, que entre, pois não fecharei minha porta⁷⁶⁹.

Assim, Zeca encerrou o ciclo de abuso pelo qual sua tia passava. Encontramos no seu diário a seguinte passagem: *"**Me separei do meu marido no dia 14 de julho de 1916 às 7 horas da noite, por motivo de embriaguez**"*.

Figura 144 – Escrito do próprio punho de Idalina, onde relata o fim do seu relacionamento com seu marido

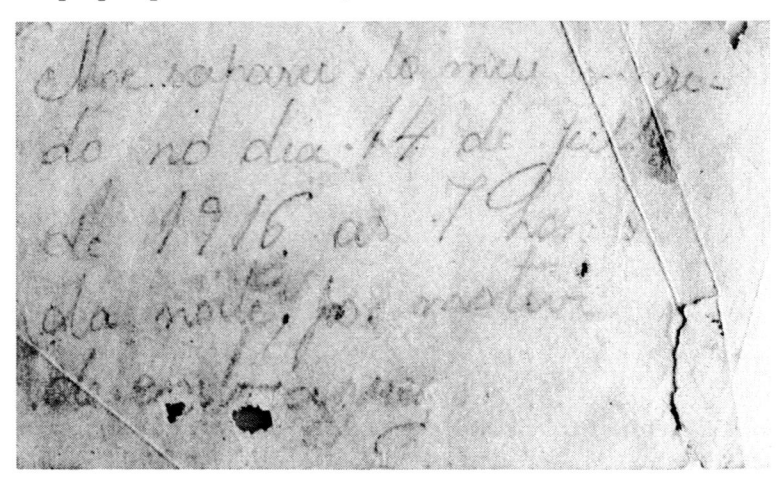

A partir dessa data, Idalina se tornou "arrimo da família", mantendo a casa na Rua dos Remédios, sua mãe e filhas, com os ganhos obtidos de seu trabalho de costura. Seus filhos relatam que era comum para a mãe passar a noite trabalhando na máquina de costura, além de mencionarem as várias dificuldades econômicas pelas quais passaram.

Cerca de dois anos após a separação, Idalina resolve recomeçar a sua vida, sem se importar com a imposição machista que recaía sobre as mulheres separadas, ditando que deveriam viver praticamente recolhidas, afastadas de toda vida social para evitar falatórios, e consequentemente não "manchar" a reputação da família. Em 1918, Idalina conhece um senhor de nome Alberto da Silva Fraga, que acabava de fixar residência em Cachoeira, em virtude do seu trabalho na estrada de ferro Central da Bahia, e que havia alugado uma casinha que ficava próxima a sua morada; com quem passou a viver maritalmente. Idalina conviveu com Alberto durante aproximadamente uma década, quando resolveu pôr fim à relação devido a incompatibilidades, inclusive em relação ao consumo de bebidas alcoólicas, e por não se submeter aos caprichos machistas do seu segundo companheiro.

Idalina foi uma mulher à frente de seu tempo. Assumiu a chefia da família, provendo o sustento de seus filhos e netos, e governando com sabedoria, disciplina e firmeza. Mãe de muitos filhos; são eles: Pedro José Moreira Filho, Leonor de Carvalho Moreira, Leonídia de Carvalho Moreira, Elza de Carvalho Moreira, Odette de Carvalho Fraga, Alberto de Carvalho, Clovis Fraga e Maria da Conceição Magalhães. A seguir, fotografia dos seguintes filhos, da esquerda para direita: Leonídia, Elza, Odette, Alberto e Maria.

---

⁷⁶⁹ Informações deixadas por Idalina de Carvalho Moreira.

Figura 145 – Autor desconhecido, 1943

Figura 146 – Autor desconhecido, 1936

Figura 147 – Autor desconhecido, 1952

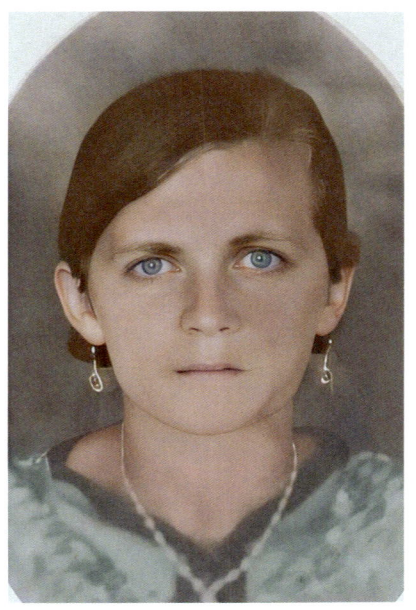

Figura 148 – Autor desconhecido, 1953

Figura 149 – Autor desconhecido, 2008

Idalina de Carvalho Moreira faleceu na cidade da Cachoeira, aos 17 de dezembro de 1977, em consequência de "parada cardíaca – arteriosclerose generalizada", deixando uma descendência de filhos, netos e bisnetos, aos 91 anos de idade.

Figura 150 – Idalina, no quintal da sua residência, sita à Cel. Garcia n. 17, acompanhada de sua filha e um bisneto. Ano de 1965, autor desconhecido

IGNÁCIO DE FIGUEIREDO MASCARENHAS

Fazenda Vitória

Lavrador, militar, cirurgião médico. Ignácio de Figueiredo Mascarenhas nasceu por volta de 1780, filho legítimo de Matias Pereira de Almeida e Margarida de Jesus Maria. Seu nome deriva de uma homenagem ao seu avô materno, o também Ignácio de Figueiredo Mascarenhas, este nascido no início do século XVIII no distrito do Iguape. Durante as primeiras décadas do séc. XIX, foi habilitado na condição de cirurgião aprovado. Segundo Tânia Salgado, as academias existentes no Brail desde 1808 poderiam formar cirurgiões para exercer seu ofício livremente em todo o reino e seus domínios. Para obter a carta de cirurgião, era necessário ser aprovado nos exames aplicados pelos oficiais da Fisicatura-Mor, instituição que supervisionava e regulamentava as artes de cura[770].

Figura 151 – APMC. Documento anexo ao inventário *post mortem* de Antônio Ferreira de Carvalho, caixa 199, processo 2231, p. 5

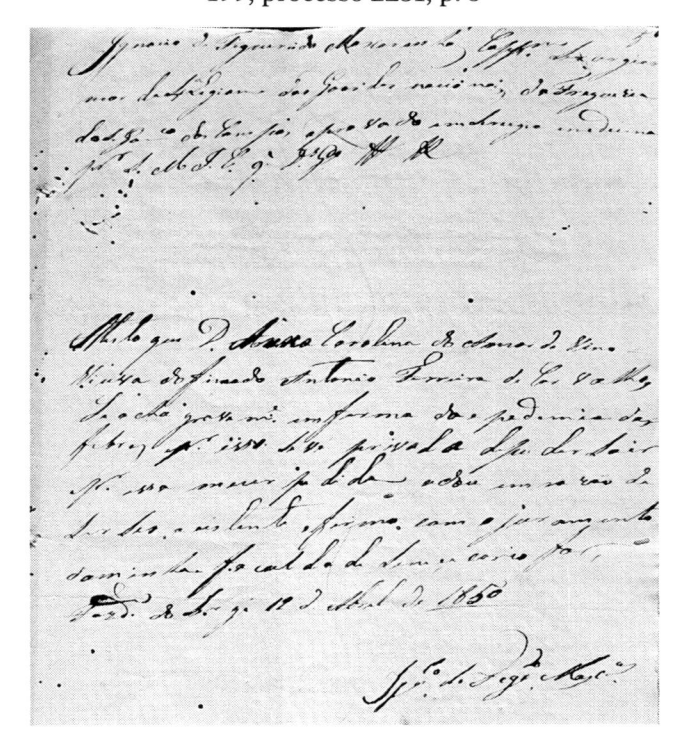

---

[770] PIMENTA, Tânia Salgado. *Artes de curar*: um estudo a partir dos documentos da Fisicatura-Mor no Brasil do começo do século XIX. 1997. Tese (Doutorado em História) – Universidade Estadual de Campinas, Campinas, 1997.

> *Ignácio de Figueiredo Mascarenhas, Capitão cirurgião da 4ª legião da Guarda Nacional da Freguesia de São Gonçalo dos Campos, aprovado em cirurgia médica por Sua Majestade Imperial que Deus Guarde. Atesto que dona Ana Carolina do Amor Divino, viúva do finado Antônio Ferreira de Carvalho, se acha gravemente enferma da epidemia das febres, e por isso deve privá-la de poder sair por esses meses, pedido em razão das febres existentes e afirmo com o juramento da minha faculdade se necessário for. Fazenda do Sergi, 12 de abril de 1850. Ignácio de Figueiredo Mascarenhas.*

Casou-se em 9 de outubro de 1800, em cerimônia realizada pelo padre José Correa Pita, com dona Rosa Maria do Espírito Santo, filha legítima do lavrador David Dias de Affonseca[771]. Ignácio de Figueiredo Mascarenhas faleceu em 1854 na Freguesia da Conceição da Feira, e deixou numerosa descendência[772].

---

[771] APMC. Inventário *post mortem* de Mathias Pereira de Almeida, caixa 02, processo 12, p. 89.

[772] APMC. Inventário *post mortem* de Ignácio de Figueiredo Mascarenhas, caixa 194, processo 2142.

INÁCIA GOMES MONCORVO

Pitanga

Inácia Gomes Moncorvo, vendedora de doces que atuou em Cachoeira durante o século XIX, é descrita como natural do sertão da província da Bahia, nascida por volta de 1813. Acredita-se que ela tenha sido uma mulher egressa da escravidão, com seu sobrenome sugerindo possível ligação às escravarias da influente família Moncorvo. As vendedoras de doces, como Inácia, desempenhavam um papel fundamental no cotidiano das cidades brasileiras durante o período imperial, contribuindo para a economia urbana e mantendo tradições culinárias locais. Essas mulheres, muitas vezes de origem humilde, como ex-escravizadas ou descendentes de africanos, utilizavam suas habilidades para conquistar certa autonomia financeira. Inácia faleceu em 12 de janeiro de 1903, em sua residência na Pitanga, vítima de congestão, aos 90 anos de idade[773].

---

[773] Cartório do Registro Civil das Pessoas Naturais, Distrito-Sede, Cachoeira/BA. Livro de óbitos n. 9, termo n. 665.

IZABEL CONSTANÇA DO AMOR DIVINO

Rua Treze de Maio

Mulher negociante, proprietária de uma quitanda situada na Rua Treze de Maio na cidade da Cachoeira, onde comercializava verduras e frutas[774]. Em 1893, o nome de Izabel Constança aparece no livro de Indústrias e Profissões depositado no Arquivo Público Municipal de Cachoeira, pagando a quantia de 2$000 (dois mil réis) pelo funcionamento da sua quitanda, situada à Rua Treze de Maio n. 02[775].

A etimologia de "quitanda" indica ser uma expressão de origem africana, que caracterizava o comércio de rua; no Brasil, o termo foi adquirindo outros contornos e descreve pequenos estabelecimentos comerciais que expõem aos transeuntes seus produtos em bancadas. A historiografia aponta que as quitandeiras constituem um conjunto de mulheres comerciantes, negras em sua maioria, que mercanciavam uma variedade de gêneros alimentícios, tais como ovos, peixes, feijão, milho, frutas etc.[776] No contexto específico do comércio de rua em Cachoeira, especialmente no que diz respeito à rotatividade e à diversidade de produtos oferecidos, a historiadora Glenda Spósito apresenta um estudo inédito sobre o dinamismo comercial das mulheres vendedoras ambulantes. Segundo Spósito, essa atividade remonta ao século XVIII, período em que já se destacava a vasta variedade de mercadorias disponibilizadas por esse grupo, incluindo a venda de alimentos prontos para o consumo, como pães e bolos.[777]

Ao analisarmos o perfil étnico de Izabel Constança, notamos que ele corresponde à descrição mencionada. Izabel Constança do Amor Divino foi identificada em seu registro de batismo como "cabra". Embora os historiadores indiquem que a categoria "cabra" não tem um significado fixo, variando conforme o período e o contexto social[778], em todas as instâncias examinadas, ela se refere à miscigenação, seja entre indígenas e negros, negros e brancos, ou mestiços e negros. Assim, é evidente que Izabel era uma mulher não branca[779]. Ela nasceu na antiga Freguesia de São Pedro da Muritiba, em janeiro de 1841, filha legítima de Manoel Henriques Coelho e Jacinta Maria do Amor Divino, que também eram classificados como cabras. Izabel foi batizada em 12 de abril do mesmo ano, tendo como padrinhos Antônio José do Patrocínio e Maria Bonifácia das Virgens[780].

---

[774] APMC. Livro de Lançamento dos Impostos de Industria e profissões do exercício de 1900, p. 3.

[775] APMC. Livro de Indústrias e Profissões 1893-1894, p. 10.

[776] FREITAS, Fernando V. de. *Das kitandas de Luanda aos tabuleiros da terra de São Sebastião*: conflitos em torno do comércio das quitandeiras negras no Rio de Janeiro do século XIX. 2015. Dissertação (Mestrado em Planejamento Urbano e Regional) –Universidade Federal do Rio de Janeiro, Rio de Janeiro, 2015.

[777] SPÓSITO, Glenda de Castro. *As donas dos tabuleiros*: perfis sociais e interações entre mulheres ganhadeiras da Vila da Cachoeira (1756-1770). 2022. Trabalho de Conclusão de Curso (Graduação em História) – Universidade Federal do Recôncavo da Bahia, Cachoeira, 2022.

[778] ALMEIDA, Mayara Aparecida Ribeiro de; AMORIM, Amanda Moreira de; PAULA, Maria Helena de. Um cabra de cor ou um cabra da mãe: dinâmicas de sentido para "cabra" entre os séculos XVI e XIX. *Filologia e Linguística Portuguesa*, São Paulo, v. 19, n. 1, p. 143-161, 2017. DOI 10.11606/issn.2176-9419.v19i1p143-161.

[779] BARROS, José d'Assunção. *A construção social da cor*: diferença e desigualdade na formação da sociedade brasileira. Petrópolis: Vozes, 2009. p. 92.

[780] Universidade Católica do Salvador. Laboratório Reitor Eugênio Veiga (LEV). Livro de batismos da Freguesia de São Pedro da Muritiba, 1831-1843, p. 242.

Figura 152 – Batismo de Izabel. Livro de batismos da Freguesia de São Pedro da Muritiba, 1831-1843, p. 242

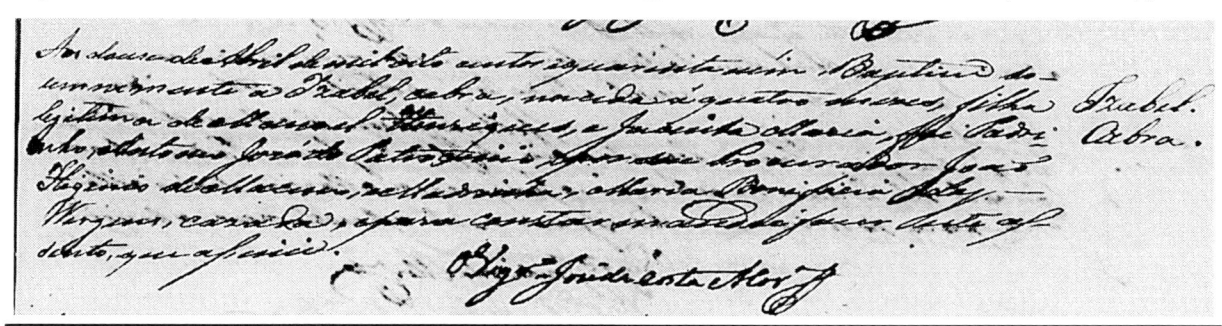

> *Aos doze de abril de mil oitocentos e quarenta e um, batizei solenemente a Izabel, cabra, nascida há quatro meses, filha legítima de Manoel Henrique, e Jacinta Maria, foi padrinho, Antônio José do Patrocínio por seu procurador João Higino de Maceno, e madrinha, Maria Bonifácia das Virgens, casada, e para constar mandei fazer este assento que assinei. O vigário José da Costa Moreira.*

O seu inventário *post mortem* revela que conseguiu acumular uma quantia considerável, permitindo investimentos no mercado imobiliário local, com a aquisição de três casas: uma localizada no beco do Tavares e outras duas no Caquende. Essa situação poderia proporcionar uma renda adicional proveniente dos aluguéis. Foram também encontradas quantias significativas em peças de ouro e prata, conforme detalhado a seguir:

> Um par de cessias com 18 oitavas e meia de ouro, um correntão com vinte oitavas de ouro, dois cordões de ouro com 12,5 oitavas, um bentinho com cinco oitavas de ouro, quatro anéis e um par de argolas e um par de botões, um par de cessias largos com sessenta oitavas de prata.[781]

Os objetos mencionados pertencem ao conjunto das chamadas "joias de crioulas", peças com um simbolismo singular que reflete tanto a estética quanto a representação socioeconômica das mulheres negras. Essas joias, confeccionadas com design único, destacavam-se pelo uso de técnicas artesanais específicas, sendo o tamanho exagerado uma de suas principais características, conferindo-lhes uma imponência distinta. Além de funcionarem como marcadores de posição social e expressão de riqueza e poder — como no caso dos correntões e cordões de ouro —, essas joias possuíam um forte componente religioso, que moldava as respectivas identidades de suas proprietárias. Um exemplo notável é o bentinho de cinco oitavas de ouro, uma peça de caráter religioso que, além do valor comercial, carregava um significado místico, oferecendo proteção espiritual à sua dona[782].

Segundo a pesquisadora Aureanice de Melo Corrêa, essas peças estavam inseridas em um contexto maior; anexas a vestimenta de suas donas, eram entendidas como signos de identidade sociocultural,

> Sendo assim, diante desta observação - das identidades fomentadas nas ações de significar objetos e coisas - portadas nos corpos através, das vestes e, dos adornos utilizados nas procissões das irmandades de negros, e em especial pelas negras da Boa Morte que passamos a destacar, dentro deste contexto, a Beca - como vestimenta - e,

---

[781] APMC. Inventário *post mortem* de Izabel Constança do Amor Divino. Caixa 240, doc. 2724, p. 11v, 12.

[782] GODOY, Solange de Sampaio. *Círculo das contas*: joias de crioulas baianas. Salvador: Fundação Museu Carlos Costa Pinto, 2006; APMC. Inventário *post mortem* de Izabel Constança do Amor Divino. Caixa 240, doc. 2724, p. 11v, 12.

> o Correntão Cachoeirano - como joia - que passam a identificar a portadora destes, como irmã da irmandade em questão, consagrando-os até os dias atuais como marcas desta confraria de mulheres, configurando com estes signos, uma das estratégias do seu processo de identidade [...].[783]

A partir das considerações da geógrafa Melo Corrêa, podemos levantar a hipótese de que Izabel Constança do Amor Divino tenha sido uma das integrantes da respeitável Irmandade de Nossa Senhora da Boa Morte. No século XIX, essa confraria funcionava apenas como uma associação devocional, sem uma formalização oficial que garantisse seu reconhecimento pelas autoridades, o que resultou na ausência de registros, como livros de receitas ou de entradas de irmãos. Esse contexto dificulta a identificação das mulheres que integravam seu corpo associativo. Entretanto, é relevante observar que Izabel pertencia a outras irmandades, como a do Senhor Bom Jesus dos Martírios e a de Nossa Senhora da Paciência[784], que eram predominantemente compostas por pessoas pardas e negras[785]. Embora não pretendamos apresentar respostas definitivas, buscamos oferecer evidências que possam servir como subsídios para outros pesquisadores interessados nessa temática. Izabel Constança do Amor Divino faleceu em sua residência, sita à Rua Treze de Maio, em 18 de setembro de 1906, contando 65 anos de idade, solteira e sem descendentes. Legou seus bens para afilhados e parentes próximos[786].

---

[783] CORRÊA, Aureanice de Mello. Territorialidade e simbologia: o corpo como suporte sígnico, estratégia do processo identitário da Irmandade da Boa Morte. *Revista Brasileira de História das Religiões*, ano 1, n. 1, maio 2008. Dossiê Identidades Religiosas e História. p. 128.

[784] APMC. Inventário *post mortem* de Izabel Constança do Amor Divino. Caixa 240, doc. 2724, p. 4.

[785] Conferir os trabalhos de Rodrigo Nascimento e Gabriela Bonomo. AMORIM, Rodrigo do Nascimento. *Práticas sociais e religiosas em Cachoeira entre os anos de 1840-1883*: um estudo sobre a Irmandade do Bom Jesus da Paciência. Dissertação (Mestrado em História) – Universidade Federal da Bahia, Salvador, 2016; BONOMO, Gabriela Oliveira. *O Bom Senhor Jesus dos Martírios*: irmandades de africanos e crioulos na Bahia oitocentista. Dissertação (Mestrado em História) – Uneb, Santo Antônio de Jesus, 2016.

[786] APMC. Inventário *post mortem* de Izabel Constança do Amor Divino. Caixa 240, doc. 2724.

IZIDRO DA COSTA LÔBO

Agricultor natural da então Vila do Camisão, atual cidade de Ipirá, radicado em Cachoeira. Nasceu em 1863, filho legítimo do funcionário público Manoel Antônio da Silva Lôbo e de sua mulher, Ignez da Costa Lôbo[787]. Ao completar 15 anos de idade, transfere-se para Cachoeira, onde iria exercer a profissão de caixeiro da casa comercial do seu tio Eduardo Gomes da Costa[788]. Casou-se em 1896[789] na Freguesia de Conceição da Feira, com Maria da Glória Marques, filha do capitão Francisco Marcelino Marques e Amélia Bittencourt Marques. Residia na Fazenda Pitanga, propriedade pertencente à esposa do seu tio Eduardo Gomes[790], que foi transmitida em testamento para seu filho Eduardo Marques Lôbo. Como Eduardo Lôbo faleceu sem deixar descendentes, Izidro e sua esposa tornaram-se herdeiros e proprietários da fazenda. Izidro faleceu em 28 de novembro de 1944, na Fazenda Pitanga, localizada à Rua Nova da Pitanga, n. 49, vítima de síncope cardíaca, aos 82 anos incompletos[791].

---

[787] APMC. Alistamento eleitoral da cidade da Cachoeira, 1905.
[788] APEB. Judiciário. Livro de óbitos n. 03 da cidade de Cachoeira/BA termo n. 319, p. 59; conferir verbete de Eduardo Gomes da Costa.
[789] Cúria Metropolitana de Feira de Santana. Livro de Casamento n. 01 da Paróquia da Conceição da Feira, p. 131v.
[790] Conferir verbete de Maria José de Oliveira Gomes.
[791] Certidão de óbito de Izidro Lobo, anexa ao seu inventário *post mortem*. APMC. Inventário *post mortem* de Izidro da Costa Lobo. Caixa 258, processo 3013.

JACOMINI VACCAREZZA

Rua da Pitanga nº51

Jacomini Vaccarezza nasceu em 1818 na comuna de Chiavari, Génova, filho legítimo de Antônio Vaccarezza e Catharina Vaccarezza. Imigrou para o Brasil em 1839, próximo de completar 21 anos de idade; no mesmo ano, desembarca na então cidade da Bahia, rumando, em seguida, para a heroica cidade da Cachoeira, famosa à época pelas suas lavouras de tabaco, característica que atraiu muitos imigrantes europeus ao longo de todo o século XIX. Ao chegar a Cachoeira, estabeleceu relações com o abastado José Joaquim de Oliveira, o que facilitou o arrendamento de um trecho das terras do antigo engenho Pitanga, mais precisamente uma chácara chamada Moinho, localizada na Rua da Pitanga, pertencente ao mencionado José Joaquim, local ideal para estabelecer residência e iniciar a montagem de sua serraria e fábrica de objetos de madeira[792]. A relação com José Joaquim de Oliveira, rico negociante local, reflete os benefícios sociais em associar-se com figuras endinheiradas, sobretudo para um estrangeiro que não falava o idioma local e possuía claras intenções econômicas, mas talvez sem o capital necessário. Nos primeiros anos de sua estada em Cachoeira, notamos que seu nome foi escrito e, por consequência, pronunciado de várias formas: Jacomin Vacarem, Jacomini Vacharen, Jacomini Vacarani, entre outros; isso pode sugerir dificuldades de comunicação e atraso na integração com a comunidade, tornando o contato com José Joaquim de Oliveira ainda mais significativo.

A documentação sugere que José Joaquim de Oliveira foi muito mais que um simples conhecido de Jacomini, indicando sua participação direta no projeto de montagem e instalação da serraria[793]. Em 1853, após a organização necessária, Jacomini esteve presente no Paço da Câmara Municipal para assinar o termo de concessão do uso do Rio Pitanga, a fim de estabelecer seu moinho e serra d'água[794].

As aspirações comerciais de Jacomini não foram bem recebidas por Antônio Francisco de Lacerda, um comerciante de Salvador que adquiriu a antiga casa de moinho pertencente a Francisco Ezequiel Meira, também situada nas terras de José Joaquim de Oliveira. Em 1853, Antônio Francisco de Lacerda iniciou um processo judicial de embargo de obra nova contra Jacomini, alegando que a construção de sua serra de madeira para fabricação de caixas de charutos afetaria negativamente seus negócios, uma vez que diminuiria consideravelmente o nível da água corrente em sua propriedade, comprometendo a operação das rodas do moinho

---

[792] APEB. Livro de Registro de Título de Residência a Estrangeiros 1842-1843, p. 272; processo de naturalização de Jacomini Vaccarezza. Seção de Arquivos Colonial e Provincial. Maço 1591-2.
[793] APEB. Seção Judiciário. Processo cível, classificação: 78/2798/06.
[794] APMC. Termos de arrematação e vistorias, p. 75.

movidas pela correnteza do Rio Pitanga. Segundo Lacerda, o "estrangeiro" Jacomini estaria construindo a sua fábrica um pouco acima da do requerente, dentro do termo de seu contrato de arrendamento, o qual não deveria ser violado[795].

Jacomini contratou os serviços advocatícios de Luiz Hosana Madeira para representar seus interesses na justiça, prevenindo assim o deferimento das reivindicações de Lacerda, que pedia a demolição de sua fábrica, a qual já estava com as obras em estágio avançado.

Figura 154 – APEB. Seção Judiciário. Processo cível, classificação: 78/2798/06, p. 154. Devido à posição da imagem no processo, não foi possível digitalizá-lo de forma que a lateral inteira do desenho fosse capturada, o que impediu a visualização completa da numeração das primeiras legendas

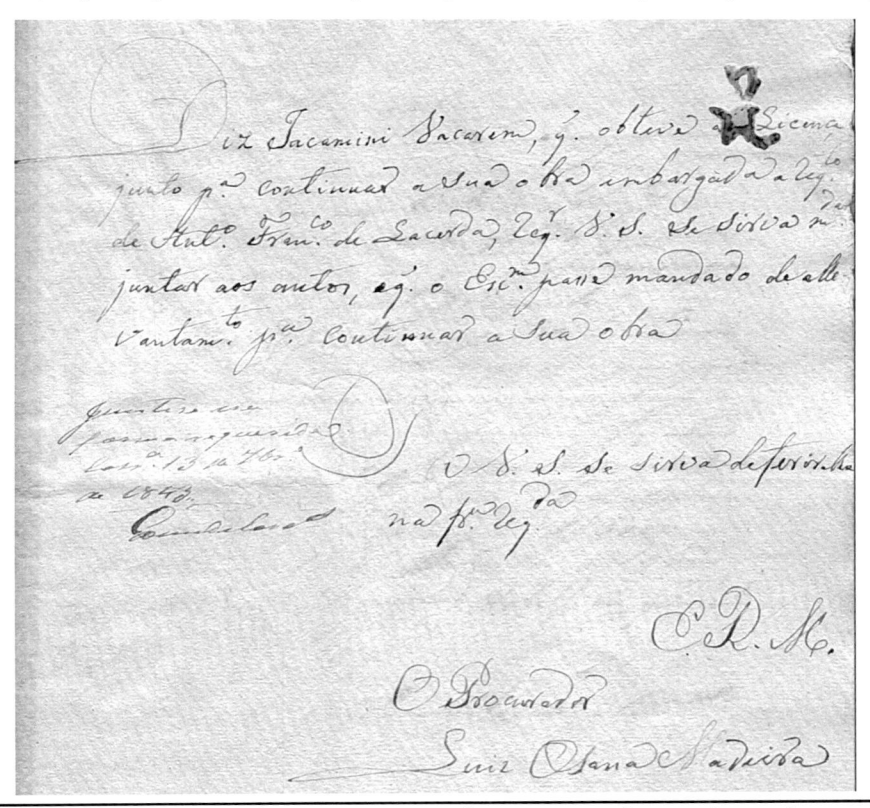

Diz Jacomini Vacarem, que obteve licença para continuar a sua obra embargada a requerimento de Antônio Francisco de Lacerda, requer que V.S. se sirva mandar juntar aos autos, e que o escrivão passe mandado de levantamento para continuar sua obra.

Em sua defesa, Luiz Hosana Madeira argumentou a legalidade do empreendimento de Jacomini, que tinha o apoio da câmara e do proprietário do terreno, assegurando que não haveria prejuízo a terceiros. Ressaltou que o embargo era fruto do receio de concorrência, já que o autor da ação tinha um negócio parecido, porém com equipamentos menos avançados e eficientes do que os de Jacomini, que aplicou mais de oito contos de réis no maquinário e obras. Ele ainda destacou as vantagens do empreendimento: uma fábrica com moinho para processamento de milho e outros grãos, uma serraria para produção de caixas de charuto, entre outras atividades,

---

[795] APEB. Seção Judiciário. Processo cível, classificação: 78/2798/06.

que não só valorizariam a área, mas diversificariam o comércio e seriam de grande utilidade para o público, por serem indústrias que empregariam mão de obra livre, sem depender unicamente de trabalhadores escravizados.

A obstinação de Antônio Francisco de Lacerda em impedir a construção da serraria de Jacomini forneceu informações essenciais para entendermos a ocupação do bairro da Pitanga, um dos mais significativos de Cachoeira. Lacerda argumentava que nem a câmara municipal nem José Joaquim de Oliveira tinham direitos sobre as águas do Rio Pitanga, portanto não possuíam autoridade para outorgar permissões a Jacomini. Isso porque os direitos sobre essas águas foram cedidos e transferidos de forma perpétua através de um contrato de aforamento entre José Joaquim de Oliveira e Francisco Ezequiel Meira. Lacerda, ao comprar a propriedade de Meira, adquiriu também o direito e a posse exclusiva do uso das águas do Rio Pitanga. Ele tentou provar que Jacomini Vaccarezza, com a cumplicidade de José Joaquim de Oliveira, alterou intencionalmente o curso do rio para beneficiar sua serraria, apresentando suas alegações por meio de um mapa minucioso que mostrava a localização de cada construção no domínio do antigo engenho da Pitanga, assim como as alterações no percurso do rio e as edificações que, de alguma forma, teriam desviado suas águas.

Para facilitar a leitura das legendas bem como a sua interpretação, optamos por transcrever as legendas existentes na imagem:

Figura 155 – APEB. Processo de naturalização de Jacomini Vaccarezza. Seção de Arquivos Colonial e Provincial, maço 1591-2

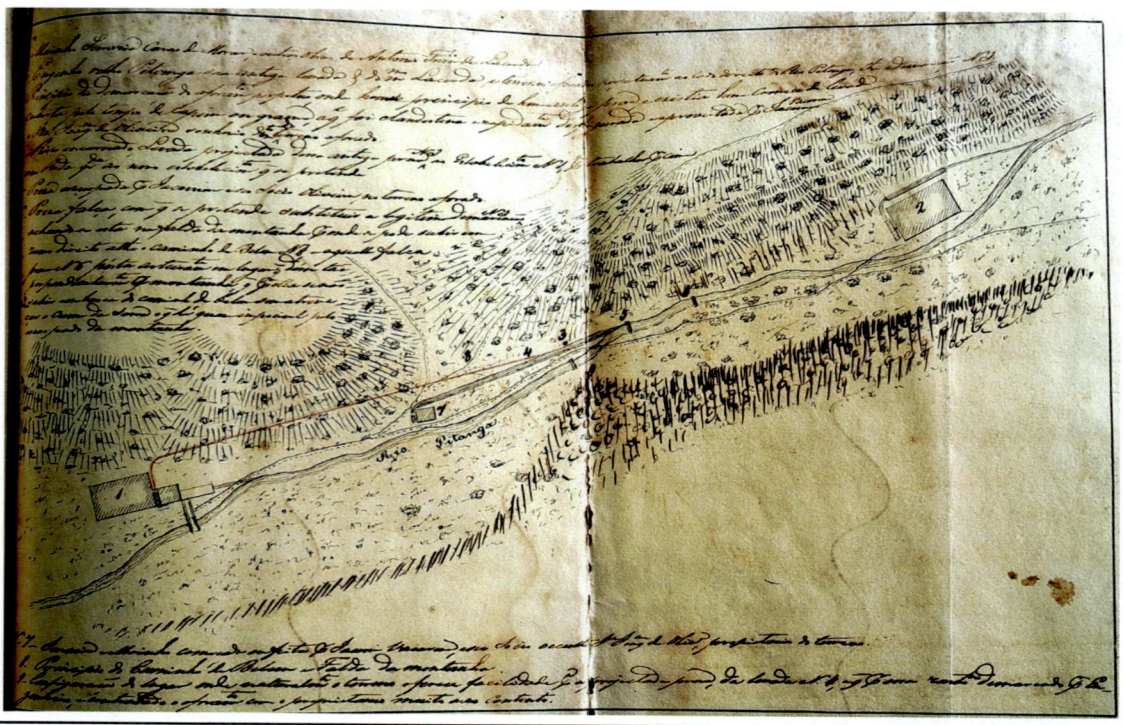

1 - *Moinho, Serraria, casas de morar e outras obras de Antônio Francisco de Lacerda;*
2 - *Engenho velho Pitanga e sua antiga levada que do mesmo Lacerda e terrenos aforados perpetuamente ao lado direito do Rio Pitanga até a demarcação n.º 3;*

> **3** - *Princípio da demarcação do aforamento perpétuo, onde houve o princípio do levantamento de uma antiga parede e existia um começo de levada coberta pelo tempo de capinha grama, a que foi clandestinamente rapidamente desocupada e aproveitada por Jacomini Vacarem e José Joaquim de Oliveira, senhorio dos terrenos aforados;*
> **4** - *Risco encanado e levada projetada desse antigo para o de n.º 3 ao estabelecimento que trabalha com roda quanto ao novo estabelecimento que se pretende;*
> **5** - *Presa usurpada por Jacomini, seu sócio Oliveira no terreno aforado;*
> **6** - *Presa falsa com que se pretende substituir a legítima demarcação n.º 3 achando-se esta na falda da montanha para onde se pode subir em rumo direto até o caminho de Belém e n.º 8 e aquela falsa presa n.º 6 posta astuciosamente em lugar que desce tão perpendicularmente a montanha que por ela se não pode sair em busca do caminho de Belém sem atravessar o cume da Serra e que é quase impossível pelo escarpado da montanha;*
> **7** - *Serraria e Moinho começado por Jacomini Vaccarezza e seu sócio oculto José Joaquim de Oliveira, proprietário dos terrenos;*
> **8** - *Princípio do caminho de Belém e da falda da montanha;*
> **9** - *Configuração do lugar onde naturalmente o terreno oferece facilidade para projetar da obra da levada n.º 4, e para esse rastro demarcado pelo engenheiro e contratado o aforamento com o proprietário muito a seu contento.*

Independentemente do resultado e da possibilidade de impedir o avanço de um importante empreendimento industrial para a dinâmica comercial da cidade, o processo cível iniciado por Antônio Francisco Lacerda deixou para a posteridade informações e detalhes importantes sobre figuras que viveram em Cachoeira no século XIX. Isso inclui o próprio Jacomini e as testemunhas mencionadas no processo, além de outras personalidades economicamente significativas até então desconhecidas, como José Joaquim de Oliveira; o processo também forneceu um mapa detalhado mostrando a localização de cada propriedade, seus conflitos e as redes de interação social forjadas a partir desses encontros.

Ao revisar uma das ideias que apresentamos no início deste verbete, sobre a possibilidade de um idioma não nativo ser um fator que retarda a integração social, decidimos mensurar essa hipótese por meio da filiação em associações locais, comparando-a com os perfis de imigrantes portugueses que seguem um padrão semelhante ao de Jacomini. Essa análise revelou um padrão diferenciado de integração. Enquanto outros imigrantes se integraram rapidamente às instituições locais, Vaccarezza demonstrou um atraso significativo, registrando sua primeira associação na Santa Casa de Misericórdia de Cachoeira em 14 de agosto de 1859, mais de dez anos após sua chegada. Consideramos que sua entrada nessa entidade foi influenciada de forma decisiva por seu sogro, o italiano Simão Pizzonno, que se associou logo no início de 1859[796].

No início da década de 1850, Jacomini Vaccarezza passa a viver maritalmente com Maria Thomazia Pizzonno, natural da cidade da Cachoeira, filha legítima do italiano Simão Pizzonno e de Maria Rosa Pizzonno. O casal oficializou a sua união perante os ritos da Igreja/Estado em 9 de agosto de 1879[797], cerca de 25 anos após o início da relação, quando todos os filhos já haviam nascido. Talvez tenha sido o primeiro passo para regularizar a sua situação no país, pois em 1885 deu entrada no seu processo de naturalização, e ser casado com uma brasileira foi uma

---

[796] Memorial da Santa Casa de Misericórdia de Cachoeira. Livro n. 12. Lançamento das joias de entrada dos irmãos, p. 9v., 10v.

[797] Universidade Católica do Salvador. Laboratório Reitor Eugênio Veiga (LEV). Livro de casamentos da Paróquia de Nossa Senhora do Rosário da Cachoeira, 1862-1927, sem numeração.

das alegações fornecidas no processo, além de *"...residente há perto de 40 anos na cidade da Cachoeira, desta província, que à vista do amor que consagrou a este país, e dos interesses que a ele tem legados, quer adotá-lo por pátria; como o permite a lei"*[798].

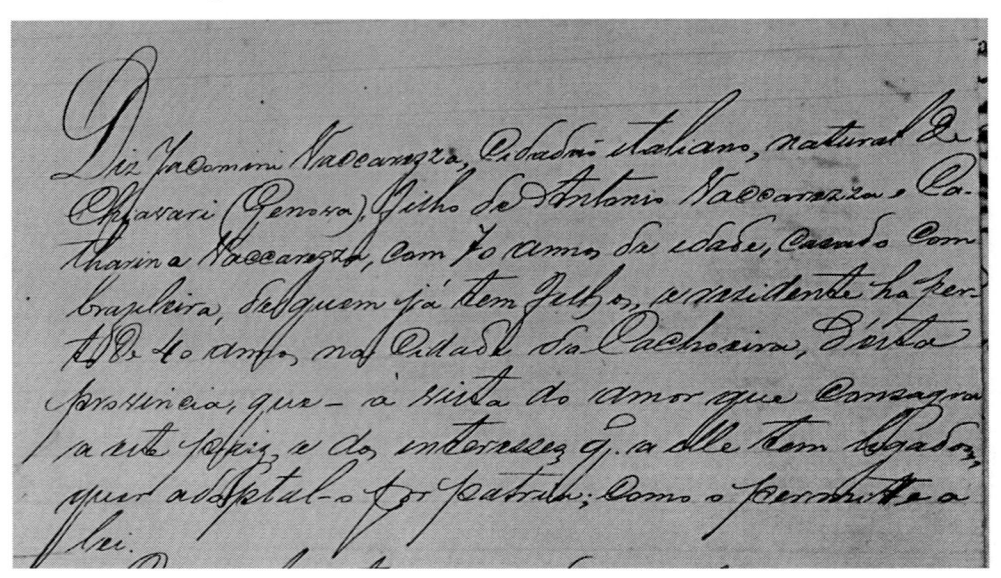

Figura 156 – Jornal *A Ordem*, ed. n. 54, de 14.07.1926

A presença das fábricas de fumo na região incrementou consideravelmente os negócios de Jacomini Vaccarezza, que passou a produzir em grande escala as caixas de madeira utilizadas para armazenar os charutos. Sua serraria comercializava, também, assoalhos e outros produtos mais elaborados[799].

O casal Pizzonno Vaccarezza gerou os seguintes filhos: **Antônio Ludgero dos Santos**; **Guilhermina dos Santos Vaccarezza**, nascida em 1853, casada com seu primo João Batista Vaccarezza; **Saturnino Vaccarezza**, nascido em 1860[800]; **Cândido Elpídio Vaccarezza**, nascido em 1865, casou-se com sua prima Gabriela Massena Vaccarezza[801]. Jacomini Vaccarezza faleceu em 1º de março de 1894, em decorrência de *"uremia"*, contando 77 anos de idade[802].

---

[798] APEB. Processo de naturalização de Jacomini Vaccarezza. Seção de Arquivos Colonial e Provincial. Maço 1591-2.
[799] APMC. Ofício endereçado ao Conselho da Intendência Municipal da Cachoeira em 1891. Documentos avulsos não catalogados.
[800] APMC. Inventário *post mortem* de Guilhermina Santos Vaccarezza, caixa 279, proc. 3413; APEB. Judiciário. Livro de óbitos de Cachoeira/BA, n. 2, termo n. 293.
[801] Universidade Católica do Salvador. Laboratório Reitor Eugênio Veiga (LEV). Livro de casamentos da Paróquia de São Pedro da cidade da Bahia, 1844-1899, p. 270v.
[802] APEB. Judiciário. Livro de óbitos de Cachoeira/BA, n. 06, termo n. 620.

JANUÁRIO PEREIRA MASCARENHAS

Lavrador e proprietário de terras, Januário Pereira Mascarenhas nasceu na Vila da Cachoeira em 15 de outubro de 1749, filho legítimo de Christóvão Pereira Mascarenhas e Isabel Maria de Lima. Foi batizado na Capela de Nossa Senhora de Belém em 22 de dezembro do mesmo ano, tendo como padrinhos Francisco Gonçalves Silva e Ana Maria de Lima[803]. Casou-se com Ana Francisca da Conceição e se tornou um próspero proprietário de terras, possuindo as fazendas Sítio, Gonga, Mato da Lagoa e Arapatiba, além de se dedicar ao cultivo da folha de tabaco[804]. Após o falecimento de sua esposa, passou a viver maritalmente com Maria Francisca de Jesus. Faleceu em 14 de maio de 1821, em decorrência de tuberculose, aos 72 anos incompletos, sendo sepultado na Matriz da vila[805].

---

[803] Universidade Católica do Salvador. Laboratório Reitor Eugênio Veiga (LEV). Livro de batismo da Freguesia de Nossa Senhora do Rosário da Vila de Cachoeira, 1749-1755, p. 21v.

[804] APEB. Seção judiciário. Inventário *post mortem* e testamento de Januário Pereira Mascarenhas, classificação: 03/935/140/17.

[805] Universidade Católica do Salvador. Laboratório Reitor Eugênio Veiga (LEV). Livro de óbitos da Paróquia de Nossa Senhora do Rosário da Cachoeira, 1811-1825, p. 272.

JERONIMO DA COSTA E ALMEIDA

Jeronimo, militar e senhor de engenho, nasceu por volta de 1775 na Vila de Maragogipe[806], filho de Jerônimo da Costa e Almeida e neto de Bartolomeu da Costa[807], um rico proprietário de terras e senhor de engenho que viveu em Cachoeira durante a primeira metade do séc. XVIIII. Residia no seu engenho da Capanema e era casado com dona Angélica Maria da Conceição. Tinha a patente de capitão-mor e comandava o regimento militar de Maragogipe[808] durante o primeiro ano do processo de lutas contra as tropas de Madeira de Melo. Adepto da causa emancipacionista, participou ativamente do movimento em curso no Recôncavo. Além da produção de açúcar do seu engenho, também negociava com a extração do pau-brasil[809]. Faleceu em 26 de março de 1823, durante o período que residia na Vila da Cachoeira, decorrente de hidropisia; foi amortalhado em hábito militar e sepultado no Convento do Carmo da Cachoeira[810].

---

[806] Universidade Católica do Salvador. Laboratório Reitor Eugênio Veiga (LEV). Livro de óbitos da Paróquia de Nossa Senhora do Rosário da Cachoeira, 1811-1825, p. 303.

[807] MOREIRA, Igor Roberto de Almeida. *"E por tais terceiros na Ordem do Carmo"*: os dignitários irmãos da Ordem Terceira do Carmo da Vila da Cachoeira, 1691-1773. 2021. Dissertação (Mestrado) – Universidade do Estado da Bahia, Santo Antônio de Jesus, 2021. p. 59.

[808] Hemeroteca Digital da Biblioteca Nacional. Jornal *O Espelho* de 20.08.1822, p. 2.

[809] Hemeroteca Digital da Biblioteca Nacional. Jornal *O Sylpho* de 18.10.1823.

[810] Universidade Católica do Salvador. Laboratório Reitor Eugênio Veiga (LEV). Livro de óbitos da Paróquia de Nossa Senhora do Rosário da Cachoeira, 1811-1825, p. 303.

JOANA XIXI DA COSTA

Rua Rodrigo Brandão n. 70

Em 14 de julho de 1926, a edição número 54 do jornal *A Ordem*[811] noticiou em primeira página o falecimento da última africana residente em Cachoeira. Referiam-se à dona Joana Xixi da Costa, uma das muitas vítimas do maléfico comércio de pessoas, arrancada da sua terra natal ainda na infância; teria aportado em Cachoeira na década de 1830 aproximadamente, e aqui constituiu família. Infelizmente não localizamos detalhes mais específicos sobre a sua trajetória, porém o simples "resgate" do anonimato é muito representativo.

Joana Xixi da Costa faleceu em 9 de julho de 1926, decorrente de "diarreia", contando um século de vida; foi sepultada no Cemitério da Piedade, em carneira da Irmandade de São Benedito. O seu assento de óbito informa que não deixou filhos, porém o sr. Graciliano Santa Rosa, declarante do registro, foi identificado como genro; indicando que a falecida gerou pelo menos uma filha, falecida antes do seu passamento[812].

Figura 156 – Jornal *A Ordem*, ed. n. 54, de 14.07.1926

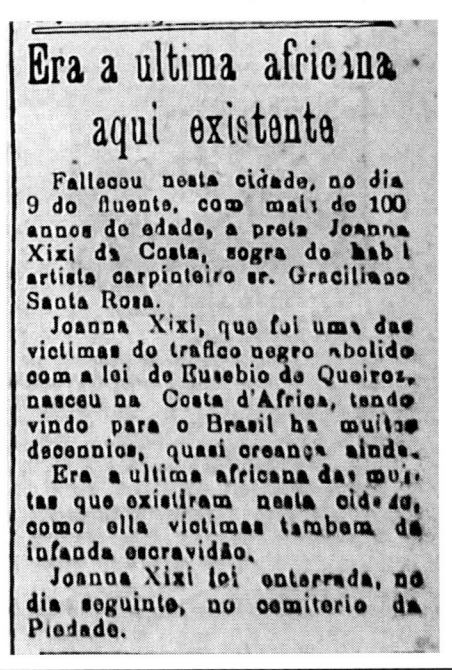

Era a última africana aqui existente. Faleceu nesta cidade, no dia 9 do fluente, com mais de 100 anos de idade, a preta Joana Xixi da Costa, sogra do hábil artista carpinteiro sr. Graciliano Santa Rosa. Joana Xixi, que foi uma das vítimas do tráfico negro abolido com a lei de Eusébio de Queiroz, nasceu na Costa da África, tendo vindo para o Brasil há muitos decênios, quase criança ainda. Era a última africana das muitas que existiram nesta cidade, como ela, vítimas também da infanda escravidão. Joana Xixi foi enterrada, no dia seguinte, no cemitério da Piedade.

---

[811] Biblioteca Pública dos Barris. Setor de Periódicos Raros. Jornal *A Ordem*, ed. de 14.07.1926.

[812] Cartório do Registro Civil das Pessoas Naturais. Distrito-Sede – Cachoeira/BA. Livro de óbitos n. 26, p. 21v.

JOÃO AMARO LOPES

Rua da Mariz[813]

Figura 157 – Retrato de João Amaro Lopes, séc. XIX, óleo sobre tela. Esta imagem foi gentilmente cedida pelo Memorial da Santa Casa de Cachoeira. A fotografia foi realizada pela Prof.ª Dr.ª Ângela Santana, então responsável pelo Memorial

Comerciante português, natural da Vila de Valongo, era filho legítimo de Joaquim Amaro Lopes e Teresa Marques da Conceição. Estima-se que tenha deixado as terras lusitanas no segundo quartel do século XIX, acompanhado de seus irmãos Joaquim e Mamede. Ao chegar à Bahia, escolheu a próspera Vila de Nossa Senhora do Rosário do Porto da Cachoeira como local para fixar residência e iniciar seus empreendimentos comerciais[814].

João Amaro Lopes inseriu-se com sucesso no ramo do tabaco, estabelecendo um armazém de enrola que lhe proporcionou grande fortuna. Seu testamento é um verdadeiro testemunho de sua filantropia e prosperidade. Nele, João fez doações generosas em dinheiro e bens tanto para sua família quanto para instituições no Brasil e em Portugal, incluindo a Santa Casa de Misericórdia de Cachoeira, da qual era membro associado. A essa instituição, doou quatro casas para aumentar seu patrimônio. Em reconhecimento, a Mesa administrativa incluiu seu retrato na galeria dos benfeitores[815].

Em testamento lavrado em 1873 pelo tabelião Helvécio Sapucaia, o negociante lusitano declarou que vivia maritalmente com uma senhora de nome Firmina Augusta Rodrigues, de quem houve duas filhas, reconhecendo-as legalmente por universais herdeiras[816]. Tempos depois, oficializou-se a união com a realização do matrimônio[817]. Acredita-se que a feitura do

---
[813] Atual Ana Nery.
[814] Testamento de João Amaro Lopes. Transcrição cedida gentilmente pelo colega historiador Uelton Freitas Rocha.
[815] MILTON, Aristides. *Ephemerides cachoeiranas*. Salvador: Ufba, 1979. (Coleção Cachoeira; v. 1). p. 140.
[816] APEB. Seção Judiciário. Inventário de João Amaro Lopes. Doc. 07/3095/07.
[817] APEB. Seção Judiciário. Inventário de João Amaro Lopes. Doc. 07/3095/07.

testamento e a regularização da situação conjugal ocorreram por temor à morte, devido à doença que comprometeu sua visão e o levou à cegueira, condição em que permaneceu por quase duas décadas até seu falecimento. João Amaro Lopes morreu em 17 de abril de 1888, na cidade do Salvador, aos 70 anos[818].

---

[818] MILTON, Aristides. *Ephemerides cachoeiranas*. Salvador: Ufba, 1979. (Coleção Cachoeira; v. 1). p. 140.

JOÃO BATISTA ÁLVARES RODRIGUES

Soldado do batalhão dos Periquitos. Natural da Vila de Nossa Senhora do Rosário do Porto da Cachoeira, nasceu por volta do ano de 1795. Participou ativamente do processo de lutas pela independência do Brasil na província da Bahia, ao integrar o batalhão comandado por José Antônio da Silva Castro. Faleceu em 10 de outubro de 1823[819].

---

[819] Universidade Católica do Salvador. Laboratório Reitor Eugênio Veiga (LEV). Livro de óbitos da Paróquia de Nossa Senhora do Rosário da Cachoeira, 1811-1825, p. 311v.

JOÃO BATISTA SANTER

Imigrante europeu estabelecido em Cachoeira no segundo quartel do século XIX, João Santer nasceu por volta de 1807 na cidade de Langenargen, então parte do extinto Reino de Württemberg, hoje Alemanha. Filho legítimo de Matias Santer e Francisca Brugger, presume-se que tenha desembarcado na cidade de Salvador no início da década de 1830, e em seguida se dirigido para Cachoeira, onde se fixou. Em 7 de janeiro de 1837, casou-se com Cordulina Maria do Amor Divino[820], em uma cerimônia realizada na casa da mãe da noiva[821]. No entanto, a vida conjugal foi breve, pois João faleceu em 1º de novembro de 1838, contando pouco mais de 30 anos, sendo sepultado na Igreja Matriz de Nossa Senhora do Rosário[822].

---

[820] Conferir verbete de Cordulina Maria Both.
[821] Universidade Católica do Salvador. Laboratório Reitor Eugênio Veiga (LEV). Livro de casamentos da Paróquia de Nossa Senhora do Rosário da Cachoeira, 1828-1860, p. 88.
[822] Universidade Católica do Salvador. Laboratório Reitor Eugênio Veiga (LEV). Livro de óbitos da Paróquia de Nossa Senhora do Rosário da Cachoeira, 1834-1844, p. 91v.

JOÃO DA MOTA ROCHA LIMA

Solicitador na comarca de Cachoeira, cargo que se assemelha às atribuições de um advogado, mas sem a exigência de um diploma para o exercício da função. O solicitador se incumbia majoritariamente de questões burocráticas, como a elaboração de documentos e o aconselhamento jurídico. Durante o Segundo Reinado, marchou nas fileiras do Partido Liberal. Nasceu em Cachoeira por volta de 1837, filho de Luiz Ferreira da Rocha[823], e faleceu em 18 de outubro de 1903, aos 66 anos de idade[824].

---

[823] APMC. Livro de Qualificação de Votantes para o ano de 1890, s/n. 15º quarteirão, inscrito no n. 185.
[824] Biblioteca Pública dos Barris. Setor de Periódicos Raros. Jornal *A Ordem*, ed. n. 82 de 21.10.1903.

JOÃO DA NOVA MILHAZES

Português radicado em Cachoeira, proprietário de uma importante fábrica de charutos, situada na Rua da Ponte Nova. João da Nova Milhazes nasceu em 1864, na freguesia de Póvoa de Varzim, filho legítimo de Antônio Tomás da Nova e Ana Rosa da Conceição Milhazes[825]. Estima-se que chegou a Cachoeira por volta do ano de 1878. Certamente, a travessia se deu por intermédio do seu tio Albino Milhazes, abastado negociante já estabelecido na cidade[826].

Rapidamente ele seguiu os passos do seu tio, obtendo sua certidão de naturalização brasileira[827]. Seu primeiro empreendimento comercial foi uma padaria conhecida como "Padaria da Caridade", estabelecida no final da década de 1880, localizada na Rua da Matriz n. 51, em frente ao antigo celeiro público. Durante esse período, começou um ciclo de prosperidade econômica e desenvolveu interesse pelo setor de manufatura de tabaco. A seguir, uma propaganda comercial revela que a padaria já vendia cigarros, um produto bastante inusitado para ser oferecido nesse tipo de ramo comercial.

Figura 158 – APMC. Jornal *O Tempo*, ed. de 21.08.1889

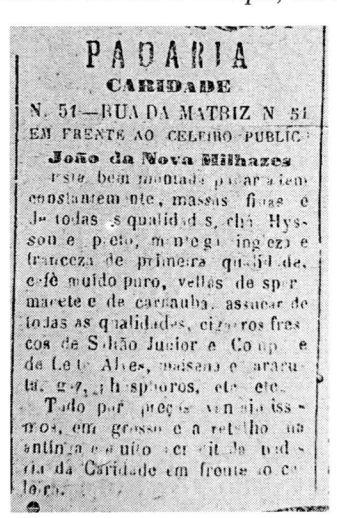

> **PADARIA CARIDADE** *Nº51 - Rua da Matriz N. 51. EM FRENTE AO CELEIRO PÚBLICO.* **João da Nova Milhazes** *Esta bem montada padaria tem constantemente massas finas e de todas as qualidades, chá Hysson e preto, manteiga inglesa e francesa de primeira qualidade, café moído puro, velas de super macete e de carnaúba, açúcar de todas as qualidades, cigarros frescos de Salvão Júnior & Comp. e de Leite Alves, maizena e araruta, gás, fósforos, etc. etc. Tudo por preços vantajosíssimos, em grosso e a retado na antiga e muito acreditada a padaria da Caridade em frente ao celeiro.*

---

[825] Arquivo da Ordem Terceira do Carmo de Cachoeira. Livro de óbitos dos irmãos.
[826] Conferir verbete de Albino José Milhazes.
[827] Livro n. 01 dos termos de admissão e posse dos membros do Monte Pio dos Artistas Cachoeiranos, p. 67.

Em finais do séc. XIX, no ápice da abastança, adquire a massa falida da antiga fábrica Juventude, fundando a sua indústria na Rua da Ponte Nova. Segundo o próprio João da Nova Milhazes:

> Minha fábrica estava em completo laboração, trabalhando com 30 a 40 operários diários, tendo completo depósito de todo o material para a fabricação de charutos, constando de fumos nacional, Sumatra e Java, forma para charutos, etiquetas, anéis, fitas de seda, frisar papel de lustro e cores, caixinha para charutos bancas, armanir, rendas de papel para enfeitar caixinhas, lâminas, máquinas de prensar e finalmente tudo que era concernente a esta indústria[828].

No início do século XX, em julho de 1901, a fábrica sofreu um grave abalo financeiro devido a um devastador incêndio, que a reduziu a ruínas. Foi um prejuízo irreparável para o proprietário e para todos que dependiam direta ou indiretamente de seu funcionamento. João Milhazes relatou que praticamente tudo foi destruído, incluindo os livros-caixa, resultando em uma perda de 180:000$000 (cento e oitenta contos de réis). O memorialista Manoel Matheus Ferreira, popularmente conhecido como "Neco Ourives", foi testemunha desse trágico evento. Ele descreveu em detalhes o desespero e o pânico que se abateram sobre a cidade, apesar de ter cometido alguns pequenos equívocos, o que não diminui a relevância de seu relato.

> Grande prédio com fábrica de charutos, de Manoel [**João**] da Nova Milhazes, trabalhava centenas [**40**] de operários. Em 1903 [**1901**] se não me falha a lembrança, e ainda criança, fiquei apavorado de quando fui despertado dormindo. Meus pais, dizendo que a fábrica de Manoel [**João**] Milhazes estava pegando fogo, e logo em seguida, o toque dos signos pedindo socorro, cheguei à porta da rua fiquei impressionado de ver atrás da igreja matriz as labaredas do fogo, e um clarão triste, subia com altura de se ver visto em toda a cidade. A fábrica sinistrada, em poucas horas, tornou-se em cavernas, nada podendo se salvar, por não haver recursos. Ficará para a admiração do povo, a grande fábrica em cavernas, apenas a fachada com seu bonito gradeado de ferro. Por muitos anos em ruínas, entristecia a[rua] Ponte Nova, até que neste prédio, edificaram casas no centro, deram o nome de avenida, que vem habitada por gente humilde.[829]

Ao cruzarmos o depoimento *supra* com informações da imprensa da época, constatamos que o memorialista apenas confundiu o ano e o nome do proprietário do imóvel, algo perfeitamente compreensível após mais de 60 anos do ocorrido. Isso, de forma alguma, refuta ou diminui a relevância e a qualidade de sua memória. Esses equívocos são naturais em relatos tardios, especialmente quando se trata de eventos de longa data, e devem ser considerados à luz do contexto histórico e do distanciamento temporal.

João da Nova Milhazes manteve-se no estado de solteiro, mas viveu maritalmente com Maria Gertrudes Rebouças[830]. Faleceu em sua residência, sita na então Praça da Manga, em 20 de novembro de 1908, contando 46 anos de idade, vitimado por tuberculose laríngea. Foi sepultado no Cemitério da Ordem Terceira do Carmo, em sepultura perpétua[831].

---

[828] APMC. Inventário *post mortem* de João da Nova Milhazes, caixa 261, processo 3069, p. 12v, 13.
[829] Arquivo Público Municipal de São Félix. Jornal *O Correio de São Félix*, ed. de 29.08.1964.
[830] APMC, *op. cit.*
[831] Arquivo da Ordem Terceira do Carmo de Cachoeira. Livro de óbitos dos irmãos.

JOÃO DE SANTA MARIA SOUZA (FREI)

Frade carmelita. Natural da cidade do Salvador, nasceu por volta de 1826, filho natural de Maria Gertrudes de Santana. Aportou em Cachoeira em 1837 e, posteriormente, tornou-se religioso da Ordem Carmelita[832]. Em 1859, a Câmara Municipal de Cachoeira emitiu um atestado declarando que há dez anos ele lecionava gramática latina ao público, sendo a sua aula bastante concorrida. Em 1862, foi eleito prior do referido Convento do Carmo, mantendo-se no cargo durante duas décadas. Em 1877, recebeu a condecoração de pregador da capela imperial[833]. Sua postura não convencional em relação ao celibato era conhecida em toda Cachoeira. Amasiou-se com Joana Rosa do Sacramento Oliveira e, dessa união, houve um filho de nome João Urbano de Souza Sales. Em 1864, um fato escandalizou a cidade: as "peripécias" do frade estamparam a primeira página do jornal *O Alabama*, editado na capital da província. Foi publicada na íntegra uma petição de Alberto de Santa Gertrudes, redigida pelo rábula Virginio José de Almeida, endereçada ao arcebispo da Bahia, onde solicitava providências contra o frade João de Santa Maria Souza, que teria raptado sua enteada, levando-a para o convento:

> Ilm. Sr. dr. delegado., Alberto de Santa Gertrudes, por cabeça de sua mulher Felícia Nunes, vem manifestar a V.S., que tendo uma sua enteada de nome Maria Gertrudes, crioula, menor de 21 anos, em sua casa e companhia, desapareceu há mais de mês, pelas indagações que fez o suplicante veio a saber que amasiando-se com o reverendo prior do Convento do Carmo desta cidade Fr. João de Santa Maria Souza [...].[834]

Para piorar a situação, a concubina "oficial" do frei João ficou a par da situação e se dirigiu ao convento para expulsar a sua "concorrente": "onde, segundo agora consta ao suplicante, tendo penetrado em uma das próximas noites Joana de tal, parda solteira, amásia de muitos anos do supradito reverendo prior, armada de navalha"[835]. O jornal não informou se houve interferência por parte do arcebispado, porém, levando em consideração que o frade se manteve no cargo de prior até o seu último dia de vida, presume-se que nada aconteceu.

Frei João de Santa Maria Souza faleceu em 27 de setembro de 1882, com 56 anos de idade, foi sepultado nas carneiras do convento[836].

---

[832] MILTON, Aristides. *Ephemerides cachoeiranas*. Salvador: Ufba, 1979. (Coleção Cachoeira; v. 1). p. 318.
[833] Hemeroteca Digital da Biblioteca Nacional. *Jornal da Tarde*, ed. de 12.05.1877.
[834] Jornal *O Alabama*, ed. n. 69 de 04.06.1864.
[835] *Ibidem*.
[836] APEB. Judiciário. Livro de óbitos n. 03, Cachoeira/BA, termo n. 852.

JOÃO DO NASCIMENTO

João do Nascimento, ex-escravizado e veterano da Independência, nasceu por volta de 1780 na África, tornando-se uma das inúmeras vítimas do cruel comércio transatlântico de escravizados entre os séculos XVI e XIX. Arrancado de sua terra, enfrentou a hostilidade ao embarcar no navio negreiro. É possível imaginar seu espanto ao chegar à Bahia e confrontar-se com sua nova realidade. As circunstâncias que o levaram a Cachoeira não são difíceis de imaginar, pois, além de ser o segundo maior centro de escravizados na Bahia, um dos principais traficante da província, Pedro Rodrigues Bandeira, tinha fortes laços com a vila. Ele era membro da Santa Casa de Misericórdia e possuía um engenho e outras propriedades na região[837]. Em Cachoeira, João tornou-se sapateiro e acreditamos que vendia seus serviços nas ruas e praças da próspera vila, o que lhe permitiu acumular recursos para comprar sua liberdade. Livre, casou-se e formou família na mesma cidade. Alinhou-se à companhia de milícias de Henrique Dias em Cachoeira e, na campanha da Restauração, "marchou entusiasmado para os portos, prestou serviços e enfrentou muitas doenças". Este relato destaca João como um dos inúmeros veteranos anônimos da independência do Brasil na Bahia, homens comuns cujos nomes não foram imortalizados na história. O trecho faz parte de uma petição às autoridades provinciais, na qual João do Nascimento solicitava isenção do imposto profissional[838]. A recusa do pedido reflete a indiferença do Estado, mesmo em relação àqueles que prestaram serviços notáveis. Na petição, destaca-se a figura do solicitador de causas Luiz Osana Madeira, que defendeu ardorosamente os direitos das classes desfavorecidas, atuando também em favor de escravizados e libertos[839].

---

[837] APEB. Seção Judiciária. Inventário *post mortem* de Pedro Rodrigues Bandeira, classificação: 01/121/146/03.
[838] NASCIMENTO, João do. Petição ao presidente da Província, c. mar. 1852. Tesouraria, maço 4250 (Arquivo Público do Estado da Bahia, Salvador). *In*: REIS, João José. *Ganhadores*: a greve negra de 1857 na Bahia. São Paulo: Companhia das Letras, 2019. p. 155.
[839] Conferir verbete de Luiz Osana Madeira.

JOÃO EVANGELISTA GONZAGA DOS SANTOS

Rua Direita da Praça[840]

Pregoeiro da Câmara Municipal de Cachoeira, irmão do célebre Tambor Soledade[841]. Natural da então Vila de Nossa Senhora do Rosário do Porto da Cachoeira, filho legítimo de Luís Gonzaga dos Santos[842] e Helena Maria da Piedade. Nasceu em 6 de maio de 1799, e foi batizado em 5 de outubro do mesmo ano, figurando, na condição de padrinho, o pe. Francisco Vieira Tosta, que o apresentou na pia batismal da Igreja Matriz do Rosário[843]. Foi nomeado e exerceu por mais de uma década o cargo de pregoeiro[844] da Câmara de Cachoeira. Segundo o dicionário da língua portuguesa de Luiz Maria da Silva Pinto, publicado em 1832, pregoeiro significava "Que pregoa, que publica. Que dá a conhecer"[845], ou seja, era uma função que deveria tornar públicas as decisões do Legislativo; geralmente os decretos eram apregoados em portas da Casa de Câmara ou locais de muita visibilidade, o que explica a origem do termo *pregoeiro*.

Faleceu em 3 de janeiro de 1852, em sua casa de residência, sita à Rua Direita da Praça, suicidando-se ao ingerir propositalmente alta dose de arsênico; contava 52 anos de idade, solteiro e não deixou descendência[846]. O jornal *O Mercantil, veiculado na Corte do Império, noticiou o fato*:

> João Evangelista Gonzaga com 40 e tantos[847] anos de idade, pouco mais ou menos, contínuo da Câmara Municipal, envenenou-se no dia 3 de janeiro, tendo na véspera declarado a várias pessoas que ia morrer por seu gosto em razão de não poder satisfazer uma pequena dívida de 30$000 (trinta mil réis), da qual havia passado um fica, cujo prazo vencia-se naquele dia, estando o credor pelo pagamento, suscitando conflitos e alterações. As pessoas a quem fora comunicada esta resolução não lhe deram crédito, tomando-a por uma leviandade que não teria êxito. Achou-se em casa do infeliz uma porção de arsênico, resto daquele de que se servira, segundo se verificou pelo exame do corpo de delito a que se procedeu.[848]

---

[840] Atual Praça da Aclamação.
[841] Conferir verbete de Manoel da Silva Soledade.
[842] Conferir verbete de Luís Gonzaga dos Santos.
[843] Universidade Católica do Salvador. Laboratório Reitor Eugênio Veiga (LEV). Livro de batismos da Paróquia de Nossa Senhora do Rosário da Cachoeira, 1791-1805, p. 212.
[844] APMC. Legislativo. Requerimentos. Documentos avulsos não classificados.
[845] PINTO, Luiz Maria da Silva. *Dicionário da língua brasileira*. Ouro Preto: Tipografia de Silva, 1832. s/n.
[846] APMC. Documentos avulsos. Registro de óbito de João Evangelista Gonzaga dos Santos.
[847] Informação equivocada, pois nasceu em 1799 e, portanto, possuía 52 anos de idade.
[848] Hemeroteca Digital da Biblioteca Nacional. Jornal *Correio Mercantil*, ed. n. 51 de 20 de fevereiro de 1852, p. 2.

JOÃO JOSÉ CHARLES

Rua Formosa[849]

Um dos primeiros imigrantes alemães que aportou e se radicou em Cachoeira, ainda no tempo em que era vila. Data de 1833 o requerimento encaminhado à câmara em que Charles solicita autorização para abrir a sua tenda de marceneiro na então Rua Formosa[850].

---

[849] Atual Av. ACM.
[850] APMC. Legislativo. Requerimentos. Documentos avulsos não classificados.

JOÃO LAERTE LAEMMERT

Rua da Feira

Imigrante radicado em Cachoeira. Natural da Itália, nasceu por volta do ano de 1807, filho legítimo de André Labatut Laemmert e Caetana Laemmert[851]. Foi um dos soldados que lutaram ao lado de Giuseppe Garibaldi durante as lutas pela unificação da Itália[852]. Ainda no curso desse processo, desloca-se para o Brasil, aportando no Rio de Janeiro em 1855[853] e, no ano seguinte, transfere-se para Bahia[854], onde fixou residência e permaneceu até a sua morte. Na cidade do Salvador da Bahia, casou-se em primeiras núpcias com Severiana Laerte. O casamento com uma brasileira fortaleceu sua conexão com o país e, em 1865, ele optou por se unir aos batalhões de voluntários que se formavam para ir ao Paraguai defender os interesses da monarquia brasileira. Sua chegada a Cachoeira é estimada na década de 1860, quando colaborou na construção das ferrovias na Bahia. Após o falecimento de sua primeira esposa, ele casou-se novamente, com Bibiana Maria da Conceição, que era uma exposta da Santa Casa de Cachoeira. A cerimônia de casamento ocorreu na capela da instituição em 3 de novembro de 1869[855].

Devido a sérios problemas de saúde, ele precisou se afastar de suas funções na Estrada de Ferro Central, o que o levou a uma severa escassez financeira. Faleceu em 27 de junho de 1879, em sua residência na Rua da Feira[856]. Como mestre maçom, seu funeral foi custeado pela recém-inaugurada Loja Maçônica de Cachoeira "Caridade e Segredo", como foi relatado pelo jornal *O Guarany*:

> Graças a iniciativa da loja maçônica ereta nesta cidade da Cachoeira, foi, a poucos dias, decentemente levado ao último jazigo, um antigo empregado da estrada de ferro central. Era antigo maçom e altamente graduado, embora tendo expirado em extrema indigência e não pertencer-se a dita loja maçônica, sua família teve a consolação de ver que, ainda pobre, houve uma corporação de homens bem-intencionados que dele se lembrou.[857]

---

[851] Universidade Católica do Salvador. Laboratório Reitor Eugênio Veiga (LEV). Livro de Registro de Casamentos da Paróquia de Cachoeira, 1862-1927, p. 30V.

[852] Hemeroteca Digital da Biblioteca Nacional. Periódico *Jornal do Recife*, ed. n. 168 de 24.07.1879, p. 1.

[853] Hemeroteca Digital da Biblioteca Nacional. Periódico *Diário do Rio de Janeiro*, ed. de 11.07.1855, p. 4.

[854] Hemeroteca Digital da Biblioteca Nacional. Periódico *Correio Mercantil*, ed. 164 de 14.06.1856, p. 1.

[855] Universidade Católica do Salvador. Laboratório Reitor Eugênio Veiga (LEV). Livro de Registro de Casamentos da Paróquia de Cachoeira, 1862-1927, p. 30V.

[856] APEB. Judiciário. Livro de óbitos n. 02, Cachoeira/BA, termo n. 193.

[857] Hemeroteca Digital da Biblioteca Nacional. Periódico *Jornal do Recife*, ed. n. 168 de 24.07.1879, p. 1.

JOÃO LOPES DE CARVALHO (TENENTE)

Rua das Flores[858]

João Lopes de Carvalho, filho de José Mathias de Carvalho e de Mariana Custódia de Jesus, nasceu na década de 1840 na antiga Freguesia Velha de Santo Antônio da Jacobina, atual Campo Formoso. No início dos anos 1860, João transferiu-se para Cachoeira, no Recôncavo baiano, onde passou a residir com seu irmão, o alferes Antônio Lopes de Carvalho Sobrinho, um comerciante já estabelecido na cidade[859]. Em Cachoeira, ele vivenciou um dos períodos significativos da história local: o processo de recrutamento para a Guerra do Paraguai, que mobilizou intensamente a população. A Câmara Municipal da Heroica Cachoeira teve um papel fundamental nesse processo, utilizando diversos recursos para incentivar o alistamento voluntário. Um exemplo marcante foi o panfleto distribuído em janeiro de 1865, cujo teor reflete o fervor patriótico da época e a urgência em angariar voluntários. O documento dizia:

Figura 159 – APMC – documentos avulsos não catalogados

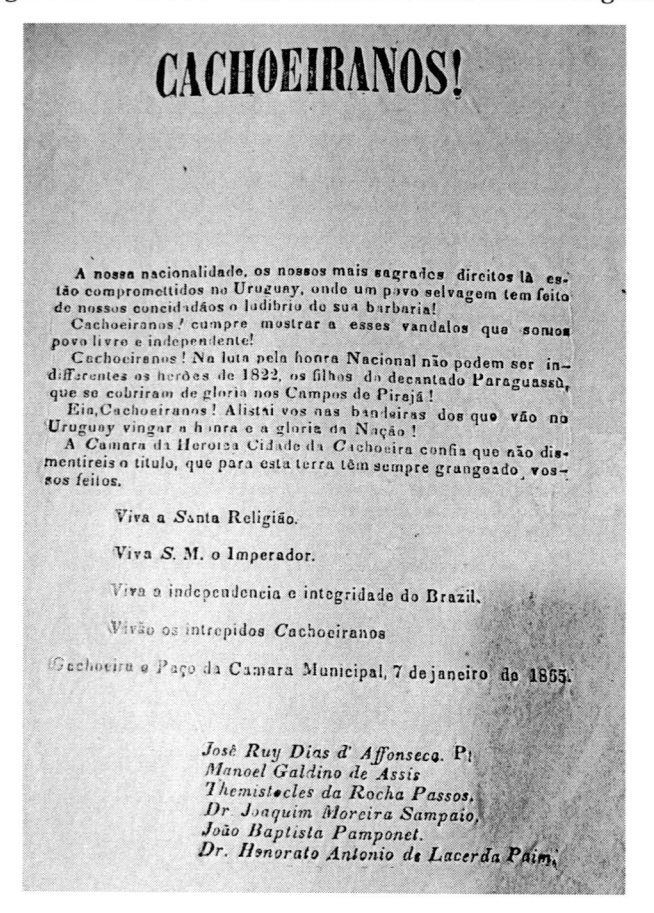

---

[858] Atual Lauro de Freitas.
[859] Conferir verbete de Antônio Lopes de Carvalho Sobrinho.

> *CACHOEIRANOS!*
> *A nossa nacionalidade, os nossos mais sagrados direitos lá estão comprometidos no Uruguai, onde um povo selvagem tem feito de nossos concidadãos o ludíbrio de sua barbárie!*
> *Cachoeiranos! Cumpre mostrar a esses vândalos que somos povo livre e independente!*
> *Cachoeiranos! Na luta pela honra nacional, não podem ser indiferentes os heróis de 1822, os filhos do decantado Paraguaçu, que se cobriram de glória nos campos de Pirajá!*
> *Eia, Cachoeiranos! Alistai-vos nas bandeiras dos que vão ao Uruguai vingar a honra e a glória da nação!*
> *A Câmara da Heroica Cidade da Cachoeira confia que não desmentireis o título que para esta terra têm sempre granjeado vossos feitos.*
> *Viva a Santa Religião.*
> *Viva S.M. o Imperador.*
> *Viva a independência e integridade do Brasil.*
> *Viva os intrépidos Cachoeiranos.*
> *Cachoeira e Paço da Câmara Municipal, 7 de janeiro de 1865. José Rui Dias d'Afonseca (presidente), Manoel Galdino de Assis, Themístocles da Rocha Passos, Dr. Joaquim Moreira Sampaio, João Baptista Pamponet, dr. Honorato Antônio de Lacerda Paim*

Essas palavras exaltavam o espírito de heroísmo e rememoravam feitos passados, como a participação de Cachoeira na luta pela independência. A intenção era clara: mobilizar os cidadãos a se alistarem como "Voluntários da Pátria", dispostos a defender a integridade e a soberania do Brasil. João Lopes de Carvalho, então residente na cidade, estava inserido nesse cenário de grande agitação patriótica e intensa pressão social. O chamado da Câmara Municipal, com seus apelos à glória, à honra e ao dever nacional, ecoava pelos cantos da cidade, mobilizando homens comuns a enfrentarem as adversidades de uma guerra em terras distantes. Esse contexto histórico revela não apenas o papel das lideranças locais, mas também a forma como o espírito de pertencimento e sacrifício permeava a vida dos moradores de Cachoeira, entre eles, João Lopes de Carvalho.

João Lopes de Carvalho alistou-se e integrou as fileiras do 41º Batalhão dos Voluntários da Pátria, demonstrando grande dedicação e bravura, o que o levou a conquistar a patente de tenente-ajudante[860]. Ele também foi agraciado com o hábito das Ordens de Cristo e da Rosa, honrarias que reconheciam serviços excepcionais prestados ao Império do Brasil, simbolizando distinção e mérito tanto no campo militar quanto civil[861]. Contudo, sua trajetória heroica foi tragicamente interrompida em 24 de setembro de 1867, em Tuiuti, quando perdeu a vida durante uma ofensiva surpresa das tropas paraguaias contra os brasileiros.

A coragem e o sacrifício de João Lopes não passaram despercebidos. O jornal *O Americano*, editado em Cachoeira, publicou uma poesia em sua homenagem, oferecida ao seu irmão, o alferes Antônio Lopes de Carvalho Sobrinho, por Armínio José dos Santos. O autor buscou exaltar a bravura, a juventude e o patriotismo do tenente-ajudante, apresentando-o como um verdadeiro herói da pátria.

---

[860] RAMOS, Hugo de Carvalho. *Tropas e Boiadas*, 5. ed. Rio de Janeiro: J. Olympio, 1965, p.12.
[861] Hemeroteca Digital da Biblioteca Nacional. *Jornal do Pará*, ed. de 31/10/1867, p.2.

Figura 160 – Instituto Geográfico e Histórico da Bahia. Jornal *O Americano*, ed. de 14/05/1868, p.3

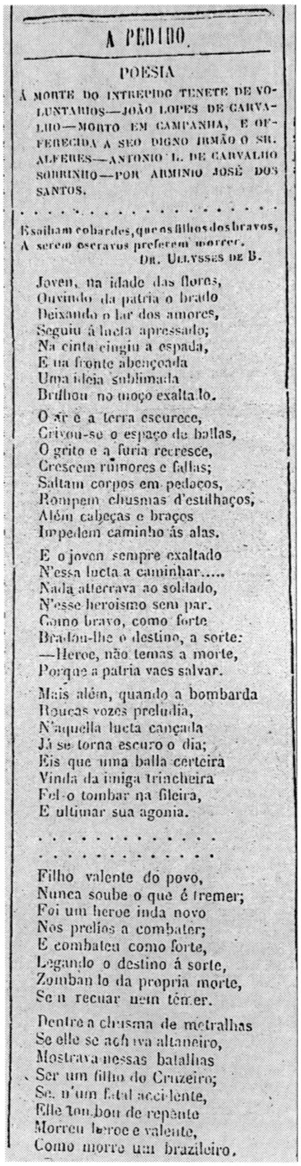

> *A morte do intrépido tenente de voluntários João Lopes de Carvalho, morto em campanha, e oferecida ao seu digno irmão, o senhor Alferes Antônio Lopes de Carvalho Sobrinho, por Armínio José dos Santos.*
> *"E saiam, covardes, que os filhos dos bravos, a serem escravos, preferem morrer." Dr. Ulysses de B.*
> *Jovem, na idade das flores; Ouvindo da pátria ao brado. Deixando o lar dos amores; Seguiu a luta apressado; Na cinta fingiu a espada; E na fronte abençoada; Uma ideia sublimada; Brilhou no moço exaltado.*
> *O ar e a terra escurece; Crivou-se o espaço de balas; O grito e a fúria recresce; Crescem rumores e falas; Saltam corpos em pedaços; Rompem chusmas de estilhaços; Além cabeças e braços; Impedem caminho as alas.*
> *E os jovens sempre exaltado; Nessa luta a caminhar...; Nada aterrava ao soldado; Nesse heroísmo sem par; Como bravo, como forte; Brado-lhe destino a sorte: - Herói, não temas a morte; Porque a pátria vais salvar; Mais além, quando a bombarda; Rouca vozes preludia; Naquela luta cansada; Já*

se torna escuro o dia; Eis que uma bala certeira; Vinda da inimiga trincheira; Fê-lo tombar na fileira; E ultimar sua agonia.
Filho Valente do povo; Nunca soube o que é tremer; Foi um herói ainda novo; Nos prelibeis a combater; E combateu como forte; Legando o destino a sorte; Zombando da própria morte; Sem recuar nem temer.
Dentre a chusma de metralhas; Se ele se achava altaneiro; Mostrava nessas batalhas; Ser um filho do Cruzeiro; Se num fatal acidente; Ele tombou de repente; Morreu herói e valente; Como morre um brasileiro;
Nas fileiras foi um bravo; Como um bravo pereceu; Não rendeu-se a um povo escravo; Nem a infames se rendeu; Caiu, sim, mas foi com Glória; E o livro da pátria história; Conte mais uma vitória; Nesse bravo, que morreu.
Mas, longo o pranto ao soldado; Ao valente lidador; Se na luta entusiasmado; Saio sempre vencedor; Que importa morra o valente; Si dos heróis sempre em frente; Lutando, altivo tenente; Sucumbiu como senhor?!

O poeta Arminio Santos organizou o poema em estrofes que compõem uma narrativa épica, exaltando a vida e a morte de João Lopes de Carvalho no campo de batalha. Os versos iniciais destacam a juventude do tenente e seu senso de dever ao atender ao chamado da pátria, abandonando o conforto do lar. A grandiosidade do tom poético evidencia sua determinação ao empunhar a espada e marchar para a guerra, guiado por uma "ideia sublimada" que preenche sua mente. Essa imagem reflete como os jovens recrutas foram influenciados pelo discurso patriótico promovido pelo governo, cuja retórica persuasiva foi fundamental para atrair voluntários.

O cenário descrito no poema remete ao caos e à violência das batalhas da Guerra do Paraguai (1864-1870), o maior conflito bélico enfrentado pelo Império do Brasil. A atmosfera de combate é marcada por balas cruzando os céus, corpos despedaçados e o avanço incessante das tropas. Nesse contexto, João Lopes de Carvalho é retratado como a personificação do heroísmo, enfrentando a morte com coragem e mantendo-se inabalável em sua missão de salvar a pátria, representando o espírito de sacrifício que permeou a participação brasileira no conflito. Nos versos finais, o poema combina o lamento pela perda com um tributo à grandeza do tenente, que, ao sucumbir no campo de batalha, o fez "como senhor", com honra e dignidade. Essa representação idealizada reflete os esforços do Império do Brasil para construir uma memória nacional heroica e patriótica, exaltando os feitos de seus soldados durante a Guerra do Paraguai como exemplos de bravura e lealdade à pátria.

JOÃO LOPES DE CARVALHO RAMOS ("JOÃOZINHO")

Rua do Amparo

Nasceu em 4 de março de 1870, logo após um trágico evento na família: um irmão de seu pai, João Lopes de Carvalho, havia falecido no campo de batalha durante a Guerra do Paraguai[862]. Isso sugere que seu prenome foi escolhido em homenagem ao tio falecido, cuja morte ocorreu perto da data de seu nascimento. A seguir, apresentamos seu registro de batismo[863]:

Figura 161 – Universidade Católica do Salvador. Laboratório Reitor Eugênio Veiga (LEV). Livro de Registro de batismos da Paróquia de Cachoeira, 1861-1872, p. 128v

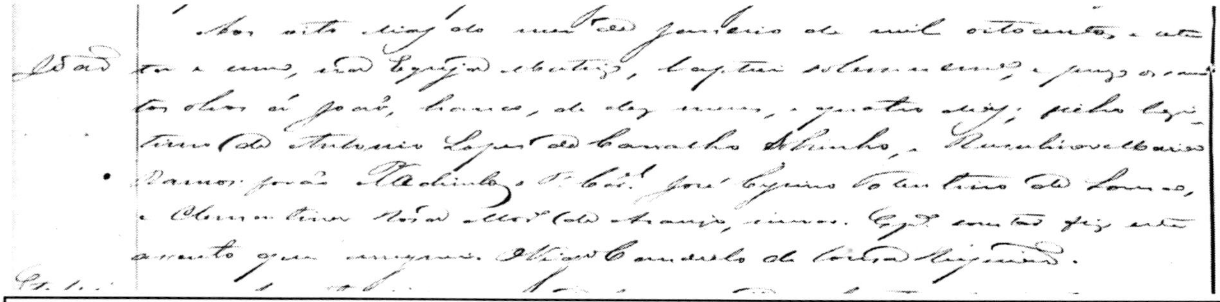

> Aos oito dias do mês de janeiro de mil oitocentos e setenta e um, na igreja matriz, batizei solenemente, e pus os santos óleos á João, branco, de dez meses e quatro dias, filho legitimo de Antônio Lopes de Carvalho Sobrinho, e Rusulina Maria Ramos: foram padrinhos o tenente coronel José Cyrino Tolentino de Souza, e Clementina Rosa Moreira de Araújo, viúva. E para constar fiz este assento que assinei. O vigário Candido de Souza Requião.

Iniciou os estudos em sua terra natal, em seguida rumou para Salvador, sendo matriculado na Escola de Aprendizes da Marinha. Leiamos a correspondência enviada por João para o seu pai no ano de 1884.

> Bahia, 30 de julho de 1884
> Meu Pai
> Saúde, é que estimo. Remeto-lhe esta cartinha junto, a do Sr. Imediato, e peço-lhe que arranje isto com a maior brevidade, que puder conseguir, é um homem muito bom para mim, é o segundo comandante desta escola, por isso peço que abrevie. O comandante está esperando resposta, neste paquete, de 30, à de chegar aqui no dia 03 a 04 de agosto;

---

[862] Conferir verbete de João Lopes de Carvalho.
[863] Universidade Católica do Salvador. Laboratório Reitor Eugênio Veiga (LEV). Livro de Registro de batismos da Paróquia de Cachoeira, 1861-1872, p. 128v.

> sim, vou indo bem, por hora estou escrevendo na secretaria há mais de 05 dias, tirando copias de assentamento. Dei lembrança a todos de casa. Adeus, seu filho João Lopes de Carvalho Ramos - Escola de Aprendizes Marinha.[864]

Ao contrário de seus irmãos, que estudaram em escolas privadas na capital baiana, Joãozinho não encontrou condições financeiras que permitissem a seu pai cobrir as despesas de um colégio e internato. É importante ressaltar que, em 1884, Antônio Lopes de Carvalho Sobrinho[865] vivia uma realidade material diferente: já não era mais comerciante. Naquele período, atuava como secretário da Câmara de Cachoeira e, embora seu salário fosse o mais alto entre os funcionários municipais, em comparação com sua renda anterior, houve uma queda em seu poder aquisitivo.

Além disso, Carvalho Sobrinho, com inúmeros dependentes — fruto de seu novo relacionamento com Petronilha Ignácia —, enfrentava o desafio de arcar com os custos da educação superior dos filhos mais velhos, José e Manoel[866], matriculados na Faculdade de Direito do Recife, enquanto sustentava sua nova família. A pressão financeira que recaía sobre ele é evidenciada pelos frequentes pedidos de adiantamento salarial, nos quais justificava não ter outra forma de honrar suas responsabilidades familiares, como será ilustrado no exemplo a seguir[867].

> Il.mos. Srs. Dr. Presidente e vereadores da Câmara Municipal.
>
> Antônio Lopes de Carvalho Sobrinho, secretário desta ilustríssima Câmara, obrigado, como infelizmente se acha, a satisfazer certos e imprescindíveis deveres de família, e para os quais lhe falecem os necessários recursos, vem, possuído da maior confiança, solicitar desta ilustríssima Câmara o favor de lhe ser, por adiantamento, dada a quantia de trezentos mil réis, para ser pago sob o desconto de 15% mensal no seu ordenado nos meses de março a agosto, e o excedente, em seu total, no mês de setembro deste ano, o último do atual exercício, ficando assim dentro deste liquidado o adiantamento.
> Em nada agravando este adiantamento, como não agrava, as despesas da municipalidade, espera o suplicante ser o seu pedido atendido.
> Cachoeira, 5 de fevereiro de 1884
> Antônio Lopes de Carvalho Sobrinho
> Parecer: Faça-se o adiantamento na forma requerida. Em Câmara 28 de fevereiro de 1884.

Nas averiguações realizadas na imprensa, não encontramos indícios que comprovassem que Joãozinho seguiu o itinerário literário da família. De sua lavra, encontramos apenas um texto publicado no jornal *O Asteróide* (órgão da propaganda abolicionista), na edição 41, de 22 de fevereiro de 1888, intitulado "A memória do meu amigo José Ramiro das Chagas Filho"[868]. Nesse texto, o autor presta homenagem a seu amigo José Ramiro das Chagas Filho, que foi assassinado por um motivo torpe durante o Carnaval de 1888, enquanto participava do entrudo na Rua da Pitanga, na cidade de Cachoeira. Sobre esse lastimável episódio, o dr. Aristides Milton nos informa o seguinte:

> [...] foi assassinado à luz esplendente do meio-dia numa das ruas mais transitadas desta cidade, o jovem, José Ramiro das Chagas Filho, que contava 18 anos de idade. Cesário Avelino da Silveira foi quem desfechou sobre essa criança o golpe homicida, por motivo inteiramente frívolo, qual foi o de supor que ele queria **entrudá-lo**. Assim, José Ramiro veio a ser, entre nós, a derradeira vítima de um bárbaro divertimento.[869]

---

[864] Arquivo privado de Idalina de Carvalho Moreira, irmã de João Lopes.
[865] Conferir verbete de Antônio Lopes de Carvalho Sobrinho.
[866] Conferir verbetes de José Lopes de Carvalho Ramos e de Manoel Lopes de Carvalho Ramos.
[867] APMC. Livro de contas da Câmara Municipal de Cachoeira, 1883-1884, p. 54.
[868] Hemeroteca Digital da Biblioteca Nacional.
[869] MILTON, Aristides. *Ephemerides cachoeiranas*. Salvador: Ufba, 1979. (Coleção Cachoeira; v. 1). p. 53.

Cachoeira foi uma das primeiras cidades do Brasil a festejar o Carnaval, com tradições que datam de 1879. Os festejos foram acolhidos de tal maneira pela população local que rapidamente surgiram clubes carnavalescos, sendo os mais concorridos os intitulados "Democratas" e "Filhos do Sol". O termo *"entrudá-lo"*, utilizado por Aristides Milton no trecho *supra*, refere-se a uma brincadeira muito comum nessas festividades, que consistia em molhar os participantes com água armazenada em garrafas. Nesse contexto, os famosos jatos de laranjinhas de cheiro eram utilizados — a famosa expressão "água vai, lá vai água" retrata bem essa prática, que dominava as festividades de rua em Cachoeira. Essa situação, porém, foi alterada parcialmente após o lamentável incidente mencionado anteriormente[870].

Com base no estudo de sua trajetória, infere-se que João Lopes permaneceu em Cachoeira desde 1886, ano em que retornou após concluir seus estudos secundários na capital baiana[871]. Acredita-se que ele tenha se envolvido em alguma atividade profissional na cidade, já que menciona José Ramiro das Chagas Filho como "colega, amigo de trabalho". Suspeita-se que ele poderia ter trabalhado na tipografia do jornal *A Ordem*, o principal periódico do interior da Bahia na época, cujo proprietário e redator era José Ramiro das Chagas, pai de José Ramiro das Chagas Filho, mencionado anteriormente. Joãozinho faleceu jovem, vítima de tuberculose pulmonar, no dia 10 de julho de 1890, conforme registro feito por Antônio Lopes de Carvalho Sobrinho no cartório de Evaristo Cardoso de Faria:

> Que ontem, às dez horas da noite, em sua residência na Rua do Amparo, faleceu de tuberculose pulmonar seu filho legítimo JOÃO LOPES DE CARVALHO RAMOS, de vinte anos de idade, solteiro, estudante, havido com sua mulher dona Rosulina Maria Ramos, natural e residente nesta cidade, e será sepultado em uma das carneiras da Misericórdia, no Cemitério da Piedade.[872]

---

[870] Hemeroteca Digital da Biblioteca Nacional. *Illustração Brasileira*, n. 10, ed. de fevereiro de 1936, p. 41.
[871] Hemeroteca Digital da Biblioteca Nacional. Jornal *Gazeta da Bahia*, ed. n. 246 de 10.11.1886.
[872] APEB. Seção Judiciária. Livro de óbitos de Cachoeira/BA, n. 04, termo n. 797, p. 199v.

JOÃO MANOEL DA CONCEIÇÃO

Tenente da Guarda Nacional e funcionário público, João Manoel nasceu por volta do ano de 1817 na então Vila de Nossa Senhora do Rosário da Cachoeira, filho de José Manoel da Conceição. Por muitos anos, ele ocupou o cargo de escrivão de paz no distrito-sede da cidade e morava na Rua do Assobio, atual Tambor Soledade. Prestou relevantes serviços à sua Irmandade de Nossa Senhora do Amparo[873], onde foi enterrado em 11 de maio de 1877[874].

---

[873] SILVA, Pedro Celestino da. Cachoeira e seu município. *Revista do Instituto Geográfico e Histórico da Bahia*, Salvador, n. 64, 1938. p. 248.

[874] Universidade Católica do Salvador. Laboratório Reitor Eugênio Veiga (LEV). Livro de óbitos da Freguesia de Nossa Senhora do Rosário da Cidade da Cachoeira, 1877-1878, p. 45, 162.

JOÃO NEPOMUCENO FERREIRA

Rua da Ponte Velha[875]

João Nepomuceno, um próspero ourives com sua joalheria localizada na Rua das Flores, nasceu na Vila de Nossa Senhora do Rosário do Porto da Cachoeira no final do século XVIII, filho de Antônia Francisca Nogueira, uma mulher parda[876]. Seu inventário revela que acumulou considerável riqueza por meio de seu ofício, possuindo imóveis urbanos, escravizados, mobiliário de luxo, além de ouro e prata. Dentre os itens listados, destaca-se uma poltrona de arruar com cortinas vermelhas, avaliada em 70 mil réis, um objeto comum nos inventários das elites da época[877]. Essas poltronas, além de facilitarem a locomoção nas vias urbanas, eram um símbolo de status social. João Nepomuceno também foi um dos primeiros provedores da Santa Casa de Misericórdia e, durante sua administração, iniciou a construção da fachada da capela[878].

Apesar de manter seu status de solteiro, em seu testamento declarou que, "por fraqueza humana", viveu maritalmente com Maria Angélica, também solteira, com quem teve uma filha, Belmira. Teve ainda um envolvimento com Ana Cândida, grávida à época do testamento. Um aspecto curioso desse âmbito da sua vida é que, em seu testamento, ele desmentiu um rumor que se espalhava pela vila a respeito de uma declaração de uma senhora chamada Ana de tal, filha do falecido Florêncio, moradora da rua "Atrás do Açougue", atual João Vieira Lopes. Ela alegava que João Nepomuceno era o pai de seus três filhos. Ele refutou veementemente essa alegação, mas decidiu deixar 200 mil réis para cada um dos filhos, com a condição de que eles não reivindicassem a paternidade[879]. Não se sabe o motivo pelo qual ele se recusava a reconhecê-los como seus filhos, embora as evidências presentes no testamento apontassem que eram. João Nepomuceno também entrou no setor de investimentos em imóveis urbanos, solicitando em 1830 a permissão para construir casas térreas na Rua da Ponte Velha[880], onde morava em seu grandioso sobrado. O capitão João Nepomuceno Ferreira faleceu em 15 de fevereiro de 1831, deixando um patrimônio avaliado em quase 38 contos de réis[881], uma quantia que seria suficiente para comprar cerca de 80 escravizados no auge de sua produtividade ou um rebanho de mais de 1.600 cabeças de gado.

---

[875] Atual Treze de Março.
[876] Conferir verbete de Antônia Francisca Nogueira.
[877] APMC. Inventário *post mortem* de João Nepomuceno Ferreira, caixa 123, processo 1185, p. 89.
[878] SILVA, Pedro Celestino da. Datas e tradições cachoeiranas. *Anaes do Arquivo Público da Bahia*, Salvador, v. 29, 1943; Imprensa Oficial, 1946, p. 347.
[879] APMC. Testamento de João Nepomuceno Ferreira, anexo ao seu inventário *post mortem*, caixa 123, processo 1185.
[880] APMC. Requerimentos (legislativo). Documentos avulsos não classificados.
[881] APMC. Inventário *post mortem* de João Nepomuceno Ferreira, caixa 123, processo 1185.

JOÃO PEDREIRA DO COUTO ("O VELHO")

Funcionário público, João Pedreira do Couto nasceu aproximadamente em 1750 na Freguesia de São Gonçalo dos Campos, termo da Vila da Cachoeira. Filho legítimo de Luiz Pedreira, um reinol que após chegar ao Brasil adotou o sobrenome Lapa, tornando-se Luiz Pedreira Lapa, e de dona Ana Maria do Espírito Santo Sandes, pertencente a uma tradicional família residente na colônia desde o século XVII[882]. A união de Luiz Pedreira e Ana Maria originou a família Pedreira do Couto, uma das mais antigas e renomadas da região, com descendentes espalhados por todo o Brasil. Nossas pesquisas revelaram informações inéditas sobre a origem antroponímica dos sobrenomes — Pedreira do Couto — transmitidos aos filhos do casal. O sobrenome Pedreira vem do pai e, contrariando crenças de longa data, o sobrenome Couto foi herdado da família materna de João. Ana Maria do Espírito Santo Sandes era filha do abastado lavrador Manoel Gonçalves Coelho e de dona Antônia Ferreira de Sandes; neta paterna de Pedro Gonçalves Cerqueira e Jerônima do Couto, ambos da Freguesia de São João de Louredo, Portugal. Assim, o sobrenome Couto, associado ao Pedreira, tem origem em Jerônima do Couto, que nasceu e viveu durante o século XVII, bisavó paterna de João[883].

Pertencendo a uma família numerosa e antevendo que talvez não encontrasse oportunidades econômicas vantajosas, decidiu aventurar-se em busca de riquezas nas capitanias de Goiás e Minas Gerais. Migrando da Freguesia de São Gonçalo dos Campos para a Vila Boa de Goiás por volta de 1780[884], um local que emergiu na década de 1720 durante a corrida do ouro na capitania de São Paulo e que se tornou vila em 1739 e contribuiu diretamente para criação da capitania de Goiás em 1748, desmembrando-se da de São Paulo. A escolha parece ter sido motivada pela facilidade de acesso pela estrada da Bahia ou Caminho dos Currais, e pela posição estratégica da Vila Boa, que a conectava a uma rede de caminhos para os principais centros do Brasil colonial, como as capitanias de Minas Gerais, Rio de Janeiro, Mato Grosso e São Paulo[885].

Acredita-se que se casou na Freguesia de Santana da Vila Boa de Goiás por volta de 1786, e batizou seu filho Luiz na igreja dessa freguesia em 1791[886]. Mais tarde, mudou-se brevemente para Minas Gerais e, no final dos anos 1790, retornou à sua terra natal, estabelecendo-se na Vila da Cachoeira, onde ocupou um cargo público na administração da câmara. Mesmo após o pico da migração para a região de Vila Boa no segundo quartel do século XVIII, o local permanecia

---

[882] APMC. Inventário *post mortem* de Manoel Gonçalves Coelho. Caixa 11, processo 78.

[883] APMC. Testamento de Manoel Gonçalves Coelho, anexo ao seu inventário *post mortem*, caixa 11, processo 78.

[884] Estimativa realizada a partir da provável data de nascimento do seu filho Luiz Pedreira do Couto Ferraz, ocorrido por volta de 1787.

[885] BARBO, Lenora de Castro; RIBEIRO, Rômulo José da Costa. Os itinerários da rede de caminhos de Vila Boa de Goiás no século XVIII. *In*: SIMPÓSIO LUSO-BRASILEIRO DE CARTOGRAFIA HISTÓRICA, 6. *Atas* [...]. Porto: Universidade do Porto/Faculdade de Letras, 2016. p. 437-450.

[886] Livro de Casamentos da Freguesia Santíssimo Sacramento da antiga Sé da cidade do Rio de Janeiro, 1815-1819, p. 195v.

atrativo para aqueles que viam na mineração uma via rápida para a riqueza. Nesse contexto, afirmamos que João Pedreira do Couto integrou a segunda leva migratória para essa localidade[887]. Segundo Laurent Vidal, apesar de o perfil aventureiro de alguns residentes atraídos pelo ouro ter se alterado com a chegada de migrantes desejosos de se estabelecer com suas famílias e agregados, a comunidade de Vila Boa continuou estruturada socialmente em torno da mineração até a década de 1790[888]. João Pedreira do Couto corresponde à descrição de Vidal de uma parcela da população branca local, originária do Nordeste, que migrou em busca de empreendimentos mais lucrativos, porém sem o objetivo de fixar residência definitiva, antevendo o regresso ao lar. Provavelmente nutriam a esperança de enriquecimento acelerado.

Figura 162 – ENDER, Thomas; AXMANN, Johann Ignatz Anton. *Cidade de Goyaz, früher Villa Boa, Hauptstadt der gleichnahmigen Capitanie*. Pinacoteca do Estado de São Paulo, Brasil. Coleção Brasiliana/ Fundação Estudar, 1832. Gravura

Embora João Pedreira do Couto tenha se casado com Maria Ferraz da Motta e constituído família em Goiás e Minas, ele retornou a Cachoeira por volta de 1795. Não se sabe ao certo se essa decisão foi por escolha própria ou se foi motivada pela falta de opções, possivelmente devido ao fracasso em seus negócios. Esse retorno pode ter sido uma tentativa de encontrar novas alternativas de sustento para sua família em seu lugar de origem.

Esta hipótese é fundamentada na declaração de João Pedreira do Couto em 1798, na qual ele informou que o salário recebido por seu trabalho como inquiridor[889], função similar à de um oficial de justiça encarregado de coletar depoimentos, era de apenas 55 mil réis por

---
[887] OLIVEIRA, Hamilton Afonso de. 1804 – A população de Goiás na transição da mineração para a pecuária. *História Revista*, Goiânia, v. 21, n. 1, p. 154-187, 2016.
[888] VIDAL, Laurent. Sob a máscara do colonial: nascimento e "decadência" de uma vila no Brasil moderno. Vila Boa de Goiás no século XVIII. *História*, [São Paulo], v. 28, n. 1, 2009. p. 272-274.
[889] Arquivo Histórico Ultramarino. Projeto Resgate. Coleção Avulsos (BG), caixa 31, doc. 2535.

ano, valor insuficiente para sustentar adequadamente sua numerosa família[890]. Ao expor sua situação, solicitou a propriedade hereditária de seu cargo ou de um dos tabelionatos públicos da vila. Como justificativa para seu pedido, citou os serviços militares prestados por seu tio materno, José de Cerqueira do Couto, que serviu em um dos regimentos da cidade da Bahia e alcançou o posto de tenente-coronel, totalizando mais de 54 anos de dedicação à Coroa. Não se sabe ao certo se seu pedido foi atendido, embora se suspeite que não. Apesar de declarar falta de recursos, conseguiu enviar um filho para a Universidade de Coimbra[891]. Seu inventário *post mortem* reafirma a alegação de não ter acumulado patrimônio material significativo, listando apenas quatro escravizados, dos quais dois eram idosos, e diminutos utensílios domésticos[892]. João Pedreira do Couto faleceu na Vila da Cachoeira em 2 de janeiro de 1823 e foi sepultado nas carneiras da prestigiada Ordem Terceira do Carmo, da qual era membro[893].

---

[890] *Ibidem.*

[891] Arquivo Histórico Ultramarino. Projeto Resgate. Coleção Avulsos Goiás, caixa 56, doc. 2937.

[892] APMC. Inventário *post mortem* de João Pedreira do Couto. Caixa 12, processo 102.

[893] Universidade Católica do Salvador. Laboratório Reitor Eugênio Veiga (LEV). Livro de óbitos da Paróquia de Nossa Senhora do Rosário da Cachoeira, 1811-1825, p. 300v.

JOÃO PEDREIRA LAPA

Rua Dentre Pontes[894]

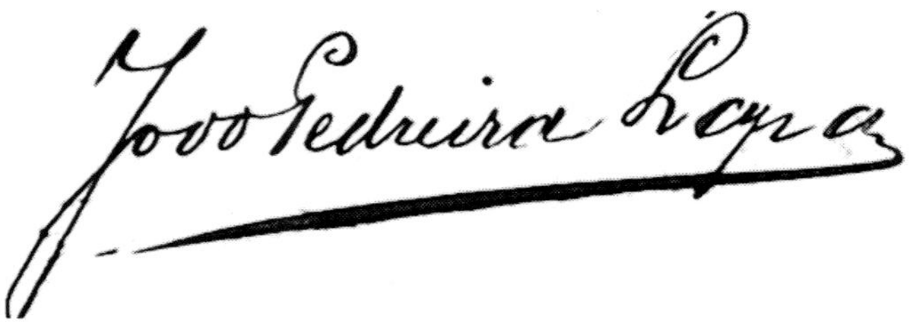

João Pedreira Lapa, negociante estabelecido em Cachoeira no final do século XIX, nasceu em 20 de abril de 1870, na cidade de Wagner, em uma numerosa e modesta família. Era filho de Augusto Pedreira Lapa e Ana Rita de Cerqueira Lapa[895]. Por volta de 1886, transferiu-se para Cachoeira e empregou-se no comércio de São Félix[896]. Com o passar dos anos, já bem estabelecido e com certa inserção social, João Pedreira Lapa conseguiu unir-se matrimonialmente à jovem Tranquilina Nolasco[897], oriunda de uma abastada e tradicional família local. A cerimônia nupcial foi realizada em 28 de novembro de 1891, na residência do casal, e teve como paraninfos o dr. Francisco Romano de Souza, padrinho de batismo da noiva, e o major Sancho José da Costa[898].

Figura 163 – APMC. Jornal *A Cachoeira*

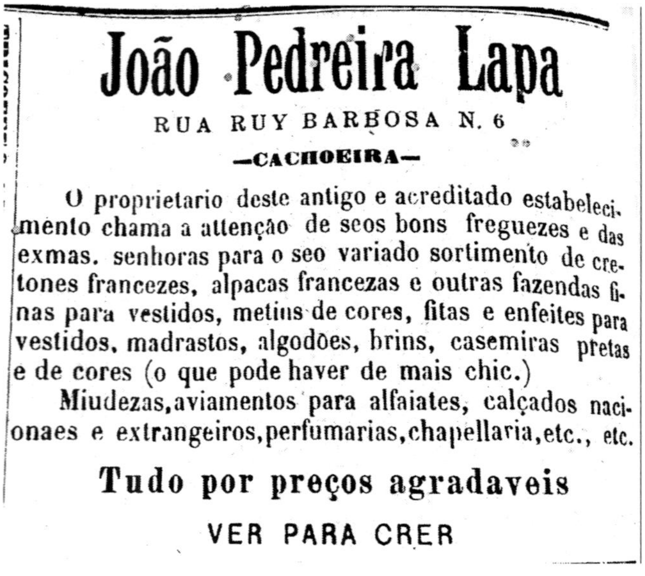

João Pedreira Lapa

RUA RUY BARBOSA N. 6

—CACHOEIRA—

O proprietario deste antigo e acreditado estabelecimento chama a attenção de seos bons freguezes e das exmas. senhoras para o seo variado sortimento de cretones francezes, alpacas francezas e outras fazendas finas para vestidos, metins de cores, fitas e enfeites para vestidos, madrastos, algodões, brins, casemiras pretas e de cores (o que pode haver de mais chic.)

Miudezas, aviamentos para alfaiates, calçados nacionaes e extrangeiros, perfumarias, chapellaria, etc., etc.

Tudo por preços agradaveis

VER PARA CRER

---

[894] Atual Ruy Barbosa.

[895] Biblioteca Pública dos Barris. Setor de Periódicos Raros. Jornal *A Ordem*, ed. 31 de 22.04.1903.

[896] Biblioteca Pública dos Barris. Setor de Periódicos Raros. Jornal *O Imparcial*, ed. de 28.06.1929.

[897] Conferir verbete de Tranquilina Nolasco Lapa.

[898] Cartório do Registro Civil das pessoas naturais da cidade da Cachoeira, Distrito-Sede. Livro de casamentos n. 04, termo n. 37.

O estudo da trajetória de João Pedreira Lapa evidencia a sua sagacidade para a arte de negociar. Ele soube utilizar de forma inteligente o substancial patrimônio herdado de seus sogros, Pedro Nolasco da Costa[899] e Tranquilina Amélia de Moncorvo Mascarenhas Costa, investindo na aquisição de imóveis urbanos e propriedades rurais, além de ampliar sua casa comercial. Em pouco tempo, conseguiu multiplicar a fortuna adquirida, tornando-se o proprietário do estabelecimento de fazendas mais bem-sucedido da cidade no final do século XIX. João também contou com a generosa contribuição do tio de sua esposa, dr. Christóvão Mascarenhas[900], que oferecia empréstimos sem juros, um aspecto que, sem dúvida, ajudou a dinamizar suas atividades comerciais[901].

Além do viés financeiro, que é crucial para um comerciante, o casamento possibilitou a João Pedreira Lapa sua inserção em instituições de prestígio, facilitando o trânsito na política e a construção de alianças socioeconômicas — aspectos relevantes para aqueles que buscavam expandir sua atuação no centro comercial do estado. Ele ingressou na Santa Casa de Misericórdia e na Ordem Terceira do Carmo no final do século XIX[902], e logo em seguida ocupou o cargo de conselheiro municipal na legislatura de 1904[903].

Figura 164 – Coronel João Pedreira Lapa, 1907. Revista do Brasil, 24 de dezembro de 1907. Hemeroteca Digital da Biblioteca Nacional

---

[899] Conferir verbete de Pedro Nolasco da Costa.
[900] Conferir verbete de Christóvão Pereira Mascarenhas Júnior.
[901] Biblioteca Pública dos Barris. Setor de Periódicos Raros. Jornal *A Ordem*, ed. 78 de 07.10.1903.
[902] Memorial da Santa Casa de Misericórdia de Cachoeira e Arquivo da Ordem Terceira do Carmo de Cachoeira. Livro de Entrada de Irmãos referente à última década do séc. XIX.
[903] APMC. Livro de Atas do Conselho Municipal, 1900-1912.

Todos esses fatores contribuíram para a consolidação de seu nome no comércio da Bahia, favorecendo suas aspirações de expandir seus negócios. Em 1905, ele transferiu-se para Salvador, onde, em parceria com Guilherme Pereira da Costa, fundou um escritório de miudezas, que atuava na venda por atacado e varejo, situado no prédio n. 33 da Rua Conselheiro Dantas. Essa posição lhe permitiu integrar a importante Associação Comercial da Bahia[904].

Figura 165 – *A Notícia*, ed. n. 140, de 09.03.1915Hemeroteca Digital da Biblioteca Nacional. Jornal

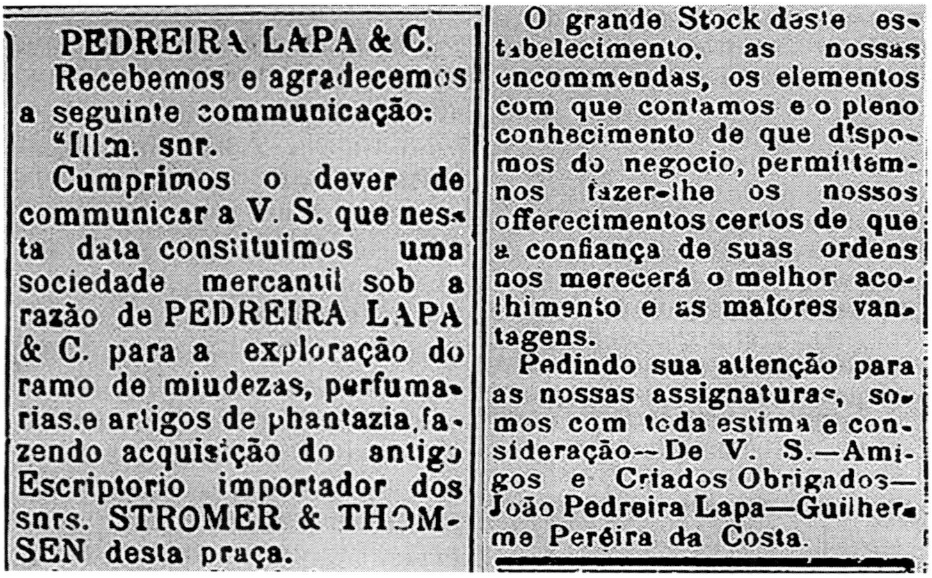

PEDREIRA LAPA & C.
Recebemos e agradecemos a seguinte communicação:
"Illm. snr.
Cumprimos o dever de communicar a V. S. que nesta data constituimos uma sociedade mercantil sob a razão de PEDREIRA LAPA & C. para a exploração do ramo de miudezas, perfumarias.e artigos de phantazia,fazendo acquisição do antigo Escriptorio importador dos snrs. STROMER & THOMSEN desta praça.
O grande Stock deste estabelecimento, as nossas encommendas, os elementos com que contamos e o pleno conhecimento de que dispomos do negocio, permittem-nos fazer-lhe os nossos offerecimentos certos de que a confiança de suas ordens nos merecerá o melhor acolhimento e as maiores vantagens.
Pedindo sua attenção para as nossas assignaturas, somos com toda estima e consideração—De V. S.—Amigos e Criados Obrigados—João Pedreira Lapa—Guilherme Perêira da Costa.

Pedreira Lapa & C. *Recebemos e agradecemos a seguinte comunicação: Ilm. Sr. Cumprimos o dever de comunicar a V.S. que nesta data constituímos uma sociedade mercantil sob a razão de PEDREIRA LAPA & C. para a exploração do ramo de miudezas, perfumarias e artigos de fantasia, fazendo aquisição do antigo Escritório importador dos srs. STROMER & THOMSEN desta praça. O grande estoque deste estabelecimento, as nossas encomendas, os elementos com que contamos e o pleno conhecimento de que dispomos do negócio, permitem-nos fazer-lhe os nossos oferecimentos certos de que a confiança de suas ordens nos merecerá o melhor acolhimento e as maiores vantagens. Pedindo sua atenção para as nossas assinaturas, somos toda estima e consideração – De V. S. – Amigos e criados, obrigados – João Pedreira Lapa, Guilherme Pereira da Costa.*

Tempos depois, João Lapa encerra sua participação no ramo comercial, e dedica-se integralmente à criação de gado em suas fazendas. Falecido João Lapa em 29 de junho de 1929, a imprensa da cidade do Salvador noticiou consternada o seu falecimento, inserindo algumas notas biográficas do conhecido coronel.

Um dos jornais consultados frisou que a grande fortuna acumulada provinha UNICAMENTE do seu esmero, conforme atesta a seguinte passagem:

> Deve a si, ao seu esforço, o êxito na vida. De Modesto auxiliar do Comércio em São Félix, abriu a primeira casa em Cachoeira, transferindo-se depois para a capital, onde chegou a uma posição de alto destaque.[905]

[904] Hemeroteca Digital da Biblioteca Nacional. Jornal *A Notícia*, ed. n. 140 de 09.03.1915.

[905] Biblioteca Pública dos Barris. Setor de Periódicos Raros. Jornal *O Imparcial*, ed. de 28.06.1929.

O editor esqueceu "APENAS" um "mero" detalhe: os mais de 30:000 (trinta contos de réis) recebidos após o ato matrimonial[906]. Sem a fortuna e o capital simbólico da família da sua esposa, o coronel Lapa não lograria êxito nos seus primeiros empreendimentos comerciais e, certamente, não se teria alçado à posição social de destaque que ocupou na sociedade baiana do início do século XX.

---

[906] Referimo-nos às heranças recebidas dos pais e tios de sua esposa.

JOÃO PEREIRA DE ALMEIDA SEBRÃO

Três Riachos

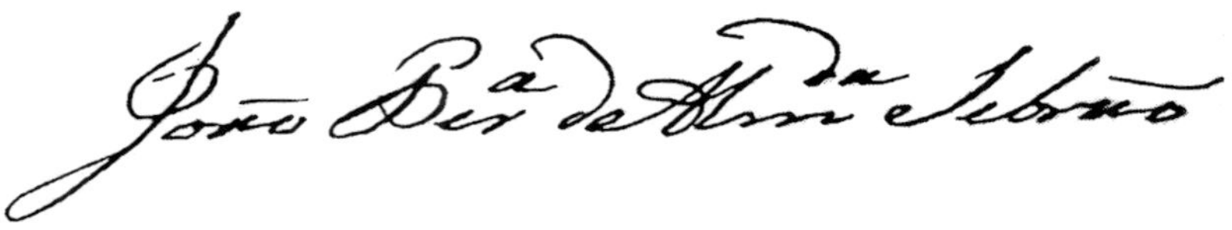

Funcionário público municipal e veterano da Independência. Em 1822, quando se debelou o conflito contra as tropas de Madeira de Melo, foi um dos soldados que lutaram pela conquista da nossa liberdade política. Situação que lhe conferiu a condecoração com a medalha de honra da Campanha da Restauração da província da Bahia (medalha da Guerra da Independência).

Figura 166 – Hemeroteca Digital da Biblioteca Nacional. *Almanaque Administrativo, Mercantil e Industrial da Bahia*, ed. 0002, de 1860, p. 431

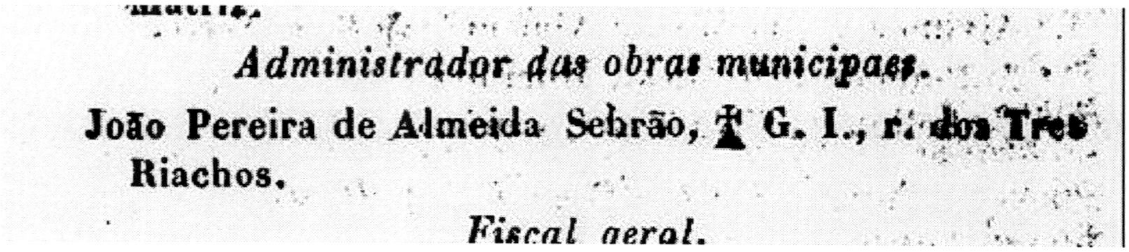

Administrador das obras municipaes.

João Pereira de Almeida Sebrão, ✝ G. I., r. dos Tres Riachos.

Fiscal geral.

Não foi possível localizar documentos que indicassem sua naturalidade, o que impede uma avaliação mais precisa sobre sua inserção local. No entanto, ao observar sua trajetória de forma panorâmica, percebe-se que a década de 1850 foi o período em que alcançou uma certa posição social na comunidade, sendo nomeado para o cargo de Administrador das Obras Públicas[907] e admitido como irmão da Santa Casa de Misericórdia[908]. Viveu maritalmente com Andrelina Jesuína de Sales, oficializando a união *in articulo mortis* em 20 de abril de 1863[909]. Faleceu sete dias após a cerimônia, aos 63 anos, em decorrência de retenção de urina[910].

[907] APMC. Legislativo. Documentos avulsos não classificados.

[908] Memorial da Santa Casa de Misericórdia de Cachoeira. Livro n. 01, p. 90.

[909] Universidade Católica do Salvador. Laboratório Reitor Eugênio Veiga (LEV). Livro de casamentos da Paróquia de Nossa Senhora do Rosário da Cachoeira, 1862-1927, p. 11.

[910] Universidade Católica do Salvador. Laboratório Reitor Eugênio Veiga (LEV). Livro de Registro de Óbitos da Paróquia de Cachoeira, 1850-1870, p. 170.

JOÃO VICENTE SAPUCAIA

João Vicente Sapucaia, filho legítimo de Vicente José Ferreira e Maria Joaquina Pereira. Casou-se em 23 de novembro de 1813, na Matriz de Nossa Senhora do Rosário da Vila da Cachoeira, com Alexandrina Angélica do Nascimento[911].

Aristide Milton nos informa que João participou de alguns eventos políticos relevantes de sua época. Acreditamos que o dr. Milton se referia ao processo de lutas pela emancipação política do Brasil em 1823, sendo João um dos veteranos da Independência que residiam em Cachoeira[912]. No período em que o Brasil estava sob domínio português, ele era conhecido como João Vicente Ferreira, conforme consta em seu registro de casamento, utilizando um sobrenome que remetia aos seus antepassados lusitanos[913]. Após 1823, adotou o sobrenome Sapucaia, de origem indígena, termo oriundo da fauna brasileira, em um gesto patriótico que visava enaltecer o sentimento de pertencimento à nova nação constituída[914].

Também foi um dos "cabeças" da revolução federalista de Cachoeira. Partidário da causa liderada por Bernardo Miguel Guanais Mineiro, João Vicente foi convocado para que, valendo-se da sua posição de vereador suplente, pudesse formar quórum necessário para que fosse iniciada uma sessão no Senado da Câmara da Cachoeira e fosse então proclamada a Federação da Província da Bahia. Movimento de curtíssima duração, iniciado em 19 de fevereiro de 1832, e debelado quatro dias após[915]. João Vicente também integrou o corpo de associados da Ordem Terceira do Carmo de Cachoeira, onde, inclusive, assumiu o lugar de Prior em 1840[916]. João Vicente Sapucaia faleceu em 12 de janeiro de 1844[917], e foi sepultado na Capela do Amparo.

---

[911] Universidade Católica do Salvador. Laboratório Reitor Eugênio Veiga (LEV). Livro de casamentos da Paróquia de Nossa Senhora do Rosário da Cachoeira, 1802-1820, p. 126v.

[912] MILTON, Aristides. *Ephemerides cachoeiranas*. Salvador: Ufba, 1979. (Coleção Cachoeira; v. 1). p. 22.

[913] Universidade Católica do Salvador. Laboratório Reitor Eugênio Veiga (LEV). Livro de casamentos da Paróquia de Nossa Senhora do Rosário da Cachoeira, 1802-1820, p. 126v.

[914] Para compreender melhor a antroponímia no contexto da Independência, consultar o verbete de André Diogo Vaz Mutum.

[915] AMARAL, Braz do. O federalismo na Bahia (1833-1889). *In*: PRIMEIRO CONGRESSO DE HISTÓRIA DA BAHIA, 3, 1950. *Anais* [...]. Salvador, Tipografia Beneditina Ltda. 1950. p. 374, 379.

[916] Arquivo da Venerável Ordem Terceira do Carmo da cidade de Cachoeira. Livro de profissões número 04 (séc. XIX). Livro desorganizado, não sendo possível citar a sua paginação. Segundo o registro de admissão, João Vicente professou em 12.03.1824.

[917] Universidade Católica do Salvador. Laboratório Reitor Eugênio Veiga (LEV). Livro de óbitos da Paróquia de Nossa Senhora do Rosário da Cachoeira, 1834-1844, p. 225.

JOÃO XAVIER DE MIRANDA

João Xavier de Miranda, membro do Partido Liberal, funcionário público e militar, nasceu em Cachoeira em 1834. Nomeado escrivão da coletoria provincial de Cachoeira, também serviu como alferes de cavalaria em um dos batalhões da Guarda Nacional do município. Permaneceu solteiro e veio a falecer em 7 de junho de 1876, aos 42 anos, devido a uma hidropisia que o manteve acamado por oito meses. Seu sepultamento ocorreu nas catacumbas da Ordem Terceira do Carmo, da qual era irmão[918].

---

[918] APMC. Edição do jornal *A Ordem* da primeira quinzena do mês de junho de 1876; Universidade Católica do Salvador. Laboratório Reitor Eugênio Veiga (LEV). Livro de Registro de Óbitos da Paróquia de Cachoeira, 1876-1885, p. 19.

JOAQUIM INÁCIO DA SILVA MASCARENHAS

Rua Formosa[919]

Negociante cachoeirano, Joaquim Inácio nasceu por volta de 1800 na Vila de Nossa Senhora do Rosário da Cachoeira, sendo filho legítimo do lavrador Inácio José Pereira Mascarenhas e de Maria José do Coração de Jesus. O uso do sobrenome Silva, diferente dos sobrenomes de seus pais, despertou nossa curiosidade, motivando uma investigação sobre seus antepassados, a fim de entender, ainda que superficialmente, a antroponímia familiar. Através de um estudo genealógico, constatamos que o sobrenome Silva foi herdado de seu bisavô paterno, Francisco Gonçalves Silva, pai de sua avó paterna[920]. Esse nome, que havia sido temporariamente suprimido, ressurgiu na geração de Joaquim, prevalecendo sobre o Mascarenhas e tornando-se o sobrenome predominante entre seus descendentes.

Joaquim Inácio foi um próspero negociante da Vila da Cachoeira, proprietário de uma das maiores lojas de tecidos da região, localizada no térreo de seu sobrado. O espaço era descrito como "dividido em três divisões, uma que está preparada de balcão e prateleiras que servem de loja de fazenda"[921]. Segundo relatos de seu irmão, Joaquim acumulou uma considerável fortuna em suas transações comerciais, totalizando mais de 33:000$000 (trinta e três contos de réis) em moedas de ouro. Parte desse montante foi investida na aquisição de terras, onde iniciou a construção de um engenho de açúcar. No entanto, sua morte súbita interrompeu o projeto, deixando-o inacabado, conforme descrito por José Pereira da Silva Mascarenhas: "O falecido começou uma grande casa de engenho e plantou muitas canas, mas faleceu quando tudo estava em estado de pouca coisa para poder moer"[922].

Casou-se em 21 de setembro de 1829[923], na Freguesia de São Pedro da Muritiba, com dona Umbelina Maria da Natividade Tosta, de tradicional e abastada família, filha legítima do capitão Manoel Vieira Tosta e de dona Joana Maria da Natividade Tosta. A união foi efêmera, Joaquim Inácio da Silva Mascarenhas faleceu em 1831, sem ter completado ao menos dois anos de casado, deixando sua esposa grávida e com um filho de um ano de idade. Seus filhos chamavam-se: Carolino da Silva Tosta e Umbelino da Silva Tosta[924].

---

[919] Atual Av. J. J. Seabra.

[920] As informações apresentadas foram extraídas da pesquisa de doutorado do autor deste trabalho, intitulada *Representam a cabeça de toda a Ordem: os irmãos mesários da Ordem Terceira do Carmo de Cachoeira*. O estudo está sendo desenvolvido no âmbito do Programa de Pós-Graduação em História (PPGH) da Universidade Federal da Bahia.

[921] APEB. Seção Judiciária. Inventário *post mortem* de Joaquim Ignácio Silva. Classificação: 03/953/1422/13, p. 25v.

[922] Hemeroteca Digital da Biblioteca Nacional. Periódico *O Argos Cachoeirano*, ed. n. 91 de 29.09.1851. Suplemento à edição 91.

[923] Universidade Católica do Salvador. Laboratório Reitor Eugênio Veiga (LEV). Livro de casamentos da Freguesia de São Pedro da Muritiba, 1824-1853, p. 53v.

[924] APEB, *op. cit.*

JOAQUIM PEDREIRA MASCARENHAS (MAJOR)

Rua Treze de Maio

Figura 167 – Joaquim Pedreira Mascarenhas em 1924, acervo da família

Comerciante e proprietário radicado em Cachoeira no último quartel do século XIX. Joaquim Pedreira Mascarenhas nasceu em domicílio, no então Arraial de São Gonçalo dos Campos, em 7 de junho de 1859, filho legítimo do segundo matrimônio de José Pedro Pedreira, com dona Felismina Clementina Pedreira[925]. Joaquim pertencia a famílias antigas e tradicionais da freguesia de São Gonçalo, estabelecidas desde o começo do século XVIII. Dentre seus antepassados notáveis que se estabeleceram naquela localidade, ressalta-se o reinol Luís Pedreira Lapa, patriarca da extensa família Pedreira, cujas linhagens genealógicas se difundiram por todo o Brasil.

O pai de Joaquim, o citado José Pedro Pedreira, foi funcionário público, ocupava a função de promotor de capela e resíduos[926], posição que requisitava certo grau de instrução, contexto que talvez explique o fato de seus filhos terem ido além do nível básico da alfabeti-

---
[925] Documentos particulares. Caderno de anotações da família Bastos Mascarenhas.
[926] LEAL, Xavier; VELASQUES, Diogo. *Almanaque da comarca da Cachoeira para o ano de 1889*. Bahia: Imprensa Popular, 1888. p. 130. Biblioteca Púbica dos Barris. Setor de Periódicos Raros.

zação. Embora seus parcos recursos não pudessem oportunizar a inserção no ensino superior, dois dos seus filhos conseguiram ocupar o lugar de professor em duas cadeiras públicas na província da Bahia[927].

Joaquim não seguiu os passos dos irmãos, mas concluiu os estudos até o estágio final oferecido no município da Cachoeira. Com 17 anos migra para a Heroica Cachoeira, inserindo-se como cacheiro na importante firma comercial de Pedro Nolasco da Costa[928], tio daquela que seria a sua futura esposa, conforme atesta o recibo a seguir:

Figura 168 – Recibo escrito e assinado por Joaquim Pedreira Mascarenhas, dando quitação do seu salário no comércio de Pedro Nolasco. Documento anexo ao inventário *post mortem* de Pedro Nolasco da Costa. APMC, caixa 121, doc. 1163, p. 60

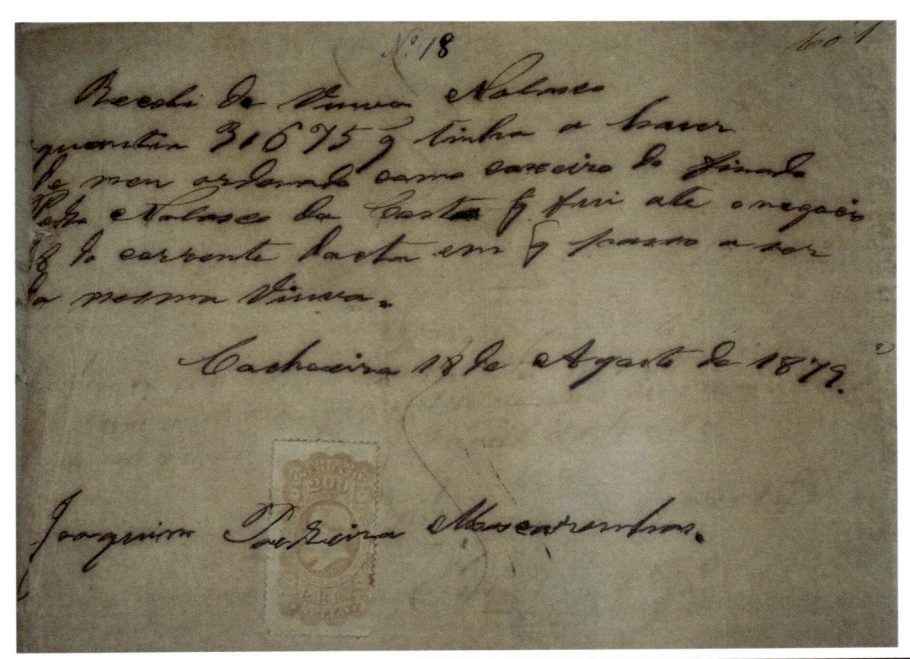

Recebi da viúva Nolasco a quantia de 30$675 Que tinha de haver do meu ordenado como caixeiro do finado Pedro Nolasco da Costa, que fui até 18 do corrente, data em que passou a ser da mesma viúva. Cachoeira 18 de agosto de 1879. Joaquim Pedreira Mascarenhas.

Após a morte de Pedro Nolasco, Joaquim foi mantido no lugar de caixeiro pela viúva e proprietária do estabelecimento. Em 1885, com o encerramento das atividades comerciais da casa Nolasco, Joaquim Pedreira Mascarenhas juntamente com seu colega de trabalho José Gonçalves de Almeida compram as mercadorias restantes e conseguem permanecer no mesmo ponto comercial onde outrora foram funcionários. Em 1886, fundam a *grande loja Nolasco de Gonçalves, Almeida & Mascarenhas*, conforme anúncio no jornal *O Guarany*, ed. 172, de 29 de outubro de 1886.

---

[927] Documentos particulares. Caderno de anotações da família Bastos Mascarenhas. Em 1880, Antônio Pedreira Mascarenhas ocupava a cadeira de professor do sexo masculino no Arraial de Barra da Estiva; em 1881, Sérgio Ribeiro Pedreira ocupava a cadeira pública de ensino do sexo masculino da Freguesia de Sincorá, comarca de Maracás. Relatório dos Trabalhos do Conselho Interino de Governo, edições n. 1 de 1880 e 1 de 1881. Hemeroteca Digital da Biblioteca Nacional.

[928] Conferir verbete de Pedro Nolasco da Costa.

Figura 169 – APMC. Jornal *O Guarany*, ed. n. 173, de 29.10.1886

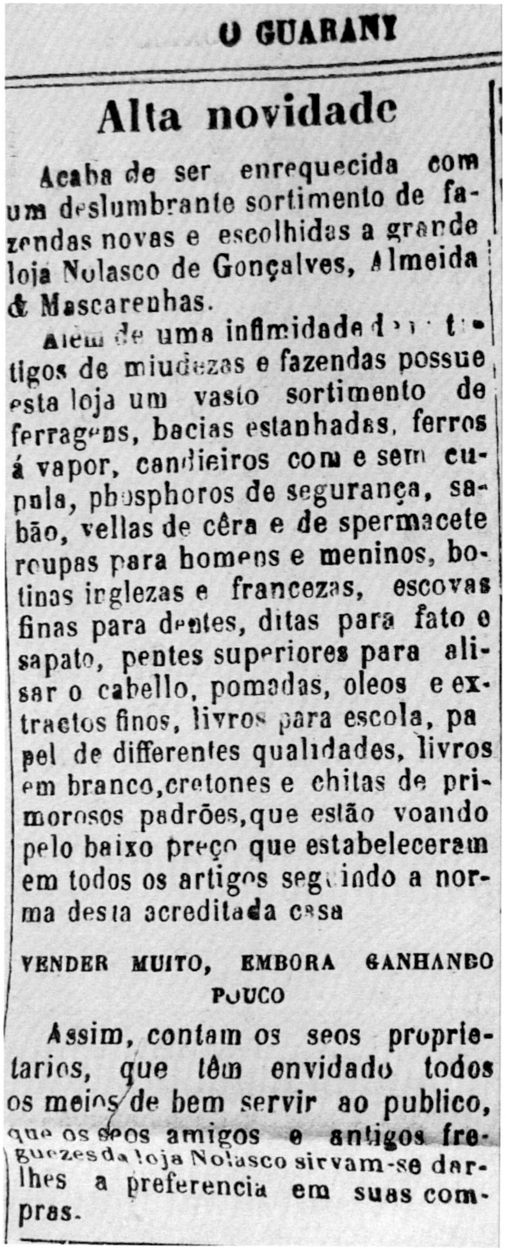

O GUARANY

Alta novidade

Acaba de ser enrequecida com um deslumbrante sortimento de fazendas novas e escolhidas a grande loja Nolasco de Gonçalves, Almeida & Mascarenhas.

Além de uma infinidade de artigos de miudezas e fazendas possue esta loja um vasto sortimento de ferragens, bacias estanhadas, ferros á vapor, candieiros com e sem cupula, phosphoros de segurança, sabão, vellas de cêra e de spermacete roupas para homens e meninos, botinas inglezas e francezas, escovas finas para dentes, ditas para fato e sapato, pentes superiores para alisar o cabello, pomadas, oleos e extractos finos, livros para escola, papel de differentes qualidades, livros em branco, cretones e chitas de primorosos padrões, que estão voando pelo baixo preço que estabeleceram em todos os artigos seguindo a norma desta acreditada casa

VENDER MUITO, EMBORA GANHANDO POUCO

Assim, contam os seos proprietarios, que têm envidado todos os meios de bem servir ao publico, que os seos amigos e antigos freguezes da loja Nolasco sirvam-se dar-lhes a preferencia em suas compras.

Acaba de ser enriquecida com um deslumbrante sortimento de fazendas novas escolhidas A grande loja Nolasco de Gonçalves Almeida & Mascarenhas. Além de uma infinidade de artigos de miudezas e fazendas, possuem esta loja um vasto sortimento de ferragens, bacias estanhadas, ferros a vapor, candieiros com e sem cúpula, fósforos de segurança, sabão, velas de cera e de espermacete, roupas para homens e meninos, botinas inglesas e francesas, escovas finas para dentes, ditas para fatos e sapato, pente superiores para alisar o cabelo, pomadas, óleos e extratos finos, livros para escola, papel de diferentes qualidades, livros em branco, cretones e chitas de primorosos padrões, que estão voando pelo baixo preço que estabeleceram em todos os artigos, seguindo a norma desta acreditar da casa: VENDER MUITO, EMBORA GANHANDO POUCO. Assim, contam os seus proprietários, que tem enviado todos os meios de bem servir ao público, que os seus amigos e antigos fregueses da loja Nolasco, sirvam-se dar-lhes a preferência em suas compras.

Figura 170 – Prédios onde funcionava a casa comercial. Imagem de domínio público. Autor não identificado

Aparentemente, a sociedade não perdurou, pois em 1889 Joaquim Mascarenhas figura como o único proprietário de uma pequena loja de fazendas, miudezas, drogas e armas, localizada na Rua de Baixo, n. 46, onde pagou um imposto de 5$000 (cinco mil réis)[929]. A seguir, uma nota fiscal emitida pela sua casa comercial em 1902, com mercadorias que foram utilizadas para a confecção de um caixão de defunto. Destacamos, ao lado, as mercadorias e os preços presentes na nota.

[929] Livro de Pagamento de Impostos do Comércio – 1889, p. 42. Arquivo Público Municipal de Cachoeira.

Figura 171 – Nota fiscal emitida pelo estabelecimento comercial de Joaquim Pedreira Mascarenhas, anexa ao inventário *post mortem* de Cândido José Moreira. Arquivo Público Municipal de Cachoeira. Caixa 262. Doc. 3090

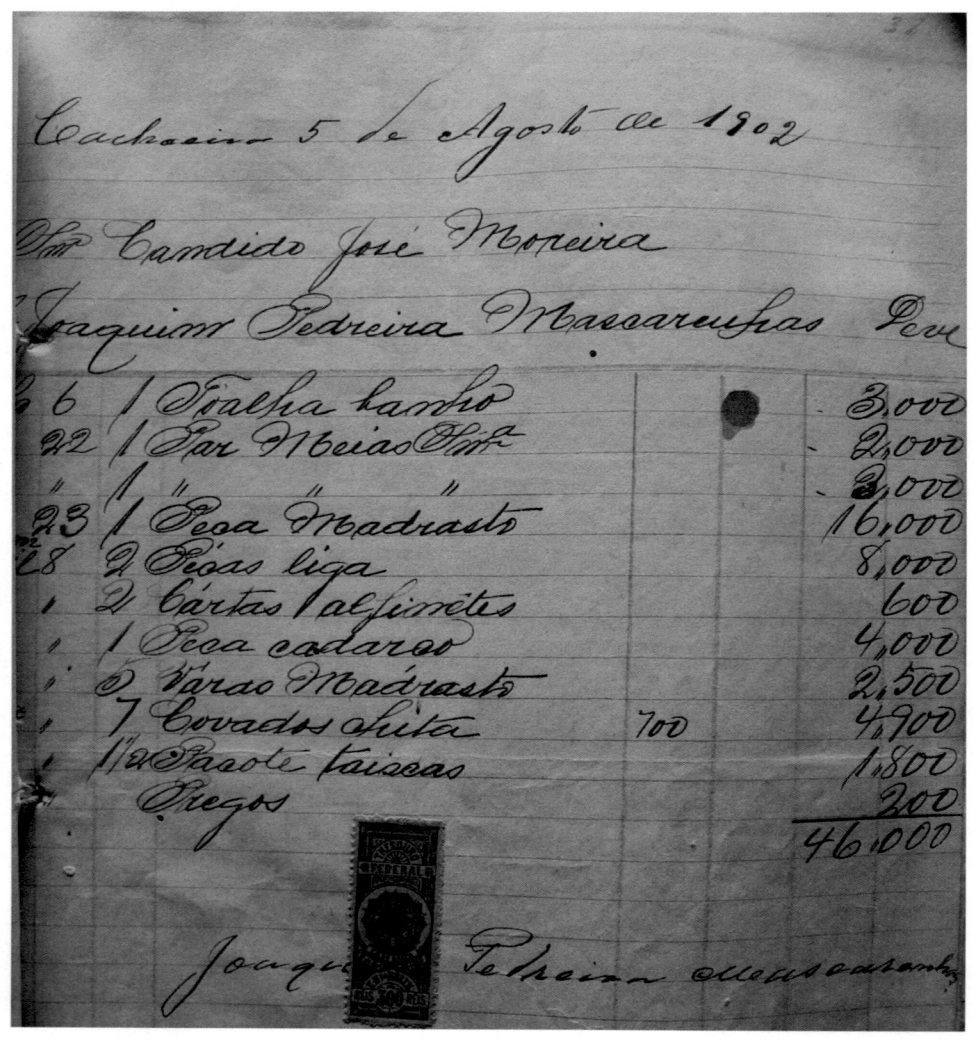

Cachoeira, 5 de agosto de 1902.
O Sr. Cândido José Moreira
A Joaquim Pedreira Mascarenhas. Deve
1 toalha banho 3$000
1 par de meias 2$000
1 par de meias 2$000
1 peça madrasto16$000
2 peças liga 8$000
2 cartas alfinetes $600
5 varão madrasto2$500
7 côvados chita 4$900
1/2 pacote tachas 1$800
Pregos $200

Joaquim manteve sua casa comercial até a primeira década do século XX, quando seus negócios fracassaram[930], levando-o a inovar em suas atividades laborais. Seu registro de óbito o identifica como industrial, uma classificação da época que não se restringia aos proprietários de indústrias, mas abrangia aqueles que tinham pequenas manufaturas, como de sabão ou cola, por exemplo. No entanto, não foi possível determinar o setor específico de manufatura no qual Joaquim atuava[931]. Em relação à sua inserção social na cidade, encontramos registros de sua admissão e da de sua esposa, Alzira Bastos Mascarenhas[932], na Venerável Ordem Terceira do Carmo de Cachoeira[933]. Joaquim Pedreira Mascarenhas faleceu em sua residência, localizada na Rua Treze de Maio n. 06, em 8 de junho de 1929, devido a uma lesão cardíaca[934].

---

[930] APMC. Processo Cível, caixa n. 25, não classificado. Processo cível de cobrança de uma firma da cidade do Salvador contra Joaquim Pedreira Mascarenhas, datada de 1907; podendo configurar o momento de falência da sua casa comercial.

[931] Cartório do Registro Civil das Pessoas Naturais da Cidade da Cachoeira. Livro de óbitos número 27, termo 33, registro de óbito de Joaquim Pedreira Mascarenhas.

[932] Conferir verbete de Alzira Augusta Bastos Mascarenhas.

[933] Arquivo da Venerável Ordem Terceira do Carmo da Cidade de Cachoeira. Caixa 06. Livro de entrada de irmãos 1892-1909.

[934] Cartório do Registro Civil das Pessoas Naturais da Cidade da Cachoeira. Livro de óbitos número 27, termo 33, registro de óbito de Joaquim Pedreira Mascarenhas.

JOAQUIM PEDREIRA MASCARENHAS FILHO

Negociante, proprietário e pecuarista cachoeirano radicado na cidade de Alagoinhas. Joaquim Mascarenhas Filho nasceu na Rua Treze de Maio, em 25 de setembro de 1891, filho primogênito do casal Joaquim Pedreira Mascarenhas e Alzira Augusta Bastos Mascarenhas[935]. Foi batizado em 15 de janeiro de 1893, na igreja matriz; foram padrinhos sua avó materna e seu tio materno[936]. Vejamos a seguir:

> Aos 15 de janeiro de 1893 na igreja matriz, batizei solenemente a Joaquim, filho legítimo de Joaquim Pedreira Mascarenhas e Alzira Bastos Mascarenhas, nasceu em 25 de setembro de 1891, foram padrinhos o doutor Christóvão Pereira Mascarenhas e dona Maria Constança Mascarenhas Bastos. E para constar fiz este acento que assinei. O Vigário padre Heráclito Mendes da Costa.[937]

No começo de sua carreira profissional, atuou aproximadamente cinco anos na Empresa de Navegação Baiana, exercendo a função de agente[938]. Posteriormente, em 1917 foi admitido na condição de gerente da Casa Singer de Cachoeira, uma loja especializada em vendas de máquinas de costura. Alguns meses mais tarde, em 1918, recebeu uma promoção e foi transferido para a gerência da loja em Alagoinhas.

Figura 172 – Arquivo Público Municipal de Cachoeira. Jornal A Ordem, ed. de Documentos avulsos

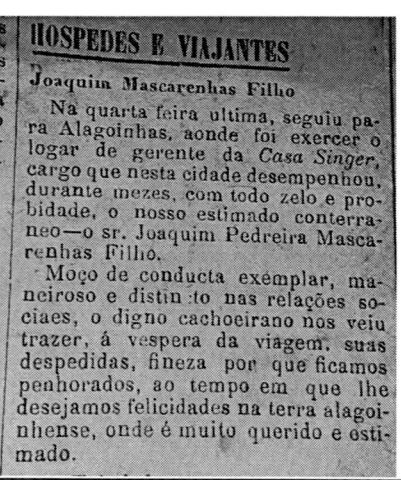

Hospedes e Viajantes. Joaquim Mascarenhas Filho. *Na quarta feira última, seguiu para Alagoinhas, onde foi exercer o lugar de gerente da Casa Singer, cargo que nesta cidade desempenhou, durante meses, com todo zelo e probidade, o nosso estimado conterrâneo, o sr. Joaquim Pedreira Mascarenhas Filho. Moço de conduta exemplar, maneiro e distinto nas relações sociais, o digno cachoeirano nos veio trazer, à véspera da viagem, suas despedidas, fineza porque ficamos penhorados, ao tempo em que lhe desejamos felicidades na terra alagoinhense, onde é muito querido e estimado.*

---

[935] Conferir verbetes de Joaquim Pedreira Mascarenhas e de Alzira Augusta Bastos Mascarenhas.

[936] Conferir verbetes de Christóvão Pereira Mascarenhas Júnior e de Maria Constança de Moncorvo Mascarenhas Bastos.

[937] Universidade Católica do Salvador. Laboratório Reitor Eugênio Veiga (LEV). Livro de Registro de batismos da Paróquia de Cachoeira, 1891-1897, p. 46.

[938] Hemeroteca Digital da Biblioteca Nacional. *Almanaque Laemmert*: Administrativo, Mercantil e Industrial, [Rio de Janeiro], 1891-1940. Ed. B0071 de 1915, p. 2.439.

Figura 173 – Joaquim Mascarenhas exercendo o cargo de Gerente da Casa Singer. Joaquim é o primeiro da direita para esquerda. Imagem do acervo de Igor Roberto de Almeida Moreira. Autor desconhecido

Depois de morar por um período na cidade de Alagoinhas, decidiu deixar a Casa Singer para estabelecer seu próprio empreendimento comercial.

Figura 174 – Joaquim Mascarenhas Filho em seu estabelecimento comercial. Alagoinhas, 1924

Já estabelecido como negociante, contratou o seu casamento com a jovem Joanice Ferreira de Carvalho, integrante da elite alagoinhense e filha do rico coronel Militão Carvalho, em outubro de 1922. O evento foi noticiado pelo jornal *A Ordem*, na ed. de 14 de outubro de 1922:

> Contratou casamento na cidade de Alagoinhas, o nosso jovem e estimável conterrâneo, o senhor Joaquim Mascarenhas Filho, correto negociante daquela praça, com a distinta senhorinha Joanice Ferreira de Carvalho, brilhante florão da sociedade alagoinhense, filha do conceituado capitalista daquela praça, o senhor coronel Militão Marques de Carvalho. Largos votos de felicidades futuras aos ventosos noivos.

Dois anos após o noivado, o casamento foi celebrado em 18 de outubro de 1924, na residência do pai da noiva, coronel Militão Marques de Carvalho. Com o falecimento de seu sogro, Joaquim herdou parte da fortuna, que soube multiplicar, tornando-se um dos comerciantes mais bem-sucedidos de Alagoinhas, proprietário de dezenas de edifícios urbanos e várias fazendas. Sua prosperidade também lhe permitiu dedicar-se à pecuária bovina. O *Almanaque Laemmert* edição A00092, de 1936, o menciona como criador de gado na região de Serrinha, onde se localizavam duas de suas fazendas.

Joaquim Pedreira Mascarenhas Filho faleceu em Alagoinhas por volta do ano de 1978[939], deixou três filhos do seu consórcio com Joanice de Carvalho Mascarenhas.

---

[939] Informação fornecida por sua sobrinha Hilda Mascarenhas de Oliveira Lula, sobrinha de Joaquim Pedreira Mascarenhas.

JOSÉ ANTÔNIO DA SILVA BOGARIM ("JOSÉ MACAMBÉ")

Rua da Matriz[940]

José Antônio da Silva Bogarim

Armador, cocheiro e quitandeiro. Durante a pesquisa para este livro, tive a agradável surpresa de encontrar nomes de pessoas anônimas que tiveram um papel direto em nossa emancipação em 1823; ainda mais gratificante foi descobrir que muitos desses indivíduos pertenciam às classes populares. José Antônio da Silva Bogarim é uma dessas figuras que merecem ser resgatadas do anonimato.

José Antônio da Silva Bogarim, popularmente conhecido como "José Macambé", foi um homem negro que ganhou notoriedade social por sua atuação nas lutas de 1822-1823 pela independência do Brasil. Natural da Vila de Nossa Senhora do Rosário do Porto da Cachoeira, nasceu aproximadamente em 1801, sendo filho legítimo de Luiz Antônio da Silva e Luiza Gonzaga. Durante sua vida, desempenhou diversas profissões, trabalhando como cocheiro e, posteriormente, como armador, nominação utilizada para aqueles que armavam; poderia ser no ramo funerário — pela "armação" dos caixões fúnebres — ou pelo religioso, a partir da armação e ornamentação dos espaços dos templos para realização de missas e cerimônias festivas.

O nosso veterano da Independência Bogarim integrava a seleta galeria das pessoas alfabetizadas da Cachoeira, situação atestada pela sua qualificação eleitoral: José Antônio da Silva Bogarim, 72 anos, quitandeiro, casado, renda indefinida, sabe ler e escrever[941]. O censo de 1872 nos informa que apenas 11% da população livre sabia ler e escrever; esse percentual seria ainda menor se incluíssemos as pessoas escravizadas[942]. No final de sua vida, ele se estabeleceu com uma quitanda, situada perto de sua casa[943].

Casou-se em 23 de setembro de 1848 com Maria Josefa[944], sua conterrânea e filha legítima de José Correia de Oliveira e Joana Correia. Testemunharam o casamento: Antônio Teles Lobo, tenente-coronel Christóvão Pereira Mascarenhas, tenente-coronel Frutuoso Gomes Moncorvo e tenente-coronel Inocêncio Vieira Tosta, todos membros das elites locais. Esta informação suscita reflexões sobre as interações sociais estabelecidas por Bogarim na sociedade de Cachoeira, trazendo à tona a questão: sua condição de veterano da Independência foi um divisor de águas que lhe conferiu as vantagens sociais mencionadas nesta microbiografia?

---

[940] Atual Ana Nery.

[941] APMC. Livro de Qualificação de Votantes – Cachoeira, 1871-1873.

[942] IBGE. *Recenseamento do Brasil em 1872*. Rio de Janeiro: Tipografia Nacional, 1876, p. 73.

[943] APMC. Livro de Qualificação de Votantes – Cachoeira, 1871-1873, p. 15.

[944] Universidade Católica do Salvador. Laboratório Reitor Eugênio Veiga (LEV). Livro de casamentos da Paróquia de Nossa Senhora do Rosário da Cachoeira, 1828-1860, p. 194.

José Antônio da Silva Bogarim faleceu em 20 de setembro de 1875, contando 72 anos de idade, vitimado por "*moléstias crônicas*"⁹⁴⁵, foi sepultado na Igreja do Carmo. A seguir, duas notas veiculadas na imprensa nacional sobre o falecimento do veterano Bugarim.

Figura 176 – Hemeroteca Digital da Biblioteca Nacional. Jornal *Diário do Maranhão*, ed. de 17.10.1875

Jornal O Globo – Rio de Janeiro, ed. de 01/10/1875:
Faleceu ainda em idade superior a 80 anos, o crioulo José Antônio Bogarim, oficial de cocheiro e armador, muito conhecido ali.⁹⁴⁶ Era também veterano da independência.

Figura 177 – Hemeroteca Digital da Biblioteca Nacional. Jornal *O Globo*, ed. de 01.10.1875

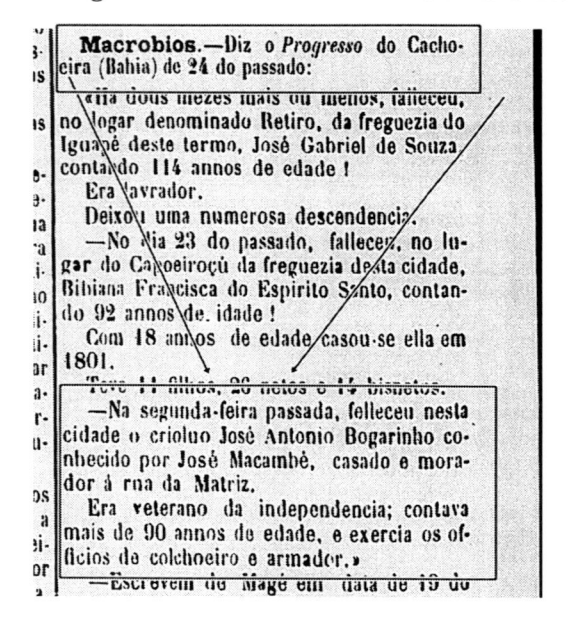

*Diz o **Progresso da Cachoeira (Bahia) de 24 do passado**:*
- Na segunda feira passada, faleceu nesta cidade o crioulo José Antônio Bogarim, conhecido por José Macambé, casado e morador à rua da Matriz. Era veterano da independência; contava mais de 90 anos de idade⁹⁴⁷, e exercia os ofícios de cocheiro e armador.

---
⁹⁴⁵ Universidade Católica do Salvador. Laboratório Reitor Eugênio Veiga (LEV). Livro de óbitos da Paróquia de Nossa Senhora do Rosário da Cachoeira, 1870-1875, p. 189.

⁹⁴⁶ As idades informadas nas notícias de jornais estão incorretas. Em uma matéria, ele é mencionado como tendo mais de 80, e em outra, como 90. A idade correta é 72, conforme declaração do morador e registrada em documentos.

⁹⁴⁷ A sua qualificação eleitoral desmente esse dado, indicando que sua idade correta era de 72 anos.

JOSÉ ANTÔNIO DE ARAÚJO LIMA

Rua das Flores

Negociante e militar, José Antônio de Araújo Lima construiu sua carreira profissional na cidade de Cachoeira durante o século XIX[948]. Ele serviu na Guarda Nacional, onde teve uma trajetória de sucesso, avançando gradualmente até ser promovido a coronel-chefe do Estado Maior do Comando Superior em 1867[949]. Como negociante, prosperou no comércio de enroladores de tabaco[950] e tornou-se um comerciante matriculado, integrando o corpo social do Tribunal do Comércio da Província da Bahia[951]. Em 1857, José Antônio solicitou à câmara de vereadores um atestado de seu comportamento civil, militar, político e comercial. Imaginamos que essa "carta de referência" seria utilizada para embasar o merecimento da condecoração de oficial da Ordem da Rosa, comenda recebida por José Antônio em 1860[952]. Casou-se com Maria Felismina de Lemos, com quem teve pelo menos um filho, o dr. Manoel Cândido de Araújo Lima[953].

---

[948] APMC. Legislativo. Requerimentos. Documentos avulsos não classificados.
[949] Hemeroteca Digital da Biblioteca Nacional. Jornal *Correio Mercantil*, ed. de 02.06.1867.
[950] Hemeroteca Digital da Biblioteca Nacional. *Almanaque Administrativo, Mercantil e Industrial da Bahia*, ed. 01 de 1860, p. 475.
[951] APMC. Legislativo. Requerimentos. Documentos avulsos não classificados.
[952] Hemeroteca Digital da Biblioteca Nacional. Jornal *Correio da Tarde*, ed. n. 58 de 15.03.1860.
[953] Universidade Católica do Salvador. Laboratório Reitor Eugênio Veiga (LEV). Livro de batismos da Paróquia de Nossa Senhora do Rosário da Cachoeira, 1835-1842, p. 81.

JOSÉ ANTÔNIO FIUZA DA SILVEIRA

Largo D'Ajuda

Descendente de abastadas e tradicionais famílias radicadas em Cachoeira desde o princípio do século XVIII, herdou o sobrenome e o poder econômico, simbolizado, sobretudo, pela grande extensão de terras adquirida pela via paterna, compreendendo parte considerável da extensão urbana e rural do município. Encontramos, em sua árvore genealógica, algumas figuras que alçaram grande poder de mando na sociedade baiana setecentista, por exemplo, os reinóis, Bartolomeu da Costa, minerador, senhor de engenho e traficante de escravizados, e Luiz Gonçalves Fiuza, rico lavrador de tabacos[954].

O nascimento de José Antônio Fiuza da Silveira esteve envolto em uma circunstância muito particular, sendo filho natural do capitão-mor José Antônio Fiuza de Almeida e de uma mulher branca da elite cachoeirana, Maria Josefa Silveira Varela[955]. Manteve-se no estado de solteiro, mas viveu maritalmente durante longos anos com Tereza de Jesus da Penha, que, à época do primeiro contato estabelecido, já era mãe de um filho[956]. Desta união houve três filhos, Laurentina Rosa Fiuza da Silveira, Silvestre Gonçalves Fiuza da Silveira e Maria Josefa da Silveira; segue a escritura de reconhecimento paterno, de onde extraímos as informações:

> Escritura de perfilhação, legitimação, que faz José Antônio Fiuza da Silveira, pela qual perfilha, legitima a seus filhos naturais Laurentina Rosa Fiuza da Silveira, nascida em 1º de julho de 1838; Silvestre Gonçalves Fiuza da Silveira nascido em 31 de dezembro de 1840; e uma menina, ainda por batizar, nascida em 18 de outubro de 1846, a qual se há de chamar Maria Josefa da Silveira, tidos de Thereza de Jesus da Penha, mulher solteira, como abaixo se declara. Saibam quantos este público instrumento de escritura de perfilhação, ou como em direito melhor nome haja, virem, que sendo no ano do nascimento de nosso Senhor Jesus Cristo de 1848 aos 21 dias do mês de março do dito ano, nesta cidade da Cachoeira, e rua da capela de Nossa Senhora da Ajuda, em casa de José Antônio Fiuza da Silveira, onde eu tabelião vim: aí compareceram partes presentes a esta outorgantes, a saber de uma como perfilhante o mesmo José Antônio Fiuza da Silveira, morador nesta cidade e reconhecido de mim tabelião, e de outra como aceitante representante dos menores seus filhos perfilhados, Teresa de Jesus da Penha, também moradora nesta cidade e reconhecida pelas testemunhas abaixo declaradas e firmadas em presença das quais pelo primeiro outorgante o referido José Antônio Fiuza da Silveira, me foi dito que por fragilidade humana, e no estado de solteiro em que se conserva até o presente, teve com Teresa de Jesus da Penha, mulher também solteira os filhos naturais seguintes: Laurentina Rosa Fiúza da Silveira, nascida em 1º de julho de 1838, Silvestre

---

[954] MOREIRA, Igor Roberto de Almeida. *"E por tais terceiros na Ordem do Carmo"*: os dignitários irmãos da Ordem Terceira do Carmo da Vila da Cachoeira, 1691-1773. 2021. Dissertação (Mestrado) – Universidade do Estado da Bahia, Santo Antônio de Jesus, 2021.

[955] As informações apresentadas foram extraídas da pesquisa de doutorado do autor deste trabalho, Igor Moreira, intitulada *Representam a cabeça de toda a Ordem: os irmãos mesários da Ordem Terceira do Carmo de Cachoeira*. Esse estudo está sendo realizado no Programa de Pós-Graduação em História (PPGH) da Universidade Federal da Bahia.

[956] Conferir verbete de Tereza de Jesus da Penha.

> Gonçalves Fiuza da Silveira, nascido em 31 de dezembro de 1840, e uma menina, ainda por batizar, nascido em 18 de outubro de 1846, a qual se há de chamar Maria Josefa da Silveira, cuja mãe dos ditos menores, ele primeiro outorgante tinha e mantinha em sua companhia, entre a qual, ele primeiro outorgante nenhum impedimento havia dirimente ou impediente; e para que os ditos dos seus filhos sejam havidos por legítimos, lhe possam suceder ab intestado, e gozem de todas as honras, privilégios isenções e prerrogativas, como se nascessem de legítimo matrimônio e que lhes possam competir por virtude desta perfilhação e legitimação: ele primeiro outorgante de modo próprio, livre vontade e sem constrangimento de pessoa alguma, vinha a juízo por este público instrumento reconhecer, como reconhecer por seus filhos naturais aos ditos três menores [...].[957]

À primeira vista, percebemos um detalhe interessante sobre a antroponímica da família, o retorno de um sobrenome — Gonçalves — que tinha ficado em desuso há, pelo menos, três gerações. José Antônio Fiuza Silveira resolveu recuperar o sobrenome do seu bisavô José Gonçalves Fiuza, transmitindo-o aos seus filhos.

O documento transcrito parcialmente *supra* informa que não havia nenhum impedimento que obstruísse a realização do matrimônio entre José e Thereza. Porém, ao estudarmos o contexto do casal, percebemos alguns aspectos sociais dissonantes entre eles: enquanto José Antônio integrava um clã familiar que amealhou grandes fortunas, Thereza provém de uma realidade diametralmente oposta; ademais, suspeitamos que fosse uma mulher parda. Embora muitos homens das classes dominantes tenham se amasiado com mulheres de outros estratos sociais, gerando frutos dessas uniões, filhos que foram criados e reconhecidos como se legítimos fossem, eles relutavam em reconhecer e dignificar as suas parceiras.

José Antônio Fiuza da Silveira residia em um sobrado no largo da Capela da Ajuda, local onde seus filhos nasceram. Sua fonte financeira provinha das rendas das propriedades e foros de terrenos urbanos[958].

Figura 178 – Jornal *O Argos Cachoeirano*, ed. n. 24, de 1850, p. 4. Hemeroteca Digital da Biblioteca Nacional

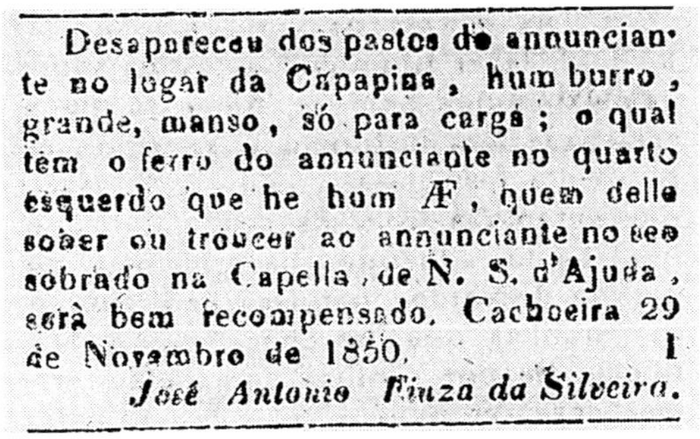

Desapareceu dos pastos do annunciante no lugar da Capapina, hum burro, grande, manso, só para carga; o qual têm o ferro do annunciante no quarto esquerdo que he hum Æ, quem delle souber ou troucer ao annunciante no seo sobrado na Capella de N. S. d'Ajuda, será bem recompensado. Cachoeira 29 de Novembro de 1850. 1

José Antonio Fiuza da Silveira.

Seguiu uma tradição familiar paterna ao ingressar na Ordem Terceira do Carmo de Cachoeira, instituição que seus ancestrais ajudaram a erguer e gerenciar durante o seu primeiro século de funcionamento[959]. Faleceu em 10 de dezembro de 1854 e foi sepultado solenemente no Cemitério da OTCC, vitimado por apoplexia, na idade de 54 anos[960].

957 APEB. Seção Judiciário. Livro de Notas de Escritura de Cachoeira, n. 98, p. 130v.

958 APMC. Documentação avulsa não catalogada.

959 MOREIRA, Igor Roberto de Almeida. *"E por tais terceiros na Ordem do Carmo"*: os dignitários irmãos da Ordem Terceira do Carmo da Vila da Cachoeira, 1691-1773. 2021. Dissertação (Mestrado) – Universidade do Estado da Bahia, Santo Antônio de Jesus, 2021.

960 Universidade Católica do Salvador. Laboratório Reitor Eugênio Veiga (LEV). Livro de Registro de Óbitos da Paróquia de Cachoeira, 1850-1870, p. 28.

JOSÉ BONI

Mestre pedreiro, natural da Espanha, radicou-se em Cachoeira no último quartel do século XIX. Faleceu em 28 de junho de 1889, decorrente de um acidente de trabalho que gerou uma ferida crônica em sua perna[961].

---
[961] APEB. Judiciário. Livro de óbitos n. 04, Cachoeira/BA, termo n. 284.

JOSÉ CAIÇARA CAMISÃO

Militar e veterano da Independência, foi nomeado alferes do 3º Batalhão da Primeira Linha da Bahia[962]. Nascido por volta de 1802 na Vila de Nossa Senhora do Rosário do Porto da Cachoeira, era filho legítimo de Alexandre Peixoto Mascarenhas e d. Ana Joaquina de São José[963]. Após as lutas pela independência, ele tomou uma decisão peculiar: adotou os nomes da fazenda Caiçara e da Freguesia do Camisão, onde seu pai nasceu, como seus novos sobrenomes, passando a se chamar José Caiçara Camisão. A escolha de "Caiçara", um termo comum entre as populações indígenas da época, parece ter influenciado essa mudança. Estima-se que, a partir de 1823, ele abandonou o sobrenome Peixoto Mascarenhas, de origem lusitana, e adotou Caiçara Camisão como seu novo apelido de família[964].

---

[962] APMC. Requerimentos (legislativo). Documentos avulsos não classificados.
[963] APMC. Inventário *post mortem* de Ana Joaquina de Leonor de São José, caixa 146, documento 1439.
[964] EDELWEISS, Frederico G. *A antroponímia patriótica da Independência*. Salvador: Centro de Estudos Baianos; Ufba, 1981. p. 19; APMC. Inventário *post mortem* de Ana Joaquina de Leonor de São José, caixa 146, documento 1439.

JOSÉ CARDOZO DO NASCIMENTO

Joze Cardozo do Nascimto

José Cardozo, um homem "pardo" e ex-escravizado, foi o pai da professora Maria Thereza do Coração de Jesus[965]. Nascido por volta de 1755 na Freguesia de Nossa Senhora do Rosário da Cachoeira, era filho de Theresa Cardoza de Magalhães, uma mulher negra escravizada[966]. Sua classificação étnica nos documentos sugere que seu pai era branco. O sobrenome de sua mãe indica que ela poderia ter sido cativa do rico comerciante Fernando Cardoso de Magalhães[967]. Os detalhes de sua alforriam são desconhecidos.

José Cardozo do Nascimento fez parte das milícias mestiças que operavam na América portuguesa, desempenhando o papel de capitão de assaltos[968]. Segundo Francis Albert Cotta, esses capitães integravam uma vasta rede de indivíduos que patrulhavam matas e áreas isoladas em busca de escravizados fugitivos e criminosos. Eram também conhecidos como capitães do mato ou capitães das entradas, entre outras denominações, variáveis conforme a época e o local. Cotta também destaca a visão do senso comum, muitas vezes reforçada por caricaturas de viajantes, que retrata o capitão do mato agindo sozinho em trilhas e montanhas em busca de escravos fugitivos. No entanto, essa visão é simplista e desconsidera a complexidade do papel, que exigia estratégias e planejamento para enfrentar a resistência dos escravos. É essencial compreender que as ações desses homens eram parte de um esforço coletivo, envolvendo não apenas os próprios capitães, mas também proprietários e a estrutura administrativa da coroa[969].

José casou-se com Ana Maria do Sacramento em 26 de julho de 1780, em uma cerimônia na Igreja Matriz da Cachoeira, tendo o tenente-coronel João da Costa Lima Guimarães como padrinho. Na época, vivia na Freguesia do Outeiro Redondo. Sua esposa, também liberta, era filha de Vitória Vieira Soares, ex-escravizada e classificada como crioula[970]. Foram localizados três registros de batismo de filhos do casal José Cardoso do Nascimento e Ana Maria[971]. Estes

---

[965] Conferir verbete de Maria Thereza do Coração de Jesus.

[966] Universidade Católica do Salvador. Laboratório Reitor Eugênio Veiga (LEV). Livro de Registro de Casamentos da Paróquia de Cachoeira, 1765-1785, p. 15v. O livro mencionado possui páginas com a mesma numeração, havendo duas páginas identificadas como 15v; o registro de casamento de José Cardozo representa uma espécie de segunda parte do livro, em que a numeração das páginas foi reiniciada.

[967] Fernando Cardoso de Magalhães foi um dos prósperos negociantes que atuaram em Cachoeira durante o século XVIII, e analisamos parte de sua trajetória em nossa dissertação de mestrado. MOREIRA, Igor Roberto de Almeida. *"E por tais terceiros na Ordem do Carmo"*: os dignitários irmãos da Ordem Terceira do Carmo da Vila da Cachoeira, 1691-1773. 2021. Dissertação (Mestrado) – Universidade do Estado da Bahia, Santo Antônio de Jesus, 2021.

[968] APEB. Seção Judiciário. Inventário *post mortem* de Luís Tavares, 02/716/1180/1, p. 48. Nesse processo, localizamos um documento anexo que designa José Cardozo do Nascimento como capitão de assaltos.

[969] COTTA, Francis Albert. *Negros e mestiços nas milícias da América portuguesa*. Belo Horizonte: Crisálida, 2010. p. 82-85.

[970] Universidade Católica do Salvador. Laboratório Reitor Eugênio Veiga (LEV). Livro de Registro de Casamentos da Paróquia de Cachoeira, 1765-1785, p. 15v.

[971] Universidade Católica do Salvador. Laboratório Reitor Eugênio Veiga (LEV). Livro de Registro de batismos da Paróquia de Cachoeira, 1781-1791, p. 69, 129v, 206.

documentos oferecem uma visão sobre a circulação de José Cardoso na Vila da Cachoeira no final do século XVIII. Nota-se inicialmente que os padrinhos selecionados faziam parte das elites locais, indicando possíveis benefícios sociais advindos da sua função nas milícias.

Ademais, fica clara a amizade e a proximidade com a família Álvares de Andrade, conforme demonstrado no verbete sobre sua filha, Maria Teresa do Coração de Jesus. No dia 13 de junho de 1785, um menino chamado José, filho do casal, foi batizado em uma cerimônia onde o padre Miguel Álvares de Andrade, irmão de Félix Andrade, padrinho da filha mais velha, atuou em nome dos padrinhos[972]. Os irmãos Andrade pertenciam à abastada família Álvares de Andrade, residentes na Cachoeira durante o período colonial[973].

---

[972] Universidade Católica do Salvador. Laboratório Reitor Eugênio Veiga (LEV). Livro de Registro de batismos da Paróquia de Cachoeira, 1781-1791, p. 129v.

[973] As informações apresentadas foram extraídas da pesquisa de doutorado do autor deste trabalho, Igor Moreira, intitulada *Representam a cabeça de toda a Ordem: os irmãos mesários da Ordem Terceira do Carmo de Cachoeira*. Esse estudo está sendo realizado no Programa de Pós-Graduação em História (PPGH) da Universidade Federal da Bahia.

JOSÉ DA COSTA FERREIRA

Presumimos ser natural da cidade do Salvador, onde se integrou na Igreja Presbiteriana, sendo batizado pelo pastor Schneider em 31 de janeiro de 1875, casando-se no mesmo ano em 14 de junho com Margarida de Oliveira Costa, também recém-convertida[974]. Pode ser considerado uma das principais figuras leigas envolvidas no processo de sedimentação da Sociedade Fraternal Evangélica em Cachoeira. A sua relação de proximidade com o pastor James Theodore Houston[975], organizador da Igreja Presbiteriana e criador da Sociedade Fraternal, propiciou a sua transferência, juntamente com sua família, para a cidade da Cachoeira. Ao que parece, José da Costa foi incumbido da função de auxiliar os pastores na parte administrativa, relativa ao funcionamento da Sociedade Evangélica. Em 1881, José da Costa Ferreira aparece declarando o óbito de um dos fiéis[976]; em 1883 apresenta-se na Câmara de Vereadores da Cachoeira, na condição de procurador da Sociedade Fraternal Evangélica, solicitando a transferência do cemitério para uma nova propriedade adquirida:

> Ilmos. Srs. Dr. Presidente e Vereadores da Câmara Municipal.
> A Sociedade Fraternal Evangélica, representada pela abaixo-assinado, na qualidade do seu legítimo procurador, tendo efetuado perante esta ilustríssima Câmara, em sessão de 10 de Maio próximo passado, a compra das ruínas do antigo matadouro, denominado Currais novos, situado no alto do mesmo nome, quer a mesma sociedade transferir para aquele lugar o cemitério, de sua propriedade, hora estabelecido no alto da rua da Feira, por oferecer o lugar ultimamente comprado melhores proporções e achasse mais de acordo com os princípios higiênicos, como esta ilustríssima câmara poderá verificar, se o entender. Com a reedificação, que se pretende fazer, a área que terá de ser ocupada pelo cemitério, ficará com certeza com asseio indispensável. Portanto, neste sentido, vem a mesma sociedade, firmada nos melhores princípios de humanidade vós solicitar a licença precisa para que possa levar a efeito o que pretende, convencida de que com isso fará um bem público, qual é de remover para um lugar mais apropriado, mais conveniente, ao cemitério que ora possui. Espera a súplica ser deferida. Cachoeira 14 de junho de 1883. E.R.M. José da Costa Ferreira. Concedida a licença solicitada. Em câmara, 26 de junho de 1883.[977]

---

[974] SEIXAS, Mariana Ellen Santos. *Igreja Presbiteriana no Brasil e na Bahia*: instituição, imprensa e cotidiano (1872–1900). Dissertação (Mestrado em História Social) – Universidade Federal da Bahia, Salvador, 2011. p. 135.
[975] *Ibidem*.
[976] APEB. Seção Judiciário. Livro de óbitos de Cachoeira n. 03, p. 65v, 66.
[977] APMC. Requerimentos (legislativo). Documentos avulsos não catalogados.

JOSÉ DE CARVALHO MOREIRA ("ZECA MOREIRA")

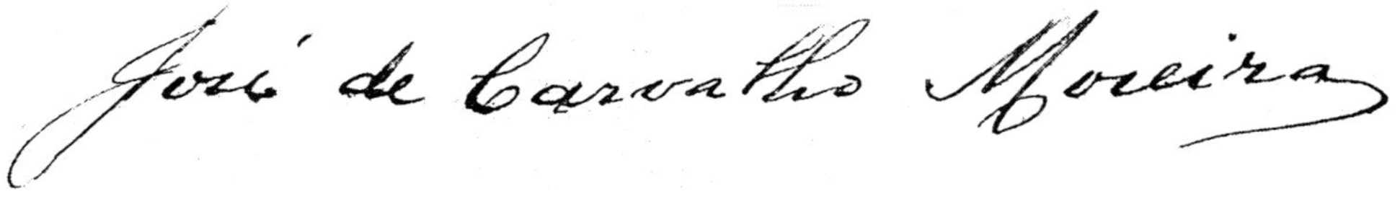

[assinatura: José de Carvalho Moreira]

Natural da Heroica Cachoeira, filho de Cândido José Moreira e Mariana de Jesus Moreira, nasceu em 20 de março de 1890[978], ficando órfão de mãe logo após o seu nascimento. Sua genitora faleceu meses depois do seu nascimento, em decorrência de complicações no pós-parto, situação que enfraqueceu o seu organismo e contribuiu para o surgimento das doenças oportunistas[979]. Após o óbito de sua mãe, foi acolhido pela família paterna e passou a viver com uma tia chamada Ubaldina Eulina Moreira, conhecida como "tia Pomba", que se tornaria sua madrinha de batismo[980].

Figura 179 – Universidade Católica do Salvador. Laboratório Reitor Eugênio Veiga (LEV). Livro de batismos da Paróquia de Nossa Senhora do Rosário da Cachoeira, 1889-1897, p. 36

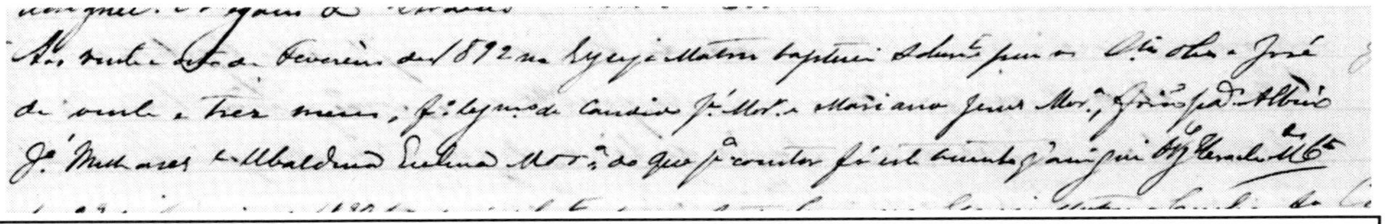

Aos vinte e oito de fevereiro de 1892 na igreja matriz batizei solenemente e pus os santos óleos a José de vinte e três meses; filho legítimo de Cândido José Moreira e Mariana de Jesus Moreira; foram padrinhos: Albino José Milhazes e Ubaldina Eulina Moreira, do que para constar, fiz este assento que assinei. O vigário Heráclito Mendes da Costa.

Os parentes de Zeca, em especial a sua tia materna Idalina de Carvalho Moreira, que com ele conviveu durante bastante tempo, ressaltou em suas memórias que o sobrinho era conhecido pelo seu temperamento destemido, deixando inclusive uma anedota para a posteridade sobre tal característica: conta-se que, no início do século XX, a cidade da Cachoeira era dividida por algumas facções políticas, situação que gerava embates e conflitos entre os seus partidários, incluindo demarcações em determinados logradouros, tornando proibitiva a circulação dos oponentes políticos. Em uma noite, Zeca transitava pelas ruas da cidade quando foi interpelado por uma voz: "Quem vem de lá?" Sem hesitar, respondeu de imediato: "Zeca Moreira, o homem da Cachoeira".

Também encontramos um processo depositado no Arquivo Público Municipal de Cachoeira que narra sobre um episódio da vida de Zeca Moreira, aspecto que dialoga diretamente com o conteúdo do parágrafo anterior. No início da tarde de 22 de novembro de 1907, a zona comercial da cidade da Cachoeira teve a sua dinâmica alterada após um conflito armado de que saiu vitimado por um tiro de garrucha o jovem José de Carvalho Moreira, contando à época apenas 17 anos de idade.

---

[978] Conferir verbetes de Cândido José Moreira e Mariana de Jesus Ramos Moreira.

[979] Informação deixada por Idalina de Carvalho Moreira, tia materna do morador Zeca; conferir verbete de Idalina de Carvalho Moreira.

[980] Universidade Católica do Salvador. Laboratório Reitor Eugênio Veiga (LEV). Livro de batizados da Paróquia de Nossa Senhora do Rosário da Cachoeira, 1889-1905, p. 36; conferir verbete de Ubaldina Eulina Moreira.

O incidente ocorreu quando Zeca confrontou um desafeto, suspeito de ter subtraído quantias em dinheiro da banca de bicho da qual era coproprietário com seu irmão, Arthur Moreira. A conversa, marcada por acusações e insultos, rapidamente se intensificou, e, sentindo-se lesado, Zeca puxou uma faca na tentativa de intimidar seu oponente e reaver o dinheiro. Sua atitude, no entanto, foi revidada de forma violenta, e seu agressor, Durval Firmino, disparou tiros de revólver, atingindo Zeca no braço. Ao perceber a gravidade de seu ato, Durval, temendo tanto a prisão quanto um possível linchamento, uma vez que José Moreira mantinha um vasto círculo de amizades, evadiu-se do local. A seguir, o relato de Maria Isaura da Conceição, comerciante, proprietária de uma quitanda situada na então Rua das Flores, local onde se deu o fato:

> No dia 22 do corrente, cerca de meio-dia mais ou menos, apareceu-lhe em sua quitanda, à Rua das flores desta cidade, o senhor José de Carvalho Moreira muito esbaforido e zangado, dizendo que mandava a Muritiba buscar sua pistola que daria resposta a Durval Firmino Sales, e puxou por um pedaço de papel que consigo trazia e fez um bilhete dizendo que este bilhete era para Muritiba a fim de vir a pistola; dizendo ela (testemunha) que tirasse aquele mal pensamento do espírito, que ele José Moreira era tão moço para que queira se botar a perder, o que foi também aconselhado por Inácio de Jesus que acomodava José Moreira a despersuadir disto; saiu José Moreira, em momentos depois ouviu ela testemunha o estampido de um tiro, saindo fora viu algumas pessoas, sabendo depois que foi Durval Firmino Sales que havia disparado um tiro em José de Carvalho Moreira[981].

Zeca exerceu inúmeras atividades laborais ao longo da sua breve vida, trabalhou como caixeiro nas casas comerciais da cidade, proprietário de banca de jogo de bicho, cobrador dos aluguéis das propriedades do seu padrinho de batismo e, por último, ocupou o lugar de funcionário público.

> Declaro que o cidadão José de Carvalho Moreira é meu empregado na cobrança dos aluguéis de minhas casas nesta cidade, recebendo de ordenado mensal a quantia de 60$000. Cachoeira, 8 de maio de 1917. Albino José Milhazes.[982]

Embora tenha mantido o estado civil de solteiro, viveu maritalmente com Claudionora da Silva Santos, conhecida como "dona Nôra", residiram no Largo dos Amores, conforme atesta o documento a seguir:

Figura 180 – Documento anexo ao processo de Alistamento Eleitoral de José de Carvalho Moreira, 1917. APMC

---

[981] APMC. Processo crime. Sumário de culpa: Durval Firmino Sales e José de Carvalho Moreira, 1907-1908. Documento não classificado.
[982] APMC. Documento anexo ao processo de Alistamento Eleitoral de José de Carvalho Moreira, 1917.

Da união com Claudionora Santos foram gerados dois filhos, Raul, que faleceu logo após o nascimento; e Risette da Silva Moreira. Além desses filhos, Zeca Moreira foi pai de muitos outros, havidos de outras mulheres; citamos: Anahita e Helena de Antônia Inocência de Santana; Carlos de Almerinda Sala e Carlos Rodrigo de Alice Maria de Menezes. José de Carvalho Moreira faleceu em 19 de abril de 1924, na Praça Marechal Deodoro, vitimado por tuberculose pulmonar[983]. A seguir, notícia do seu falecimento veiculada na edição de 26 de abril de 1924 do jornal *A Ordem*.

Figura 181 – Biblioteca Pública dos Barris. Setor de Periódicos Raros. Jornal *A Ordem*, ed. de 26.04.1924

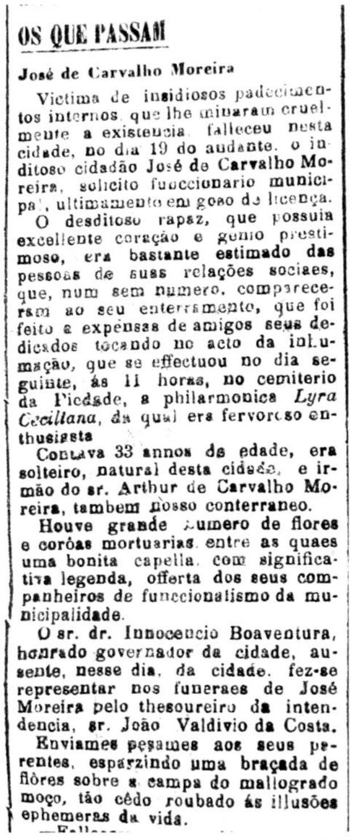

OS QUE PASSAM

José de Carvalho Moreira

Victima de insidiosos padecimentos internos, que lhe minaram cruelmente a existencia, falleceu nesta cidade, no dia 19 do andante, o inditoso cidadão José de Carvalho Moreira, solicito funccionario municipal, ultimamento em goso de licença.

O desditoso rapaz, que possuia excellente coração e genio prestimoso, era bastante estimado das pessoas de suas relações sociaes, que, num sem numero, compareceram ao seu enterramento, que foi feito a expensas de amigos seus dedicados tocando no acto da inhumação, que se effectuou no dia seguinte, ás 11 horas, no cemiterio da Piedade, a philarmonica *Lyra Ceciliana*, da qual era fervoroso enthusiasta

Contava 33 annos de edade, era solteiro, natural desta cidade, e irmão do sr. Arthur de Carvalho Moreira, tambem nosso conterraneo.

Houve grande numero de flores e corôas mortuarias entre as quaes uma bonita capella, com significativa legenda, offerta dos seus companheiros de funccionalismo da municipalidade.

O sr. dr. Innocencio Boaventura, honrado governador da cidade, ausente, nesse dia, da cidade, fez-se representar nos funeraes de José Moreira pelo thesoureiro da intendencia, sr. João Valdivio da Costa.

Enviamos pesames aos seus parentes, esparzindo uma braçada de flôres sobre a campa do mallogrado moço, tão cêdo roubado ás illusões ephemeras da vida.

OS QUE PASSAM.
José de Carvalho Moreira.
Vítima de insidiosos padecimentos internos, que lhe minaram cruelmente a existência, faleceu nesta cidade, no dia 19 do andante, o inditoso cidadão José de Carvalho Moreira, solicito funcionário municipal, ultimamente em gozo de licença. O desditoso rapaz, que possuía excelente coração e gênio prestimoso, era bastante estimado das pessoas de suas relações sociais, que, num sem-número, compareceram ao seu enterramento, que foi feito a expensas de amigos seus dedicados, tocando no ato da inumação, que se efetuou no dia seguinte, às 11:00, no Cemitério da Piedade, a filarmônica Lyra Ceciliana, da qual era fervoroso entusiasta. Contava 33 anos de idade, era solteiro, natural desta cidade, irmão do sr. Arthur de Carvalho Moreira, também nosso conterrâneo. Houve grande número de flores e coroas mortuárias, entre as quais uma bonita capela, com significativa legenda, oferta dos seus companheiros de funcionalismo da municipalidade. O sr. dr. Inocêncio Boaventura, honrado governador da cidade, ausente nesse dia da cidade, fez-se representar nos funerais de José Moreira pelo tesoureiro da intendência, sr. João Valdivio da Costa. Enviamos pêsames aos seus parentes, esparzindo uma braçada de flores sobre a campa do malogrado moço, tão cedo roubado as ilusões efêmeras da vida.

983 Cartório do Registro Civil das pessoas naturais da cidade da Cachoeira, Distrito-Sede. Livro de óbitos n. 24, termo 548.

JOSÉ DE SOUZA E ARAGÃO ("CAZUZINHA")

Ladeira da Praça[984]

"O mais popular compositor de modinhas brasileiras"[985].

Importante músico que atuou em Cachoeira durante o século XIX, era um violonista e pianista dos mais conceituados da sua geração. Nascido na então Vila da Cachoeira por volta de 1819, era filho de Maria do Carmo de Aragão[986]. De formação autodidata, aprimorou seus dons artísticos com a orientação de José Pereira de Castro, uma figura associada à devoção a Nossa Senhora D'Ajuda na antiga Capela de São Pedro dos Clérigos[987]. Regeu a primeira filarmônica do município, fundada em 1857 pelas elites locais, e ocupou, posteriormente, o mesmo lugar na Orquestra D'Ajuda[988]. Durante esse período, acredita-se que seu nome já era reverenciado entre seus pares e demais moradores da cidade. Ele também prestava serviços particulares, dando aulas de piano nas casas da região e participando de cerimônias religiosas e funerais. Leiamos o documento a seguir:

Figura 182 – APMC. Recibo escrito e assinado por José de Souza e Aragão, anexo ao inventário *post mortem* de Antônio Joaquim Correia da Silveira, caixa 217, processo 2471

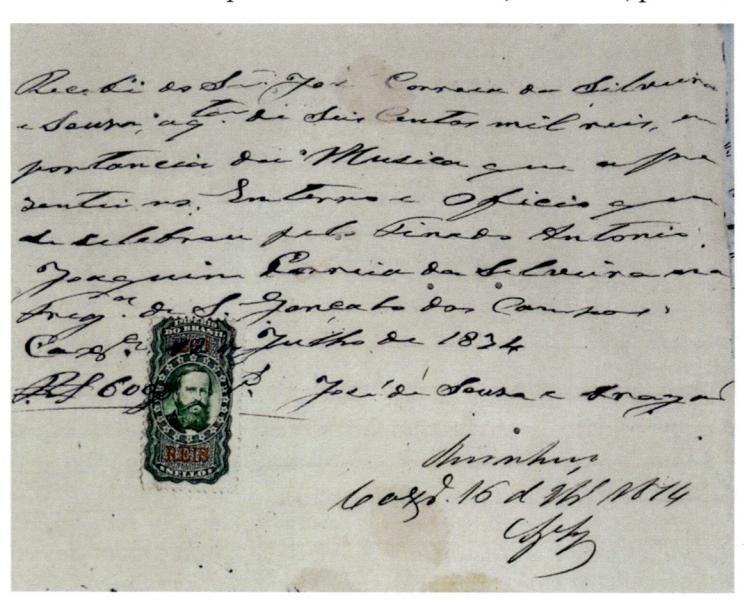

Recebi do senhor José Correia da Silveira e Sousa, a quantia de seiscentos mil réis, importância da música que apresentei no enterro e ofício que se celebrou pelo finado Antônio Joaquim Corrêa da Silveira na freguesia de São Gonçalo dos Campos. Cachoeira 12 de julho de 1874. José de Souza e Aragão.

---

[984] Atual Benjamin Constant.
[985] Palavras do principal estudioso da história da música brasileira na primeira metade do séc. XX, o professor Guilherme de Melo.
[986] Cartório do Registro Civil das Pessoas Naturais, Distrito-Sede – Cachoeira/BA, livro de óbitos n. 11, p. 23v.
[987] Universidade Católica do Salvador. Laboratório Reitor Eugênio Veiga. Fundo Governo Arquidiocesano. Grupo Chancelaria. Subgrupo Irmandades Obras Pias. Série Irmandade de São Benedito da Cachoeira.
[988] QUERINO, Manuel. *Artistas baianos*: indicações biográficas. 2. ed. Bahia: Officina da Empresa "A Bahia", 1911. p. 184.

Cazuzinha, como era conhecido, pode ser considerado um discípulo da agremiação musical de Nossa Senhora D'Ajuda, informalmente estabelecida no final do século XVIII, visto que um de seus mestres, José Pereira de Castro, foi membro dessa associação[989]. Embora faltem dados concretos para comprovação, é razoável supor que a Capela D'Ajuda se tornou um importante centro de ensino musical na primeira metade do século XIX. A maioria dos músicos mencionados nos documentos da época tinha alguma conexão com essa corporação, ou fazia parte da dissidência que originou a Irmandade de São Benedito, a qual, devido a disputas internas, formou um novo grupo musical. Após consolidar sua reputação em sua terra natal, o renomado músico "alcançou novos horizontes". Seus contemporâneos relatavam o orgulho de Cazuzinha por ter conquistado o primeiro lugar em um grande concerto em Salvador no final do século XIX, que reuniu muitos artistas renomados[990].

Figura 183 – Jornal *O Monitor*, ed. de 05.09.1878

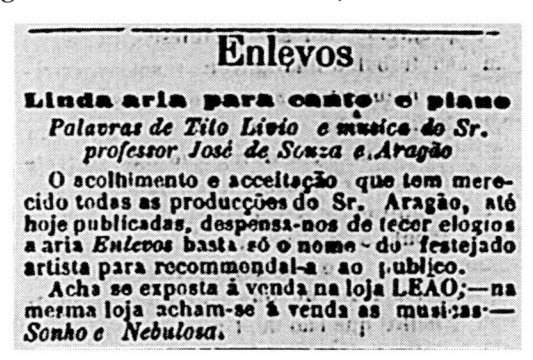

Segundo o musicista e pioneiro na história da música brasileira, Guilherme de Melo, Cazuzinha se destacou como um talentoso violonista e um dos mais prolíficos e respeitados compositores de modinhas brasileiras. Suas composições, com um estilo lírico e arioso, unem a emoção e a assimetria da escola antiga à elegância e vivacidade das obras modernas. Melo afirmou que, "assim como a antiga Florença dos trovadores, a cidade de Cachoeira, tanto nas artes quanto nas letras, pode ser vista como a nova Florença brasileira"[991]. Dentre a expressiva obra de Aragão, destacam-se títulos como: "A nebulosa", "Minha lira", "Os sonhos", "Se Márcia visse os encantos", "Tarde bem tarde", "Quero partir", "O segredo da vaga", "Em lervos da alma", "A mulher cheia de encantos", "As baianas", "O gigante de pedra" etc.[992]

José de Souza e Aragão uniu-se em matrimônio com Matilde Amélia Câmara de Aragão no início da segunda metade do século XIX. Foram identificados três filhos do casal: Frederico, nascido em 1857; Asclepiades, em 1859, e o doutor Vespasiano Aragão, médico e farmaceutico[993]. Cazuzinha passou pelo duro golpe de sepultar todos os três. Faleceu em sua residência, localizada na Ladeira da Praça, em 13 de setembro de 1904, aos 85 anos, devido a uma erisipela fléugmanosa. Seu atestado de óbito indica que não deixou descendência[994].

[989] Universidade Católica do Salvador. Laboratório Reitor Eugênio Veiga. Fundo Governo Arquidiocesano. Grupo Chancelaria. Subgrupo Irmandades Obras Pias. Série Irmandade de São Benedito da Cachoeira.

[990] QUERINO, Manuel. *Artistas baianos*: indicações biográficas. 2. ed. Bahia: Officina da Empresa "A Bahia", 1911. p. 184.

[991] MELLO, Guilherme Theodoro Pereira de. *A música no Brasil*: desde os tempos coloniais até o primeiro decênio da República. Bahia: Tipografia de S. Joaquim, 1908. p. 246.

[992] *Ibidem*.

[993] MILTON, Aristides. *Ephemerides cachoeiranas*. Salvador: Ufba, 1979. (Coleção Cachoeira; v. 1). p. 125.

[994] Cartório do Registro Civil das Pessoas Naturais, Distrito-Sede – Cachoeira/BA, livro de óbitos n. 11, p. 23v.

JOSÉ EGÍDIO DUARTE PORTELA

Rua do Alambique[995]

José Egídio Duarte Portela, abastado negociante radicado em Cachoeira por volta de 1827, era filho legítimo de Antônio Duarte Portela e Ana Francisca das Chagas. Nascido em 1810, na Freguesia de São Domingos de Saubara, termo da Vila de Santo Amaro da Purificação, destacou-se em diversos ramos econômicos na Vila de Cachoeira. Proprietário de um alambique localizado nas imediações da atual Rua Manoel Paulo Filho — outrora conhecida como Rua do Alambique, em referência à concentração de alambiques na área —, José Egídio foi também um ativo investidor no mercado imobiliário, construindo e adquirindo uma variedade de imóveis urbanos, como sobrados, armazéns e casas térreas. Além disso, ele possuía escravizados que trabalhavam no comércio, atuando no porto e nas ruas da cidade. No setor de transporte marítimo, foi dono de uma imponente embarcação chamada Nossa Senhora do Monte, uma homenagem à sua devoção a essa invocação mariana. A embarcação era utilizada tanto para o transporte dos produtos manufaturados em seu alambique até a cidade da Bahia quanto para locação no serviço de frete, atendendo comerciantes que circulavam pela principal rota marítima da Bahia no século XIX. José Egídio também se dedicou à pecuária, sendo proprietário de fazendas na então Vila de Tucano, além de ter outros investimentos distribuídos pela cidade[996].

No início de agosto de 1855, os moradores da Heroica Cachoeira foram assolados por uma epidemia devastadora que, em apenas quatro meses, tirou a vida de 830 pessoas — número apurado apenas na sede da cidade. Durante a sessão ordinária da câmara de vereadores, no dia 3 de agosto, foi lido um ofício do vice-presidente da província, alertando sobre os perigos de uma moléstia epidêmica e recomendando a adoção imediata de medidas sanitárias[997]. Infelizmente, a advertência chegou tarde demais. No mesmo dia, ocorreu o primeiro óbito em Cachoeira: Brizida, uma escravizada residente no bairro do Caquende. A partir desse momento, a epidemia se alastrou rapidamente por todo o município, impulsionada pelos Riachos Pitanga e Caquende, que cortavam a cidade e funcionavam como esgoto. Em menos de dez dias, 240 pessoas já estavam contaminadas, revelando a velocidade e a gravidade da situação[998]. A seguir, relato minucioso sobre o cenário da cidade durante o surto da epidemia:

> [...] tornaram esta infeliz cidade um teatro de luto e de calamidade: propalada a ideia de contágio, de morte inevitável pelo cólera, postergaram-se as leis mais sagradas, a cidade ficou sem facultativos[médicos] as autoridades abandonaram o seu posto, os míseros doentes abandonados dos seus parentes e amigos, morriam ao desamparo, centenas de cadáveres apodreceram insepultos no interior das casas; a consternação foi geral, a imigração tornou-se tumultuosa, tudo era confusão e terror...[999]

---

[995] Atual Manoel Paulo Filho.

[996] Todas as informações citadas nesse parágrafo foram extraídas do seu testamento e inventário *post mortem*. APMC. Inventário *post mortem* de José Egídio Duarte Portela, caixa 140, processo 1371.

[997] APMC. Livro de Atas da Câmara de Cachoeira, 1854-1862, p. 63v.

[998] MILTON, Aristides. *Ephemerides cachoeiranas*. Salvador: Ufba, 1979. (Coleção Cachoeira; v. 1). p. 257-259.

[999] Hemeroteca Digital da Biblioteca Nacional. Relatório acerca da saúde pública, elaborado pelo doutor Francisco de Paula Cândido. Tipografia Nacional, Rio de Janeiro, 1856, p. 10.

Embora pertencesse às elites locais e, portanto, com recursos suficientes para evadir-se da cidade, José Egídio permaneceu em sua residência, acompanhado de sua esposa, dona Severiana de São José Portela, e filhas. Infelizmente, foi acometido pela doença epidêmica e faleceu em 15 de setembro de 1855[1000]. Apesar de toda a conturbação social e medo apavorante, foi sepultado com toda pompa inerente a sua condição de abastado negociante e irmão da Venerável Ordem Terceira do Carmo, inumado nas carneiras dos terceiros. Foi uma das raras pessoas brancas vitimadas pela epidemia de cólera morbus de 1855. Vejamos a tabela.

Tabela 1 – Universidade Católica do Salvador. Laboratório Reitor Eugênio Veiga (LEV). Livro de Registro de Óbitos da Paróquia de Cachoeira, 1850-1870, p. 28v, 69. Perfil étnico dos óbitos durante a epidemia de cólera morbus em Cachoeira, Bahia, em 1855

Tabela		
Grupo Étnico	Número de Óbitos	Percentual (%)
Brancos	75	9.1%
Indígena	1	0.1%
Negros	357	43.2%
Não Informado	204	24.7%
Pardos	181	21.9%
Total	818	100%

Realizamos um amplo e sistemático levantamento no livro de óbitos da cidade da Cachoeira que corresponde ao período do surto da epidemia de *cólera morbus*, em 1855. Foram coletados 818 registros de pessoas falecidas durante os meses de agosto a dezembro do referido ano de 1855. Desse montante, apenas 9% referiam-se a pessoas brancas, indicando, mais uma vez, a extrema vulnerabilidade social das camadas desprovidas de recursos materiais[1001].

[1000] Universidade Católica do Salvador. Laboratório Reitor Eugênio Veiga (LEV). Livro de Registro de Óbitos da Paróquia de Cachoeira, 1850-1870, p. 59v.

[1001] *Ibidem*, p. 28v-69.

JOSÉ GOMES MONCORVO

Engenho dos Patos

Senhor de engenho, político, militar e veterano da guerra da independência. Nasceu aproximadamente em 1776 no Arraial do Porto de São Félix, parte da freguesia de São Pedro da Muritiba, na Vila da Cachoeira. Filho legítimo de Fructuoso Gomes Moncorvo e de d. Elena Maria do Sacramento[1002], casou-se com d. Maria de São José, união que não gerou descendência. No final do século XVIII, entrou para a carreira militar, recebendo a patente de alferes das ordenanças da Sagrada Religião de Malta em São Salvador da Bahia, uma instituição que combinava aspectos militares e religiosos. A patente exigia que ele mudasse seu domicílio para o distrito de sua companhia. Em fevereiro de 1801, foi-lhe concedida licença para continuar vivendo em Cachoeira, a fim de concluir seus negócios[1003]. Na década seguinte, tornou-se camarário no Senado da Vila da Cachoeira, atuando como procurador e vereador[1004].

[1002] Informações colhidas na pesquisa de doutoramento de Igor Roberto de Almeida Moreira, em desenvolvimento no Programa de Pós-Graduação em História Social da Universidade Federal da Bahia.
[1003] APEB. Seção Colonial-Provincial n. 384. Livro de Patentes, 1800-1803, p. 64-66.
[1004] Arquivo Nacional. Fundo Ministério do Reino BR_RJANRIO_57_0_MAP_001 - Planta da futura Ponte Pedro II, sobre o Rio Paraguaçu, entre a Vila da Cachoeira e a Povoação de São Félix, Bahia, [1818].

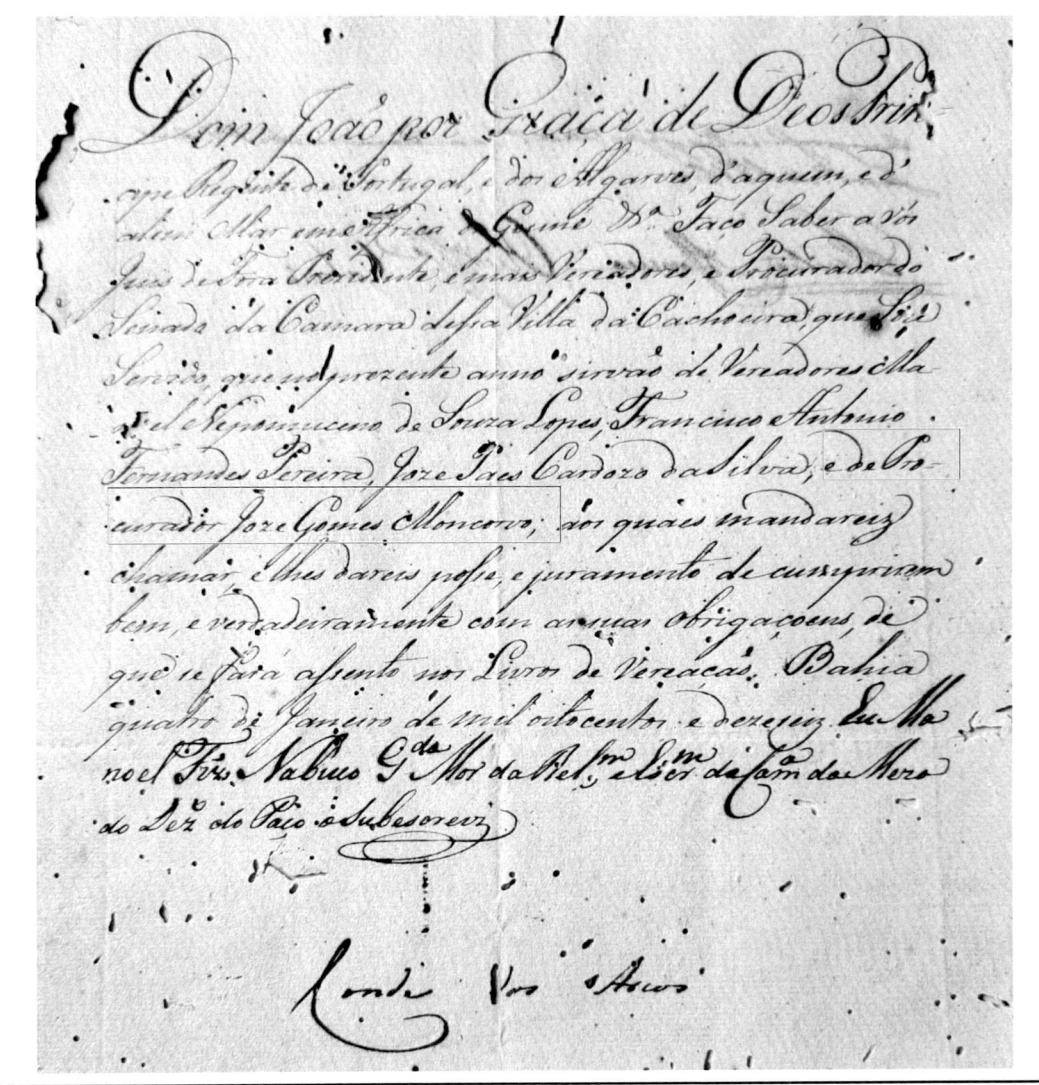

Figura 184 – APMC. Legislativo. Documentos avulsos não classificados

> Dom João por Graça de Deus, Príncipe Regente de Portugal, dos Algarves, d'aquém, e d'além-mar e em África, da Guiné. Faço saber a voz Juiz de Fora, Presidente, e mais Vereadores, e Procurador do Senado da Câmara dessa Vila da Cachoeira, que sou servido que no presente ano sirvam de Vereadores: Manoel Nepomuceno de Souza Lopes, Francisco Antônio Fernandes Pereira, José Paes Cardoso da Silva; e de procurador **José Gomes Moncorvo**; aos quais mandareis chamar, e lhes darei posse, juramento de cumprirem bem, verdadeiramente com essas obrigações, de que se fará sempre nos livros de variação. Bahia, 4 de janeiro de 1816. Emanuel Fernandes Nabuco, guarda-mor da relação e escrivão da câmara da mesa do desembargo do Paço, o subscrevi.

No biênio de 1822 a 1823, notabilizou-se como militar, tornando-se um dos principais personagens do processo de emancipação política do Brasil. Integrou o exército pacificador na condição de capitão de cavalaria. Dentre seus serviços, ressalta-se a missão designada em 24 de maio de 1823[1005], na qual se deslocou a Nazaré para capturar e levar à presença do Conselho os

---

[1005] MILTON, Aristides. *Ephemerides cachoeiranas*. Salvador: Ufba, 1979. (Coleção Cachoeira; v. 1). p. 176.

desertores Luiz da França Pinto Garcez e João Antônio dos Reis, que haviam fugido do exército e representavam uma ameaça por conhecerem as estratégias e ofensivas possíveis. Sua coragem e sua dedicação à causa foram tão notáveis que foi imortalizado por Parreira na famosa pintura *Primeiro Passo para a Independência na Bahia*, conforme relatado pelo professor Pedro Celestino, contemporâneo da criação da obra.

> O ângulo do edifício, à esquerda, tropa de Rodrigo Brandão. Na frente dela - Brandão, erguendo a espada, da vivas a independência (retrato). Está montado num cavalo branco, estacado bruscamente e espantado pelo ambiente ruidoso e movimentado. A seu lado o capitão José Gomes Moncorvo [...].[1006]

Figura 185 – Destacado com uma seta. Antônio Parreira; Primeiro Passo para a Independência; 1931; Óleo sobre tela. Imagem de domínio público. Fonte: https://upload.wikimedia.org/wikipedia/commons/0/02/Parreiras_O_Primeiro_Passo_para_a_Independ%C3%AAncia_da_Bahia.png. Acesso em: 12 maio 2024

Também esteve envolvido na polêmica proposta do general Labatut, que pretendia convocar escravizados para lutar junto às tropas em troca da liberdade. Iniciativa que foi duramente rechaçada pelas elites locais. Vejamos a seguir:

[1006] SILVA, Pedro Celestino da. Notas epigráficas e iconográficas dos feitos heroicos da campanha da independência na Bahia. *Anais do Arquivo Público da Bahia*, Salvador, v. 29, 1943b; Imprensa Oficial, 1941, p. 588.

Figura 186 – APMC. Documentos avulsos

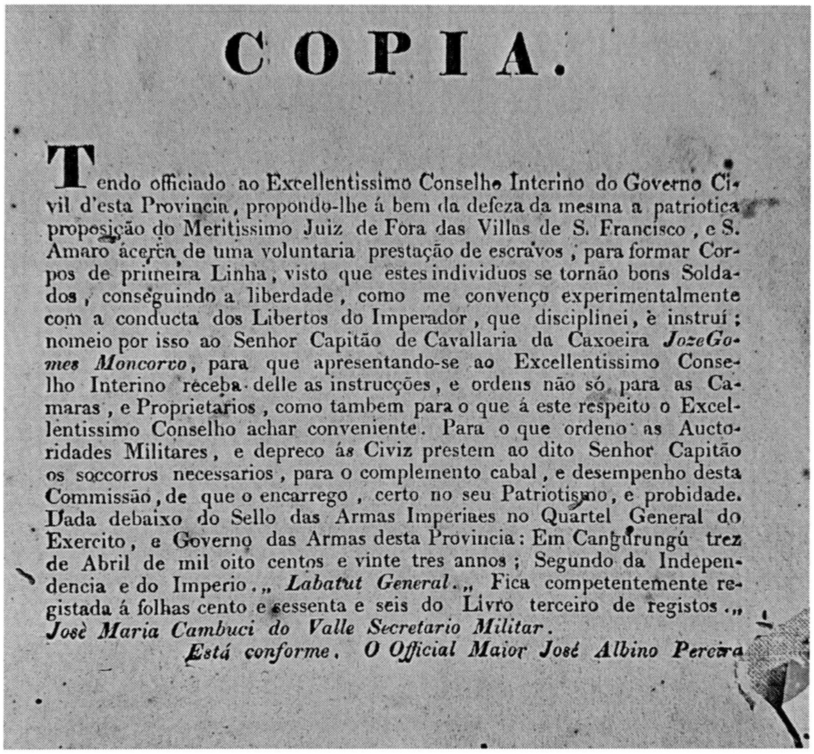

COPIA.

Tendo officiado ao Excellentissimo Conselho Interino do Governo Civil d'esta Provincia, propondo-lhe á bem da defeza da mesma a patriotica proposição do Meritissimo Juiz de Fóra das Villas de S. Francisco, e S. Amaro ácerca de uma voluntaria prestação de escravos, para formar Corpos de primeira Linha, visto que estes individuos se tornão bons Soldados, conseguindo a liberdade, como me convenço experimentalmente com a conducta dos Libertos do Imperador, que disciplinei, e instrui; nomeio por isso ao Senhor Capitão de Cavallaria da Caxoeira *JozeGomes Moncorvo*, para que apresentando-se ao Excellentissimo Conselho Interino receba delle as instrucções, e ordens não só para as Camaras, e Proprietarios, como tambem para o que á este respeito o Excellentissimo Conselho achar conveniente. Para o que ordeno as Auctoridades Militares, e depreco ás Civiz prestem ao dito Senhor Capitão os soccorros necessarios, para o complemento cabal, e desempenho desta Commissão, de que o encarrego, certo no seu Patriotismo, e probidade. Dada debaixo do Sello das Armas Imperiaes no Quartel General do Exercito, e Governo das Armas desta Provincia: Em Cangurungú trez de Abril de mil oito centos e vinte tres annos; Segundo da Independencia e do Imperio. „ *Labatut General.* „ Fica competentemente registada á folhas cento e sessenta e seis do Livro terceiro de registos. „ *José Maria Cambuci do Valle Secretario Militar.*

Está conforme. O Official Maior José Albino Pereira.

CÓPIA. Tendo oficiado ao excelentíssimo Conselho Interino do governo civil desta província, propondo-lhe a bem da defesa da mesma, a patriótica proposição do meritíssimo juiz de fora das vilas de São Francisco e Santo Amaro, acerca de uma voluntária prestação de escravos, para formar corpos de primeira linha, visto que estes indivíduos se tornam bons soldados, conseguindo a liberdade, como me convenço experimentalmente com a conduta dos libertos do Imperador, que disciplinei e instruir; nomeio por isso ao senhor capitão de cavalaria da Cachoeira ***José Gomes Moncorvo****, para que apresentando-se ao excelentíssimo Concelho Interino receba dele as instruções e ordem, não só para as câmaras e proprietários, como também porque a este respeito o que o excelentíssimo Conselho achar conveniente. Para o que ordeno as autoridades militares e depreco as civis, prestem ao dito senhor Capitão os socorros necessários, para o complemento cabal e desempenho desta comissão, de que o encarrego, certo no seu patriotismo e probabilidade. Dada debaixo do selo das Armas Imperiais no quartel general do exército e Governo das Armas dessa província: Em Cangurungú, três de abril de 1823 anos; segundo da Independência e do Império. Labatut General. Fica competentemente registrada, a folhas cento e sessenta e seis do Livro terceiro de registros. José Maria Cambuci do Vale, secretário militar. Está conforme. O oficial maior José Albino Pereira.*

Além dos documentos apresentados, José Moncorvo foi mencionado por Ladislau Titara, um baiano que vivenciou o processo de lutas pela emancipação na Bahia, onde se destacou, o que lhe valeu a patente de alferes do Exército Brasileiro e a medalha de distinção da Guerra da Independência na Bahia. Titara, testemunha ocular desse importante evento na história do Brasil, em seu poema épico "Paraguaçu", dedicado ao Visconde de Pirajá em 1835, recordou os serviços de Moncorvo, referindo-se a ele em seus versos como "o valente Capitão Moncorvo"[1007].

1007 TITARA, Ladislau dos Santos. *Obras poéticas de Ladislao dos Santos Titara*: tomo 4 e primeira parte do Poema Paraguassú. Bahia: Tipografia do Diário de G. J. Bizerra e Comp., 1835. p. 143.

Embora a participação de José Gomes Moncorvo tenha sido exitosa e seu nome registrado no livro das efemérides do Império, o impacto desse evento foi devastador para sua saúde mental. Nos anos seguintes, ele foi atingido por uma profunda alienação, que acabou causando distúrbios na vila e na região, como veremos a seguir:

> Participo a V.S., que a uma hora para as duas da tarde, tive participação que um homem atacava um frade dentro do convento, indo ver o que era, encontrei o capitão de cavalaria da Vila da Cachoeira, José Gomes Moncorvo, maníaco do juízo, questionava com frade Frei Domingos Brandão, e não se querendo aquietar, consegui prendê-lo, e conduzi-lo para este quartel, que apesar de instâncias minhas, não quis vir sem que o dito padre viesse em sua companhia, o que foi assim preciso para evitar ruínas, mandando eu o dito padre para o asilo de seu convento, entregou o dito capitão um jogo de pistolas de cano de bronze.[1008]

Este episódio culminou na prisão de José Gomes Moncorvo, que foi encaminhado ao Hospital Militar Nacional em Salvador, onde permaneceu sob observação médica por um período. Os médicos Francisco de Paula de Araújo de Almeida e Antônio Policarpo Cabral diagnosticaram sua condição como "alienação mental, de natureza estritamente religiosa", e relataram que Moncorvo apresentava "acessos de fúria" em seu parecer oficial, conforme redigido: "Abaixo assinados, médicos do Hospital Militar, receberam ao capitão de cavalaria José Gomes Moncorvo e reconheceram que padece de alienação mental tão somente religiosa e tem acesso de fúria"[1009]. O relato da autoridade policial, juntamente com o atestado médico, indica que possuía uma ideia fixa na questão religiosa, talvez algum quadro de esquizofrenia. A título de curiosidade, sua mãe também padecia de problemas mentais, sendo designada como "demente" aos 40 anos de idade[1010].

Faleceu de forma trágica em 1 de junho de 1833, no seu Engenho dos Patos, sito na freguesia de Santiago do Iguape, vítima de suicídio ao despejar água fervendo sobre si. Segue a transcrição do seu óbito:

> Aos dois dias do mês de junho de 1833, nesta Freguesia de Santiago do Iguape, faleceu sem sacramentos, queimado por sucessiva em água-ardente, o capitão José Gomes Moncorvo, branco, casado com dona Maria de São José, paroquianos desta freguesia. Foi envolto em vestes militares. Sepultado na Capela de Nossa Senhora de Belém, filial a matriz da Vila da Cachoeira, e encomendado pelo padre Rodrigo José da Rocha. Para constar fez este acento, e assinei.[1011]

[1008] APEB. Seção Judiciário. Processo Cível - Conciliação 53/1885/12, p. 4.

[1009] *Ibidem*, p. 6.

[1010] Informações colhidas na pesquisa de doutoramento de Igor Roberto de Almeida Moreira, em desenvolvimento no Programa de Pós-Graduação em História Social da Universidade Federal da Bahia.

[1011] Universidade Católica do Salvador. Laboratório Reitor Eugênio Veiga (LEV). Livro de óbitos da Paróquia de Santiago do Iguape, 1830-1844, p. 78v.

JOSÉ HENRIQUES DA SILVA (PADRE)

Clérigo, instituidor da Corporação Musical de Nossa Senhora D'Ajuda. O pe. José Henriques da Silva nasceu e foi batizado na então Freguesia de São Pedro da Muritiba, termo da Vila da Cachoeira, em 1730, filho primogênito do segundo matrimônio do reinol Manoel Henriques, com Josefa Maria da Cruz[1012]. O próprio padre Henriques informou que mudou para sede da vila quando apenas tinha 7 anos de idade. Após a conclusão dos seus estudos e ordenação, o pe. Henriques retornou para Cachoeira, onde residiu durante o resto da sua vida, sendo um dos muitos clérigos seculares do Hábito de São Pedro que atuavam nesta região[1013].

No final do século XVIII, um conjunto de músicos da vila, organizado pelo padre José Henriques, fundou uma corporação musical sob a devoção a Nossa Senhora D'Ajuda, na Capela de São Pedro dos Clérigos[1014]. Considerando que o padre José Henriques foi ordenado sob o hábito de São Pedro, é plausível que ele tenha sido membro da confraria de São Pedro dos Clérigos, que atuava naquela capela. A escolha desse local pode ter sido iniciativa sua, especialmente porque estava negligenciado e sem um padroeiro para fomentar celebrações litúrgicas. Importante ressaltar que, sendo a primeira igreja matriz da freguesia, ela compartilhava o culto a Nossa Senhora do Rosário. Existiam ainda duas irmandades responsáveis por promover festividades similares[1015]; assim, é provável que os paroquianos favorecessem as cerimônias de veneração realizadas na matriz. Esse contexto pode ter sido considerado pelo padre Henriques ao solicitar ao juiz de fora permissão para gerir o espaço religioso.

Durante a segunda metade do século XVIII, o templo em questão era conhecido como a Capela de Nossa Senhora do Rosário e/ou São Pedro dos Clérigos e encontrava-se sem administração. Isso ocorreu após a mudança da sede paroquial por volta de 1721, quando a capela deixou de fazer parte do padroado régio e retornou ao controle de seus antigos proprietários[1016]. Alexandre João de Aragão, o último administrador da família Araújo de Aragão, herdeiros e proprietários da capela, faleceu em 1768 sem nomear quem pudesse sucedê-lo[1017]. Este fato pode ter contribuído para o abandono do edifício religioso e, possivelmente, influenciado a decisão do

---

[1012] APMC. Inventário *post mortem* de Manoel Henriques. Caixa 16, processo 150, p. 1, 4-7.

[1013] Informações colhidas na pesquisa de doutoramento de Igor Roberto de Almeida Moreira, intitulada *Representam a cabeça de toda a Ordem*, em desenvolvimento no Programa de Pós-Graduação em História Social da Universidade Federal da Bahia.

[1014] SANTIAGO, Camila Fernanda Guimarães; MOREIRA, Igor Roberto de Almeida; SANT'ANNA, Sabrina Mara. *As igrejas de Cachoeira*: história, arquitetura e ornamentação. Belo Horizonte: Clio Gestão Cultural e Editora, 2020. p. 50.

[1015] MOREIRA, Igor Roberto de Almeida. *"E por tais terceiros na Ordem do Carmo"*: os dignitários irmãos da Ordem Terceira do Carmo da Vila da Cachoeira, 1691-1773. 2021. Dissertação (Mestrado) – Universidade do Estado da Bahia, Santo Antônio de Jesus, 2021. p. 152.

[1016] *Ibidem*, p. 147.

[1017] *Ibidem*, p. 148.

juiz de fora em confiar a administração ao padre Henriques. O Padre José Henriques assumiu a administração da capela e liderou a Corporação de Nossa Senhora d'Ajuda até sua morte[1018] em 12 de agosto de 1813[1019].

[1018] Universidade Católica do Salvador. Laboratório Reitor Eugênio Veiga. Fundo Governo Arquidiocesano. Grupo Chancelaria. Subgrupo Irmandades Obras Pias. Série Irmandade de São Benedito da Cachoeira, fl. 1.

[1019] Arquivo da Ordem Terceira do Carmo da Cachoeira. Livro de Contas dos irmãos – n. 3, s/n.

JOSÉ JOAQUIM DE ALMEIDA ARNIZAUT

Largo do Chafariz[1020]

Militar que se destacou no processo de lutas pela independência do Brasil na Bahia. Documentos inéditos localizados revelam que Almeida Arnizaut chegou a Cachoeira por volta do início da segunda década do século XIX, apresentando perante o senado da câmara sua patente para ser registrada no livro competente, em sessão de 16 de janeiro de 1812. Após certo tempo, em agosto de 1816, o mesmo Senado registra a sua promoção para o cargo de Sargento-Mor[1021].

Arnizaut foi um participante ativo no movimento pela Independência já no primeiro semestre de 1822, promovendo reuniões e unindo aqueles descontentes com os abusos do então Governador das Armas, Inácio Luiz Madeira de Melo, que representava exclusivamente os interesses das Cortes Portuguesas. O temor de Madeira de Melo tornou-se tão intenso que ele emitiu uma normativa para proibir qualquer tipo de reunião na vila de Cachoeira, independentemente de sua natureza, incluindo aquelas voltadas à administração local[1022]. Essa medida foi claramente motivada pelos relatos detalhados enviados pelo capitão-mor da vila, que descrevia o estado de rebeldia que havia se espalhado entre uma parte considerável da população[1023].

A atuação central do coronel Arnizaut, então sargento-mor, foi evidenciada quando sua residência se tornou o cenário da principal reunião patriótica durante o movimento pela Independência. Na madrugada de 25 de junho de 1822, um grupo de patriotas se reuniu em sua casa para deliberar sobre a forma de romper definitivamente com a autoridade de Madeira de Melo e o que ele representava politicamente para a elite local. Decidiu-se, então, que a questão seria levada à sessão do Senado da Câmara da Cachoeira, marcada para a manhã seguinte. Esse encontro resultou na aclamação de D. Pedro I como Defensor Perpétuo do Brasil, simbolizando a decisão de não mais se submeter às imposições das Cortes Portuguesas.

José Joaquim de Almeida Arnizaut foi reformado no posto de Coronel Comandante do Regimento da Cavalaria n. 42 de segunda linha do Exército. Ele recebeu as seguintes condecorações alusivas à sua participação no processo emancipatório: Cavaleiro da Imperial Ordem do Cruzeiro, Cavaleiro da Imperial Ordem de Cristo e condecorado com a medalha de honra da Campanha da Restauração da província da Bahia (medalha da Guerra da Independência)[1024].

[1020] Atual Praça dr. Milton.
[1021] APMC. Requerimentos (legislativo). Documentos avulsos não classificados.
[1022] APMC. Livro de Registro dos Ofícios recebidos, 1820-1830, p. 20, 20v.
[1023] Arquivo Histórico Ultramarino. Conselho Ultramarino, Bahia, caixa 268, n. 18898. Ofício (cópia) do capitão-mor da Vila da Cachoeira, José Antônio Fiuza de Almeida, ao [Secretário de Estado dos negócios da Marinha e Ultramar, Inácio da Costa Quintela] notificando a existência de 3 partidos revolucionários naquela vila, um de brasileiros, outro DE europeus e outro de negros, que vem causando reboliços e desordens.
[1024] APMC. Documentos avulsos não classificados.

Arnizaut realizou um estudo significativo de caráter demográfico, econômico e social sobre a Vila da Cachoeira na primeira metade do século XIX, intitulado *Memória topográfica, histórica, comercial e política da Vila da Cachoeira da província da Bahia*. Esse trabalho, que oferece uma análise detalhada sobre a vila, foi publicado pela primeira vez em 1861 pelo Instituto Histórico e Geográfico da Bahia, destacando-se como uma importante fonte de referência para a compreensão das dinâmicas locais desse período[1025]. Acreditamos que José Joaquim de Almeida Arnizaut nasceu na cidade do Salvador e foi filho do militar Bernardino Marques de Almeida, que depois incorporou o cognome Arnizaut, transformando-o em sobrenome da sua família; e de sua mulher, dona Caetana Maria Josefa de Mendonça[1026]. Casou-se na mesma cidade, na freguesia de São Pedro, com Vitória Bernarda da Piedade[1027].

[1025] ARNIZAUT, José Joaquim de Almeida. Memória topográfica, histórica, comercial e política da vila de Cachoeira. *Revista do IHGB*, n. 25, p. 127-142, 1862.

[1026] Tribunal do Santo Ofício-Conselho Geral. Habilitações. Bernardino, mç. 1, doc. 11, p. 99.

[1027] Universidade Católica do Salvador. Laboratório Reitor Eugênio Veiga (LEV). Livro de Casamento da Freguesia de São Pedro da cidade da Bahia, 1814-1831, p. 192. Registro de casamento de Constância Joaquina de Almeida Arnizaut, filha de José Joaquim de Almeida Arnizaut. Cerimônia celebrada em 13 de junho de 1830, na Matriz de São Pedro da cidade da Bahia, onde consta ser natural da referida freguesia.

JOSÉ JOAQUIM GONÇALVES CAMARÃO

Rua da Ponte Nova[1028]

Negociante português, nascido em 1817. Imaginamos que se estabeleceu em Cachoeira por volta de 1835. Amealhou fortuna a partir dos seus empreendimentos comerciais, sobretudo com os proventos advindos do seu negócio de enfardar e beneficiar o fumo, bem como de um armazém de molhados situado na então Rua da Ponte Velha[1029].

A posição econômica alcançada permitiu-lhe diversificar o seu patrimônio, investindo na compra de fazendas de criação nas freguesias de São Gonçalo dos Campos e Santo Estêvão do Jacuípe[1030]. Essa projeção contribuiu para que fosse proposto e aceito nas duas principais agremiações locais, a Ordem Terceira do Carmo e Santa Casa de Misericórdia[1031]. No mesmo período aparece como juiz da Irmandade de Nossa Senhora do Rosário do Orago[1032].

Figura 187 – Nota fiscal da casa comercial de José Joaquim Gonçalves Camarão, anexo ao inventário *post mortem* de Manoel Rodrigues da Silva

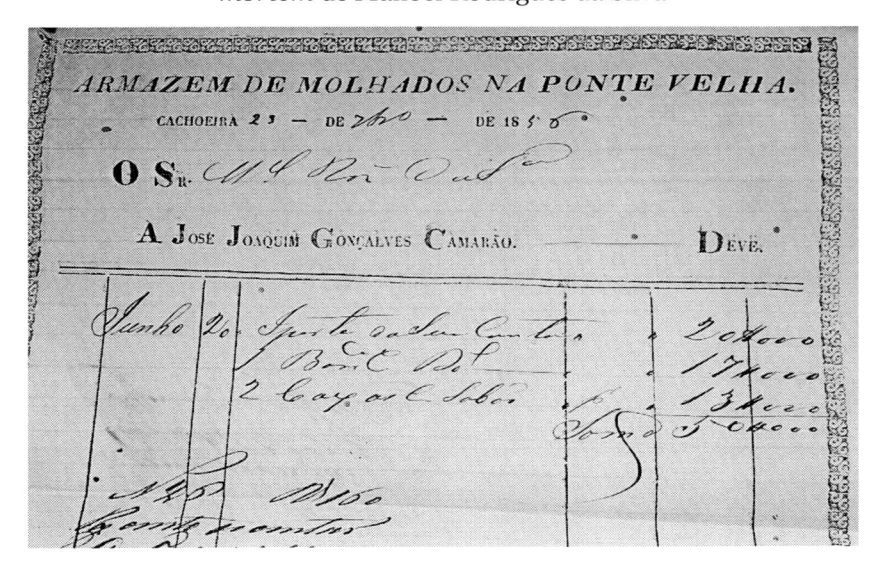

[1028] Atual Virgílio Damásio.
[1029] Hemeroteca Digital da Biblioteca Nacional. *Almanaque Administrativo, Mercantil e Industrial da Bahia*, edição n. 01, do ano de 1860, p. 476.
[1030] APMC. Inventário *post mortem* de Inácia Maria de Jesus. Caixa 127, processo 1230, p. 67.
[1031] Arquivo da Venerável Ordem Terceira do Carmo da cidade de Cachoeira. Livro de profissões número 04 (séc. XIX). Livro desorganizado, não sendo possível citar a sua paginação. Assento de admissão de Manoel da Costa e Souza; Hemeroteca Digital da Biblioteca Nacional. *Almanaque Administrativo, Mercantil e Industrial da Bahia*, edição n. 01, do ano de 1860, p. 444.
[1032] APMC. Correspondências. Legislativo. Documentos avulsos não classificados.

No início da década de 1860, José Joaquim Camarão iniciou um projeto para construir imóveis em uma área central da cidade, que, apesar de sua localização, era considerada inóspita devido ao seu terreno pantanoso e de difícil acesso. A área em questão era a então Travessa da Ponte Nova. Com a conclusão do projeto, foram erguidas dez residências, todas alinhadas e robustamente edificadas com pedra e cal. Esse empreendimento não só melhorou as condições insalubres do local, mas também contribuiu para o seu embelezamento. Em reconhecimento a essa importante contribuição para o desenvolvimento urbano, a câmara municipal optou por renomear a antiga Travessa da Ponte Nova para Travessa do Camarão, em homenagem aos esforços do comerciante Camarão[1033].

Casou-se com Inácia Maria de Jesus[1034], de cuja união houve uma filha de nome Francelina Camarão; após o transpasse de sua primeira esposa ocorrido em 21 de agosto de 1855, consorciou-se em segundas núpcias, com Antônia Sebastiana das Virgens, gerando dois filhos, de nomes: Emília, nascida em 1861; e José, em 1864[1035]. José Joaquim Gonçalves Camarão faleceu em 4 de maio de 1872, vitimado por *hepatite*, contava 55 anos de idade e foi sepultado na Ordem Terceira do Carmo de Cachoeira[1036].

[1033] APMC. Documentos avulsos não classificados.

[1034] APMC. Inventário *post mortem* de Inácia Maria de Jesus. Caixa 127, processo 1230, p. 67.

[1035] Universidade Católica do Salvador. Laboratório Reitor Eugênio Veiga (LEV). Livro de óbitos da Freguesia de Nossa Senhora do Rosário da Cidade da Cachoeira, 1877-1878, p. 173v.

[1036] Universidade Católica do Salvador. Laboratório Reitor Eugênio Veiga (LEV). Livro de Registro de Óbitos da Paróquia de Cachoeira, 1870-1876, p. 51.

JOSÉ LOPES DE CARVALHO RAMOS ("CAZUZA")

José Lopes de Carvalho Ramos.

José Lopes de Carvalho Ramos, apelidado de "Cazuza", nasceu em 2 de abril de 1861, filho de Antônio Lopes de Carvalho Sobrinho e de sua esposa, dona Rosulina Maria Ramos[1037]. Nasceu em um sobrado localizado na antiga Praça da Manga, hoje Manoel Vitorino, e foi batizado na Igreja Matriz da Cachoeira, tendo como padrinhos o casal Lino Martins Bastos e sua esposa, Teófila Martins Bastos[1038], parentes do seu tio Rodrigo José Ramos[1039].

Figura 188 – Universidade Católica do Salvador. Laboratório Reitor Eugênio Veiga (LEV). Livro de Registro de batismos da Paróquia de Cachoeira, 1861-1872, p. 29

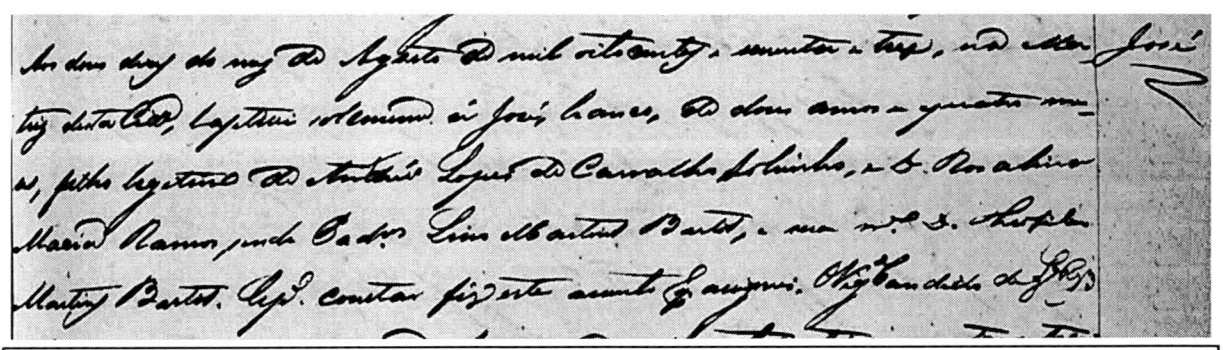

> *Aos dois dias do mês de agosto de mil oitocentos e sessenta e três, na Matriz desta Cidade, batizei solenemente á José, branco, de dois anos e quatro meses, filho legitimo de Antônio Lopes de Carvalho Sobrinho, e D. Rosulina Maria Ramos, sendo padrinhos Lino Martins Bastos, e sua mulher D. Teófila Martins Bastos. E para constar fiz este assento que assinei. O vigário Candido de Souza Requião.*

A escolha dos seus padrinhos informa aspectos relevantes do meio social dos seus pais. A primeira constatação que fazemos se refere à profissão: todos os padrinhos dos filhos de Antônio e Rosulina eram comerciantes. Em segundo lugar, enquanto Antônio Sobrinho ainda não havia "despido as vestes" de forasteiro e "fincado e espalhado" as suas raízes no escol cachoeirano, os padrinhos foram escolhidos dentro do ambiente familiar da sua esposa, e alguns nomes se repetem, por exemplo, Rodrigo José Ramos aparece no batismo de dois dos seus filhos[1040]. Qual a implicação dessa escolha? Talvez se deva pela projeção econômica e social que Rodrigo detinha nessa sociedade[1041].

[1037] Conferir verbetes de Antônio Lopes de Carvalho Sobrinho e de sua esposa, dona Rosulina Maria Ramos.
[1038] Universidade Católica do Salvador. Laboratório Reitor Eugênio Veiga (LEV). Livro de Registro de batismos da Paróquia de Cachoeira, 1861-1872, p. 29.
[1039] Conferir verbete de Rodrigo José Ramos.
[1040] Análise feita a partir do estudo das trajetórias dos irmãos Mariana, José, Manoel e João. Conferir verbetes de Mariana de Jesus Ramos, Manoel Lopes de Carvalho Ramos e Joao Lopes de Carvalho Ramos.
[1041] Conferir verbete de Rodrigo José Ramos.

Cazuza iniciou seus estudos primários em sua terra natal e, na década seguinte, mudou-se para a então chamada "cidade da Bahia", capital da província, para dar continuidade à sua educação. Antônio Sobrinho decidiu matriculá-lo em um tradicional colégio de ensino secundário para rapazes, o renomado Ateneu Baiano, situado na Calçada do Bonfim, n. 177, sob a direção do professor José Antônio Martins Loreto. Nesse mesmo estabelecimento, seu primo-irmão, Urbano Sampaio Neves, filho de seu tio Bernardo José das Neves, também era aluno, e ambos estudaram na mesma classe[1042].

Ao completar 17 anos em 1878, Cazuza "rebela-se" e deixa aflorar o seu lado boêmio, utilizando o dinheiro que lhe era enviado pelo seu pai para divertimentos sem moderação com mulheres e bebidas, adotando comportamento de um verdadeiro "*bon-vivant*". Fato que se refletiu instantaneamente no aproveitamento escolar do jovem cachoeirano, conforme atesta o registro a seguir:

Figura 189 – Hemeroteca Digital da Biblioteca Nacional. *Revista do Colégio Ateneu Baiano*, edição n. 06, ago. 1878, p. 17

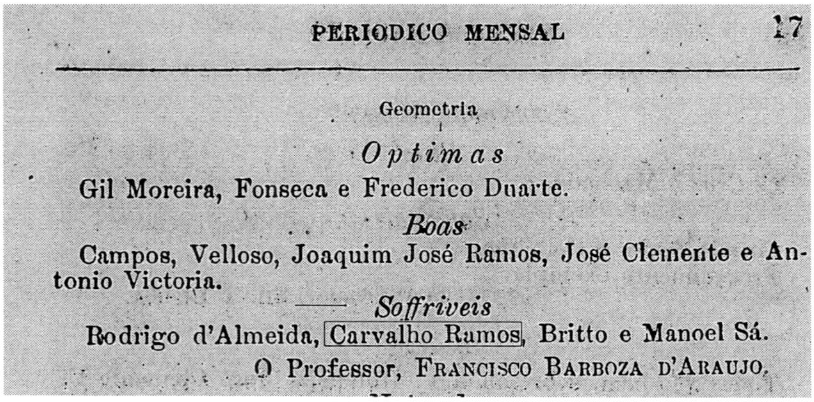

PERIODICO MENSAL 17

Geometria

Optimas

Gil Moreira, Fonseca e Frederico Duarte.

Boas

Campos, Velloso, Joaquim José Ramos, José Clemente e Antonio Victoria.

Soffriveis

Rodrigo d'Almeida, Carvalho Ramos, Britto e Manoel Sá.

O Professor, FRANCISCO BARBOZA D'ARAUJO.

Cazuza divertia-se nos becos e vielas da capital baiana, utilizando o seu dom literário para cortejar as damas, recitar nas tabernas e confraternizar-se com desconhecidos; chegando ao ponto de não mais frequentar as aulas, conforme atesta o documento a seguir:

Figura 190 – *Revista do Colégio Ateneu Baiano*, edição n. 06, p. 16

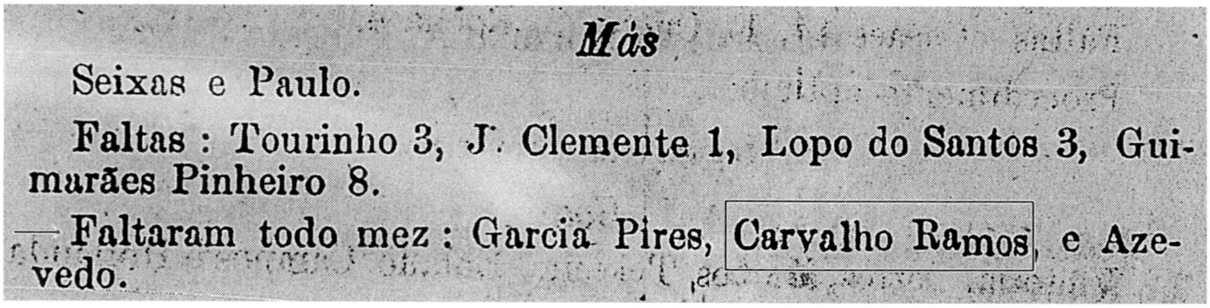

Más

Seixas e Paulo.

Faltas: Tourinho 3, J. Clemente 1, Lopo do Santos 3, Guimarães Pinheiro 8.

— Faltaram todo mez: Garcia Pires, Carvalho Ramos, e Azevedo.

[1042] Hemeroteca Digital da Biblioteca Nacional. Relatório dos Trabalhos do Conselho Interino de Governo (BA) – 1823 a 1889, ano de 1877, ed. 0001, p. 158.

De acordo com Idalina de Carvalho Moreira[1043], irmã de Cazuza, seu pai recebeu uma carta da escola informando que Cazuza estava há muito tempo ausente das aulas, o que comprometia seu ano letivo. Essa situação resultou em uma severa punição, obrigando Cazuza a retornar para Cachoeira. Apesar das dificuldades financeiras, Antônio Sobrinho dedicava seus escassos recursos à educação dos filhos, orgulhando-se em proporcionar-lhes uma formação de qualidade, equiparada à dos filhos das famílias mais abastadas. Para ele, a educação representava a herança mais valiosa que poderia deixar. O comportamento do filho causou profunda decepção e descontentamento em Antônio, especialmente em um período de luto pela morte de sua esposa, o que provocou um significativo distanciamento entre pai e filho. Idalina documentou o desfecho desse triste episódio: em uma Sexta-Feira Santa, Cazuza, comovido, recorreu ao fervor devocional de seu pai, ajoelhando-se e pedindo perdão por não ter valorizado o imenso sacrifício que Antônio fizera para mantê-lo em uma das melhores escolas da província. Emocionado, Antônio segurou a mão do filho e o acolheu, prometendo que ele voltaria à capital baiana para concluir seus estudos[1044].

A citação do escritor Hugo de Carvalho Ramos, sobrinho de Cazuza, utilizada por Victor de Carvalho Ramos em referência a João Lopes de Carvalho, irmão de Antônio Sobrinho, também se aplica de maneira adequada a José Lopes de Carvalho Ramos "Cazuza", tio de Hugo: "Falou-me nas veias o fatalismo das ancestralidades desaparecidas, feitas de artistas noctívagos e homens de pena: poetas, boêmios latinistas"[1045]. É provável que Hugo estivesse ciente das aventuras de seu tio, fosse através das histórias contadas por seu pai ou pela consulta aos documentos familiares. Importa ressaltar que Carvalho Sobrinho tinha um extenso memorial sobre sua família, e que, após seu falecimento, os documentos passaram às mãos de seu filho Manuel.

No ano seguinte, Cazuza retomou os estudos, adotando uma postura mais responsável, e concluiu o curso em 1882. Em seguida, prestou o exame para a Faculdade de Direito do Recife, onde foi aprovado, e matriculou-se em 1883, junto com seu irmão, Manuel Lopes de Carvalho Ramos[1046].

Figura 191 – Arquivo da Faculdade de Direito do Recife. Livro de abertura de matrícula - 1867-1889, 2. ano, p. 200

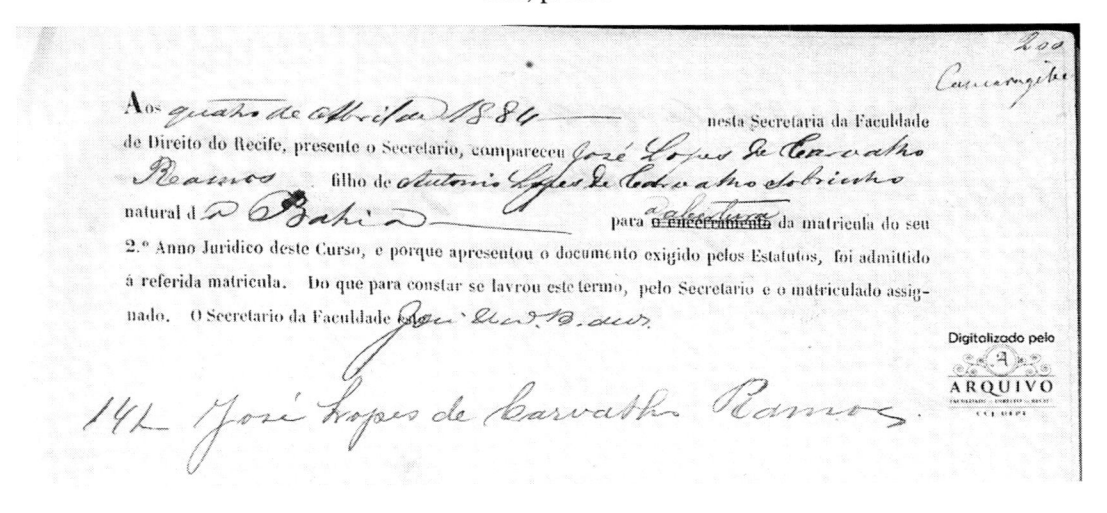

[1043] Conferir verbete de Idalina de Carvalho Moreira.
[1044] Informações deixadas por Idalina de Carvalho Moreira.
[1045] RAMOS, Hugo de Carvalho. *Tropas e boiadas*. 5. ed. Rio de Janeiro: J. Olympio, 1965. p. 12.
[1046] Conferir verbete de Manoel Lopes de Carvalho Ramos.

Na Faculdade de Direito, Cazuza desenvolveu profundas relações acadêmicas e de amizade com o dr. José Joaquim Seabra, que se formou na mesma instituição em 1877 e, naquela época, era professor catedrático e diretor-geral. Convidado por um grupo de estudantes da faculdade, Cazuza escreveu um depoimento para uma publicação em homenagem ao estimado dr. Seabra. No texto, Cazuza chamou o doutor de "meu Mestre e Amigo" e encerrou com uma epígrafe: "A gratidão é sempre o ídolo das almas nobres"[1047].

Apesar de seu estilo de vida boêmio, Cazuza tinha muitas afinidades com seu irmão, Manuel, que também era seu colega de classe na Faculdade de Direito do Recife. Há registros que comprovam sua ativa participação na militância abolicionista, tendo se juntado, em 1884, ao Club Libertador Ferreira França, como evidencia o recorte de jornal a seguir, que transcreveremos parcialmente:

Figura 192 – Jornal do Recife edição de 19/09/1884 – Hemeroteca Digital da Biblioteca Nacional

Club Libertador Ferreira França — Presentes 31 socios e sob a presidencia do Sr. Bemvenuto de Lima funccionou hontem, ás 11 horas do dia, esta sociedade.

Foram acceitas unanimemente socias benemeritas as Sras. D. Odila Pompilio, Carlota Villela, Eugenia e Maria da Gloria de Magalhães Queiroz Soares, a primeira sob proposta dos Srs. Bemvenutode Lima e Salles Barbosa, a segunda pelos Srs: Bernardino de Vasconcellos e tambem Salles Barbosa; a terceira pelos Srs Octaviano Correia de Araujo, Francisco Werneck e Salles Barbosa

Para socios effectivos foram tambem unanimemente acceitos os academicos José Maria Tourinho, Francisco Candeira, José Octacilio dos Santos, José Lopes Carvalho Ramos, Arthur de Mello Mattos e os Srs: Joaquim Guimarães e Delphim Rodrigues das Neves.

Foi deliberado que se concedesse a quantia de 100$ réis para a liberdade de uma escrava do Sr. Antonio Theorga

O Sr. Thesoureiro apresentou os balancetes dos mezes de Julho e Agosto, que foram approvados.

Para comprimentar os Srs. Drs. Presidente da provincia e chefe de policia, logo que cheguem a esta capital, o Sr. Presidente indicou os Srs João de Hollanda Cunha Junior, Elias Pompilio e Salles Barbosa relator.

Fallaram os Srs: Francisco Werneck, Antonio Joaquim Pires, Salles Barbosa e Pedro dos Santos.

A 1 hora da tarde terminaram os trabalhos.

CLUB Libertador Ferreira França – Presentes 31 socios e sob a presidência do Sr. Benvenuto de Lima, funcionou ontem, às 11 horas do dia, esta sociedade. Para sócios efetivos foram também unanimemente aceitos os acadêmicos José Maria Tourinho, Francisco Candeira, José Octacilio dos Santos, ***José Lopes de Carvalho Ramos****, Arthur de Melo Mattos e os srs: Joaquim Guimarães e Delphim Rodrigues das Neves. Foi deliberado que se concedesse a quantia de 100$(cem mil réis) para a liberdade de uma escrava do sr. Antônio Theorga [...]*

[1047] Vinte e um de agosto, 1883, Faculdade de Direito do Recife. Biblioteca Nacional do Rio de Janeiro. Coleção José Joaquim Seabra. Ministério da Cultura. Disponível em: https://atom-mhn.museus.gov.br/downloads/jose-joaquim-seabra-2.pdf. Acesso em: 10 out. 2023.

O Clube Libertador Ferreira França, fundado em 17 de julho de 1884 por acadêmicos da Faculdade de Direito do Recife, situava-se na Rua do Visconde de Albuquerque. Seu objetivo era angariar fundos para financiar a libertação dos escravizados, destinando os recursos ao Fundo de Emancipação estabelecido pelo governo[1048]. Esse modelo associativo se difundiu pelo Brasil, especialmente durante a última década do regime escravocrata, exercendo uma pressão indireta sobre os proprietários de escravos que buscavam adiar a tão desejada Abolição da escravatura. As autoridades enxergavam essas práticas com bons olhos, pois estavam alinhadas com a política emancipacionista do governo imperial, a qual defendia a abolição com compensações financeiras aos donos de escravos[1049].

Antônio Lopes de Carvalho Sobrinho, pai de Cazuza, um autodidata literato, teve um papel fundamental na educação intelectual de seus filhos, introduzindo-os ao mundo apaixonante da literatura. É provável que a família se reunisse aos domingos para ler, discutir e explorar poesias, autores e outros temas relacionados à produção literária do século XIX.

O jornal *A Semana*, publicado na cidade do Rio de Janeiro, então capital do Império, revela sobre a participação de Antônio e de seus dois filhos, Manuel e Cazuza, em uma de suas edições. Esse periódico era conhecido por sua seção literária. Em maio de 1885, lançou uma "*Questão literária*", indagando aos leitores sobre quem seria o maior poeta do Brasil. No mês seguinte, o editor anunciou ter recebido aproximadamente 300 respostas de todo o país, divulgando o resultado preliminar e enfatizando alguns nomes, entre eles: Antônio Lopes de Carvalho Sobrinho, que votou em Gonçalves Dias; José Lopes de Carvalho Ramos, nosso Cazuza, e Manuel Lopes de Carvalho Ramos[1050], que escolheram Castro Alves[1051].

Assim como seu pai e irmão, Cazuza também contribuía com escritos para a imprensa local de Cachoeira, e aparentemente tinha colunas regulares no jornal *O Guarani*, que pertencia ao jovem jornalista e tipógrafo Augusto Ferreira Mota[1052]. Em nossas pesquisas, verificamos que a *Revista do Colégio Ateneu Baiano* mencionava José Lopes de Carvalho Ramos como "Carvalho Ramos", sugerindo a possível utilização desse apelido em contextos sociais e literários. No entanto, essa designação foi alterada após seu irmão, Manuel Lopes de Carvalho Ramos, adotar o pseudônimo "Carvalho Ramos" em suas próprias publicações. A partir de uma análise minuciosa dos periódicos do século XIX, observamos que, desde 1883, quando ambos ingressaram na Faculdade de Direito do Recife e possivelmente compartilhavam os mesmos círculos sociais e literários, José optou por assinar seus textos apenas com o sobrenome paterno, como "José Lopes de Carvalho", ou, ocasionalmente, com as iniciais "J.L.C." — uma escolha que, a nosso ver, visava diferenciar-se do irmão.

O jornal *A Semana*, sediado na capital do Império, também o mencionava como José Lopes de Carvalho, destacando especialmente suas contribuições para o jornal *O Guarani*, de Cachoeira. Apesar de o período de maior atividade de José na imprensa cachoeirana coincidir com lacunas nos exemplares preservados desse periódico, conseguimos localizar ao menos um de seus artigos, o que nos permite vislumbrar parte de sua atuação no cenário intelectual e jornalístico de sua época:

[1048] Hemeroteca Digital da Biblioteca Nacional. *Jornal do Recife*, edição n. 164 de 18.07.1884.

[1049] SANTANA NETO, José Pereira de. *A alforria nos termos e limites da lei*: o fundo de emancipação na Bahia (1871-1888). Mestrado (História) – Universidade Federal da Bahia, Salvador, 2012.

[1050] Conferir verbete de Manoel Lopes de Carvalho Ramos.

[1051] Hemeroteca Digital da Biblioteca Nacional. Jornal *A Semana*, edição de 16 de maio de 1885, n. 20, e edição de 6 de junho de 1885, n. 23. Arquivo da Biblioteca Nacional do Rio de Janeiro.

[1052] O jornal cita um artigo de José Lopes que foi publicado no jornal *O Guarany*. Hemeroteca Digital da Biblioteca Nacional. Jornal *A Semana*, edição de 16 de maio de 1885, n. 20, e edição de 6 de junho de 1885, n. 23.

Artigo sobre a efeméride da cidade, o 25 de junho.

Vinte e cinco de junho! Aurora esplendida e grata que assinala uma data de heroísmo e recorda uma pirâmide de glórias formadas pelos bravos veteranos, que hora descansam no silêncio da campa: - Eu te saúdo! Alva majestosa, imponente, imorredoura e santa para a pátria! Data heroica e fastigiosa para o brioso o povo cachoeirano, então exarada nas margens da história por um marco de luz: Eu descubro-me diante de tua imensa grandeza e sinto não ter versos [...] epopeia! Cachoeiranos! quem (senão nós) deve sentir, mais que todo o resto do grande Império, essas emoções entusiásticas, esses estremecimentos de alegria e satisfação - vozes eloquentes de um coração patriota, - quando uma data, que representa um feito de heroísmo e de bravura, ou uma vitória pelo pugilato em prol da honra e brios de um povo, desce-nos espontaneamente a memória, ao despontada aurora divina que a nobilitou? -Quem? Honrar uma data histórica e sumamente valiosa, perpetuá-la com as galas do coração e as pompas cívicas; erguer lhe uma memória de bronze ou de granito, e um altar em que se venere as cinza dos antepassados e se faça arder o incenso da gratidão; descobrisse diante de uma ossada já sagrada pelo tempo, buscando encontrar nela o crânio de um outro Tiradentes; sentir na nave extensa do mundo as caçoilas de notas que se derramam de um órgão - a Vitória para os campos da vetusta batalha: é ser mais cidadão, possuir maior patriotismo, querer eternizar uma parcela luminosa da nação que sumiu-se no horizonte da tormentosa vida, e pagar com a gratidão de uma lágrima, com os alentos da saudade, tudo quanto de grande nobre se imaginar possa - legado pelas gerações passadas, mas sempre preenchido o restante vazio com os rebentos da alma e os risos do coração. Pois bem, cachoeiranos! O dia de amanhã é todo o vosso, já tendo sido dos nossos avós! Tratar e de engrandecê-lo, pois, sem jamais desmerecer-lhe pelo lado do esquecimento e pelo abuso dos vossos prazeres. Levantai cedo, antes mesmo que a aurora; embocai a tuba harmoniosa cujos sons nos faz lembrar o retintim das armas e o choques ruidosos dos batalhões, que se estortegam nas convulsões da luta; tocai a alvorada com hinos de verdadeiro entusiasmo; acender assim a cratera do amor e do patriotismo, e vereis conhecidos os vossos sentimentos, os vossos brios e os créditos de nossa pátria! Quando um povo se levanta e pega dos copos da espada, para defender o território de sua nação, a sociedade em que vive a família que ama e sustenta, porque tem talvez nela uma mãe decrépita, uma irmã, uma amante, ou um filho; quando ainda esse povo despertado dos sonhos da embriaguez, na paz do ócio, derroca as colunas e sacode o jogo da tirania, expulsando belicosamente do seu país os inimigos que (invejosos) traziam aquela bandeira, trapo asqueroso e negro, por vezes brunido no fumo das conquistas ambiciosas, e que representa bem as garras do abutre da escravidão - esse povo já não é só um herói, um utopista, ou o quadro fiel de uma geração perfeita, amante do trabalho e do progresso: é mais que tudo isso é um povo semideus! Efetivamente as gerações do século XIX, época em que se tem realçado por coisas de maior grandeza e invenções estupendas, não desmentem do que são: elas hastearam o estandarte desta crença, outrora estranha que se traduziu pelos verbos: Liberdade, Igualdade e Fraternidade! nascidos embora de uma onda de sangue, que assinalou uma revolução, e abraçaram cegamente essa outra, que se define pela ordem, pelo amor ao trabalho e pelo progresso, ou bem-estar da humanidade. Um povo escravo é como o condenado, que não vê. Por isso os povos estão sempre na razão direta das liberdades, e na inversa das tiranias. O contrário, será a liberdade humana atada ao poste do servilismo. Sempre que no teatro político de uma nação assoma a fronte carregada de um tirano, sai-lhe ao encontro um braço que o esmaga; e este braço é o povo alerta, que, quanto mais tarde se levanta, mais feroz e terrível se apresenta! A história inunda-se de tais exemplos... Depois, a luta que se trava com o ardor, e excede às vezes em proporção do jaguar. Pitomba o canhão - eloquência dos tiranos; cruzam-se as balas - condutores das dores da Morte; ouvem-se o gemidos dos triturados e os arrancos agonizantes dos que partem confusamente com os arruídos da fuzilaria e das caixas

> marciais; tudo aqui inspira horror, é tudo confusão! Mas é talvez um quadro poético, magnífico de horror, divino e proceloso na frase do chorado poeta dos escravos! Assim foram os nossos avoengos, quando vitoriosamente expeliram para bem longe dos ares brasileiros os inimigos da pátria. O soberbo Paraguaçu fora então testemunha muda das agonias do povo e de toda aquela carnificina, durante a qual o anjo da Vitória e da Liberdade se puseram no lado dos oprimidos. O soberbo rio foi assim berço e túmulo de uma batalha, que se assinalou com a vitória de um punhado de bravos cachoeiranos! E, como esta, igualmente foram Cabrito, Funil e Pirajá. Portanto, cachoeiranos, alegrai-vos hoje mais do que nunca, mas sempre na altura dos vossos méritos; isto é, de um povo ordeiro, generoso e progressista, e, unidos todos, descubramo-nos respeitosamente diante desta data augusta - 25 de junho! E bradermos a -*unavoce*[1053]-: *brasileiros, somos independentes! Brasil, sois uma nação! Cachoeira, eis tua heroicidade! J.L.C.*[1054]

No texto de José Lopes de Carvalho, vários elementos característicos do romantismo se entrelaçam, conferindo-lhe uma tonalidade épica e nacionalista. O nacionalismo aparece com forte ufanismo e um bairrismo apaixonado, que exaltam a cidade de Cachoeira e seu povo como símbolos de bravura e identidade brasileiras. A idealização do passado e dos heróis é evidenciada na valorização dos "bravos veteranos" que lutaram pela liberdade, sendo retratados com uma grandeza quase mítica. Há também uma forte valorização das tradições, manifestada na reverência ao Vinte e Cinco de Junho, celebrado como um marco fundamental para preservar e reafirmar a memória e a história locais. O sentimentalismo permeia o texto, evocando sentimentos de orgulho, reverência e saudade, considerados essenciais para fortalecer a identidade coletiva dos cachoeiranos. A descrição do povo é carregada de idealizações, com qualidades quase sobre-humanas, sendo chamado de "*povo semideus*" e visto como um modelo de virtudes patrióticas. A linguagem poética e grandiosa, pontuada por hipérboles e metáforas, sustenta o tom épico da narrativa, enfatizando o heroísmo dos acontecimentos descritos. A natureza é personificada, como no caso do Rio Paraguaçu, que atua como uma testemunha silenciosa das batalhas pela liberdade, atribuindo à paisagem um papel histórico e simbólico. Além disso, os valores nacionais são tratados como sagrados: há referências a um "*altar*" e ao "*incenso da gratidão*", sugerindo que os heróis do passado merecem uma veneração quase religiosa. Por fim, o autor organiza o texto em moldes de uma epopeia nacional, posicionando a história de Cachoeira como um reflexo grandioso da luta pela independência e do processo de construção da identidade nacional brasileira.

Para José Lopes de Carvalho, abolicionista convicto, a escravidão era uma chaga indelével, uma sombra que maculava qualquer triunfo de independência que não levasse em conta a libertação de todos. Em sua análise, a liberdade é evocada como uma "crença outrora estranha" que, agora, renasce nas máximas iluministas de "Liberdade, Igualdade e Fraternidade". Ao evocar esses ideais, ele os transforma em um clamor vital contra a opressão, lançando-os como uma resposta inevitável ao horror da servidão. Sua crítica, profundamente incisiva, sugere que a independência política é um vazio sem a verdadeira emancipação. Somente quando esses valores iluministas forem realizados em toda a sua extensão, concedidos a cada cidadão sem distinção, é que a nação poderá finalmente se erguer em sua plena dignidade. Para Carvalho, a abolição da escravidão é o selo indispensável de uma liberdade autêntica, e sem ela o grito de independência permanece incompleto, ecoando em vão na alma do país.

[1053] *Unavoce* é uma locução em latim que significa "por unanimidade" ou "com uma única voz".
[1054] Hemeroteca Digital da Biblioteca Nacional. Jornal *O Guarany*, ed. de 24.06.1885, p. 2.

Com o término do ano acadêmico de 1884, Cazuza voltou à sua cidade natal, sendo calorosamente recebido por seus colegas jornalistas, que celebravam o fim do seu terceiro ano na faculdade de direito[1055], sem imaginar que, infelizmente, ele não retornaria à Faculdade de Direito do Recife. José Lopes de Carvalho Ramos sofreu sérios problemas de saúde devido ao seu estilo de vida boêmio, que afetou gravemente seus pulmões.

José Lopes de Carvalho Ramos teria um destino semelhante ao de seu ídolo, o renomado poeta Castro Alves, sucumbindo à "doença dos poetas", termo usado para a tuberculose pulmonar no século XIX, uma referência ao fim trágico de muitos intelectuais e poetas que faleceram com pouco mais de 20 anos. Em uma carta datada de 2 de junho de 1886, o comerciante Francisco Xavier Vieira Gomes, aliado político e compadre de Carvalho Sobrinho, questionava sobre o "estado do Cazuza".

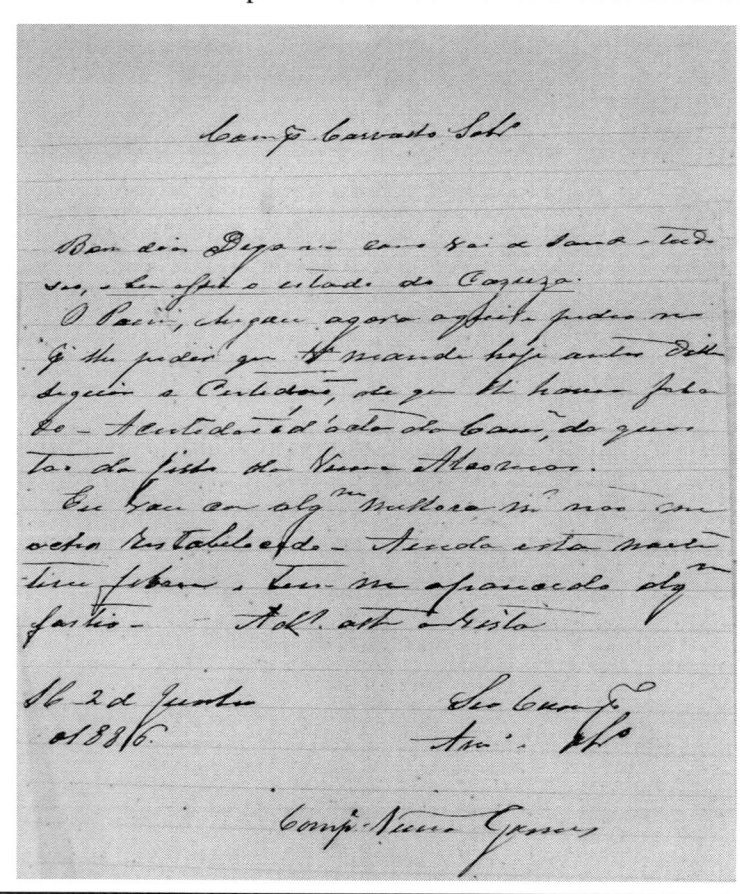

Figura 193 – APMC. Correspondências. Documentos avulsos não catalogados

Companheiro Carvalho Sobrinho
*Bom dia. **Diga-me como vai a saúde de todos seus, e bem assim o estado do Cazuza**. O Paim, chegou agora, aquele pediu-me para lhe pedir que vosmecê mande hoje antes dele seguir a certidão, de que lhe houve falado – a certidão da acta da câmara, da questão do filho da viúva Alcovia. Eu vou com alguma melhora mesmo não me achando restabelecido – ainda esta manhã tive febre e tem me aparecido algum fastio. C. 2 de junho de 1886. Seu companheiro, amigo, obrigado. Compadre Vieira Gomes.*

[1055] Hemeroteca Digital da Biblioteca Nacional. Jornal *O Guarany*, ed. de 11.12.1884.

Ao amanhecer do dia 12 de junho de 1886, José Lopes de Carvalho Ramos dava seu último suspiro, despedindo-se de sua curta e intensa jornada neste mundo, vítima de tuberculose pulmonar, aos 25 anos de idade. Foi enterrado no mesmo dia na Igreja de Nossa Senhora do Amparo, localizada ao lado de sua residência[1056]. Seus restos mortais descansam ao lado dos de sua mãe na sacristia da Igreja da Santa Casa de Misericórdia de Cachoeira.

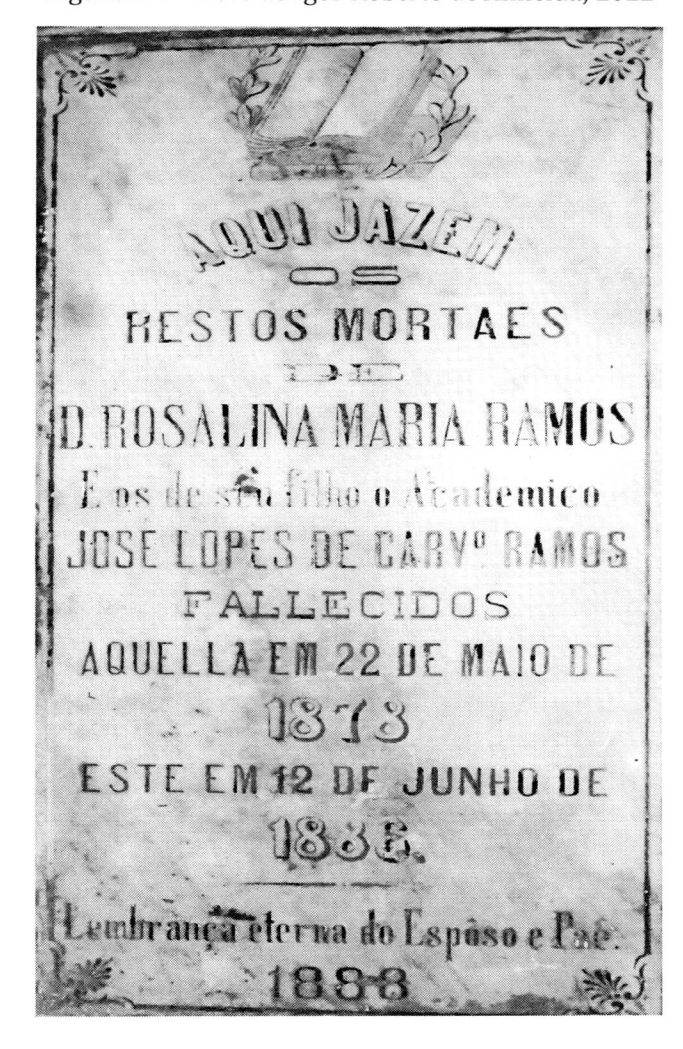

Figura 194 – Foto de Igor Roberto de Almeida, 2022

[1056] Universidade Católica do Salvador. Laboratório Reitor Eugênio Veiga (LEV). Livro de óbitos da Paróquia de Nossa Senhora do Rosário da Cachoeira, 1885-1914, p. 14.

JOSÉ LUIZ TEIXEIRA DA COSTA

Rua Atrás do Açougue[1057]

José Luiz Teixeira da Costa, africano nascido na Costa da Mina e ex-escravizado, obteve sua liberdade após a morte de seu senhor, João Luiz Teixeira, que lhe concedeu alforria gratuita em reconhecimento pelos serviços prestados. Após sua alforria, José Luiz estabeleceu-se na Vila de Nossa Senhora do Rosário da Cachoeira, onde contraiu matrimônio com Maria Joaquina Martins, também africana. Esse casamento, contudo, não gerou descendência[1058]. Sua atuação na vida religiosa local foi expressiva, com filiação a duas importantes irmandades da vila: a de Nossa Senhora do Rosário do Santíssimo Coração de Maria, sediada na Matriz, e a de São Benedito, localizada na Capela de Nossa Senhora D'Ajuda[1059]. Na Irmandade de São Benedito, José Luiz ocupou o cargo de consultor em 1818[1060], evidenciando que a mesa administrativa já se encontrava constituída antes da data oficial de fundação indicada pelo pároco dr. Cândido Requião[1061], em 1870, que atribuía a criação da irmandade ao ano de 1819. Essa discrepância cronológica sugere que a confraria tenha sido estabelecida anteriormente, levantando a hipótese de que José Luiz tenha desempenhado um papel fundamental na sua fundação. A promessa de doação de uma cruz de prata para o acervo litúrgico da irmandade reforça essa conjectura. Conforme relato do padre dr. Requião, a Irmandade de São Benedito inicialmente congregava negros, tanto escravizados quanto libertos, perfil que se alinha à trajetória de José Luiz. Após um período de relativa harmonia entre os membros da irmandade e os músicos da Corporação D'Ajuda, ambos vinculados à mesma capela, surgiram disputas internas. Em 1822, segundo o padre Requião, a irmandade se dividiu em grupos com diferentes propostas: um desejava transferir a imagem de São Benedito para a Capela do Monte; outro para a Matriz; e um terceiro defendia sua permanência na Capela D'Ajuda[1062]. O conflito chegou ao ponto de a imagem ser furtada e escondida na Matriz, sendo posteriormente devolvida pelo vigário da época, padre Manoel Jacinto, em um episódio que possivelmente contou com a intervenção de José Luiz. Ele faleceu em 2 de novembro de 1825 e foi sepultado no Convento de Nossa Senhora do Carmo, na Vila da Cachoeira[1063].

[1057] Atual João Vieira Lopes.
[1058] APMC. Testamento de José Luiz Teixeira da Costa, anexo ao seu inventário *post mortem*, caixa 120, doc. 1161.
[1059] APMC. Inventário *post mortem* de José Luiz Teixeira da Costa, caixa 120, doc. 1161, p. 21, 22.
[1060] *Ibidem*, p. 25.
[1061] Conferir verbete de Cândido de Souza Requião.
[1062] Universidade Católica do Salvador. Laboratório Reitor Eugênio Veiga. Fundo Governo Arquidiocesano. Grupo Chancelaria. Subgrupo Irmandades Obras Pias. Série Irmandade de São Benedito da Cachoeira, fl. 1.
[1063] APMC. Inventário *post mortem* de José Luiz Teixeira da Costa, caixa 120, doc. 1161, p. 23.

JOSÉ MENDES BARATA

Praça da Manga[1064]

José Mendes Barata, proprietário de uma das primeiras fábricas de charutos de Cachoeira, foi um dos inúmeros portugueses que chegaram à cidade no final da primeira metade do século XIX. Mendes Barata pode ser considerado um visionário devido ao seu pioneirismo nos investimentos na produção de charutos, tendo estabelecido uma das primeiras fábricas do ramo na Praça da Manga, em Cachoeira. O jornal *A Ordem* ressaltou que mais de 60 pessoas trabalhavam nesse estabelecimento[1065]. José faleceu em 4 de dezembro de 1876, vitimado por "tiririca", foi sepultado na Igreja de Nossa Senhora da Conceição do Monte[1066].

[1064] Atual Manoel Victorino.

[1065] Jornal *Correio da Bahia*, ed. 212 de 13.12.1876. Hemeroteca Digital da Biblioteca Nacional.

[1066] Universidade Católica do Salvador. Laboratório Reitor Eugênio Veiga (LEV). Livro de óbitos da Paróquia de Nossa Senhora do Rosário da Cachoeira, 1876-1885, p. 33, 33v.

JOSÉ PEDRO DA SILVEIRA

Rua da Feira

Homem negro, letrado, exercia a função de alfaiate[1067]. Estima-se ter nascido em torno de 1815. Era filho de Joaquina Ana da Silveira, presumivelmente africana, já que o registro de casamento de José Pedro da Silveira o classifica como "crioulo"[1068]. Ele liderou confrarias religiosas fundadas por negros em Cachoeira, como a de Bom Jesus da Paciência e a de Nossa Senhora do Rosário do Santíssimo Coração de Maria[1069]. Acredita-se que ele tenha sido um dos membros mais ativos durante o processo de construção da Capela no Monte Formoso e pela subsequente mudança da sede da irmandade do Santíssimo Coração de Maria — anteriormente Rosário dos Pretos — da igreja matriz para o novo templo erguido durante a década de 1840 e entregue ao público em 1852[1070]. Essa hipótese é reforçada pela proeminência que ele alcançou na irmandade, já que, desde seu ingresso em 20 de fevereiro de 1832, ocupou vários cargos diretivos. Foi eleito procurador em 1833 e atuou como tesoureiro durante quase toda a década de 1840, período marcado pela construção da nova sede da agremiação. Seu registro de admissão destaca os serviços relevantes já prestados à irmandade, evidenciando sua importância na estrutura organizacional da instituição[1071].

Figura 195 – APMC. Inventário *post mortem* de Manoel Rodrigues da Silva, caixa 197, processo 2186, p. 46

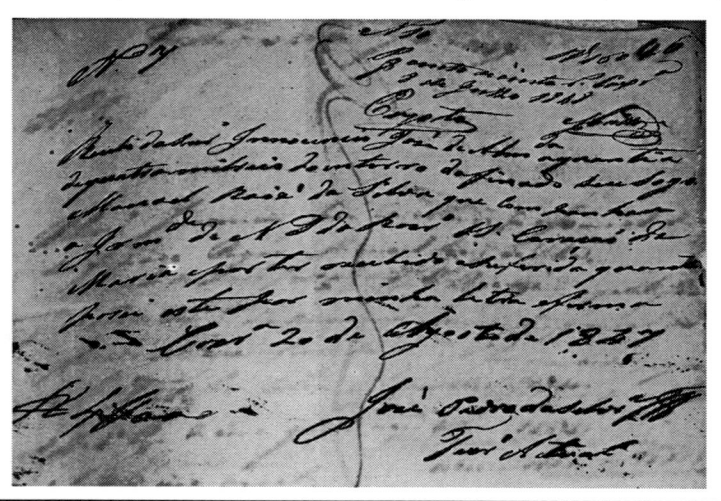

Recebi do sr. Inocêncio José de Almeida a quantia de quatro mil réis do finado seu sogro Manoel Rodrigues da Silva, que acompanhou a Irmandade de Nossa Senhora do Rosário do Santíssimo Coração de Maria, e por ter recebido referido a quantia, passei este por minha letra e firma. Cachoeira 20 de agosto de 1847. José Pedro da Silveira - tesoureiro atual

---

[1067] Hemeroteca Digital da Biblioteca Nacional. *Almanaque Administrativo, Mercantil e Industrial da Bahia*, ed. 02, 1860, p. 460.

[1068] Universidade Católica do Salvador. Laboratório Reitor Eugênio Veiga (LEV). Livro de casamentos da Paróquia de Nossa Senhora do Rosário da Cachoeira, 1828-1860, p. 194v. Estimativa realizada a partir da data da realização do seu casamento.

[1069] APMC. Inventário *post mortem* de Gervásio José de Almeida. Caixa 107, processo 1041, p. 17.

[1070] SANTIAGO, Camila Fernanda Guimarães; MOREIRA, Igor Roberto de Almeida; SANT'ANNA, Sabrina Mara. *As igrejas de Cachoeira*: história, arquitetura e ornamentação. Belo Horizonte: Clio Gestão Cultural e Editora, 2020. p. 162.

[1071] Livro de Entrada dos Irmãos da Irmandade de Nossa Senhora do Rosário do Santíssimo Coração de Maria da Cidade da Cachoeira/BA, séc. XIX, p. 26.

Essa função era crucial na estrutura administrativa da associação, especialmente no período de construção do empreendimento mais significativo planejado por esse grupo, momento em que os fundos arrecadados eram essenciais para a progressão das obras. José Pedro se casou em 23 de novembro de 1848[1072], na Igreja Matriz de Cachoeira, com Josefa Correia, também descrita como "crioula". Sua participação nas mesas diretivas dessas entidades católicas lhe conferiu certa reputação social, como demonstrado pelo seu casamento, que teve a presença de membros da elite branca local, incluindo o tenente-coronel Inocêncio Vieira Tosta, o major Fortunato José Ferreira Gomes e Caetano José Marques Leão[1073].

[1072] Universidade Católica do Salvador. Laboratório Reitor Eugênio Veiga (LEV). Livro de casamentos da Paróquia de Nossa Senhora do Rosário da Cachoeira, 1828-1860, p. 194v.

[1073] *Ibidem.*

JOSÉ PEREIRA DE CASTRO

José Pereira de Castro, natural da Vila de Cachoeira e filho do comerciante homônimo. É registrado casando-se em 7 de fevereiro de 1815, na Capela da Conceição do Monte, com Maria Thereza de Jesus[1074]. José Pereira emerge no início do século XIX como um entusiasta das práticas de lazer e dos jogos de azar que começavam a se consolidar nos círculos de convivência da sociedade urbana local. O testamento de seu pai, o negociante José Pereira de Castro, faz menção à existência de um jogo de bilhar e cadeiras que, embora se encontrassem em sua residência, pertenciam, na verdade, ao jovem José Pereira de Castro (Filho), que os adquiriu com recursos próprios em Salvador[1075]. Esses itens, mais do que meros objetos de entretenimento, simbolizavam a adesão da vila a novas formas de lazer urbano, destacando sua significativa conectividade com diversos centros comerciais do início do século XIX, interações que se entrelaçavam às dinâmicas culturais e sociais locais, influenciadas pelas grandes cidades.

Conforme observado por Leila Mezan Algranti em seu estudo sobre tabernas e botequins no Rio de Janeiro, os jogos de azar constituíam parte essencial do cotidiano das camadas populares, estabelecendo redes de sociabilidade que frequentemente transcendiam as divisões hierárquicas e culturais da sociedade[1076]. Esses espaços de lazer, embora alvo de críticas e repressão por parte das autoridades, funcionavam como pontos de encontro e interação entre distintos grupos sociais, refletindo a diversidade cultural e as complexas dinâmicas sociais locais. O envolvimento de José Pereira de Castro com o bilhar, portanto, não apenas refletia sua inserção nas novas práticas de lazer urbano, mas também o conectava a redes sociais e culturais em sintonia com as grandes cidades, onde jogos de azar e outras modalidades de interação poderiam favorecer uma convivência entre diversos estratos sociais[1077].

[1074] Universidade Católica do Salvador. Laboratório Reitor Eugênio Veiga (LEV). Livro de casamentos da Paróquia de Nossa Senhora do Rosário da Cachoeira, 1802-1820, p. 129v.

[1075] APMC. Verba n. 5 do testamento de José Pereira de Castro (pai), anexo ao seu inventário *post mortem*. Caixa 10, processo 72.

[1076] ALGRANTI, Leila Mezan. Tabernas e botequins: cotidiano e sociabilidades no Rio de Janeiro (1808-1821). *Acervo*, Rio de Janeiro, v. 24, n. 2, p. 25-42, 2011.

[1077] *Ibidem*, p. 38.

JOSÉ PINTO DA SILVA (CORONEL)

Praça da Manga[1078]

José Pinto da Silva

José Pinto da Silva, comerciante, militar e veterano da Independência, nasceu por volta de 1805 no então Arraial do Porto de São Félix[1079]. Aos 16 anos, em 1822, foi atraído pelos ideais de liberdade e pelo fervor emancipacionista, atendendo ao chamado patriótico que ecoava na região. Antes de se alistar, José já trabalhava em sociedade com seu pai, Bernardo Pinto da Silva, como evidenciado no livro de pagamento de impostos da Vila da Cachoeira em 1821: Bernardo pagou 80 mil réis relativos ao imposto sobre 10 pipas de aguardente vendidas na loja do Porto de São Félix, que era gerida por seu filho, José Pinto da Silva[1080]. O jovem, além de envolvido nos negócios da família, se destacou ao alistar-se voluntariamente no contingente de patriotas da região, ocupando o posto de cadete em um dos batalhões formados localmente. Com o triunfo da Independência, consagrado na manhã de 2 de julho de 1823, José Pinto retornou a São Félix para junto de sua família, já com o prestígio de um veterano da causa libertadora. Este evento marcou o início de uma longa e bem-sucedida carreira militar e comercial, consolidando sua reputação não apenas como um defensor da liberdade, mas também como membro ativo do Partido Liberal e figura respeitada na região[1081].

Pela bravura e dedicação demonstradas durante a guerra de 1822-1823, José Pinto da Silva foi condecorado pelo imperador Dom Pedro I com a Medalha do Mérito pela Restauração da Bahia, também conhecida como Medalha da Guerra da Independência[1082]. Afastado das atividades militares, José Pinto da Silva manteve sua inclinação para questões bélicas e permaneceu fiel ao regime monárquico, o que o levou a apoiar o governo durante a revolta de 7 de novembro de 1837, conhecida como Sabinada, em Salvador. Com extraordinária determinação, ele mobilizou, às suas próprias expensas, um contingente de 600 homens, que liderou com coragem, garantindo uma vitória crucial nos campos de Pirajá. Enquanto isso, as forças legalistas enfrentavam sérias dificuldades, especialmente o batalhão de Pernambuco, que se encontrava em uma posição estratégica frágil e com pouca capacidade de reação. Ciente da urgência, José Pinto foi convocado pelo general Luiz da França Pinto Garcez para intervir. Imediatamente após receber o aparato bélico, José Pinto da Silva juntou-se ao seu batalhão e participou corajosamente do conflito mencionado, expulsando os revoltosos, recuperando as posições perdidas e reavivando o espírito de seus

---

[1078] Atual Manoel Vitorino.

[1079] Estimativa realizada a partir do seu registro de óbito. Livro de Registro de Óbitos da Paróquia de São Pedro da Cidade do Salvador, 1872-1880, p. 20.

[1080] APMC. Livro de Impostos de Aguardente, 1821, p. 74v, 75.

[1081] Hemeroteca Digital da Biblioteca Nacional. Periódico *A Reforma*: Órgão Democrático (RJ), ed. de 02.02.1873, p. 2. Essas informações, juntamente com outros detalhes sobre sua vida mencionados neste verbete, foram extraídas da edição número 26 do jornal *A Reforma*, publicada em 2 de fevereiro de 1873.

[1082] APMC. Inventário *post mortem* de Maria Constança Borges da Silva, caixa 147, doc. 1466, p. 3.

companheiros. Apesar da exaustiva marcha e das adversidades, sua tropa avançou com firmeza, oferecendo suporte vital aos companheiros de batalha, virando o jogo em favor das forças do governo e reforçando sua posição nas linhas de frente. Em poucas horas a força revolucionária foi controlada e completamente dispersa. Os serviços realizados por José Pinto da Silva foram de tal importância que a Câmara dos Deputados autorizou o governo a outorgar-lhe o título e as honras de tenente-coronel honorário do Exército, acompanhados do respectivo soldo[1083].

Ao retornar para casa, ele se estabeleceu em Cachoeira, residindo em um imponente sobrado na Praça da Manga[1084], onde também fundou sua padaria[1085]. Anteriormente, seu prestígio estava restrito às camadas mais abastadas, oriundo de suas conquistas militares, condecorações e exercício de cargos relevantes, como vereador durante algumas legislaturas[1086], e envolvimento com instituições locais renomadas, como a Santa Casa de Misericórdia[1087] e a Venerável Ordem Terceira do Carmo[1088]. Em 1855, o apreço pelo coronel Pinto se expandiu entre todos os estratos sociais de Cachoeira, devido à sua dedicação altruísta durante a epidemia de *cólera morbus* que devastou a região. O coronel Pinto destacou-se como um porto seguro para os cidadãos desamparados, em nítido contraste com as autoridades locais que abandonaram seus cargos, deixando a população à própria sorte. Ele abdicou do conforto e da segurança de sua propriedade rural para socorrer os que pereciam sem auxílio em Cachoeira e São Félix.

Em 1865, o coronel José Pinto da Silva reiterou sua dedicação à pátria, respondendo ao chamado do presidente da província da Bahia, desembargador Luiz Antônio Barbosa de Almeida, para se juntar à campanha do Paraguai. Demonstrando seu compromisso patriótico, ele organizou e liderou um batalhão de 600 voluntários, sendo um dos primeiros a partir rumo a Salvador, de onde seguiu para o front. No cenário da guerra paraguaia, José Pinto não apenas serviu com bravura no exército, mas também foi designado para reforçar a esquadra naval, que enfrentava perigos iminentes. Durante os bombardeios intensos que marcaram a campanha, ele teve a honra de lutar ao lado de seu filho, Trajano Pinto da Silva, que ocupava a posição de oficial no batalhão sob seu comando, simbolizando a união familiar e o espírito de luta em prol da nação. Nos anos finais de sua vida, após enfrentar o declínio de seus negócios comerciais, o coronel Pinto voltou-se completamente para a agricultura, buscando uma nova fonte de sustento e dedicação. Casou-se com Maria Constância Borges da Silva, que faleceu pouco após o nascimento de seu segundo filho em 1850[1089], um evento que o deixou profundamente abalado. O coronel José Pinto da Silva desempenhou vários cargos públicos em Cachoeira, incluindo o de Juiz de Paz da Freguesia da Cachoeira[1090] e presidente da comissão de instrução pública da cidade[1091]. Faleceu em Salvador, na casa de seu filho dr. Cincinato Pinto da Silva[1092], localizada na Ladeira de São Bento, no dia 27 de janeiro de 1873, aos 68 anos de idade[1093].

[1083] Hemeroteca Digital da Biblioteca Nacional. *Almanaque Administrativo, Mercantil e Industrial da Bahia*, ed. 01, 1854, p. 175.

[1084] APMC. Inventário *post mortem* de Maria Constança Borges da Silva, caixa 147, doc. 1466, p. 7.

[1085] Hemeroteca Digital da Biblioteca Nacional. *O Argos Cachoeirano*, ed. de 27.09.1851, p. 4.

[1086] APMC. Livro de Atas da Câmara Municipal de Cachoeira, 1828-1832, p. 175.

[1087] Memorial da Santa Casa de Misericórdia de Cachoeira, livro de registro dos irmão.

[1088] Arquivo da Venerável Ordem Terceira do Carmo da Cidade de Cachoeira. Livro de profissões número 04 (séc. XIX). Livro desorganizado, não sendo possível citar a sua paginação. Assento de admissão de José Pinto da Silva, ocorrido em 04.04.1828.

[1089] Universidade Católica do Salvador. Laboratório Reitor Eugênio Veiga (LEV). Livro de batismos da Paróquia de Nossa Senhora do Rosário da Cachoeira, 1846-1860, p. 155.

[1090] Hemeroteca Digital da Biblioteca Nacional. *Almanaque Administrativo, Mercantil e Industrial da Bahia*, ed. 02, 1860, p. 435.

[1091] Hemeroteca Digital da Biblioteca Nacional. *Almanaque Administrativo, Mercantil e Industrial da Bahia*, ed. 01, 1860, p. 445.

[1092] Conferir verbete de Cincinato Pinto da Silva.

[1093] Universidade Católica do Salvador. Laboratório Reitor Eugênio Veiga (LEV). Livro de Registro de Óbitos da Paróquia de São Pedro da Cidade do Salvador, 1872-1880, p. 20.

JOSÉ RAIMUNDO DE FIGUEIREDO BRANCO

Rua do Amparo[1094]

Documentos o classificam como um homem pardo, nascido em 1805 na Vila de Nossa Senhora do Rosário do Porto da Cachoeira, filho natural de Francisca Raimunda da Trindade[1095]. Alfabetizou-se e cursou o ensino básico em sua terra natal. Em Cachoeira, desempenhou as funções de contador e procurador da câmara municipal, além de atuar como coletor das rendas provinciais da Freguesia de São Pedro da Muritiba[1096]. Liderou a orquestra formada pelos membros da Irmandade de São Benedito. Há um relato valioso do padre Cândido Requião sobre sua liderança nesta organização musical, descrevendo um conflito em 1852 durante a festividade de São Benedito na Capela de Nossa Senhora D'Ajuda. Conforme Requião, a harmonia entre os irmãos de São Benedito e a confraria D'Ajuda se manteve até 1852, quando surgiu um desacordo. O tesoureiro da confraria desejava que outra banda, comandada por José Raimundo de Figueiredo Branco, tocasse na celebração de São Benedito na Capela D'Ajuda, mesmo com a orquestra D'Ajuda tendo sido previamente convidada. O conflito poderia ter se intensificado em um grande escândalo, não fosse a intervenção do juiz municipal dr. João Lustosa da Cunha Paranaguá, que determinou que a banda D'Ajuda, como primeiro grupo convidado, deveria tocar, decisão que foi respeitada e a outra banda se retirou[1097].

José Raimundo também atuou enquanto militar, detentor da patente de Capitão da 4ª Companhia do 1º Batalhão da 1ª Legião da Guarda Nacional do município da Cachoeira[1098]. Foi um grande propagador da arte da música, em alguns casos chegava a oferecer o seu serviço de forma gratuita, conforme anúncio do jornal *Argos Cachoeiranos* em 1850: "José Raimundo de Figueiredo Branco, professor de música nesta cidade, cientifica ao respeitável público da mesma, que continua a ensinar aquelas pessoas que se quiserem utilizar de seu préstimo gratuitamente como sempre o praticou". E oferecia serviços individuais e coletivos para apresentação em festividades ou cerimônias funerárias na cidade ou fora dela: "encarrega-se de fazer qualquer música para festividades, ou enterramentos dentro ou fora desta cidade, visto ter companheiros hábeis para o dito fim". A seguir, um recibo sobre um desses serviços praticados:

[1094] Atual João Vieira Lopes.
[1095] Universidade Católica do Salvador. Laboratório Reitor Eugênio Veiga (LEV). Livro de casamentos da Paróquia de Nossa Senhora do Rosário da Cachoeira, 1820-1828, p. 47v.
[1096] MILTON, Aristides. *Ephemerides cachoeiranas*. Salvador: Ufba, 1979. (Coleção Cachoeira; v. 1). p. 110.
[1097] Universidade Católica do Salvador. Laboratório Reitor Eugênio Veiga. Fundo Governo Arquidiocesano. Grupo Chancelaria. Subgrupo Irmandades Obras Pias. Série Irmandade de São Benedito da Cachoeira.
[1098] APMC. Requerimentos (Legislativo). Documentos avulsos não classificados.

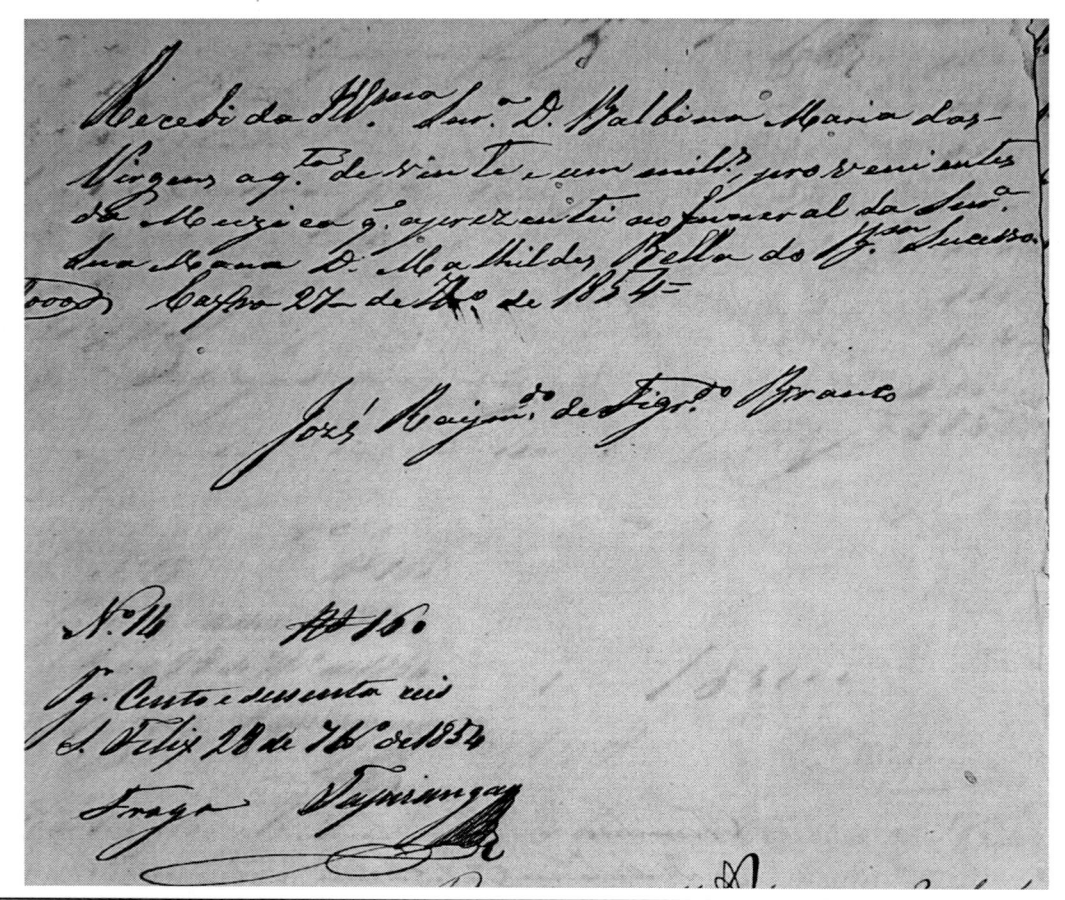

Figura 196 – APMC. Recibo. Documentos avulsos não catalogados

Recebi da Ilma. Sra. D. Balbina Maria das Virgens a quantia de vinte e um mil réis, provenientes da música que apresentei ao funeral da sra. sua mana D. Mathildes Bela do Bom Sucesso. Cachoeira 27 de setembro de 1854. José Raimundo de Figueiredo Branco.

    Ele se casou em 16 de maio de 1825, na Capela do Amparo, com Maria Francisca da Conceição, descrita como uma mulher parda[1099]. José Raimundo faleceu em 19 de março de 1856, aos 51 anos, vítima de uma doença no peito, sendo sepultado na mesma Capela do Amparo, onde se acredita que era afiliado à confraria local[1100].

[1099] Universidade Católica do Salvador. Laboratório Reitor Eugênio Veiga (LEV). Livro de casamentos da Paróquia de Nossa Senhora do Rosário da Cachoeira, 1820-1828, p. 47v.

[1100] Universidade Católica do Salvador. Laboratório Reitor Eugênio Veiga (LEV). Livro de Registro de Óbitos da Paróquia de Cachoeira, 1850-1870, p. 70v.

JOSÉ RAIMUNDO DE FIGUEIREDO BRANCO ("SEGUNDO")

José Raimundo de Figueiredo Branco, um destacado músico da segunda metade do século XIX, nasceu em 1850 na cidade de Cachoeira, filho de Helena Rosa Machado[1101]. É importante destacar que existiram dois indivíduos com esse nome, possivelmente pai e filho. O registro de José Raimundo "o segundo" não o identifica como filho de José Raimundo[1102] "o primeiro", mencionando apenas o nome de sua mãe e indicando que ele foi um filho "natural", isto é, nascido fora de um casamento reconhecido pela Igreja/Estado. Presume-se que ele tenha sido concebido durante o casamento de José Raimundo "o primeiro", o que pode ter impedido o reconhecimento legal como seu filho. No entanto, ele seguiu a carreira musical e frequentou os mesmos círculos sociais que seu suposto pai, incluindo a Irmandade e a orquestra de Nossa Senhora d'Ajuda. Segundo Aristides Milton, José Raimundo era um músico notável, cuja ausência de educação formal o privou de alcançar a glória nacional. Deixou várias composições que atestam seu grande talento e inspiração[1103]. Morreu em 2 de outubro de 1882, aos 32 anos, e foi sepultado nas carneiras da sua Irmandade d'Ajuda.

[1101] APEB. Judiciário. Livro de óbitos n. 03, Cachoeira/BA, termo n. 846.
[1102] Conferir verbete de José Raimundo de Figueiredo Branco.
[1103] MILTON, Aristides. *Ephemerides cachoeiranas*. Salvador: Ufba, 1979. (Coleção Cachoeira; v. 1). p. 323.

JOSÉ TEIXEIRA DE FREITAS

Rua de Baixo[1104]

José Teixeira de Freitas nasceu em 21 de outubro de 1749, na Freguesia de Vila Verde de São Mamede, termo de Guimarães, no arcebispado de Braga, região da província do Minho[1105]. Proveniente de famílias nobres da região, era o filho legítimo de Antônio Teixeira de Freitas e Catarina de Oliveira. Acredita-se que ele cruzou o oceano Atlântico rumo à então colônia do Brasil no final dos anos 1760, onde já tinha parentes estabelecidos e abastados, proprietários de engenhos em Santo Amaro da Purificação, indivíduos que, além de possuírem riquezas materiais, receberam honrarias do Reino de Portugal[1106]. Alguns parentes também residiram em Cachoeira, local onde se encontrava sua prima de primeiro grau, Josefa Maria Teixeira, casada com Antônio José Pereira Sampaio[1107].

No final dos anos 1770, José Teixeira de Freitas uniu-se em matrimônio com dona Thereza Maria de Jesus, residente na Vila da Cachoeira. A data estimada do casamento baseia-se no nascimento do primogênito do casal, Manoel, que nasceu em março de 1780[1108]. José Teixeira de Freitas prosperou como comerciante[1109], integrando as elites locais e ocupando cargos no Senado da Câmara da vila, como procurador, vereador e capitão de ordenança[1110]. Faleceu em 28 de novembro de 1809, com 60 anos, e seu sepultamento ocorreu na Igreja Matriz da Vila da Cachoeira[1111]. Deixou vários filhos de seu casamento com dona Thereza. Os nomes dos que alcançaram a idade adulta são: José Teixeira de Oliveira, Antônio Teixeira de Freitas Barbosa, Manuel Teixeira de Freitas, Maria do Rosário de Freitas, Maria Rosa, Ana Joaquina, Josefa Maria da Conceição, Maria da Conceição e Maria de Jesus Teixeira.

[1104] Atual Treze de Maio.

[1105] Livro de batismo da Freguesia de Vila Verde de São Mamede, 1737-1766, p. 22v.

[1106] Arquivo Histórico Ultramarino, Bahia. Avulsos, caixa 263, doc. 18485.

[1107] Universidade Católica do Salvador. Laboratório Reitor Eugênio Veiga (LEV). Livro de casamentos da Paróquia de Nossa Senhora do Rosário da Cachoeira, 1802-1820, p. 18.

[1108] Universidade Católica do Salvador. Laboratório Reitor Eugênio Veiga (LEV). Livro de óbitos da Paróquia de Nossa Senhora do Rosário da Cachoeira, 1780-1789, p. 15v.

[1109] Arquivo Histórico Ultramarino, Bahia. Avulsos, caixa 212, doc. 14980, p. 79v.

[1110] Arquivo Histórico Ultramarino, Bahia. Avulsos, caixa 263, doc. 18485.

[1111] Universidade Católica do Salvador. Laboratório Reitor Eugênio Veiga (LEV). Livro de óbitos da Paróquia de Nossa Senhora do Rosário da Cachoeira, 1793-1811, p. 271.

JOSEFA MARIA DO AMOR DIVINO

Mulher centenária, mãe de Cordulina Both[1112]. Nasceu em 1780, no distrito de Belém da Freguesia da Cachoeira, filha de Antônio Gomes da Silva. Casou-se com José Rufino de Melo. Faleceu de "velhice", em 8 de julho de 1880[1113].

[1112] Conferir verbete de Cordulina Maria Both.
[1113] APEB. Seção Judiciário. Livro de óbitos de Cachoeira n. 2, termo 602.

JOSEFA MARIA DO SACRAMENTO

Josefa Maria foi uma lavadeira natural da Heroica Cachoeira. Ela faleceu em 3 de abril de 1870, aos 60 anos, em decorrência de "moléstias crônicas"[1114].

[1114] Universidade Católica do Salvador. Laboratório Reitor Eugênio Veiga (LEV). Livro de Registro de Óbitos da Paróquia de Cachoeira, 1850-1870, p. 286v.

JOSEPHINA CÉSAR DE CARVALHO ("DEDÉ")

Rua Martins Gomes

Josephina Cesar de Carvalho

Costureira, conhecida popularmente como "Dedé", nascida na Heroica Cachoeira em abril de 1889[1115]. Filha natural de João César Pereira e de Alberta de Azevedo Brandão. Sobre a sua trajetória, narramos o seguinte episódio: no ano de 1904, Josephina conhece e enamora-se por um jovem cachoeirano que residia em Salvador e estava de passagem pela cidade, visitando sua família. O rapaz chamava-se Augusto Lopes de Carvalho, comerciário, filho do falecido secretário da intendência Antônio Lopes de Carvalho Sobrinho[1116], com quem manteve um breve relacionamento "às escondidas".

Após o término de sua curta estada, Augusto despede-se de Josephina e retorna para a capital, sem saber que aquele envolvimento havia gerado um fruto. Tempos depois, a família de Josephina começa a estranhar o seu comportamento arredio. A jovem "Dedé" passava boa parte do tempo "trancafiada" no seu quarto. Os meses foram se passando e se tornava cada vez mais difícil esconder a gravidez, até que, quando completara oito meses de gestação, a sua mãe, a senhora Alberta de Azevedo Brandão, após longa desconfiança, resolve observá-la sem que ela percebesse, e, enfim, descobriu: Josephina estava grávida! Naquele momento, instauraram-se as diligências para descobrir quem seria o pai da criança, causando grande consternação e "burburinho" no seio da família.

Após um extenso interrogatório, Josephina revelou o nome do pai de sua filha. Imediatamente, Alberta convocou Idalina de Carvalho[1117], a irmã do suposto pai, para prestar esclarecimentos. Idalina, uma jovem de apenas 17 anos à época, havia se tornado a matriarca de sua família. Sua postura autoritária e sua altivez haviam conquistado o respeito e a obediência de seus irmãos, que não apenas ouviam suas opiniões, mas também respeitavam suas decisões. Sem saber do que se tratava, Idalina compareceu ao local do interrogatório. Ela ficou surpresa com a convocação e pediu que fossem cautelosos, sugerindo que aguardassem o nascimento da criança, que estava iminente. Dias depois, Josephina deu à luz uma menina e, conforme Idalina afirmou, "não restam dúvidas, é filha do meu irmão". Confirmada a paternidade, Idalina escreveu para seu irmão Augusto relatando os acontecimentos recentes e exigindo: "Você precisará reparar o erro". Ela então determinou que ele retornasse a Cachoeira para marcar a data do casamento. Embora os outros irmãos fossem contra a decisão, acabaram aceitando a determinação de Idalina[1118].

[1115] Universidade Católica do Salvador. Laboratório Reitor Eugênio Veiga (LEV). Livro de Registro de batismos da Paróquia de Cachoeira, 1891-1897, p. 11v.

[1116] Conferir verbete de Antônio Lopes de Carvalho Sobrinho.

[1117] Conferir verbete de Idalina de Carvalho Moreira.

[1118] Memórias familiares de Idalina de Carvalho Moreira, compiladas a partir de entrevistas com sua filha Maria da Conceição e do acervo escrito da família.

Retornando à cidade, Augusto procura a família de sua futura esposa para definir a data do casamento e tratar das formalidades do matrimônio. Em 8 de abril de 1905, o casal concretiza a união civil. Para Augusto, casar-se com Josephina era apenas uma formalidade para legitimar sua filha, garantindo legalmente a paternidade e preservando a reputação de sua esposa. Cumprindo todas as exigências legais, o jovem cachoeirano retorna sozinho à capital, indicando que não pretendia viver com sua nova esposa. O sobrenome do marido foi a única "vantagem" que dona Dedé conseguiu nesse processo. Augusto partiu e nunca mais retornou a Cachoeira. Josephina continuou na cidade, residindo com sua filha, Hilda César de Carvalho, na Rua Martins Gomes, n. 32, onde veio a falecer em 21 de novembro de 1949, aos 60 anos, devido a miocardite crônica[1119].

[1119] APMC. Inventário *post mortem* de Josephina César de Carvalho, caixa 246, processo 2822, p. 3.

JOVINIANO DA SILVA BASTOS

Praça Marechal Deodoro

Negociante e liberto da escravidão, Joviniano da Silva Bastos tem suas origens profundamente entrelaçadas com a história de uma das famílias mais tradicionais de Cachoeira. Para compreender sua trajetória, é necessário imergir nas complexas dinâmicas dessa família, como se espreitássemos pelos vãos da porta do sobrado na antiga Rua das Flores, revelando as interações cotidianas de seus moradores. Tal análise nos conduz à intricada rede de poder característica do sistema escravista, uma estrutura essencial para entendermos as relações entre senhores e escravizados. O comerciante português Manoel Antônio Francisco de Souza Bastos, ao casar-se com dona Maria Constança, recebeu como parte do dote uma escravizada destinada aos serviços domésticos, Luiza da França, filha de Sara, uma africana igualmente escravizada[1120]. Foi da relação extraconjugal entre Manoel e Luiza, sob o mesmo teto que compartilhava com sua esposa, que nasceu Joviniano, no início de 1871[1121].

O assento de batismo de Joviniano atesta que ele nasceu na condição de escravizado, sendo descrito como "filho natural de Luiza, escrava de Manoel Antônio Francisco de Souza Bastos". Seu batismo ocorreu em 9 de abril de 1871, na Igreja Matriz da Cachoeira, e foi levado à pia batismal por Franklin de Oliveira e Eleodora Serafina do Amor Divino.

Figura 197 – Batismo de Joviniano. Universidade Católica do Salvador. Laboratório Reitor Eugênio Veiga (LEV). Livro de batismos da Paróquia de Nossa Senhora do Rosário da Cachoeira, 1861-1872, p. 131v

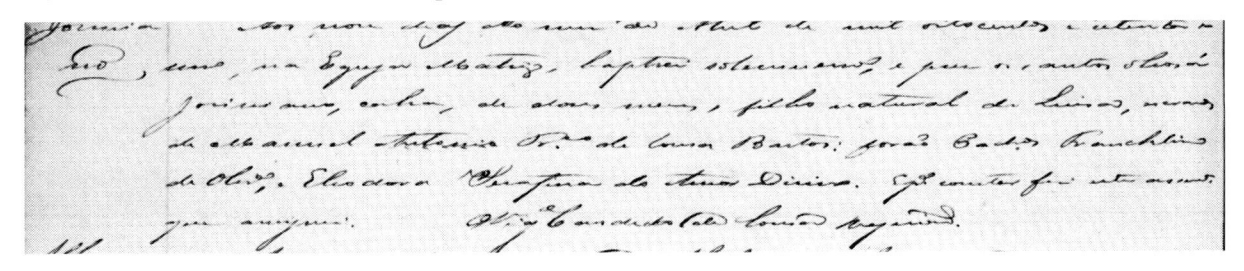

Rapidamente, Manoel Bastos tomou providências para garantir a alforria de Joviniano. Embora não o tenha reconhecido formalmente como seu filho natural, empenhou-se em proporcionar-lhe uma educação, inscrevendo-o em uma escola e, posteriormente,

---

[1120] APEB. Seção Judiciária. Livro de Registro de Nascimento de Cachoeira, n. 1, p. 20v.
[1121] As informações foram fornecidas por Hilda Mascarenhas, neta de Alzira Bastos Mascarenhas, a filha primogênita de Manoel Francisco e Maria Constança. Hilda foi criada diretamente por sua avó e teve a oportunidade de ouvir esses relatos de alguém que vivenciou os detalhes dessa história familiar.

assegurando-lhe uma profissão que lhe permitisse um sustento digno[1122]. As fontes identificadas nesta pesquisa evidenciam de forma clara a relação próxima entre Joviniano e seus familiares paternos.

Em 20 de março de 1888, com 17 anos, Joviniano inaugurou seu próprio estabelecimento comercial, um armazém de secos e molhados na Rua das Flores[1123]. Tanto o comércio quanto a residência na Praça Marechal Deodoro foram doações de seu pai. A impossibilidade de Joviniano herdar diretamente levou Manoel Bastos a tomar medidas para garantir o futuro financeiro do filho. Embora a transação direta de doação entre pai e filho não tenha sido localizada, não há dúvidas sobre a localização da residência de Joviniano, situada na área onde Manoel Bastos construía casas, provavelmente uma das recém-construídas na época. Ademais, levanta-se a questão de como uma pessoa sem recursos, filha de escravizados, conseguiu estabelecer um armazém bem estruturado aos 17 anos em uma das áreas mais valorizadas para o comércio daquela época. Essa situação convida à reflexão sobre seu acesso a recursos e redes de apoio.

Embora Joviniano não tenha sido formalmente reconhecido como filho legítimo, é provável que ele fosse bem-quisto pela família de seu pai, talvez não como um irmão, mas como um agregado que merecia consideração. Apesar das limitações impostas pela sua ilegitimidade e por ser egresso da escravidão, Joviniano soube aproveitar sua inserção parcial na família paterna. Sua condição, no entanto, refletia as barreiras sociais enfrentadas por um homem mestiço em relação a parentes brancos das elites locais. Ainda assim, ele conseguiu se beneficiar dessas conexões. O registro de seu casamento indica um certo prestígio, especialmente por ter ocorrido na residência de Alzira Bastos Mascarenhas, filha mais velha de Manoel Bastos. No dia 21 de outubro de 1893, às 5 h da tarde, Joviniano casou-se com Avelina Ribeiro, de 15 anos, filha natural de Porcina do Espírito Santo. A cerimônia ocorreu na residência do comerciante Joaquim Pedreira Mascarenhas e sua esposa, Alzira, em um sobrado situado na Rua Treze de Maio. O cunhado de Joviniano, Joaquim, e o médico dr. Francisco Romano de Souza, amigo do casal anfitrião, atuaram como padrinhos do casamento, evidenciando a rede de relações sociais que Joviniano soube cultivar em seu benefício[1124].

Infelizmente, a união de Joviniano e Avelina não durou muito, pois Avelina Ribeiro Bastos faleceu em 30 de junho de 1895, aos 17 anos, vítima de hepatite crônica[1125]. O casal teve uma filha: Maria da Silva Bastos[1126]. O nome de Joviniano aparece no caderno de anotações dos eventos vitais da família, redigido por Alzira Mascarenhas. Seu óbito foi declarado por Alberto de Souza Bastos, sobrinho por parte paterna, o que reforça nossa afirmação sobre a conexão com a família do pai. Joviniano da Silva Bastos faleceu em 18 de outubro de 1926, "vitimado da laringe", e foi sepultado no dia seguinte no Cemitério de sua Irmandade de Nossa Senhora do Sagrado Coração de Maria[1127]. Ele deixou uma filha de outro relacionamento, Durvalina Cirene Bastos, que se tornou a única herdeira de seus bens[1128].

[1122] *Ibidem*.
[1123] Biblioteca Pública dos Barris. Setor de Periódicos Raros. Jornal *A Ordem*, ed. de 25.01.1905.
[1124] Cartório do Registro Civil das Pessoas Naturais da Cidade da Cachoeira/BA, Distrito-Sede. Livro de casamentos n. 04, termo 86.
[1125] Cartório do Registro Civil das Pessoas Naturais da Cidade da Cachoeira/BA, Distrito-Sede. Livro de óbitos n. 4, p. 117.
[1126] Cartório do Registro Civil das Pessoas Naturais da Cidade da Cachoeira/BA, Distrito-Sede. Livro de nascimentos n. 2, p. 89.
[1127] Cartório do Registro Civil das Pessoas Naturais da Cidade da Cachoeira/BA, Distrito-Sede. Livro de óbitos n. 26, p. 57.
[1128] APMC. Inventário *post mortem* de Joviniano da Silva Bastos. Caixa 243, processo 2767.

Figura 198 – Biblioteca Pública dos Barris. Setor de Periódicos Raros. Jornal *A Ordem*, edições de 1905 e 1907

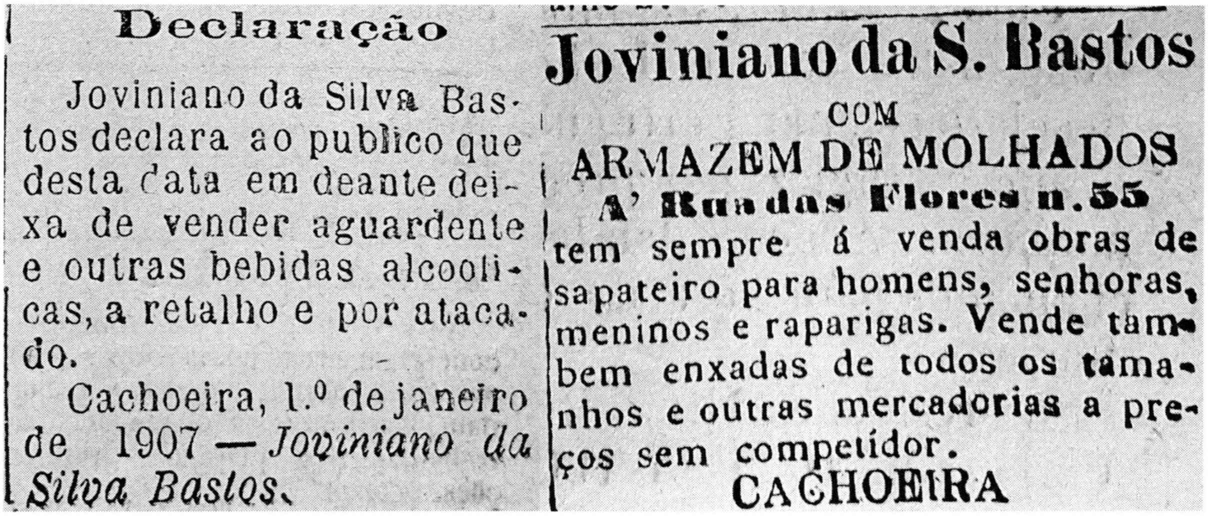

Declaração

Joviniano da Silva Bastos declara ao publico que desta data em deante deixa de vender aguardente e outras bebidas alcoolicas, a retalho e por atacado.

Cachoeira, 1.º de janeiro de 1907 — *Joviniano da Silva Bastos.*

Joviniano da S. Bastos
COM
ARMAZEM DE MOLHADOS
Á Rua das Flores n. 55
tem sempre á venda obras de sapateiro para homens, senhoras, meninos e raparigas. Vende tambem enxadas de todos os tamanhos e outras mercadorias a preços sem competidor.
CACHOEIRA

JÚLIA DE SOUZA GOMES

Rua do Amparo[1129]

Júlia de Souza Gomes, ex-escravizada e comerciante, nasceu em Cachoeira em 25 de agosto de 1859, sendo filha natural de Hilária de Souza Gomes, uma africana também submetida à escravidão. O registro de seu batismo fornece dados relevantes sobre sua condição inicial, indicando que, assim como sua mãe, Júlia fazia parte da escravaria de Constantino Gomes de Souza. Batizada no mesmo ano de seu nascimento, a cerimônia de batismo ocorreu em 25 de dezembro de 1859 na Igreja Matriz da Cachoeira, presidida pelo frei Pedro de São Baptista, contando com José Rodrigues dos Anjos e Maria da Conceição, ambos pessoas livres, como padrinhos[1130]. As circunstâncias e o momento exato em que Júlia conseguiu sua alforria permanecem incertos. No entanto, é sabido que em 11 de novembro de 1880, na data do falecimento de seu filho primogênito, Victal, Júlia já possuía status de liberta[1131].

O nome de Júlia de Souza Gomes figurou no livro de indústrias e profissões de Cachoeira, onde estava registrada como proprietária de uma quitanda localizada na antiga Rua da Ponte Velha, atualmente denominada Rua Treze de Março[1132]. Embora os registros formais de sua atividade comercial datem da década de 1890, há indícios de que Júlia já exercia o comércio desde o início da década de 1880. Em 24 de janeiro de 1882, por exemplo, compareceu ao cartório para registrar o nascimento de uma filha, possivelmente Diocleciana, ocasião na qual declarou sua ocupação como negociante[1133].

Apesar de nunca ter se casado oficialmente, Júlia viveu maritalmente com João Casemiro do Nascimento, um homem negro letrado e proprietário de uma tipografia em Cachoeira[1134]. Além de seu vigoroso papel no comércio, Júlia foi uma figura importante na Irmandade devocional de Nossa Senhora da Boa Morte, sendo reconhecida como uma das dirigentes de sua época[1135]. As filhas de Júlia, Julieta e Diocleciana — conhecidas como Santinha e Tutuzinha —, seguiram os passos da mãe, tornando-se guardiãs das alfaias e dos legados materiais e espirituais da Casa Estrela, na Rua Ana Nery. Esse local, por muitos anos, foi sede da irmandade, fortalecendo os laços de devoção e solidariedade que uniam a comunidade.

Provavelmente devido à sua destacada atuação tanto no comércio quanto na vida religiosa, Júlia tornou-se uma figura notável em sua comunidade. Ao anunciar seu falecimento, o jornal *A Ordem* referiu-se a ela como uma "estimadíssima mulher do povo". Inicialmente, Júlia viveu na Rua do Amparo (atual Rua Vieira Lopes), onde nasceram alguns de seus filhos. Posteriormente, mudou-se para a Rua Ana Nery, n. 41 (conhecida como Casa Estrela), onde faleceu em 25 de setembro de 1912, aos 50 anos, vítima de congestão, sendo sepultada no Cemitério

---

[1129] Atual João Vieira Lopes.

[1130] Universidade Católica do Salvador. Laboratório Reitor Eugênio Veiga (LEV). Livro de batismos da Paróquia de Nossa Senhora do Rosário da Cachoeira, 1846-1861, p. 270.

[1131] APEB. Seção Judiciário. Livro de óbitos n. 2, Cachoeira/BA, p. 184.

[1132] APMC. Livro de Indústrias e Profissões 1893-1894, p. 12v.

[1133] APEB. Seção Judiciário. Livro de Nascimento n. 2, Cachoeira/BA, p. 35v.

[1134] APEB. Seção Judiciário. Livro de Nascimento n. 3, Cachoeira/BA, p. 33v.

[1135] Dados obtidos a partir da entrevista com Gaiaku Luiza, concedida ao historiador Luiz Cláudio Dias do Nascimento em 2004. Entrevista disponível em: https://www.youtube.com/watch?v=Vup8a6ewF4Y. Acesso em: 10 set. 2024.

da Misericórdia[1136]. Deixou seis filhos: Saturnino Lúcio do Nascimento, Diocleciana Gomes do Nascimento, Julieta Gomes do Nascimento, Cassimira Teixeira, Laura Gomes do Nascimento e Mariano Nascimento, alguns dos quais, assim como ela, marcaram profundamente a história e o cotidiano da comunidade cachoeirana.

[1136] Biblioteca Púbica dos Barris. Setor de Periódicos Raros. Jornal *A Ordem*, ed. 16.10.1912, p. 2; Cartório do Registro Civil de Pessoas Naturais da Cidade da Cachoeira. Livro de óbitos n. 17, termo 168.

LEANDRA ("PARDA")

Praça do Caquende

Mulher comerciante. A edição n. 535, de 17.07.1879, do jornal *O Guarany*[1137], editado em Cachoeira, noticiou que a comerciante Leandra "Parda" teve a sua casa invadida por dois meliantes armados, que roubaram vários objetos de valor, guardados em um baú. O editor foi detalhista e informou aos leitores sobre a descrição e valores dos bens roubados: um rosário de ouro, duas voltas de colar, 11 anéis, uma roseta, 6$000 (seis mil réis) em prata, 6$000 (seis mil réis) em níquel e 96 mil réis em papel. A pesquisa empreendida vem revelando o êxito comercial de várias mulheres, não brancas em sua maioria, que atuavam no eixo urbano de Cachoeira. É essencial a realização de estudos que se dediquem à análise da formação desses patrimônios e suas trajetórias, pois é crucial para entendermos profundamente a realidade socioeconômica na qual emergiu esse grupo que, ao acumular dinheiro suficiente para comprar sua liberdade, conseguiu, também, através de suas atividades laborais, obter lucros que não só permitiam a aquisição de bens, mas também o investimento na diversificação de seus negócios, fator que contribuía significativamente para a dinamização do comércio de rua.

[1137] Amedoc. Centro de Artes, Letras e Humanidades – Cahl (UFRB).

LIBÂNIO SEBRÃO

Rua do Remédio

Libânio Sebrão foi um dos muitos africanos arrancados de sua pátria para serem escravizados na América. Felizmente, ele conseguiu acumular patrimônio e preocupou-se em legar seus bens a outros, redigindo um testamento que expressava suas últimas vontades e deixando fragmentos de sua trajetória para a posteridade. Nascido no início do século XIX no continente africano, Libânio parece ter chegado à Bahia já na fase adulta, embora não tenha especificado a data de sua chegada após a famigerada travessia. Seu primeiro senhor foi o coronel José Garcia Pacheco de Moura Pimentel e Aragão, um senhor de engenho na freguesia de Santiago do Iguape e veterano da Independência do Brasil. Ao chegar a sua nova morada, Libânio foi levado à pia batismal na Matriz do Iguape por exigência do coronel José Garcia, o que fez com que ele afirmasse: "por isso sou cristão"[1138].

Sebrão também revelou que, após a morte do coronel José Garcia, seus herdeiros venderam-no a João José de Almeida Sebrão. No cativeiro de Almeida Sebrão, Libânio consegue adquirir recursos e compra a sua carta de alforria pelo valor de 700$000 (setecentos mil réis)[1139]. O testamento de Sebrão é um documento bastante interessante para quem busca estudar e compreender a rede de apoio mútua entre africanos e africanas libertos e escravizados nos centros urbanos brasileiros durante o século XIX. Todas as pessoas citadas e listadas em seu testamento são naturais do continente africano, incluindo Luiza Benedita, a quem nomeou como universal herdeira e que suspeitamos que fosse sua amásia[1140]. Além de uma pequena casa localizada na Rua dos Remédios, Sebrão informou que possuía uma letra de crédito em mãos de Felicidade Ribeiro, africana, de sua mesma nação "Nagô", cuja quantia emprestou para que ela pudesse adquirir a sua liberdade.

Figura 199 – Nota promissória referente ao empréstimo conferido a Felicidade Ribeiro, nagô, por Libânio Sebrão, da quantia de 300 mil réis. Anexo ao seu inventário *post mortem*. Caixa 146, doc. 1449. Arquivo Público Municipal de Cachoeiro

[1138] APMC. Testamento de Libânio Sebrão anexo ao seu inventário *post mortem*, caixa 146, doc. 1449.
[1139] *Ibidem*.
[1140] Mulher que mantém uma relação conjugal com uma pessoa sem estar formalmente casada.

Libânio Sebrão faleceu em 2 de agosto de 1865 de "*moléstia interna*"[1141], conservou o seu estado de solteiro e não deixou descendência, pediu em testamento para ser sepultado na sua Capela de Nossa Senhora do Rosário do Sagrado Coração de Maria do Monte Formoso, da qual suspeitamos que fosse agremiado.

[1141] Universidade Católica do Salvador. Laboratório Reitor Eugênio Veiga (LEV). Livro de Registro de Óbitos da Paróquia de Cachoeira, 1850-1870, p. 221.

LUCAS FREY

Rua da Ponte Nova[1142]

Lucas Frey foi um destacado comerciante suíço, dono de uma das maiores e mais conhecidas fábricas de charutos, fundada em 1874 na Rua da Pitanga, operando sob o nome Lucas Frey & Companhia. A sociedade incluía F. A. Jezler, filho do suíço Lucas Jezler; e Hans Muller, suíço e genro de Frey. De acordo com o contrato social, a empresa dedicava-se à serraria de madeira, à produção de charutos e à fabricação de caixas de madeira[1143].

Figura 200 – Papel timbrado da fábrica de charutos Jezler & Hoening, antiga fábrica de Lucas Frey & Cia, anexa à habilitação eleitoral de Soter Bittencourt. Imagem da fábrica e suas benfeitorias, modificada por Igor Almeida. Ambas integram o acervo do Arquivo Público Municipal de Cachoeira

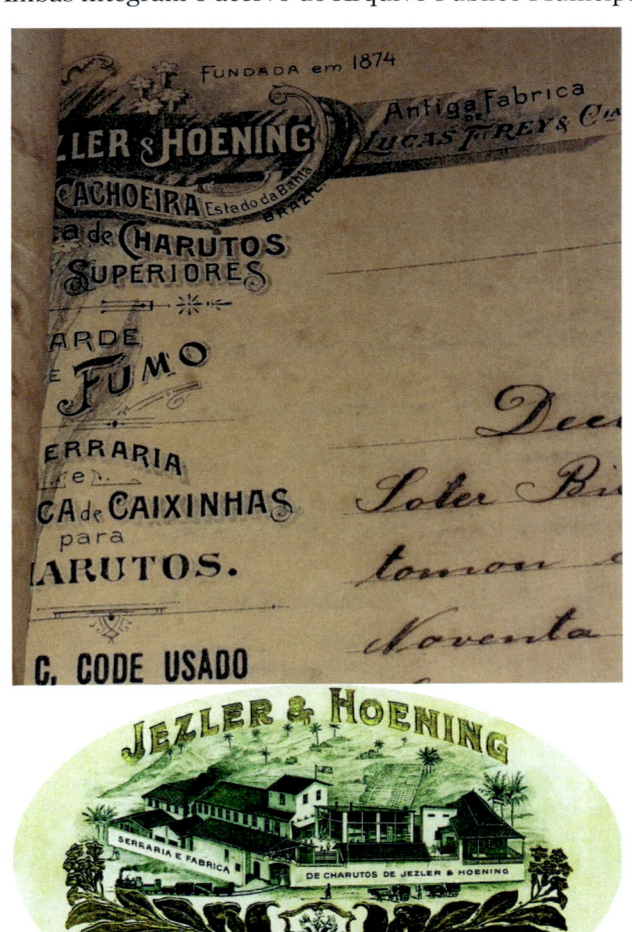

[1142] Atual Virgílio Damásio.
[1143] Hemeroteca Digital da Biblioteca Nacional. Jornal *O Monitor*, ed. n. 72 de 26.08.1874.

De acordo com o *Almanaque da Comarca da Cachoeira* de 1889, as serrarias de Lucas Frey e Jacomini Vaccarezza, localizadas no bairro da Pitanga, contavam com equipamentos modernos que possibilitavam uma produção em larga escala e se destacavam pela qualidade superior dos produtos. Segundo o almanaque,

> "Serram em grande quantidade o cedro, madeira perfeita para as caixinhas de charuto. Possuem os proprietários oficina para os fabricos das mesmas caixinhas, cujo consumo sobe a um número elevadíssimo[1144]".

Lucas Frey faleceu em Schaffhausen, Suíça, no mês janeiro de 1885[1145], vítima de um desastre; contava 73 anos. Deixou viúva, dona Emília Frey Doerflein, e diversos filhos. Os herdeiros não deram continuidade ao empreendimento comercial de Frey, desfazendo-se da sociedade em junho de 1886, conforme atesta a declaração a seguir:

Figura 201 – Hemeroteca Digital da Biblioteca Nacional. *Gazeta da Bahia*, ed. de 24.06.1886

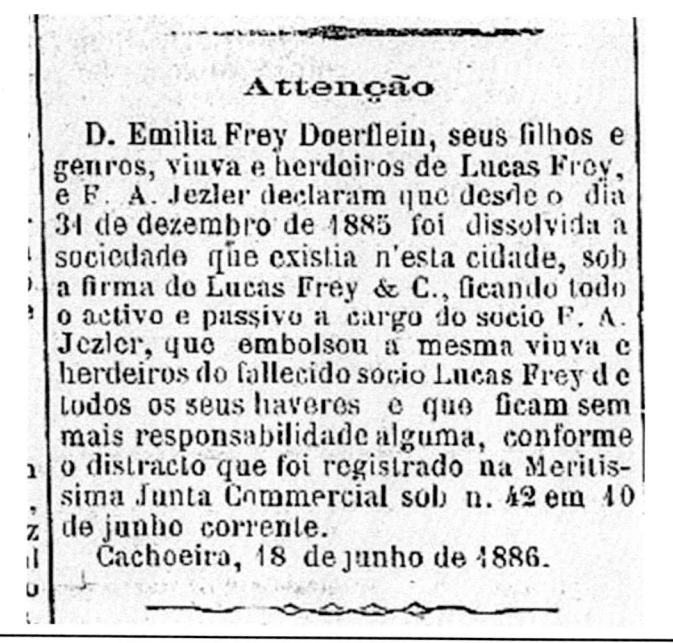

Atenção
D. Emília Frey Doerflein, seus filhos e genros, viúva e herdeiros de Lucas Frey, e F. A. Jezler, declaram que desde o dia 31 de dezembro de 1885 foi dissolvida a sociedade que existia nesta cidade, sob a firma de Lucas Frey & C., ficando todo o ativo e passivo a cargo do sócio F. A. Jezler, que embolsou a mesma viúva e herdeiros do falecido sócio Lucas Frey de todos os seus haveres e que ficam sem mais responsabilidade alguma, conforme o distrato que foi registrado na Meritíssima Junta Comercial sob. Nº42 em 10 de junho do corrente. Cachoeira, 18 de junho de 1886.

[1144] Biblioteca Púbica dos Barris. Setor de Periódicos Raros. LEAL, Xavier; VELASQUES, Diogo. *Almanaque da comarca da Cachoeira para o ano de 1889*. Bahia: Imprensa Popular, 1888.

[1145] Hemeroteca digital da Biblioteca Nacional. Jornal *O Guarany*, ed. n. 266 de 27.02.1885.

LUÍS GONZAGA DOS SANTOS ("LUIZINHO")

Rua Direita da Praça[1146]

Luís Gonzaga, homem negro, letrado, barbeiro e pai do célebre Tambor Soledade[1147], foi batizado na Igreja Matriz de Nossa Senhora do Rosário do Porto da Cachoeira, recebendo o nome em honra ao santo homônimo. Nasceu nessa mesma freguesia[1148], presumivelmente por volta de 1765. Seus contemporâneos referiam-se a Luís como um "crioulo fulo", expressão usada para descrever a tonalidade amarelada e mais clara da pele de alguns homens negros. Félix Pinto afirmou, ao falar de Luís Gonzaga: "respondeu que conhecia Luís Gonzaga, crioulo fulo, barbeiro, residente nesta cidade, conhecido como Luizinho"[1149].

A primeira referência documentada a Luís Gonzaga dos Santos está associada ao seu envolvimento com a Irmandade de Nossa Senhora do Rosário dos Pretos[1150], uma confraria católica localizada na Igreja Matriz da Vila da Cachoeira. É possível que ele tenha ingressado nessa associação na década de 1780. Ao lado de Caetano da Silva Soledade e Antônio Machado da Trindade[1151], compunham uma tríade de homens negros instruídos que tiveram papéis importantes nesta instituição no final do século XVIII e começo do XIX, formando o que se poderia chamar de uma "elite letrada" da confraria. Devido às suas habilidades de letramento, ganhou proeminência na instituição, assumindo as funções de escrivão e procurador-geral na década de 1790. Teve participação ativa no pedido da irmandade à rainha D. Maria I para a construção de uma sede própria, um processo que se estendeu do final do século XVIII ao início do XIX. Durante seu período como escrivão, ocorreu a primeira menção à mudança do nome da Irmandade do Rosário dos Pretos, fundada em 1727[1152], que, no início do século XIX, passou a ser chamada de "Irmandade de Nossa Senhora do Rosário do Santíssimo Coração de Maria dos Homens Pretos"[1153].

Luís Gonzaga dos Santos uniu-se em matrimônio com Helena Maria da Piedade. Estima-se que o casamento ocorreu aproximadamente no ano de 1792, tendo em vista que o filho mais velho do casal nasceu em 1794[1154]. Juntos, Luiz e Helena tiveram pelo menos sete filhos:

[1146] Atual Praça da Aclamação.
[1147] Conferir verbete de Manoel da Silva Soledade.
[1148] APMC. Documentos avulsos. Registro de óbito de João Evangelista Gonzaga dos Santos, irmão germano de Manoel Soledade.
[1149] APMC. Inventário *post mortem* de Manoel da Silva Soledade, caixa 148, doc. 1476, p. 37v.
[1150] Arquivo Histórico Ultramarino, Bahia. Avulsos, caixa 242, doc. 16743.
[1151] Conferir verbetes de Antônio Machado da Trindade e de Caetano da Silva Soledade.
[1152] MOREIRA, Igor Roberto de Almeida. *"E por tais terceiros na Ordem do Carmo"*: os dignitários irmãos da Ordem Terceira do Carmo da Vila da Cachoeira, 1691-1773. 2021. Dissertação (Mestrado) – Universidade do Estado da Bahia, Santo Antônio de Jesus, 2021. p. 157.
[1153] Arquivo Histórico Ultramarino, Bahia. Avulsos, caixa 242, doc. 16743.
[1154] Universidade Católica do Salvador. Laboratório Reitor Eugênio Veiga (LEV). Livro de óbitos da Paróquia de Nossa Senhora do Rosário da Cachoeira, 1793-1811, p. 15.

Manoel "Primeiro", José, Francisco, Antônio, João Evangelista, Joaquim e Manoel "Segundo"[1155]. Apesar da grande quantidade de filhos, os registros indicam que apenas dois deles chegaram à fase adulta.

Partindo do filho mais novo do casal, referido neste texto como Manoel "Segundo" para distingui-lo do irmão mais velho, também chamado Manoel, constatamos que o caçula é registrado com o sobrenome Silva Soledade. Essa circunstância nos leva a considerar que Helena Maria da Piedade possa ter algum parentesco com o mestre pedreiro Caetano da Silva Soledade, possivelmente como filha de seu segundo casamento com a africana Ana Maria[1156]. Essa suposição ganha força ao observarmos os laços de proximidade entre Luís Gonzaga dos Santos e Caetano da Silva Soledade, que, em 1789, integravam a mesa diretiva da Irmandade do Rosário dos Pretos de Cachoeira[1157].

A diferença nos sobrenomes de Manoel da Silva Soledade e seu irmão João Evangelista Gonzaga dos Santos[1158] pode ser justificada pelo desejo de distingui-lo de seu irmão homônimo, Manoel "Primeiro", que faleceu ainda criança, mas que poderia ter recebido o sobrenome Gonzaga dos Santos. Assim, seria uma maneira de diferenciar os dois "Manoéis". Ademais, adotar um sobrenome que remeta a um ancestral ilustre, além de prestar homenagem, também pode ser uma tática para promover a inserção social do filho, considerando a reputação do mestre pedreiro Caetano Soledade na região. Luís Gonzaga dos Santos viveu em uma residência situada na atual Praça da Aclamação por toda sua vida. Embora o registro de seu falecimento não tenha sido localizado, presumimos que ele tenha morrido na década de 1830.

[1155] Universidade Católica do Salvador. Laboratório Reitor Eugênio Veiga (LEV). Livro de óbitos da Paróquia de Nossa Senhora do Rosário da Cachoeira, 1793-1811, p. 15, 132; Livro de Registro de batismos da Paróquia de Cachoeira, 1791-1805, p. 212, 266; Livro de Registro de batismos da Paróquia de Cachoeira, 1805-1817, p. 20, 156.

[1156] Conferir verbete de Caetano da Silva Soledade.

[1157] Arquivo Histórico Ultramarino, Bahia. Avulsos, caixa 242, doc. 16743.

[1158] Conferir verbete de João Evangelista Gonzaga dos Santos.

LUÍS PINTO DE SOUZA

Luís Pinto de Souza foi o último administrador do morgado que funcionou na cidade de Cachoeira durante o século XIX. Ele gerenciava uma extensa propriedade de terras que abrangia todo o bairro do Caquende, fazendo divisa com as terras do engenho São Carlos, que posteriormente se tornou uma fábrica de tecidos. O morgado, uma vinculação de bens de raiz, tinha como objetivo preservar a unidade do patrimônio, evitando sua fragmentação e a consequente perda de receitas. O instituidor do morgado, em seu testamento, especificava como deveriam ser aplicados os recursos das rendas geradas pelos bens, nomeando um administrador responsável pela gestão do empreendimento. Essa figura incumbida de lidar com todas as questões relacionadas à propriedade, incluindo eventuais complicações legais, foi Luís Pinto[1159].

Luís nasceu em 10 de agosto de 1791, na sede da Vila de Nossa Senhora do Rosário da Cachoeira, filho legítimo de José Pinto de Souza e Quitéria Maria. Batizado na igreja matriz da vila em 18 de setembro do mesmo ano, teve como padrinhos Manoel José Antunes e Angélica Maria de Santana[1160]. Proveniente de uma família rica e proprietária de terras, em 1846, como eleitor qualificado, declarou-se solteiro e afirmou sustentar-se com a renda de seus bens, referindo-se provavelmente aos foros e laudêmios de seus vastos terrenos no Caquende, legado de seu avô, que havia estabelecido o morgadio[1161]. A seguir, o recibo fornecido por Luís confirmando a quitação concedida a um de seus foreiros.

[1159] SILVA, Maria Beatriz Nizza da. *Família e herança no Brasil colonial*. Salvador: Edufba, 2017.
[1160] Universidade Católica do Salvador. Laboratório Reitor Eugênio Veiga (LEV). Livro de Registro de batismos da Paróquia de Cachoeira, 1791-1805, p. 8.
[1161] APMC. Livro de Qualificação de Votantes da Paróquia da Cachoeira, 1846, p. 30v.

Figura 202 – APMC. Recibo anexo ao inventário *post mortem* de João Antônio das Neves, caixa 136, documento 1327, p. 9

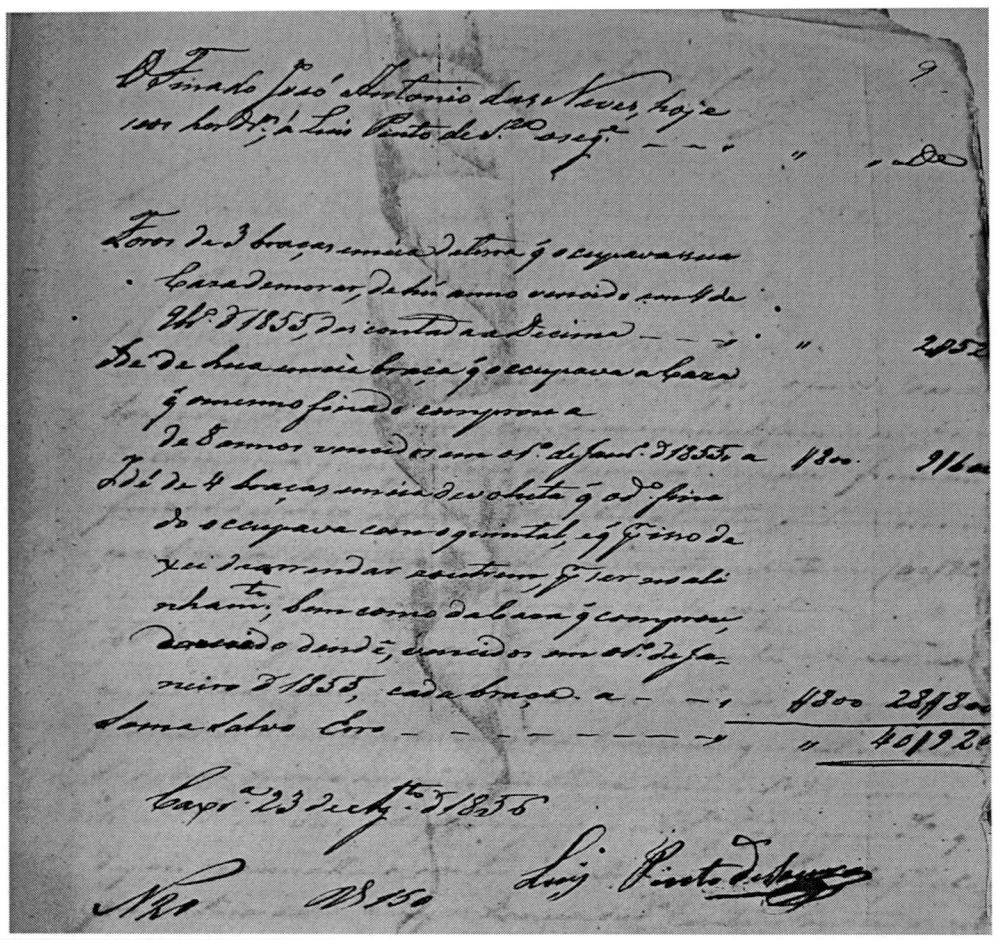

O finado João Antônio das Neves, hoje seus herdeiros, deve à Luís Pinto de Souza o seguinte
Foros de três braços e meia de terra que ocupa sua casa de morar, de um ano, vencido em 4 de novembro de 1853, descontar a décima. 2$520
Idem de uma e meia braça que ocupava a casa que o mesmo finado comprou, de 8 anos vencidos em primeiro de janeiro de 1855 a $800. 9$600.
Idem de quatro braços e meia devoluta que o dito finado ocupava com o quintal e por isso deixei de arrendar a outra, por ser no alinhamento, bem como da casa que comprou da rua do Dendê, vestidos em primeiro de janeiro de 1855, cada braça a $800. 28$800.
Soma salvo erro 40$920.
Cachoeira, 23 de agosto de 1856 Luís Pinto de Souza

LUIZ ANTÔNIO DA COSTA BELTRÃO

Praça da Regeneração[1162]

Proprietário de um fabrico de charutos. Nasceu por volta do ano de 1835, filho de Pedro Antônio Vieira[1163]. As habilidades de Luiz Antônio iam muito além da confecção dos charutos expostos em sua casa comercial localizada na então Rua das Flores.

Figura 203 – Anúncio da Casa Comercial de Beltrão. Hemeroteca Digital da Biblioteca Nacional. Periódico *A Ordem*, ed. n. 345, de 29.08.1877

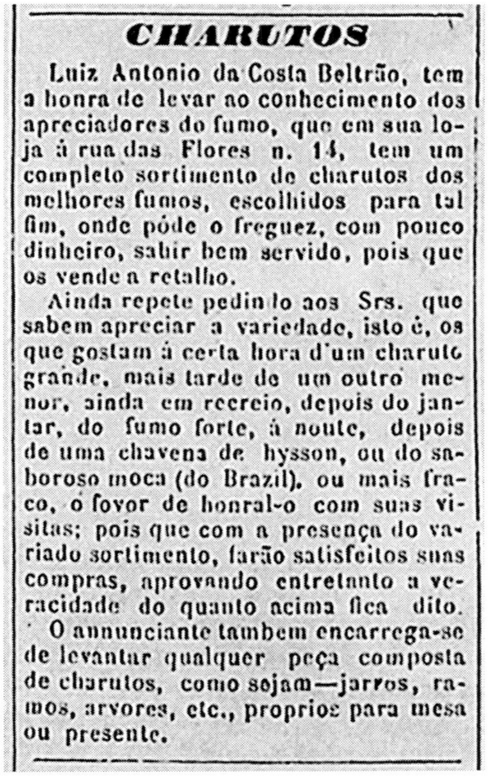

CHARUTOS

Luiz Antonio da Costa Beltrão, tem a honra de levar ao conhecimento dos apreciadores do fumo, que em sua loja á rua das Flores n. 14, tem um completo sortimento de charutos dos melhores fumos, escolhidos para tal fim, onde póde o freguez, com pouco dinheiro, sahir bem servido, pois que os vende a retalho.

Ainda repete pedindo aos Srs. que sabem apreciar a variedade, isto é, os que gostam á certa hora d'um charuto grande, mais tarde de um outro menor, ainda em recreio, depois do jantar, do fumo forte, á noute, depois de uma chavena de hysson, ou do saboroso moca (do Brazil), ou mais fraco, o fovor de honral-o com suas visitas; pois que com a presença do variado sortimento, farão satisfeitos suas compras, aprovando entretanto a veracidade do quanto acima fica dito.

O annunciante tambem encarrega-se de levantar qualquer peça composta de charutos, como sejam—jarros, ramos, arvores, etc., proprios para mesa ou presente.

Luiz Antônio da Costa Beltrão, tem a honra de levar ao conhecimento dos apreciadores do fumo, porque em sua loja à rua das Flores n. 14, tem um completo sortimento de charutos dos melhores fumos, escolhidos para tal fim, onde pode o freguês, com pouco dinheiro sair bem servido, pois que os vende a retalho. Ainda repete pedindo aos Srs. que sabem apreciar a variedade, isto é, os que gostam a certa hora dum charuto grande, mais tarde de um outro menor, ainda em recreio, depois do jantar, do fumo forte, à noite, depois de uma chávena de hysson, ou do saboroso moca (do Brasil), ou mais fraco, o favor de honrá-lo com suas visitas; pois que com a presença do variado sortimento, faram satisfeitos suas compras, aprovando, entretanto, a veracidade do quanto acima fica dito. O anunciante também encarrega-se de levantar qualquer peça composta de charutos, como sejam- jarros, ramos, arvores etc., próprios para mesa ou presente.

[1162] Atual dr. Milton.

[1163] APMC. Livro de Qualificação de Votantes da Paróquia de Cachoeira – 1876, p. 113.

O anúncio *supra* já destacava sua habilidade em criar trabalhos e enfeites a partir do manejo dos charutos. Por esse motivo, ele ganhou reconhecimento como um destacado oficial de charuteiro[1164], recebendo o título de "artista do fumo". Sua criatividade e engenhosidade na manipulação do tabaco transcendem o aspecto econômico, resultando em verdadeiras obras de arte feitas exclusivamente com folhas de fumo. Citamos: um pé de palmeira de dois palmos e meio de altura, todo feito em enfeitado de talos e folhas de fumo; e um vaso feito de talos de fumo. Abaixo, a íntegra das reportagens que noticiaram os dotes artísticos de Beltrão.

> O senhor Luiz Antônio da Costa Beltrão, charuteiro, morador à Praça da Regeneração, já bastante conhecido por diversos trabalhos que tem apresentado à apreciação pública, acabou de preparar uma delicada obra que pretende oferecer a filarmônica Terpeyechre, caso viesse visitar essa cidade. É um pé de palmeira de dois palmos e meio de altura, todo feito e enfeitado de talos e folhas de fumo, obra perfeitamente acabada e digna de toda apreciação.[1165]
>
> Acha-se em nosso escritório uma obra curiosa e delicada, e que consiste em um vaso feito de talos de fumo, rodeado de fingidas flores de girassol feitas de folhas de fumo, estando assentadas no alto as armas imperiais, com as 24 províncias representadas, ornadas de flores e palmas de fumo, donde pendem alguns charutos, formando palmas. Esta peça curiosa é obra do oficial de charuteiro sr. Luiz Antônio da Costa Beltrão, morador na Cachoeira.[1166]

[1164] Hemeroteca Digital da Biblioteca Nacional. Jornal *Publicador Maranhense*, ed. n. 39 de 18.02.1874.
[1165] Hemeroteca Digital da Biblioteca Nacional. Jornal *Diário do Rio de Janeiro*, ed. n. 311 de 12.11.1875.
[1166] Hemeroteca Digital da Biblioteca Nacional. Jornal *Publicador Maranhense*, ed. n. 39 de 18.02.1874.

LUIZ OSANA MADEIRA

Ponte do Caquende

Luiz Osana Madeira (assinatura)

Atuando como solicitador de causas judiciais, Luiz Osana Madeira fez parte do restrito círculo de homens não brancos altamente letrados. Foi mais um cidadão anônimo da valorosa Cachoeira, e sua significativa história foi obscurecida pela visão historiográfica de sua época, que negligenciava indivíduos de classes minoritárias, especialmente os negros, a exemplo de Luiz Osana.

Supõe-se que Luiz Osana Madeira nasceu por volta de 1782 na então Vila da Cachoeira. Ao consultarmos o livro de batismos da freguesia de Nossa Senhora do Rosário do Porto da Cachoeira correspondente ao aludido período, localizamos um assento que pode ser do nosso morador. Neste registro, consta que Luiz foi levado à pia batismal em 26 de janeiro de 1783 por Ponciano Pereira de Lima, homem branco que assumiu a função de padrinho e declarou que a inocente criança era filha de Ana Alvares, parda forra, escravizada que foi de Rosa Alvares[1167].

Não conseguimos levantar maiores informações sobre o núcleo familiar de Luiz. O que se pode afirmar a partir do seu batismo é que, embora fosse filho de escravizada, conseguiu nascer sem o "peso" da escravidão. Os demais documentos localizados revelam "pegadas" da trajetória de Luiz que atestam a sua participação na ilustre galeria dos homens negros letrados que nasceram e residiram em Cachoeira no correr do século XIX, muitos dos quais esquecidos e marginalizados. O documento que será apresentado a seguir, escrito e assinado pelo morador Luiz, atesta parcialmente o que afirmamos:

[1167] Universidade Católica do Salvador. Laboratório Reitor Eugênio Veiga (LEV). Livro de Registro de batismos da Paróquia de Cachoeira, 1781-1791, p. 54.

Figura 204 - APMC – Requerimentos – Legislativo – Documentos avulsos não classificados

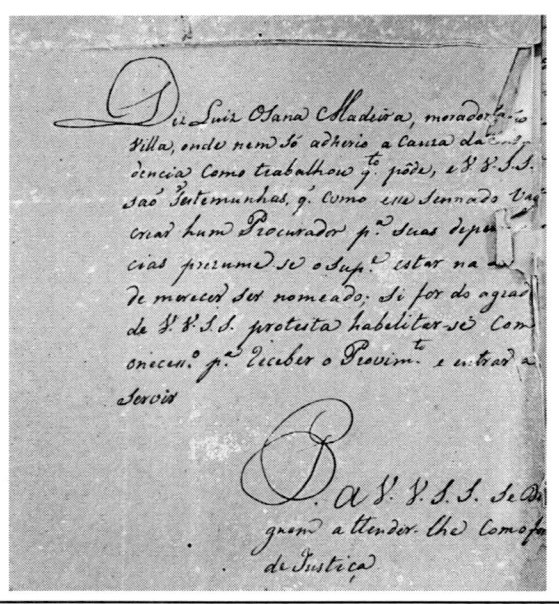

> Diz Luiz Osana Madeira, morador nesta vila, onde nem só aderiu à causa da Independência, como trabalhou quanto pôde, e V.Ss. são testemunhas, que como esse Senado vai criar um procurador para as suas dependências presume-se o suplicante está na condição de merecer ser nomeado; se for do agrado de vossas senhorias, protesta habilitar se com o necessário para receber o provimento e entrar a servir.

Neste documento, Luiz Osana solicita a sua nomeação para um cargo que seria criado no então senado da câmara; para tal, alega a sua aptidão, elencando os serviços prestados durante a guerra independentista do Brasil na Bahia, portanto o suplicante nos informa ser um dos cachoeiranos veteranos da Independência, que, infelizmente, ainda são desconhecidos em sua maioria. Situação que pretendemos alterar com a publicação deste trabalho.

Sobre a participação de Luiz Madeira nos conflitos ocorridos entre 1822-1823, o advogado Aristides Milton destacou a sua participação saliente, sobretudo no enfrentamento à barca canhoeira atracada no cais da vila, segundo Milton[1168]:

> Em 1822, os patriotas cachoeiranos, com o fim de darem proveitoso ensinamentos à guarnição da barca portuguesa, que continuava a insultar os brios do nosso povo, mandaram buscar nos engenhos de açúcar uns vaivéns que brocaram, montando-os ao depois nos reparos improvisados, para servirem de peças. Nesse afanoso trabalho salientou-se muito o cidadão **Luiz Osana Madeira**. Colocados os ditos vaivéns, tanto aqui como em São Félix, conseguiu-se com eles dar tiros contra o navio, causando-lhe assim bem sérias avarias.

Não foi por acaso, Madeira foi um dos agraciados com insígnia medalha da Guerra da Independência[1169]. Milton também informa sobre os pendores intelectuais de Luiz, ao citar o seu trabalho como requerente de causas no foro da comarca de Cachoeira[1170]. A seguir, imagem que lista o morador Luiz Osana nas profissões de requerente e procurador do foro da comarca, ambas ligadas ao exercício da advocacia:

[1168] MILTON, Aristides. *Ephemerides cachoeiranas*. Salvador: Ufba, 1979. (Coleção Cachoeira; v. 1). p. 216-217.
[1169] Hemeroteca Digital da Biblioteca Nacional. *Almanaque Administrativo, Mercantil e Industrial da Bahia*, ed. 01, 1862, p. 421.
[1170] MILTON, *op. cit.*, p. 197.

Figura 205 – *Almanaque Administrativo, Mercantil e Industrial da Bahia*, edição n. 01, do ano de 1862, p. 421

Requerentes.
Francisco Felix da Costa, r. da Pitanga.
José Bernardino da Matta, r. da Ponte-nova.
Justiniano Marques Pinto, lad. da Praça.
Luiz Ozana Madeira, ✝ G. I., ponte do Caquende.
Rufino Pereira de Oliveira, r. do Recreio.
Thesoureiro do cofre publico, João Baptista Pamponet, S. Felix.

Procuradores do fôro.
Francisco Felix da Costa, r. da Pitanga.
Germano Umbelino Marques, r. das Flores.
Joaquim Manuel Gouvêa Rosado, Praça.
José Bernardino da Motta, r. da Ponte-nova.
Justiniano Marques Pinto, lad. da Praça.
Leocadio Duarte da Silva, largo dos Amores.
Luiz Ozana Madeira, ✝ G. I., ponte do Caquende.
Rufino Pereira de Oliveira, r. do Recreio.
Tito Tavares de Oliveira, r. dos Tres Riachos.
Tranquillo Martins Carneiro, r. do Açougue.
Virginio José de Almeida, S. Felix.

No século XIX, as ocupações de requerentes e procuradores tinham grande semelhança com a prática da advocacia. Ambos os cargos envolviam representar pessoas ou entidades em assuntos jurídicos. Edmundo Coelho, ao descrever a advocacia no Brasil pós-Independência, mencionou que existiam inicialmente os bacharéis em Direito, seguidos pelos advogados provisionados, que, não possuindo graus acadêmicos, eram submetidos a exames teóricos e práticos em jurisprudência. Havia também os solicitadores, profissionais que, de maneira similar aos advogados provisionados, por não possuírem formação jurídica formal, eram avaliados pelos juízes de direito exclusivamente em relação às competências práticas no exercício dos processos judiciais. Tanto os solicitadores quanto os advogados provisionados eram obrigados a solicitar periodicamente a renovação de suas licenças ou provisões, em intervalos regulares de dois a quatro anos[1171].

Outro aspecto crucial de sua extensa trajetória é a militância na causa abolicionista. Podemos estar falando da primeira pessoa em Cachoeira que lutou de forma concreta e explícita contra o sistema escravagista. Inicialmente, deu o exemplo ao libertar todos os seus escravizados, diferentemente daqueles que apenas discursavam ideias, mas perpetuavam a mentalidade escravocrata na sociedade do século XIX, fosse pleiteando compensações para os proprietários ou mantendo o trabalho escravo em suas casas. Mais tarde, Osana utilizou sua intelectualidade para defender em juízo aqueles que buscavam justiça[1172].

Sobre a sua militância abolicionista, pioneira nos tribunais da Comarca da Cachoeira, agenciando o direito à liberdade dos seus curados, conseguimos localizar um processo bastante interessantes que corrobora a afirmação de Milton. Em 1853, representou o direito de Cipriana, uma mulher "parda", e de suas filhas, Maria e Esmera, que tiveram sua liberdade ilegalmente usurpada, um ato orquestrado pela antiga "senhora" de Cipriana. Luiz Osana, nomeado curador, entrou com uma Ação de Libelo Cível contra a referida senhora, Simpliciana do Patrocínio de Nossa Senhora, argumentando que Cipriana era liberta e suas filhas, ingênuas — termo que se refere aos filhos de mulheres libertas, sinônimo para crianças nascidas livres —, e que a condição imposta a elas era

---

[1171] COELHO, Edmundo Campos. *As profissões imperiais*: medicina, engenharia e advocacia no Rio de Janeiro - 1822-1930. Rio de Janeiro: Record, 1999. p. 167.

[1172] MILTON, Aristides. *Ephemerides cachoeiranas*. Salvador: Ufba, 1979. (Coleção Cachoeira; v. 1). p. 197.

ilegal, devendo ser reconhecidas como livres para desfrutarem de suas liberdades, acrescentando que deveriam ser pagas indenizações pelos anos em que foram obrigadas a servir à ré na condição de escravizadas, apesar de serem livres, além das custas das diligências realizadas[1173].

Estamos discutindo a usurpação da liberdade em três gerações desta família. Note que Esmera deu à luz uma filha e, para prevenir que ela fosse registrada como escravizada, foi obrigada a pagar uma quantia para evitar tal ato infame. De acordo com o processo, a situação parece ter se originado de uma perseguição, uma vez que Cipriana era considerada filha natural do marido da ré, Simpliciana do Patrocínio, e havia conquistado sua liberdade ainda na infância. A ré, não aceitando essa condição, decidiu de maneira ilegal e deliberada não reconhecer a liberdade de Cipriana.

Cipriana nasceu em 1804, na Vila de Santo Antônio do Urubu, como a filha mais velha de Maria, uma escravizada do capitão Joaquim José Correia, esposo de Simpliciana. Desde o início, Cipriana recebeu um tratamento diferenciado por parte do capitão, que a tratava com afeto e respeito, garantindo-lhe padrinhos livres e socialmente respeitáveis. Em 11 de julho de 1807, Correia formalizou esse tratamento ao conceder-lhe uma carta de alforria, assegurando sua liberdade. Após a morte do capitão, Cipriana continuou a viver na casa de Simpliciana, que ainda era a senhora de sua mãe. O curador Madeira observou que Cipriana foi instruída a chamar Simpliciana de "Iaiá", um termo de tratamento comum entre pessoas de cor que conviviam com brancos, mesmo que fossem livres, o que destaca a ambiguidade do status de Cipriana dentro da casa. Com o tempo, Simpliciana mudou-se para a Vila de Feira de Santana, levando Cipriana consigo e, desrespeitando sua alforria, continuou a tratá-la como escravizada. Confiando em sua impunidade, Simpliciana ainda batizou as filhas de Cipriana como suas escravizadas e forçou-as a realizar serviços inadequados para suas "idades e sexos", evidenciando um abuso de poder e uma violação flagrante dos direitos de liberdade de Cipriana e de sua descendência.

O curador Luiz Osana Madeira, sendo um advogado competente, conduziu uma investigação minuciosa, revelando todos os detalhes que demonstravam claramente a ilegalidade da situação, sobretudo após ter conseguido encontrar o inventário do capitão Joaquim Correia. O referido inventário *post mortem* do marido da ré demonstrou que Cipriana não foi mencionada nem avaliada no rol dos escravizados. No entanto, os outros filhos de Maria "crioula" foram descritos e avaliados, com dois deles sendo atribuídos em partilha a um dos herdeiros, e um terceiro, chamado Bernardo, constituiu a meação da ré Simpliciana, que ainda detinha sua posse durante o andamento do processo.

Demonstrando possuir um vasto conhecimento jurídico e uma compreensão detalhada da legislação, ele enfrentou sem medo as consequências de desafiar os poderosos escravocratas. Com confrontação direta, ele garantiu que o processo avançasse sem demora, denunciando enfaticamente as ilegalidades cometidas pela parte ré, como veremos a seguir.

> Diz Luiz Madeira que em qualidade de curador das pardas Cipriana, Maria e Esmera, propôs a ação para vingar a liberdade delas usurpada, e tendo pedido carta de inquisição para Vila da Feira de Santana onde foram moradoras, teve a infelicidade de encarregar pessoa infiel, o suplicante estava descansado na boa-fé, e presumia que as testemunhas nomeadas haviam sido perguntadas; porém, enganou-se, finalmente finda a dilação de 30 dias a suplicada fez lançar e quando o suplicante mandou buscar a inquisição conheceu estar traído; porém, parece que o sagrado direito da Liberdade não há de ser violado sem que lhe preste todos os socorros. A ordenação do livro 3º §9 permite que se perguntem as testemunhas depois do fim da dilação para benefício

---

[1173] APMC. Processo Cível. Documento sem classificação.

> de restituição, são, pois, as curadas do suplicante pessoas dignamente acredoras de restituição, à vista da ordenação Liv. 4º tt.11 §.4 tt.61, §.2 tt°.28, alvará de 16 de janeiro de 1759, 6 de julho de 1755, essas leis promulgadas há tantos anos, hoje devem brilhar em este Império, e como não prejudica nem ao menos a suplicada [ré] e tem todo o interesse a República, por isso o suplicante suplica a vossa senhoria mande juntar esta nos autos, e a vista da prova documental que varre toda a presunção de injustiça da causa, conceder para benefício de restituição mais 20 dias para que dentro delas produza as testemunhas nomeadas na carta e jura o suplicante ser verdade, por quanto expõe, que não há dolo nem sombra de retardar a decisão da causa, antes todo desejo de adiantar. Luiz Osana Madeira.[1174]

O trecho anterior revela a postura combativa e engajada de Luiz Madeira diante do tribunal. Ao mesmo tempo que defendia a liberdade de suas curadas, ele também poderia inspirar outras pessoas em circunstâncias parecidas a lutarem por seus direitos. Dessa maneira, sua atuação pode ser interpretada como uma tentativa de pressionar o sistema escravista. Luiz Osana Madeira conclui sua argumentação de maneira magistral.

> Felizmente em todos os juízos, em todos os tribunais, é sempre protegida a causa da Liberdade, tem uma simpatia em todos os corações, em todas as cabeças, em todas as almas. A minha rude, e idiota pena não pode patentear bem, e com a devida perfeição a justiça que se reverbera a favor de minhas curadas; porém a sabedoria e circunspecção e mais virtudes, que ornam o preclaro julgador no exame dos autos a de suprir essa falta, o que suplico reverente, e encarecidamente para que a favor da Liberdade, e razão resplandeça sempre A Justiça. O curador Luiz Osana Madeira.[1175]

A sua participação enquanto advogado nas causas emancipacionistas merece ser pesquisada com acuidade, pois, além da notoriedade de tal ato, o marco cronológico da sua atuação — finais da primeira metade do século XIX — corresponde a um período interessante para ser analisado, sobretudo se levarmos em consideração que nesse cenário tal exposição traria consequências negativas infindáveis, pois enfrentaria a vingança e o ressentimento dos escravocratas. Não por acaso, nos últimos anos da sua vida, Luiz Osana Madeira esmolava pela caridade das pessoas para conseguir sobreviver. Faleceu em completa pobreza em 9 de julho de 1869, na idade de 88 anos, vitimado por diarreia[1176].

Figura 206 – Universidade Católica do Salvador. Laboratório Reitor Eugênio Veiga (LEV). Livro de Registro de Óbitos da Paróquia de Cachoeira, 1850-1870, p. 275

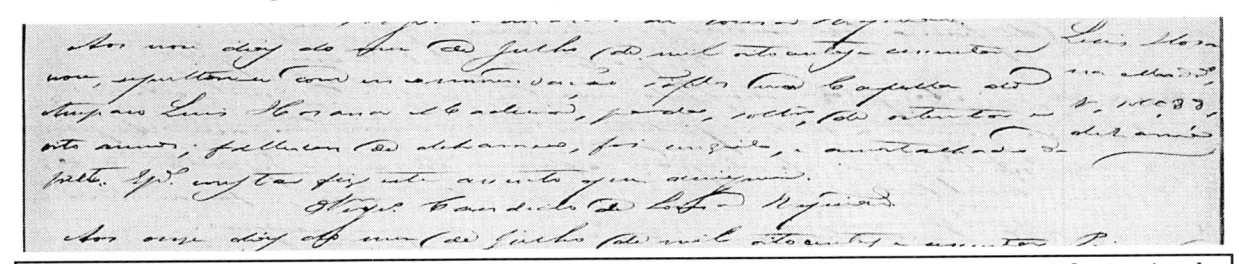

Aos nove dias do mês de julho de mil oitocentos e sessenta e nove, sepultou-se com encomendação simples na capela do Amparo, Luiz Osana Madeira, pardo, solteiro, de 88 anos; faleceu de diarreia; foi ungido, amortalhado de preto. E para constar fiz este assento que assinei. O vigário Cândido de Souza Requião.

[1174] APMC. Processo Cível. Documento sem classificação, p. 43.
[1175] *Ibidem*, p. 76.
[1176] MILTON, Aristides. *Ephemerides cachoeiranas*. Salvador: Ufba, 1979. (Coleção Cachoeira; v. 1). p. 197.

LUIZA GOMES

Luiza Gomes, quitandeira residente em Cachoeira. Em 1893, ela constou como contribuinte do imposto relativo à sua quitanda, situada na Rua Treze de Maio[1177]. Além de sua atuação comercial, Luiza foi uma das irmãs da Irmandade de Nossa Senhora da Boa Morte e, em 1903, atuou como uma das organizadoras dos festejos religiosos dessa devoção[1178].

[1177] APMC. Livro de Indústrias e Profissões 1893-1894, p. 9.
[1178] Biblioteca Púbica dos Barris. Setor de Periódicos Raros. Jornal *A Ordem*, ed. 17.09.1902, p. 3.

LUIZA LUCIANA DA SILVEIRA

Egressa do cativeiro. Nasceu por volta do ano de 1746, na Freguesia de São Pedro da Muritiba, filha dos escravizados Luís da Silveira Pinto e Ana da Silva Tavares. Faleceu em 2 de agosto de 1816, e foi sepultada na Igreja Matriz da Cachoeira[1179].

[1179] Universidade Católica do Salvador. Laboratório Reitor Eugênio Veiga (LEV). Livro de óbitos da Paróquia de Nossa Senhora do Rosário da Cachoeira, 1811-1825, p. 153v.

LUIZA MARIA DE JESUS ("LUIZA AFRICANA")

Luiza Maria de Jesus, conhecida como "Luiza Africana", foi uma comerciante estabelecida na cidade de Cachoeira no século XIX. Ela fez parte do contingente de africanos forçadamente submetidos à escravidão no Brasil, sendo traficada junto com sua irmã, Elisa Eliseu Lopes. Nas palavras de Elisa, ambas foram "violentamente transportadas para o Brasil"[1180].

Estima-se que Luiza tenha nascido por volta de 1835 e desembarcado em Salvador antes da extinção do tráfico de escravizados pela Lei Eusébio de Queiroz, em 1850. Natural da Costa da África, Luiza era filha de Ióbá, já falecido à época de sua morte, conforme relatado por sua irmã. Esse dado sugere que as irmãs Luiza e Elisa possivelmente mantinham algum contato com familiares que permaneceram na África. Esses dados são valiosos, especialmente a filiação, pois destacam-se por fornecerem informações precisas e incomuns sobre sua origem, diferentemente dos registros genéricos que comumente marcam a documentação de pessoas escravizadas.

Embora não haja registros explícitos sobre suas atividades, é provável que Luiza tenha atuado no comércio de ganho em Cachoeira. O processo de seu inventário *post mortem* incluiu testemunhas de seu círculo pessoal, descritas como quitandeiras e ganhadeiras, fortalecendo a hipótese de que ela também exercia esse tipo de trabalho[1181]. Esse inventário revela ainda seu relativo êxito financeiro, uma vez que Luiza atuou como credora, emprestando 700 mil réis a Geminiano Pereira da Silva para a movimentação de seus negócios[1182]. Luiza Maria de Jesus faleceu em 12 de abril de 1891, solteira e sem deixar descendentes. Sua trajetória representa uma história de resistência e adaptação, marcada pela preservação de sua identidade africana em meio à dura realidade do cativeiro.

[1180] APMC. Inventário *post mortem* de Luiza Maria de Jesus, caixa 256, processo 2980, p. 22.
[1181] *Ibidem*, p. 24-26.
[1182] *Ibidem*, p. 4.

LUSBELA RICARDA DE CARVALHO

Figura 207 – Lusbela, na década de 1920, autor desconhecido. Acervo da família

Nasceu em 20 de agosto de 1890, em um edifício situado na antiga Praça da Regeneração, hoje Praça Dr. Milton, sendo filha natural de Antônio Lopes de Carvalho Sobrinho e Ricarda Feliciana dos Reis[1183]. Lusbela foi perfilhada[1184] pelo seu pai, no cartório do tabelião Jerônimo José Albernaz em 4 de agosto do ano de 1891[1185]. Após o falecimento de seu pai, Lusbela foi acolhida por seu padrinho, o dr. Servílio Mário da Silva, uma figura de destaque na sociedade cachoeirana do final do século XIX e início do XX. Lusbela recebeu sua educação inicial em sua cidade natal, onde viveu até por volta de 1920. Posteriormente, mudou-se com a família do dr. Servílio para Salvador, onde permaneceu até seu falecimento, ocorrido em 16 de dezembro de 1977, aos 87 anos[1186].

[1183] APEB. Seção Judiciário. Livro de Nascimento n. 03, Cachoeira/BA, termo n. 258; conferir verbetes de Antônio Lopes de Carvalho Sobrinho e de Ricarda Feliciana dos Reis.
[1184] Ato de reconhecimento de filiação, lavrado perante um tabelião, e registrado nos livros de Notas do tabelionato.
[1185] APEB. Seção Judiciário. Livro de Notas de Cachoeira n. 170, p. 38v.
[1186] Informações prestadas por dona Maria da Conceição Magalhães, sobrinha de Lusbela.

MANOEL ALVES DE ANDRADE

Rua da Praça[1187]

Veterano da Independência, funcionário público municipal. Manoel Alves de Andrade, natural de Cachoeira, foi um dos combatentes da nossa Independência[1188] que foi agraciado com a medalha da Campanha da Restauração da província da Bahia (medalha da Guerra da Independência). Em 1839, foi nomeado e passou a integrar o corpo de funcionários da Câmara Municipal da Cachoeira, conforme o registro a seguir:

> A câmara Municipal desta cidade da Cachoeira e seu termo vide. Faz saber, que em conformidade do art. 82 da Lei de 1º de outubro de 1828, tem nomeado seu porteiro e contínuo a Manoel Alves de Andrade por se achar vago o dito emprego em razão de se achar aposentado o que o servia, Félix Pinheiro de Queiroz, pelo que houve por bem a mesma Câmara mandar lhe dar, e passar o presente título para servir o emprego enquanto bem servir, prestando competente juramento, e será registrado no livro competente. Dado em câmara em sessão ordinária de 23 de junho de 1839. O vereador e secretário interino, João Xavier de Miranda o escrevi. José Leonardo Muniz Barreto presidente, José Ricardo Gomes de Carvalho, Francisco Pereira do Nascimento e Silva, Joaquim Pedreira do Couto Ferraz, José Ribeiro Pereira Guimarães, Francisco de Sales Ferreira, João Xavier de Miranda.[1189]

Permaneceu nesta função por mais de duas décadas. Imaginamos que a sua participação nos movimentos emancipacionistas de 1822 devem ter contribuído para a sua nomeação e permanência na função. Manoel também atuou nas associações leigas locais, foi irmão da Irmandade de São Benedito, onde exerceu a função de procurador-geral em 1825[1190]. No âmbito pessoal, descobrimos que, em 8 de dezembro de 1843, ele compareceu à Igreja da Conceição do Monte para reconhecer, durante uma cerimônia de batismo, a paternidade de uma criança chamada Cândido, fruto de sua relação com a liberta Maria Escolástica de Almeida[1191].

[1187] Atual Praça da Aclamação.

[1188] MOREIRA, Igor Roberto de Almeida. Manoel da Silva Soledade a emblemática figura do 25 de junho. *In*: *A insurgente Vila da Cachoeira*: poder, imprensa e tensões sociais na independência do Brasil na Bahia. Salvador: Edufba, 2023. p.103.

[1189] APMC. Livro de Títulos expedidos, sem numeração, p. 22.

[1190] APMC. Inventário *post mortem* José Luiz Teixeira da Costa, caixa 120, doc. 1161, p. 22.

[1191] Universidade Católica do Salvador. Laboratório Reitor Eugênio Veiga (LEV). Livro de batismos da Paróquia de Nossa Senhora do Rosário da Cachoeira, 1842-1846, p.78v.

MANOEL ALVES FERNANDES SICUPIRA

Senhor de engenho e veterano da Independência, nasceu por volta de 1799 na freguesia de São Felipe, situada na então capitania da Bahia, e recebeu nas águas do batismo o nome de Manoel Alves Fernandes. Era filho de Agostinho Alves Fernandes e dona Raimunda Maria[1192]. Foi uma das figuras mais salientes do nosso processo de ruptura com a metrópole em 1822. Buscou eternizar a sua postura entusiasta e patriótica, desempenhada durante o processo de emancipação política, acrescentando ao seu nome, o *cognome* "Sicupira", palavra de origem indígena[1193]. Assim, a partir de 1823, passou a assinar como Manoel Alves Fernandes Sicupira. Casou-se em 24 de maio de 1825[1194], no oratório particular da casa de residência da noiva, dona Cândida Teixeira de Freitas Barbosa, filha legítima do capitão Antônio Teixeira de Freitas Barbosa. No fim da vida, exercia o cargo de tenente-coronel chefe do Estado Maior da Guarda Nacional de Maragogipe[1195]. Condecorado com a Medalha da Restauração da Guerra da Independência do Brasil na Bahia e o oficialato da Ordem da Rosa[1196]. Faleceu em Maragogipe, no dia 5 de novembro de 1863, decorrente de hidrotórax, com 64 anos de idade, foi sepultado na capela do seu engenho *Eriquihiá*[1197].

[1192] Universidade Católica do Salvador. Laboratório Reitor Eugênio Veiga (LEV). Livro de casamentos da Paróquia de Nossa Senhora do Rosário da Cachoeira, 1820-1828, p. 48v.

[1193] Sobre a antroponímia da independência, conferir o verbete de André Diogo Vaz Mutum.

[1194] *Idem*.

[1195] Hemeroteca Digital da Biblioteca Nacional. Periódico *A Actualidade, Jornal da Tarde*, ed. n. 580 de 26.11.1863.

[1196] Hemeroteca Digital da Biblioteca Nacional. *Almanaque Administrativo, Mercantil e Industrial da Bahia*, edição n. 04, do ano de 1858, p. 213.

[1197] Universidade Católica do Salvador. Laboratório Reitor Eugênio Veiga (LEV). Livro de óbitos da Paróquia de São Bartolomeu de Maragogipe, 1858-1864, p. 80v.

MANOEL ANTÔNIO FRANCISCO DE SOUZA BASTOS

Rua das Flores[1198] n. 35

Manoel Antônio Francisco de Souza Bastos

Manoel Antônio Francisco de Souza Bastos, um destacado negociante português e empreiteiro na construção de prédios urbanos no último quartel do século XIX, nasceu em 23 de outubro de 1848 na freguesia de Fiães, Vila da Feira, Portugal. Era filho de Antônio Francisco de Souza e de Ana Francisca de Jesus. Batizado em 27 de outubro do mesmo ano, com apenas quatro dias de vida, pelo seu avô materno Antônio José de Castro Ribeiro, recebeu inicialmente o nome de Manoel Francisco de Souza[1199], que mais tarde foi alterado após sua chegada ao Brasil.

Manoel Bastos era filho de pais camponeses e era o primogênito em uma família numerosa de nove irmãos[1200]. Apesar de possuírem terras, a herança para os filhos era praticamente insignificante, pois a divisão das terras resultaria em parcelas incapazes de gerar lucros consideráveis. Assim, as oportunidades de ascensão social eram extremamente limitadas naquele contexto, o que provavelmente influenciou sua decisão de emigrar para o Brasil.

Na segunda metade do século XIX, a imaginação dos portugueses pintava o Brasil como um "paraíso", oferecendo arranjos matrimoniais vantajosos para os imigrantes europeus e a promessa de enriquecimento fácil, com terras férteis e abundantes prontas para o cultivo. Com base nessa crença, por volta de 1860, Manoel Bastos, então com 12 anos, decidiu atravessar o Atlântico em direção ao Império dos Bragança nas Américas[1201].

Chegando a Salvador, o jovem Manoel mudou-se para Santo Amaro da Purificação, onde começou a trabalhar no comércio. Depois de se estabelecer nas redes de amizade dos caixeiros lusitanos, encontrou dois compatriotas em São Félix, os comerciantes Manoel de Souza Cardoso e Antônio de Souza Cardoso[1202]. Este vínculo foi bastante interessante para Bastos, que resolveu fixar residência em São Félix, um lugar que o impulsionou no comércio regional.

No contexto da segunda metade do século XIX, São Félix destacava-se pela pujante economia, atraindo investidores de peso que ali fundaram importantes empreendimentos, como a serraria de Lucas Jezler e a fábrica de charutos Dannemann, entre outras indústrias da época. Em nossa dissertação de mestrado, abordamos a relevância do Porto de São Félix desde meados do século XVIII, ressaltando como o comércio do arraial adquiriu tamanha importância que, ao final do mesmo século, uma das principais casas comerciais da região se estabeleceu nessa área. Esses elementos

---

[1198] Atual Lauro de Freitas.
[1199] Livro de Batismos da Freguesia de Fiães – Portugal, n. 10, p. 65.
[1200] APMC. Inventário *post mortem* de Manoel Francisco de Souza Bastos, caixa 243, processo 2768, p. 28.
[1201] Universidade Católica do Salvador. Laboratório Reitor Eugênio Veiga (LEV). Justificação de solteiro de Manoel Antônio Francisco de Souza Bastos, estante n. 01, caixa 74.
[1202] *Ibidem*.

foram determinantes para transformar São Félix em um promissor centro de oportunidades econômicas e laborais[1203].

Após estabelecer-se e atuar na segunda praça comercial da então província da Bahia, Manoel Bastos consegue adquirir recursos para montar a sua própria casa de negócios em Cachoeira e, neste mesmo período, conhece o tenente-coronel Christovão Pereira Mascarenhas[1204], membro das elites locais, com quem estabeleceu relações de amizade. Deste contato surgiu a oportunidade que faltava para consolidar-se na sociedade cachoeirana: o casamento com uma moça de família tradicional local. Casou-se em 1869 com dona Maria Constança de Moncorvo Mascarenhas[1205]. A cerimônia foi celebrada em oratório particular e contou com a presença do abastado negociante Rodrigo José Ramos, na condição de padrinho dos noivos[1206]. A casa comercial de Manoel Bastos localizava-se no baixo do seu sobrado, situado à Rua das Flores, e negociava produtos de diferentes gêneros.

Figura 208 – FREIRE, Antônio. *Almanaque da província da Bahia*. Salvador: Litho-Tipografia de João Gonçalves Tourinho, 1881. p. 90

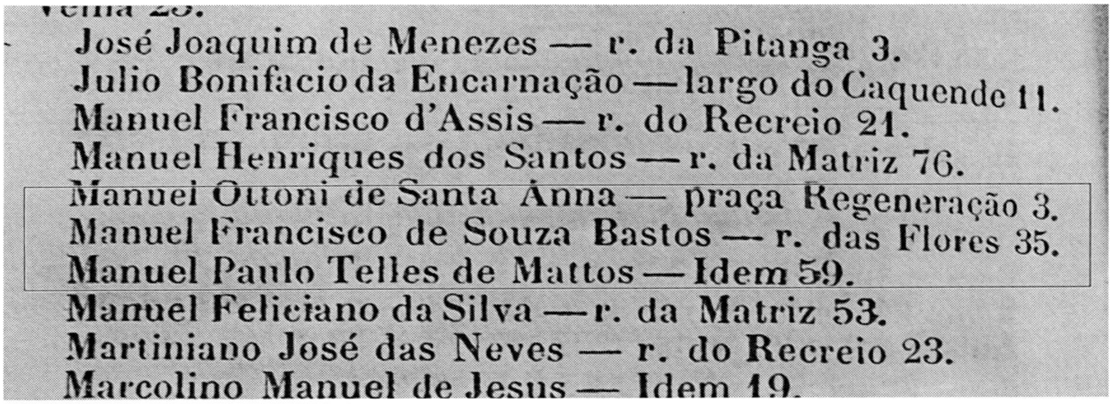
José Joaquim de Menezes — r. da Pitanga 3.
Julio Bonifacio da Encarnação — largo do Caquende 11.
Manuel Francisco d'Assis — r. do Recreio 21.
Manuel Henriques dos Santos — r. da Matriz 76.
Manuel Ottoni de Santa Anna — praça Regeneração 3.
Manuel Francisco de Souza Bastos — r. das Flores 35.
Manuel Paulo Telles de Mattos — Idem 59.
Manuel Feliciano da Silva — r. da Matriz 53.
Martiniano José das Neves — r. do Recreio 23.
Marcolino Manuel de Jesus — Idem 19.

Em finais da década de 1870, vislumbra um empreendimento que poderia ser rentável: recebimento de rendas provenientes de casas e foros de terrenos. Talvez por influência do tio da sua esposa, o rico coronel Moncorvo, o maior proprietário de prédios urbanos daquele século[1207].

1203 MOREIRA, Igor Roberto de Almeida. *"E por tais terceiros na Ordem do Carmo"*: os dignitários irmãos da Ordem Terceira do Carmo da Vila da Cachoeira, 1691-1773. 2021. Dissertação (Mestrado) – Universidade do Estado da Bahia, Santo Antônio de Jesus, 2021. p. 108.

1204 Conferir verbete de Christóvão Pereira Mascarenhas.

1205 Conferir verbete de Maria Constança de Moncorvo Mascarenhas Bastos.

1206 Universidade Católica do Salvador. Laboratório Reitor Eugênio Veiga (LEV). Livro de casamentos da Paróquia de Nossa Senhora do Rosário da Cachoeira, 1862-1927, p. 28v.

1207 Conferir verbete do coronel Fructuoso Gomes Moncorvo.

Figura 209 – Recibo emitido por Manoel Francisco que atesta os rendimentos do investimento no ramo imobiliário local. APMC. Inventário *post mortem* de Felipe Portela, caixa 140, processo 1372, p.60

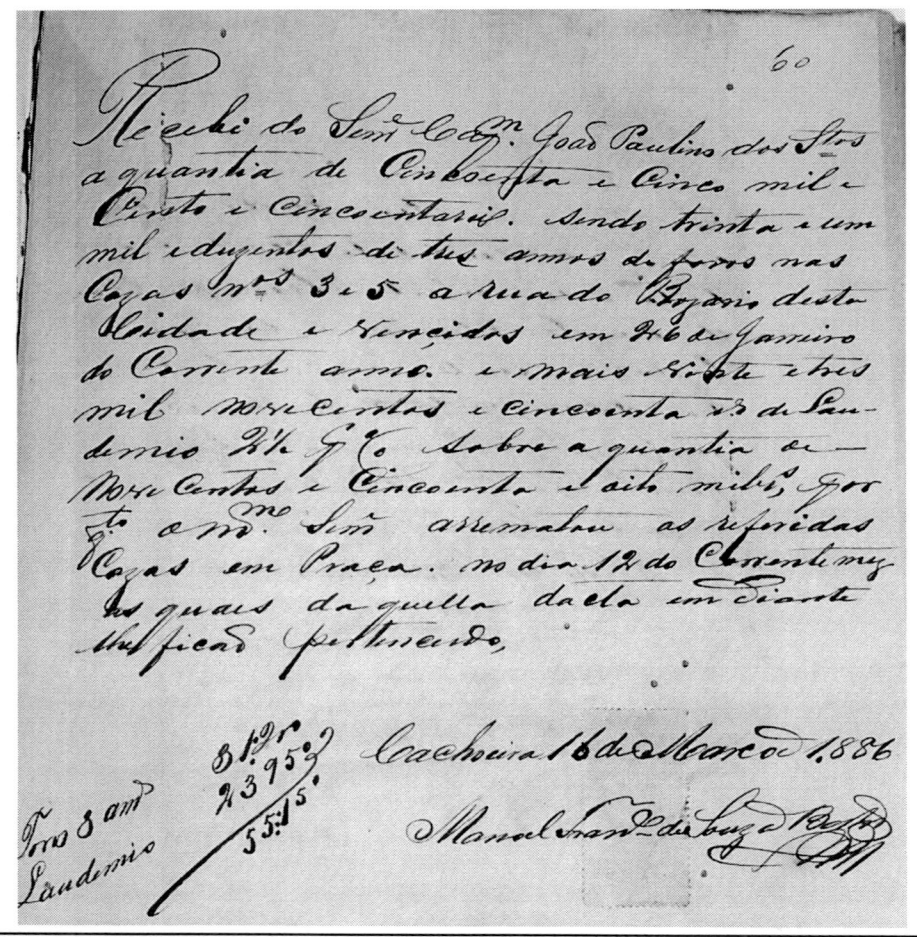

> *Recebi do senhor Capitão João Paulino dos Santos a quantia de cinquenta e cinco mil e cento e cinquenta réis. Sendo trinta e um mil e duzentos de três anos de foros nas casas nº 3 e 5, à rua do Rosário desta cidade, e vencidos em 26 de janeiro do corrente ano, e mais vinte e três mil e novecentos e cinquenta de laudêmios, 2% sobre a quantia de novecentos e cinquenta e oito mil réis, por quanto o mesmo arrematou as referidas casas em Praça no dia 12 do corrente mês, as quais daquela data em diante lhe ficam pertencendo. Manoel Francisco de Souza Bastos.*

Primeiro, adquiriu algumas casas térreas[1208], porém percebe que seria mais vantajoso comprar terrenos e iniciar o processo de edificação das propriedades. Para dar início ao seu projeto, comprou, em 1878, 312 braças e três palmos de terras aforadas e desocupadas pela cifra de 2:400$000 (dois contos e quatrocentos mil réis), enormes porções de terras espalhadas pelas diversas ruas da cidade, as quais citamos: Três Riachos, Rua da Feira, Rua do Fogo, Faísca, Curral Velho, Remédio, Rua do Belchior, Rua de Baixo, Rua do Rosário, Rua da Recuada, Curiachito e Rua do Belas[1209].

[1208] APEB. Seção Judiciário. Livro de Notas de Escritura de Cachoeira, n. 127, p. 134.
[1209] APEB. Seção Judiciário. Livro de Notas de Escritura de Cachoeira, n. 127, p. 145; Cartório de Registro de Imóveis de Cachoeira. Livro referente a transmissão e registro de propriedades do século XIX; os terrenos foram transferidos para o nome de Manoel Bastos após o seu falecimento, em abril de 1896.

Em 1881, resolveu iniciar a construção dos imóveis, encaminhando um requerimento à câmara solicitando que os edis realizassem o alinhamento nos terrenos devolutos situados à Rua do Curral Velho, para que ele pudesse edificar sete casas térreas. No ano seguinte, em 1882, solicitou a licença para edificar mais oito casas, totalizando 15 novas propriedades no espaço de dois anos.

Figura 210 – APMC. Requerimentos (legislativo). Documentos avulsos não catalogados

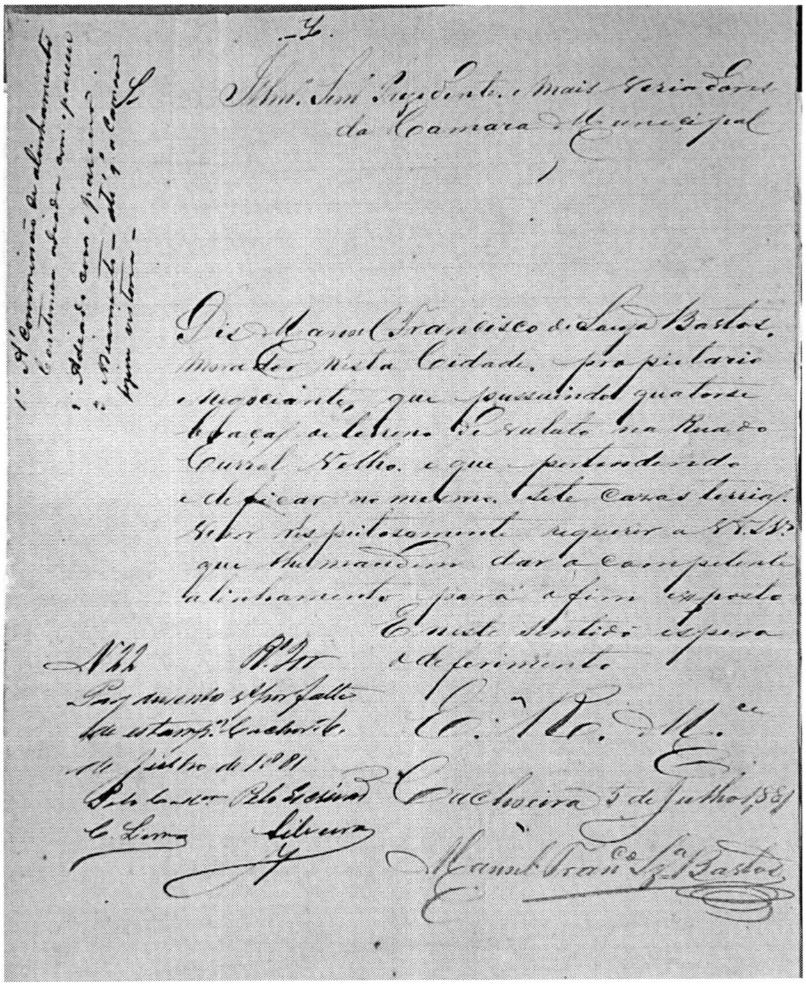

Ilmos. Srs. Presidente e mais vereadores da Câmara Municipal
Diz Manoel Francisco de Souza Bastos, morador nesta cidade, proprietário e negociante, que possuindo 14 braças de terreno devoluto na rua do Curral Velho, e que pretendendo edificar na mesma sete casas térreas. Vem respeitosamente requerer a vossas senhorias que lhes mandem dar o competente alinhamento para o fim exposto. E neste sentido, espera o deferimento. E. R. M. Cachoeira 5 de julho de 1881. Manoel Francisco de Souza Bastos.

O processo de edificação de casas era uma medida vista com bons olhos pelas autoridades locais, sobretudo neste caso, que se refere a uma área que, à época, encontrava-se fora da zona mais urbanizada da cidade. Porém, apesar das benesses de tal empreendimento, houve certa resistência por parte dos moradores da zona. Em agosto de 1881[1210], os proprietários de imóveis dessa localidade solicitaram à câmara que a permissão concedida ao negociante Manoel Bastos fosse reavaliada, pois temiam que a nova configuração urbana que seria realizada por Bastos fechasse uma saída — que até hoje funciona como um atalho para quem se dirige dos Currais Velhos para a feira livre da cidade — e desconfigurasse ou reduzisse a extensão de uma praça existente nesse logradouro.

Ao ser informado da representação que foi encaminhada pelos moradores, Manoel Bastos enviou uma proposta que visava dirimir as contrariedades, de modo que todos fossem contemplados em suas solicitações.

> A câmara mandou que fosse remetida à comissão de redação para responder uma petição do negociante Manoel Francisco de Souza Bastos. Diz que tendo requerido para lhe mandar dar alinhamento em um terreno à rua do Curral Velho, pertencente ao suplicante, para edificação de sete casas, sendo este dado pela respectiva comissão de alinhamento, excedendo ainda do terreno do suplicante quatro braças e quatro palmos, sendo três braças e seis palmos na rua do curral velho e oito palmos na rua da faísca; e como não tem o suplicante até hoje o competente despacho a vista da informação da mesma comissão, a fim de dar princípio a edificação; e constando também ao suplicante haver desejo de parte dos moradores daquelas ruas, que ali fique uma praça maior, o suplicante vem novamente requerer a vossa senhoria solicitando o competente despacho comprando a esta Câmara as quatro braças e quatro palmos, ou vendendo a mesma, do seu terreno, 25 braças excedentes, sitas à travessa da rua do Remédio, a fim de se alargar mais aquela praça, a razão de 2.000 por cada braça.[1211]

A configuração urbana nas imediações da zona atualmente conhecida como Currais Velho é resultado da intervenção direta do negociante Manoel Bastos, conforme demonstrado no documento anterior. No final da década de 1880, aproximadamente 30 imóveis foram construídos na localidade, todos apresentando um padrão construtivo distinto das habitações anteriores, que eram simples, compostas principalmente por palhas e barro, refletindo a condição socioeconômica da população local, majoritariamente de baixo poder aquisitivo[1212]. A natureza dos materiais utilizados nas construções anteriores ajuda a explicar, em parte, o incêndio que devastou a região em 1853[1213].

A morte precoce de Manoel Bastos interrompeu a continuação desse processo. Mas deve-se destacar que, em pouco menos de 15 anos, o nosso morador Bastos conseguiu construir um patrimônio formado por 42 imóveis nas diversas localidades da cidade, deixando ainda centenas de braças que seriam utilizadas para outras edificações[1214]. A comissão de alinhamento, ao analisar uma das petições de Manoel Bastos, destacou a conveniência da realização dessa atividade para o aformoseamento da cidade:

> A comissão de alinhamento entende, que, o que requer Manuel Francisco de Souza Bastos nem só é a bem da higiene pública, como traz o aformoseamento das ruas do Curral velho e Faísca; sendo o mesmo obrigado a edificar em ambas as ruas, em seu terreno baldio [...] os vereadores Reinerio Martins Ramos e Manoel Vicente Ferreira da Silva.[1215]

[1210] APMC. Requerimentos (legislativo). Documentos avulsos não catalogados.

[1211] APMC. Requerimentos (legislativo). Documentos avulsos não catalogados.

[1212] APMC. Inventário *post mortem* de Manoel Francisco de Souza Bastos, caixa 243, processo 2768, p. 75.

[1213] SANTIAGO, Camila Fernanda Guimarães; MOREIRA, Igor Roberto de Almeida; SANT'ANNA, Sabrina Mara. *As igrejas de Cachoeira*: história, arquitetura e ornamentação. Belo Horizonte: Clio Gestão Cultural e Editora, 2020. p. 28.

[1214] APMC. Inventário *post mortem* de Manoel Francisco de Souza Bastos, caixa 243, processo 2768.

[1215] APMC. Comissões legislativas. Documentos avulsos não classificados.

Na 6ª Sessão Ordinária de 1897, o presidente do Conselho Municipal, dr. Aristides Milton[1216], apresentou um projeto para renomear as ruas da cidade. Segundo Milton, existiam alguns logradouros sem uma nomeação específica, ou possuíam nomes inapropriados, sem nenhuma significação histórica. Alguns nomes indicados remetiam a pessoas que prestaram serviços ao município, entre os quais o nome de Manoel Francisco de Souza Bastos foi lembrado pela sua proatividade na contribuição da expansão da malha urbana da cidade, ao investir na edificação de propriedades em áreas mais distantes do centro.

Figura 211 – APMC. Livros de Atas do Conselho Municipal, 1890-1900, p. 175-176

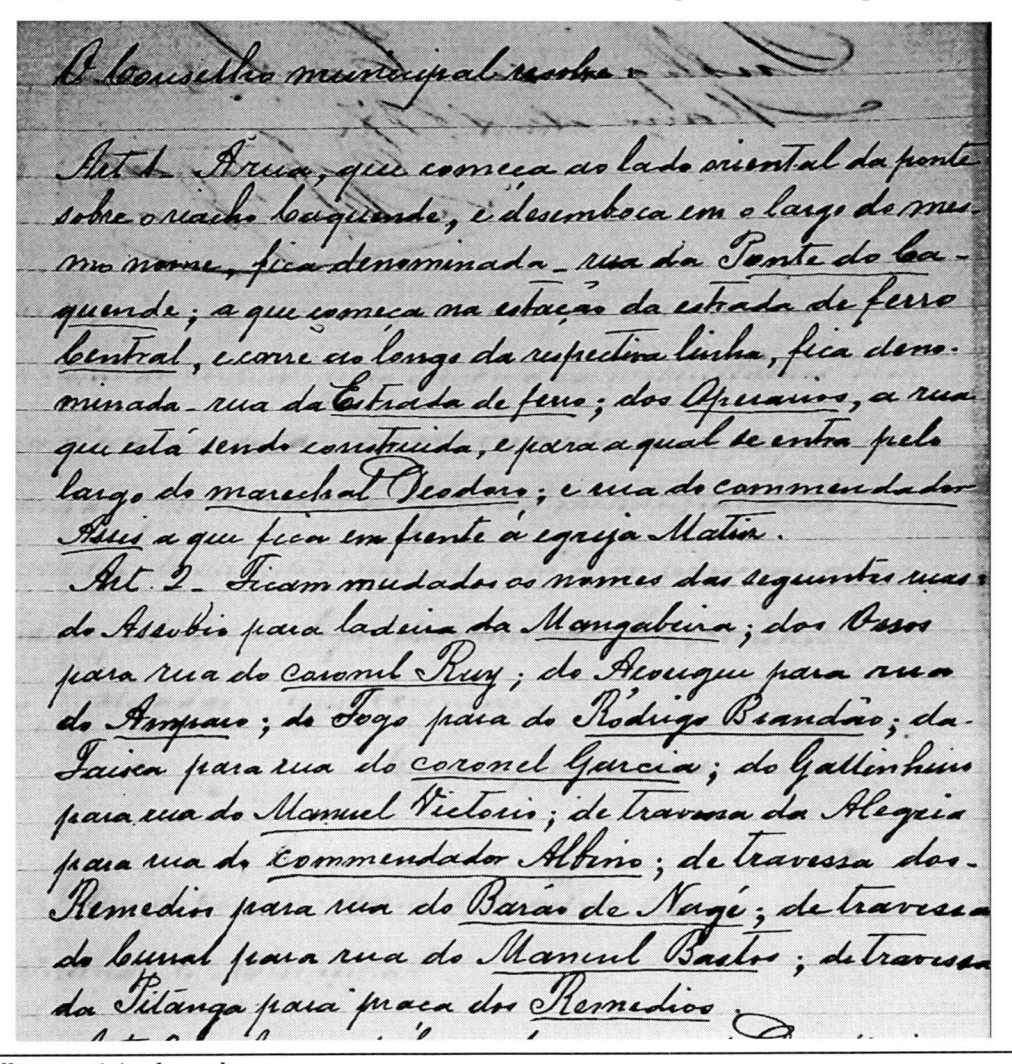

> O Conselho Municipal resolve:
> Art.2 - Ficam mudados os nomes das seguintes ruas: do Assobio para Ladeira da Mangabeira; dos Ossos para a rua do coronel Rui; do Açougue para rua do Amparo; do Fogo para a rua do Rodrigo Brandão; da Faísca para rua do coronel Garcia; do Galinheiro para rua do Manoel Vitorino; de Travessa da Alegria para rua do comendador Albino; de Travessa dos Remédios para rua do Barão de Magé; **de Travessa do Curral para rua do Manoel Bastos**; de Travessa da Pitanga para a Praça dos Remédios.

[1216] Conferir verbete de Aristides Augusto Milton.

Figura 212 – Antiga Travessa do Curral, atual Rua Manoel Bastos. Primeira metade do século XX. Autor desconhecido

Sobre sua inserção nas instituições de Cachoeira, encontramos que foi agremiado na Irmandade de Nossa Senhora da Conceição do Monte[1217]. Em 1889, sentindo incômodos de saúde recorrentes, foi aconselhado a seguir para Portugal, onde realizaria tratamento específico para sua moléstia. Em 2 de abril de 1889[1218], compareceu ao cartório do tabelião Sapucaia, para constituir seu amigo Olímpio Pereira da Silva na função de seu procurador:

> Especialmente para que possa, durante a ausência dele outorgante no reino de Portugal, promover qualquer embargo, executar ou despejar contra inquilinos de suas propriedades situadas nessa cidade, chamando a conciliação do juízo de paz, quer para despejo e quer para outro qualquer fim.

Em 9 de abril de 1889, seguiu para Lisboa com sua esposa, sem saber que não mais retornaria à sua pátria adotiva.

[1217] Existe uma lápide na Capela de Nossa Senhora da Conceição do Monte, com a seguinte legenda: "Jazigo do irmão Manoel Francisco de Souza Bastos – 1882". Conferir o verbete de sua esposa, dona Maria Constança de Moncorvo Mascarenhas Bastos.

[1218] APEB. Seção Judiciário. Livro de Notas de Procuração de Cachoeira, n. 166, p. 25.

Figura 213 – Fotografia de Manoel Bastos, tirada em Portugal no ano de 1889, pouco antes do seu falecimento. União. Fotografia da Casa Real, Porto. Acervo de Igor Roberto de Almeida

Manoel Antônio Francisco de Souza Bastos, que também assinava Manoel Francisco de Souza Bastos, faleceu repentinamente, em sua terra natal, na Freguesia de Santa Maria de Fiães, Portugal, em 2 de agosto de 1889, em casa de sua família, na Rua do Outeiro, contando 42 anos de idade. Foi sepultado no Cemitério Público Municipal[1219].

[1219] Livro de óbitos da Freguesia de Santa Maria de Fiães, 1881-1889, termo n. 25 de 1889.

MANOEL BERNARDINO BOLIVAR

Médico e poeta, nascido na Vila da Cachoeira em 1827, filho de Manoel Bernardino Bolivar e Maria Joaquina do Sacramento[1220]. Começou seus estudos em sua cidade natal, onde também despertou seu talento poético. Suas primeiras obras poéticas, datadas do tempo em que estudava medicina na Faculdade de Medicina da Bahia, abordavam uma variedade de temas e eram assinadas com seu nome ou pelo pseudônimo "cachoeirano, estudante de medicina". Em Cachoeira, foram publicados no jornal *O Povo Cachoeirano*, periódico estritamente político e órgão do Partido Liberal, veiculado em 1849[1221]. Nesse jornal, dedicava suas poesias sobretudo à política, exaltando a liberdade e combatendo o despotismo.

Figura 214 – Jornal *O Povo Cachoeirano*, ed. de 06.05.1849, p. 4

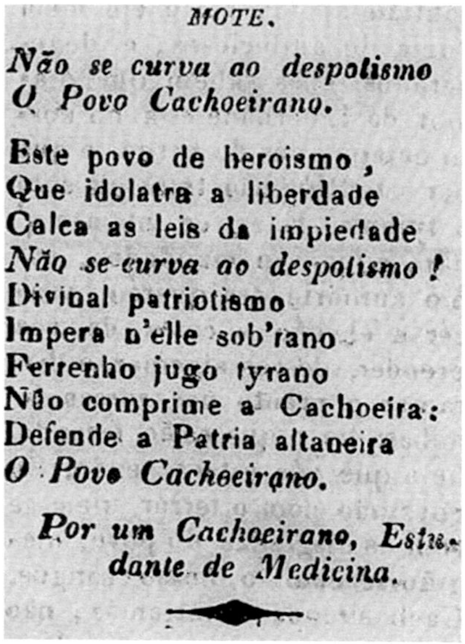

MOTE.

Não se curva ao despotismo
O Povo Cachoeirano.

Este povo de heroismo,
Que idolatra a liberdade
Calca as leis da impiedade
Não se curva ao despotismo!
Divinal patriotismo
Impera n'elle sob'rano
Ferrenho jugo tyrano
Não comprime a Cachoeira:
Defende a Patria altaneira
O Povo Cachoeirano.

Por um Cachoeirano, Estudante de Medicina.

Mote. *Não se curva ao despotismo ô povo Cachoeirano.* *Este povo de heroísmo,* *Que idolatra Liberdade* *Calca leis da impiedade* *Não se curva ao despotismo!* *Divinal patriotismo* *Impera nele soberano* *Ferrenho jugo tirano* *Não comprime a Cachoeira:* *Defende a pátria altaneira* *Ô povo Cachoeirano.* *Por um cachoeirano, estudante de medicina*

1220 No registro de casamento, apenas o nome da mãe é mencionado; no entanto, o nome do pai, que compartilha o mesmo nome que o seu, foi localizado nos registros de qualificação eleitoral de 1878. A sua qualificação eleitoral foi descrita na ed. de 01.08.1878, acervo da Hemeroteca Digital da Biblioteca Nacional.

1221 Hemeroteca Digital da Biblioteca Nacional. Jornal *O Povo Cachoeirano*, ed. de 06.05.1849, p. 4.

Em Cachoeira, contribuiu também para o *Argos Cachoeirano*, um periódico de cunho liberal que se autodenominava político, literário e moral, e começou a ser publicado em 1850. Neste jornal, há uma poesia que exalta o amor à terra natal do autor, mencionando episódios de sua vida na cidade.

Saudação a minha terra

Salve! - querida, idolatrada terra! Cachoeira imortal -três vezes-salve! Eis me de novo contemplando ansioso o nobre Paraguaçu, - meu pátrio rio; Grande nos feitos, - no renome eterno! Que sensações tão gratas, tão gostosa! Que doce enlevo! que arroubar d'encantos; Não experimenta um coração saudoso; No peito a palpitar d'um filho grato; Que pisa no torrão que foi seu berço! Foi aqui neste chão que eu tanto adoro; Nesta terra imortal!... terra de livres; Nobre! guerreira. independente- heroica; Que os primos passos esteei da vida! Bem feliz eu era então; Nessa quadra da inocência! Sem jamais cuidar da sorte; Pra mim sorria a existência! Aqui outrora contente; Eu folgava pressuroso! Sem pensar um só instante; Que havia ser desditoso! Nesta terra do meu berço; Eu bem contente vivi...; Aqui pela rez primeira; O que era amor eu senti! No fresco Caquende, -no ameno Pitanga; Momentos gostosos alegre eu gozei! Momentos gostosos na flor dos meus anos; A par do irmão que eu tanto adorei! Que dias tão belos!...tão almos... tão puros; Co' o irmão de minh'alma gozei venturoso! Q' tardes tão frescas!...que noites tão belas; Passei com os amigos da infância, gotoso. Alegre nos três riachos; Vivi contente co'o irmão; Tal ideia hoje só vem; Me rasgar o coração! Porém por lei do destino; Hoje tudo está mudado! Meu querido irmão não vive. Eu sou mais que desgraçado! Esta terra tão querida; Que amo como a minha vida; Hoje me faz suspirar! Estes outeiros tão altos; Estes prados, e campinas; Como eu gostara de olhar ! Então eu era ditoso....; Tinha um irmão extremoso; Tinha um anjo p'ra adorar...; Hoje não tenho esse irmão!...; Esse anjo me traiu! Meu lenitivo é penar! Ah! querida, Cachoeira; Minha terra prazenteira....; Nunca cuidei de cuidar; Que depois de tanta ausência; Eu te vendo sentiria; Meu peito triste pulsar! Porém perdoa, te peço; Meus pesares te confesso; Tu me deves perdoar! Sim, minha terra, tu sabes; Que n'este mundo ninguém; Mas de que eu chegou a te amar. Eu sofro tanto; Terra querida; Que a minha vida; Me faz penar! A flor da idade; Esmorecida; Do pé caída; Sinto secar!.... Oh!... torrão liberal!... torrão da Pátria! Mansão de livres- Cachoeira eterna...; A ver-te n'alma experimentei de chofre; De tristura, e prazer um misto amargo! Mas crê-me, espero -meu querido solo; Inda contente demonstrar-te um dia; Que neste peito que animaste, grato; Palpita um coração com força ingente; Que idolatrando a Santa Liberdade; Só por ti viverá Terra querida. Salve! livre Cachoeira; Independente, guerreira! Tu sempre foste a primeira; Em calcar a escravidão. Eis terra idolatrada; Defende sempre animada; Teu auriverde pendão. Não consintas um momento; Que o despotismo cruento; Em teu solo tenha assento; Tenha assento a escravidão; Morre pela Liberdade; Livre fez-te a Divindade; Escrava não serás, - não. Aceita, sim, Cachoeira; A saudação Verdadeira; Que minha lira altaneira; Te oferece do coração; Foi por ti terra querida; Que eu herdei na flor da vida; De Poeta o meu condão. D'América porção-- terreno Livre....; Cachoeira imortal, meu pátrio berço; De novo piso tuas gratas plagas....; E se a morte cruel com mão de bronze; De crepe me enlutou, pungiu-me a vida; Se hoje teu filho não desfruta um gozo; Se já tão jovem, - no folgar dos anos; Ao carro do sofrer atado carpe; Seu destino cruel, seu mal, seu Fado; Inda em seu perfeito arrefecer não pode; O amor da Pátria seu -cruel destino; Salve! querida, idolatrada Terra! Cachoeira imortal! três vezes salve! Manoel Bernardino Bolivar, Cidade da Cachoeira, 16 de dezembro 1850[1222].

[1222] Hemeroteca Digital da Biblioteca Nacional. Jornal *O Argos Cachoeirano*, ed. de 18.12.1850, p. 4.

Publicou alguns livros de poesias, entre eles *POESIAS*, em homenagem ao aniversário da morte de D. Pedro I, por ocasião da missa fúnebre que foi solenemente celebrada na Igreja de S. Francisco em memória do referido imperador.

Figura 215 – Capa do livro Poesias, editado pela Tipografia de Antônio Olavo da França Guerra, obra de domínio público

O devotamento a sua terra natal, evidenciado em seus escritos, também se manifesta na sua participação entusiástica nas celebrações do Vinte e Cinco de Junho. Como uma das personalidades mais destacadas, ele propagava com ardor o patriotismo e o respeito por essa efeméride. Ao resgatarmos as histórias dos moradores da heroica cidade, estamos também preservando a memória coletiva do território. Infelizmente, até o momento, há poucos registros dessas festividades no século XIX, o que torna as descrições obtidas através de notícias de jornais extremamente valiosas, pois revelam detalhes de uma das principais celebrações cívicas do município. Em 25 de junho de 1851, o nome mais citado durante as comemorações foi o de Manuel Bernardino Bolivar, membro da Sociedade 25 de Junho, responsável por organizar as festividades. Quando o relógio da igreja matriz soava, marcando o fim do dia 24 de junho, às exatas 12 h da noite, uma grande girândola de foguetes era lançada em frente à iluminação na praça da Câmara e Cadeia, subindo aos céus, seguida pelos anúncios das outras igrejas da cidade, proclamando a alvorada festiva do município.

De acordo com o editor do jornal, naquela ocasião, acontecia uma encenação que recriava o momento em que Dom Pedro I foi aclamado defensor perpétuo do Brasil pelo senado da câmara. Após esse evento, uma grandiosa carruagem, chamada de carro triunfal, desfilava pelas ruas, sendo calorosamente saudada pelo povo com vivas, e o entusiasmo alcançava níveis estratosféricos, especialmente depois de serem inflamados pelo patriotismo com a declamação de um poema por Manoel Bernardino, conhecido como o "*vate cachoeirano*", como se fosse o profeta da liberdade, empregando seu talento oratório e poético para liderar a população em uma marcha rememorativa do amanhecer da liberdade nacional. O povo, junto com os patriotas da Sociedade 25 de junho, abria caminho para o cortejo, acompanhado por música, vivas e fogos de artifício, com as casas da cidade iluminadas e fogos de artifício sendo lançados de suas janelas.

Manuel Bernardino retorna à cena e declama outro soneto. Desta vez, os clamores do povo sobrepujaram a voz do poeta, que prosseguiu em seu caminho. Por onde o desfile passava, eram recebidos com calorosas saudações, especialmente na Rua das Flores, onde um arco foi erguido às custas dos moradores, e os tambores de artilharia foram apresentados. A Praça da Alegria estava repleta de pessoas das classes populares. Concluído o monólogo, seguiram para a Rua Formosa, onde o emblema nacional foi colocado, com figuras proeminentes da sociedade auxiliando no transporte do carro, incluindo o tenente-coronel José Pinto da Silva, o capitão Frutuoso Gomes Moncorvo, nosso morador Manuel Bernardino Bolívar e muitos outros. Ao atingirem o destino e o carro ser colocado, o poeta Bolivar proferiu novas recitações, seguidas do hino liberal que havia sido entoado na residência do senhor Moncorvo[1223]. Em seguida, o povo se retirou, deixando o emblema de sua independência e soberania confiado a guardiões dedicados, enquanto se dispersava para dar espaço ao corpo de artilharia, à música e aos batalhões que completariam a grandiosa processão de entrada[1224].

O ano de 1853 foi notável em sua trajetória: completou a graduação, tornando-se doutor em medicina após defender uma das primeiras teses de Ciências Sociais na Faculdade de Medicina da Bahia[1225]. No dia 24 de setembro desse ano, uniu-se em matrimônio com Leopoldina Carolina, sua conterrânea e filha do comerciante Francisco de Sales Ferreira, numa cerimônia realizada no distrito de São Pedro, na cidade da Bahia, na casa de José Pedro Xavier Pinheiro[1226]. Com o diploma em mãos, ingressou no corpo de Saúde do Exército Brasileiro. Em 1881, foi eleito deputado provincial para o biênio de 1881 a 1882[1227]. Manoel Bernardino Bolivar faleceu em 15 de junho de 1895, no distrito da Sé, na cidade de Salvador, aos 68 anos, vítima de febre tifoide[1228].

[1223] Conferir verbete de Fructuoso Gomes Moncorvo.

[1224] Hemeroteca Digital da Biblioteca Nacional. Jornal *O Argos Cachoeirano*, ed. de 02.07.1851; *O Almotacé*, ed. de 06.07.1851.

[1225] CRUZ, Luciana Pereira de Oliveira. *Um olhar sobre as ciências sociais na Bahia*: história de um campo em formação. Tese (Doutorado) – Universidade do Estado da Bahia, Salvador, 2019. p. 35.

[1226] Universidade Católica do Salvador. Laboratório Reitor Eugênio Veiga (LEV). Livro de Registro de Casamento da Paróquia de São Pedro da cidade do Salvador, 1844-1899, p. 53.

[1227] MILTON, Aristides. *Ephemerides cachoeiranas*. Salvador: Ufba, 1979. (Coleção Cachoeira; v. 1). p. 193.

[1228] Universidade Católica do Salvador. Laboratório Reitor Eugênio Veiga (LEV). Livro de Registro de Óbitos da Paróquia da Sé da Cidade do Salvador, 1894 -1901, p. 6.

MANOEL DA COSTA E SOUZA

Ladeira da Praça[1229]

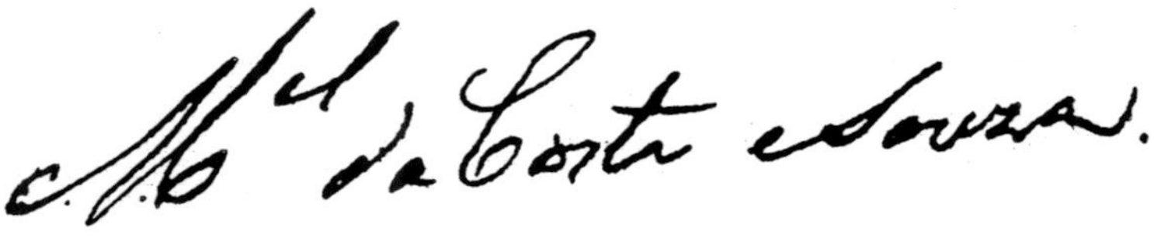

Veterano da Independência. Natural da Vila da Cachoeira, suspeitamos ser filho de João da Costa e Souza e Helena de Jesus Maria[1230]. Foi casado com Ana Bernardina de Santa Clara[1231]. Manoel da Costa e Souza foi um dos cachoeiranos que receberam a medalha de condecoração da Guerra da Independência, em reconhecimento aos serviços prestados à nação em 1822-1823, durante todo o curso deste conflito. Imaginamos que a sua atuação enquanto soldado durante a causa independentista na Bahia deve ter sido utilizada para que pudesse ingressar e progredir na Guarda Nacional, onde foi reformado no posto de Capitão.

Figura 216 – Hemeroteca Digital da Biblioteca Nacional. *Almanaque Administrativo, Mercantil e Industrial da Bahia*, ed. 02,1860, p. 450

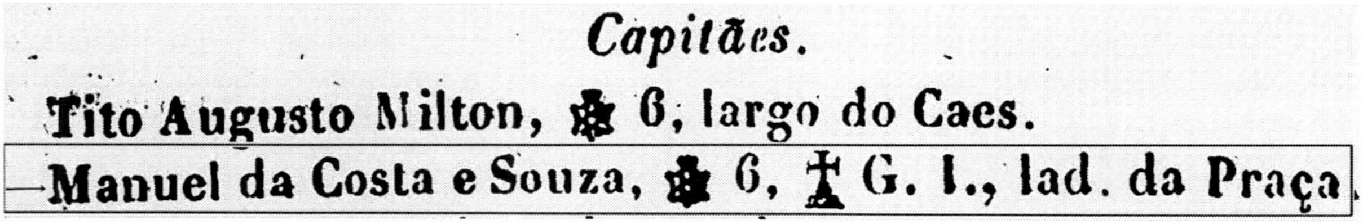

Capitães.

Tito Augusto Milton, ✠ 6, largo do Caes.

Manuel da Costa e Souza, ✠ 6, ✝ G. I., lad. da Praça.

Manoel da Costa e Souza soube aproveitar a notoriedade social conquistada com a condecoração da medalha da Independência e tornou-se uma figura influente na vila e depois cidade da Cachoeira. Nomeado vereador em 1836[1232], subdelegado de polícia em 1853[1233] e juiz de paz em 1856. Também teve o seu nome proposto e admitido para ser irmão na Santa Casa de Misericórdia, onde foi eleito e exerceu o posto de procurador-geral em 1855[1234]. Dirigiu e foi redator do *Jornal Constitucional Cachoeirano*[1235], periódico que se posicionou de forma explícita contra a Revolta da Sabinada, fundado em dezembro de 1837. O jornal circulou durante apenas um ano e era impresso em tipografia própria, situada na residência de Manoel da Costa e Souza[1236].

1229 Atual Benjamin Constant.

1230 Localizamos um assento de casamento que atribuímos ser de um irmão de Manoel da Costa e Souza. Universidade Católica do Salvador. Laboratório Reitor Eugênio Veiga (LEV). Livro de casamentos da Paróquia de Nossa Senhora do Rosário da Cachoeira, 1828-1860, p. 44.

1231 Assento de admissão de Manoel da Costa e Souza na Ordem Terceira do Carmo de Cachoeira.

1232 APMC. Livro de Termos de Juramento 1833-1853, p. 93.

1233 Memorial da Santa Casa de Misericórdia de Cachoeira. Livro de ofícios expedidos, p. 293.

1234 Memorial da Santa Casa de Misericórdia de Cachoeira. Livro de Atas 1854-1862, p. 41.

1235 APMC. Livro de Atas da Câmara Municipal de Cachoeira, 1839-1842, p. 55v.

1236 DINIZ, José Péricles. *Ser baiano na medida do Recôncavo*. Cruz das Almas: Editora UFRB, 2019. p. 89.

Imaginamos que a sua postura pró-monarquia e a circulação social nos principais espaços de poder da Cachoeira oitocentista propiciaram-lhe uma segunda insígnia condecorativa, desta vez a medalha de Cavaleiro da Imperial Ordem da Rosa.

O seu perfil profissional foi bastante multifacetado. Negociante, proprietário de tipografia, redator de jornal, aferidor de pesos e medidas da câmara municipal[1237] e, por último, agente dos Correios[1238] na agência de Cachoeira. Faleceu em 22 de agosto de 1865, decorrente de estupor, quando contava 61 anos de idade[1239], e foi sepultado na Ordem Terceira do Carmo de Cachoeira, instituição a que se filiou em 1828[1240].

[1237] Hemeroteca Digital da Biblioteca Nacional. *Almanaque Administrativo, Mercantil e Industrial da Bahia*, ed. 01, 1860, p. 440.

[1238] Hemeroteca Digital da Biblioteca Nacional. *Almanaque Administrativo, Mercantil e Industrial da Bahia*, ed. 01, 1862, p. 199.

[1239] Universidade Católica do Salvador. Laboratório Reitor Eugênio Veiga (LEV). Livro de Registro de Óbitos da Paróquia de Cachoeira, 1850-1870, p. 221v.

[1240] Arquivo da Venerável Ordem Terceira do Carmo da cidade de Cachoeira. Livro de profissões número 04 (séc. XIX). Livro desorganizado, não sendo possível citar a sua paginação. Assento de admissão de Manoel da Costa e Souza.

MANOEL DA SILVA SOLEDADE ("TAMBOR SOLEDADE")

Praça da Aclamação

Armador, funcionário público municipal, veterano da Independência imortalizado no quadro de Antônio Parreiras, obra alusiva às comemorações do processo de independência do Brasil na Bahia. Manoel da Silva Soledade nasceu na então Vila da Cachoeira por volta do ano de 1809, filho legítimo do barbeiro Luís Gonzaga dos Santos e Helena Maria da Piedade[1241].

Em 25 de junho de 1822, após uma solene cerimônia religiosa em ação de graças ao novo momento político que teve início com a aclamação de D. Pedro I enquanto defensor perpétuo do Brasil, os patriotas desfilavam em direção a suas residências, quando foram surpreendidos pelo ataque da canhoneira portuguesa que se encontrava no cais da vila. Manoel Soledade, soldado que se voluntariou à causa emancipacionista, acompanhado do seu tambor, encontrava-se na linha de frente da multidão, que festejava efusivamente com gritos e fogos de artifício, que foram abruptamente interrompidos pelos tiros de metralha que cruzavam a zona do edifício da câmara. Uma das buchas atingiu o jovem Soledade, contando à época cerca de 13 anos de idade, levando-o ao chão. Mesmo combalido, conseguiu reerguer-se e, ao contrário do que se supunha, não morreu nesse confronto[1242].

Figura 217 – Tambor Soledade retratado na obra de Antônio Parreiras[1243]

[1241] APMC. Documentos avulsos. Registro de óbito de João Evangelista Gonzaga dos Santos, irmão germano de Manoel Soledade; conferir verbete de Luís Gonzaga dos Santos.

[1242] MOREIRA, Igor Roberto de Almeida. Manoel da Silva Soledade a emblemática figura do 25 de junho. *In*: *A insurgente Vila da Cachoeira*: poder, imprensa e tensões sociais na independência do Brasil na Bahia. Salvador: Edufba, 2023.

[1243] Para visualizar a imagem completa, conferir o verbete de José Gomes Moncorvo.

Este episódio tornou-se uma efeméride na sua trajetória, sobretudo após ser condecorado com a Medalha da Guerra da Independência.

Manoel Soledade, homem negro letrado, iniciou a sua vida laboral como proprietário de uma casa de armador que funcionava na sua própria residência. Na função de armador, Soledade atuou em diversos setores cerimoniais da sociedade cachoeirana oitocentista. No âmbito público, atuava na ornamentação de igrejas e recintos políticos, como, por exemplo: em 1865, recebeu 12$000 (doze mil réis) para enfeitar a igreja matriz para a celebração do Divino Espírito Santo[1244]; em 1861, foi encarregado pelos camarários da execução dos preparativos dos festejos do Vinte e Cinco de Junho, sendo recompensado pela decoração no salão nobre da câmara, assim como pela contratação de ajudantes que limparam a praça e pedreiros que deram um "acabamento" no prédio[1245]. Já na esfera privada, comercializava ou alugava materiais funerários e itens para compor a ambientação desses eventos de luto. Sobre esse tema, é válido citar o relato do cronista Thomas Ewbank destacando o papel central do armador na organização dos funerais na Corte durante o final da primeira metade do séc. XIX[1246]. Essa observação é respaldada com alguns casos coletados na trajetória profissional de Soledade, como em 1838, quando foi incumbido de todos os preparativos para o enterro de Ana Maria da Conceição, desde a compra do tecido para a mortalha, sapatos para os pés, até a ornamentação do ambiente doméstico para o velório[1247].

Manoel Soledade possuía uma atuação social bastante efetiva: membro da Irmandade de Bom Jesus da Paciência[1248], comandante do batalhão patriótico que desfilava todos os anos durante as comemorações do Vinte e Cinco de Junho etc. Mesmo sem ocupar nenhum cargo político, mostrou se atento à conservação dos logradouros públicos. Em 1852, preocupado com o abandono de uma das principais zonas do município, encaminhou um requerimento aos membros da câmara pedindo que fosse encarregado da conservação da Praça do Chafariz, também conhecida à época como praça dos tamarindeiros, em razão dos pés de tamarindo que foram plantados neste local. A solicitação foi deferida e, em 1857, ainda se encontrava exercendo este trabalho. Vejamos a seguir:

[1244] APMC. Livro de Contas da Câmara de cachoeira, ano de 1865, p. 18.

[1245] APMC. Livro de Contas da Câmara de cachoeira, ano de 1861, sem numeração.

[1246] EWBANK, Thomas. *Life in Brazil; or, A journal of a visit to the land of the cocoa and the palm, with an appendix, containing illustrations of ancient South American arts*. New York: Harper & Brothers, 1856.

[1247] APMC. Inventário *post mortem* de Ana Maria da Conceição, caixa 118, processo 1136, p. 34.

[1248] APMC - Documentos avulsos não classificados.

Figura 218 – APMC. Requerimentos. Legislativo. Documentos avulsos não classificados

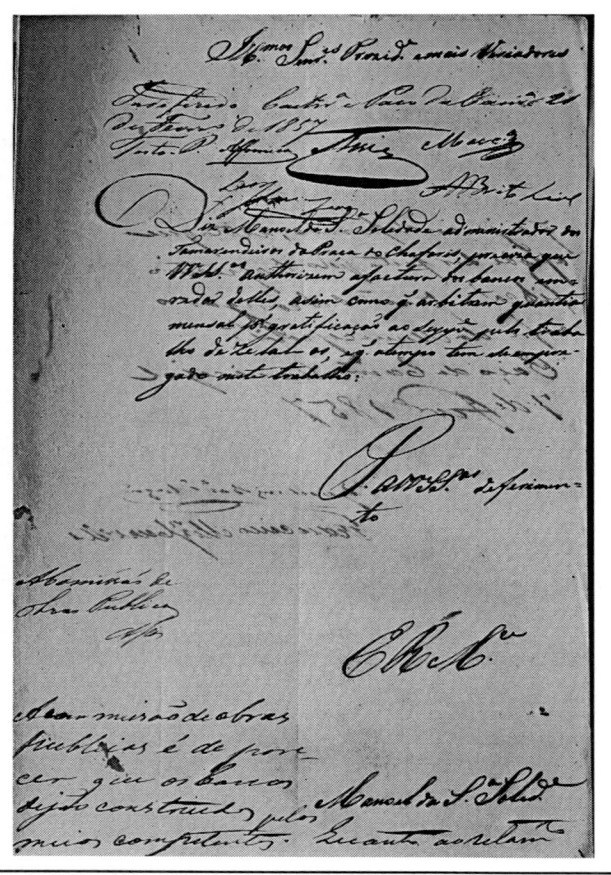

> Ilmos. Srs. Presidente e mais vereadores.
> Diz Manoel da Silva Soledade, administrador dos tamarindeiros da praça do chafariz, precisa que V.S. autorizem a fatura dos bancos em redor deles, assim como que arbitrem quantia mensal para gratificação ao suplicante pelo trabalho de zelá-los, e que há tempos têm se empregado neste trabalho. P. A. V.S. deferimento. E.R.M. Manoel da Silva Soledade[1249].

Os serviços prestados a bem da municipalidade foram revertidos a seu favor, quando em 1859 foi investido no emprego de fiscal da câmara, tornando-se um agente público local. No exercício desta função, foi-lhe confiada a arrecadação do imposto sobre vinho, que deveria ser cobrado no desembarque no Porto da cidade[1250].

Apesar de ter mantido o seu estado de solteiro, teve muitos relacionamentos. Viveu maritalmente com quatro mulheres em períodos distintos: Joaquina Maria do Espírito Santo, Cecília Maria da Encarnação, Clemência Maria da Conceição e Maria Joaquina da Conceição. Destas uniões foram gerados nove filhos: Domitildes da Silva Soledade, Pedro da Silva Soledade, Theonesto da Silva Soledade, Leolina da Silva Soledade, Andrelina Soledade, Manoel Possidônio da Soledade, Francelina Soledade[1251], Firmina Cândida Soledade, Manoel da Silva Soledade[1252].

[1249] APMC. Requerimentos. Legislativo. Documentos avulsos não classificados.
[1250] APMC. Requerimentos. Legislativo. Documentos avulsos não classificados.
[1251] Conferir verbete de Francelina Afra da Silva Soledade.
[1252] APMC. Inventário *post mortem* de Manoel da Silva Soledade, caixa 148, doc. 1476.

Todos os eventos vitais da vida de Manoel Soledade ocorreram em um mesmo local: a então Rua da Praça, atual Praça da Aclamação.

Figura 219 – Praça da Aclamação, nas imediações da casa onde viveu e faleceu Tambor Soledade. Imagem baseada nas fotografias mais antigas desse espaço. Desenho de Igor Pereira Trindade, 2024

Neste local ele nasceu, foi ferido e se tornou mártir da luta pela independência do Brasil, acompanhou o nascimento de seus filhos e, por fim, pagou o tributo da vida. Sua história foi marcada por peculiaridades, desde o perfil intelectual singular para um homem negro e de família humilde, até o fato de ser o anônimo mais famoso da história do Recôncavo. Como a representação pictórica de alguém pode ser tão conhecida e, ao mesmo tempo, sua trajetória histórica ter passado despercebida por tantos anos? Foi exatamente o que aconteceu. Mesmo que os investigadores tenham eventualmente se deparado com registros de sua vida em suas pesquisas, a lenda de sua morte os impediu de neles reconhecê-lo. Seu inventário *post mortem* sempre esteve disponível no Arquivo Público Municipal de Cachoeira, catalogado e facilmente acessível.

São muitas singularidades que compõem sua história, e não foi diferente em seus momentos finais. Na manhã de 10 de novembro de 1870, Soledade foi atingido por um mal súbito. Prevendo que o fim estava próximo, reuniu suas últimas forças e foi à casa do procurador Virginio José de Almeida, entregando-lhe um documento em que reconhecia e legitimava seus filhos, pedindo-lhe que, com urgência, encontrasse o tabelião Cunha e o levasse até sua residência para que fosse lavrada a escritura pública de reconhecimento paterno. Infelizmente, ele foi informado que o tabelião estava em São Félix. Mesmo à beira da morte, manteve sua sagacidade intacta; ao perceber que o tabelião não chegaria em tempo, convocou várias testemunhas e declarou enfaticamente seu grande e último desejo: assinar o documento de reconhecimento de seus nove filhos. Logo em seguida, diante de todos os presentes, exalou os últimos suspiros[1253]. Foi sepultado na Capela de Nossa Senhora D'Ajuda, em 11 de novembro de 1870, contando pouco mais de 60 anos. O seu assento de óbito informou que faleceu de congestão[1254].

[1253] APMC. Inventário *post mortem* de Manoel da Silva Soledade, caixa 148, doc. 1476.
[1254] Universidade Católica do Salvador. Laboratório Reitor Eugênio Veiga (LEV). Livro de Registro de Óbitos da Paróquia de Cachoeira, 1870-1876, p. 5v.

MANOEL EUSTÁQUIO DO NASCIMENTO

Foi um dos grandes entusiastas do futebol na Cachoeira do princípio do século XX. Estima-se que nasceu na heroica por volta de 1885. Sua participação na fundação e organização do Sport Club Santos Dumont tornou-o um dos pioneiros na promoção do esporte futebolístico no Recôncavo baiano.

Figura 220 – APMC. Requerimento encaminhado à Intendência solicitando a permissão para armar traves de futebol na Praça Maciel. Intendência. Documentos avulsos não classificados

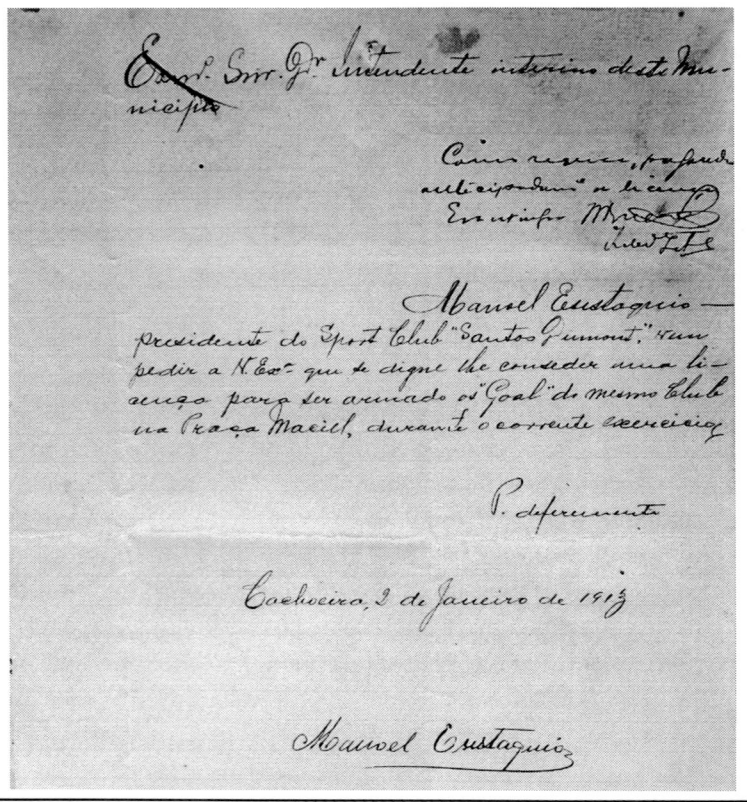

Exm. Sr. Dr. Intendente interino deste município
Manoel Eustaquio, presidente do Sport Club "Santos Dumont", vem pedir a V. Exª. que se digne lhe conceder uma licença para ser armado os "Goal" do mesmo Club na Praça Maciel, durante o corrente exercício. P. deferimento. Cachoeira, 2 de janeiro de 1913. Manoel Eustaquio.

Além do Santos Dumont, encontramos informações sobre outros três clubes futebolísticos atuantes no período: Sport Club Paraíso do Brasil, Ideal dos Campinhos e Combinado Cachoeirano, sendo a zona das Praças Maciel e Ubaldino de Assis os locais onde ocorriam tais atividades[1255]. A seguir, uma fotografia do ano de 1919, tirada após uma partida realizada na Praça Ubaldino de Assis, em que o Combinado Cachoeirano venceu o Combinado São Felixta[1256].

[1255] APMC. Intendência. Documentação avulsa não classificada.
[1256] Hemeroteca Digital da Biblioteca Nacional. Periódico *Leitura para Todos*, ed. 12 de 1920, p. 31.

Figura 221 – Periódico *Leitura para Todos*, ed. 12, de 1920, p. 31, autor desconhecido. Hemeroteca Digital da Biblioteca Nacional

MANOEL FONTES MOREIRA

Rua das Flores[1257]

[assinatura: Manoel Fontes Moreira]

Português, comerciante e proprietário de duas fábricas de cerveja e vinagre, situadas nos fundos de sua humilde residência na Rua das Flores[1258], uma pequena casa de estilo colonial. Ele emergiu como uma das personalidades mais destacadas do movimento abolicionista na cidade de Cachoeira, atuando de forma direta e resoluta, sem temer as consequências de confrontar os interesses dos poderosos senhores de escravizados locais.

Cachoeira se destacou como um forte centro onde convergiram as forças abolicionistas do Recôncavo, com a criação de várias associações que apoiavam a causa da libertação dos escravizados. Na década de 1880, além dos periódicos que tinham a abolição como uma das suas pautas, surgiu *O Asteroide*, jornal estabelecido especificamente para combater a escravidão e sustentar o movimento abolicionista, fundado pelo nosso morador Manoel Fontes Moreira e Sulpício de Lima Câmara, com o apoio de Manoel Paulo Teles de Matos e do professor Cincinato Franca[1259].

Manoel Fontes Moreira defendia as ideias abolicionistas nas páginas de seu jornal, mesmo sob ameaça dos poderosos que se valiam das instituições imperiais para tentar silenciá-lo, chegando a impedir a circulação de algumas edições do periódico, que por vezes era confiscado e destruído pela polícia escravocrata. Convicto da importância de sua missão e obstinado, ele e seu companheiro Sulpício percorriam a cidade pessoalmente para distribuir o jornal. Em uma dessas ocasiões, foram presos em pleno dia. Escoltados pela polícia até a delegacia, com ordens de espancamento, viram os exemplares de seu jornal serem destruídos. Ao serem encarcerados, a população que apoiava a causa da abolição da escravatura mobilizou-se. Essa situação se espalhou rapidamente pelas cidades e arredores, gerando uma grande agitação, culminando em um ataque enérgico à residência do delegado de polícia. Ferido, o delegado fugiu da vingança popular, uma fúria que nenhuma força armada conseguiu conter.

Manoel Fontes Moreira foi um dos sócios fundadores da Sociedade Abolicionista Libertadora Cachoeirana[1260], uma entidade formada por membros aguerridos que utilizavam o espaço para planejar e lutar contra o sistema escravocrata. Segundo o historiador Jacó Souza, a partir de maio de 1884, com a criação dessa associação, os abolicionistas intensificaram ações que

---

[1257] Atual Lauro de Freitas.

[1258] Biblioteca Púbica dos Barris. Setor de Periódicos Raros. LEAL, Xavier; VELASQUES, Diogo. *Almanaque da comarca da Cachoeira para o ano de 1889*. Bahia: Imprensa Popular, 1888. p. 82.

[1259] Esse verbete foi escrito a partir do relato memorial de Genésio de Souza Pitanga, presente no periódico *Correio da Manhã*. Hemeroteca Digital da Biblioteca Nacional. PITANGA, Genésio de Souza. O 13 de Maio em Cachoeira Bahia. *Correio da Manhã*, Rio de Janeiro, ano 28, n. 10.540, 12 maio 1929. Suplemento, p. 3.

[1260] APEB. Seção de Arquivo Colonial e Provincial. Atas da Sociedade Abolicionista Libertadora (Cachoeira, 1884-1887), maço 2878.

repercutiam localmente, influenciando escravizados, senhores e defensores da abolição de formas distintas. Embora nem sempre de maneira ortodoxa, ocasionalmente incentivavam os escravizados a fugir de seus senhores. A pequena residência de Manoel Fontes Moreira na Rua das Flores chegou a ficar tão cheia que não comportava mais os homens, mulheres e crianças que escapavam dos cativeiros[1261].

Essas valiosas informações foram divulgadas por um contemporâneo de Manoel Fontes Moreira, seu aliado na batalha contra a escravidão, o comerciante Genésio Pitanga, que testemunhou todos os eventos mencionados. Pitanga encerrou sua narrativa com a passagem a seguir:

> Por duas semanas, Cachoeira e as cidades circunvizinhas foram envolvidas em um fervor extraordinário, culminando na exaltação de Manuel Fontes Moreira. A homenagem foi prestada pelas senhoras cachoeiranas e pela Lira Ceciliana sob a regência do professor Manoel Tranquilino Bastos. Foi, talvez, a mais sincera e merecida glorificação que uma comunidade pode conceder a um de seus membros. Fontes Moreira, um homem humilde, que vivia de seu trabalho e era relativamente desconhecido, desempenhou o papel glorioso de inspirar uma sociedade inteira. Ele defendeu uma causa nobre: a liberdade dos africanos e de seus descendentes escravizados, uma situação que envergonhava uma parte significativa do continente americano.[1262]

[1261] SOUZA, Jacó dos Santos. *Outros sujeitos da Abolição*: itinerários de abolicionistas no Recôncavo da Bahia (Cachoeira, 1880-1891). Tese (Doutorado) – Universidade Federal da Bahia, Salvador, 2021. p. 117.

[1262] Hemeroteca Digital da Biblioteca Nacional. PITANGA, Genésio de Souza. O 13 de Maio em Cachoeira Bahia. *Correio da Manhã*, Rio de Janeiro, ano 28, n. 10.540, 12 maio 1929. Suplemento, p. 3.

MANOEL GALDINO DE ASSIS (COMENDADOR)

Ladeira da Praça[1263] n. 17

Manoel Galdino de Assis

Advogado, professor, político e filantropo, Manoel Galdino é mais um dos cachoeiranos que integram a seleta galeria das pessoas negras que alçaram posição de grande prestígio na sociedade baiana oitocentista. Nasceu na Vila de Nossa Senhora do Rosário do Porto da Cachoeira em 15 de fevereiro de 1812, sendo filho legítimo do advogado provisionado João Francisco de Assis e de Maria Feliciana Pereira Lima. Com trabalho incessante e dedicação, alcançou a cadeira pública de latinidade, a qual exerceu por 20 anos até 1852, ano em que solicitou seu desligamento. Como monarquista, integrou as fileiras do partido Conservador.

Figura 222 – Retrato do comendador Manoel Galdino de Assis, séc. XIX, óleo sobre tela. Autor desconhecido. Esta imagem foi gentilmente cedida pelo Memorial da Santa Casa de Cachoeira. A fotografia foi realizada pela Prof.ª Dr.a Ângela Santana, então responsável pelo memorial

[1263] Atual Benjamin Constant.

Desempenhou diversos cargos eletivos, desde juiz de paz e eleitor de paróquia de sua freguesia natal, por mais de 30 anos, até vereador da câmara por várias legislaturas entre 1845 e seu falecimento, e presidente da mesma corporação de 1849 a 1856. Foi eleito deputado pela assembleia provincial do segundo distrito eleitoral para a legislatura de 1870, utilizando seu tempo na tribuna para promover obras públicas em benefício de sua amada cidade natal. Atuou como advogado provisionado no foro da comarca de Cachoeira, reputado como um intelectual autodidata que, embora, não possuísse formação teórica formal, era reconhecido pelos seus pares como um brilhante causídico. Também serviu como suplente do Juiz de Direito, Juiz Municipal, Promotor do Juízo da Provedoria e do Conselho de Disciplina, Curador de Órfãos e Promotor Público em diversas ocasiões[1264].

Após numerosos serviços prestados à nação, o governo imperial o honrou com os títulos de oficial da Imperial Ordem da Rosa em 1860, em reconhecimento aos serviços à humanidade vulnerável como provedor na Santa Casa de Misericórdia de Cachoeira, e, em 1867, recebeu a comenda da mesma ordem por serviços notáveis prestados ao país durante a campanha do Paraguai. Eleito provedor em 1855, encontrou a igreja e o hospital em estado de pobreza e ruína. Realizando um exame detalhado das necessidades, iniciou a reconstrução desta importante instituição local. Construiu um novo hospital, demolindo até os fundamentos do antigo por razões de insalubridade e falta de acomodações adequadas; ergueu pátios, jardins, banheiros; instalou um chafariz, uma farmácia, encanamentos para esgoto, cozinha, e outras melhorias para os enfermos; renovou todos os utensílios móveis do hospital; e realizou obras significativas no interior e exterior da Igreja de São João de Deus, incluindo púlpitos, tribunas, couro, ladrilhos, forros nos corredores etc. Além de supervisionar todas essas melhorias, ele comparecia para dirigir os trabalhos, estando presente na instituição das 6 h da manhã até às 5 h da tarde, conforme registrado em ata pelos outros membros da Mesa diretora, que consideraram justo reconhecer o ato desse dedicado irmão[1265]. Contribuiu também financeiramente, como em 1864, quando doou 563.000 réis para o hospital, destacando que o filantropo Rodrigo José Ramos o auxiliou para que a doação fosse feita[1266]. Devido a tantas melhorias, foi reeleito por unanimidade para 17 mandatos consecutivos[1267].

[1264] Acervo da Hemeroteca Digital da Biblioteca Nacional. Todas essas informações, assim como as dos primeiros parágrafos, foram retiradas do periódico *Correio Oficial*, editado em Goiás, ed. de 28.10.1871.

[1265] Memorial da Santa Casa de Misericórdia de Cachoeira. Livro de Atas, 1854-1862, p. 103.

[1266] Memorial da Santa Casa de Misericórdia de Cachoeira. Livro de Atas, 1861-1869, p. 55.

[1267] Memorial da Santa Casa de Misericórdia de Cachoeira. Livro de Registro de Fundação do Hospital, p. 28v.

Figura 223 – Gravura de 1866 que mostra a fachada do hospital e da Capela da Santa Casa após as obras de revitalização realizadas na administração de Manoel Galdino de Assis. Disponível na obra: MORAES, Alexandre José de Mello. *Brasil histórico*. Rio de Janeiro: Typographia dos Editores, 1866. t. 1. p. 53

Além de zelar pela parte material da instituição, Manoel Galdino de Assis dedicou-se também à preservação da memória, reunindo informações que estavam espalhadas em papéis soltos e danificados pelo tempo. Ele compilou esses dados essenciais em um único livro, que foi doado ao arquivo da Santa Casa[1268]. Eloquente orador da tribuna forense e ilustre figura da Cachoeira, sucumbiu, após longa batalha, contra uma moléstia da laringe[1269], às 8 h da manhã de 23 de agosto de 1871. O seu funeral foi marcado como um dos mais concorridos até então, segundo a imprensa local.

[1268] Memorial da Santa Casa de Misericórdia de Cachoeira. Livro de Atas n. 06, 1861-1869, p. 70.
[1269] Universidade Católica do Salvador. Laboratório Reitor Eugênio Veiga (LEV). Livro de Registro de Óbitos da Paróquia de Cachoeira, 1870-1876, p. 26v.

MANOEL GALDINO MOREIRA

Rua do Dendê[1270]

Homem negro[1271], centenário, conhecido por ser o homem mais velho do município em finais do séc. XIX. Estima-se que nasceu na então Vila de Nossa Senhora do Rosário do Porto da Cachoeira em 1764, situação que faz com que tenha sido um dos raros moradores que vivenciaram os três regimes políticos implantados no Brasil ao longo de sua história. Exerceu durante algumas décadas o ofício de mestre de barco, atuando na principal rota marítima comercial da Bahia: Cachoeira-Cidade do Salvador[1272]. Com o passar dos tempos, o "peso" da idade impôs-lhe algumas limitações que inviabilizavam a permanência nessa função. O vínculo na sociabilidade religiosa fez com que fosse admitido na função de zelador da portaria do Convento do Carmo e, paralelamente a este serviço, corria as ruas da cidade esmolando para os santos e vendendo artigos religiosos. Segundo os seus contemporâneos: "esmolava para os santos, com uma redoma que trazia a imagem da Virgem. Trocava na mesma ocasião rosários bentos com os devotos"[1273].

Este pequeno fragmento da vida do morador Manoel Galdino desvenda facetas anteriormente ocultas da interação entre o cenário religioso leigo local e as autoridades eclesiásticas. Ao que parece, esta prática era bastante corriqueira na cidade da Cachoeira, a ponto de despertar a atenção das autoridades do arcebispado. Em março de 1882, o monsenhor Manoel dos Santos Pereira, governador do arcebispado da Bahia, dirigiu um ofício ao vigário da Cachoeira relatando que a prática descrita anteriormente era totalmente incompatível com a Constituição Sinodal e, portanto, deveria ser imediatamente abolida, sob pena de serem tomadas atitudes mais enérgicas e incisivas.

> Tendo chegado ao meu conhecimento que nesta Freguesia há o inqualificável abuso de andarem indivíduos revestidos de opas, ou sem elas, trazendo consigo imagens de santos de vultos e de pintura a esmolarem pelas ruas, sem prévia licença do prelado diocesano, e (o que é incrível e intolerável) até pessoas do sexo feminino, portando em caixinhas e oratórios tais imagens a fim de também haverem esmolas para as irmandades e devoções, e sendo tal abuso expressamente proibido pela constituição Sinodal, (tit. LXIV n.882) pelo presente meu ofício, chamo para que haja de fazer cessar tão grave escândalo.[1274]

Na década de 1880, Manoel Galdino foi atingido por um coice de um animal, que cessou a sua vida social, levando, a partir deste evento, uma vida quase que vegetativa[1275]. Faleceu em 19 de dezembro de 1891, em sua residência, sita à então Rua do Dendê, no bairro do Caquende. Contava a impressionante idade de 127 anos. Foi sepultado no Cemitério do Rosarinho[1276].

[1270] Localizada no bairro do Caquende.
[1271] Hemeroteca Digital da Biblioteca Nacional. Jornal *O Apostolo*, ed. de 10.02.1892, p. 2.
[1272] Hemeroteca Digital da Biblioteca Nacional. Jornal *A República*, ed. de 13.01.1892.
[1273] *Ibidem*.
[1274] Hemeroteca Digital da Biblioteca Nacional. Jornal *Diário do Brasil*, ed. de 03.05.1882, p. 3.
[1275] Hemeroteca Digital da Biblioteca Nacional. Jornal *A República*, ed. de 13.01.1892.
[1276] APEB. Judiciário. Livro de óbitos n. 05, Cachoeira/BA, termo n. 523.

MANOEL GOMES MONCORVO ("MONCORVO")

Rua do Fogo

Cachoeirano que atuou no comércio e, após perder o seu património, exerceu a função de entregador de jornais nas oficinas do jornal *A Ordem*. Nasceu em 17 de junho de 1847, filho legítimo do coronel Fructuoso Gomes Moncorvo — que chegou a ser o homem mais rico da Cachoeira[1277] — e de sua esposa, d. Cândida Marcolina de Almeida Moncorvo. Foi batizado em 2 de janeiro de 1848, levado à pia batismal pelo dr. Bento José Fernandes de Almeida e d. Carlota Joaquina de Almeida Pires[1278], pessoas de relações consanguíneas da mãe do batizando.

Estudou em sua terra natal. A despeito da fortuna familiar, não se animou para seguir com os estudos. Atuou durante certo tempo como caixeiro na casa comercial do seu pai, situada na cidade da Bahia[1279]. Ao retornar para Cachoeira, inseriu-se durante curto espaço de tempo no comércio local, com casa de negócio.

Desprovido de patrimônio, foi contratado para trabalhar nas oficinas do jornal *A Ordem*, de José Ramiro das Chagas, atuando nessa mesma função durante longos anos. A edição n. 46, de 17.06.1911, do citado jornal, ao noticiar o seu aniversário, também informou o seguinte: "o sr. Manoel Gomes Moncorvo, o simpático e popular Moncorvo, decano dos empregados das oficinas desta folha". Ao final da sua útil vida laboral, atuou como operário em alguma fábrica da cidade ou da vizinha São Félix[1280]. Idalina de Carvalho Moreira[1281], contemporânea de Manuel Moncorvo, relatou em suas memórias que as pessoas da cidade comentavam sobre a decadência econômica da família Moncorvo, utilizando Manoel como exemplo: "quando criança tomava banho em bacia de ouro e no final da vida coube-lhe o lugar de simples operário"[1282].

Faleceu em 10 de junho de 1919, em Cachoeira, na sua residência, sita à Rua do Fogo, vitimado por moléstia da uretra[1283]. Contava 72 anos de idade, era solteiro e não deixou descendência. Foi sepultado no Cemitério da Ordem Terceira do Carmo. O jornal *A Ordem*, edição n. 46, de 14.06.1919[1284], noticiou o seu falecimento, apresentando as seguintes notas biográficas:

> Faleceu nesta cidade, no dia 10, vítimas de antigos padecimentos, Manuel Gomes Moncorvo, antigo postilhão desta folha. Contava 72 anos de idade, foi, há muitos anos, negociante desta praça e era filho do extinto capitalista Fructuoso Gomes Moncorvo, que foi o maior proprietário que a Cachoeira já possuiu. Os funerais de Manoel Moncorvo, que foi inumado no cemitério da Ordem Terceira do Carmo, feitos com decência pelo estimável senhor Durval de Queiroz Vasconcelos, neles tomando parte a Lira Ceciliana, que executou dolentes marchas ao baixar o corpo à sepultura. Paz a sua alma!

[1277] Conferir verbete de Fructuoso Gomes Moncorvo.
[1278] Universidade Católica do Salvador. Laboratório Reitor Eugênio Veiga (LEV). Livro de batismos da Paróquia de Nossa Senhora do Rosário da Cachoeira, 1846-1861, p. 34v.
[1279] APMC. Documentos não classificados. Processo de dispensa dos serviços militares de Manoel Gomes Moncorvo, 1876.
[1280] Cartório do Registro das Pessoas Naturais da Cidade de Cachoeira/BA, Distrito-Sede. Livro de óbitos n. 21, termo 382.
[1281] Conferir verbete de Idalina de Carvalho Moreira.
[1282] Memorial de Idalina de Carvalho Moreira, nascida em Cachoeira em 1886.
[1283] Cartório do Registro das Pessoas Naturais da Cidade de Cachoeira/BA, Distrito-Sede. Livro de óbitos n. 21, termo 382.
[1284] Biblioteca Púbica dos Barris. Setor de Periódicos Raros.

MANOEL JOAQUIM CÂMARA

Alfaiate cachoeirano[1285]. Manoel Joaquim Câmara nasceu por volta de 1790, e faleceu em 28 de abril de 1875. Foi sepultado no Convento do Carmo[1286].

[1285] Hemeroteca Digital da Biblioteca Nacional. Jornal *O Globo*, ed. de 07.05.1875, p. 1.
[1286] Universidade Católica do Salvador. Laboratório Reitor Eugênio Veiga (LEV). Livro de Registro de Óbitos da Paróquia de Cachoeira, 1870-1876, p. 176v.

MANOEL JOSÉ DO CONDE

Foi um próspero negociante que se estabeleceu em Cachoeira ainda na primeira metade do século XIX, trabalhava diretamente com o beneficiamento do fumo e couro, enviando-os para a então cidade da Bahia, mais tarde remetendo-os para a Europa. Em 1853 encaminha um requerimento à Câmara Municipal de Cachoeira solicitando autorização para estender couros secos nas margens do Rio Paraguaçu:

> Diz Manoel José do Conde, negociante nesta cidade que costumando a receber couros secos que exporta e precisando estendê-los ao sol, foi intimado pelo fiscal para não fazê-lo no porto de São Félix, se bem que nada prejudicasse ao trânsito público porém, não querendo o suplicante por obediência e intimação da ordem de V.S. continuar a estendendo naquele lugar e não devendo também ser privado de fazê-lo aonde em nada prejudica, vem requerer a V.S. licença para fazer na margem do rio do cais para baixo, onde não é rua nem trânsito público, notando vossas senhorias que os couro secos de que trata o suplicante não exalam mau cheiro nem coisa que prejudique a salubridade pública.[1287]

O sucesso dos seus empreendimentos comerciais levou-o a ser matriculado pelo Tribunal do Comércio da Província da Bahia. Em 28 de abril de 1854, o pároco de Cachoeira aparece batizando um seu filho de nome Augusto, criança havida de Eufrosina Ermelinda do Nascimento, com quem vivia maritalmente[1288]. Transfere-se nas décadas seguintes para a cidade do Salvador, onde amplia os seus investimentos ao adquirir um trapiche[1289].

[1287] APMC. Requerimentos (Legislativo). Documentos avulsos não catalogados.
[1288] Universidade Católica do Salvador. Laboratório Reitor Eugênio Veiga (LEV). Livro de batismos da Paróquia de Nossa Senhora do Rosário da Cachoeira, 1846-1861, p. 163.
[1289] Hemeroteca Digital da Biblioteca Nacional. *Almanaque Administrativo, Comercial e Industrial*: para o ano de 1873, quinquagésimo segundo da Independência e do Império (BA) – 1872, p. 58.

MANOEL JOSÉ MELGAÇO

Guarda policial que atuou em Cachoeira no século XIX. Faleceu em 18 de novembro de 1858, durante o exercício da sua função, em uma diligência, quando foi repentinamente atingido por um tiro. Foi sepultado no Convento de Nossa Senhora do Carmo[1290].

[1290] Universidade Católica do Salvador. Laboratório Reitor Eugênio Veiga (LEV). Livro de Registro de Óbitos da Paróquia de Cachoeira, 1850-1870, p. 105.

MANOEL LINO PEREIRA

Rua da Feira

Militar, veterano da Independência; estimamos que Manoel Lino nasceu na última década do séc. XVIII e casou-se em 29 de janeiro de 1818 com Feliciana Maria da Conceição[1291]. Em 1822, participou ativamente dos movimentos que buscavam conquistar a nossa autonomia política. Aristides Milton registrou na sua *Efemérides* um dos serviços prestados por Lino à causa emancipacionista no episódio de 28 de junho de 1822, quando os cachoeiranos tomaram a barca canhoneira sita no Paraguaçu e prenderam a sua tripulação: "Presas as 27 pessoas que achavam-se a bordo, foram todas enviadas, dentro de poucos dias, para a cadeia de Inhambupe por uma escolta de *que foi comandante o sargento Manoel Lino Pereira*"[1292].

As contribuições de Manoel Lino à nação, durante essa significativa efeméride, permaneceram na memória dos cachoeiranos, sendo ele um dos veteranos da Independência que participaram ativamente das comemorações de 25 de junho, data que foi incorporada ao calendário cívico da Vila da Cachoeira a partir de 1832[1293]. O jornal *A Ordem*, ed. de 2 de junho de 1870, registrou uma das participações de Manoel Lino, descrevendo com requinte de detalhes.

> Na meia-noite de 31 para 1º do corrente, foi hasteado na praça municipal o emblema nacional anunciador dos festejos do memorável dia 25 de junho. Nessa ocasião tocou o hino nacional a filarmônica Orphesina, que, desfilando depois pela rua da Matriz até a da Feira, aí hasteou-se outra bandeira, **entoando os vivas do costume o veterano da independência sr. Manoel Lino Pereira**; depois, seguindo a música e povo para o Largo do Caquende, foi nesse lugar erguida outra Bandeira. O entusiasmo e a boa ordem foram os principais ornatos desta elegante função.[1294]

O artigo do jornal, além de destacar a participação ativa dos veteranos da Independência nas festividades patrióticas do município, também revive a história e as origens de certos rituais cívicos ainda praticados. No século XIX, as celebrações de 25 de Junho tinham início ao alvorecer do dia 1º de junho, mas, com o passar do tempo, passaram a ocorrer à noite. Com base na descrição apresentada pelo jornal, acredita-se que os adornos que sustentavam as bandeiras tenham sido reformulados, resultando na integração das bandeiras aos mastros cívicos, tal como os contemplamos na atualidade. A cerimônia de abertura, atualmente conhecida como "a levada dos paus das bandeiras", é marcada por um cortejo no qual os membros do Legislativo

---

[1291] Universidade Católica do Salvador. Laboratório Reitor Eugênio Veiga (LEV). Livro de casamentos da Paróquia de Nossa Senhora do Rosário da Cachoeira, 1802-1820, p. 170v, 171.

[1292] MILTON, Aristides. *Ephemerides cachoeiranas*. Salvador: Ufba, 1979. (Coleção Cachoeira; v. 1). p. 219.

[1293] MOREIRA, Igor Roberto de Almeida. Manoel da Silva Soledade a emblemática figura do 25 de junho. In: *A insurgente Vila da Cachoeira*: poder, imprensa e tensões sociais na independência do Brasil na Bahia. Salvador: Edufba, 2023. p. 99.

[1294] Hemeroteca Digital da Biblioteca Nacional. Periódico *Diário de Notícias*, ed. de 13.06.1872, p. 3.

municipal transportam mastros adornados com folhagens e a bandeira nacional. Esses mastros são simbolicamente fincados nos locais que outrora delimitavam os limites urbanos — a Rua da Feira e o Caquende —, preservando uma tradição carregada de simbolismo e patriotismo, que conecta o passado ao presente.

Figura 224 – Imagem da Praça da Aclamação ornada para os festejos de 25 de junho. Década de 1950. Imagem do acervo de Igor Roberto de Almeida. Autor não identificado

Manoel Lino Pereira, além de negociante, exerceu durante vários anos a função de avaliador dos prédios rústicos do município da Cachoeira[1295]. Residia na Rua da Feira, e faleceu após o ano de 1872, era filho legítimo de Antônio Joaquim de Santana e de Severina Pereira de Brito[1296].

[1295] Hemeroteca Digital da Biblioteca Nacional. *Almanaque Administrativo, Mercantil e Industrial da Bahia*, ed. 01, 1860, p. 434.
[1296] Universidade Católica do Salvador. Laboratório Reitor Eugênio Veiga (LEV). Livro de casamentos da Paróquia de Nossa Senhora do Rosário da Cachoeira, 1802-1820, p. 170v, 171.

MANOEL MARTINS GOMES (CORONEL)

Rua Formosa[1297]

O coronel Manoel Martins Gomes integra a galeria dos homens mestiços que alçaram posição de destaque na política municipal do século XIX. Filho legítimo de Francisco Gomes da Fé e d. Luzia Maria Lopes, nasceu por volta do ano de 1839 no território que hoje corresponde à cidade de Ouriçangas[1298]. Na época de seu nascimento, esse local era apenas um povoado em torno da Capela de Nossa Senhora da Conceição das Ouriçangas, pertencente à Vila de Água Fria[1299].

Figura 225 – Fotografia do Cel. Manoel Martins Gomes, década de 1890. Fotografia de *Gonçalves*, na cidade do Salvador. Acervo de Regina Onofre, bisneta do Cel. Martins Gomes

[1297] Atual Av. J. J. Seabra.
[1298] Cartório do Registro Civil das Pessoas Naturais, Distrito-Sede – Cachoeira/BA. Livro de óbitos n. 10, p. 104.
[1299] Conferir em: http://biblioteca.ibge.gov.br/visualizacao/dtbs/bahia/ouricangas.pdf. Acesso em: 10 set. 2023.

Acredita-se que Manoel Martins tenha se mudado para Cachoeira por volta de 1855, já que em 1858 ele e outros comerciantes assinaram uma petição defendendo que o cais do porto era o local ideal para a construção de um mercado, devido à sua posição estratégica para comerciantes e consumidores. Os signatários argumentavam que isso facilitaria a importação e exportação de mercadorias[1300]. O seu estabelecimento comercial, conhecido como *"Grande Empório de Fazendas Martins Gomes"*, estava situado na antiga Rua Formosa, hoje chamada Antônio Carlos Magalhães.

Figura 226 – Nota fiscal da casa comercial do coronel Martins Gomes. Arquivo Público Municipal de Cachoeira. Documentação avulsa

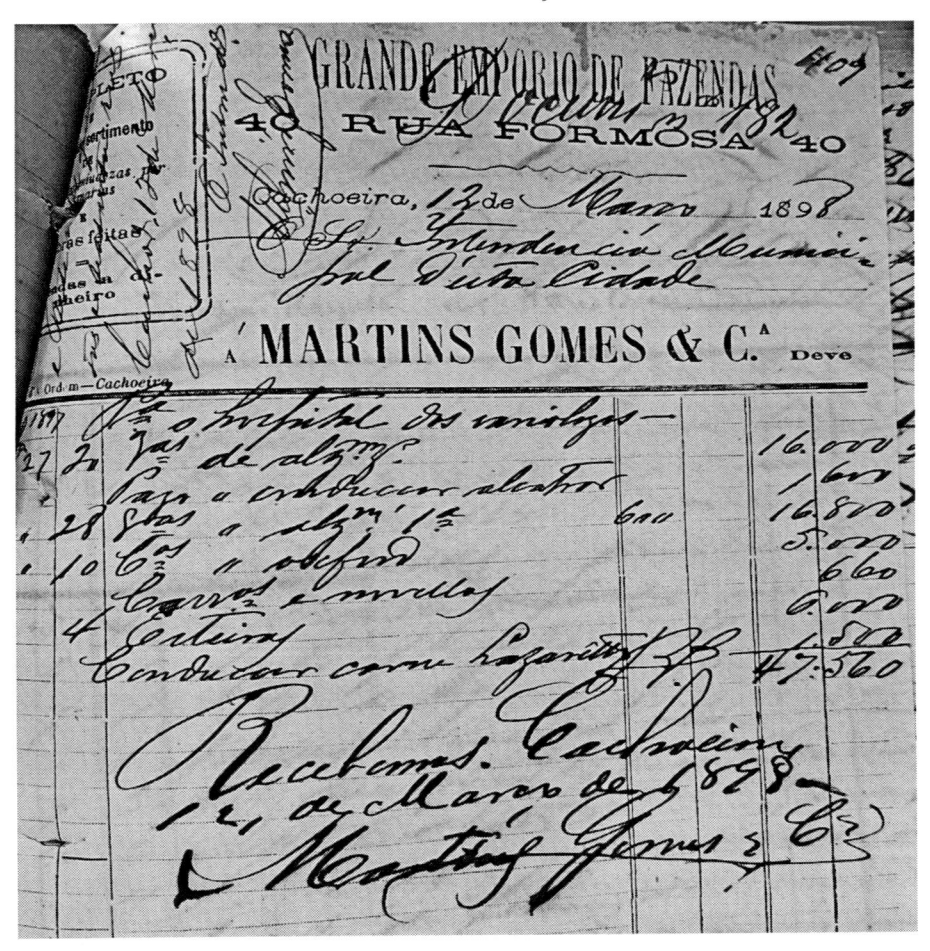

Durante os primeiros anos de sua residência na heroica cidade, a participação social de Manoel Martins Gomes não foi marcante. Contudo, as fontes indicam que, no último quartel do século XIX, ele solidificou seu nome na sociedade cachoeirana, tanto por sua posição econômica, alcançada através de empreendimentos comerciais, quanto pela sua atuação em várias instituições e associações locais. Um exemplo notável foi sua filiação e atividade na Santa Casa de Misericórdia. Manoel Martins Gomes teve seu nome proposto para irmão da Santa Casa em

---
[1300] APEB. Seção de Arquivo Colonial Provincial. Governo da Província. Câmara da Cachoeira. Maço 1273.

sessão administrativa de 10 de abril de 1864 e, após ser aceito, fez o juramento em 1º de maio do mesmo ano. Somente em 1883, 19 anos depois de sua admissão, foi eleito para um cargo administrativo, tornando-se consultor. Essa eleição coincidiu com seu ingresso na Guarda Nacional, onde inicialmente obteve o posto de tenente[1301].

Pode-se considerar que este foi o marco na sua ascensão na hierarquia interna da instituição e, certamente, também pode ter se refletido em outros espaços da Cachoeira do final do século XIX. Em 1886, ele foi eleito para um cargo de maior importância, o lugar de procurador-geral, permanecendo nesta função até o ano da sua morte, ocorrida em 1906, tendo sido, portanto, reeleito 18 vezes consecutivas.

Figura 227 – Memorial da Santa Casa de Misericórdia de Cachoeira. Livro de Registro de Fundação do Hospital, p. 45v

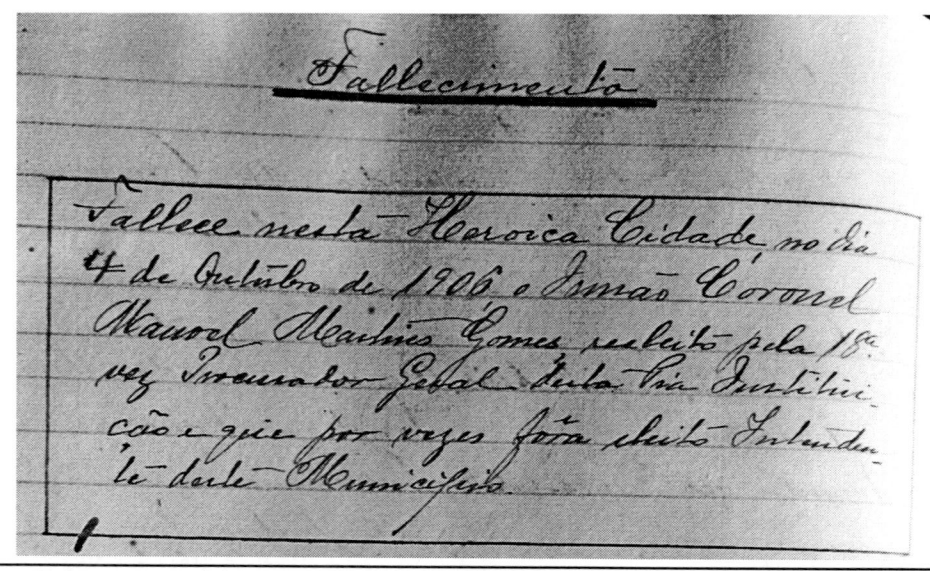

Falecimento. Faleceu nesta heroica cidade, no dia 4 de outubro de 1906, o irmão coronel Manoel Martins Gomes, reeleito pela 18ª vez Procurador-Geral desta pia instituição e que por vezes fora eleito Intendente deste município.

Em razão dos serviços prestados a esta pia instituição, o seu retrato encontra-se exposto na sala das sessões. Além do exercício das funções administrativas, o coronel Martins Gomes também prestou auxílio filantrópico à Santa Casa, legando-lhe algumas quantias no decurso da sua vida. Localizamos uma dessas doações, registradas em ata no dia 24 de maio de 1891, que merece ser mencionada:

> O irmão provedor comunicou que o irmão procurador geral remeteu de esmola para as urgências da Santa Casa, a quantia de cem mil reis, que já foi entregue ao irmão tesoureiro, e que aquele oferecera no dia da festividade do Divino Espírito Santo, celebrada na matriz desta cidade, em dia 17 do corrente mês, e que fora imperador este ano. Estando presente a esta sessão o irmão procurador geral, a mesa renovou-lhe pessoalmente os testemunhos de seu reconhecimento por mais este serviço prestado a esta pia instituição.[1302]

[1301] Memorial da Santa Casa de Misericórdia de Cachoeira. Livro de Atas n. 36, 1861-1869.
[1302] Memorial da Santa Casa de Misericórdia de Cachoeira. Livro de Atas 1890-1896, p. 24.

Interessante notar a simultaneidade de sua inserção em outras esferas, pois nesse mesmo ano de 1891, conforme o trecho apresentado, exerceu o lugar de Imperador da Festa do Divino Espírito Santo. Diferentemente do modelo atual, na Cachoeira do século XIX, os imperadores escolhidos para Festa do Divino Espírito Santo eram homens adultos e detentores de cabedal econômico[1303]. Certamente, a sua presença em posição de destaque nessas festividades e no comando das instituições contribuiu para realçar seu nome perante a comunidade.

Integrante da facção política do dr. Aristides Augusto Milton, Manuel Martins Gomes foi nomeado em 1892 para exercer a função de maior envergadura na administração pública local, o posto de Intendente Municipal.

Figura 228 – Jornal *A Pátria*, ed. de 3 de novembro de 1892. Arquivo Público Municipal de São Félix

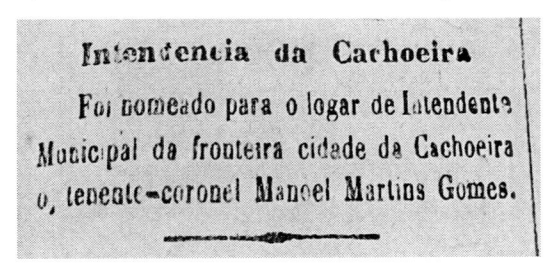

> Intendencia da Cachoeira
> Foi nomeado para o logar de Intendente Municipal da fronteira cidade da Cachoeira o, tenente-coronel Manoel Martins Gomes.

Com a instauração da república, formaram-se os Conselhos Municipais, que inicialmente acumulavam as funções legislativas, representadas pelos conselheiros, e executivas, pelo Intendente — função desempenhada pelo presidente do Conselho Municipal. Mais tarde, esses poderes foram divididos, e o cargo de Intendente foi removido da estrutura dos Conselhos Municipais. Sob essa ótica, o tenente-coronel Martins Gomes foi o primeiro Intendente a desempenhar funções exclusivas do Poder Executivo, em contraste com seus dois antecessores, que, como presidentes do Conselho Municipal, acumulavam também o papel de intendente. Depois de deixar o cargo em 1903, Martins Gomes candidatou-se e foi eleito para o Conselho Municipal, onde assumiu a presidência do Poder Legislativo[1304].

Em 1897, durante o exercício do segundo mandato no Executivo local, Manuel adquire, através do decreto de 11 de agosto, a patente mais alta da Guarda Nacional, tornando-se, a partir daquele momento, *coronel do comando superior* da comarca de Cachoeira[1305].

Sobre as suas relações familiares, localizamos nas fontes que, logo após a sua mudança para heroica, envolveu-se com d. Constança Maria de Jesus, gerando dois filhos: Vicente Martins Gomes[1306] e Horácio Martins Gomes. Tempos depois, passou a viver maritalmente com Maria da Conceição Martins[1307]. Dessa segunda união, foram gerados muitos filhos: Luiz Martins Gomes, Argemiro Martins Gomes, Áurea Martins Gomes, Corinta Martins Gomes, Arlinda Martins Gomes e Carolina Martins Gomes[1308]. Faleceu o coronel Manuel Martins Gomes em 4 de outubro de 1906, com 67 anos de idade, no estado civil de solteiro, vitimado por "*epiteliana da boca*"[1309].

[1303] Conferir verbete do tenente-coronel Christóvão Pereira Mascarenhas.
[1304] Biblioteca Pública dos Barris. Setor de Periódicos Raros. Jornal *A Ordem*, ed. de 07.10.1903.
[1305] Hemeroteca Digital da Biblioteca Nacional. Periódico *Pequeno Jornal Cidade do Salvador*, ed. n. 211 de 27.08.1897.
[1306] Conferir verbete de Vicente Martins Gomes.
[1307] Conferir verbete de Maria da Conceição Martins.
[1308] APMC. Inventário *post mortem* de Manoel Martins Gomes, caixa 255, processo 2963.
[1309] Cartório do Registro Civil das Pessoas Naturais, Distrito-Sede – Cachoeira/BA. Livro de óbitos n. 10, p. 104.

MANOEL MONTEIRO

Combatente da independência do Brasil na Bahia, serviu como soldado no Batalhão dos Periquitos. Natural da Vila de Maragogipe, residiu na Vila da Cachoeira, onde faleceu em 20 de novembro de 1823, contando 25 anos de idade; foi sepultado na Matriz da Cachoeira[1310].

[1310] Universidade Católica do Salvador. Laboratório Reitor Eugênio Veiga (LEV). Livro de óbitos da Paróquia de Nossa Senhora do Rosário da Cachoeira, 1811-1825, p. 315v.

MANOEL MOREIRA DE CARVALHO E SILVA

Nascido por volta de 1836 na província da Bahia, Manoel Moreira de Carvalho e Silva era filho do capitão Antônio Félix da Silva e de Maria Moreira de Carvalho e Silva[1311]. Residiu em Cachoeira durante duas décadas aproximadamente, atuando como comerciante[1312]. Na sociedade cachoeirana, tornou-se membro da Santa Casa de Misericórdia[1313] e filiou-se ao Partido Liberal. Defensor da abolição, libertou seus nove escravos em 1871[1314]. Contudo, registros históricos indicam que, na década de 1860, ele esteve envolvido no comércio de compra e venda de pessoas escravizadas em Cachoeira, como evidenciado pelo anúncio transcrito a seguir.

Figura 229 – Anúncio compra de escravizados em Cachoeira. Jornal O Americano, 17.03.1870

MUITA ATENÇÃO, *Manoel Moreira de Carvalho e Silva continua a comprar escravos de ambos os sexos e paga-os por mais do que outro qualquer comprador, agradando-lhe as figuras. A tratar em sua loja, à Rua das Flores.*

Em 1873, transferiu-se para Salvador, onde em 31 de maio se casou com Teodolina da Mota Gomes[1315]. Na capital foi sócio proprietário do depósito de rapé Areia Fina, na Rua Direita do Comércio, n. 22. Em 1888, recebeu o oficialato da Ordem da Rosa[1316] por seus serviços ao Estado e, como liberal, foi eleito membro da municipalidade de Salvador[1317]. Faleceu em extrema pobreza em 3 de maio de 1891[1318].

[1311] Laboratório Reitor Eugênio Veiga (LEV). Livro de casamentos da Freguesia de São Pedro, cidade do Salvador, 1844-1899, p. 153v.

[1312] APMC. Livro de Qualificação de Votantes da Freguesia da Cachoeira, 1864. Manoel Moreira integrava o quarteirão n. 34.

[1313] Memorial da Santa Casa de Misericórdia de Cachoeira. Livro de Atas, 1869-1880, p. 2.

[1314] Hemeroteca Digital da Biblioteca Nacional. Periódico *Correio Paulista*, ed. n. 4416 de 25.04.1871.

[1315] Laboratório Reitor Eugênio Veiga (LEV). Livro de casamentos da Freguesia de São Pedro, cidade do Salvador, 1844-1899, p. 153v.

[1316] Hemeroteca Digital da Biblioteca Nacional. Periódico *Jornal do Recife*, ed. n. 132 de 12.07.1888.

[1317] Hemeroteca Digital da Biblioteca Nacional. Periódico *A Província do Espírito Santo*, ed. de 18.08.1888.

[1318] Hemeroteca Digital da Biblioteca Nacional. Periódico *O Pequeno Jornal*, ed. n. 361 de 04.05.1891.

MANUEL ALVES PEREIRA

Manuel Alves Pereira

Manuel Alves Pereira, um proprietário rural nascido em Maragogipe, era filho do capitão Manoel Alves Pereira e de Maria Clara Alves. Após casar-se com Virgínia Cândida da Rocha Coelho, mudou-se para Cachoeira[1319]. Em seu testamento, declarou ser adepto da religião acatólica e expressou o desejo de ser enterrado no cemitério dessa congregação[1320]. Ele foi um dos raros católicos cachoeiranos da época que fizeram o caminho inverso, ao se converter ao protestantismo, tornando-se membro da Igreja Presbiteriana de Cachoeira. As leis da segunda metade do século XIX que concederam direitos às religiões protestantes, como casamentos civis, construção e administração de cemitérios próprios e promoção da educação formal para seus seguidores[1321], ajudaram a difundir essas religiões para além dos imigrantes europeus. Manuel faleceu em 4 de novembro de 1881 e foi enterrado no cemitério dos acatólicos, localizado na época no alto da Rua da Feira[1322].

[1319] Cúria Metropolitana Bom Pastor. Livro de casamentos da Paróquia de Nossa Senhora do Rosário da Cachoeira, 1862-1927, p. 17.
[1320] APMC. Testamento de Manuel Alves Pereira, anexo ao seu inventário *post mortem*, caixa 138, processo 1352.
[1321] Sobre a temática, conferir o seguinte trabalho: SEIXAS, Mariana Ellen Santos. *Igreja Presbiteriana no Brasil e na Bahia*: instituição, imprensa e cotidiano (1872–1900). Dissertação (Mestrado em História Social) – Universidade Federal da Bahia, Salvador, 2011.
[1322] APEB. Judiciário. Livro de óbitos n. 03, Cachoeira/BA, termo n. 320.

MANUEL DO NASCIMENTO DE JESUS

Vigário da freguesia de Nossa Senhora do Rosário da Cachoeira, músico, filho legítimo de João Pedro Coelho Feyo e Rosa Maria de Assumpção. Foi o segundo diretor da Corporação Musical de Nossa Senhora D'Ajuda, dando continuidade ao legado do seu falecido tio, o padre José Henriques[1323]. Durante a sua administração, a Capela D'Ajuda recebeu alguns melhoramentos na sua estrutura física, além do aumento no seu patrimônio, adquirindo novas alfaias e utensílios[1324]. Considera-se que a permissão para que a Irmandade de São Benedito fosse instituída sob a dependência da corporação musical, uma das efemérides da sua gestão. O padre Manuel do Nascimento de Jesus nasceu na Vila da Cachoeira, onde também faleceu em 10 de julho de 1820, decorrente de diabetes. Estava exercendo o cargo de vigário encomendado da freguesia da Cachoeira. Foi sepultado, a seu pedido, na Capela de Nossa Senhora D'Ajuda[1325].

[1323] Universidade Católica do Salvador. Laboratório Reitor Eugênio Veiga. Fundo Governo Arquidiocesano. Grupo Chancelaria. Subgrupo Irmandades Obras Pias. Série Irmandade de São Benedito da Cachoeira, fl. 1; conferir verbete de José Henriques da Silva.

[1324] SILVA, Pedro Celestino da. Datas e tradições cachoeiranas. *Anais do Arquivo Público da Bahia*, Salvador, v. 29, p. 363-384, 1943a; Imprensa Oficial, 1946, p. 334.

[1325] Universidade Católica do Salvador. Laboratório Reitor Eugênio Veiga (LEV). Livro de óbitos da Paróquia de Nossa Senhora do Rosário da Cachoeira, 1811-1825, p. 255.

MANUEL ESMERALDINO DO PATROCÍNIO

Rua da Matriz[1326] n. 05

Manuel Esmeraldino do Patrocínio, natural da então Vila de Nossa Senhora do Rosário do Porto da Cachoeira, nasceu na condição de escravizado em 18 de novembro de 1801. Embora muito deteriorado pela ação do tempo, o seu assento de batismo revela informações importantes sobre o contexto social do início da sua trajetória. Manuel Esmeraldino foi batizado na matriz da vila em 19 de dezembro do citado ano de 1801, filho da também escravizada Ana Benedita, mulher africana, ambos, mãe e filho, integrantes da escravaria de Maria Joaquina de São José. Um dado interessante, que talvez possa indicar algum caminho de pesquisa futuramente, refere-se ao seu padrinho de batismo, Antônio de Figueiredo Mascarenhas, homem branco, integrante de uma tradicional e numerosa família de proprietários de terras; dado que pode nos levar a conjecturar ser alguém da sociabilidade do seu pai, cujo nome até então não descobrimos[1327].

Embora o nome de seu pai seja desconhecido, sabemos que Manoel Esmeraldino foi "adotado" pela irmã de sua senhora, dona Ana Antônia de São José, mulher branca, sem filhos e viúva. As circunstâncias dessa adoção são incertas, mas ele foi criado como filho na casa de Ana Antônia, que o nomeou herdeiro em seu testamento, justificando ter-lhe dado criação, estima e amizade[1328]. A caligrafia de Manoel indica que ele era um homem instruído, sugerindo que possivelmente foi libertado ainda na primeira infância. Suspeita-se que sua proeminência social derive de seu papel ativo nas lutas pela independência do Brasil na Bahia.

É notório o papel central e estratégico da Vila de Nossa Senhora do Rosário do Porto da Cachoeira em todo o decurso das guerras travadas em solo baiano contra os lusitanos que não aceitavam a nossa emancipação política. As pesquisas que vêm sendo realizadas atestam com farta evidência que a participação popular foi massiva e decisiva para a conquista da nossa vitória e expulsão definitiva dos portugueses do solo baiano[1329]. Além de todo o aparato econômico e social fornecido, Cachoeira também cedeu as dependências físicas do seu hospital para sediar o Conselho Interino de Governo da Província da Bahia. É crível afirmar que, além deste aparato, a população da vila também contribuiu diretamente para aumentar o número de soldados "valentes intrépidos".

[1326] Atual Ana Nery.

[1327] Universidade Católica do Salvador. Laboratório Reitor Eugênio Veiga (LEV). Livro de batismos da Paróquia de Nossa Senhora do Rosário da Cachoeira, 1791-1805, p. 257v.

[1328] APEB. Seção Judiciária. Inventário *post mortem* de Ana Antônia de São José, classificação: 07/3113/18.

[1329] GUERRA FILHO, Sergio Armando Diniz. *O povo e a guerra*: a participação popular nas lutas pela independência da Bahia. Mestrado – Ufba, Salvador, 2004.

Após a vitória dos patriotas baianos, coroada na manhã no dia 2 de julho de 1823, alguns desses veteranos, talvez aqueles que adquiriram maior relevância no processo, tiveram os seus serviços reconhecidos, fosse através da obtenção de patentes, condecorações ou inserção em cargos públicos etc. Manuel Esmeraldino do Patrocínio foi um desses homens que participaram ativamente da causa independentista, obtendo notoriedade entre os seus concidadãos; fato que o levou a receber uma condecoração do imperador D. Pedro I; vejamos a imagem a seguir:

Figura 230 – *Almanaque Administrativo, Mercantil e Industrial da Bahia*, ed. 0, 1860

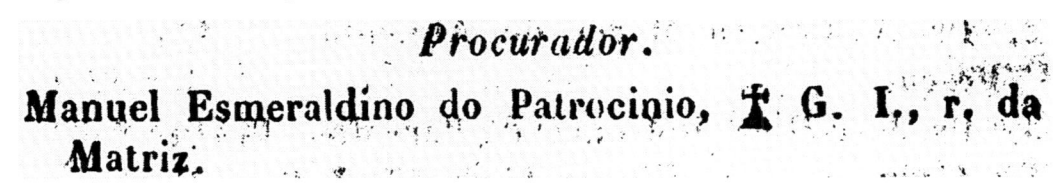

Procurador.
Manuel Esmeraldino do Patrocinio, ✝ G. I., r. da Matriz.

Essa imagem foi retirada do *Almanaque Administrativo, Mercantil e Industrial da Bahia* do ano de 1860, ed. 01. A insígnia de iniciais G.I. — Guerra da Independência — que acompanha o nome do combatente Patrocínio se refere a uma condecoração instituída pelo imperador D. Pedro I, em 1825, para agraciar com uma medalha aquelas pessoas que ocuparam posição saliente em todo o processo de lutas contra as tropas de Madeira de Melo. Imaginemos a projeção social alcançada por Manuel Esmeraldino do Patrocínio ao ter a sua participação reconhecida e premiada pelo monarca; ter o seu nome gravado ao lado daquele que seria o único duque do Império do Brasil, Luís Alves de Lima e Silva, que recebeu a mesma honraria referente à participação em 1822[1330].

As fontes consultadas não revelam mais detalhes sobre a atuação de Patrocínio nos confrontos, mas indicam que o nosso veterano da Independência construiu importantes redes de amizade, sendo algumas reforçadas pelo vínculo espiritual do compadrio; citamos o caso do Barão de Belém, Rodrigo Antônio Falcão Brandão, que batizou sua filha em 18 de janeiro de 1841[1331].

Manuel Esmeraldino dedicou-se ao ofício de armador, profissão muito requisitada na Cachoeira do século XIX, pois cabia-lhe o comércio religioso e funerário. Os armadores eram responsáveis pelo manejo, ornamentação e instalação dos utensílios que compunham a decoração de espaços católicos; também gerenciavam o processo mortuário, confeccionando caixões e fornecendo serviços essenciais para cerimônias fúnebres, como a venda de tochas, ceras e a montagem de suportes para a exibição da urna ou caixão durante os velórios. Patrocínio também se dedicou à arte da música, integrando a corporação musical de Nossa Senhora D'Ajuda, característica que se tornou um diferencial no seu ofício, pois os contratantes também poderiam adquirir o serviço de música no "pacote", vide que no século XIX, sobretudo para as famílias mais abastadas, a música ainda era um item necessário para a realização adequada de qualquer funeral. A seguir, uma nota fiscal da sua casa comercial, que revela ter recebido 90$000 (noventa mil réis) de José Joaquim de Santana, referente aos serviços prestados no funeral de Maria Augusta de Santana.

[1330] Hemeroteca Digital da Biblioteca Nacional. *Almanaque Administrativo, Mercantil e Industrial da Bahia*, ed. 01, 1860; *Vida Doméstica* (RJ), 1920-1962, ed. 291 de junho de 1942.
[1331] Universidade Católica do Salvador. Laboratório Reitor Eugênio Veiga (LEV). Livro de batismos da Paróquia de Nossa Senhora do Rosário da Cachoeira, 1835-1842, p. 252.

Figura 231 – APMC. Nota fiscal da casa comercial de Manuel Esmeraldino do Patrocínio, anexa ao inventário *post mortem* de Maria Augusta de Santana, caixa 144, processo 1415, p. 24

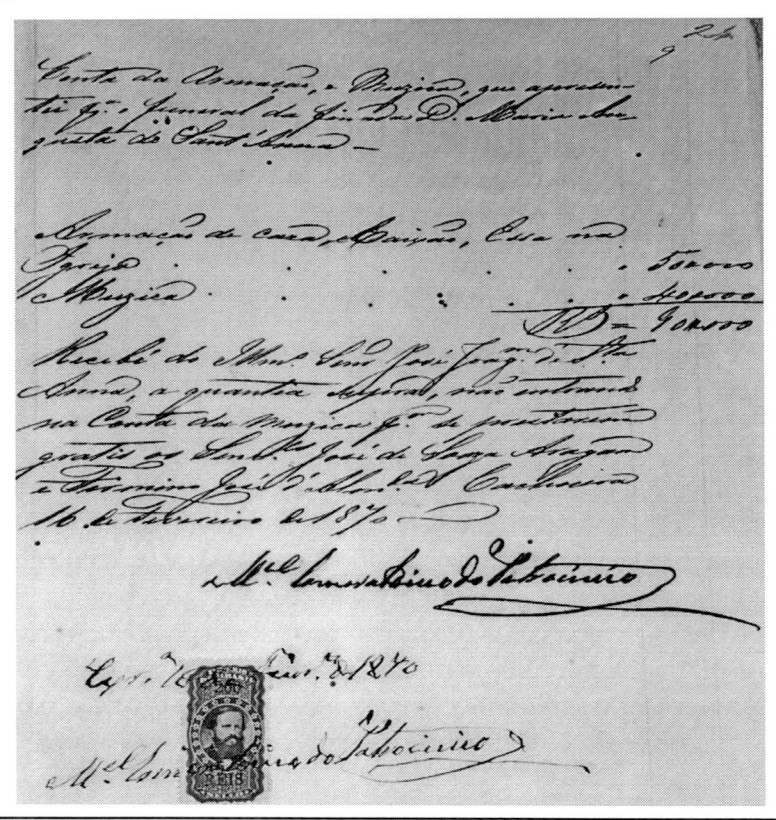

Conta da armação e música que apresentei para o funeral da finada D. Maria Augusta de Santana.
Armação de casa e caixão, essa na igreja 50$000
Música 40$000
Recebi do Ilmo. Sr. José Joaquim de Santana, a quantia supra, não entrando na conta da música aqueles que se prestarem grátis, os srs. José de Souza Aragão e Firmino José de Almeida. Cachoeira, 16 de fevereiro de 1870; Manoel Esmeraldino do Patrocínio.

Além da sua atuação no comércio, Manuel Esmeraldino também exerceu a função de procurador da Câmara Municipal da Cachoeira, cargo que cuidava de todas as finanças produzidas pelo município. Foi nomeado em 1838, permanecendo no posto durante quase 40 anos[1332]. A permanência por longos anos em um cargo de tal envergadura certamente possibilitou uma série de benefícios sociais que o dinheiro unicamente não poderia comprar, sobretudo porque estamos analisando a trajetória de um homem mestiço egresso do cativeiro.

Seu cargo de procurador da câmara também lhe possibilitou atuar na esfera religiosa como fabriqueiro da igreja matriz, um cargo de natureza leiga. O administrador da fábrica da matriz era responsável por arrecadar os rendimentos provenientes dos serviços prestados pela paróquia, além de auxiliar na gestão de seu patrimônio e na conservação das alfaias e paramentos. Durante o século XIX, essa função era exercida por funcionários públicos municipais[1333].

[1332] Anais da Assembleia Legislativa Provincial da Bahia (BA), 1873-1887, ed. 03 de 1873, p. 95. Hemeroteca Digital da Biblioteca Nacional.
[1333] GARCIA, Valéria Eugênia. *Do santo?* Ou de quem... Ribeirão Preto: gênese da cidade mercadoria. Tese (Doutorado) – Universidade de São Paulo, 2013. p. 62-65.

Aristides Milton descreve, em suas *Efemérides*, um episódio de sua interação com Patrocínio, demonstrando ao leitor a sagacidade e perspicácia do nosso morador; leiamos a seguir:

> A mim, quando cheguei de Pernambuco, formado em direito, inquiriu-me o bom velho - se eu conhecia bem a ordenação do livro 6º. Fiquei verdadeiramente intrigado, e com ares de pedagogo disse-lhe que havia manifesto engano de sua parte, pois as Ordenações não passavam do livro 5º. O cidadão Patrocínio, sorrindo, retorquiu-me: ora, meu dr., ainda lhe resta muito por aprender; mas por agora fique sabendo - que a Ordenação do livro 6º, é a vontade do juiz.[1334]

Em 1833, Patrocínio casou-se com a jovem Sofia Cândida Regadas, uma mulher parda, natural da Vila da Cachoeira. O inventário de João Lopes Regadas revela detalhes interessantes sobre essa união; a partir dele, sabemos que, aos 16 anos, a noiva solicitou à justiça a autorização para seu casamento com Manuel Esmeraldino, alegando ser menor de idade e estar desamparada, já que era órfã de pai e mãe. Além disso, destacou que o noivo possuía qualidades favoráveis para a realização da união.

Figura 232 – APMC. Documento anexo ao inventário *post mortem* de João Lopes Regadas, caixa 141, processo 1380

Diz Sofia Cândida Regadas, que se acha contratada para casar com Manuel Esmeraldino do Patrocínio, cujo casamento é de sua vontade, e por muitos respeitos igual e vantajoso, pois seu futuro marido possui bens móveis e de raiz, e um louvável comportamento, e a suplicante necessita muito de amparo, pois que nem tem pai, nem mãe vivos, e por isso como menor requer a V.S. a competente licença para efetuar o referido casamento.

[1334] MILTON, Aristides. *Ephemerides cachoeiranas*. Salvador: Ufba, 1979. (Coleção Cachoeira; v. 1). p. 107.

A cerimônia do casamento foi celebrada no oratório da casa de residência de Loque Regadas de Faria em 14 de julho de 1833[1335]. A petição revela detalhes interessantes que podem nos ajudar a conjecturar sobre o perfil econômico de Manuel Esmeraldino do Patrocínio. Ao revelar que Patrocínio possuía bens móveis e de raiz, imaginamos que a noiva se referiu à casa de residência localizada a rua da Matriz — bem herdado da sua mãe adotiva — e os utensílios da casa de armador. Manuel Esmeraldino do Patrocínio faleceu em 17 de março de 1877, com 75 anos de idade, vítima de *"erisipela"*[1336]; foi sepultado com encomendação solene na Igreja do Carmo.

[1335] Universidade Católica do Salvador. Laboratório Reitor Eugênio Veiga (LEV). Livro de casamentos da Paróquia de Nossa Senhora do Rosário da Cachoeira, 1828-1860, p. 53v.

[1336] Universidade Católica do Salvador. Laboratório Reitor Eugênio Veiga (LEV). Livro de óbitos da Paróquia de Nossa Senhora do Rosário da Cachoeira, 1877-1878, p. 22v, 23.

MANUEL LOPES DE CARVALHO RAMOS

("Carvalho Ramos – "Carvalhinho")

Manuel Lopes de Carvalho Ramos nasceu no alvorecer de uma quinta-feira ensolarada no dia 10 de agosto de 1865, em domicílio dos seus pais, localizado na então Praça da Manga, atual Manoel Victorino, conforme o registro poético de sua própria autoria que diz: "O Sol ardente a pino esparge raios, pelo celeste anil de um céu sereno"[1337]. Foi o terceiro filho do casal Antônio Lopes de Carvalho Sobrinho, e dona **Rosulina** Maria Ramos[1338]. Grifamos o prenome da sua mãe por existir um grande equívoco em todos os trabalhos que citam ou estudam os antepassados de Manuel, denominando-a erroneamente por Rosalina; a seguir, apresentaremos um registro inconteste, escrito pelo próprio punho do pai e esposo, Carvalho Sobrinho:

Figura 233 - Livro de Certidão de idade de 1883, n.p. Arquivo da Faculdade de Direito Recife/PE

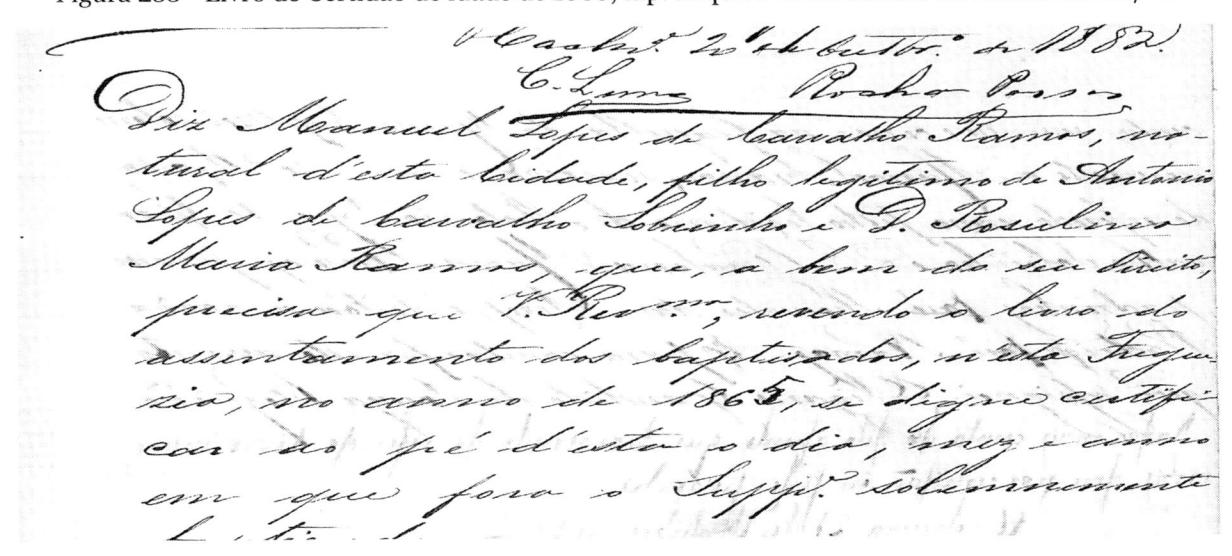

Manuel Lopes foi batizado na Capela de Nossa Senhora da Conceição do Monte em 26 de outubro de 1865, e não em 21 de outubro, como indicado pelo professor Nelson Figueiredo em sua obra[1339]. Outro ponto que merece ajuste refere-se à indicação dos padrinhos no registro de batismo. Na transcrição de Figueiredo, consta que os padrinhos seriam "José Timóteo das Neves

---

[1337] ALVES, Marieta. Manoel Lopes de Carvalho Ramos 1865-1911. *Revista do Instituto Genealógico da Bahia*, Salvador, p. 279-293, 1967.
[1338] Conferir verbetes de Antônio Lopes de Carvalho Sobrinho e de Rosulina Maria Ramos.
[1339] FIGUEIREDO, Nelson Lopes. *Passageiro da história*: do sertão ao infinito. Goiânia: Kelps, 2016, p.23.

e o comendador Rodrigo José Ramos." No entanto, o único padrinho registrado foi José Timóteo das Neves, tio materno de Manuel, enquanto Rodrigo José Ramos representou Nossa Senhora da Conceição, madrinha do batizando. A transcrição correta do documento registra: "[...] foram padrinhos José Thimoteo das Neves, e deitou a coroa Rodrigo José Ramos [...][1340]." Parece ter havido uma confusão na interpretação do termo "e deitou a coroa," usado no assento de batismo, que foi entendido como "comendador." Vale ressaltar que, em 1865, Rodrigo José Ramos ainda não havia recebido o título de comendador, uma honraria que só lhe foi concedida na década de 1880. Essa revisão não apenas esclarece os dados do registro de batismo, mas também contribui para uma compreensão mais precisa sobre o contexto histórico e social do batismo de Manuel Lopes.

Manuel iniciou os estudos em sua terra natal, sendo provável que tenha sido aluno do conhecido professor Manoel Florêncio do Espírito Santo, lotado no ensino primário do município. Imaginamos também que deve ter tido contato direto com o professor Francisco de Assis e Fr. João de Santa Maria Souza[1341], grandes nomes do ensino de retórica[1342], e Manoel Nunes da Costa[1343], professor da cadeira de latim, entre outros mestres formados na Bahia que atuavam na Heroica Cachoeira.

Concluídos os níveis básicos do ensino oferecidos em sua cidade natal, segue em direção a então cidade da Bahia — Salvador — para dar continuidade aos estudos secundários, matriculando-se no internato do Colégio Baiano Pedro II, localizado no Areal de Baixo, dirigido pelo dr. Antônio Augusto Guimarães, médico de formação e pedagogo autodidata. Além de dirigir a escola, dr. Antônio Augusto também ministrava as disciplinas de inglês, latim e francês[1344]. O corpo docente da instituição contava com outros educadores de renome na sociedade baiana, tais como Elias Nazaré, o filólogo dr. Ernesto Carneiro Ribeiro, Leopoldino Tantú, dr. Anselmo da Fonseca, Hermenegildo de Campos[1345].

Figura 234 – Hemeroteca Digital da Biblioteca Nacional. Jornal *O Monitor*, ed. 51, de 06.08.1880

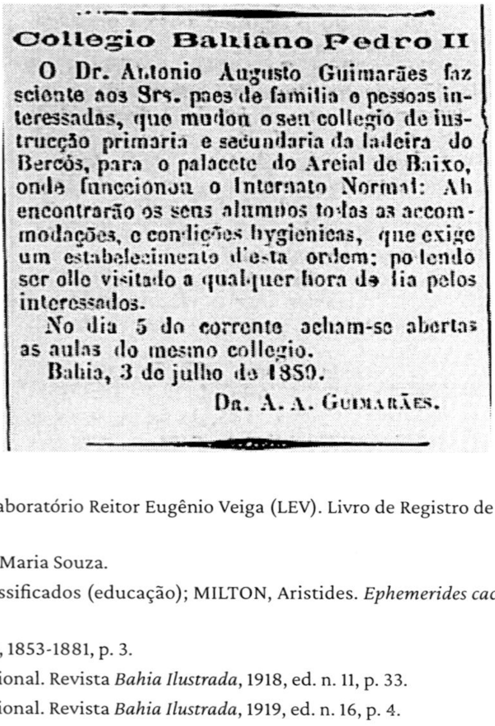

Collegio Bahiano Pedro II

O Dr. Antonio Augusto Guimarães faz sciente aos Srs. paes de familia e pessoas interessadas, que mudou o seu collegio de instrucção primaria e secundaria da ladeira do Bercós, para o palacete do Areial de Baixo, onde funcciona o Internato Normal: Ahi encontrarão os seus alumnos todas as accommodações, e condições hygienicas, que exige um estabelecimento d'esta ordem; podendo ser elle visitado a qualquer hora do dia pelos interessados.

No dia 5 do corrente acham-se abertas as aulas do mesmo collegio.

Bahia, 3 de julho de 1880.

Dr. A. A. Guimarães.

1340 Universidade Católica do Salvador. Laboratório Reitor Eugênio Veiga (LEV). Livro de Registro de batismos da Paróquia de Cachoeira, 1861-1872, p. 56v.

1341 Conferir verbete do frei João de Santa Maria Souza.

1342 APMC. Documentos avulsos não classificados (educação); MILTON, Aristides. *Ephemerides cachoeiranas*. Salvador: Ufba, 1979. (Coleção Cachoeira; v. 1). p. 416.

1343 APMC. Livro de Termos de Juramento, 1853-1881, p. 3.

1344 Hemeroteca Digital da Biblioteca Nacional. Revista *Bahia Ilustrada*, 1918, ed. n. 11, p. 33.

1345 Hemeroteca Digital da Biblioteca Nacional. Revista *Bahia Ilustrada*, 1919, ed. n. 16, p. 4.

Imaginamos que o despertar poético de Manuel Lopes se deu a partir do contato com as obras literárias da biblioteca do seu pai, um homem autodidata nascido no sertão da Bahia, local que, à época do seu nascimento, não dispunha de meios materiais suficientes que permitissem uma formação cultural/intelectual tão vasta e consistente quanto a adquirida por ele, atestada nos seus artigos sobre política, economia e outros temas publicados na imprensa baiana do século XIX, bem como de todo o trabalho intelectual desenvolvido no decurso de duas décadas enquanto ocupou o lugar de secretário da Câmara de Cachoeira[1346].

Além da influência paterna, é bastante plausível conjecturar sobre possíveis inspirações de cunho filosófico e político adquiridas ainda na fase de estudante no Colégio Pedro II, vide que a sua inserção na imprensa se deu ainda nesta fase da sua vida. Encontramos um relato bastante interessante sobre o Colégio Baiano Pedro II, produzido por Alfredo Caldas, contemporâneo de Carvalho Ramos:

> Tolerante e moderado na disciplina, o Pedro II da Bahia, tornou-se modelar. As maneiras afáveis e paternais do diretor conquistavam as simpatias e amizades dos discípulos. Todos os anos os antigos alunos, quando chegavam de Pernambuco, Rio ou São Paulo, corriam pressurosos para abraçá-lo, e não voltavam à academia sem lhe levar as despedidas.[1347]

O próprio filho de Carvalho Ramos revelou que a leitura era o principal passatempo do seu pai nos horários vagos enquanto esteve no internato. Segundo Victor Ramos, "nos intervalos de Recreio, nas tardes dos dias de feriado, deleitava na leitura de qualquer livro suave como Paulo e Virgínia e ou comovente como o Eurico de Alexandre Herculano clássico de sua predileção"[1348].

Vemos essa abordagem analítica como fundamental para compreendermos de maneira mais aprofundada o desenvolvimento educacional de Carvalho Ramos em seus primeiros anos; no entanto, nosso objetivo não é realizar uma análise exaustiva e detalhada de sua trajetória. Pode-se dizer que Manuel Lopes de Carvalho Ramos teve uma participação precoce na imprensa, pois seu primeiro poema foi publicado quando possuía apenas 14 anos de idade. Foi uma poesia dedicada à sua irmã, Mariana de Jesus, na ocasião do seu casamento, veiculada no editorial do jornal *O Futuro*, ed. 10, de 14.02.1880. Esse periódico, que se apresentava como literário, pilhérico e comercial[1349], foi fundado em Cachoeira em 10 de fevereiro de 1878. A seguir, imagens do jornal com a poesia:

[1346] Conferir verbete de Antônio Lopes de Carvalho Sobrinho.
[1347] Hemeroteca Digital da Biblioteca Nacional. Revista *Bahia Ilustrada*, 1919, ed. n. 16, p. 4.
[1348] RAMOS, Victor de Carvalho. Hugo de Carvalho Ramos (esboço biográfico). *Lavoura e Comércio*, Uberaba, 1949. p. 169.
[1349] SILVA, Pedro Celestino da. Datas e tradições cachoeiranas. *Anais do Arquivo Público da Bahia*, Salvador, v. 29, p. 363-384, 1943a.

Figura 235 – Poesia – Jornal O Futuro, ed. 14.02.1880.

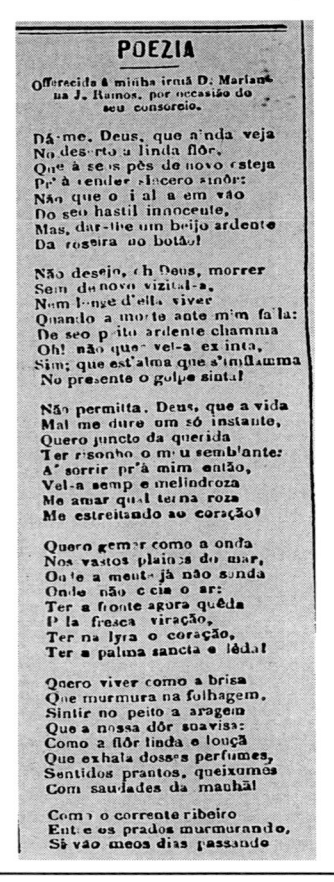

Poesia
Oferecida à minha irmã D. Mariana J. Ramos, por ocasião do seu consórcio.
1 — Dá-me Deus, que ainda veja; No deserto a linda flor; Que a seus pés de novo esteja; Para render sincero amor: Não que o ideal a em vão; Do seu astil inocente; Mas, dá-me um beijo ardente; Da roseira no botão!
2 — Não desejo, oh! Deus, morrer; Sem de novo visitá-la; Nem longe dela viver; Quando a morte ante a mim fala: De seu peito ardente chama; Oh! Não quer vê-la extinta; Sim; que esta alma que se inflama; No presente o golpe sinta!
3 - Não permita, Deus, que a vida; Mal me dure um só instante; Quero junto da querida; Ter risonho o meu semblante: A sorrir para mim então; Vê-la sempre melindrosa; Me amar qual terna rosa; Me estreitando ao coração!
4- Quero gemer como a onda; Nos vastos planos do mar; Onde a mente já não sonda; Onde não [...] o ar: Ter a fronte agora queda; Pela fresca viração; Ter na Lira o coração; Ter a palma ânsia e leda!
5 - Quero viver como a brisa; Que murmura na folhagem; Sentir no peito a aragem; Que a nossa dor suaviza: Como a flor linda e louça; Exala doces perfumes; Sentidos prantos, queixumes; Com saudades da manhã!
6 - Como o corrente ribeiro; Entre os prados murmurando; Se vão meus dias passando; A sombra do dendezeiro: Nunca mais senti o aroma; Desta quadra inebriante; Desta tarde tão brilhante; Dum por vir que nos assoma!
7 - Dá-me, Deus, que ainda veja; No deserto a linda flor; Que a seus pés de novo esteja; Para render sincero amor; Não quero tirá-la em vão; Do seu astil inocente; Mas, dar-lhe um beijo ardente; Da Roseira no botão!
8 - Se eu morrer, enfim, perdido; Da minha flor inocente; Invocarei a brisa ardente; Que meu pranto tem bebido; De me tornar deleitoso; Ao sítio do dendezeiro; Onde murmura o ribeiro; Onde passei venturoso!
Fevereiro - 8 - de 1880
M.L. Carvalho Ramos

Localizamos dados extremamente interessantes sobre a participação ativa de Manuel Lopes na imprensa baiana durante sua fase de colegial. Os periódicos de Cachoeira que contaram com a colaboração sistemática de Manuel Lopes eram, em sua maioria, os mesmos nos quais seu pai havia contribuído ou periódicos fundados posteriormente por indivíduos ligados às relações sociais de Antônio Sobrinho. Um exemplo notável é o jornal *O Americano*, que nessa época se intitulava órgão do Partido Liberal. Mesmo residindo em Salvador, Manuel Lopes enviava suas produções para publicação na seção "Variedades" do referido periódico. Apresentaremos a seguir uma dessas produções.

Figura 236 – Instituto Geográfico e Histórico da Bahia. Jornal O Americano, ed. de 14.04.1880, p.3

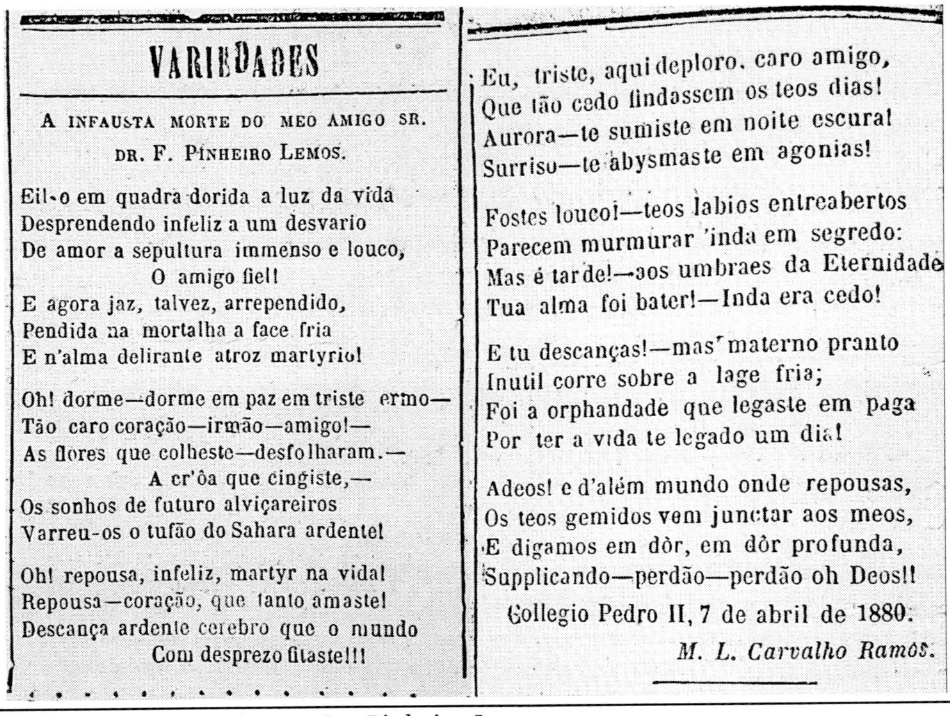

VARIEDADES

A INFAUSTA MORTE DO MEO AMIGO SR. DR. F. PINHEIRO LEMOS.

Eil-o em quadra dorida a luz da vida
Desprendendo infeliz a um desvario
De amor a sepultura immenso e louco,
O amigo fiel!
E agora jaz, talvez, arrependido,
Pendida na mortalha a face fria
E n'alma delirante atroz martyrio!

Oh! dorme—dorme em paz em triste ermo—
Tão caro coração—irmão—amigo!—
As flores que colheste—desfolharam.—
A cr'ôa que cingiste,—
Os sonhos de futuro alviçareiros
Varreu-os o tufão do Sahara ardente!

Oh! repousa, infeliz, martyr na vida!
Repousa—coração, que tanto amaste!
Descança ardente cerebro que o mundo
Com desprezo fitaste!!!

Eu, triste, aqui deploro, caro amigo,
Que tão cedo findassem os teos dias!
Aurora—te sumiste em noite escura!
Surriso—te abysmaste em agonias!

Fostes louco!—teos labios entreabertos
Parecem murmurar 'inda em segredo:
Mas é tarde!—aos umbraes da Eternidade
Tua alma foi bater!—Inda era cedo!

E tu descanças!—mas materno pranto
Inutil corre sobre a lage fria;
Foi a orphandade que legaste em paga
Por ter a vida te legado um dia!

Adeos! e d'além mundo onde repousas,
Os teos gemidos vem junctar aos meos,
E digamos em dôr, em dôr profunda,
Supplicando—perdão—perdão oh Deos!!

Collegio Pedro II, 7 de abril de 1880.

M. L. Carvalho Ramos.

A infausta a morte do meu amigo sr. Dr. Pinheiro Lemos.
Ei-lo em quadra dorida a luz da vida; Desprendendo infeliz a um desvario; De amor à sepultura imenso e louco; O amigo fiel!
E agora jaz, talvez, arrependido; Pendida na mortalha a face fria; E n'alma delirante atroz martírio!
Oh! dorme-dorme em paz em triste ermo; Tão caro coração - irmão - amigo! As flores que colhestes - desfolharam. A croa que cingiste; Os sonhos de futuro alvissareiros; Varreu-os o tufão do Saara ardente!
Oh! repousa, infeliz, mártir na vida! Repousa - coração, que tanto amaste! Descansa ardente cérebro que o mundo; Com desprezo fitaste!!
Eu, triste, aqui deploro, caro amigo; Que tão cedo findassem os teus dias! Aurora - te sumiste em noite escura! Sorriso - te abismaste agonias!
Foste louco! teus lábios entre abertos; Parecem murmurar ainda em segredo: Mas é tarde! aos umbrais da eternidade; Tua alma foi bater! Inda era cedo!
E tu descansas! mas materno pranto; Inútil corre sobre a laje fria; Foi a orfandade que legaste em paga; Por ter a vida te legado um dia!
Adeus! e d'além mundo onde repousas; Os teus gemidos vêm juntar aos meus; E digamos em dor, em dor profunda; Suplicando - perdão - perdão oh Deus!!
Colégio Pedro II, 7 de abril de 1880. M. L. Carvalho Ramos.

O poema *"A infausta morte do meu amigo Sr. Dr. Pinheiro Lemos"*, escrito por Manuel Lopes de Carvalho Ramos em 7 de abril de 1880, durante seu período no internato do Colégio Pedro II, é um tocante lamento pelo suicídio de Francisco Pinheiro de Lemos, amigo próximo e estudante do 5º ano da Faculdade de Medicina da Bahia, que faleceu aos 21 anos. A produção integra-se à estética da escola romântica, predominante no Brasil dos anos 1880, ao abordar temas como a dor, a perda e a exaltação da subjetividade[1350]. Em consonância com o romantismo, o poema manifesta uma melancolia profunda e uma sensibilidade lírica que traduz o sofrimento individual em versos intimistas. Os versos *"Descansa ardente cérebro que o mundo, com desprezo fitaste!!"* destacam a figura do homem introspectivo e inconformado, um arquétipo romântico recorrente, que reflete a inquietação de almas em desacordo com a realidade à sua volta. Essa visão enaltece o indivíduo e suas emoções, reafirmando os ideais do romantismo. Além de transmitir uma profunda sensibilidade diante das tragédias humanas, o poema sugere as conexões de Manuel com círculos intelectuais e acadêmicos, evidenciando sua inserção em uma rede de sociabilidade marcada pelo engajamento cultural e pela troca de ideias em um contexto literário e social de intensas transformações.

O semanário *A Verdade* destacou-se como o principal veículo de expressão de Manuel Lopes durante seus anos colegiais. Fundado em 1876 por José Ferreira Vieira Formiga, amigo próximo de seu pai, o periódico possuía um caráter político e satírico, alinhado aos ideais liberais[1351]. Além de dirigir *A Verdade*, Vieira Formiga também esteve à frente do jornal *A Formiga*, no qual Carvalho Sobrinho, pai de Manuel, havia sido um colaborador assíduo. Em *A Verdade*, Manuel Lopes aprimorou sua veia romântica por meio da publicação de poesias, ao mesmo tempo em que explorava novos gêneros literários e ampliava suas áreas de interesse, consolidando os primeiros passos de sua trajetória como escritor. Como exemplo dessa produção, destacamos abaixo o ensaio *A Bahia*, publicado na oitava edição do periódico, em 1881.

> A Bahia
> Falarei da Bahia, da minha província natal, mas com lágrimas nos olhos, neste pranto nascido do amor pátrio que me arrebata quando sonho as imensas glórias adquiridas pelos meus concidadãos. E quando, lançando um olhar indagador pela face desta província privilegiada pela natureza, vejo a decadência suplantando as letras, as artes e as ciências. Se me exagerei, perdão... Pois um sentimento indizível domina meu coração quando, nas áureas páginas da história, em caracteres bem vivos, leio e admiro os feitos de armas dos nossos avós contra os holandeses pelos anos de 1647, quando, em Pernambuco, comandava o exército holandês o general Segismundo Vanscop, cujos passos na vida da guerra não eram muito valorosos, mas desafortunados. De Pernambuco, ele passou à cidade da Bahia, onde tentou esmagar as forças de Antônio Teles da Silva, acompanhado de Francisco Rebelo, famoso não só pela força, mas também pelos conselhos. A vitória foi nossa, ainda que tardia! Que vale um dia de luto, de terror e de cansaço, quando no vendaval da sorte, entre as lentas e espaçosas fumaças do canhão inimigo, vislumbra-se a estrela da salvação apontando os louros da vitória? Que alegria não será a desses que, após tantos perigos e tanto sangue derramado pelos bravos soldados, veem finalizada a batalha e, com ela, a guerra, retornando ao lar paterno, com o rosto, embora sulcado pelas balas, mas com a alma tão grande e tão nobre de virtudes? Basta! Para que relembrar nossos feitos magnânimos de 1647? Para se ouvir de novo esses gemidos surdos que, no fragor das lutas, o adversário que morre, trespassado por uma bala, exala no acaso da vida? Às vezes, quando é agora que despontava o sol brilhante da mocidade?

[1350] CÂNDIDO, Antônio. *O romantismo no Brasil*. São Paulo: Humanitas/FFLCH/SP, 2002.
[1351] DINIZ, José Péricles. *Ser baiano na medida do Recôncavo*. Cruz das Almas: Editora UFRB, 2019. p. 104.

Para que descobrirmos o pó esbranquiçado que esconde, aos olhos de um povo altivo e soberano, os cadáveres desmantelados de um herói que dorme? Os heróis dormem: acautelai-vos para que não suceda que alguém dentre vós lhes perturbe o eterno sono. Foram os raios da sociedade passada que iluminaram um povo, e este lhes fechou os ouvidos e lhes bebeu primeiro o sangue. A história de 1822, deste meio-tempo de trevas e de brilhantismo, nos revela, mais uma vez, o brio dos baianos. Neste solo, as plantas que nasceram alimentaram-se do sangue de bravos generais caídos. As plantas sabem a história deles, a primavera dos seus louros e o inverno da sua sorte! Agora, a agricultura é a mãe das nações e a riqueza delas. Um painel de tintas negras e de cores desbotadas, que nos pudesse despertar o riso do sarcasmo, bem se pode comparar à nossa agricultura, pois talvez a retratasse com soberba invenção de arte. Se nos recusa a paleta de um Apeles ou de um André Rubens, apenas esboçaremos, com seus relevos de artista satírico e plangente, os produtos das nossas plantas primárias. O café, a cana-de-açúcar e o tabaco são os braços essenciais da nossa indústria agrícola. Não deveríamos, porém, subestimar a mandioca, o milho, o feijão, o arroz e o algodão, afamados e desejados afluentes da nossa produtora terra brasileira. Mas, que fatalidade! Tudo isso, como sabemos, jaz esquecido. O país, na verdade, ainda se sustenta, e sabe Deus como! Contraindo grandes débitos nos países da Europa, o Império do Brasil, que deveria ser independente de tais negociações, acumulou sobre a coroa nacional anos extraordinários! Chanaan, te fizeste em tredo solo! Não invejas da Índia o belo gado, Nem do Brasil o campo cultivado! São três versos colhidos da minha ainda não completa obra, **O Brasil e o Século**, para servir de tema à nossa análise da agricultura temporã. Surge, pois, oh! solo do trabalho e da virtude, e endireita os caminhos da vida desta bela e rica província onde nasci! A vida de um músculo contra o músculo; e marquemos que as glórias serão o resplendor da hodierna sociedade, e os frutos passarão às mãos dos nossos netos! Away! Cachoeira, 15 de julho de 1881. M. L. Carvalho Ramos[1352].

Um aspecto relevante a ser destacado é a menção à obra inédita *O Brasil e o Século*, referenciada pelo autor no texto analisado. Curiosamente, essa obra permanece ausente das investigações dedicadas à vida e à produção intelectual de Manuel Lopes. Não há confirmação sobre sua publicação ou se ela integra o acervo inédito deixado por Manuel, preservado por seu filho, Victor de Carvalho Ramos. Conforme sugerido pelo texto, a obra aparentava estar em fase de elaboração na época de sua redação. O texto de Manuel Carvalho Ramos, redigido em 1881, configura-se como uma exaltação histórica e patriótica à Bahia. O autor destaca o papel central da província em momentos cruciais, como a resistência contra os invasores holandeses em 1647 e as batalhas pela independência em 1822.

Utilizando uma linguagem poética e romântica, Carvalho Ramos contrapõe o passado glorioso à decadência contemporânea nas áreas de literatura, artes e ciências, expressando lamentação pelo declínio dessas esferas. Nesse contexto, lamenta o abandono da agricultura, que considera alicerce da riqueza nacional, e menciona produtos como café, cana-de-açúcar e tabaco como pilares econômicos. Paralelamente, critica a dependência brasileira em relação às potências europeias. No cerne do texto, a busca pela soberania emerge como um objetivo primordial. O autor evoca o sacrifício dos heróis do passado e apela à sociedade para superar a estagnação e reconstruir os caminhos do progresso. A metáfora da terra "alimentada pelo sangue dos bravos generais" e a referência à história são utilizadas para sensibilizar os leitores acerca da importância do esforço coletivo, enfatizando que o futuro das próximas gerações depende das ações presentes. O texto

---

[1352] Instituto Geográfico e Histórico da Bahia. Jornal A Verdade, ed. de 22.07.1881, p. 2.

reflete, assim, as tensões de um Brasil em transição econômica e política, propondo um modelo de desenvolvimento pautado pela autonomia e por um ideal nacionalista.

Complementarmente, destaca-se o diálogo intertextual estabelecido com outro texto publicado no mesmo periódico, intitulado *O Mundo Antigo*. Datado de 25 de julho de 1881, Manuel Lopes apresenta uma densa reflexão sobre o papel da história como guardiã da memória das civilizações e dos feitos humanos. Em um estilo que mistura nostalgia e apelo à ação, o autor celebra a glória do mundo antigo e destaca sua contribuição para a formação da sociedade moderna.

> O Mundo Antigo
> A verdadeira imagem dos séculos passados, imergidos na noite dos tempos, é a história. O monumento de mármore da soberba Babilônia, cidade imensa, admirada por seus magnatas e sibaritas viandantes que vieram visitá-la, não teria sido completamente relegado ao pó do esquecimento se não tivesse sido fotografado nas páginas da história. Essa figura caduca, que nos traduz com os pés na terra e o dedo no céu os grandes acontecimentos dos séculos passados, atesta-nos sempre, ora com estilo romântico, ora com lucidez e firmeza, o caráter dos homens ilustres e dos guerreiros de Termópilas, de Leuctras, de Mantineia e de Arbelas, antes da vinda de Jesus Cristo. Época duvidosa e estranha para aqueles que se dedicam aos estudos positivos. É evidente, creio eu, que o mundo antigo fosse uma época fabulosa; porém, isso não significa que tenha deixado de existir essa data tão digna de louvores quanto de esquecimento. Na primeira folha, a história nos traz a criação do universo, a geração tão conhecida na superfície da Terra. Não colocaremos tais asserções em dúvida. O novo Moisés é a Renascença; a ideia unânime de um povo que atualmente se firma na revolução progressiva das letras no seio social. A história — o livro aberto onde leem todos os que desejam luz — desperta em nós a flor das esperanças e a glória indivisível de felicidades futuras. Nela, estudamos as torpes paixões de Nero e, mesmo assim, não deixamos de admirá-las. Em seu espelho lúcido e sempre novo, contemplamos a majestosa e altiva coroa da África — aquela caída Cartago, hoje obscurecida. A sombra das nuvens que se reflete no alcantil das serras é simplesmente passageira, mas nem por isso a esquecemos. Assim como os memoráveis da cidade que daqueles tempos nos vêm à memória, as mais remotas aldeias onde nasceram os grandes gênios, sob alcunhas de magos e profetas, também recordamos. Se as primeiras flores brotadas do solo antigo não murchassem, talvez suas pétalas nos contassem os fatos mais singelos e, embora desmerecidos hoje, revelassem os altos conhecimentos do povo que primeiro do mundo a luz gozou. Não será, pois, o rústico um filho digno da ciência? O rústico, o lavrador, que com o suor de sua fadiga orvalha o árido chão de onde brotam os nutrientes essenciais à vida? Não será, portanto, a agricultura uma ciência que careça de carinhosos esforços? E queriam os libérrimos e os libertinos suplantá-la, quando o mundo se embate nos ângulos da luz? Eis uma ciência adotada pelo mundo antigo e modelada com perfeição pelos filhos deste século. Os plebeus sem nome eram os únicos prosélitos e, com convívio alegre, deram-se as mãos nos primeiros ensaios da lei agrária. A vida de Roma e do Sacro Império foi marcada pela agricultura, abandonada covardemente pelos patrícios, os eleitos cidadãos da cidade venal. Todavia, lá no Oriente da Ásia, conseguiram elevar uma ciência religiosa — a crença maometana, o laço árabe de tantas seitas. O iniciador, o sábio aldeão Mahomet, viu as turbas erguê-lo nos braços com o mais solene regozijo ao entrar em Meca. As turbas que seguiram a iniciativa fundaram sobre sua esplendorosa ideia o mundo maometano. A história muito diz sobre a lápide do grande esclarecido lutador e dispara delírios e absurdos, errando sem entrada nem saída. Contudo, a verdade reaparece, tão visível quanto a luz do dia. É Jesus Cristo quem absorve o mundo antigo, edificando por si, com seu aparecimento e ao preço do sangue derramado, a religião do Calvário, que, ainda neste século, permanece ilesa como crença das doutrinas escritas e sábias. É Maomé, nos desertos da Arábia, estudando na areia que se eleva para o céu e no céu que se confunde com o horizonte imenso, o edifício da sublime revolução

que a Idade Média acariciou com afã, ora a ferro escalado, implorando a unanimidade na fé. O primeiro estabelece uma lei pura e desinteressada, baseada na virtude e no evangelho pregado em todos os recôncavos do globo, detestada por uns e aceita por muitos. O segundo, não podendo esclarecer o povo que em mil ilusões se perdia, contesta, com luta sanguinolenta e intestina, a santidade de sua religião, ensinada por um poder mágico e superior. Sem mais preâmbulos, aqui me detenho — pois, antes ser breve do que prolixo. Cachoeira, 25 de julho de 1881. M. L. de Carvalho Ramos[1353].

O texto O Mundo Antigo, de Carvalho Ramos, expõe uma reflexão sobre a importância da História na formação da memória coletiva, evidenciando o impacto duradouro do legado das civilizações antigas no contexto moderno. O autor evoca figuras como Jesus Cristo e Maomé, destacando suas contribuições religiosas e culturais, enquanto critica o abandono de práticas essenciais, como a agricultura, que ele considera um pilar indispensável para o progresso social. Com um tom nostálgico, Ramos lamenta a decadência dos valores e o enfraquecimento do conhecimento em sua época, mas contrapõe essa visão com um ideal otimista de reconstrução social. Para ele, o trabalho e a virtude são os alicerces para a transformação da sociedade, que deve buscar o equilíbrio entre a preservação do passado e a construção de um futuro mais justo e harmônico. Ramos desenvolve sua análise com uma linguagem rica em referências históricas e literárias, revelando seu compromisso com o que ele denomina o "progresso moral e intelectual da sociedade". Essa preocupação, já visível em sua juventude, antecipa sua futura associação com o espiritismo, doutrina que também valoriza a evolução ética e intelectual tanto do indivíduo quanto da coletividade.

Manuel Lopes inicia sua análise ao definir a história como a "*verdadeira imagem dos séculos passados*", uma concepção influenciada pela escola positivista de Auguste Comte. Para o autor, a história não é apenas um registro de eventos, mas um processo contínuo de evolução, capaz de capturar os feitos e monumentos das civilizações antigas, como se fossem "fotografias" preservadas pela memória coletiva, destinadas a iluminar o caminho das gerações futuras. Ramos exemplifica isso com a "*soberba Babilônia*", cuja lembrança sobreviveria apenas através do registro histórico.

O texto também aborda momentos e figuras emblemáticas, como os guerreiros das Termópilas e a queda de Cartago, misturando referências clássicas e eventos religiosos, e reflete sobre a conexão entre o mundo antigo e o moderno, especialmente através da agricultura, que o autor vê como a ciência primordial que transcende os séculos. No aspecto religioso, Ramos faz uma comparação entre os legados de Jesus Cristo e Maomé. Ele vê Cristo como o fundador de uma "*lei pura e virtuosa*", baseada no evangelho e na universalidade de sua mensagem, que, apesar de rejeitada por alguns, permanece como base moral e espiritual na sociedade cristã. Maomé, por outro lado, é mencionado por sua habilidade em transformar "turbas desorganizadas" em um movimento religioso poderoso, fundando o Islã. Assim, Ramos reflete sobre as influências históricas e religiosas, oferecendo uma visão crítica sobre o declínio cultural e propondo uma renovação baseada em princípios morais e espirituais.

Estes textos, escritos por Manuel Lopes quando tinha apenas 15 anos, revelam sua bagagem intelectual e sua formação, muito antes de se tornar o renomado escritor e juiz de direito, *Carvalho Ramos*. Nos dois textos, o autor estabelece uma correlação entre história e agricultura, utilizando-as como lentes para refletir sobre a decadência da contemporaneidade. Em "*A Bahia*", ele lamenta a crise agrícola e social que afeta a província, enquanto em "*O Mundo Antigo*", destaca como o mundo moderno herda, mas muitas vezes negligencia, os ensinamentos das civilizações antigas. A

[1353] Instituto Geográfico e Histórico da Bahia. Jornal A Verdade, ed. de *30.07.1881*, p.2.

agricultura, presente em ambos os textos, é abordada não apenas como a base da economia, mas também como um elo fundamental entre o homem e a terra. O abandono dessa prática reflete o enfraquecimento de valores essenciais e o afastamento de uma vida equilibrada com a natureza.

Para concluir essa breve análise sobre sua produção durante a fase de colegial, incluímos uma poesia encontrada no periódico *O Monitor*, editado em Salvador e um dos de maior circulação na província da Bahia. Esse achado é particularmente relevante, pois, embora a maioria das descobertas se concentre na imprensa da heroica Cachoeira, essa poesia foi publicada em um jornal de grande abrangência, que além de sua ampla circulação, também era o meio de comunicação onde seu pai, Antônio Sobrinho, ocasionalmente colaborava com artigos editoriais. Essa conexão destaca, mais uma vez, a influência direta da figura paterna na trajetória intelectual de Manuel Lopes de Carvalho Ramos, especialmente nesta fase de sua vida.

Figura 237 – Hemeroteca Digital da Biblioteca Nacional. Jornal O Monitor, ed. de 05.07.1881

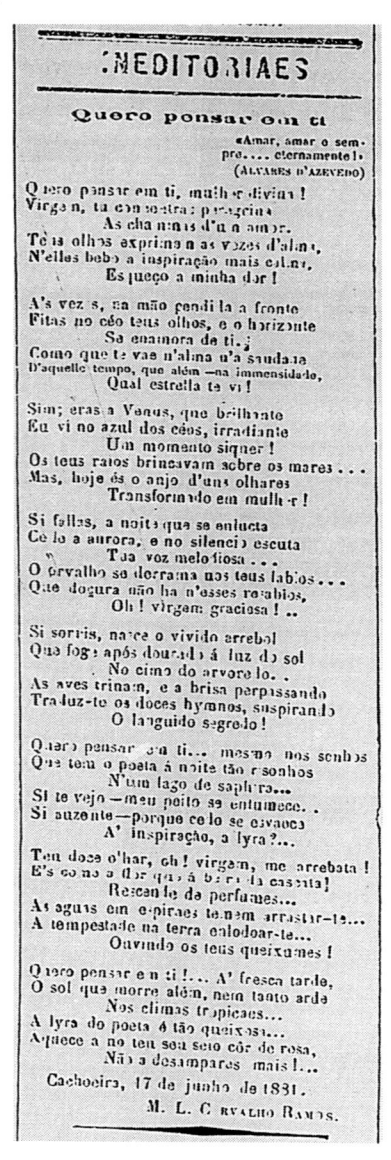

Ineditoriais
Quero pensar em ti
"Amar, amar o sempre...eternamente!" (Alvares de Azevedo)
Quero pensar em ti, mulher divina!
Virgem, tu concentras; peregrina
As chamas dum amor.
Teus olhos exprimem as vozes d'alma,
Neles bebo a inspiração mais calma,
Esqueço a minha dor!
Às vezes, na mão pendê-la a fronte
Fitas no céu teus olhos, e o horizonte
Se enamora de ti.
Como que te vais n'alma uma saudade
D'aquele tempo, que além -na imensidade,
Qual estrela te vi!
Sim; eras a Vênus, que brilhante
Eu vi no azul dos céus, irradiante
Um momento sequer!
Os teus raios brincavam sobre os mares...
Mas, hoje és o anjo d'uns olhares
Transformando em mulher!
Si falas, a noite que se enluta
Cedo a aurora, e no silêncio escuta
Tua voz melodiosa...
O carvalho se derrama nos teus lábios...
Que doçura não há n'esses ressaibos,
Oh! virgem graciosa! ...
Si sorris, nasce o vivido arrebol
Que foge após dourado a luz do sol
No cimo do arvoredo...
As aves trinam, e a brisa perpassando
Traduz-te os doces hinos, suspirando
O languido segredo!
Quero pensar em ti... mesmo nos sonhos
Que tem o poeta à noite tão risonhos
N'um lago de safira...
Si te vejo -meu peito se entumece...
Si ausente-porque cedo se esvaece
A inspiração, a lira? ...
Teu doce olhar, oh! virgem, me arrebata!
És cono a flor que a beira da cascata!
Rescende de perfumes...
As águas em espirais temem arrastar-te...
A tempestade na terra enlodar-te.
Ouvindo os teus queixumes!
Quero pensar em ti!... A' fresca tarde
O sol que morre além, nem tanto arde
Nos climas tropicais...
A lira do poeta é tão queixosa...
Aquece-a no teu seio cor de rosa,
Não a desampares mais!...
Cachoeira, 17 de junho do 188. M. L. Carvalho Ramos.

Neste poema, destacam-se traços característicos do romantismo que influenciaram os primeiros escritos de Manuel Lopes de Carvalho Ramos, como o uso de rimas, simetria, aliterações e assonâncias, conferindo uma marcante musicalidade ao texto. O autor, contudo, vai além dessas convenções ao incluir uma epígrafe de Álvares de Azevedo, revelando um embasamento teórico-filosófico que sustenta sua produção poética. Além da idealização do amor, o poema expõe uma forte valorização da emoção e um lirismo intenso que atravessa cada estrofe.

A citação a Álvares de Azevedo e a incorporação dos elementos estéticos presentes no poema revelam não apenas a admiração, mas também a íntima familiaridade de Manuel Lopes de Carvalho Ramos com a produção desse grandioso poeta. Essa relação é enfatizada pelo fato de que, em 1885, ele publicou um drama intitulado *Álvares de Azevedo*, impresso na tipografia de *O Guarany* em Cachoeira. Essa obra foi dedicada ao seu mestre dr. José Joaquim Seabra, catedrático da Faculdade de Direito do Recife, que exerceu uma influência significativa em sua formação enquanto acadêmico de direito. A seguir, uma breve descrição da obra:

> Os três primeiros atos passam-se em São Paulo e o último na corte. O assunto do primeiro é a redenção e nele está apresentado Álvares de Azevedo como um verdadeiro abolicionista. O segundo ato - amor e traição - é composto de um enredo vivo entre o dever e a honra. O terceiro, que está intitulado - A queda do gênio - apresenta o protagonista na vida desregrada e infeliz que levou-o tão cedo a desaparecer entre os vivos. O quarto e último ato - O derradeiro adeus - é comovente e relata os momentos finais do infeliz e pranteado poeta brasileiro[1354].

Após quatro anos no internato do Colégio Baiano Pedro II, Carvalho Ramos ruma em direção a Pernambuco, matriculando-se na Faculdade de Direito do Recife, instituição responsável pela formação jurídica da quase totalidade dos advogados que atuaram no foro da Cachoeira no decurso do século XIX.

Figura 238 – Termo de matrícula de Manoel Lopes de Carvalho Ramos na Faculdade de Direito do Recife. Arquivo da Faculdade de Direito do Recife

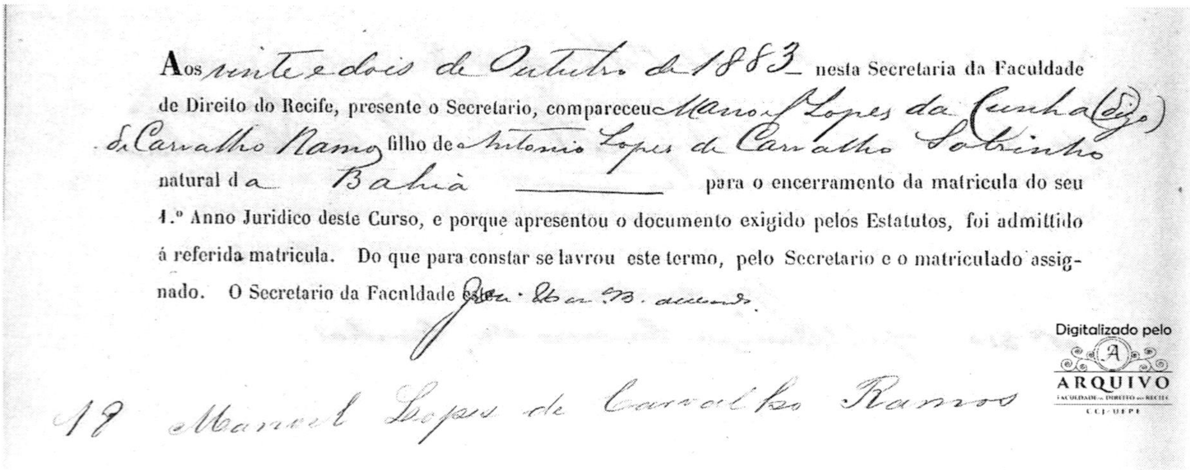

A pesquisa trouxe à tona uma informação extremamente interessante: Manuel Lopes de Carvalho Ramos passou a utilizar o pseudônimo *Carvalho Ramos* apenas quando ingressou na Faculdade de Direito do Recife, em 1883. Nota-se que os textos anteriores eram assinados

---

[1354] Hemeroteca Digital da Biblioteca Nacional. Jornal *O Guarany*, ed. n. 271 de 05.03.1885.

com seu nome completo. Abaixo, apresentamos a primeira poesia publicada na imprensa em que ele se identifica como *Carvalho Ramos*. Trata-se, ao que tudo indica, de uma composição dedicada à sua irmã, mas que expressa um profundo lamento pela ausência materna.

Figura 239 – Jornal *A Verdade*, ed. de 16.01.1884, p.2. Instituto Geográfico e Histórico da Bahia

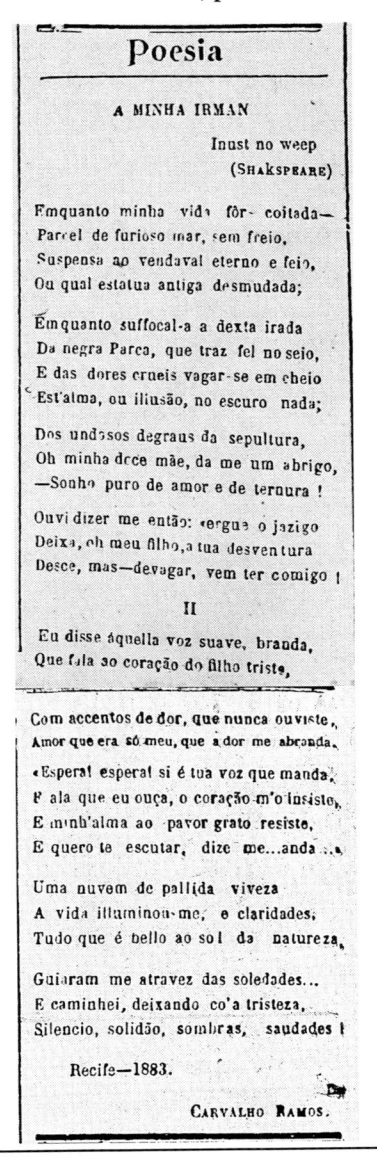

> *Poesia*
> *A MINHA IRMÃ*
> *Inust no weep (SHAKESPEARE)*
> *I*
> *Enquanto minha vida for- coitada; Parrel de furioso mar, sem freio; Suspensa ao vendaval eterno e feio; Ou qual estatua antiga desmudada; Enquanto sufocá-la a desta irada; Da negra Parca, que traz fel no seio; E das dores cruéis vagar-se em cheio; Esta alma, ou ilusão, no escuro nada; Dos undosos degraus da sepultura; Oh minha doce mãe, da me um abrigo; Sonho puro de amor e de ternura! Ouvi dizer-me então: ergue o jazigo; Deixa, oh meu filho, a tua desventura; Desce, mas--devagar, vem ter comigo.*

> II
> Eu disse aquela voz suave, branda; Que fala ao coração do filho triste; Com assentos de dor, que nunca ouviste; Amor que era só meu, que a dor me abranda; Espera! Espera! si é tua voz que manda; Fala que eu ouça, o coração m'o insiste; E minha alma ao pavor grato resisto; E quero te escutar, dize me... anda...; Uma nuvem de pálida viveza; A vida iluminou-me, e claridades; Tudo que é belo ao sol da natureza; Guiaram me através das soledades...; E caminhei, deixando côa tristeza; Silencio, solidão, sombras, saudades!
> *Recife - 1883. CARVALHO RAMOS*

Em 1884, ano seguinte da sua chegada ao Recife, Carvalho Ramos reúne as suas primeiras produções poéticas e publica o seu primeiro livro, intitulado *Flores de Primavera*[1355], obra que foi dedicada ao seu devotado pai. Infelizmente não localizamos e nem conseguimos obter mais detalhes sobre o conteúdo da publicação.

Carvalho Ramos conseguiu expandir a sua projeção enquanto intelectual para além dos muros da universidade ao inserir-se ativamente na imprensa recifense e nos grêmios e organizações estudantis dos acadêmicos de direito que buscavam, entre outros objetivos, dirimir algumas mazelas sociais. Em 1884, participou da fundação do Club Libertador Ferreira França[1356], onde também figurava na condição de sócio. Atuou na construção do periódico *O PROPULSOR*[1357], que se intitulava "Órgão dos Interesses Abolicionistas, industriais, agrícolas, literários, etc.", em que a temática emancipacionista se destacava em relação às demais.

Figura 240 – Fotografia de Manuel Lopes de Carvalho Ramos, 1891. Acervo de Maria Lúcia Carvalho Ramos Alves. Autor não identificado

[1355] Hemeroteca Digital da Biblioteca Nacional. Jornal *O Guarany*, ed. n. 95 de 30.07.1884.
[1356] Hemeroteca Digital da Biblioteca Nacional. *Diário de Pernambuco*, ed. 164 de 18.07.1884.
[1357] NASCIMENTO, Luiz do. *História da imprensa de Pernambuco (1821-1954)*. Recife: Universidade Federal de Pernambuco/Imprensa Universitária, 1967-1982. v. 6. p. 147.

Em 1884, juntamente com outros colegas acadêmicos, organizou uma recepção calorosa para o então presidente da província do Amazonas, Teodureto de Faria Souto, em reconhecimento aos esforços empreendidos para extinguir naquele mesmo ano a escravidão na sua província. A seguir, um recorte do *Jornal do Recife*, ed. 171, de 26.07.1884, noticiando o ato:

Figura 241 – Jornal do Recife, ed. 171, de 26.07.1884

Manifestação abolicionista — Hontem ao meio dia grande numero de estudantes abolicionistas da nossa Faculdade de Direito, aos quaes se reuniram muitas outras pessoas adeptas a mesma idéa, representando todos diversos clubs, foram encorporados ao palacio da presidencia, onde se achava hospedado o Sr. Dr. Theodureto Souto, felicital-o pelos relevantes serviços por elle prestados á causa da extincção da escravatura.

Fallaram em nome dos academicos e da sociedade Emancipadora Pernambucana, o Sr. Alfredo Pinto; do Club Abolicionista Vinte Oito de Julho, o Sr. Hugo Barradas; do Club Rio-Grandense do Norte, o Sr. Zacharias Monteiro; do Club Ceará Livre, o Sr. Mariano Medeiros e finalmente do Club Libertador Ferreira França, o Sr. Salles Barbosa, que tambem entregou ao Sr. Dr. Theodureto, em nome do mesmo Club, uma mensagem que abaixo publicamos.

Por ultimo recitaram poesias escriptas no mesmo sentido os Srs. Leal Vianna e Manoel da Carvalho Ramos.

O Sr. Dr. Theodureto Souto agradeceu á todos com um bello discurso, tão expontaneas quanto sinceras e consideradas provas de apreço de que foi alvo.

Eis a mensagem a que acima nos referimos:

«Illm. e Exm. Sr. Dr. Theodureto Carlos de Faria Souto.— O club libertador *Ferreira França*, em sua sessão de 17 do corrente mez, deliberou unanimemente apresentar-vos, por occasião da vossa passagem por esta cidade, os protestos da mais viva consideração, da mais profunda admiração, do mais sincero agradecimento pela inexcedivel dedicação com que haveis servido a grandiosa e santa causa da abolição do elemento escravo no Brazil.

«E de notar seria se, Exm. Senhor, no momento em que, por entre acclamações expontaneas e estrepitosas, ascende aureolado para o céo da Historia, a reluzir fulgurante de gloria, o vosso nome na grande constellação abolicionista brazileira, elle obscuro, porém sincero trabalhador do grande movimento não viesse juntar as suas aos milhões de palmas e bençãos, que a passagem do vosso nome por toda a parte provoca.

«Da legião valente e forte, que na hora presente á custa de esforços extraordinarios e grandes sacrificios, se empenha na obra do desmoronamento da execravel e odiosa bastilha, em que se abroquellaram as idéas obsoletas e obscurantistas que, desgraçadamente, ainda pezam sobre este paiz, retardando o seu desenvolvimento, o seu progresso, a vossa individualidade sempre se destacará como o propulsor mais desassombrado e forte desta grande torrente abolicionista, que, descendo do norte, e arrebatando em sua passagem vertiginosa e triumphante todos os tropeços antepostos ás conquistas da liberdade, inunda o paiz inteiro e, lavando-o da mancha negra da escravidão, prepara-o para o grande banquete das nações civilisadas.

«Pensando assim, em nome do club libertador *Ferreira França* a commissão por elle incumbida de dirigir-vos esta mensagem, inclina-se reverentemente ante vós, e beija-vos respeitosamente as mãos.

«Recife, 25 de Julho de 1884 — *Alexandre Pimentel de Barros Bettencourt* (relator). — *Manoel Coelho de Souza*. — *Salles Barbosa*. — *Manoel L. de Carvalho Ramos*. — *Manoel da Silva Lemos*.»

A sua profícua e sistemática participação nesses ambientes revela que foi um dos abolicionistas mais aguerridos da Faculdade de Direito do seu tempo. Quando retornou para Cachoeira, continuou participando ativamente da militância emancipacionista, publicando artigos e poemas que versavam sobre a temática nos principais jornais que circulavam na cidade; vide a seguir a sua produção em alusão ao Treze de Maio de 1888:

Figura 242 – Hemeroteca Digital da Biblioteca Nacional. Periódico *Goyaz*, ed. de 07.09.1889, p. 3

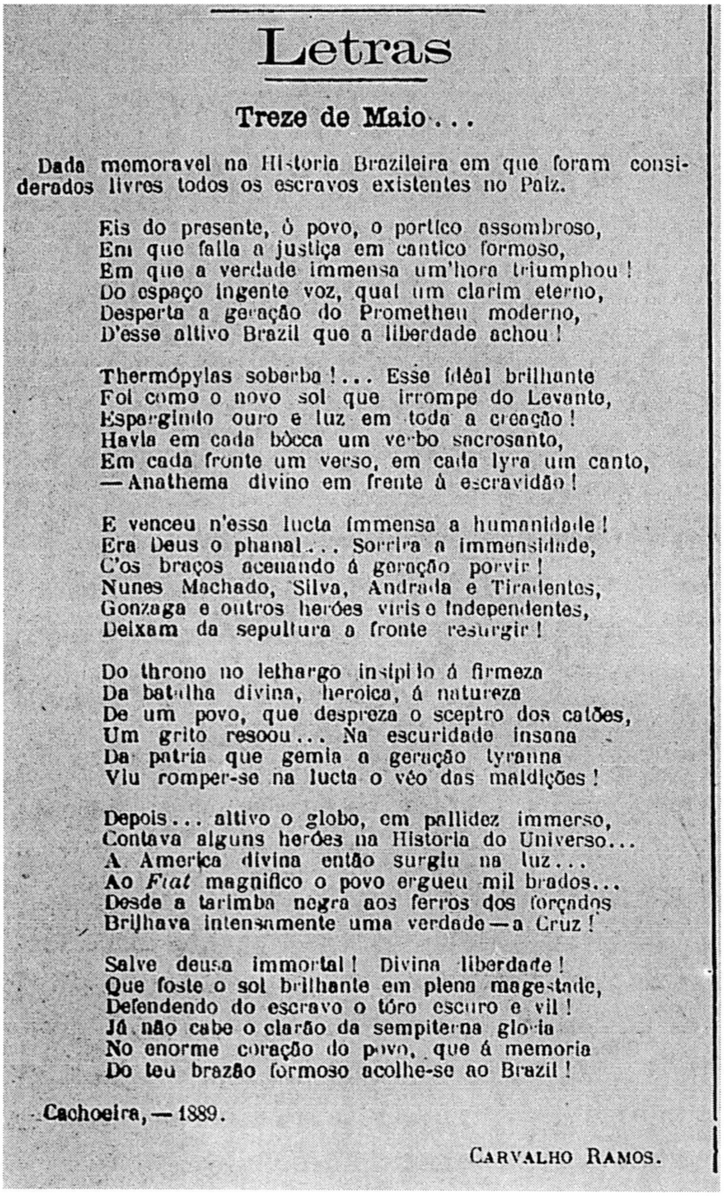

Letras

Treze de Maio...

Dada memoravel na Historia Brazileira em que foram considerados livres todos os escravos existentes no Paiz.

Eis do presente, ó povo, o portico assombroso,
Em que falla a justiça em cantico formoso,
Em que a verdade immensa um'hora triumphou!
Do espaço ingente voz, qual um clarim eterno,
Desperta a geração do Prometheu moderno,
D'esse altivo Brazil que a liberdade achou!

Thermópylas soberba!... Esse ideal brilhante
Foi como o novo sol que irrompe do Levante,
Espargindo ouro e luz em toda a creação!
Havia em cada bòcca um verbo sacrosanto,
Em cada fronte um verso, em cada lyra um canto,
— Anathema divino em frente á escravidão!

E venceu n'essa lucta immensa a humanidade!
Era Deus o phanal... Sorrira a immensidade,
C'os braços acenando á geração porvir!
Nunes Machado, Silva, Andrada e Tiradentes,
Gonzaga e outros heróes viris e independentes,
Deixam da sepultura a fronte resurgir!

Do throno no lethargo insipido á firmeza
Da batalha divina, heroica, á natureza
De um povo, que despreza o sceptro dos catões,
Um grito resoou... Na escuridade insana
Da patria que gemia a geração tyranna
Viu romper-se na lucta o véo das maldições!

Depois... altivo o globo, em pallidez immerso,
Contava alguns heróes na Historia do Universo...
A America divina então surgiu na luz...
Ao *Fiat* magnifico o povo ergueu mil brados...
Desde a tarimba negra aos ferros dos forçados
Brilhava intensamente uma verdade — a Cruz!

Salve deusa immortal! Divina liberdade!
Que foste o sol brilhante em plena magestade,
Defendendo do escravo o tóro escuro e vil!
Já não cabe o clarão da sempiterna gloria
No enorme coração do povo, que á memoria
Do teu brazão formoso acolhe-se ao Brazil!

Cachoeira, — 1889.

CARVALHO RAMOS.

Letras. Treze de Maio...
Data memorável na História Brasileira em que foram considerados livres todos os escravos existentes no País.
Eis do presente, ó povo, o pórtico assombroso; Em que fala a justiça em cântico formoso; Em que a verdade imensa uma hora triunfou! Do espaço ingente voz, qual um clarim eterno; Desperta a geração do Prometeu moderno; Desse altivo Brasil que a liberdade achou!
Termópilas soberba!.. Esse ideal brilhante; Foi como o novo sol que irrompe do Levante; Espargindo ouro e luz em toda a criação! Havia em cada boca um verbo sacrossanto; Em cada fronte um verso, em cada lira um canto, - anátema divino em frente à escravidão!
E venceu nessa luta imensa a humildade! Era Deus o fanal Sorrira a imensidade; Com os braços acenando à geração porvir! Nunes Machado, Silva, Andrada e Tiradentes; Gonzaga e outros heróis viris e independentes; Deixam da sepultura a fronte ressurgir!

Do trono no letargo insípido à firmeza; Da baralha divina, heroica, à natureza; De um povo, que despreza o espectro dos canhões; Um grito ressoou... na escuridade insana; Da pátria que gemia a geração tirana; Viu romper-se na luta o véu das maldições!
Depois... altivo o globo, em palidez imerso; Contava alguns heróis na história do universo... A América divina então surgiu na luz..Ao Fiat magnífico o povo ergueu mil brados.. Desde a tarimba negra aos ferros dos forçados; Brilhava intensamente uma verdade- a Cruz!
Salve deusa imortal! Divina liberdade! Que foste o sol brilhante em plena majestade; Defendendo do escravo o toro escuro e vil! Já não cabe o clarão da sempiterna glória; No enorme coração do povo, que à memória; De teu brasão formoso acolhe-se ao Brasil!
Cachoeira, 1889. Carvalho Ramos

O período em que Manuel Lopes residiu em Recife foi bastante proveitoso para o seu aprimoramento enquanto literato e jornalista, pois publicou diversos livros, além de dirigir alguns periódicos, onde também redigia e assinava editoriais. Em 1884, fundou, juntamente com Bernardo Costa, Zacaruas Reis e Antônio Faria, o periódico *América do Sul*, onde também eram redatores. Classificaram o jornal enquanto de caráter científico, literário e humorístico. Dele foram publicadas apenas sete edições.

Manuel Lopes de Carvalho Ramos também ingressou como sócio na Sociedade Baiana de Beneficência[1358], importante agremiação fundada pelos baianos que estudavam na Faculdade de Direito do Recife, cujo fim consistia na arrecadação de fundos para custear a matrícula dos acadêmicos que se encontravam em vulnerabilidade financeira. Embora dirigida pelos baianos, a associação atendia estudante de qualquer parte do país. Ao completar um ano de atividades, os dirigente resolveram comemorar com a publicação de uma *Revista da Sociedade Baiana de Beneficência*, que prestaria conta dos serviços filantrópicos prestados, mas também promoveria os outros ideais que congregavam o grupo, através da exposição de artigos, contos e poesias das lavras dos associados. Mais uma vez, Carvalho Ramos figura entre os idealizadores, demonstrando o reconhecimento do seu nome pelos seus pares enquanto grande expoente intelctual da sua geração.

Figura 243 – Hemeroteca Digital da Biblioteca Nacional. *Revista da Sociedade Bahiana de Beneficência*

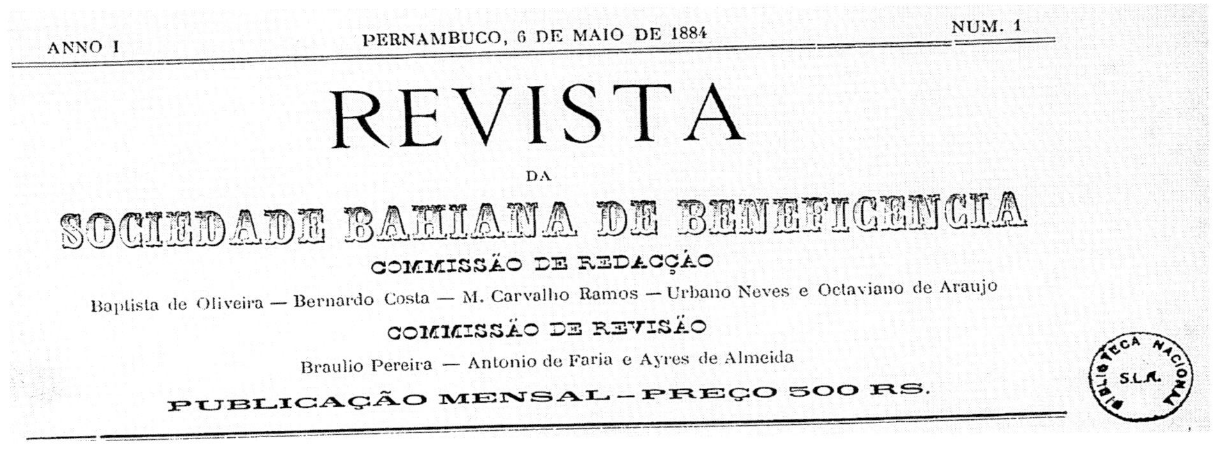

ANNO I — PERNAMBUCO, 6 DE MAIO DE 1884 — NUM. 1

REVISTA

DA

SOCIEDADE BAHIANA DE BENEFICENCIA

COMMISSÃO DE REDACÇÃO

Baptista de Oliveira — Bernardo Costa — M. Carvalho Ramos — Urbano Neves e Octaviano de Araujo

COMMISSÃO DE REVISÃO

Braulio Pereira — Antonio de Faria e Ayres de Almeida

PUBLICAÇÃO MENSAL – PREÇO 500 RS.

[1358] Hemeroteca Digital da Biblioteca Nacional. *Jornal do Recife*, ed. 105 de 09.05.1883.

A participação nessa organização já revela, em certa medida, a sua afinidade com a filosofia espírita, vide que logo à frente se tornaria um dos grandes propagadores dessa doutrina nos estados da Bahia e Goiás. Chamamos atenção dos leitores para um trecho de um artigo assinado por Carvalho Ramos na citada revista: "Não há sacrifício mais nobre, nem tão elevado, qual o de semear-se às mãos este fruto delicioso e santo, que tem por princípio a abnegação e por fim a _caridade_". Para nós, essa citação está impregnada dos ideais espíritas; o que pode nos levar a conjecturar que o nosso poeta iniciou o processo de estudo e prática sobre a obra de Allan Kardec ainda nos tempos de acadêmico.

Ao folhear a revista, encontramos o nome do irmão de Manuel, José Lopes de Carvalho Ramos[1359], sendo proposto e aceito para também integrar a filantrópica agremiação. Não há como passar despercebido que, embora não possuíssem grandes recursos, conforme veremos adiante, os irmãos Carvalho Ramos demonstram que não comungam com a imposição social dos lugares destinados àqueles que não foram privilegiados com os "ares da fortuna".

Mesmo residindo fora da província da Bahia, Carvalho Ramos continuou inserido nas questões político-culturais de Cachoeira, enviando contribuições periódicas para o jornal de propriedade do seu amigo Augusto Ferreira Mota. Em 1885, resolve fundar o seu próprio periódico, intitulado A _Democracia_[1360], que circularia na terra do seu nascimento e nas regiões circunvizinhas, dividindo a realização desse empreendimento com seu amigo e conterrâneo Antônio Baptista de Oliveira, também acadêmico de direito na mesma universidade do Recife. Impressa na tipografia de Augusto Ferreira Mota, a gazeta circularia bissemanalmente, sendo que a primeira edição veiculou em 3 de maio de 1885. Os redatores deixaram explícito que a principal função da nova folha era "protestar contra a violação dos direitos comuns, visando estabelecer a garantia dos princípios de justiça e dos sentimentos de liberdade". Além dos citados fundadores, também contava com a colaboração dos jornalistas Octacílio dos Santos e dr. Urbano Sampaio Neves, advogado e primo de Carvalho Ramos.

O ano de 1886 foi muito importante na trajetória intelectual do jovem poeta, pois, além de publicar mais um livro, intitulado _Jorge Edgard_, adiantou as disciplinas do curso de modo que conseguiria colar grau um ano antes do previsto. É importante mencionar que, por trás de todo o destaque e intensa produção intelectual, seu pai sempre esteve presente. Mesmo com poucos recursos, ele conseguiu prover todas as despesas necessárias para formação intelectual completa do filho, fato comprovado pela bagagem cultural extraordinária que Manuel Lopes de Carvalho Ramos veio demonstrando no decorrer da sua trajetória. A seguir, um documento que retrata um pouco sobre o esmero de Antônio Sobrinho, que, na condição de homem pobre e chefe de numerosa família, buscou estratégias financeiras que permitissem a realização do sonho de uma vida: permitir que seus filhos obtivessem o título de bacharel.

[1359] Conferir verbete de José Lopes de Carvalho Ramos.
[1360] Hemeroteca Digital da Biblioteca Nacional. Jornal _O Guarany_, ed. 22 de 02.05.1885.

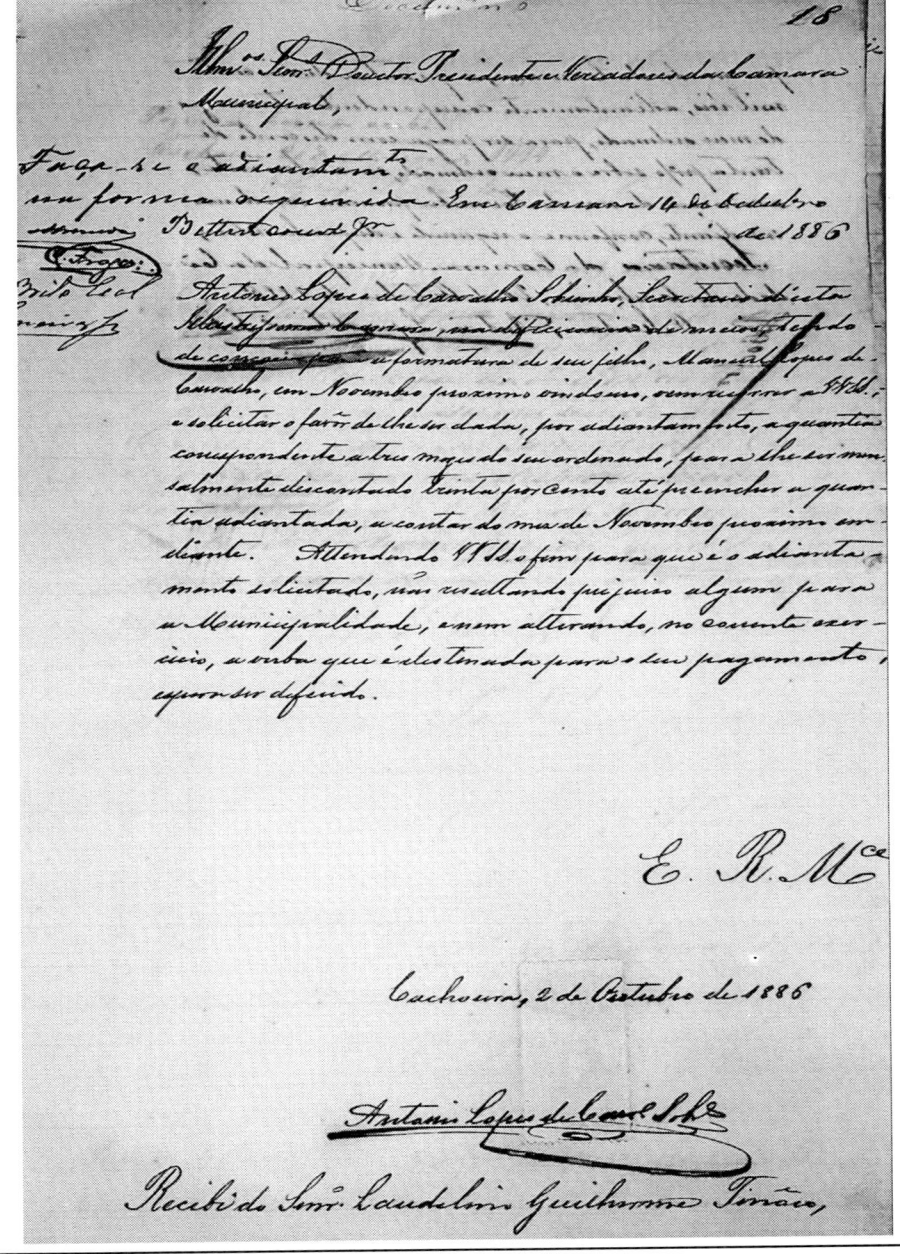

Figura 244 – APMC. Requerimentos (Legislativo). Documentos avulsos não classificados

Ilustríssimo senhor doutor Presidente e Vereadores da Câmara Municipal,
Antônio Lopes de Carvalho Sobrinho, secretário desta ilustríssima Câmara, na deficiência de meios, tendo de concorrer para a formatura de seu filho, Manuel Lopes de Carvalho, em novembro próximo vindouro, vem requerer a vossas senhorias, e solicitar o favor de lhe ser dado, por adiantamento, a quantia correspondente a três meses do seu ordenado, para lhe ser mensalmente descontado 30% até preencher a quantia adiantada, a contar do mês de novembro próximo em diante. Atendendo vossas senhorias o fim para que é o adiantamento solicitado, não resultando prejuízo algum para a municipalidade, e nem alterando, no corrente exercício, a verba que é destinada para o seu pagamento, espera ser deferido. Cachoeira, 2 de outubro de 1886. Antônio Lopes de Carvalho Sobrinho.
Faça-se o adiantamento na forma requerida. Em Câmara, 14 de outubro de 1886.

Em 9 de dezembro de 1886, Carvalho Ramos recebeu o grau de bacharel em Ciências Jurídicas e Sociais. Depois de cumprir todos os créditos e realizar o exame final, avaliado pelos doutores Joaquim Correia de Araújo, José Joaquim Tavares Belfort, José Higino Duarte Pereira e José Joaquim Seabra. O parecer dos examinadores indicou que o aluno Manuel Lopes de Carvalho Ramos foi aprovado plenamente, tendo, neste mesmo ato, colado grau.

Figura 245 – Registro de exame final e colação de grau de Manoel Lopes de Carvalho Ramos. Arquivo da Faculdade de Direito do Recife

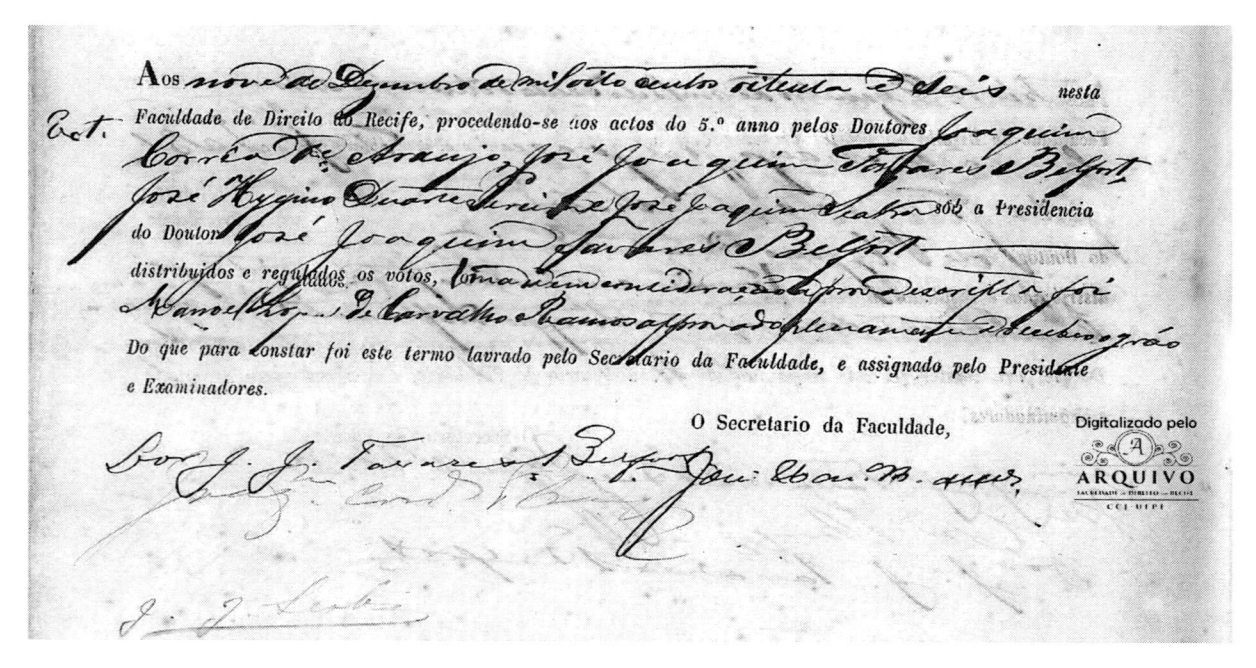

Concluído o curso jurídico, decide que retornaria para Cachoeira, onde faria um ano de prática advocatícia e, depois deste período, buscaria uma vaga na magistratura. É o que revela a correspondência a seguir, trocada entre Antônio Lopes de Carvalho Sobrinho e um dos seus amigos mais chegados, que residia em Salvador, o comerciante Manoel Moreira de Carvalho e Silva[1361]:

[1361] Conferir verbete de Manoel Moreira de Carvalho e Silva.

Figura 246 – Correspondências

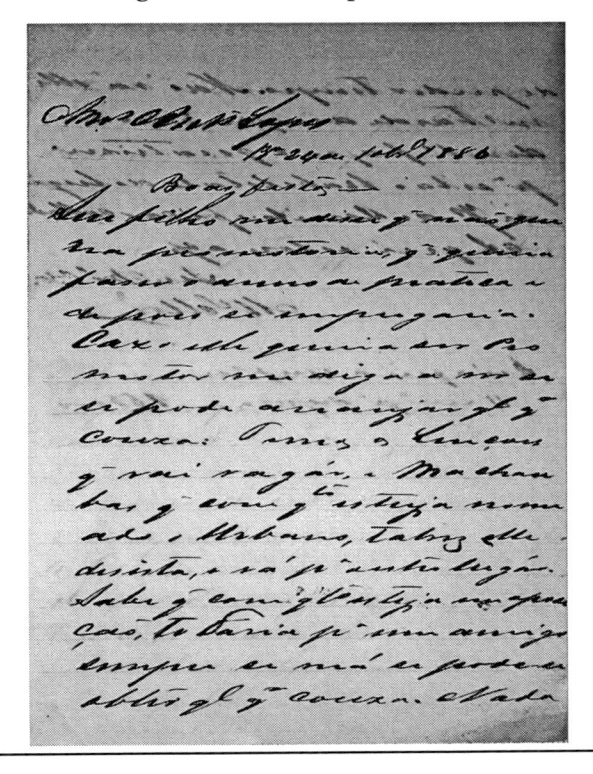

> *Amigo Antônio Lopes*
> *Bahia 24 de dezembro de 1886*
> *Boas Festas*
> *Seu filho me disse que não queria promotoria, que queria fazer o ano de prática e depois se empregaria. Caso ele queira ser promotor me diga [...] se pode arranjar qualquer coisa. Temos os Lençóis que vai vagar, e Macaúbas que conquanto esteja nomeado o Urbano, talvez ele desista, e vá para outro lugar [...].*

Aportando na heroica em final de 1886, logo no princípio do ano seguinte monta um escritório juntamente com seu colega dr. Arsenio Seixas.

Figura 247 – Anúncio do escritório advocatício de Manoel Lopes de Carvalho Ramos. Hemeroteca Digital da Biblioteca Nacional. Periódico *O Tempo*, ed. 52, de 17.03.1888

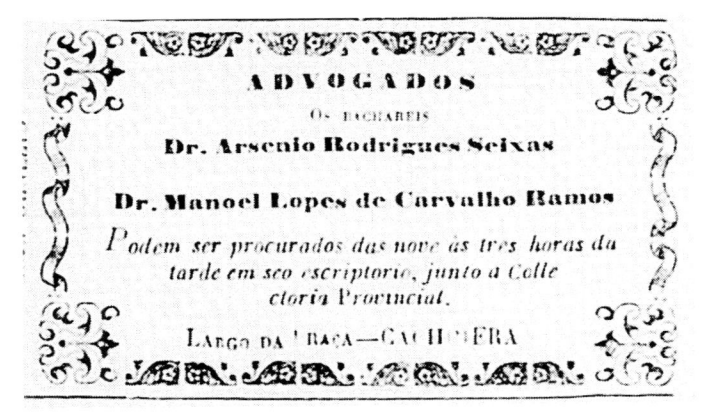

ADVOGADOS
Os Bacharéis
Dr. Arsenio Rodrigues Seixas
Dr. Manoel Lopes de Carvalho Ramos
Podem ser procurados das nove ás tres horas da tarde em seo escriptorio, junto a Collectoria Provincial.
LARGO DA PRAÇA – CACHOEIRA

O Arquivo Público Municipal de Cachoeira guarda em seu acervo algumas solicitações enviadas à câmara por Manuel Lopes de Carvalho Ramos solicitando o pagamento dos seus honorários por diversos serviços prestados àquela instituição na condição de advogado.

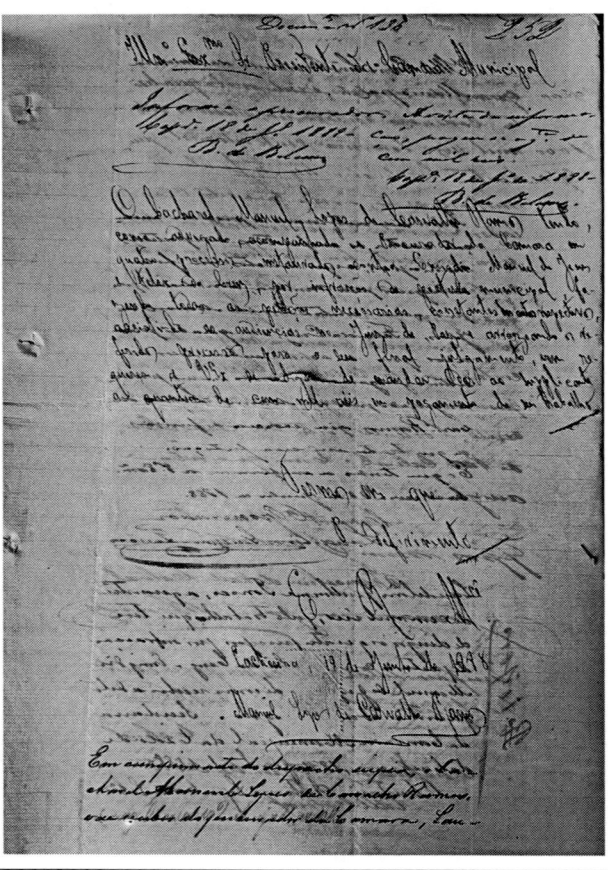

Figura 248 – Arquivo Público Municipal de Cachoeira. Livro de Contas da Câmara de Cachoeira, 1888

O bacharel Manuel Lopes de Carvalho Ramos tendo, como advogado, acompanhado o procurador da Câmara em quatro processos instaurados contra Emidio Manuel de Jesus e Félix da Cruz, por infração de postura municipal, fazendo todas as petições necessárias, constante dos autos respectivos, assistindo as audiências no Juízo de Paz e arrazoando os referidos processos para o seu final julgamento, vem requerer a V.E. se digne de mandar dá ao suplicante a quantia de cem mil réis em pagamento de seu trabalho. Termos em que pede deferimento. E. R. Mercê. Cachoeira, 18 de junho de 1888. Manoel Lopes de Carvalho Ramos.

O seu retorno para sua cidade natal coincide com o período de maior efervescência sociocultural até então visto em Cachoeira. As grandes questões em voga nacionalmente gravitavam pelas páginas dos jornais, promovendo e articulando a criação de grupos, grêmios, entre outras formas associativas. Contabilizamos a existência de sete clubes em funcionamento: Club de Instrução, Regadas, Sociedade Recreativa e Familiar, Cabilda Cachoeirana, Sociedade Literária Castelo do Bosco, Clube Carigé e Planeta 13 de Maio[1362]. Essas organizações eram espaços de

---

[1362] LEAL, Xavier; VELASQUES, Diogo. *Almanaque da comarca da Cachoeira para o ano de 1889*. Bahia: Imprensa Popular, 1888. Biblioteca Pública dos Barris. Setor de Periódicos Raros; Jornal *O Guarany*, ed. 13.10.1881, e *O Asteroide*, ed. 57 de 18.04.1888. Hemeroteca Digital da Biblioteca Nacional.

sociabilidade importantíssimos, não só pela difusão das correntes teóricas filosóficas de seus interesses, mas pelo seu potencial de alcance, tendo em vista que a sociedade do século XIX possuía baixos índices de letramento, portanto tais espaços adquirem um papel crucial na disseminação dos ideais abolicionistas, por exemplo.

Reconhecido por ser um exímio orador, Carvalho Ramos foi convidado por Sílio Boccanera Júnior para compor o corpo diretivo do Clube de Instrução, entidade fundada por alguns empregados da Estrada de Ferro Central, em Cachoeira, na data de 17 de agosto de 1887, cujo principal objetivo era promover a instrução. Nos seus estatutos, destacam-se a primazia do culto às letras, a organização de bibliotecas, a assinatura de gazetas e a promoção do ensino de línguas estrangeiras[1363]. Após inserir-se, Manuel Lopes de Carvalho Ramos tornou-se o orador oficial da instituição, e também foi incubido da função de lecionar português e francês[1364]. A seguir, uma petição da mesa diretiva do Clube de Instrução, encaminhada à câmara municipal, solicitando o uso do salão nobre para ser realizada a comemoração do seu primeiro aniversário, contendo a assinatura do nosso poeta.

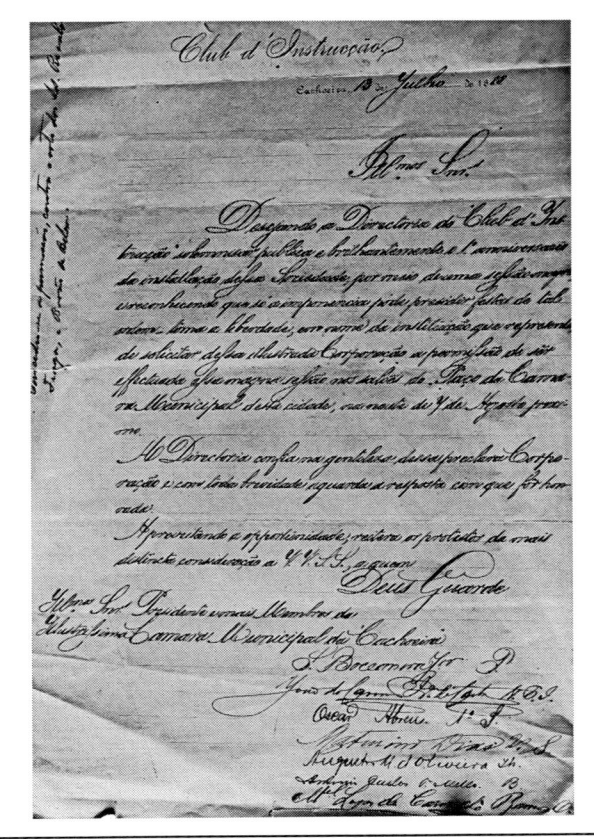

Figura 249 – APMC. Documnetos avulsos não classificados

Club d'Instrução
Cachoeira, 13 de julho de 1888
Ilmos. Srs.
Desejando a diretoria do Club d'Instrução solenizar pública e brilhantemente o 1º aniversário de instalação dessa Sociedade, por meio de uma sessão magna e reconhecendo que só a imponência pode presidir festas de tal ordem, toma liberdade, em nome da instituição que represento, de solicitar dessa

---

[1363] ESTATUTOS do Club de Instrução. Cachoeira: Typ. Do Guarany, 1887. Acervo de Memória e Documentação Clemente Mariani (Amedoc).

[1364] RAMOS, Victor de Carvalho. Hugo de Carvalho Ramos (esboço biográfico). *Lavoura e Comércio*, Uberaba, ed. 14809, 1949. p. 169.

> *ilustríssima corporação a permissão de ser efetuado essa magna sessão no salón do Paço da Câmara municipal desta cidade na noite de 7 de agosto próximo. A diretoria confia na gentileza dessa preclara a corporação e com toda a brevidade aguarda a resposta com que for honrada. Aproveitando a oportunidade de reter aos protestos da mais distinta consideração a V.V. S.S., a quem Deus Guarde. Silio Bocanera Jr. Presidente; João do Carmo Pereira da Costa vice-presidente; Oscar Abreu 1º secretário; Maturino Dias 2º secretário; Augusto de Oliveira; Antônio Carlos da Trindade Melo bibliotecário; Manuel Lopes de Carvalho Ramos orador.*

A década de 1880 marcou para a imprensa local um período de destaque sem precedentes no século XIX, evidenciado pela circulação de 30 periódicos, muitos dos quais surgiram nessa mesma década. Notavelmente, entre 1887 e 1888, seis importantes publicações foram distribuídas ao mesmo tempo, ganhando notoriedade não só em Cachoeira, mas em toda a província: *A Ordem, O Americano, O Guarany, O Asteroide, O Tempo* e *Planeta Vênus*[1365]. Carvalho Ramos logo se inseriu neste contexto, tornando-se colaborador de cinco dos seis jornais citados.

Em 1889, transfere-se para o estado de Goiás, onde foi nomeado para exercer o cargo de juiz municipal da comarca de Caiapônia; e em 1891, designado para assumir o posto de juiz seccional interino na então capital do estado. Nesta mesma cidade, conhece aquela que viria a ser sua esposa, Mariana Fenelon de Loiola, por quem se enamora à primeira vista; vejamos o relato a seguir, escrito por João Câncio Povoa Filho:

> Um belo dia, apareceu em Goiás um juiz de Direito, baiano, um homem de 35[1366] anos, o dr. Carvalho Ramos. Minha mãe tinha 13. Minha avó, que era senhora extremamente braba e austera, daquelas que usavam camafeu aqui, só deixava minha mãe ir ao cemitério aos domingos. E esse juiz de Direito viu minha mãe no cemitério. Apaixonou-se por ela, pediu-a em casamento. Minha mãe fez 14 anos no dia 7 de novembro, e casou-se no dia 8 com esse doutor Manoel Lopes de Carvalho Ramos[1367].

[1365] SILVA, Pedro Celestino da. Datas e tradições cachoeiranas. *Anais do Arquivo Público da Bahia*, Salvador, v. 29, p. 363-384, 1943a.

[1366] Houve um equívoco no relato de João Câncio: na verdade, Manuel Lopes de Carvalho Ramos tinha 26 anos de idade.

[1367] Relato apresentado pelo dr. João Câncio Póvoa Filho, filho do segundo casamento da esposa de Carvalho Ramos. Esse testemunho fez parte de uma celebração da empresa Votorantim, chamada "Projeto Memória Votorantim 85 Anos - Nossa Gente Faz História", que, por meio de um documentário, revelou um pouco da história de vida e familiar de alguns de seus colaboradores. João Câncio trabalhava diretamente com o então presidente, Ermínio de Moraes.

Figura 250 – Mariana de Carvalho Ramos. Fotografia de 1891. Acervo de sua neta, Maria Lúcia de Carvalho Ramos Alves. Autor não identificado

Da união com Mariana, nasceram cinco filhos, os quatro primeiros naturais da cidade de Goiás Velho, e o caçula natural do Rio de Janeiro; seguem os nomes: Victor de Carvalho Ramos, nascido em 1893; Hugo de Carvalho Ramos, em 1895; Ermelinda de Carvalho Ramos, em 1897; Américo de Carvalho Ramos, em 1900; e Ary de Carvalho Ramos, em 1910.

Mesmo tão distante, Carvalho Ramos permanecia a par dos acontecimentos de relevo na sua amada cidade natal. Ao saber da emancipação política da nossa vizinha São Félix, cumprimentou os munícipes do novo território independente com um soneto, publicado no semanário *Goyaz* em 6 de março de 1891:

Figura 251 – Semanário *Goyaz*, ed. de 06.03.1891

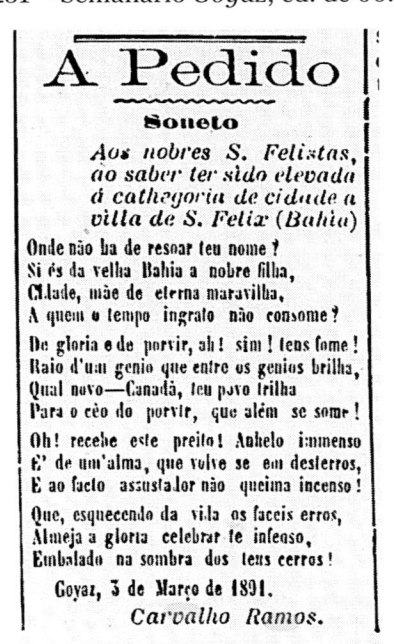

A Pedido
Soneto
Aos nobres S. Felistas, ao saber ter sido elevada à categoria de cidade a Vila de São Félix (Bahia)
Onde não há de ressoar teu nome?
Se és da velha Bahia a nobre filha,
Cidade, mãe de eterna maravilha,
A quem o tempo ingrato não consome?
De Glória e de porvir, ah! Sim! tens fome!
Raio d'um gênio que entre os gênios brilha,
Qual novo – Canadá, teu povo trilha
Para o céu do porvir, que além se some!
Oh! Recebe este preito! Anhelo imenso
É de uma alma, que volve se em desterros,
E ao fato assustador não queima incenso!
Que, esquecendo da vida os facéis erros,
Almeja a glória celebrar-te infenso,
Embalado na sombra dos teus cerros!
Goyas, 3 de Março de 1891. Carvalho Ramos.

Conforme mencionamos anteriormente, Manuel Lopes de Carvalho Ramos foi um fervoroso adepto e estudioso da doutrina espírita, tornando-se um dos precursores na difusão dos ensinamentos de Kardec em sua cidade natal e, posteriormente, na capital do estado de Goiás. Em Cachoeira, integrou a Sociedade Espírita Cachoeirana, fundada em 6 de março de 1887, onde contribuiu diretamente na confecção dos estatutos da instituição, assumindo a função de relator.

Na cidade de Goiás, valeu-se da imprensa para propalar os ensinamentos da doutrina, publicados em forma de artigos, reflexões e poesias. Diferentemente de Cachoeira, onde não encontrou opositores exaltados à causa espírita, foi duramente combatido pelo jornal *O Estado de Goiás*, de posição claramente católica. A seguir, algumas manchetes que visavam desconstruir e ridicularizar a sua imagem no tocante ao viés religioso/espiritual:

Figura 252 – Ed. 132, de 2 de junho de 1894

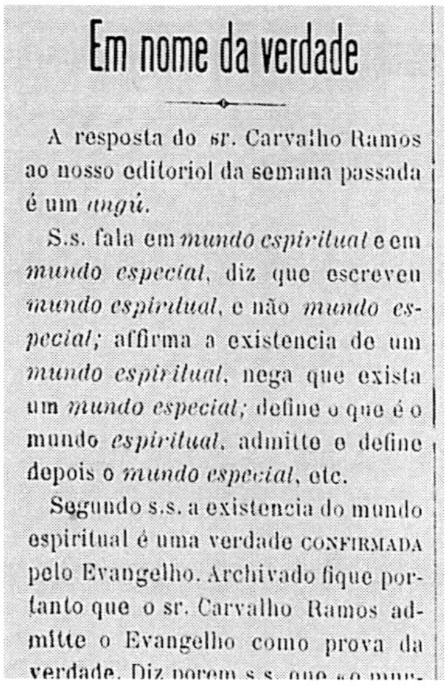

Em nome da verdade

A resposta do sr. Carvalho Ramos ao nosso editoriol da semana passada é um *angú*.

S.s. fala em *mundo espiritual* e em *mundo especial*, diz que escreveu *mundo espiritual*, e não *mundo especial*; affirma a existencia de um *mundo espiritual*, nega que exista um *mundo especial*; define o que é o mundo *espiritual*, admitte e define depois o *mundo especial*, etc.

Segundo s.s. a existencia do mundo espiritual é uma verdade CONFIRMADA pelo Evangelho. Archivado fique portanto que o sr. Carvalho Ramos admitte o Evangelho como prova da verdade. Diz porem s.s. que «o mun-

Figura 253 – Ed. 145, de 22 de dezembro de 1894

As baboseiras do Sr. C. Ramos

Não precisamos de muito para destruir as baboseiras escriptas pelo snr. Carvalho Ramos acerca da Biblia e de E. Zola.

Diz s.s. que o snr. Olympio Costa nos despreza.

Já se viu alguem provocar a quem despreza? Elle nos provocou e agora quer nos desprezar. Que prejuizo enorme nos causa o desprezo do homem!...

A comparação da Biblia com Zola só pode sahir da bola de algum desorganisado. O snr. Carvalho Ramos tem licença até para mais.

Certamente, além do confronto dogmático que surge a partir da disseminação da doutrina de Kardec, o fato de ser introduzido por um forasteiro deve ter contribuído para acirrar os ânimos e descontentamentos daqueles que acreditavam ter a precedência religiosa e intelectual.

A militância a favor da doutrina espírita tornou-se um marco indelével na sua trajetória intelectual. Não demorou para que seus escritos fossem conhecidos pelos representantes da Igreja Católica, que os consideravam afrontas e temiam que a decodificação da obra kardecista, presente nos jornais na forma de textos, poesias e relatos, pudesse fissurar a sua hegemonia, ao cooptar outros extratos da sociedade, até então totalmente alheios à "nova religião". Não demorou para que Carvalho Ramos fosse uma das "vítimas" da engenhosa estratégia retórica promovida pela Igreja Católica; vejamos a notícia a seguir:

Figura 254 – Hemeroteca Digital da Biblioteca Nacional. Periódico *O Estandarte*, ed. 114, de 31.05.1914, p. 4

Notavel Jurisconsulto, ornamento da Magistratura Brasileira, enlouquece e morre no Hospicio de Alienados do Rio de Janeiro, em consequencia das aberrantes praticas Espiritistas.

Não ha em Uberaba uma pessoa que não tenha conhecido pessoalmente ou ouvido falar no Dr. Carvalho Ramos, Juiz de Direito da Capital de Goyaz.

Este moço era uma bellissima intelligencia, poeta primoroso, cavalheiro de fino trato.

Illustrou a imprensa com muitos e interessantes artigos de sua lavra, escreveu um extenso poema intitulado GOYANIA, o qual foi impresso em Lisbôa, merecendo dos criticos lisonjeiras referencias; pois bem, em má hora começa o Dr. Carvalho Ramos a estudar o espiritismo e a ensaiar suas praticas; foi o sufficiente para que suas faculdades mentaes se perturbassem logo, e ficasse envolta em trevas tão bella intelligencia.

Maldita seita!

> ***Notável jurisconsulto, ornamento da Magistratura Brasileira, enlouquece e morre no Hospício de Alienados do Rio de Janeiro, em consequência das aberrantes práticas Espiritistas.*** Não há em Uberaba uma pessoa que não tenha conhecido pessoalmente ou ouvido falar no dr. Carvalho Ramos, Juiz de Direito da capital de Goiás. Este moço era uma belíssima inteligência, poeta primoroso, cavalheiro de fino trato. Ilustrou a imprensa com muitos interessantes artigos de sua lavra, escreveu um extenso poema intitulado GOYANIA, o qual foi impresso em Lisboa, merecendo dos críticos lisonjeiras referências; pois bem, em uma má hora começa o dr. Carvalho Ramos a estudar o espiritismo e a ensaiar suas práticas; foi suficiente para que suas faculdades mentais se perturbassem logo, e ficasse envolta em trevas tão bela inteligência. Maldita seita!

A Igreja Católica associou os distúrbios psicológicos de Carvalho Ramos ao Espiritismo, ultrapassando as críticas aos fundamentos teológicos da doutrina. Com essa ação, procurou-se disseminar a percepção de que os seguidores do Espiritismo eram indivíduos doentes, negligentes, moralmente inconstantes, sujeitos à marginalização e à repressão social, e considerados uma ameaça à ordem vigente[1368].

Para concluir, apresentamos um resumo sucinto do processo da doença que não só prejudicou o talento de um dos escritores mais proeminentes do século XIX, mas também lhe tirou a vida. Ressaltamos que a análise de sua atuação como jornalista, magistrado e intelectual no estado de Goiás não será incluída, pois uma abordagem completa de sua extensa biografia não é viável neste espaço limitado. Além disso, o livro publicado em 2016 pelo professor Nelson Lopes Figueiredo oferece um detalhamento abrangente de sua trajetória em Goiás.

Em agosto de 1903, Ramos dedicava-se intensamente à composição de um novo poema, intitulado "Tragédia Santa", um "poema de métrica variada que narra a vida de Jesus segundo os Evangelhos"[1369]. É relatado que, em menos de um mês, ele produziu mais de 8 mil versos para a obra. No entanto, de forma abrupta, foi atingido por neurastenia, conforme noticiado na edição 79 do jornal *A Ordem*, datada de 10 de outubro de 1903.

> O cintilante burilador dos versos admiráveis de Os Gênios e da Goiânia, e prosador emérito, trabalhava dois meses, dia e noite, numa infatigabilidade enervante em um grande poema, Tragédia Santa, quando foi de súbito acometido de loucura, que, infelizmente vem zombando com cinismo que revolta, dos insistentes e acumulados recursos da ciência hipocrática e dos desvelos, renovados dia a dia, de sua carinhosa e prezadíssima consorte.

Foi então que iniciou a "*via crucis*" do magistrado Carvalho Ramos e sua família. Profundamente aflitos com a situação, viam o pai e esposo vagando pelos corredores da casa como se buscasse a si mesmo, ou sentado à janela com um olhar ausente, sem reconhecer quem era ou onde se encontrava[1370]. Foram orientados a procurar novos ambientes, e assim o fizeram, passando temporadas em duas cidades goianas, Ouro Fino e Jaraguá. Nessas localidades, sua condição melhorou um pouco, permitindo que retornassem à sua residência na antiga capital de Goiás, embora os períodos de lucidez se tornassem cada vez mais escassos[1371].

[1368] SILVA, Marcos José Diniz. Do espiritococus à fábrica de loucos: o espiritismo sob a retórica da aniquilação na imprensa católica cearense. *Revista Brasileira de História & Ciências Sociais*, v. 7, n. 13, 2015. p. 114.

[1369] RAMOS, Victor de Carvalho. *Letras goianas*: esboço histórico. Goiânia: Departamento de Cultura da Secretaria da Educação e Cultura, 1967. p. 61.

[1370] ÉLIS, Bernardo. *Obra reunida*: Goiás em sol maior (comentários); Lucro e/ou logro (estudos literários); Jeca Jica-Jica Jeca (crônicas). Rio de Janeiro: José Olympio Editora, 1987.

[1371] Jornal *Lavoura e Comércio*, ed. 493 de 27.03.1904.

Figura 255 – Última fotografia de Manuel Lopes de Carvalho Ramos, tirada pouco antes da sua entrada no Hospício Nacional dos Alienados, 1908. Autor não identificado. Imagem restaurada por Adson Assis e Igor Roberto de Almeida (2022)

Lamentavelmente, debilitado pela doença, foi afastado "por conveniência do serviço público"[1372] em 1907, e seu cargo de juiz de direito da 1ª Vara da capital foi colocado em disponibilidade. O jornal *Lavoura e Comércio*, que também reportou o triste episódio da exoneração de Carvalho Ramos, divulgou que o magistrado aposentado estaria retornando à sua cidade natal em busca de melhorias para sua saúde. Essa informação coincide com o relato de sua irmã, dona Idalina de Carvalho, que mencionou algumas cartas recebidas de sua cunhada nas quais ela contava que, durante os episódios de delírio, Manuel chamava pela irmã, relembrando o triste acontecimento que a impediu de acompanhá-lo em sua viagem para Goiás em 1899, e evocando também o nome de sua terra natal, como se pedisse para voltar ao seu sagrado lar. Embora não saibamos o motivo exato, o desejo de Manuel Carvalho Ramos não pôde ser realizado. No início do ano seguinte, ele já estava internado no Hospício dos Alienados na então capital federal, a cidade do Rio de Janeiro. Encontramos um relato bastante interessante sobre sua saída de Goiás.

> Acontece que depois de ter tido em Goiás quatro filhos, o dr. Carvalho Ramos ficou doente das faculdades mentais. Goiás não tinha hospitais, não tinha médico, não tinha nada. Então minha mãe? isso seria uma boa novela para Globo? veio no lombo do burro na tropa até Ribeirão Preto, revezando, trazendo o marido doente e um dos filhos para levar para o Rio de Janeiro, onde ela tinha um senador, parente, dr. Bulhões, que internou finalmente o primeiro marido dela no hospício. Naquele tempo era assim e até hoje ainda é um pouco. O tratamento era choque elétrico, de insulina, choque de insulina ou choque elétrico. E de tanto choque elétrico, de vez em quando ele melhorava, saía, ia para casa. Então, no Rio de Janeiro, nasceu o meu quinto irmão materno.[1373]

[1372] Hemeroteca Digital da Biblioteca Nacional. *Semanário Oficial*, ed. n. 404 de 05.10.1907, p. 1.

[1373] Relato apresentado pelo dr. João Câncio Póvoa Filho, filho do segundo casamento da esposa de Carvalho Ramos. Esse testemunho fez parte de uma celebração da empresa Votorantim, chamada "Projeto Memória Votorantim 85 Anos - Nossa Gente Faz História", que, por meio de um documentário, revelou um pouco da história de vida e familiar de alguns de seus colaboradores.

Carvalho Ramos permaneceu durante dois anos no Hospício Nacional de Alienados. Voltando para o ceio da família definitivamente em fevereiro de 1910[1374], porém com a saúde bastante abalada, não sobreviveu por muito tempo, indo a óbito no ano seguinte. Assim, após quase uma década de batalhas, encerrou sua trajetória no palco da vida e, mesmo enfraquecido, lutou até o fim para recuperar seu eu lírico, perdido pela enfermidade. Na tarde de 9 de setembro de 1911, as cortinas de seu "espetáculo literário" se fecharam, e a audiência presenciou o fim súbito de sua brilhante e inacabada obra, interrompida por uma arteriosclerose cerebral. Leiamos a seguir a notícia sobre o seu óbito, veiculada no jornal *A Ordem*:

> Fomos surpreendidos com a tristíssima notícia de haver falecido na capital da República, no dia 9 do passado, vítima de artério-esclerose, o nosso talentoso ilustrado conterrâneo — o dr. Manuel Lopes de Carvalho Ramos, Juiz de Direito em disponibilidade no Estado de Goiás. Além de magistrado incorruptível, o dr. Carvalho Ramos era um devotado cultor das letras, tendo se distinguido muito como poeta, que o era espontâneo e inspirado. Trabalhador indelével, deu-nos, sem mencionar livros e outros trabalhados com carinho e arte, os dois poemas — Os Gênios e Goiânia, em cujas páginas gravou versos de um poder de imaginação extraordinário. Há um punhado de anos atrás trabalhando na feitura de um grande poema bíblico, teve o cérebro enegrecido pela noite da loucura. Datava daí o seu infortúnio, esse grande infortúnio que o insulou do convívio das Belas letras e das Letras jurídicas e o vem de atirar no mistério insondável do túmulo. O dr. Carvalho Ramos, que tinha 46 anos de idade, colaborou nesta folha, engastando em suas colunas custosas gemas do seu adamantino espírito, e deixou viúva e filhos em extrema pobreza. Pesarosos pelo seu prematuro traspasso, rendemos o nosso culto de perene saudade a sua inesquecível memória e apresentamos a sua excelentíssima família e parentes os nossos sentidos pêsames.[1375]

[1374] Centro de Documentação e Memória do Hospício Nacional de Alienados. Processo de internamento de Manoel Carvalho Ramos.
[1375] Biblioteca Pública dos Barris. Setor de Periódicos Raros. Jornal *A Ordem*, ed. de 04.10.1911.

MANUEL "ÍNDIO"[1376]

Em 4 de agosto de 1807, o vigário Manoel Bernardino Alvares da Silva registrou nas notas de óbito o falecimento do indígena Manuel, que foi vítima de bexigas. Segundo o pároco, Manuel recebeu todos os sacramentos e foi sepultado no cemitério[1377]. Apesar de sucinto em detalhes, o registro é significativo, pois atesta a presença indígena na Vila da Cachoeira no começo do século XIX e sinaliza a existência de um cemitério. A menção ao cemitério despertou nossa atenção, pois revela a existência de um local de sepultamento fora dos templos católicos. Esta informação, embora não fosse o foco principal, nos levou a perceber que esse espaço era geralmente utilizado para enterrar pessoas socialmente marginalizadas[1378]. Essas pessoas, além de carecerem de recursos materiais, provavelmente não eram vinculadas a irmandades religiosas. Não pretendemos encerrar a discussão sobre este aspecto, pois, apesar de termos notado esse perfil entre os sepultados, não realizamos um estudo sistemático sobre essa característica. A identificação desse local de inumação é de grande relevância, porquanto demonstra a extrema conectividade da Vila da Cachoeira ao Império português ao evidenciar o cumprimento de uma normativa em um período relativamente curto. Estamos nos referindo às regulamentações da Carta Régia de 14 de janeiro de 1801, endereçada à cidade do Rio de Janeiro, que proibia o enterramento de cadáveres nas igrejas e tinha aplicação obrigatória em todos os domínios ultramarinos da Coroa Portuguesa[1379].

Ao nos referirmos ao espaço de sepultamento mencionado no registro de óbito do indígena Manuel, datado do início do século XIX, chamamos atenção do leitor para a existência de um cemitério localizado nos fundos do Hospital São João de Deus, em operação desde o século XVIII, que era geralmente utilizado para sepultar os doentes do hospital e as pessoas menos favorecidas, especialmente os forasteiros[1380]. No entanto, não podemos afirmar com certeza se seria este o local de sepultamento de Manuel. Considerando o teor da Carta Régia de 14 de janeiro de 1801, notamos que o príncipe regente D. João VI atribuiu à autoridade religiosa local a responsabilidade de assegurar o cumprimento dessa lei: "sou servido ordenar-vos que, assim que receberdes esta Carta Régia, procureis, de acordo com o Bispo dessa diocese, fazer construir em local separado desta cidade do Rio de Janeiro"[1381]. Esse contexto sugere a possibilidade de existirem dois espaços dessa natureza nas primeiras décadas do século XIX, um pertencente ao Hospital São João de Deus e o outro à Paróquia de Nossa Senhora do Rosário da Cachoeira.

[1376] Manuel é citado em seu registro de óbito da mesma maneira que neste verbete: Manoel Índio, como se a palavra "índio" estivesse sendo utilizada para designar um sobrenome ou uma alcunha. Por essa razão, decidimos mantê-la.

[1377] Universidade Católica do Salvador. Laboratório Reitor Eugênio Veiga (LEV). Livro de óbitos da Paróquia de Nossa Senhora do Rosário da Cachoeira, 1793-1811, p. 227.

[1378] A observação foi feita com base na investigação de alguns nomes cujos registros de óbito indicavam que haviam sido sepultados nesse cemitério. Livro de óbitos da Paróquia de Nossa Senhora do Rosário da Cachoeira, 1793-1811.

[1379] Biblioteca Digital Luso-Brasileira. Carta régia a Fernando José de Portugal, vice-rei e capitão-general do Estado do Brasil no Rio de Janeiro, proibindo os sepultamentos nas igrejas e ordenando a construção de um ou mais cemitérios fora da cidade do Rio de Janeiro. 14 jan. 1801.

[1380] Em nossa dissertação de mestrado, mencionamos a existência do cemitério vinculado ao Hospital São João de Deus no século XVIII. MOREIRA, Igor Roberto de Almeida. "E por tais terceiros na Ordem do Carmo": os dignitários irmãos da Ordem Terceira do Carmo da Vila da Cachoeira, 1691-1773. 2021. Dissertação (Mestrado) – Universidade do Estado da Bahia, Santo Antônio de Jesus, 2021. p. 131.

[1381] Biblioteca Digital Luso-Brasileira. Carta régia a Fernando José de Portugal, vice-rei e capitão-general do Estado do Brasil no Rio de Janeiro, proibindo os sepultamentos nas igrejas e ordenando a construção de um ou mais cemitérios fora da cidade do Rio de Janeiro. 14 jan. 1801.

Nossa hipótese é confirmada pela análise das atas da sessão da Câmara da Vila da Cachoeira entre 1830 e 1831, que indicam que a paróquia tinha um cemitério localizado onde hoje se encontra o Cemitério da Piedade. A partir da década de 1830, intensificaram-se os esforços para melhorar a saúde pública, incluindo a remoção dos enterros das áreas urbanas para prevenir a propagação de doenças. Em 17 de novembro de 1830, os vereadores anunciaram em sessão que havia um cemitério na referida vila, com tamanho adequado para sepultamentos. Em consequência, decidiram abolir definitivamente a prática de enterros e sepultamentos em igrejas. Após a bênção oficial do cemitério público da vila, ficou estabelecido que nenhuma pessoa, independentemente de sua condição, poderia ser enterrada na igreja matriz da vila nem em nenhuma capela filial[1382].

As pesquisas indicam que, em Cachoeira, o processo de higienização das práticas funerárias — que proibia enterros em igrejas e instituía um cemitério público, ainda que sob a administração da paróquia — encontrou forte resistência por parte da população. Esse contexto se assemelha ao ocorrido em Salvador em 1836, durante o movimento da "cemiterada", em que a população destruiu quase por completo o Cemitério do Campo Santo, conforme analisado pelo historiador João José Reis[1383]. Esse movimento refletiu a oposição popular às mudanças, impulsionada por ideais e tradições profundamente enraizadas nas crenças religiosas, rejeitando a ideia de desvincular os ritos funerários do ambiente confrarial católico e de estabelecer uma necrópole sob gestão privada. Reis aponta que a "secularização da morte" era percebida como um ataque direto às tradições e aos meios de subsistência da comunidade, uma vez que muitos dependiam economicamente dessas práticas, que sustentavam, mesmo que de forma indireta, um amplo comércio funerário[1384].

Embora ainda não tenham sido encontrados registros diretos sobre a resistência da população da vila ao uso do cemitério público, a ata de 28 de julho de 1831 sugere essa interpretação. Diferentemente do acordado na sessão de 17 de novembro de 1831, apenas oito meses depois, os camarários já discutiam a possibilidade de a câmara comprar o cemitério público para transformá-lo no novo curral público, local onde se realizava o abate de carne para consumo. Essa situação indica a inutilidade do cemitério, atribuída à rejeição da população, que não aceitou a nova legislação e exigia a manutenção dos sepultamentos nos solos sagrados dos templos[1385].

[1382] APMC. Livro de Atas do Senado da Câmara da Vila da Cachoeira, 1828-1831, p. 157v.
[1383] REIS, João José. *A morte é uma festa*: ritos fúnebres e revolta popular no Brasil no século XIX. São Paulo: Companhia das Letras, 1991.
[1384] *Ibidem*.
[1385] APMC. Livro de Atas do Senado da Câmara da Vila da Cachoeira, 1828-1831, p. 235.

MARGARIDA DE JESUS MARIA

Viúva octogenária que residia na fazenda das Pedras, situada na então Freguesia de Nossa Senhora do Rosário da Cachoeira, onde faleceu em 8 de maio de 1837[1386]. Margarida de Jesus Maria nasceu em Cachoeira por volta de 1750, filha legítima de Ignácio de Figueiredo Mascarenhas e Feliciana Maria do Nascimento. Margarida casa-se em primeiras núpcias com o reinol Custódio Alvares Rodrigues[1387], e em segunda com o licenciado Mathias Pereira de Almeida, este natural da freguesia de São Gonçalo dos Campos. Encontramos uma similaridade nos perfis dos seus dois cônjuges: a avançada idade no momento da realização do matrimônio. Custódio Alvares Rodrigues casou-se contando 71 anos em 1771[1388]; por sua vez, Mathias Pereira de Almeida possuía cerca de 60 em 1777[1389]. Mesmo levando em conta que a paridade etária sugerida pelos manuais de casamento que circulavam no período colonial não fosse rigorosamente seguida, o caso em questão é excepcional, pois observamos diferenças de idades entre os cônjuges de 50 e 32 anos, considerando o primeiro e segundo casamento de Margarida, respectivamente. Um outro aspecto que vale a pena ser mencionado refere-se à profissão do seu segundo esposo, que exerceu o sacerdócio, como atesta o seguinte fragmento, datado de 1768: "Deve o Padre Mathias Pereira de Almeida por execução de principal e juros além dos vencidos de quinze de outubro do corrente ano. Cinquenta e nove mil e trezentos noventa e três réis 59$393"[1390].

Observa-se que, pouco menos de uma década antes do consórcio matrimonial entre Mathias e Margarida, o noivo ainda era denominado padre. Mathias Pereira de Almeida nasceu por volta de 1718, integrante de uma família abastada da freguesia de São Gonçalo dos Campos, filho do sargento-mor Thomé Pereira Pinto e de dona Antônia de Almeida. Acreditamos que ele recebeu suas ordens sacras no final da primeira metade do século XVIII, exercendo a função religiosa por quase 30 anos, até decidir solicitar dispensa para casar-se com Margarida. Desde então, o título de licenciado passou a acompanhá-lo, referindo-se àquele que obteve licença. De acordo com um dicionário do século XVIII, havia duas classificações distintas para o termo: a primeira referia-se ao ato de licenciar-se, enquanto a segunda classificava aqueles que haviam obtido grau nas universidades[1391].

[1386] Universidade Católica do Salvador. Laboratório Reitor Eugênio Veiga (LEV). Livro de óbitos da Paróquia de Nossa Senhora do Rosário da Cachoeira, 1834-1844, p. 58v.

[1387] Universidade Católica do Salvador. Laboratório Reitor Eugênio Veiga (LEV). Livro de óbitos da Paróquia de Nossa Senhora do Rosário da Cachoeira, 1764-1780, p. 234v.

[1388] APEB. Seção Judiciário. Processo cível – classificação: 10/355/10, ano 1799.

[1389] *Ibidem*, p. 10v.

[1390] APMC. Inventário *post mortem* de Manoel dos Reis de Almeida. Caixa 01, doc. 10, p. 14.

[1391] SILVA, Antonio de Morais; BLUTEAU, Rafael. *Diccionario da lingua portugueza composto pelo padre D. Rafael Bluteau, reformado, e accrescentado por Antonio de Moraes Silva natural do Rio de Janeiro*. Lisboa: Simão Tadeu Ferreira, [1789]. 2 v. v. 1, 752 p.; v. 2, p. 22.

MARIA ÁGUEDA DE OLIVEIRA

Maria Águeda de Oliveira, integrante da Irmandade de Nossa Senhora da Boa Morte e residente em Cachoeira desde pelo menos a segunda metade do século XIX, destacou-se como uma figura proeminente dessa associação religiosa ao ocupar o cargo de provedora durante os festejos de 1912. Com este verbete, seu nome, até então desconhecido, é retirado do anonimato. Eleita em 1911 para organizar os eventos litúrgicos de 1912, sua gestão revela um cuidado excepcional na promoção e visibilidade da devoção. Diferentemente de anos anteriores, a festa de 1912 teve ampla cobertura na imprensa local. Na edição de 14 de agosto, o jornal *A Ordem* publicou um convite anunciando que, no dia seguinte, a tradicional festa de Nossa Senhora da Boa Morte, "anualmente promovida por uma associação de mulheres do povo", seria celebrada na igreja matriz pelo reverendo frei Cirilo, com o padre Joaquim Batista de Magalhães, recém-nomeado vigário de Oliveira dos Campinhos, ocupando a tribuna sagrada. Diferentemente das práticas atuais, em 1912 houve apenas uma procissão no dia 14 de agosto, reservando-se o dia 15 para a solenidade festiva. Ao final dos festejos e após a eleição das novas irmãs encarregadas da organização de 1913, Maria Águeda utilizou a imprensa para expressar publicamente seu agradecimento e informar que todas as despesas haviam sido devidamente saldadas, conforme será detalhado a seguir:

Figura 256 – Biblioteca Pública dos Barris. Setor de Periódicos Raros. Jornal *A Ordem*, ed. 11.09.1912, p. 3

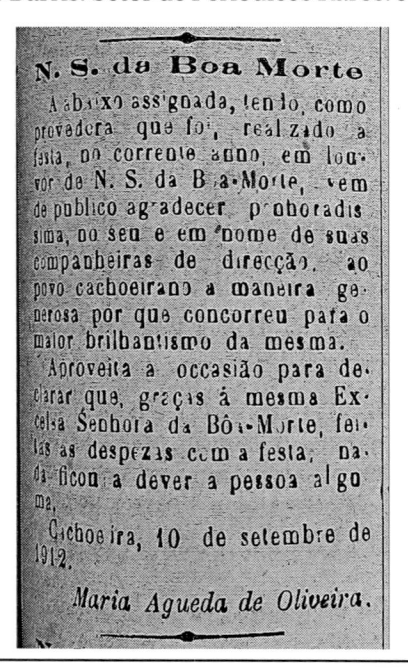

N. S. da Boa Morte
A abaixo assignada, tendo como provedora que foi realizado a festa no corrente ano em louvor de N. S. da Boa Morte, vem de público agradecer penhoradíssima, no seu nome e em nome de suas companheiras de direção, ao povo cachoeirano a maneira generosa porque concorreu para o maior brilhantismo da mesma. Aproveita a ocasião para declarar que, graças à mesma Excelsa Senhora da Boa Morte, feitas as despesas com a festa, nada ficou a dever a pessoa alguma. Cachoeira, 10 de setembro de 1912. Maria Águeda de Oliveira.

MARIA ALEXANDRINA DO SACRAMENTO

Mulher comerciante, proprietária de quitandas localizadas no centro da Heroica Cachoeira. Maria Alexandrina nasceu por volta do ano de 1847. O seu inventário revela que foi uma mulher que alcançou certo sucesso em seus empreendimentos comerciais, proprietária de duas quitandas localizadas em pontos estratégicos da cidade: Rua das Flores e Praça da Regeneração[1392]. Locais onde vendia: vísceras de gado vacum (seu preço baixo tornava-o muito consumido pelas pessoas menos abastadas da sociedade); e garoupa, um tipo de peixe análogo ao bacalhau[1393]. Encontramos notas fiscais que atestam algumas dessas compras. Os negociantes Gomes & Rocha, ao saberem do falecimento de Maria Alexandrina, solicitaram em juízo o pagamento de um saldo cuja inventariada lhes ficou devendo:

> Gomes e Rocha, negociantes matriculados na praça da Bahia, querem justificar perante a V.S. com testemunhas, que a conta de 600$500 (seiscentos mil e quinhentos réis) que os suplicantes apresentaram no inventário de Maria Alexandrina do Sacramento é o resultado de uma transação que com a mesma tiveram os suplicantes, proveniente de garoupa que lhes comprara a fé de crédito para revender nesta cidade, em sua quitanda à praça da regeneração.[1394]

O documento não informa se as duas quitandas comercializam o mesmo tipo de mercadoria. Embora não saibamos mais detalhes das características do imóvel da Praça da Regeneração, por ser alugado, onde dispendia 12$000 (doze mil réis) mensais; a casa da Rua das Flores, de sua propriedade, localizava-se em uma zona nobre do comércio local, além de possuir um valor considerável e ter o aparato necessário para o funcionamento do negócio. O imóvel foi adquirido por Maria Alexandrina pela quantia de 800$000 (oitocentos mil réis) e possuía as seguintes confrontações e descrição:

> [...] uma casa térrea localizada na rua das flores nº 44, do lado do nascente, entre o sobrado doutor Norberto Francisco de Assis e a casa de João Mendes de Queiroz, com duas portas de frente e armação para quitanda, sala aberta e dois quartos, sala de jantar e cozinha, toda ladrilhada de tijolos, levantada sobre pilares e parede de cal e tijolos, um pequeno sótão e portão que dá saída para rua do fogo [...].[1395]

Maria Alexandrina do Sacramento era integrante das três irmandades cujo perfil étnico era majoritariamente negro: Nossa Senhora do Rosário do Sagrado Coração de Maria, Senhor dos Martírios e de Bom Jesus da Paciência[1396]. Faleceu em 10 de setembro de 1887, com 50 anos de idade, e foi sepultada na Igreja do Carmo.

[1392] Atuais Lauro de Freitas e Aristides Milton, respectivamente.
[1393] APMC. Inventário *post mortem* de Maria Alexandrina do Sacramento. Caixa 143, processo 1404.
[1394] *Ibidem*, p. 9.
[1395] *Ibidem*, p. 5v.
[1396] *Ibidem*, p. 51.

MARIA AMÉLIA DE CARVALHO MOREIRA

Rua de Baixo[1397]

Nascida na Freguesia de Santiago do Iguape em 28 de agosto de 1861[1398], filha legítima de Francisco Ernesto de Carvalho e Carolina Elisa Barreto de Carvalho, pertencentes a uma família próspera da mesma freguesia, donos do engenho Santo Antônio da Guaíba[1399]. No dia 20 de novembro de 1880[1400], casou-se com o comerciante Tibério José Moreira. O casal Carvalho Moreira não teve uma longa trajetória juntos, pois dona Maria Amélia de Carvalho Moreira faleceu aos 25 anos, devido a complicações pós-parto de seu filho que nasceu em 20 de março de 1886, levando-a a óbito em 30 de abril do mesmo ano[1401]. Em um breve período de seis anos, o casal teve três filhos: Adalgisa de Carvalho Moreira, nascida em 1883; Astrogilda de Carvalho Moreira, nascida em 1884; e Tibério José Moreira, nascido em 1886. Além disso, Elvira Moreira, nascida em 1882, foi adotada pelo casal[1402].

[1397] Atual Treze de Maio.

[1398] Informação retirada do jazigo perpétuo de Maria Amélia de Carvalho Moreira, localizado na sacristia da igreja da Santa Casa de Misericórdia de Cachoeira.

[1399] Universidade Católica do Salvador. Laboratório Reitor Eugênio Veiga (LEV). Livro de óbitos da Paróquia de Nossa Senhora do Rosário da Cachoeira, 1885-1914, p. 13.

[1400] Universidade Católica do Salvador. Laboratório Reitor Eugênio Veiga (LEV). Livro de casamentos da Paróquia de Nossa Senhora do Rosário da Cachoeira, 1862-1927, página sem numeração.

[1401] APEB. Judiciário. Livro de nascimento n. 2 de Cachoeira, termo 553.

[1402] APMC. Livro de Recenseamento das Crianças em Idade Escolar, p. 1.

MARIA ANA PEREIRA DA TRINDADE

Rua da Matriz[1403]

Maria Ana Pereira da Trindade, anteriormente conhecida como Maria Ana da Conceição, nasceu na localidade de Gravatá, na freguesia de São Pedro da Muritiba, em 18 de julho de 1744. Era filha legítima de Manoel Gomes Ribeiro da Fonseca e Joana Maria da Conceição. Seu pai, originário da província do Minho em Portugal, foi um dos muitos que se aventuraram nas terras da América portuguesa, atuando na plantação de tabaco em sua propriedade agrícola em Muritiba[1404]. Às vésperas de completar 16 anos, uniu-se em matrimônio com Bernardino de Araújo de Souza no dia 6 de fevereiro de 1760, em cerimônia realizada na Matriz de Muritiba pelo padre Jerônimo da Rocha Passos[1405]. Viúva por volta de 1780, casou-se pela segunda vez na década de 1790, desta vez com o advogado Luís Tavares dos Santos, e presume-se que foi neste período que se mudou para a sede da Vila da Cachoeira. Mariana faleceu em 4 de julho de 1807, aos 63 anos, de erisipela, sem deixar descendentes de seus casamentos, e foi sepultada na Matriz de Cachoeira[1406].

[1403] Atual Ana Nery.
[1404] APMC. Inventário *post mortem* de Manoel Gomes Ribeiro da Fonseca, caixa 47, documento 471.
[1405] *Ibidem*, p. 39.
[1406] Universidade Católica do Salvador. Laboratório Reitor Eugênio Veiga (LEV). Livro de óbitos da Paróquia de Nossa Senhora do Rosário da Cachoeira, 1793-1811, p. 227.

MARIA ÂNGELA DA ANUNCIAÇÃO

Rua Atrás do Chafariz[1407]

Maria Ângela da Anunciação, conhecida como "Maria Pequena", era integrante da família dos africanos Júlia Guimarães Viana e seu esposo, Antônio Domingos Martins[1408]. Acredita-se que tenha nascido em Cachoeira, onde viveu entre a segunda metade do século XIX e primeira do XX. Maria "Pequena" se destacou como uma das integrantes da Irmandade devocional de Nossa Senhora da Boa Morte, ocupando, em 1903, o importante cargo de tesoureira durante os festejos anuais dessa associação[1409].

[1407] Atual Santo Antônio.
[1408] APMC. Inventário *post mortem* de Júlia Guimarães Viana. Caixa 279, processo 3416, p. 3.
[1409] Biblioteca Pública dos Barris. Setor de Periódicos Raros. Jornal *A Ordem*, ed. 17.09.1902.

MARIA ANICETA BELCHIOR

Rua da Matriz[1410] n. 30

Negociante, irmã do conhecido Antônio Maria Belchior[1411]. Maria Aniceta Belchior nasceu na cidade da Cachoeira em 1842, filha dos africanos Belchior Rodrigues de Moura e Maria da Mota[1412]. Foi batizada no ano seguinte, levada à pia batismal da Igreja Matriz da Cachoeira, pelo casal de africanos João de Tal e Benedita Benim, que figuraram na função de padrinhos[1413]. No dia 24 de outubro de 1872, o pároco da freguesia registrou o batizado de uma filha de Maria Aniceta, que recebeu o nome de Adelaide. Conforme as anotações do padre, Adelaide foi registrada como filha natural, o que indica que sua mãe, Maria Aniceta, mantinha um relacionamento conjugal não oficializado pela Igreja. O registro de batismo também descreve Adelaide como parda, sugerindo que ela era fruto de uma relação inter-racial, uma vez que sua mãe era identificada como criola.

O padrinho escolhido provinha de família branca e tradicional, o tabelião Helvécio Vicente Sapucaia[1414]. Imaginamos que empregou o valor da herança paterna na aquisição de uma casa de negócios. Em 1893, Maria Aniceta é descrita no livro de indústrias e profissões pagando o imposto de 2$000 pela sua quitanda, situada à Rua da Matriz n. 36[1415].

Figura 257 – Rua da Matriz, imediações de onde estava localizada a quitanda de Maria Aniceta. Imagem da primeira metade do séc. XX. Acervo do APMC, autor desconhecido

[1410] Atual Ana Nery.
[1411] Conferir verbete de Antônio Maria Belchior.
[1412] APEB. Seção Judiciário. Inventário *post mortem* de Belchior Rodrigues de Moura, 02/602/1056/10, p. 127.
[1413] *Ibidem*, p. 129.
[1414] Universidade Católica do Salvador. Laboratório Reitor Eugênio Veiga (LEV). Livro de batismos da Freguesia da Cachoeira, 1872-1878, p. 13; conferir verbete de Helvécio Vicente Sapucaia.
[1415] APMC. Livro de Indústrias e Profissões 1893-1894, p. 5.

MARIA ANTÔNIA GERTRUDES PEREIRA

Rua do Alambique[1416]

Maria Antônia Gertrudes Pereira foi uma mulher negra egressa do cativeiro, nasceu em Cachoeira por volta de 1840 e se destacou no comércio, acumulando recursos significativos que lhe permitiram comprar sua liberdade e a de duas de suas três filhas. O registro da sua filha mais nova nos livros de matrícula dos escravizados[1417] nos permite estimar o período aproximado de sua alforria, que ocorreu no início da década de 1870. Este fato é extremamente relevante, pois indica que, em pouco mais de uma década, ela conseguiu acumular um patrimônio considerável.

O seu inventário *post mortem*, aberto em 1881, revela que o dinheiro adquirido foi empregado na compra de uma residência localizada na então Rua do Recreio, e o resto na aquisição de objetos de ouro e prata, tais como os que serão descritos, extraídos do processo:

> [...] 46 moedas de pratas de 2$000 (dois mil réis) cada, um par de braceletes de ouro com 104 g., um colar de ouro com 122 g., uma moeda brasileira de ouro com um pequeno enfeite, um bracelete de ouro migravado em coral, com 34g.; uma figa de chifre encatoada de prata e um rosário de ouro com 70 g.[1418]

O subdelegado notificou o Juizado de Órfãos sobre o falecimento de Maria Antônia, ressaltando a necessidade de abrir um inventário *post mortem* para distribuir os bens entre os herdeiros. O subdelegado também mencionou que os objetos decoravam a "crioula Maria Antônia", sendo "enfeites de cintura daquela falecida, bem como um rosário grande com uma cruz, uns colares bastente grossos, cordões e outras peças de ouro..."[1419] Percebe-se, portanto, que era parte da sua idumentária diária, e que tais artefatos, para além da ornamentação e embelezamento, também atestariam uma posição de poder alçada pela sua proprietária. Segundo João José Reis[1420], adquirir peças de ouro e prata pode representar um sinônimo de abastança, sucesso nos negócios e, consequentemente, sinal de uma ampla clientela, diversidade e qualidade dos produtos vendidos. Além disso, era considerado um investimento confiável devido ao seu elevado valor de mercado.

Um outro aspecto de extrema relevância refere-se ao viés religioso atribuído às peças, que também seriam amuletos de proteção. Neste caso, referimo-nos especificamente à presença da *figa de chifre encatoada de prata*. Encontramos uma evidência bastante sugestiva que infere sobre o valor espiritual desses objetos, a preocupação das filhas em retirá-los do inventário; vejamos:

> Maria Inocência, filha da finada Maria Antônia Gertrudes, vem requerer a v.s. a fim de que se digne permitir que a suplicante traga a juízo a quantia de duzentos e noventa mil e oitocentos réis, importância que importou as peças de ouro deixada pela sua finada mãe e que foram avaliadas por este juízo.

[1416] Atual Manoel Paulo Filho.
[1417] APMC. Inventário *post mortem* de Maria Antônia Gertrudes, caixa 126, documento 1205, p. 52.
[1418] *Ibidem*, p. 12-13.
[1419] *Ibidem*, p. 4
[1420] REIS, João José. *Domingos Sodré, um sacerdote africano*: escravidão, liberdade e candomblé na Bahia do século XIX. São Paulo: Companhia das Letras, 2008. p. 113.

> Diz Maria Rosa, que tendo sido avaliado diversos objetos de prata no inventário dos bens deixados por sua falecida mãe Maria Antônia Gertrudes da importância de 103$940 (cento e três mil novecentos e quarenta réis) quer a suplicante levar a juizo essa quantia, e que v.s. lhe mande entregar os mesmos objetos [...].[1421]

Os trechos mencionados revelam não só a prosperidade econômica de uma família predominantemente feminina e negra, recém-liberta da escravidão, mas também expressam a preocupação com o futuro das peças. Além de representarem a segurança material de um patrimônio, elas podem ter um valor afetivo, remetendo à matriarca das herdeiras, e possivelmente constituem uma herança espiritual que necessita ser mantida. É relevante destacar, conforme aponta Luiz Ozanan, que alguns materiais utilizados na confecção dessas joias, como o coral, foram trazidos para a América por pessoas escravizadas, sugerindo que essas peças poderiam carregar símbolos de crenças ancestrais. Segundo Ozanan, as mulheres que possuíam e exibiam essas joias em público, ainda que de forma involuntária, preservavam antigas tradições que atribuíam a esses materiais propriedades de proteção ou cura[1422]. A partir dessa perspectiva religiosa, e com base na pesquisa de Aureanice de Mello Corrêa sobre a Irmandade da Boa Morte de Cachoeira[1423], mencionada no verbete de Izabel Constança do Amor Divino[1424], podemos supor que a trajetória descrita possivelmente se refere a uma das irmãs da Boa Morte do século XIX. Embora não seja possível afirmar com certeza, as evidências sugerem diversas características que reforçam esta hipótese.

Maria Antônia Gertrudes, que faleceu em 9 de abril de 1881, em sua residência na Rua do Alambique, vitimada por uma lesão no fígado, tinha 40 anos na época de sua morte e foi sepultada na carneira de sua Irmandade do Senhor dos Martírios. Esses detalhes sugerem sua ligação a práticas religiosas locais e à devoção característica das irmandades religiosas do período, reforçando a importância de sua trajetória dentro desse contexto histórico[1425].

[1421] APMC. Inventário *post mortem* de Maria Antônia Gertrudes, caixa 126, documento 1205, p. 37, 42.

[1422] OZANAN, Luiz Henrique. *A joia mais preciosa do Brasil*: joalheria em Minas Gerais – 1735-1815. Tese (Doutorado) – Universidade Federal de Minas Gerais, Minas Gerais, 2015. p. 202.

[1423] CORRÊA, Aureanice de Mello. Territorialidade e simbologia: o corpo como suporte sígnico, estratégia do processo identitário da Irmandade da Boa Morte. *Revista Brasileira de História das Religiões*, ano 1, n. 1, maio 2008. Dossiê Identidades Religiosas e História.

[1424] Conferir verbete de Izabel Constança do Amor Divino.

[1425] APEB. Judiciário. Livro de óbitos n. 03, Cachoeira/BA, termo n. 3.

MARIA BELANIZIA PEDREIRA MASCARENHAS DE ALMEIDA ("MARIAZINHA")

Rua da Matriz

Maria Bellanizia Mascarenhas

Figura 258 – Retrato de Maria Belanizia, datado da década de 1930, de autor desconhecido. Acervo da família

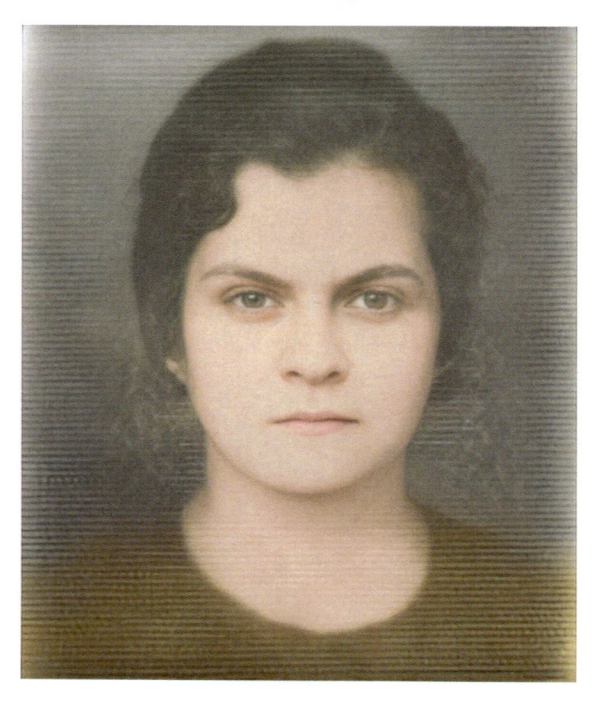

      Natural da Heroica Cachoeira, nasceu em 13 de dezembro de 1898, em um sobrado situado à Rua Treze de Maio n. 6. Foi a quinta filha do casal Joaquim Pedreira Mascarenhas e Alzira Augusta Bastos Mascarenhas[1426]. Batizada na igreja da Matriz de Nossa Senhora do Rosário, sendo seus padrinhos o dr. Francisco Romano de Souza e Maria Amélia de Moncorvo Mascarenhas, e Izabel Constança do Amor Divino[1427], que figurou como madrinha de apresentação. A madrinha de apresentação era incumbida de levar a criança à igreja, e entregá-la aos padrinhos "oficiais", que levariam o batizando à pia batismal, tendo em vista que, nessa época, geralmente os pais não participavam do ato do batismo[1428]. Não sabemos se era uma regra, mas o caso de Maria Belanizia revela uma grande diferença entre o perfil dos padrinhos oficiais e a de "apre-

---

[1426] Conferir verbetes de Joaquim Pedreira Mascarenhas e de Alzira Augusta Bastos Mascarenhas.
[1427] Conferir verbete de Izabel Constança do Amor Divino. APMC. Inventário *post mortem* de Izabel Constança do Amor Divino. Caixa 240, doc. 2724.
[1428] Informação fornecida por dona Maria da Conceição Magalhães, nascida em 1933.

sentação"; enquanto Francisco e Maria Amélia eram brancos e integrantes das elites locais, Izabel Constança, por outro lado, era uma mulher não branca, que trabalhava como quitandeira.

Mariazinha casou-se em Cachoeira com o comerciante Jerônimo Marcelino de Almeida, integrante da antiga família Ferreira Dessa de São Gonçalo dos Campos, em 28 de maio de 1925. No mesmo dia, partiram para a mencionada cidade de São Gonçalo dos Campos, onde fixaram residência. Dizem que todo cachoeirano é um pouco ufanista, e essa afirmação se aplica diretamente à dona Mariazinha. Embora estivesse residindo em São Gonçalo, todos os seus filhos são cachoeiranos. No oitavo mês de gestação, seguia em direção a sua amada cidade natal, para que seus filhos, assim como ela, nascessem naquele "*solo sagrado*", palavras de sua filha Jeronísia de Almeida Barros, em entrevista realizada no ano de 2015.

Em 15 de agosto de 1947, às 00h15, a tuberculose pulmonar ceifou a vida de Maria Belanizia Mascarenhas de Almeida, que contava apenas 48 anos de idade. O óbito se deu em uma data muito emblemática para sua família, pois era o dia dedicado à Nossa Senhora da Glória. Neste ano, a tradicional procissão das Irmãs da Boa Morte foi adiada de seu horário habitual para aguardar a saída do cortejo fúnebre, em um gesto de respeito e solidariedade aos familiares de Mariazinha. Esse ato de deferência refletia a amizade entre a família Almeida e as guardiãs da irmandade, Dona Santinha e Tutuzinha, uma relação fortalecida ao longo dos anos pela convivência diária e pelos laços de vizinhança, já que a residência de Mariazinha ficava em frente à Casa Estrela, então sede da associação[1429].

[1429] A biografia foi construída a partir das informações presentes no caderno/memorial de anotações da família Bastos Mascarenhas.

MARIA CLARA DE SÃO JOÃO

Irmã da Santa Casa de Misericórdia de Cachoeira, admitida em 9 de julho de 1837. Filha legítima de Inácio Pereira Suzarte e dona Francisca Maria de Jesus; viúva do comerciante Miguel José Marques Guimarães[1430].

[1430] Memorial da Santa Casa de Misericórdia de Cachoeira. Livro n. 01, p. 46v.

MARIA CONSTANÇA DE MONCORVO MASCARENHAS BASTOS

Rua das Flores[1431]

Proprietária e investidora em prédios urbanos. Nasceu por volta de 1841[1432], no então Arraial da Conceição da Feira, que, à época, constituía-se em uma simples capela filial da Freguesia de Nossa Senhora do Rosário da Cachoeira. Foi a filha primogênita do casal Christóvão Pereira Mascarenhas e dona Tranquilina Amélia Gomes de Moncorvo Mascarenhas. Maria Constança foi levada à pia batismal pelo seu avô, capitão Frutuoso Gomes Moncorvo[1433].

No final da década de 1860, o tenente-coronel Christovão Mascarenhas, buscando assegurar um bom casamento para sua filha primogênita, Maria Constança de Moncorvo Mascarenhas, empenhou-se em encontrar um noivo vantajoso. O escolhido foi Manoel Bastos, um português recém-chegado à região, cujos negócios estavam em plena ascensão[1434]. A união seria vantajosa para ambos: o tenente-coronel garantiria um bom casamento para sua filha Maria Constança, que, aos 28 anos, já era vista como "velha" para os padrões da época, especialmente por ser seis anos mais velha que o noivo, algo incomum no contexto matrimonial. Esse casamento lhe traria sustento e a segurança de uma vida estável. Para Manoel Bastos, o sobrenome da noiva representaria uma oportunidade valiosa, facilitando seus negócios. Maria Constança pertencia à influente família Moncorvo, sendo filha de uma irmã do homem mais rico de Cachoeira, o tenente-coronel Fructuoso Gomes Moncorvo, e seu pai, embora falido, permanecia como uma figura política relevante, com importantes conexões nas redes econômicas da Bahia. Além disso, Christóvão Mascarenhas era amigo íntimo do Visconde de São Lourenço, então presidente da província, o que ampliava ainda mais os benefícios dessa aliança[1435].

Em 24 de abril de 1869, no oratório particular da casa de residência do tenente-coronel Christóvão Pereira Mascarenhas, sita em um sobrado na rua das Flores, selou-se a união entre o português Manoel Antônio Francisco de Souza Bastos e as famílias Moncorvo e Mascarenhas, na pessoa de dona Maria Constança de Moncorvo Mascarenhas[1436].

Os únicos bens levados por Maria Constança para o casamento foram dois escravizados, adquiridos com o valor de uma doação feita por seu avô materno e padrinho de batismo, o capitão Frutuoso Gomes Moncorvo. Os demais bens, incluindo os filhos desses escravizados, permaneceram com seus pais. Demonstrando grande astúcia, o tenente-coronel

---

[1431] Atual Lauro de Freitas.

[1432] Estimativa realizada a partir do seu registro de óbito. Livro de óbitos n. 6, termo 314, registro de óbito de Maria Constança.

[1433] Informação encontrada no inventário *post mortem* de Fructuoso Gomes Moncorvo.

[1434] Informação fornecida por Hilda Mascarenhas de Oliveira Lula, neta de Maria Constança, em entrevista realizada em agosto de 2012.

[1435] Hemeroteca Digital da Biblioteca Nacional. Periódico *Pequeno Jornal*, ed. de 09.05.1891, p. 1.

[1436] Universidade Católica do Salvador. Laboratório Reitor Eugênio Veiga (LEV). Livro de casamentos da Paróquia de Nossa Senhora do Rosário da Cachoeira, 1862-1927, p. 28v.

Mascarenhas convocou o tabelião Sapucaia à sua residência para lavrar uma escritura de doação de sua filha para sua esposa, com um detalhe crucial: essa doação ocorreu apenas dez dias antes do casamento. Tal ato pode ser interpretado como uma estratégia jurídica, pois, ao ser realizada enquanto Maria Constança ainda era solteira, a doação seria considerada legítima, prevenindo eventuais contestações futuras, tanto por parte do futuro esposo quanto de seus descendentes.

> Escritura de doação graciosa que faz dona Maria Constança Moncorvo Mascarenhas, a sua mãe dona Tranquilina Amélia de Moncorvo Mascarenhas, ambas com assistência de seu pai e marido o tenente coronel Christóvão Pereira Mascarenhas, da cabrinha Virgulina de idade de 6 para 7 anos, no valor de duzentos e cinquenta mil réis com a condição abaixo declarada. Saibam quanto este público instrumento de escrituras de doação graciosa virem, que no ano do nascimento de nosso Senhor Jesus Cristo de 1869, aos 13 dias do mês de abril, nesta heroica cidade da Cachoeira, em casa do Tenente coronel Christóvão Pereira Mascarenhas, na rua das Flores onde eu tabelião vim, aí compareceram partes a esta outorgantes, como doadora dona Maria Constança Moncorvo Mascarenhas, e como donatária dona Tranquilina Amélia de Moncorvo Mascarenhas, com assistência de seu pai e marido o tenente coronel Christóvão Pereira Mascarenhas, moradores nesta cidade, e reconhecidos de mim tabelião que deu fé. E pela referida doadora me foi dito presente as testemunhas abaixo declaradas e firmadas e com assistência do supra mencionado seu pai, que ela é legítima possuidora e senhora da escrava Virgulina, cabrinha, com idade de 6 para 7 anos, natural da Freguesia da Conceição da Feira, a qual houve por arrematação que fez em praça pública desta cidade, e se acha livre e desembaraçada de qualquer ônus [...], dela faz doação graciosa no valor de duzentos e cinquenta mil réis a sua mãe dona Tranquilina Amélia de Moncorvo Mascarenhas, para que goze então da posse da indicada a cabrinha doada como será, que fica sendo em virtude desta doação, que faz de livre vontade e sem constrangimento algum; transferindo para donatária sua mãe o domínio e posse, com a condição de não ficar referida a cabrinha doada sujeita aos empenhos, ou dívidas de seu pai [...].[1437]

Em 1889, dona Maria Constança viajou para Portugal acompanhada de seu marido, que estava adoentado e em busca de tratamento para sua enfermidade. A viagem tinha também um propósito econômico e familiar, já que Manoel Bastos retornaria à sua terra natal para resolver questões relacionadas à herança paterna. Além disso, a viagem serviria para apresentar Maria Constança à família de seu marido, na freguesia de Fiães, uma vez que, até então, ela era conhecida apenas pelo nome, mencionado nas correspondências trocadas entre Manoel Bastos e seus pais.

[1437] APEB. Seção Judiciário. Livro de notas da cidade da Cachoeira, n. 111.

Figura 259 – União. Fotografia da Casa Real, Porto. Maria Constança e seu esposo, Manoel Bastos. Fotografia tirada durante a estada em Portugal. Imagem do acervo particular de Igor Roberto de Almeida

Figura 260 – Dia 9 – Manoel Francisco de Souza, português, de 41 anos, proprietário, casado, visto bom para seguir para Lisboa com sua esposa, d. Constança Mascarenhas. APEB. Seção colonial/provincial. Registro de Passaportes 5910

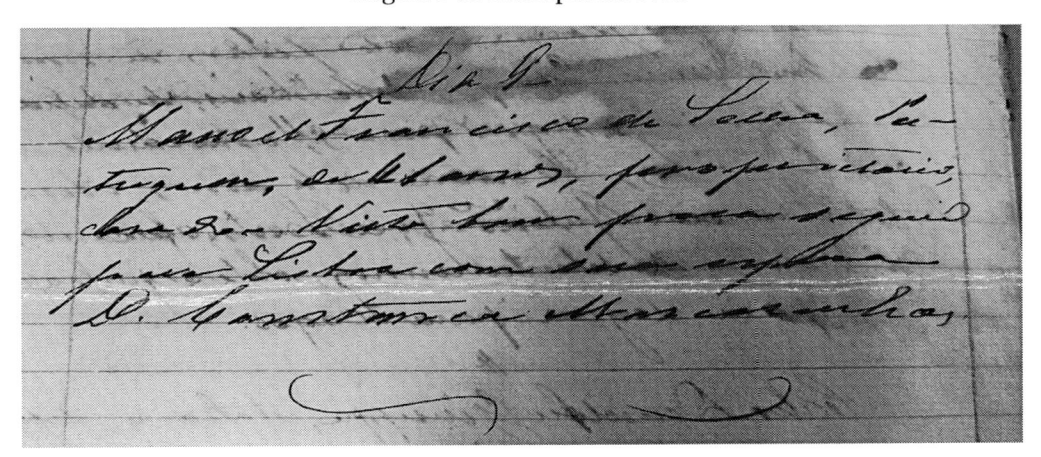

Quando Maria Constança embarcou para Portugal, em companhia do seu marido, não imaginou que ele não mais retornaria para o lar, muito menos que não poderia nem ao menos visitar o seu túmulo. Imaginamos que, na cerimônia matrimonial do casal, durante o momento em que o padre proferiu os dizeres *"donec mors nos separet* (até que a morte os separe)", dona

Maria Constança, como boa católica que era, agremiada na Irmandade de Nossa Senhora da Conceição do Monte, deve ter pensado que ao menos os despojos materiais do casal permaneceriam unidos pela eternidade, seguindo uma prática habitual em que o casal era inumado no mesmo local. Não por acaso, em 1882 a família adquiriu um jazigo perpétuo, existente até os dias atuais, na Capela de Nossa Senhora da Conceição do Monte.

Figura 261 – Foto de Igor Roberto de Almeida, 2024

Porém, as incontingências da vida separaram o casal de forma abrupta. Dona Maria Constança retornou para o Brasil no estado de viúva e sem a segurança econômica provida pelo falecido Manoel Bastos. Desembarcou no porto de Salvador em 18 de setembro de 1889[1438], de onde seguiu para Cachoeira.

Naquela conjuntura social, sobretudo quando se referia a famílias mais abastadas, a mulher viúva via-se em uma condição totalmente diferente de tudo que já viveu. Eram acostumadas com o jugo da tutela, que de forma direta ou indireta cerceava o seu poder de escolha. Primeiro, experimentavam esta experiência exercida pela figura paterna e, após o casamento, o marido assumiria essa função. dona Maria Constança deve ter percebido a responsabilidade

---
[1438] APEB. Livro de Entrada de Passageiros n. 05, p. 155.

que recaiu em suas mãos: decidir de maneira solitária sobre o futuro da sua família ou delegar responsabilidades a outrem. De forma bastante clara, Maria Constança decide que não apenas administraria os negócios deixados pelo seu falecido marido, mas também cuidaria pessoalmente da educação doméstica dos seus filhos e sobre os melhores meios de gerir os bens que a eles coubessem. Ou seja, tornar-se-ia a "cabeça do casal"[1439], administradora do patrimônio familiar.

Para pôr a sua decisão em prática, precisaria renunciar ao benefício da lei de *Senatus Consultus de Veleano*. O Direito Velleano foi um benefício que isentava as mulheres das fianças assumidas, pois partia de um falso princípio que as julgava inaptas a situações dessa natureza. Portanto, ainda que assumissem tais responsabilidades, seriam isentas, o que gerava uma espécie de "inimputabilidade" diante desses casos. Partindo dessa premissa, não poderiam administrar a herança dos filhos, pois não seriam responsabilizadas em caso de inabilidades na gerência dos bens dos seus tutelados. Segundo o título 102 das Ordenações Filipinas, as mulheres poderiam assinar a tutela dos filhos desde que renunciassem a esse "benefício"[1440]. Ciente da legislação e completamente decidida a manter a unidade do patrimônio familiar, convocou o tabelião de órfãos para que se dirigisse a sua residência, e declarou: "que para poder ser tutora de seus filhos menores, renunciava de todos os privilégios concedidos por lei, em favor das mulheres, especialmente os de Senatus Consultus de Veleano"[1441].

Encontramos, no livro de atas da câmara, diversos requerimentos de sua autoria, solicitando vistorias para realização de alinhamento, permissão para novas edificações e apelando para que os camarários prorrogassem os prazos dados aos proprietários de imóveis para construção de passeios e das calhas para escoamento das águas fluviais, alegando ser viúva e onerada de família[1442]. Imaginamos que a escassez de recursos explica o pequeno número de casas construídas e a subutilização dos inúmeros terrenos espalhados pela cidade. Entretanto, Maria Constança não se acomodou, e valeu-se da legislação vigente para atenuar algumas das despesas e conseguir levar adiante o empreendimento da sua família.

> Existindo dois terrenos baldios, tendo cada um deles duas braças de frente, mais ou menos, o primeiro sito entre as casas de um filho menor da suplicante, de nome Altamirano de Souza Bastos e do cidadão José Pereira da Silveira, à praça Marechal Deodoro, e o segundo sito entre as casas do cidadão João Paulino dos Santos e Liberato João dos Santos, à rua do Conselho nesta cidade, e desejando a suplicante edificar nos referidos terrenos duas casas, não só para o embelezamento daquelas ruas, como também para evitar que esses sirvam dos mesmos terrenos para acúmulo de toda espécie de imundices, sem respeito ao decoro público; vem a suplicante, pela presente, solicitar-vos permissão para levar efeito as devidas edificações, respeitado o alinhamento já adotado, e ficando a suplicante isenta por cinco anos do pagamento do imposto das décimas sobre as mesmas casas, favor garantido, neste caso, pelas disposições do artigo 2º do regulamento de 9 de Maio do ano próximo passado; por quanto as edificações pretendidas trazem

---

[1439] Termo utilizado na documentação para referir-se àquele que geria os negócios do casal, geralmente atribuído ao homem. A palavra cabeça é empregada como sinônimo do ato de pensar, ou seja, aquele que dispõe do raciocínio. Inferindo que o homem era o ser pensante, não por acaso, quando a mulher herdava alguma herança, o marido seria o seu representante, sendo designado que estaria por "cabeça de sua mulher". Um termo de clara conotação machista.

[1440] VEIGA, Cristiane Fernandes Lopes. *Vida após a morte*: mulheres viúvas nas malhas do Império Luso, Rio de Janeiro (c. 1763-1808). Tese (Doutorado em História Econômica) – Universidade de São Paulo, 2017. p. 104.

[1441] APMC. Inventário *post mortem* de Manoel Francisco de Souza Bastos. Caixa 243, processo 2768, p. 6.

[1442] APMC. Livro de Atas do Conselho Municipal, 1890-1900, p. 27, 33v.

incontestável utilidade pública. Nestes termos, confiada na justiça e sua causa. E.R.M Cachoeira, 22 de novembro de 1895. Maria Constança Mascarenhas Bastos.[1443]

Após o casamento, seu nome aparece gravado de formas distintas. Durante a década de 1870, utilizava os sobrenomes materno e o do marido, assinando Maria Constança de Moncorvo Bastos. Acreditamos que essa escolha refletia o prestígio ainda presente da família Moncorvo nesse período. No final dessa mesma década, com a morte do tenente-coronel Frutuoso Moncorvo e o sequestro de seus bens pelos credores, é provável que isso tenha impactado e reduzido a influência da família. Não é surpreendente que, a partir de 1883, ela tenha voltado a usar o sobrenome Mascarenhas, o que, imaginamos, também pode ter sido uma forma de homenagear a memória de seu pai, que havia falecido recentemente. Maria Constança Mascarenhas Bastos faleceu em 8 de abril de 1898, na Rua das Flores, com 57 anos de idade, decorrente de lesão cardíaca[1444].

[1443] APMC. Documentos avulsos não classificados.

[1444] Cartório do Registro Civil das Pessoas Naturais da Cidade da Cachoeira. Livro de óbitos n. 6, termo 314, registro de óbito de Maria Constança.

MARIA CRISPINA DE MENEZES

Mulher solteira, natural da Freguesia de Santiago do Iguape, residiu na Rua do Remédio. Em 1852, o escrivão Tito Augusto Milton registrou em suas notas o óbito de Bernardina, filha de Maria Crispina e de pai desconhecido. Nesse mesmo registro, obtemos a informação que Maria Crispina exerceu a profissão de costureira.

MARIA DA ANUNCIAÇÃO

Maria da Anunciação, natural da cidade da Cachoeira, nasceu por volta do início da segunda metade do século XIX e era filha de Avelina Cardoso. Em 14 de março de 1884, compareceu ao cartório para registrar o nascimento de sua filha, ocorrido em 29 de fevereiro daquele ano. Na ocasião, Maria identificou-se como negociante, possivelmente proprietária de uma quitanda ou atuante como vendedora ambulante, atividade conhecida na época como ganhadeira[1445]. Um aspecto marcante de sua vida foi sua devoção religiosa. Maria da Anunciação fez parte da secular Irmandade de Nossa Senhora da Boa Morte, uma instituição de grande importância em Cachoeira, fundada na primeira metade do século XIX[1446].

[1445] APEB. Seção Judiciária. Livro de Registro de Nascimento de Cachoeira, n. 02, termo 693.
[1446] Biblioteca Pública dos Barris. Setor de Periódicos Raros. Jornal *A Ordem*, ed. 17.09.1902.

MARIA DA CONCEIÇÃO MARTINS

Rua Formosa[1447]

Maria da Conceição Martins, comerciante estabelecida em Cachoeira, nasceu em 1866 na freguesia da Conceição da Feira, termo da cidade de Cachoeira, filha natural de Emília Fernandes da Costa[1448]. Mudou-se para Cachoeira por volta da década de 1880, onde abriu uma quitanda na Rua Formosa n. 40, ao lado da grande casa comercial do rico comerciante Manoel Martins Gomes[1449]. Supõe-se que dessa proximidade tenha surgido o relacionamento entre Maria e Manoel, que passaram a viver maritalmente.

Maria da Conceição faleceu em 23 de outubro, em sua residência na Rua Formosa, vítima de tuberculose pulmonar, aos 42 anos[1450]. O jornal *A Ordem* noticiou o triste ocorrido, informando que

> [...] faleceu ontem ao amanhecer, nesta cidade, Maria da Conceição Martins. Deixa cinco filhos menores, herdeiros do falecido coronel Manoel Martins Gomes. Pode-se dizer que Maria Martins morreu desprovida de recursos pecuniários, sendo socorrida nos últimos dias de vida pela caridade de amigos"[1451].

[1447] Atual Av. J. J. Seabra.
[1448] Estimativas baseadas nas informações contidas no seu registro de óbito. Cartório do Registro das Pessoas Naturais da Cidade de Cachoeira/BA, Distrito-Sede, no Livro de Óbitos n. 13, termo 526.
[1449] APMC. Livro de Indústrias e Profissões 1893-1894, p. 9; conferir verbete de Manoel Martins Gomes.
[1450] Cartório do Registro das Pessoas Naturais da Cidade de Cachoeira/BA, Distrito-Sede, no Livro de Óbitos n. 13, termo 526.
[1451] Biblioteca Pública dos Barris. Setor de Periódicos Raros. Jornal *A Ordem*, ed. 14.11.1908, p. 2.

MARIA DA INVENÇÃO DA SANTA CRUZ

Ganhadeira, conhecida pela alcunha de Maria "Pomba". Natural da cidade da Cachoeira, nascida pelo ano de 1838, filha da ex-escravizada Maria do Nascimento[1452]. O nome de Maria "Pomba" apareceu na primeira página do jornal *O Progresso*, editado em Cachoeira, na sua edição de 01.04.1868[1453], onde foi informado que ela havia queimado a sua própria filha de 5 anos de idade com água fervente, e depois evadiu-se do local. Segundo o editor: "não sabemos que circunstâncias houve para que essa mãe cruel assim praticasse, porém, cremos que nenhuma poderia justificar tal ato".

[1452] APMC. Livro de rol das pessoas denunciadas. Comarca da Cachoeira, década 1850-1890, p. 291v.
[1453] Hemeroteca Digital da Biblioteca Nacional. *Correio Mercantil*, ed. n. 99 de 09.04.1868.

MARIA FELIPPA

Maria Felippa, escravizada por Cornélio Cipriano de Assis, distingue-se dos demais escravizados ao surgir na documentação como credora, mesmo estando ainda em cativeiro. Em 1862, o comerciante Cornélio Cipriano de Assis apresentou-se ao juízo competente em nome de sua escravizada Maria Felippa, reivindicando que o falecido Manoel Gomes Damásio devia à mencionada escravizada a quantia de 100 mil réis[1454]. A seguir, nota promissória passada pelo falecido Damásio a sua credora Maria Felippa.

Figura 262 – Nota promissória assinado por Manoel Gomes Damásio, na condição de devedor da escravizada Maria Felippa. APMC Inventário *post mortem* de Manoel Gomes Damazio

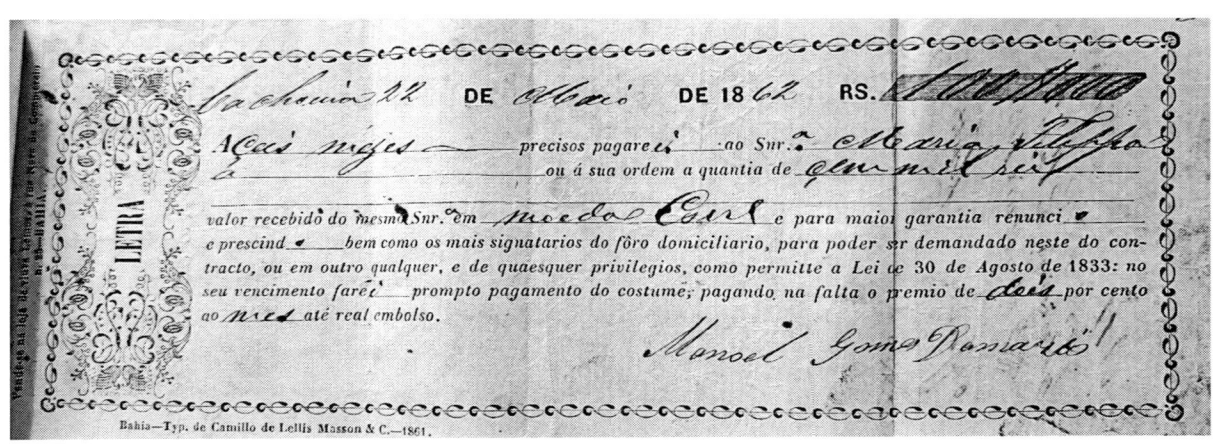

Um dado curioso é que a promissória não faz nenhuma menção à condição de escravizada de Maria Felippa. Infelizmente, a documentação não informa mais detalhes sobre a origem desse dinheiro. Não sabemos, por exemplo, se Maria Felippa era uma escravizada de ganho, e se essa quantia foi proveniente de suas empreitadas na arte de mercadejar pelas ruas da cidade. Talvez estivesse amealhando valores para conquistar a tão sonhada liberdade.

[1454] APMC. Inventário *post mortem* de Manoel Gomes Damazio. Caixa 122, processo 1170.

MARIA ROZA DE LIMA MONCORVO

Rua de Baixo[1455]

Maria de Santa Roza de Lima nasceu por volta de 1792, na freguesia de São Gonçalo dos Campos, no termo da Vila da Cachoeira. Ela era filha legítima de Antônio Manoel da Mota e Margarida de Santa Rosa de Lima. No início do século XIX, Maria de Santa Roza mudou-se para a sede da vila, onde sua irmã mais velha, Felicidade de Santa Rosa de Lima, já residia, sendo casada com Antônio Teixeira de Freitas Barbosa, futuro barão de Itaparica. Supõe-se que, graças à ligação com a família de seu cunhado, o citado Antônio Teixeira, Maria de Santa Roza conheceu Francisco Gomes Moncorvo, seu futuro esposo e primo de seu cunhado[1456].

Em 1809, casou-se com Francisco Gomes Moncorvo[1457]. Após o casamento, passou a chamar-se Maria Roza de Lima Moncorvo. Na década de 1840, transfere-se com sua família para a cidade do Salvador, fixando residência no Campo de Nazareth, freguesia de Santana. Em Salvador, foi admitida no quadro associativo da Ordem Terceira do Santíssimo Sacramento, onde exerceu o cargo mais alto na hierarquia feminina, o lugar de prioresa[1458].

Faleceu em sua residência em 19 de dezembro de 1864, decorrente de *estupor*, com idade superior aos 70 anos[1459]. Seu funeral foi marcado pelo esplendor típico dos sepultamentos da alta sociedade de Salvador no século XIX. O cortejo fúnebre incluiu diversas carruagens, destacando-se uma que transportava o cadáver, comum entre os mais ricos, usualmente puxada por seis cavalos e adornada com grande pompa, além de um cocheiro uniformizado[1460]. A cerimônia ocorreu na Capela de Nossa Senhora de Nazaré e, em seguida, o corpo foi levado ao Cemitério do Campo Santo para inumação. O pároco registrou que o féretro foi seguido por um "préstito de seges", indicando a presença de várias carruagens menores. O uso desses veículos simbolizava "status", sendo um signo de riqueza em funerais.

[1455] Atual Treze de Maio.

[1456] Laboratório Reitor Eugênio Veiga (LEV). Livro de casamentos da Paróquia de Nossa Senhora do Rosário da Cachoeira, 1802-1820, p. 79.

[1457] Conferir verbete de Francisco Gomes Moncorvo.

[1458] APEB. Seção Judiciário. Inventário *post mortem* de Francisco Gomes Moncorvo, 07/2922/02, p. 39-42.

[1459] Laboratório Reitor Eugênio Veiga (LEV). Livro de óbitos da Freguesia de Sant'Ana, cidade do Salvador, 1864-1876, p. 9.

[1460] FRAGA, Estefânia Knotz Canguçu; PEREIRA, Thais Cristina. Um monopólio fúnebre na cidade de São Paulo (1855-1890). *Revista M. Estudos Sobre a Morte, os Mortos e o Morrer*, v. 7, n. 13, p. 127-155, 2022.

MARIA DE SÃO JOSÉ MONCORVO

Estima-se que nasceu por volta de 1792, na Freguesia de Santo Estêvão do Jacuípe, filha de José Pedreira de Oliveira e Maria Joaquina de Santana[1461]. Casou-se por volta de 1820 com o capitão de cavalaria José Gomes Moncorvo. Em 1828, após o agravamento da doença psíquica do marido, dona Maria de São José Moncorvo nomeou o advogado João Francisco de Assis para representá-la em um processo judicial[1462]. Ela buscava provar a inimputabilidade do cônjuge, que estava internado no Hospital Nacional de Salvador devido a "atos de loucura" praticados na Vila da Cachoeira. Dona Maria declarou ter todas as qualidades necessárias para ser curadora do marido e administradora dos bens do casal, afirmando que "vive honestamente e tem entendimento e descrição para tomar carrego do dito seu marido e administrar os bens de seu casal"[1463]. Após enviuvar, permaneceu por algum tempo no Engenho dos Patos, localizado na Freguesia de Santiago do Iguape, onde administrava sozinha uma escravaria de 74 escravizados[1464]. A partir da década de 1840, estima-se que transferiu seu domicílio para a cidade de Salvador, onde faleceu por volta de 1870, permanecendo viúva e sem deixar descendência[1465].

[1461] Informação obtida a partir do cruzamento das informações presentes em uma escritura de doação realizada na cidade do Salvador (Livro de Notas n. 373, p. 23) e do inventário *post mortem* de Ana Maria da Rocha Passos (caixa 98, processo 1008).

[1462] Conferir verbete de José Gomes Moncorvo.

[1463] APEB. Seção Judiciário. Processo Cível. Conciliação 53/1885/12.

[1464] BARICKMAN, B. J. E se a casa-grande não fosse tão grande? Uma freguesia açucareira do Recôncavo Baiano em 1835. *Afro-Ásia*, Salvador, n. 29-30, p. 108, 2003.

[1465] APEB. Seção: Judiciário. Livro de Notas n. 396, p. 41. Estimativa realizada a partir do registro da carta de alforria do escravizado Cipriano, conferido pela sua senhora, dona Maria de São José Moncorco, em 1868.

MARIA DO BONFIM

Mulher africana que aportou em Cachoeira na primeira metade do século XIX. Suas conexões pessoais levaram-na a ingressar na Irmandade de Nossa Senhora do Rosário do Coração de Maria, orago da Capela do Monte Formoso, predominantemente composta por pessoas das classes menos favorecidas. Maria do Bonfim faleceu aos 40 anos em 23 de junho de 1864, tendo escolhido a capela erigida por sua associação como o derradeiro repouso para seus restos mortais[1466].

[1466] Universidade Católica do Salvador. Laboratório Reitor Eugênio Veiga (LEV). Livro de Registro de Óbitos da Paróquia de Cachoeira, 1850-1870, p. 209v.

MARIA DO ROSÁRIO PITANGA

Rua da Pitanga

Natural do continente africano, nasceu por volta do ano de 1779. Faleceu em 3 de agosto de 1879, em sua casa de residência, de morte natural, aos 100 anos de idade. Foi sepultada nas carneiras de sua Irmandade dos Martírios[1467].

[1467] APEB. Judiciário. Livro de óbitos de Cachoeira/BA, n. 02, p. 99.

MARIA ELVINA

Mulher comerciante. O jornal *O Guarany*, em sua edição de 03.04.1888, noticiou que a "crioula Maria Elivina" teve a sua residência invadida e saqueada por meliante que furtou peças de ouro avaliadas em 100 mil réis. Entre os objetos, encontravam-se nove voltas de colares e um grande crucifixo[1468].

[1468] Amedoc – CAHL – UFRB. Jornal *O Guarany*, ed. de 03.04.1888.

MARIA FELICIANA DE ASSIS

Mãe do advogado Manoel Galdino de Assis[1469], integrou o seleto grupo de mulheres admitidas na Santa Casa de Misericórdia de Cachoeira durante o século XIX, na condição de irmã, ingressando na instituição em 1854[1470]. Natural da Vila da Cachoeira, era filha legítima de Teotônio Pereira Lima e Jerônima de São Miguel. Casou-se em 3 de outubro de 1809, na igreja matriz da vila, com o advogado João Francisco de Assis[1471].

[1469] Conferir verbete de Manoel Galdino de Assis.
[1470] Memorial da Santa Casa de Misericórdia de Cachoeira. Livro n. 01, p. 71.
[1471] Universidade Católica do Salvador. Laboratório Reitor Eugênio Veiga (LEV). Livro de casamentos da Paróquia de Nossa Senhora do Rosário da Cachoeira, 1802-1820, p. 78v.

MARIA FELISMINA DE ALMEIDA

Rua da Matriz[1472]

Maria Filismina de Almd.

  Mulher crioula, natural da então Vila da Cachoeira, era filha dos africanos Gervásio José de Almeida e Fabiana de Souza Almeida[1473]. Casou-se com Manoel Ferreira da Anunciação, com quem teve descendência[1474]. A imagem de sua assinatura destaca seu envolvimento com a escrita, o que é uma informação relevante para refletirmos sobre a inserção das pessoas negras no contexto do letramento na Cachoeira do século XIX. Após o falecimento de sua mãe, Maria Felismina foi processada por seu cunhado, André Pereira da Silva, sob a acusação de ocultar bens da família[1475]. No decorrer do processo judicial, marcado por múltiplas acusações e defesas, veio à tona o envolvimento de Maria Felismina com José "Barbeiro", um homem anteriormente escravizado dos seus pais. André Pereira, em uma de suas acusações, pôs em dúvida a moralidade de sua cunhada, criticando-a por seu relacionamento com José, que à época ainda estava em cativeiro, e pelo fato de terem tido filhos dessa união[1476].

[1472] Atual Ana Nery.
[1473] Conferir verbetes de Gervásio José de Almeida e de Fabiana de Souza Almeida.
[1474] APMC. Inventário *post mortem* de Gervásio José de Almeida. Caixa 107, processo 1041, p. 1; APEB. Seção Judiciário. Notificação para inventário *post mortem* - Fabiana Almeida, 9/3704/1, p. 125.
[1475] APEB. Seção Judiciário. Notificação para inventário *post mortem* - Fabiana Almeida, 9/3704/1, p. 81.
[1476] *Ibidem*, p. 45, 78.

MARIA ISIDÓRIA CAETANA DE SÃO JOSÉ

Rua Atrás do Açougue[1477]

Maria Isidória Caetana de São José foi uma comerciante negra que se estabeleceu na cidade de Cachoeira durante a primeira metade do século XIX. Filha natural de Úrsula, possivelmente uma ex-escravizada, sua trajetória de vida e conquistas podem ser acompanhadas por meio do seu inventário *post mortem*. Adoecida e consciente da proximidade de sua morte, Maria Isidória ditou seu testamento, definindo o destino dos bens que acumulou ao longo de sua vida de trabalho. Entre suas posses estavam uma casa térrea localizada na antiga Rua Atrás do Açougue, hoje Rua João Vieira Lopes, além de joias valiosas, como um cordão de ouro com oito oitavas e um anel de diamante. Ela também mencionou objetos de valor que estavam sob a guarda de pessoas das suas relações próximas, como Josefa da Silveira, Teresa de Jesus e Leonor Rodrigues, que mantinham em custódia itens como uma cruz de ouro, botões, anéis e argolas de pedras com rosetas. Estes registros sugerem uma rede de apoio e solidariedade entre essas mulheres, indicando que Maria Isidória poderia ter empenhado suas joias em troca de auxílio financeiro, revelando a dinâmica de circulação de recursos dentro desse grupo social. Associada à Irmandade de São Benedito e à de Bom Jesus dos Martírios, Maria Isidória faleceu em 20 de outubro de 1846 e foi sepultada no Convento do Carmo, na carneira da Irmandade de Bom Jesus da Paciência[1478].

[1477] Atual João Vieira Lopes.
[1478] APMC. Inventário *post mortem* e testamento de Maria Isidória Caetana de São José, caixa 146, processo 1440.

MARIA JOSÉ DE OLIVEIRA GOMES

Rua Formosa[1479]

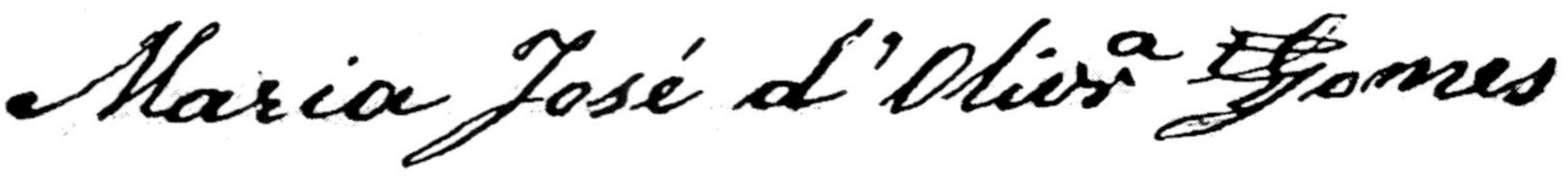

Maria José d'Oliv.ª Gomes (assinatura)

Cachoeirana, abastada proprietária. No dia primeiro de setembro de 1877, no oratório privado de sua residência, dona Maria José uniu-se em matrimônio ao comerciante Eduardo Gomes da Costa[1480]. O jornal *A Ordem*, em sua edição número 347, de 7 de setembro de 1877, reportou a celebração do casamento, destacando que, por ocasião desse evento, a família da noiva alforriou gratuitamente uma escravizada.

Figura 263 – Jornal *A Ordem*, edição n. 347, de 07.09.1877

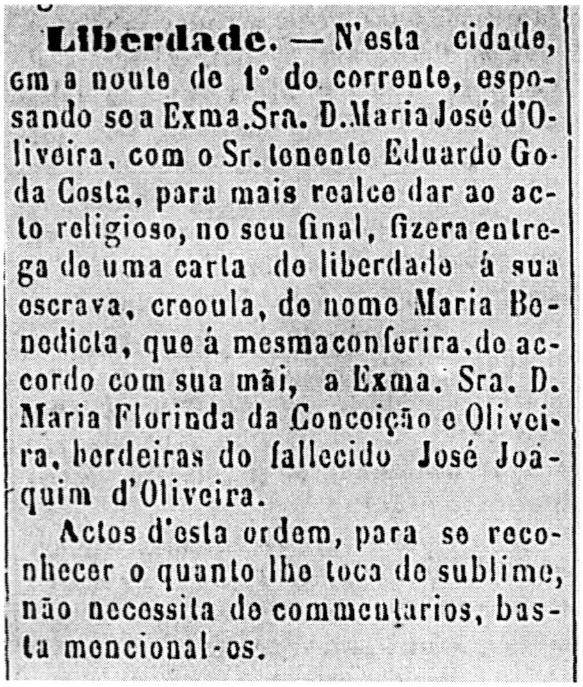

> **Liberdade.** – Nesta Cidade, em a noite de 1º do corrente, esposando-se a exma. sra. dona Maria José de Oliveira, com o sr. tenente Eduardo Gomes da Costa, para mais realce dar ao ato religioso, no seu final, fizera entrega de uma carta de liberdade a sua escrava, crioula, de nome Maria Benedicta, que a mesma conferira, de acordo com sua mãe, a exma. Sra. D. Maria Florinda da Conceição e Oliveira, herdeiras do falecido José Joaquim de Oliveira. Atos desta ordem, para se reconhecer o quanto lhe toca de sublime, não necessita de comentários basta mencioná-los.

[1479] Atual J. J. Seabra.
[1480] Conferir verbete de Eduardo Gomes da Costa.

Maria José nasceu em 1834 na Vila da Cachoeira, sendo batizada como Maria José de Oliveira e, mais tarde, adotou o sobrenome Gomes, do seu marido. Um fato curioso é que ela se casou aos 43 anos, uma idade atípica para a época, onde o comum era que as mulheres se casassem entre 15 e 25 anos. Seu noivo, por sua vez, tinha 39 anos. Embora a diferença de idade não fosse tão significativa, esse cenário continua sendo peculiar, uma vez que o padrão era o noivo ser mais velho. É possível que questões econômicas tenham tido um papel importante na decisão de formalizar essa união[1481].

Após a morte da sua mãe, ocorrida em 1898, Maria José de Oliveira Gomes herdou a casa e as terras de uma propriedade que ainda existe em Cachoeira, a fazenda Pitanga, atual Vale das Cachoeiras. Levando em consideração que a propriedade foi doada por Maria José ao seu afilhado e parente, Eduardo Marques Lôbo[1482], e permanece até o presente momento em posse da mesma família, apresentaremos, a seguir, uma breve descrição da cadeia sucessória do imóvel. Segundo a documentação consultada, o imóvel possuia uma casa de número 06, com uma porta e quatro janelas de frente, quatro quartos, sala de visita e de jantar, cozinha, dispensa e um telheiro; e as terras da fazenda possuíam a seguinte confrontação:

Figura 264 – Livro de Registro eclesiástico de Terras da Freguesia de Nossa Senhora do Rosário da Cachoeira. Seção de Arquivos Colonial e Provincial 4679. APEB

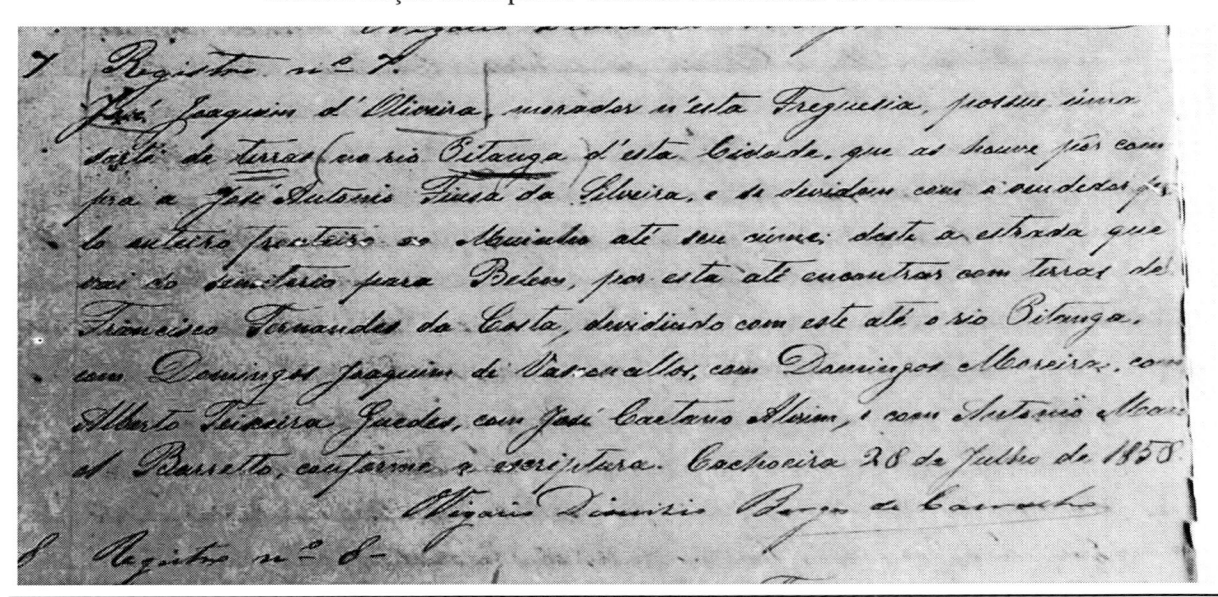

> *José Joaquim de Oliveira, morador nesta Freguesia, possui uma sorte de terras no rio Pitanga desta cidade, que as houve por compra a José Antônio Fiuza da Silveira, e se dividem com o vendedor pelo outeiro fronteiro ao moinho até seu cume; deixa a estrada que vai do cemitério para Belém, por esta até encontrar com terras de Francisco Fernandes da Costa, dividindo com este até o Rio Pitanga, com Domingos Joaquim de Vasconcelos, com Domingos Moreira, com Alberto Teixeira Guedes, com José Caetano Alvim, e com o Antônio Manoel Barreto, conforme a escritura. Cachoeira, 28 de julho de 1858.*

[1481] Cartório do Registro Civil das Pessoas Naturais da Cidade da Cachoeira. Livro de óbitos número 13, termo 20, registro de óbito de Maria José de Oliveira Gomes.

[1482] APMC. Caixa 255, doc. 2964. Testamento de Maria José de Oliveira Gomes, anexo ao seu inventário *post mortem*.

Figura 265 – Fazenda Pitanga, déc. 1950. Acervo de Sílvia Lopes Coutinho

A descrição presente no registro eclesiástico de terras informa sobre a extensa dimensão territorial da propriedade. A seguir, o esquema da cadeia sucessória:

1º proprietário (séc. XVII): João Rodrigues Adorno e sua mulher, Úrsula de Azevedo.

2º proprietário (séc. XVIII, primeira metade): José Gonçalves Fiuza e sua mulher.

3º proprietário (séc. XVIII, segunda metade): José Antônio Fiuza de Almeida e sua mulher, filho do antecessor.

4º proprietário (séc. XIX, primeira metade): José Antônio Fiuza de Almeida, filho do antecessor.

5º proprietário (1838): José Antônio Fiuza da Silveira, filho do antecessor.

6º proprietário (1858): José Joaquim de Oliveira e sua mulher.

7º proprietária (1877): Dona Florinda Maria da Conceição, esposa do antecessor.

8º proprietária (1898): Dona Maria José de Oliveira Gomes, filha da antecessora.

9º proprietário (1907): Eduardo Marques Lôbo, afilhado e sobrinho-neto do marido da antecessora. A propriedade permanece até os dias atuais em poder da família Lobo.

Maria José de Oliveira Gomes faleceu em 15 de agosto de 1907, vítima de *"tuberculose mesentérica"*[1483], sem deixar descendentes. Generosamente, distribuiu sua extensa fortuna, deixando legados para várias pessoas e instituições, dentre as quais se destacam a Santa Casa de Misericórdia e o Asilo Filhas de Ana. Deixou, também, residências térreas para seus empregados. Nomeou sua afilhada Alzira Baptista Vieira Gomes de Carvalho[1484] como herdeira do remanescente, tornando-a a principal beneficiária do espólio[1485]. Coincidentemente, dona Alzira Baptista era cunhada de dona Idalina de Carvalho Moreira[1486], avó materna dos atuais proprietários.

[1483] Livro de óbitos número 13, termo 20, registro de óbito de Maria José de Oliveira Gomes. Cartório do Registro Civil das Pessoas Naturais da Cidade da Cachoeira.

[1484] Conferir verbete de Alzira Vieira Gomes de Carvalho.

[1485] APMC. Caixa 255, doc. 2964, testamento de Maria José de Oliveira Gomes, anexo ao seu inventário *post mortem*.

[1486] Conferir verbete de Idalina de Carvalho Moreira.

MARIA JOSEFA DO SACRAMENTO

Conhecida parteira que atuou em Cachoeira durante o século XIX, acredita-se que exerceu sua profissão por mais de 70 anos. Tendo alcançado a notável idade de 105 anos, aposentou-se apenas dois anos antes de seu falecimento, em 1861, quando tinha 103 anos[1487]. Faleceu em 11 de dezembro de 1862, e foi sepultada com encomendação solene na Igreja do Carmo[1488]. Esta informação sugere que ela possivelmente integrava uma das irmandades ligadas a esse templo, como a do Bom Jesus da Paciência e Martírios[1489].

[1487] Hemeroteca Digital da Biblioteca Nacional. Periódico *Pedro Segundo*, ed. de 15.01.1863, p. 3.

[1488] LEV. Livro de Registro de Óbitos da Paróquia de Cachoeira, 1850-1870, p. 185.

[1489] AMORIM, Rodrigo do Nascimento. *Práticas sociais e religiosas em Cachoeira entre os anos de 1840-1883*: um estudo sobre a Irmandade do Bom Jesus da Paciência. Dissertação (Mestrado em História) – Universidade Federal da Bahia, Salvador, 2016.

MARIA JUVÊNCIA DE CERQUEIRA

Maria Juvência, charuteira residente em Cachoeira, foi mencionada no testamento de Domingos Antônio Netto, especificamente na verba n. 10. Netto declarou possuir uma quantia de um conto de réis pertencente a Maria Juvência, valor que ela havia acumulado ao longo de vários anos, resultado de seu trabalho nos armazéns de fumo[1490]. O contexto sugere a possibilidade de que Maria Juvência tenha trabalhado diretamente no armazém de Domingos Antônio Netto, dado o vínculo profissional indicado no documento. Além de seu ofício, Maria Juvência foi uma das irmãs da Irmandade de Nossa Senhora do Rosário do Santíssimo Coração de Maria, à qual se filiou em 2 de fevereiro de 1885[1491].

[1490] APEB. Seção Judiciária. Testamento de Domingos Antônio Netto anexo ao seu inventário *post mortem*, classificação: 02/520/965/11, p. 4v.

[1491] Livro de Entrada dos Irmãos da Irmandade de Nossa Senhora do Rosário do Santíssimo Coração de Maria da cidade da Cachoeira/BA, séc. XIX, p. 71.

MARIA LINA DO ROSÁRIO

Rua Dentre Pontes[1492]

Natural da então Vila da Cachoeira, Maria Lina nasceu por volta do ano de 1786, filha de Eugênio José Fernandes e de Margarida do Sacramento[1493]. Pode ser inserida em um seleto grupo de pessoas centenárias que viveram na Heroica Cachoeira durante o século XIX. Faleceu em 12 de julho de 1889, no estado de viúva, contando 103 anos. Em seu registro de óbito, não consta nenhuma informação que atestasse a causa específica do seu transpasse. O declarante também não apresentou atestado médico, apenas informou que "morreu de velhice". Não deixou filhos, mas sobreviveram-lhe três netos[1494].

[1492] Atual Ruy Barbosa.

[1493] Universidade Católica do Salvador. Laboratório Reitor Eugênio Veiga (LEV). Livro de casamentos da Paróquia de Nossa Senhora do Rosário da Cachoeira, 1802-1820, p. 80v.

[1494] APEB. Judiciário. Livro de óbitos de Cachoeira/BA, n. 04, termo n. 303.

MARIA MARCIANA DE JESUS ("BARRIGA MOLE")

Rua do Recreio

Natural de São Francisco do Paraguaçu, nascida por volta de 1842, Maria Marciana de Jesus foi uma comerciante que mantinha uma quitanda em sua residência, localizada na então Rua do Recreio[1495]. Faleceu em 13 de novembro de 1912 e foi sepultada no Cemitério do Rosário (Rosarinho)[1496].

[1495] APMC. Inventário *post mortem* de Maria Marciana de Jesus, caixa 256, documento 2983.
[1496] Biblioteca Pública dos Barris. Setor de Periódicos Raros. Jornal *A Ordem*, ed. 16.11.1912, p. 2.

MARIA MATILDES DA CONCEIÇÃO

Maria Matildes foi uma integrante da Irmandade de Nossa Senhora da Boa Morte. Há registros documentando o batismo de seus dois filhos: Justiniano, nascido em 1866, cujo padrinho foi o próspero comerciante Veríssimo Antônio de Farias; e Silvino, nascido em 1869, afilhado de Justino Argolo Nobre e Jesuína Aniceta Farias; ambos os filhos foram descritos como pardos[1497]. Durante as eleições de 1902 que definiram as irmãs responsáveis pelas celebrações da Boa Morte em 1903, Maria Matildes foi citada como "irmã de bolsa", um título que indicava sua condição de noviça, ou seja, uma irmã recém-ingressa na associação devocional[1498].

[1497] Universidade Católica do Salvador. Laboratório Reitor Eugênio Veiga (LEV). Livro de batismos da Paróquia de Nossa Senhora do Rosário da Cachoeira, 1861-1872, p. 73, 123v.
[1498] Biblioteca Pública dos Barris. Setor de Periódicos Raros. Jornal *A Ordem*, ed. 17.09.1902.

MARIA MENDES

Mulher negra, referida nos registros do Senado da Câmara da Cachoeira como "crioula", foi uma egressa da escravidão que se tornou comerciante. No ano de 1823, ela era proprietária de uma loja na Rua da Praia, sendo uma das duas únicas mulheres a terem um estabelecimento comercial registrado naquele ano[1499]. Posteriormente, optou por expandir seus negócios para o comércio ambulante e, em 1833, Maria Mendes solicitou permissão ao senado da câmara para estabelecer sua banca de miudezas na Rua de Baixo, atualmente conhecida como Rua Treze de Maio[1500].

[1499] APMC. Livro de impostos de lojas e embarcações, 1823, p. 2.
[1500] APMC. Legislativo (Licenças). Documentos avulsos não classificados.

MARIA MIQUELINA DE JESUS

Maria Miquelina, nascida por volta de 1855 em São Gonçalo dos Campos, era filha de Cândida Maria de Jesus e trabalhou como engomadeira no Hospital da Santa Casa de Misericórdia de Cachoeira. A engomadeira era uma profissional responsável por passar roupas utilizando goma, conferindo rigidez e acabamento a peças delicadas, como tecidos finos e roupas de cama — a profissão exigia grande habilidade técnica[1501]. Esta prática, comum até o início do século XX, foi desaparecendo com o avanço de novas tecnologias e materiais. Maria Miquelina faleceu em 23 de janeiro de 1900, no próprio hospital onde supostamente trabalhava e residia, vítima de gastrite crônica, sendo sepultada no dia seguinte no Cemitério da Piedade[1502].

[1501] Definição fornecida por dona Maria da Conceição Magalhães, nascida em 1933, na cidade de Cachoeira.
[1502] Cartório do Registro das Pessoas Naturais da Cidade de Cachoeira/BA, Distrito-Sede. Livro de óbitos n. 7, termo n. 710.

MARIA RAMOS DA CONCEIÇÃO

Maria Ramos da Conceição foi uma das parteiras que atuaram em Cachoeira durante as últimas décadas do século XIX. Nascida no Arraial da Conceição da Feira por volta de 1833, seu registro de óbito traz informações que provocam reflexão sobre sua origem. O declarante do registro, Manoel Henrique, sobrinho de Maria, informa que ela era filha de pais desconhecidos, o que pode sugerir um passado de escravidão. Além disso, destaca-se sua participação na Irmandade dos Martírios, uma associação formada majoritariamente por pessoas negras. Maria Ramos da Conceição faleceu aos 70 anos, em decorrência de uma moléstia interna[1503].

[1503] Cartório do Registro Civil das Pessoas Naturais, Distrito-Sede – Cachoeira/BA. Livro de óbitos n. 10, p. 6v.

MARIA RICARDA

Lavadeira radicada em Cachoeira, nascida por volta de 1823 no Arraial da Capela de Nossa Senhora da Conceição — que em 1847 viria a ser a freguesia de Conceição da Feira —, foi listada como testemunha em um processo cível. Nesse processo relatou que ia diariamente ao local conhecido como Pedra Branca, hoje Curiachito, para lavar as roupas de seus fregueses[1504].

[1504] APEB. Seção Judiciário. Processo cível. Estante 09, caixa 374, documento 01, p. 58v.

MARIA RITA DA CONCEIÇÃO

Africana, egressa do cativeiro, negociante, integrante da conhecida família Belchior, irmã do africano Belchior Rodrigues de Moura. Em 1849 moveu uma ação de embargos de segurança contra seu irmão Belchior Moura, onde solicitava o pagamento de 3:000$000 (três contos de réis)[1505].

[1505] APMC. Índice dos registros de petições, escrituras e processos lavrados e tramitados nos cartórios da Comarca da Cachoeira, primeira metade do séc. XIX, p. 30.

MARIA ROZA FERNANDEZ

Mulher paraguaia, radicada em Cachoeira, mãe de Petronilha Ignácia Fernandez[1506]. Natural de Assunção, República do Paraguai, nasceu por volta de 1826. Faleceu em Cachoeira em 18 de dezembro de 1886, contando 60 anos, e foi sepultada na Igreja do Monte[1507].

[1506] Conferir verbete de Petronilha Ignácia Fernandez.
[1507] Universidade Católica do Salvador. Laboratório Reitor Eugênio Veiga. Livro de óbitos da Paróquia da Cachoeira, 1885-1914, p. 20v.

MARIA THEREZA DO CORAÇÃO DE JESUS

Professora, nascida na Vila de Nossa Senhora do Rosário do Porto da Cachoeira em 25 de junho de 1783, era filha legítima de José Cardozo do Nascimento[1508] e Ana Maria do Sacramento, ambos classificados como "pardos" e ex-escravizados, segundo consta no registro de casamento do casal. Neta paterna e materna de mulheres "crioulas" também alforriadas e possivelmente filhas de africanos[1509]. No assento de batismo a seguir, nota-se a ausência do marcador racial, pois não consta a cor ou a condição anterior de cativos dos pais da criança.

Figura 266– Universidade Católica do Salvador. Laboratório Reitor Eugênio Veiga (LEV). Livro de Registro de batismos da Paróquia de Cachoeira, 1781-1791, p. 69

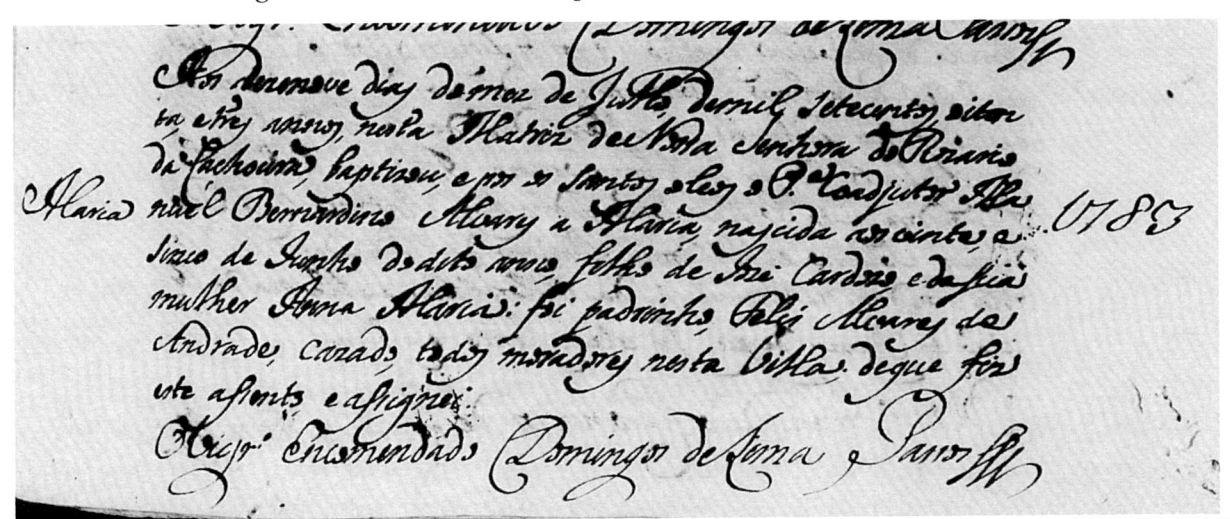

Maria. Aos dezenove dias do mês de julho de mil setecentos oitenta e três anos, nesta Matriz de Nossa Senhora do Rosário da Cachoeira, batizou e pôs os santos óleos o Pe. coadjutor Manoel Bernardino Álvares à Maria, nascida aos 25 de junho do dito ano, filha de José Cardoso e sua mulher Ana Maria; foi padrinho Félix Álvares de Andrade, casado, todos os moradores nesta vila, de que fiz este assunto e assinei. O Vigário encomendado Domingos de Lima Passos.

O leitor pode questionar se a fonte mencionada realmente corresponde ao batismo de Maria Thereza, considerando a incompletude dos nomes presentes no documento. Em nossas investigações, é comum nos depararmos com situações semelhantes, que nos alertam para a

---

[1508] Conferir verbete de José Cardozo do Nascimento.
[1509] Universidade Católica do Salvador. Laboratório Reitor Eugênio Veiga (LEV). Livro de Registro de Casamentos da Paróquia de Cachoeira, 1765-1785, p. 15v. O livro mencionado possui páginas com a mesma numeração, havendo duas páginas identificadas como 15v; o registro de casamento dos pais de Maria Thereza representa uma espécie de segunda parte do livro, em que a numeração das páginas foi reiniciada.

importância de cada detalhe, por mais "insignificante" que possa parecer. Frequentemente, são esses detalhes que resolvem os dilemas de pesquisa. No caso específico de Maria Thereza, a descoberta de que ela foi afilhada de Félix Álvares de Andrade e de sua esposa, Ana Joaquina de São José, dissipou quaisquer dúvidas, confirmando que o documento em questão de fato se refere ao seu batismo. A seguir, analisemos o documento escrito e assinado por Maria Thereza.

Figura 267 – APMC. Inventário *post mortem* de Ana Joaquina de São José. Caixa 29, processo 299, p. 128

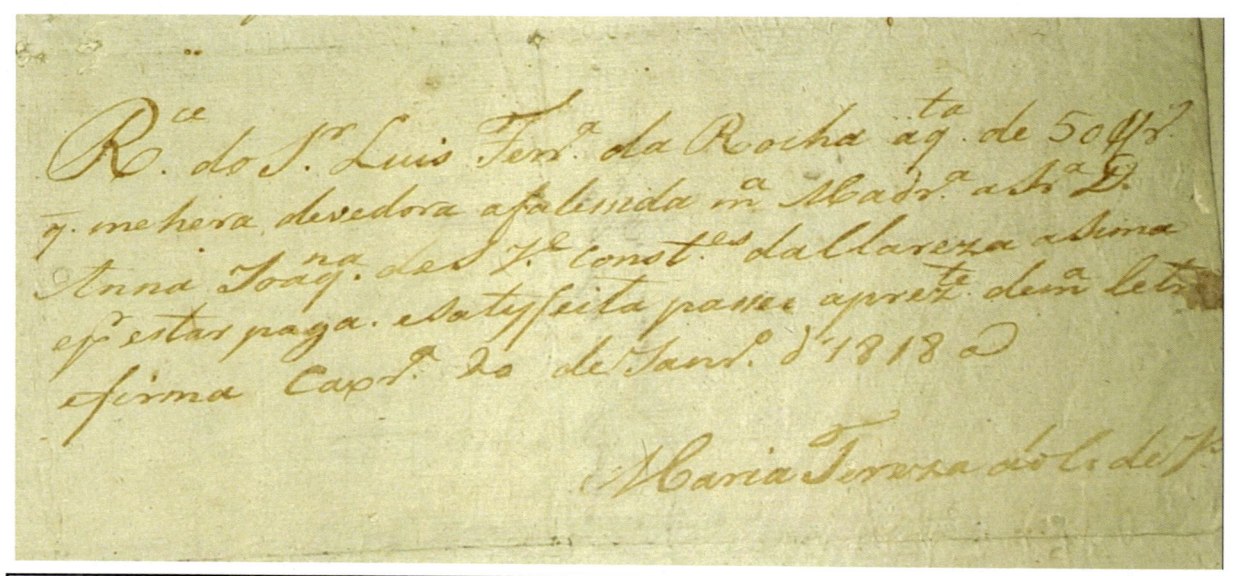

Recebi do Sr. Luís Ferreira da Rocha a quantia de 50$ que me era devedora a falecida minha madrinha, a senhora dona Ana Joaquina de São José, com testemunhas da clareza acima e por estar paga e satisfeita, passo a presente de minha letra e firma. Cachoeira, 20/01/1818 Maria Tereza do Coração de Jesus.

Parece que o pai de Maria Thereza conseguiu alcançar uma certa posição na sociedade da época, distanciando-se de suas origens no cativeiro. Essa suposição foi levantada com base na informação que menciona os vínculos estabelecidos na vila. Neste caso, referimo-nos à escolha daqueles que se uniam pelos laços do parentesco espiritual através do batismo de suas filhas, como é o caso do padrinho mencionado, Félix Andrade, que era um homem branco da elite local.

Maria Thereza é mencionada como professora pública de primeiras letras na cidade de Cachoeira durante a primeira metade do século XIX. Seu requerimento enviado à câmara em 1833 atesta sua atuação nesse cargo, demonstrando sua participação ativa na educação da época. Esse registro evidencia a presença de mulheres no ensino público em um período em que a educação feminina começava a ganhar maior relevância[1510].

[1510] APMC. Legislativo (Educação). Documentos avulsos não classificados.

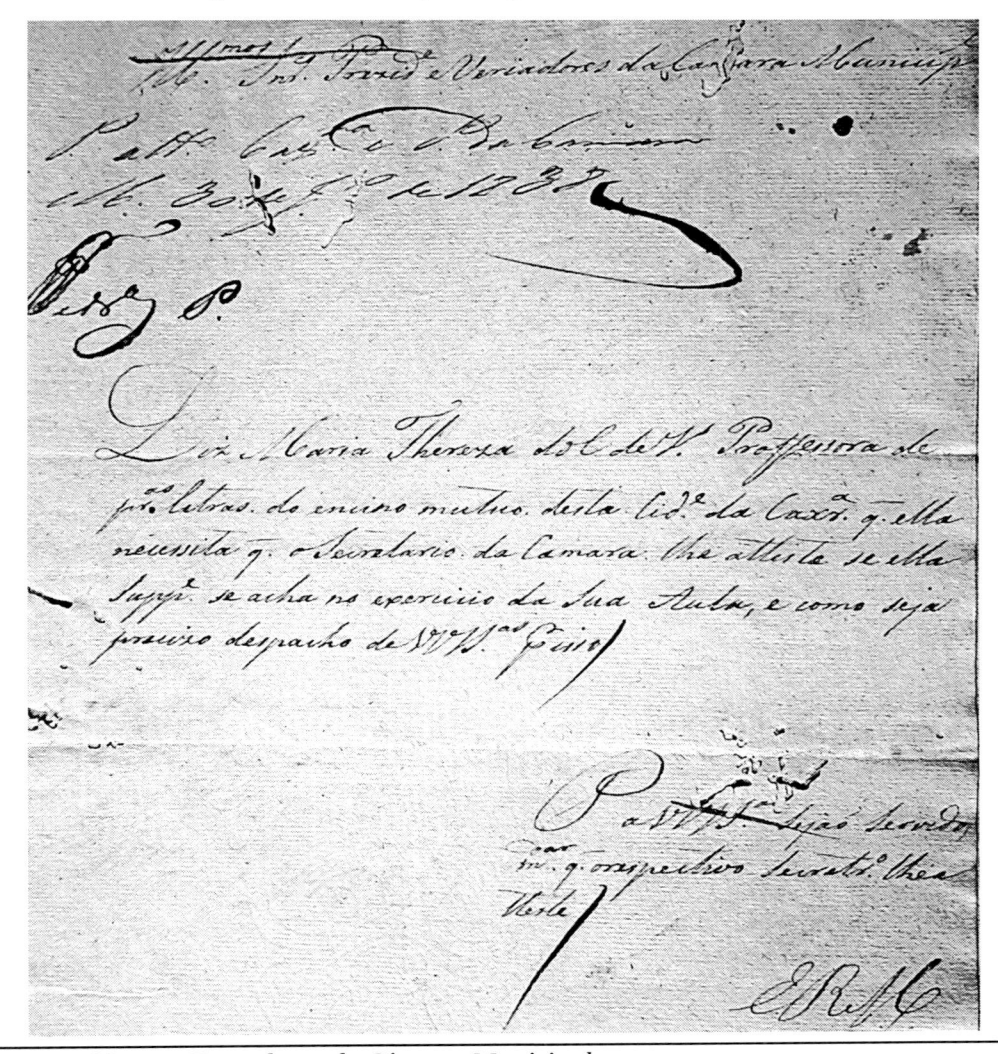

Figura 268 – APMC, Educação – Documentos Avulsos

> Ilmos. Srs. Presidente e Vereadores da Câmara Municipal
> Diz Maria Thereza do Coração de Jesus, professora de primeiras letras do ensino mútuo desta cidade da Cachoeira, que ela necessita que o secretário da Câmara lhe ateste se ela suplicante se acha no exercício da sua aula, e como seja preciso despacho de vossas senhorias, para isso
> Pede a V.S. sejam servidos mandar que o respectivo secretário lhe ateste. E.R.M.

Maria Thereza parece ter atuado no magistério por quase duas décadas, lecionando para turmas masculinas e femininas. Em 1849, ela recorreu novamente à câmara solicitando uma declaração que confirmasse seu desempenho pontual e assíduo ao longo de sua carreira como professora[1511].

[1511] APMC. Legislativo (Educação). Documentos avulsos não classificados.

MARIA THOMAZIA PIZZONO VACCAREZZA

Rua da Pitanga n. 51

Maria Thomazia Vacareza (assinatura)

Maria Thomazia Pizzono nasceu por volta de 1834 na então Vila da Cachoeira, filha legítima do italiano Simão Pizzono[1512] e de Maria Rosa Pizzono. Viveu maritalmente com o italiano Jacomini Vaccarezza[1513]. O nascimento do filho primogênito do casal, Antônio Ludgero dos Santos, ocorrido em 1851, indica que a união foi provavelmente iniciada antes desta data. Em 9 de agosto de 1879[1514], eles oficializaram a relação em cerimônia realizada na Igreja Matriz da Cachoeira.

O assento de óbito de Antônio Ludgero apresenta um dado social interessante, referente ao processo de transmissão de sobrenomes naquele contexto. Em 9 de setembro de 1868, Antônio Ludgero dos Santos foi sepultado na Igreja do Amparo; vejamos a transcrição a seguir:

> Aos nove dias do mês de setembro de mil oitocentos e sessenta e oito, sepultou-se com encomendação simples, na Capela do Amparo, Antônio Ludgero dos Santos, branco, de 17 anos, solteiro, filho de dona Maria Thomázia Pizzono; faleceu de tiririca e foi amortalhado de preto. E para constar fiz este assento que assinei. O vigário Cândido de Souza Requião.[1515]

Note-se que ele não tinha o sobrenome Vaccarezza. A origem do sobrenome Santos é desconhecida, mas o que se sabe é que Marieta, outra filha do casal Maria Thomazia e Jacomini, que se casou antes da oficialização da união dos pais, também era conhecida como Marieta dos Santos. Ela adotou o sobrenome Vaccarezza após seu casamento com João Baptista Vaccarezza, sobrinho de Jacomini. Assim, é possível inferir que o sobrenome paterno foi adotado pelos filhos do casal Jacomini e Thomazia após a legitimação dos filhos, que ocorreu em 1879 com a celebração do casamento. Maria Thomázia Pizzono Vaccarezza faleceu em 21 de setembro de 1908, em sua residência, sita à Pitanga, contando 74 anos de idade, vitimada por *esclerose cerebral*[1516].

[1512] Conferir verbete de Simão Pizzono
[1513] Conferir verbete de Jacomini Vaccarezza.
[1514] Universidade Católica do Salvador. Laboratório Reitor Eugênio Veiga (LEV). Livro de casamentos da Paróquia de Nossa Senhora do Rosário da Cachoeira, 1862-1927, página sem numeração.
[1515] Universidade Católica do Salvador. Laboratório Reitor Eugênio Veiga (LEV). Livro de Registro de Óbitos da Paróquia de Cachoeira, 1850-1870, p. 255v.
[1516] Cartório do Registro Civil das Pessoas Naturais, Distrito-Sede – Cachoeira/BA. Livro de óbitos n. 13, termo n. 408.

MARIANA DE JESUS RAMOS MOREIRA

Mariana de Jesus Ramos.

Cachoeirana que residiu parte considerável da sua vida na então rua das Flores nº53. Mariana Ramos nasceu em fevereiro de 1860 em residência ao largo da Manga, atual praça Manoel Vitorino. Filha primogênita do comerciante Antônio Lopes de Carvalho Sobrinho, e sua esposa, Rosulina Maria Ramos[1517]; a inocente criança foi batizada em 15 de abril de 1860, pelo carmelita Fr. Pedro de São João Baptista na Matriz da Cachoeira. Na pia batismal, foi apresentada por seus tios maternos, Rodrigo José Ramos e Militana Martins Ramos.

Figura 269 – Registro de Batismo de Marianna. Universidade Católica do Salvador - Laboratório Reitor Eugênio Veiga (LEV), Livro de batismos da Paróquia de Nossa Senhora do Rosário da Cachoeira, 1846-1860, p.277

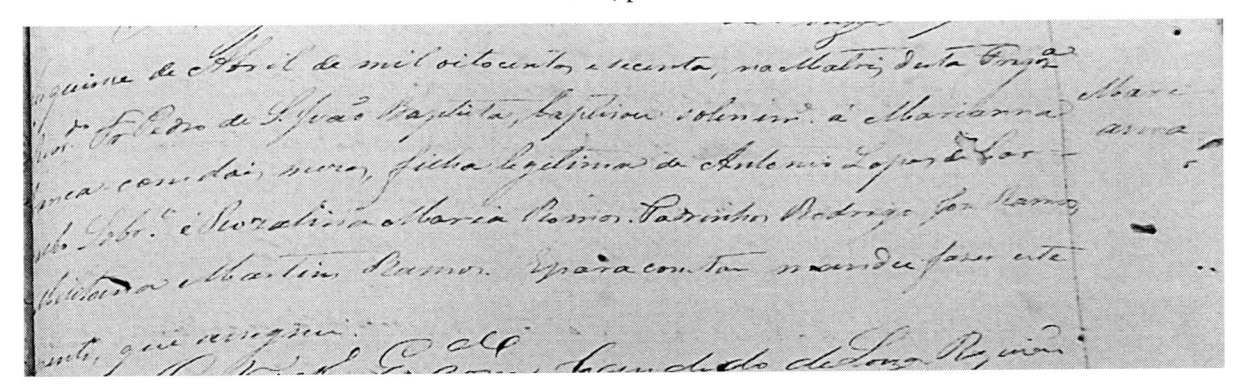

Mediante análise das documentações utilizadas para construção deste livro, identificamos a forte relação de amizade que existia entre Rodrigo José Ramos[1518] e os pais da moradora Mariana, laços consanguíneos que foram reforçados pelo compadrio. Detentor de um patrimônio cada vez mais vultoso, Rodrigo decidiu doar uma escravizada à sua afilhada, um gesto que, certamente, visava assegurar o futuro da sobrinha. Os serviços desempenhados por escravizadas beneficiavam diretamente as mulheres e, em muitos casos, essas doações poderiam ser utilizadas como dote em eventuais uniões matrimoniais. Sobre essa prática, Muriel Nazzari observa: "...incluir no dote uma escrava significava dar à filha um serviçal que, mais provavelmente, ela, e não o marido, iria controlar. Desse modo, dar à filha uma escrava era análogo a lhe dar joias[1519]." A seguir, apresentamos um trecho da escritura de doação, que exemplifica essa realidade e sua relevância na estrutura social da época.

[1517] Conferir verbetes de Antônio Lopes de Carvalho Sobrinho e de dona Rosulina Maria Ramos.
[1518] Conferir verbete de Rodrigo José Ramos.
[1519] NAZZARI, Muriel. *O desaparecimento do dote*: mulheres, famílias e mudança social em São Paulo, Brasil, 1600 – 1900, Tradução de Lólio Lourenço de Oliveira. São Paulo: Companhia das Letras, 2001. p. 202.

Figura 270 – Livro de Notas de Escritura de Cachoeira, n.º 114, págs.24v. – APEB, seção judiciário

> Escritura de doação graciosa que faz o Capitão Rodrigo José Ramos, a sua sobrinha e afilhada Dona Mariana de Jesus Ramos com idade de doze a treze anos, com assistência de seu pai Antônio Lopes de Carvalho Sobrinho, da escrava Maria dos Santos, crioula de vinte e dois anos mais ou menos de idade, do serviço doméstico no valor de oitocentos mil reis, como abaixo se declara. Saibam quanto este público Instrumento de Escritura de doação graciosa virem que no ano do nascimento de Nosso Senhor Jesus Cristo de mil oitocentos e setenta e dois, aos treze dias do mês de agosto do dito ano, nesta Heroica Cidade da Cachoeira, na rua das Flores, em casa do Capitão Rodrigo José Ramos, onde eu tabelião vim e aí compareceram partes a esta outorgantes, como doador o referido Capitão Rodrigo José Ramos, e como donatária Dona Mariana de Jesus Ramos, em assistência de seu pai Antônio Lopes de Carvalho Sobrinho, todos moradores nesta cidade, e reconhecidas de mim tabelião, do que dou fé: E pelo primeiro outorgante o referido Capitão Rodrigo José Ramos, me foi dito perante as testemunhas abaixo declaradas e firmadas, que ele é legitimo senhor e possuidor de uma escrava de nome Maria dos Santos, crioula, com idade de vinte e dois anos mais ou menos, solteira, natural da Freguesia de São Gonçalo dos Campos, notadamente do serviço doméstico, a qual houve por compra ao tenente José da Silva Machado, que a tinha empregado na lavoura de sua fazenda naquela Freguesia, e se acha livre e desembargada de qualquer ônus, desta mesma forma, dela faz doação graciosa no valor de oitocentos mil reis, a sua sobrinha e afilhada Dona Mariana de Jesus Ramos, de idade de doze para treze anos, filha de Antônio Lopes de Carvalho Sobrinho e sua mulher Dona Rosulina Maria Ramos, irmã dele primeiro outorgante, com a condição de durante o estado de solteira da donatária gozem seus pais do serviço da mesma escrava, e poderão vender, ou forrar mediante seu justo valor, aplicado o respectivo produto na compra de outra escrava, ou na de bens de raiz para a donatária, a qual escrava tem um filho de nome Izidoro, crioulo, nascido em quinze de março, e batizado em vinte e nove de julho do corrente ano, e que a acompanha, ficando também a donatária e seus pais pela forma acima declarada, seu [...] em todos os direitos e obrigações conforme a lei de vinte e dois de setembro de mil oitocentos e setenta um; obrigando ele primeiro outorgante a fazer em todo o tempo a presente doação, visto que a faz de vontade própria, e sem constrangimento algum pela donatária em assistência de seu pai, também foi dito perante as mesmas testemunhas que aceitava esta escritura de doação graciosa como lhe é feita; finalmente por todos foi mais declarado que cada um na parte que lhes tocaram se obrigam a ter, manter, cumprir e guardar[1520][...]

[1520] APEB, seção judiciário – Livro de Notas de Escritura de Cachoeira, nº114, p. 24v-25.

O texto da escritura ao mesmo tempo que revela a preocupação com o futuro da jovem Mariana por parte do seu tio doador, também explicita os fortes laços de amizade que deveriam existir entre irmãos e cunhados visto que, até a maioridade da donatária, os pais deveriam ser os beneficiários dos serviços da escravizada. Aventamos uma possível preocupação por parte de Rodrigo com o bem-estar material dos seus parentes, tendo em vista que, até aquele momento, os pais de Mariana não possuíam nenhum bem de raiz.

Mariana de Jesus frequentou escolas na sua cidade natal, onde aprendeu as primeiras letras. Seu nome foi alterado diversas vezes ao longo da sua breve existência: Mariana Lopes de Jesus Ramos, Mariana de Jesus Ramos, Mariana de Jesus Ramos Moreira, Mariana de Carvalho Ramos Moreira e Mariana de Carvalho Moreira. A falta de normas efetivas sobre adoção e transmissão de sobrenomes, permitia que os indivíduos alterassem sem nenhuma burocracia, ocasionando grandes desafios para àqueles que elegem as famílias como objeto central das suas análises.

A respeito da vida de Mariana, sua sobrinha, dona Maria da Conceição Magalhães, frequentemente relatava uma história transmitida por sua avó, Petronilha, conhecida como dona Patu. Dona Patu, que presenciou um momento significativo na trajetória de Mariana, narrava o episódio com riqueza de detalhes, perpetuando a memória de um acontecimento marcante que se incorporou à memória da família: no ano de 1879, após o falecimento de sua mãe, Mariana conheceu o jovem Cândido José Moreira[1521], caixeiro do armazém de Antônio Sobrinho, por quem se enamorou. Encantados um pelo outro, o casal buscou meios discretos de conversar. Cândido, aproveitando-se de uma fresta no assoalho do sobrado, chamou Mariana para uma conversa, e assim passaram a dialogar frequentemente. Certo dia, enquanto almoçava nos fundos do armazém, Cândido demorou mais que o habitual. Intrigado, Antônio foi verificar e ouviu vozes. Aproximando-se em silêncio, percebeu que Cândido conversava com sua filha por uma das frestas do assoalho. Sem aviso, Antônio entrou no espaço, surpreendendo os dois no meio do diálogo. Dirigindo-se a Cândido, perguntou-lhe quais eram suas intenções em relação a Mariana. Sem hesitar, o jovem declarou seu desejo de desposá-la, mas confessou não possuir condições de oferecer-lhe uma vida confortável naquele momento. Antônio ouviu atentamente e nada respondeu.

Ao cair da tarde, após encerrar suas atividades no armazém, Antônio retornou para casa. Lá, avistou Mariana e a chamou para uma conversa. Com uma expressão séria, perguntou: "Você realmente gosta daquele rapaz?" Mariana confirmou com firmeza. Nesse instante, Antônio comunicou que falaria com Cândido para marcar a data do casamento. Surpresa, Mariana interrompeu o pai, explicando que não desejava casar-se tão rapidamente, para evitar falatórios.

No dia seguinte, no armazém, Antônio informou a Cândido sua decisão de consentir o casamento, que deveria ocorrer sem demora. Surpreso, Cândido demonstrou grande alegria, mas também expressou preocupação: não tinha bens nem recursos para proporcionar a Mariana o conforto ao qual ela estava acostumada, pois estava apenas iniciando sua vida. Seu pai, Firmino José Moreira, era fazendeiro e possuía certo patrimônio, mas, sendo "oneroso de família", precisava sustentar muitos filhos. Antônio, então, tranquilizou o rapaz, dizendo que essa questão não seria um problema. Os preparativos para o casamento foram realizados. Na véspera da cerimônia, Antônio chamou Cândido e entregou-lhe a chave do armazém, informando que, a partir daquele momento, ele seria o novo proprietário do seu armazém e da residência mobiliada

---

[1521] Conferir verbete de Cândido José Moreira.

situada na parte superior do sobrado. Dessa forma, garantiu que o jovem casal pudesse iniciar sua vida juntos com dignidade e segurança[1522].

Mariana Ramos faleceu em 17 de agosto de 1890[1523], contando apenas 30 anos de idade, vitimada por bronquite aguda. Foi sepultada no recém-inaugurado Cemitério da Santa Casa de Misericórdia. Deixou os seguintes filhos: Artur de Carvalho Moreira, Raul de Carvalho Moreira, Cândido José Moreira Júnior e José de Carvalho Moreira.

[1522] Informação obtida em entrevista com dona Maria da Conceição Magalhães, realizada em 2018. Segundo o relato, este episódio foi testemunhado por Petronilha Fernandez, madrasta de Mariana, que o transmitiu aos familiares. Além disso, Idalina, irmã de Mariana, também registrou esse acontecimento em suas memórias. As informações coincidem com a documentação histórica pesquisada. Em 1879, Antônio Lopes de Carvalho Sobrinho compareceu ao cartório para registrar o falecimento de um escravizado pertencente à sua filha Mariana, e, no mesmo registro, Cândido figura como testemunha, evidenciando sua proximidade com a família Carvalho. Complementarmente, registros encontrados no Almanaque da Bahia de 1881 (acervo da Biblioteca Central do Estado da Bahia – Periódicos Raros) e no livro de impostos do comércio de 1893 (acervo do Arquivo Público Municipal de Cachoeira) confirmam que Cândido possuía um estabelecimento comercial do mesmo ramo que o de seu sogro, localizado no mesmo endereço.

[1523] APEB – Judiciário - Livro de óbitos de Cachoeira-Ba, n.º 05, termo n.º 46.

MARIANA PEREIRA DA TRINDADE

Rua da Matriz[1524]

Mariana Pereira da Trindade nasceu aproximadamente em 1785, na Vila de Nossa Senhora do Rosário do Porto da Cachoeira. Seu testamento relata que ela foi deixada na casa de dona Maria Ana Pereira da Trindade sem conhecer seus pais ou seus nomes. O momento de seu nascimento e entrega à dona Maria Ana coincide com o período em que esta ficou viúva de seu primeiro marido[1525]. Embora não haja provas, não se exclui a possibilidade de Mariana ser filha da viúva ou de um parente próximo, considerando o cuidado com que foi criada.

Mariana foi agraciada por dona Maria Ana com um dote generoso, que incluía escravizados, terras e objetos valiosos. Dona Maria Ana também foi responsável pela escolha do futuro esposo de Mariana, arranjando seu casamento com seu sobrinho, Francisco Gomes Ribeiro[1526]. Após a cerimônia, Mariana e Francisco mudaram-se para as terras recebidas em dote, conhecidas como "Acú", localizadas entre o distrito de Belém e Conceição da Feira. Nesse local, construíram sua residência e tornaram-se agricultores, dedicando-se ao cultivo de mandioca e tabaco[1527].

O testamento de Mariana revela aspectos significativos sobre as relações entre escravizados e senhores, destacando o vínculo criado pela amamentação. Mulheres escravizadas muitas vezes eram obrigadas a deixar seus próprios filhos para amamentar e cuidar das crianças dos senhores. No documento, Mariana estipula que seu marido deveria doar 20 mil réis "à preta Isabel, forra, que me criou em seus peitos"[1528]. Esta disposição mostra que, apesar de Isabel ser alforriada, ela ainda vivia na casa de sua antiga senhora, onde havia servido como ama de leite, e sugere um cuidado especial, resultado de um provável laço afetivo entre elas. A cláusula testamentária também revela a preocupação de Mariana com a possibilidade de seu marido não permitir que Isabel continuasse a viver na casa após sua morte, sugerindo possíveis desavenças e a necessidade de garantir o sustento e o cuidado de Isabel. Esta passagem do testamento de Mariana ilustra a complexidade do sistema escravista e das relações forjadas a partir dele, instigando-nos a aprofundar as investigações, evitando análises superficiais e buscando uma compreensão mais detalhada e refinada dessas dinâmicas.

Mariana Pereira da Trindade e Francisco Gomes Ribeiro tiveram sete filhos. Ela faleceu em 17 de julho de 1826 e expressou o desejo em seu testamento de ser sepultada na Capela de Nossa Senhora de Belém[1529].

[1524] Atual Ana Nery.
[1525] Conferir verbete de Maria Ana Pereira da Trindade.
[1526] APEB. Seção Judiciário. Testamento de Maria Ana Pereira da Trindade, classificação: 7/3099/7.
[1527] APMC. Inventário *post mortem* de Mariana Pereira da Trindade, caixa 151, doc.1503, p. 15-19.
[1528] APMC. Testamento de Mariana Pereira da Trindade, anexo ao seu inventário *post mortem*, caixa 151, doc. 1503.
[1529] APMC. Inventário *post mortem* de Mariana Pereira da Trindade, caixa 151, doc. 1503.

MATHILDE ROSA DA SILVA

Mathilde Rosa da Silva, comerciante e proprietária de uma quitanda situada na antiga Rua das Flores, n. 21, hoje denominada Lauro de Freitas[1530], destacou-se como uma figura de relevo na devoção a Nossa Senhora da Boa Morte, estabelecida em Cachoeira desde a primeira metade do século XIX. Tal informação é de grande relevância, pois, além de identificar as irmãs atuantes entre o final do século XIX e início do XX, até então completamente desconhecidas, também permite elucidar as dinâmicas organizacionais dessa agremiação. Um exemplo marcante é o processo eleitoral de 1902, que definiu a Mesa administrativa responsável pelos festejos de agosto de 1903, no qual Mathilde Rosa assumiu o posto de provedora, o cargo mais alto na hierarquia devocional[1531].

[1530] APMC. Folha avulsa de um livro de registros fiscais da década de 1890, intitulado "Livro de Indústrias e Profissões".
[1531] Biblioteca Pública dos Barris. Setor de Periódicos Raros. Jornal *A Ordem*, ed. 17.09.1902, p. 3.

MIGUEL TAVARES

Zelador da casa de oração de Nossa Senhora dos Remédios. Aparece em 1856 solicitando licença para armar andaimes, essenciais para a reedificação do pequeno templo religioso[1532].

[1532] APMC. Legislativo (licenças). Documentos avulsos não catalogados.

PASCOAL BAYLON PEDREIRA DA SILVA

Rua da Ponte Nova[1533]

Pascoal Baylon Pedreira da Silva foi um comerciante, lavrador e político atuante no século XIX. Nascido em 1795, na Freguesia de São Gonçalo dos Campos. Foi batizado na igreja matriz dessa mesma freguesia em 5 de julho desse mesmo ano, em cerimônia realizada pelo primo-irmão de sua mãe, o padre Gonçalo Cerqueira do Couto; foram seus padrinhos: seu avô paterno, Luís Machado da Silva, e seu tio-avô, padre Joaquim Pedreira Lapa, irmão de sua avó materna[1534]. Mudou-se para a Vila da Cachoeira na década de 1820, onde se estabeleceu como comerciante. Em 1831, ele já possuía uma loja de tecidos e miudezas, como ilustrado na imagem a seguir:

Figura 271 – APMC. Inventário *post mortem* de João Nepomuceno Ferreira, caixa 123, processo 1185, p. 47

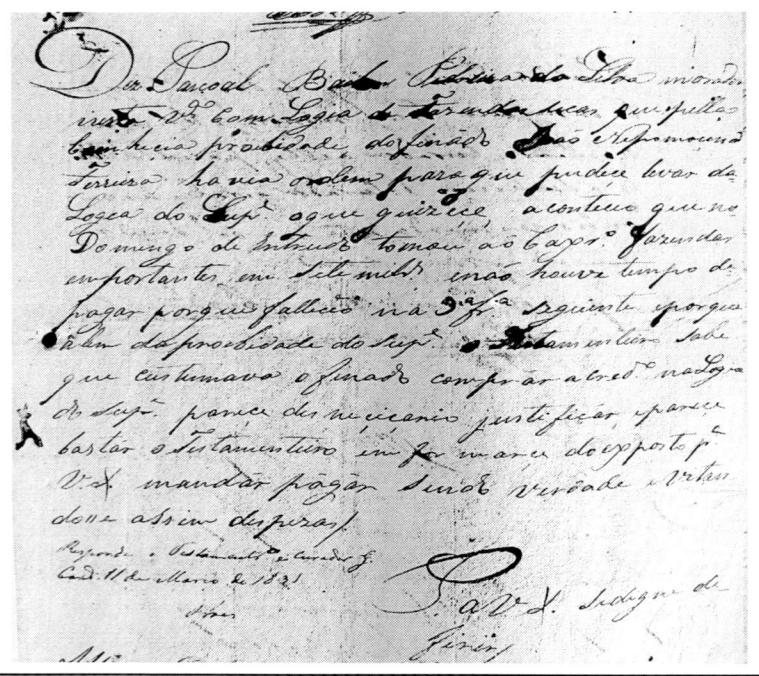

Diz Pascoal Baylon Pedreira da Silva, morador nesta vila com loja de fazendas secas que pela conhecida probidade do finado João Nepomuceno Ferreira, havia ordem para que pudesse levar da loja do suplicante o que quisesse, acontece que no domingo do entrudo tomou ao caixeiro fazendas que importam em sete mil réis e não houve tempo de pagar porque faleceu na terça feira seguinte, e porque, além da probidade do suplicante, o testamenteiro sabe que costumava o finado comprar a crédito na loja do

---

[1533] Atual Virgílio Damásio.
[1534] Cúria Metropolitana de Feira de Santana. Livro de batismos da Paróquia de São Gonçalo dos Campos, 1794-1800, p. 24v.

> *suplicante, parece desnecessário justificar e parece bastar o testamenteiro informasse do exposto para vossa senhoria mandar pagar, sendo verdade, evitando, assim, despesas. Pede a V.S. se digne deferir.*

Posteriormente, requereu o cargo de avaliador de prédios rústicos da freguesia, alegando que, como homem branco, casado e com experiência na agricultura desde a infância, estava qualificado para a função. Além disso, destacou que, por residir na vila, atendia a todos os requisitos para o cargo, conforme indicado em sua folha corrida, que comprovava a ausência de qualquer ato criminoso. O posto estava vago devido ao falecimento de Antônio Francisco de Oliveira Coelho[1535].

Pascoal Baylon Pedreira da Silva casou-se duas vezes, ambas com primas de terceiro grau. Seu primeiro casamento ocorreu por volta de 1822, com Maria Carolina de Oliveira, que tinha, na época, 13 anos. Após o falecimento de Maria Carolina, em 8 de janeiro de 1835[1536], ele se casou com Maria Vitória Ribeiro, como será detalhado a seguir.

Pascoal foi o filho primogênito de Reinaldo Machado da Silva e Maria Egipcíaca do Coração de Jesus. Seus avós maternos, Luiz Pedreira e Ana Maria do Espírito Santo Sandes[1537], o ligavam diretamente a Manoel Gonçalves do Couto e Antônia Ferreira de Sandes, já que Ana Maria era filha desse casal[1538].

Maria Carolina, por sua vez, era filha de José Ribeiro de Oliveira e Ana Egipcíaca do Coração de Jesus. Seus avós maternos, Gonçalo Cerqueira do Couto e Caetana de Jesus Silva[1539], também a conectavam a Manoel Gonçalves do Couto e Antônia Ferreira de Sandes, uma vez que Gonçalo, assim como Ana Maria do Espírito Santo Sandes, era filho do casal[1540]. Assim, Pascoal e Maria Carolina eram bisnetos de Manoel e Antônia pelo lado materno.

Os laços entre as famílias Pedreira Machado e Ribeiro de Oliveira iam além do parentesco, envolvendo amizade e convivência social. Após a morte de Maria Carolina, Pascoal, então residente em Cachoeira, retornou à sua terra natal, São Gonçalo dos Campos. Nesta freguesia, em 17 de agosto de 1835, ele reforçou os vínculos com a família de sua primeira esposa ao se casar com sua cunhada, Maria Vitória Ribeiro[1541]. Esse segundo casamento não apenas reforçou a prática endogâmica da família, mas também revelou as dinâmicas familiares da época. A união de Pascoal com Maria Vitória ilustra como, em determinados contextos históricos e culturais, a morte de um cônjuge frequentemente levava a casamentos entre parentes próximos, fosse por conveniência, tradição ou para manter alianças familiares.

[1535] APMC. Legislativo. Cargos e Nomeações. Documentos avulsos não classificados.

[1536] Universidade Católica do Salvador. Laboratório Reitor Eugênio Veiga (LEV). Livro de óbitos da Paróquia de Nossa Senhora do Rosário da Cachoeira, 1834-1844, p. 8.

[1537] Cúria Metropolitana de Feira de Santana. Livro de casamentos da Paróquia de São Gonçalo dos Campos, 1773-1804, p. 39.

[1538] APMC. Inventário *post mortem* de Manoel Gonçalves Coelho. Caixa 11, processo 78.

[1539] Cúria Metropolitana de Feira de Santana. Livro de casamentos da Paróquia de São Gonçalo dos Campos, 1773-1804, p. 77.

[1540] APMC. Inventário *post mortem* de Manoel Gonçalves Coelho. Caixa 11, processo 78.

[1541] Cúria Metropolitana de Feira de Santana. Livro de casamentos da Paróquia de São Gonçalo dos Campos, 1823-1843, p. 91.

Gráfico Genealógico I

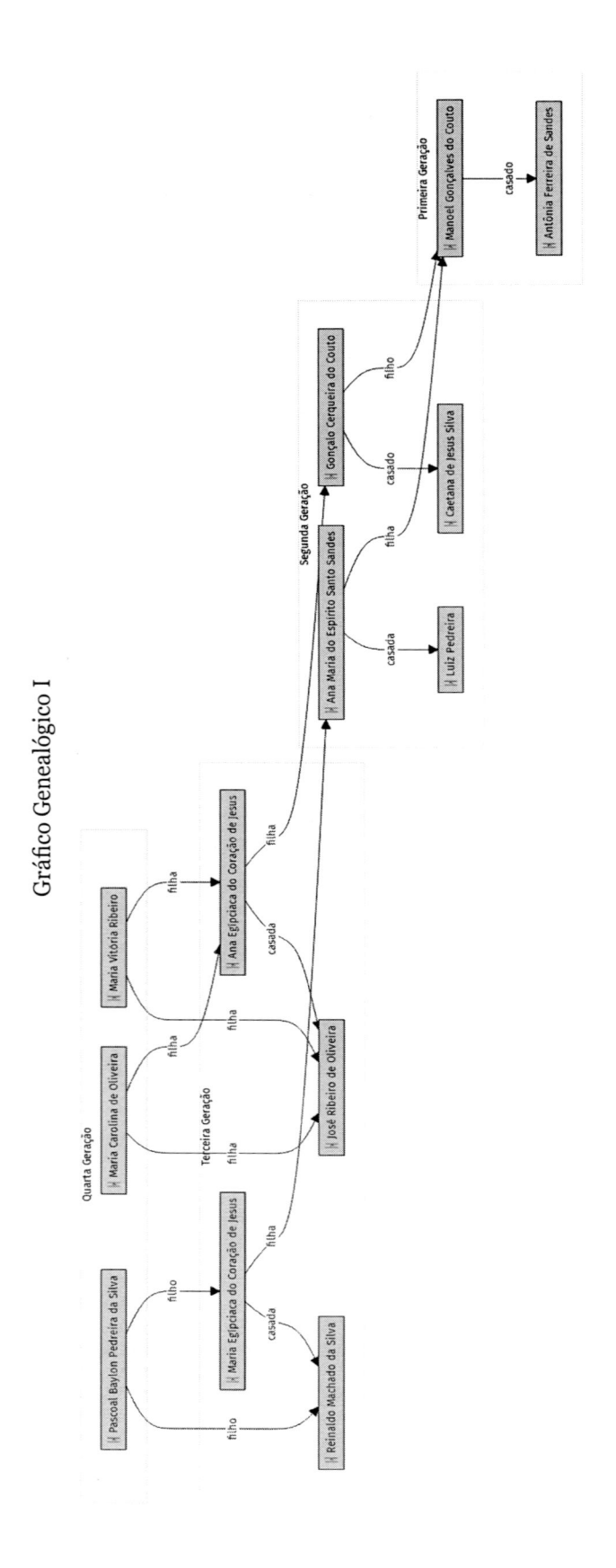

Primeira Geração
- Manoel Gonçalves do Couto — casado — Antônia Ferreira de Sandes

Segunda Geração
- Ana Maria do Espírito Santo Sandes
- Gonçalo Cerqueira do Couto (filho de Manoel Gonçalves do Couto) — casado — Caetana de Jesus Silva
- Ana Maria do Espírito Santo Sandes — casada — Luiz Pedreira

Terceira Geração
- Ana Egipcíaca do Coração de Jesus (filha de Ana Maria do Espírito Santo Sandes)
- José Ribeiro de Oliveira (filho de Ana Maria do Espírito Santo Sandes) — casada — Ana Egipcíaca do Coração de Jesus

Quarta Geração
- Maria Vitória Ribeiro (filha de Ana Egipcíaca do Coração de Jesus)
- Maria Carolina de Oliveira (filha de José Ribeiro de Oliveira)
- Pascoal Baylon Pedreira da Silva (filho de José Ribeiro de Oliveira)
- Maria Egipcíaca do Coração de Jesus (filha de José Ribeiro de Oliveira) — casada — Reinaldo Machado da Silva
- Reinaldo Machado da Silva (filho de Pascoal Baylon Pedreira da Silva)

Paschoal Baylon Pedreira da Silva tornou-se uma figura proeminente na sociedade cachoeirana do século XIX, destacando-se como um comerciante bem-sucedido e participando da governança local ao exercer o cargo de vereador em várias legislaturas[1542]. Ele faleceu em 2 de julho de 1866, aos 71 anos, devido a uma apoplexia, e foi sepultado na Capela São João de Deus da Santa Casa da Misericórdia[1543], a mesma igreja onde repousavam os restos mortais de sua primeira esposa. Entre seus filhos estavam Aurélio Machado Pedreira da Silva, Guilhermina Carolina Pedreira de Araújo e Ana Carolina Pedreira Mangabeira, todos filhos de sua primeira esposa[1544].

[1542] MILTON, Aristides. *Ephemerides cachoeiranas*. Salvador: Ufba, 1979. (Coleção Cachoeira; v. 1). p. 227.

[1543] Universidade Católica do Salvador. Laboratório Reitor Eugênio Veiga (LEV). Livro de Registro de Óbitos da Paróquia de Cachoeira, 1850-1870, p. 232.

[1544] APMC. Inventário *post mortem* de Maria Carolina de Oliveira. Caixa 137, processo 1337.

PAULA DE BARROS LOBO

Nascida por volta de 1740 na Freguesia de Nossa Senhora do Monte, ela era filha legítima de Luís Gomes e d. Laurinda de Barros Lobo. Casou-se em 12 de setembro de 1765, na Matriz da Cachoeira, com João de Lima Fiuza[1545], reinol e membro da família Lopes Fiuza, que se radicou na Bahia em finais do século XVII e teve participação no tráfico negreiro[1546]. Faleceu em 23 de agosto de 1820, aos 80 anos, como viúva, e foi sepultada na Ordem Terceira do Carmo da Cachoeira[1547].

[1545] Universidade Católica do Salvador. Laboratório Reitor Eugênio Veiga (LEV). Livro de Registro de Casamentos da Paróquia de Cachoeira, 1765-1785, p. 6v.

[1546] DOMINGUES, Cândido Eugênio. Tráfico e traficantes: poder e riqueza dos traficantes de escravos na Cidade da Bahia (1700-1751). *In*: SIMPÓSIO NACIONAL DE HISTÓRIA: POR UMA EST(ÉTICA) DA BELEZA NA HISTÓRIA, 25. *Anais* [...]. Fortaleza: Anpuh, 2009.

[1547] Universidade Católica do Salvador. Laboratório Reitor Eugênio Veiga (LEV). Livro de óbitos da Paróquia de Nossa Senhora do Rosário da Cachoeira, 1811-1825, p. 211.

PEDRO NOLASCO DA COSTA

Largo dos Arcos[1548] n. 04

Negociante, proprietário de duas casas comerciais fundadas na segunda metade do século XIX. Pedro Nolasco da Costa nasceu por volta do ano de 1845, na Heroica cidade da Cachoeira, filho natural de Manoel Antônio da Costa e Ana Joaquina do Sacramento[1549].

Pedro Nolasco foi um dos mais prósperos e abastados comerciantes que atuaram na praça de Cachoeira durante a década de 1870. Seu primeiro estabelecimento comercial girava com o nome fantasia de Nolasco & Irmão, uma padaria situada à Rua da Matriz, em sociedade com um dos seus irmãos[1550]. Logo em seguida, funda a casa Nolasco[1551].

Em um espaço temporal de menos de uma década, conseguiu projetar-se, tornando-se o principal nome do comércio de varejo do município. A sua casa comercial, situada na então Rua de Baixo n. 46, possuía um variado sortimento de mercadorias, situação que lhe permitia atuar em diversos ramos comerciais: tecidos, papelaria, armarinho, ferragens, comestíveis, enfeites etc. Listaremos alguns itens que a tradicional e afamada casa Nolasco expunha aos seu fregueses: peças de madrasto, peças de cretone, chita preta, chapéus de palha para homens, toalhas de linho de cor, cobertas lavradas, camisas de meia, chapéus de sol para senhoras, chales de algodão, botinas para senhoras, chapéus enfeitados, sapatos veludados, sapatos de trança para homens, gravatas de cores, livros, tesouras, escovas para dentes, maços de cartas, navalhas, sabonetes, bonecas de louças, colheres, garfos, bolsa para cigarros, candieiros, pregos, latas com biscoito, bacias estanhadas, garrafas de cerveja Tivoli, leite condensado, fechaduras, ferro a vapor, fogão de quatro bocas, e outras infinidades de produtos[1552].

Consideramos que os produtos mencionados anteriormente, juntamente com a presença de quatro caixeiros e várias costureiras a serviço do estabelecimento — encarregadas de costurar e bordar itens personalizados para os fregueses —, evidenciam a opulência da loja e seu consequente destaque no cenário comercial da região[1553]. A seguir, uma das notas fiscais emitidas pelo estabelecimento.

[1548] Atual Praça Teixeira de Freitas.
[1549] Informação localizada no registro de nascimento de Etelvina, sobrinha de Pedro, filha de seu irmão Sancho José da Costa. APEB. Seção Judiciário. Livro de Nascimento de Cachoeira n. 02, p. 161v; conferir verbete de Ana Joaquina do Sacramento.
[1550] APMC. Jornal *O Progresso*, ed. n. 37 de 18.07.1875.
[1551] O jornal *A Grinalda*, ed. de 25.07.1870, editado em Cachoeira, apresenta alguns anúncios de produtos da casa Nolasco. Hemeroteca Digital da Biblioteca Nacional.
[1552] Arquivo Público Municipal de Cachoeira. Inventário das mercadorias existentes na casa comercial de Pedro Nolasco da Costa, anexa ao seu inventário *post mortem*. Caixa 121, documento 1163, p. 76-85.
[1553] APMC. Inventário *post mortem* de Pedro Nolasco da Costa, caixa 121, documento 1163, p. 37.

Figura 272 – Arquivo Público Municipal de Cachoeira. Nota Fiscal da Casa Nolasco, anexa ao inventário *post mortem* de Frutuoso Gomes Moncorvo, caixa 135, processo 1309, p. 60

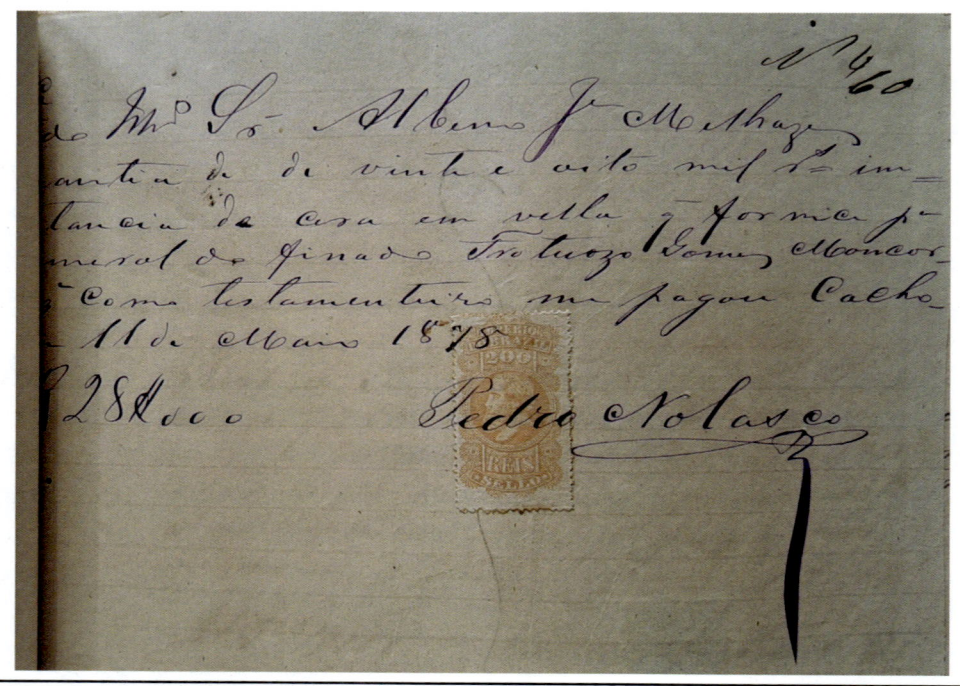

Recebi do Ilmo. Sr. Albino José Milhazes a quantia de vinte e oito mil réis, importância da cera em vela que forneci para o funeral do finado Frutuoso Gomes Moncorvo, como testamenteiro me pagou. Cachoeira 11 de maio de 1878. Pedro Nolasco.

Pedro Nolasco manteve, por algum tempo, um relacionamento com Maria Joaquina Amância, uma viúva cuja condição social e cuja idade não correspondiam ao perfil que seria desejado por alguém buscando consolidar sua posição comercial e facilitar sua inserção nos círculos de poder locais. Naquele contexto, o casamento ainda era visto, por alguns setores da sociedade, como uma estratégia para "encurtar" etapas no processo de integração e ascensão social dentro da comunidade[1554].

A posição de Pedro Nolasco como negociante em ascensão econômica possibilitou-lhe escolher uma esposa entre a elite local. Ele contraiu matrimônio com dona Tranquilina Amélia de Moncorvo Mascarenhas, filha do coronel Christovão Pereira Mascarenhas[1555]. Embora destituída de bens materiais, a família de Tranquilina gozava de amplo prestígio social. O coronel Christovão Mascarenhas era um dos principais líderes políticos do Partido Conservador no município e mantinha estreitas relações com diversas autoridades da província. Além disso, é importante considerar o capital simbólico da família Moncorvo no contexto socioeconômico da região. Assim, embora não tenha recebido um dote considerável, o casamento representou uma valiosa união, combinando o patrimônio material de Pedro Nolasco com a reputação de uma família tradicional.

[1554] Encontramos informações sobre Maria Joaquina Amância em seu assento de casamento, realizado em Cachoeira, em 06.11.1850. Universidade Católica do Salvador. Laboratório Reitor Eugênio Veiga (LEV). Livro de casamentos da Paróquia de Nossa Senhora do Rosário da Cachoeira, 1828-1860, p. 199.

[1555] Conferir verbete de Christóvão Pereira Mascarenhas.

Pouco antes da concretização do matrimônio, em fevereiro de 1873, Pedro Nolasco da Costa dirigiu-se ao cartório do tabelião Helvécio Sapucaia para regularizar a situação da sua filha Ana Joaquina, havida da citada Maria Joaquina, declarando que:

> [...] no estado de solteiro em que se acha, tivera uma filha de nome Ana Joaquina, nascida em 22 de julho de 1866, havida de dona Maria Joaquina Amâncio, viúva então de Tibúrcio Vieira Tosta, e sem impedimento algum pelo qual pudesse se casar, e por isso, pela presente, de motivo próprio, plena ciência, e sem constrangimento algum, perfilha e legitima aquela menor Ana Joaquina, como sua filha que verdadeiramente é [...][1556].

Assim, Pedro Nolasco garantiria que sua filha natural estivesse amparada legalmente. A mudança em seu estado civil implicaria certas restrições à prole nascida fora do matrimônio. Dessa forma, em caso de um óbito repentino, a menor Ana Joaquina poderia herdar parte de seus bens, assegurando-lhe uma sobrevivência digna.

A cerimônia matrimonial de Pedro e Tranquilina realizou-se em 30 de maio de 1873, no oratório particular da residência do coronel Christóvão Mascarenhas, com as testemunhas sendo o doutor Francisco Pereira de Souza Paraíso e o padre coadjutor Guilherme Pinto da Silveira Sales[1557]. Após o casamento, o casal estabeleceu-se em um sobrado localizado na então Praça dos Arcos, adquirido por Pedro Nolasco, que passou por uma ampla reforma para atender às necessidades familiares. A propriedade, de número 04, apresentava as seguintes características: um sobrado em terreno próprio, com seis portas no térreo e cinco janelas no andar superior. A construção limitava-se, na parte superior, ao sobrado dos herdeiros do falecido tenente José da Costa e, na parte inferior, compartilhava espaço com os herdeiros do falecido Francisco Américo Zenith e outras propriedades[1558].

Figura 273 – Imagem da Praça dos Arcos, logradouro da família Nolasco, em finais do séc. XIX. Imagem de domínio público. Autor desconhecido

[1556] APEB. Seção Judiciário. Livro de Notas de Escritura de Cachoeira, n. 114, p. 61v, 62.

[1557] Universidade Católica do Salvador. Laboratório Reitor Eugênio Veiga (LEV). Livro de casamentos da Paróquia de Nossa Senhora do Rosário da Cachoeira, 1862-1927, p. 46.

[1558] APMC. Inventário *post mortem* de Pedro Nolasco da Costa, caixa 121, documento 1163, p. 31v.

Pedro Nolasco também participava dos pregões promovidos pela Câmara da Cachoeira para instituir aqueles que promoveriam a cobrança de alguns tributos municipais: o pleiteante estabeleceria um valor que seria repassado à municipalidade, podendo acrescentar um percentual que seria o seu lucro pela transação. Em 1878, por exemplo, arrematou o imposto de 20 réis por quilograma de sabão[1559].

Pedro Nolasco envolveu-se ativamente em várias instituições locais, destacando-se como irmão da Santa Casa de Misericórdia em 1870 e membro da Venerável Ordem Terceira do Carmo em 1872, ambas as quais contavam com a participação de seu sogro em funções de destaque[1560]. Ademais, ele foi um dos nomes proeminentes na organização e administração da sociedade Montepio dos Artistas Cachoeiranos durante os primeiros anos de sua operação. Segundo o jornal *Correio da Bahia*, na edição de 1º de abril de 1877, Nolasco integrou a mesa diretiva da referida agremiação, exercendo a função de vice-presidente.

Em princípio de 1879, foi acometido de beribéri, doença de caráter epidêmico que assolou diversas regiões da província da Bahia durante a segunda metade do séc. XIX[1561]. Em busca de tratamento médico, ele se dirigiu à cidade da Bahia. O documento a seguir oferece insights sobre esse processo e as dificuldades enfrentadas em sua recuperação.

Figura 274 – APMC. Nota fiscal com gastos para o tratamento médico de Pedro Nolasco, anexa ao seu inventário *post mortem*. Caixa 121, documento 1163, p. 52

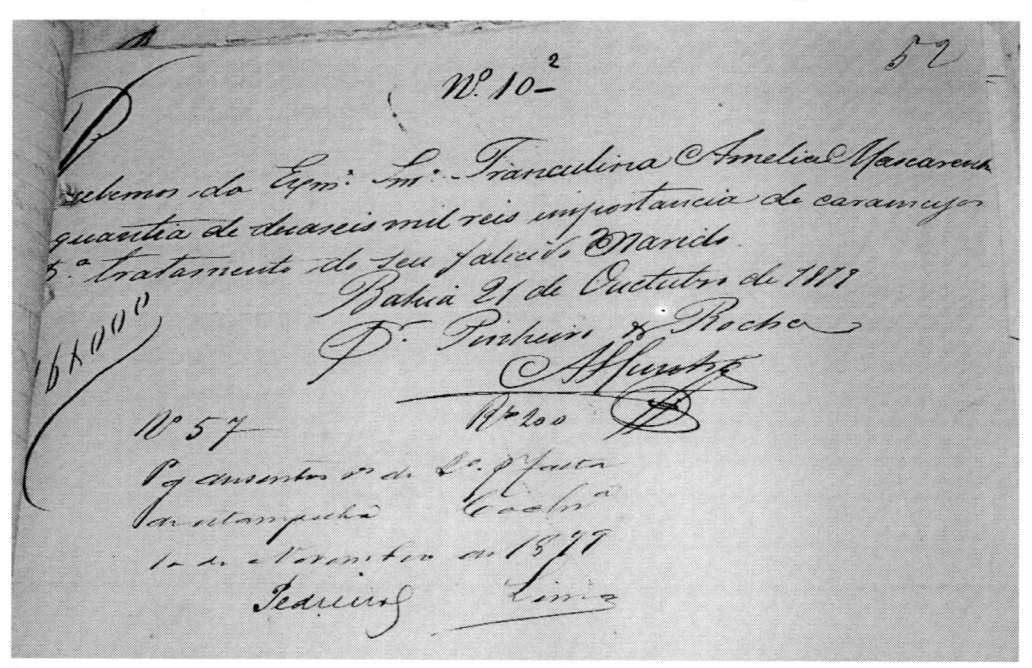

Recebemos da Exma. Sra. Tranquilina Amélia Mascarenhas a quantia de dezesseis mil réis, importância de caramujos para o tratamento de seu falecido marido. Bahia 21 de outubro de 1879. Pinheiro & Rocha.

[1559] APMC. Legislativo. Arrematação de impostos, documentos avulsos não classificados.

[1560] Memorial da Santa Casa de Misericórdia de Cachoeira. Livro n. 01; Arquivo da Venerável Ordem Terceira do Carmo da cidade de Cachoeira, Livro de profissões número 04 (séc. XIX). Livro desorganizado, não sendo possível citar a sua paginação. Assento de admissão de Pedro Nolasco em 04.10.1872.

[1561] MAGALHÃES, Sônia Maria. Beribéri: doença misteriosa no Brasil oitocentista. *Revista de História da Unisinos*, v. 18, n. 1, 2014. p. 160.

Infelizmente, os tratamentos empregados não foram exitosos e Pedro Nolasco faleceu em 6 de agosto de 1879, na freguesia da Conceição da Praia, vitimado por essa moléstia. Seu corpo foi conduzido num vapor especial, com destino à terra do seu nascimento. Foi sepultado nas carneiras da Ordem Terceira do Carmo de Cachoeira. Os membros da Sociedade Montepio acompanharam em cortejo o seu funeral, conforme dispõe o estatuto da agremiação[1562]. A seguir, notícia veiculada em um dos jornais de maior circulação na província, o periódico *O Monitor*, ed. de 07.08.1879.

Figura 275– Notícia do falecimento de Pedro Nolasco da Costa. Hemeroteca Digital da Biblioteca Nacional

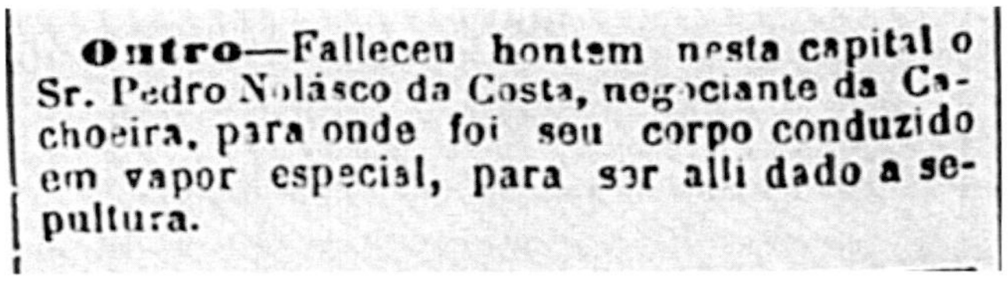
Outro—Falleceu hontem nesta capital o Sr. Pedro Nolásco da Costa, negociante da Cachoeira, para onde foi seu corpo conduzido em vapor especial, para ser alli dado a sepultura.

Outro – *Faleceu ontem nesta capital o sr. Pedro Nolasco da Costa, negociante da Cachoeira, para onde foi seu corpo conduzido em vapor especial, para ser ali dado a sepultura.*

1562 Livro n.01 dos termos de admissão e posse dos membros do Monte Pio dos Artistas Cachoeiranos, p. 8v.

PEDRO PAULO DA COSTA MINHO

Comerciante radicado em Cachoeira. Nasceu por volta de 1855 na freguesia de Pirajuia, filho legítimo de Bento Joaquim Minho. Estima-se que se estabeleceu em Cachoeira por volta de 1875. Foi proprietário de uma padaria situada à Rua da Matriz. A seguir, uma nota fiscal da referida casa comercial:

Figura 276 – APMC. Nota fiscal da casa comercial de Pedro Paulo, anexa ao inventário *post mortem* de Leovigildo Joaquim Minho, caixa 134, processo 1303, p. 50

Pedro Paulo da Costa Minho faleceu em 11 de maio de 1896, vitimado por febre perniciosa. Contava 41 anos de idade, foi sepultado no Cemitério da Santa Casa de Misericórdia, donde era irmão[1563].

[1563] Memorial da Santa Casa de Misericórdia de Cachoeira. Livro de óbitos dos irmãos, p. 44.

PETRONILHA GONÇALVES DOS SANTOS

Petronilha Gonçalves dos Santos, provavelmente nascida na primeira metade do século XVIII, destaca-se na documentação histórica por suas atividades econômicas. Descrita como uma mulher crioula, é possível que tenha sido egressa da escravidão. Sua inserção no contexto socioeconômico da época é revelada no testamento do comerciante José Pereira de Castro, que oferece um retrato pontual, porém significativo, de suas atividades comerciais e do grau de confiança entre ambos. No testamento, José Pereira de Castro menciona diversas transações com Petronilha, incluindo a venda de imóveis dela a Matheus Rodrigues Pinheiro pelo valor de 120 mil réis. Com esses recursos, Petronilha planejou construir casas na Rua do Fogo, um investimento estratégico visando à geração de renda por meio de aluguéis. A relação entre eles parece marcada pela amizade e confiança, já que Petronilha confiou a José a execução do projeto de construção das casas na Rua do Fogo. Em 1807, ao falecer, José Pereira de Castro registrou que as casas ainda estavam em fase de conclusão e destacou que não eram de sua propriedade, com o intuito de prevenir disputas futuras entre seus herdeiros e Petronilha. O testamento também revela que José possuía uma dívida de 75 mil réis com Petronilha, decorrente da compra da escravizada Isabel, de nação Jeje. Este dado posiciona Petronilha não apenas como uma comerciante ativa, mas também como proprietária de escravizados, ampliando sua relevância e atuação no cenário social e econômico da época[1564].

[1564] APMC. Testamento de José Pereira de Castro, anexo ao seu inventário *post mortem*. Caixa 10, processo 72.

PETRONILHA IGNÁCIA FERNANDEZ ("PATU")

Rua do Amparo[1565] nº13

Petronilla Ignacia Fernandez

    Charuteira paraguaia, radicada em Cachoeira. O primeiro registro documental de Petronilha Ignácia Fernandez, anteriormente conhecida como Petronilla Ignácia Martins, em Cachoeira, diz respeito ao assentamento de nascimento de seu filho mais velho, Adelino Lopes de Carvalho, datado de 7 de maio de 1881[1566]. O documento mencionado indica que dona Petronilha fazia parte de um pequeno grupo de paraguaios que viveram na Heroica Cachoeira na década de 1870; o censo de 1872 mostra que havia quatro paraguaios residindo em Cachoeira, três mulheres e um homem[1567].

    Petronilha nasceu em Assunção, República do Paraguai, em 1º de agosto de 1858, filha de Maria Rosa Fernandez. Ela migrou para o Brasil com sua mãe durante a Guerra do Paraguai. Por cerca de quatro anos, as fontes consultadas[1568] a identificam com o sobrenome Martins, Petronilla Ignácia Martins, sugerindo que este poderia ser seu sobrenome paterno e que o único homem paraguaio listado no censo de 1872 poderia ser seu pai.

    Ao indagar o motivo e as circunstâncias de sua chegada a Cachoeira, é importante considerar que a cidade enviou um batalhão patriótico que combateu nas trincheiras contra as forças de Solano López. Entre os combatentes que se alistaram no batalhão formado em Cachoeira, estão o padre Manoel Ferreira dos Santos Cunha, capelão do exército[1569]; o poeta e alfaiate Francisco Manuel Gomes Carneiro[1570]; o major Manoel Ferraz Pedreira[1571]; Manoel Marinho da Rocha, que perdeu uma mão em batalha nos Campos do Paraguai[1572]; e o coronel José Pinto da Silva[1573], entre outros. Além disso, a figura central desse contexto de guerra, Ana Justina Ferreira Nery, conhecida como "mãe dos brasileiros", também era cachoeirana. Esses dados nos permitem especular sobre as circunstâncias que levaram ao seu deslocamento para Cachoeira.

[1565] Atua João Vieira Lopes.
[1566] APEB. Seção Judiciária. Livro de registro de nascimento da cidade da Cachoeira, número 2, p. 10.
[1567] DIRETORIA GERAL DE ESTATÍSTICA DO BRASIL. *Recenseamento geral do Império de 1872. Bahia*. Rio de Janeiro: Typ. de G. Leuzinger e Filhos, 1876. p. 74.
[1568] APEB. Seção Judiciária. Livro de registro de nascimento da cidade da Cachoeira, número 2, p. 10.
[1569] Biblioteca Pública dos Barris. Setor de Periódicos Raros. Jornal *A Ordem*, ed. de 27.05.1905.
[1570] Hemeroteca Digital da Biblioteca Nacional. Periódico *A Ordem*, ed. n. 94 de 05.12.1888.
[1571] Hemeroteca Digital da Biblioteca Nacional. Periódico *Jornal do Recife*, ed. n. 42 de 22.02.1870.
[1572] Hemeroteca Digital da Biblioteca Nacional. Periódico *Correio do Brasil*, ed. n. 816 de 25.09.1872.
[1573] Conferir verbete de José Pinto da Silva.

Figura 277 – Fotografia de Petronilha Ignácia Fernandez em 1900. Acervo da família

Desde 1880, Petronilha Ignácia começou a conviver maritalmente com Antônio Lopes de Carvalho Sobrinho, um viúvo e ex-comerciante que, na época, trabalhava como funcionário público municipal[1574]. Apesar de não haver impedimentos legais para que o casal formalizasse a união perante as leis civis e os rituais eclesiásticos, Petronilha foi relegada à condição de "*teúda e manteúda*", uma expressão antiga do português que se traduz por sustentada e mantida[1575]; uma situação que, no senso comum, era vista como um concubinato reconhecido. Conforme veremos na escritura de perfilhação e reconhecimento paterno, transcrita a seguir:

> Escritura de perfilhação e reconhecimento que faz **Antônio Lopes de Carvalho Sobrinho**, aos menores **Adelino, Alfredo** e **Idalina,** como abaixo declara.
> Saibam quanto este público instrumento de escritura de perfilhação e reconhecimento ou como em direito melhor nome e lugar haja virem, que sendo no ano do Nascimento de Nosso Senhor Jesus Cristo de mil oitocentos e oitenta e sete, aos quatorze dias do mês de janeiro, nesta Heroica Cidade da Cachoeira, e casa de residência de Antônio Lopes de Carvalho Sobrinho, onde eu tabelião fui vindo, e ali presente o mesmo e Dona Petronilla Ignácia Fernandez, reconhecidos de mim tabelião e das testemunhas abaixo declaradas, do que dou fé, em presença dos quais pelo perfilhante Antônio Lopes de Carvalho Sobrinho, moradores nesta cidade, foi dito que tendo havido com Dona Petronilla Ignácia Fernandez, também moradora nesta cidade, e em sua companhia, mulher solteira, sem impedimento algum pelo qual não se pudessem unir em matrimonio, a qual vive teúda e manteúda pelo mesmo, os menores que são, Adelino de idade de cinco anos para seis anos, Alfredo de quatro anos para cinco anos e Idalina de dez meses de idade, e os há

[1574] Conferir verbete de Antônio Lopes de Carvalho Sobrinho.
[1575] Disponível em: https://www.significados.com.br/teuda-e-manteuda/. Acesso em: 10 dez. 2023.

como seus filhos e como tais os reconhecem e foram havidos achando-se ele perfilhante no estado de viúvo, sem impedimento algum para que possam suceder em tudo quanto permitem as leis, quer antes, quer depois do seu falecimento, representando e aceitando o presente reconhecimento pelos ditos seus filhos, a mãe deles, aquela Dona Petronilla Ignácia Fernandes. Em fé da verdade assim a outorgaram e me requereram lhes lavrasse a presente escritura para dela lhes dar os traslados precisos, o que satisfiz por dizer do meu ofício e de ser pago o selo proporcional em duas estampilhas de cem reis cada uma que vão pelo perfilhante na forma da lei. Foram testemunhas a tudo presentes, José Correia da Silveira Souza e Augusto Cezar Estrela, que assinarão com o outorgante e a mãe dos menores, depois de lido o presente instrumento por mim Francelino do Vale Cabral, tabelião que escrevi.[1576]

O documento transcrito anteriormente destaca alguns aspectos sociais notáveis: inicialmente, mesmo não sendo casada e enfrentando o estigma social de estar em uma união não oficial, o fato de Petronilha viver "de portas adentro" com o apoio de um homem prestigiado lhe proporcionou uma certa proteção. Note-se que o tabelião fez questão de chamá-la de dona, um título normalmente reservado nesse período para mulheres casadas. Isso demonstra que, durante o tempo em que conviveu com Antônio Sobrinho, Petronilha desfrutou de um certo respeito e representatividade. Essa situação mudou após o término de seu relacionamento com Antônio, como fica claro pela maneira como os tabeliães se referiram a ela nas outras duas escrituras de legitimação de seus filhos Anísio e Augusto, subtraindo o pronome "dona"[1577].

Petronilha era descendente de europeus e da população indígena nativa. Ao fixar residência em Cachoeira, estabeleceu laços profundos de amizade com Ricarda Feliciana dos Reis, que também tinha ascendência indígena, mas era nascida no Brasil. Idalina de Carvalho Moreira registrou em suas memórias que ambas se consideravam comadres, mas, segundo Moreira, não era um compadrio estabelecido pelos rituais da Igreja, e sim por uma tradição muito antiga que criava esses vínculos ao redor de uma fogueira, sendo sacramentado pelo símbolo sagrado do fogo quando realizavam juntas uma volta em torno da fogueira[1578].

Para auxiliar Ricarda financeiramente, d. Patu a encarrega de cuidar de seus filhos durante o primeiro mês após o nascimento, o que a obriga a permanecer em sua casa durante esse período. Dias depois do nascimento de sua quarta filha, Petronilha surpreende seu companheiro em um caso amoroso com sua "protegida". Naquele instante, Petronilha corta todos os laços que tinha com Ricarda, expulsando-a de sua residência. Em situações como esta, o verniz social do machismo esconde as ações dos homens, recaindo a responsabilidade unicamente nos ombros das mulheres.

O temperamento pacifista de Petronilha, somado à aceitação social das práticas extraconjugais masculinas na época, contribuiu para que as coisas permanecessem essencialmente inalteradas, inclusive a relação que seu companheiro mantinha com sua comadre e ex-amiga. Embora Antônio demonstrasse, em diversos aspectos sociais, ser um homem progressista, com um senso de justiça e responsabilidade notáveis — evidenciado pelo esforço em registrar, reconhecer e cuidar pessoalmente da educação de seus filhos naturais, conferindo-lhes igualdade tanto no âmbito afetivo quanto jurídico, equiparando-os aos filhos de seu casamento legítimo

---

[1576] APEB. Seção Judiciária. Livro de Notas da cidade da Cachoeira n. 160, p. 58v.
[1577] APEB. Seção Judiciário. Livro de Notas de Escritura de Cachoeira, n. 171, p. 43; Tabelionato de Cachoeira. Livro do tabelião Jeronimo José Albernaz, escritura lavrada em 05.12.1892.
[1578] Informação deixada pela filha de Petronilha, dona Idalina de Carvalho Moreira.

—, suas atitudes em relação às suas relações afetivo-sexuais revelam um caráter profundamente classista. Ele não oferecia o mesmo reconhecimento ou tratamento às suas parceiras fora do casamento que dedicou à sua esposa, branca e de família tradicional, a quem ele devotava grande cuidado e amor, como atestam os versos escritos em sua homenagem[1579].

Petronilha Ignácia Fernandez, apesar de ser uma mulher simples e sem estudos, tinha uma independência de caráter notável que a levava a questionar certos papéis sociais reservados às mulheres de sua época. Em uma ocasião, Ricarda foi à sua casa e começou a insultar Petronilha, sugerindo que ela usava magia para manter seu parceiro, uma acusação que Petronilha refutou prontamente, iniciando uma discussão acalorada. Foi interrompida por Antônio, que disse: "Se querem discutir, que seja na rua, não tolerarei esse tipo de confusão em minha casa". Surpresa, Petronilha questionou: "Como assim, seu Antônio?" Ao que ele confirmou: "É exatamente isso". Este incidente fez com que Petronilha reconhecesse sua posição naquela relação e decidisse imediatamente se retirar daquela circunstância[1580].

Petronilha possuía uma pequena casa na antiga Rua da Faísca, hoje Coronel Garcia, que estava alugada. No dia seguinte ao episódio mencionado, ela foi até seu inquilino e comunicou que precisaria da residência. O inquilino, duvidando da justificativa de Petronilha, procurou Antônio Sobrinho e relatou o pedido de devolução do imóvel. Antônio concordou com a decisão de sua parceira, impondo apenas uma condição ao locador: que a chave fosse entregue diretamente a ele. Recebida a chave, Antônio se encarregou de fazer os reparos necessários e de equipar a casa com todos os utensílios para seu funcionamento. Idalina, a filha do casal, ressaltou que seu pai atentou para cada detalhe, incluindo um coador, item que naquela época não era comum.

Este relato memorial familiar sugere que a infidelidade de seu parceiro não foi a razão pela qual Petronilha decidiu deixar o lar. O que motivou sua retirada e a consequente renúncia às vantagens sociais dessa relação foi a percepção de que não recebia o devido reconhecimento como companheira, sentindo-se reduzida à condição de mãe de seus filhos. Para Petronilha, o status social ou a preocupação com o "viver de aparências" não eram prioritários. O que realmente importava era o cuidado e o respeito que Antônio deveria demonstrar em relação a ela. Foi nesse contexto que ela se deu conta de que, para ele, ela não se qualificava como sua esposa; se Antônio tivesse desejado, poderiam ter legitimado a união, uma vez que não havia impedimentos legais, pois ele era viúvo e ela solteira.

Após a dissolução da sua relação com Antônio Lopes de Carvalho Sobrinho, Petronilha transfere-se para a Rua da Faísca. Naquele momento, Antônio permitiu que ela levasse os filhos. Porém, passados pouquíssimos dias após a mudança, reconsidera a sua decisão. Era um dia de domingo e, como católico fervoroso que era, assistiu a missa dominical e, em seguida, dirige-se a casa de Petronilha e informa: *Vim buscar meus filhos, não consigo ficar longe deles!* Apenas Anízio permaneceu em companhia da mãe, pois ainda não havia desmamado[1581].

Para manter sua independência, Petronilha aceitou trabalhar como charuteira na fábrica F. Jezler & Companhia. Sua natureza bondosa, livre de vingança ou rancor, levou-a a dedicar-se ao cuidado de Antônio no final de sua vida, aliviando o sofrimento do pai de seus filhos. Durante o período em que ele ficou de cama, ela voltou a morar na Rua do Amparo, onde, junto com Ricarda, cuidava da casa, dos filhos e seguia todas as orientações médicas para o tratamento de

---

[1579] Conferir verbete de Antônio Lopes de Carvalho Sobrinho.
[1580] Informação deixada pela filha de Petronilha, dona Idalina de Carvalho Moreira.
[1581] *Ibidem*.

saúde de Antônio. Após a morte de Antônio, Ricarda encontrou-se em uma situação de extrema pobreza. Com o modesto salário que Petronilha ganhava como charuteira, ela ainda ajudava financeiramente aquela que foi sua amiga e comadre, esquecendo-se do erro cometido em uma circunstância muito particular[1582].

  Petronilha Ignácia Fernandez faleceu repentinamente enquanto preparava o seu o dejejum, às 9 h da manhã do dia 29 de julho de 1946[1583], quando estava prestes a completar 88 anos de idade. Em uma entrevista com dona Maria da Conceição Magalhães, neta de Petronilha, que passou alguns anos vivendo com sua avó na mesma residência, localizada na Rua Coronel Garcia, foi destacado que foi nessa casa que sua avó, Petronilha Fernandez, apelidada de "*dona Patu*", veio a falecer. O atestado de óbito, assinado pelo doutor Aurelino Serafim dos Anjos, descreve "miocardite crônica". A sua união com Antônio Lopes de Carvalho Sobrinho gerou os seguintes filhos: **Adelino Lopes de Carvalho**, casado com Adalgisa Moreira de Carvalho; **Alfredo Lopes de Carvalho**, casado com Maria José Borges de Barros Faria de Carvalho; **Amélia de Carvalho**; **Idalina de Carvalho Moreira**, casada com Pedro José Moreira; **Augusto Lopes de Carvalho**, casado com Josefina César de Carvalho; e **Anísio Lopes de Carvalho**.

[1582] *Ibidem.*
[1583] Cartório do Registro Civil de Cachoeira, Distrito-Sede. Livro de óbitos n. 35, termo 2999.

QUINTINO AUGUSTO BAHIA (DOUTOR)

O dr. Quintino foi um médico clínico que atuou em Cachoeira por mais de duas décadas. Nascido em Salvador por volta de 1815, era filho de Felipe Nery Baiano e Maria da Porciúncula[1584]. Concluiu seus estudos secundários na capital baiana e ingressou na Faculdade de Medicina da Bahia, obtendo o grau de doutor em medicina em 1839[1585]. Logo após sua formação, transferiu-se para Cachoeira, onde se radicou e constituiu família. Fontes sugerem que sua escolha de se estabelecer no interior foi influenciada por laços de parentesco e solidariedade. Casou-se em 5 de fevereiro de 1856, em oratório privado de sua residência, com sua prima Henriqueta Isabel Ribeiro[1586]. Além de atender em seu consultório e realizar visitas domiciliares, ocupou o cargo de médico da Santa Casa de Misericórdia da Cachoeira. No entanto, foi exonerado durante a epidemia de *cólera morbus* em 1855, por se ausentar do trabalho sem aviso prévio[1587].

Um ponto interessante sobre sua biografia é a sua condição étnica, sendo descrito como pardo em seu registro de óbito. Isso levanta questões sobre a formação de elites não brancas, que, através do acesso à educação superior e à acumulação de riqueza, conquistaram espaços importantes na sociedade baiana oitocentista. O dr. Quintino faleceu em 4 de novembro de 1862, aos 46 anos, devido a uma doença cardíaca. Seu corpo foi sepultado na Igreja do Carmo de Cachoeira[1588].

[1584] Universidade Católica do Salvador. Laboratório Reitor Eugênio Veiga (LEV). Livro de casamentos da Paróquia de Nossa Senhora do Rosário da Cachoeira, 1828-1860, p. 223.

[1585] Levantamento Nominal dos Formados de 1812 a 2008 da Faculdade de Medicina da Bahia/Ufba, p. 8. Disponível em: http://www.bgm.fameb.ufba.br/sites/bgm.fameb.ufba.br/files/formandos_fmb.pdf. Acesso em: 7 dez. 2023.

[1586] Universidade Católica do Salvador. Laboratório Reitor Eugênio Veiga (LEV). Livro de casamentos da Paróquia de Nossa Senhora do Rosário da Cachoeira, 1828-1860, p. 223. O assento do seu casamento informa a existência de um parentesco em segundo grau entre os cônjuges, revelando, portanto, que o doutor Quintino Augusto Bahia era sobrinho daqueles que viriam a ser seus sogros.

[1587] Memórias Históricas da Faculdade de Medicina da Bahia 1916–1923 — 1925–1941. Anexo 1 Memórias da Participação da FMB em Acontecimentos Notáveis do Século XIX – Epidemia de "Cólera morbus" de 1855 – Guerra do Paraguai – Abolicionismo – Canudos, p. 31. Disponível em: https://repositorio.ufba.br/bitstream/ri/24837/4/Anexo%201.pdf. Acesso em: 7 dez. 2023.

[1588] Universidade Católica do Salvador. Laboratório Reitor Eugênio Veiga (LEV). Livro de Registro de Óbitos da Paróquia de Cachoeira, 1850-1870, p. 183v.

RAQUEL

Mulher indígena. Raquel faleceu em 1º de fevereiro de 1822 e foi sepultada na Igreja Matriz da Vila da Cachoeira. O pároco que registrou o seu óbito informou que "foi pega no mato, pertencente a casa do desembargador Antônio José Duarte"[1589]. Ainda que não tenha utilizado diretamente nenhum termo que remeta à escravidão, o padre escreveu como se estivesse registrando o falecimento de uma pessoa cativa. É provável que tenha adequado o uso do vocábulo para se referir a Raquel, pois certamente conhecia a legislação vigente e deveria ter conhecimento sobre a proibição da escravização das pessoas indígenas. O minúsculo fragmento coletado da trajetória de Raquel suscita que investiguemos aspectos que ainda não foram elencados como temas de pesquisa, sobre a população indígena na Bahia durante o séc. XIX.

[1589] Universidade Católica do Salvador. Laboratório Reitor Eugênio Veiga (LEV). Livro de óbitos da Paróquia de Nossa Senhora do Rosário da Cachoeira, 1811-1825, p. 322v.

RAUL DE CARVALHO MOREIRA

Rua das Flores[1590]

O comerciante Raul de Carvalho Moreira nasceu na cidade de Cachoeira no dia 7 de agosto de 1882, sendo filho legítimo de Cândido José Moreira e Mariana de Jesus Ramos Moreira[1591]. Recebeu o sacramento do batismo na igreja matriz em 31 de agosto de 1882, tendo como padrinho o seu avô materno, Antônio Lopes de Carvalho Sobrinho, e como representante da madrinha, seu tio materno, Manuel Lopes de Carvalho Ramos. A madrinha escolhida foi Nossa Senhora, mãe de Jesus Cristo, uma prática comum na época, que reflete a devoção mariana da família, conforme consta em sua certidão de batismo.

> Aos 31 dias do mês de agosto de 1882, na igreja matriz, batizei solenemente e apliquei os santos óleos a Raul, branco, com 24 dias de idade, filho legítimo de Cândido José Moreira e Mariana de Jesus Ramos; foram padrinhos, Antônio Lopes de Carvalho Sobrinho, avô por parte materna e Nossa Senhora, posta a coroa por Manuel Lopes de Carvalho Ramos, tio por parte materna. E para constar, fiz este assento que assinei. O Vigário encomendado padre Guilherme Pinto da Silveira.[1592]

Em 1900, mudou-se para a freguesia de Santa Bárbara, onde estabeleceu uma casa comercial[1593]. Veio a falecer em Cachoeira, em 15 de setembro de 1902, aos 20 anos, vítima de tuberculose pulmonar, na Rua das Flores. Na edição de 17 de setembro de 1902, o jornal *A Ordem* lhe dedicou uma bela homenagem póstuma, que será transcrita a seguir:

> Na florescência da Mocidade, quando o bando dourado das ilusões lhe pilhava o coração de esperanças, vencido por pertinaz tuberculose pulmonar, que esgarrou os recursos da ciência e dos cuidados da família, cedeu a lei fatal da contingência humana, na noite de anteontem, o nosso simpatizado conterrâneo Raul de Carvalho Moreira, filho do falecido major Cândido José Moreira. Os 20 anos com que baixou a campa lhe foram poucos para conhecer, afastado do pessimismo que nos envolve, do que de bom e de mal se encontra na terra, onde as mais das vezes, no constante peregrinar, tropeçamos os espinhos acuminados das togas da desventura. Era um bom, o pobre Raul! Naquela alma aberta as irradiações da alegria jamais o ódio penetrou, nem só, nem um segundo do cortejo negro dos desesperos alucinantes. Jovial, sempre amadeirado no trato [...] afeto sempre sincero, leal sempre, desventurado o moço que anteontem transpôs, sereno, porque era um puro, os umbrais da eternidade, reunia em sua pessoa qualidade que o tornavam digno da estima de seus conterrâneos em cujo Grêmio era recebido em toda ocasião como mostra de maior contentamento. Sobre a campa, que tão de fresco encerra os seus despojos mortais, para nós perpetuamente venerados, nos debruçamos contritos, deixando cair sobre elas nossas lágrimas, que são o transunto do que vai pela nossa alma combalida de amigos que pranteiam a perda de um bom amigo.[1594]

[1590] Atual Lauro de Freitas.
[1591] Conferir verbetes de Cândido José Moreira e de Mariana de Jesus Ramos Moreira.
[1592] APMC. Documentos avulsos não classificados; conferir verbetes de Antônio Lopes de Carvalho Sobrinho e de Manoel Lopes de Carvalho Ramos.
[1593] Biblioteca Pública dos Barris. Setor de Periódicos Raros. Jornal *A Ordem*, edição de 02.08.1902.
[1594] Biblioteca Pública dos Barris. Setor de Periódicos Raros. Jornal *A Ordem*, edição de 17.09.1902.

REINALDO MARTINS RAMOS (DOUTOR)

Rua das Flores[1595]

Magistrado, nasceu em Cachoeira no mês de agosto de 1857, sendo filho legítimo de Rodrigo José Ramos e dona Militana Martins Ramos[1596]. Foi batizado na igreja matriz em 8 de outubro do mesmo ano, tendo como padrinhos José Timóteo das Neves e dona Maria Joaquina Teles Lobo[1597]. Em 1877, ingressou na Faculdade de Direito do Recife, onde concluiu sua formação em 1882, como será detalhado a seguir:

> Registro da carta do bacharel formado Reinaldo Martins Ramos.
> Do mesmo teor se passou a 17 de novembro de 1882 a carta do bacharel formado Reinaldo Martins Ramos, filho de Rodrigo José Ramos, nascido em a província da Bahia. Tomou o grau a 14 de novembro de 1882 e foi aprovado plenamente, sendo diretor interino o Excelentíssimo Senhor conselheiro João Silveira de Souza, presidente do ato senhor Dr João Capistrano Bandeira de Melo e secretário bacharel José Honório Bezerra de Menezes. Pagou onze mil réis do custo deste. Secretaria da faculdade de direito do Recife, 17 de novembro de 1882.[1598]

Na carreira jurídica, atuou como Juiz de Órfãos na comarca de Cachoeira. Veio a falecer prematuramente em 26 de junho de 1887[1599], às vésperas de completar 30 anos, solteiro e sem filhos.

[1595] Atual Lauro de Freitas.
[1596] Conferir verbete de Rodrigo José Ramos.
[1597] Universidade Católica do Salvador. Laboratório Reitor Eugênio Veiga (LEV). Livro de batismos da Paróquia de Nossa Senhora do Rosário da Cachoeira, 1846-1860, p. 220v.
[1598] Arquivo da Faculdade de Direito do Recife. Livro de Registro de diplomas de bacharéis (1881-1892), p. 37, 37v.
[1599] Hemeroteca Digital da Biblioteca Nacional. Jornal *A Reforma*, ed. de 24.07.1887, p. 2.

REINÉRIO MARTINS RAMOS (CORONEL)

Alto da Conceição do Monte

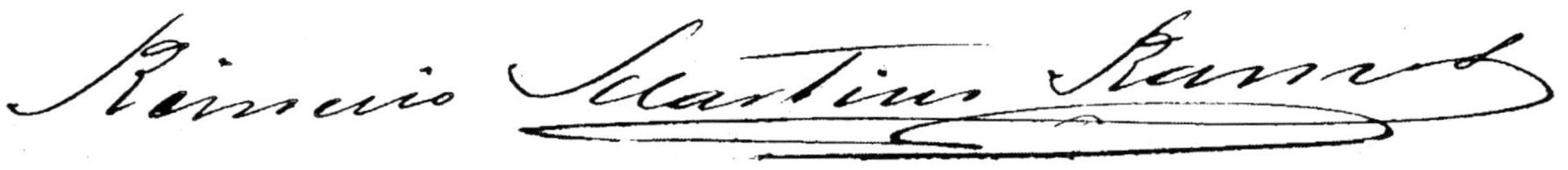

"[...] o mais parisiense dos burgueses do Recôncavo"[1600].

Reinério Ramos, abastado comerciante e exportador de tabaco e couros, destacou-se também como liderança política do Partido Liberal e filantropo. Natural da Heroica Cidade da Cachoeira, nasceu em 9 de dezembro de 1850, em um sobrado localizado na antiga Rua das Flores, onde viviam seus pais, Rodrigo José Ramos e Militana Martins Ramos. Primogênito do casal, foi batizado em 18 de julho de 1852, tendo como padrinhos seu avô paterno, o viúvo Bernardo José das Neves, e sua tia paterna, dona Rosulina Maria Ramos[1601].

Figura 278 – Nota de memórias redigida pelo capitão Rodrigo José Ramos, pai de Reinério

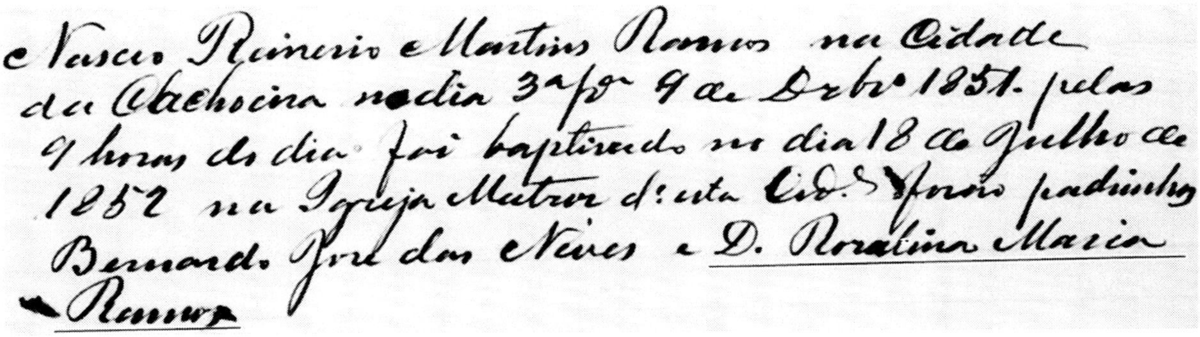
e Nasceu Reinerio e Martins Ramos na Cidade da Cachoeira no dia 3ª fr.ª 9 de Dzbr.º 1851. pelas 9 horas do dia foi baptizado no dia 18 de Julho de 1852 na Igreja Matriz d'esta Cid.e forão padrinhos Bernardo José das Neves e D. Rosalina Maria Ramos

No ano em que Reinério nasceu, seu pai, Rodrigo José Ramos, já estava em ascensão material e era considerado um dos mais prósperos comerciantes da região. No entanto, ainda não havia alcançado a reputação de grande capitalista do Recôncavo baiano, um status que consolidaria somente no início da década de 1880, quando se tornou um destacado exportador e investidor financeiro[1602].

Nascido em uma família abastada, teve acesso às melhores oportunidades de educação intelectual da época. No entanto, ao contrário de seu irmão Reinaldo[1603], optou por não prosseguir com o ensino superior. Na década de 1870, já havia estabelecido um negócio em Cachoeira,

---

1600 CALMON, Pedro. *A vida de Simões Filho*. Salvador: Empresa Gráfica da Bahia, 1986. p. 11.

1601 Conferir verbete de Rosulina Maria Ramos.

1602 Conferir verbete de Rodrigo José Ramos.

1603 Conferir verbete de Reinaldo Martins Ramos.

inaugurando seu primeiro comércio por volta de 1875. Era um amplo armazém que vendia miudezas, medicamentos, ferragens e produtos químicos, localizado na antiga Rua das Flores, hoje conhecida como Prisco Paraíso, número 15[1604].

Nesse ínterim, ele uniu-se em matrimônio com a jovem viúva dona Constança Milhazes, filha do abastado comerciante português Albino José Milhazes, detentor de uma das maiores fortunas do Recôncavo na época. A celebração do casamento foi realizada em Cachoeira, no dia 30 de novembro de 1878. Como parte do dote, foi-lhe concedida a significativa soma de 25 contos de réis[1605]. O casal residia no Alto da Conceição do Monte, em um palacete construído no último quarto do século XIX, conforme veremos na imagem subsequente:

Figura 279 – APMC. Casa de residência do casal, situada na Rua do Belas, conhecida como Alto da Conceição do Monte

Conta-se que Reinério Ramos ficou fascinado pelo local que outrora havia sido destinado a um teatro, onde somente os alicerces haviam sido construídos[1606]. Ele adquiriu o terreno e decidiu construir sua residência ali, movido pelo desejo de contemplar sua querida terra natal das varandas situadas no Alto do Morro, sendo embalado pelas brisas corriqueiras do Paraguaçu[1607].

Acreditamos que o casamento foi resultado de um grande acordo entre as famílias Milhazes e Ramos, ambas envolvidas na produção, beneficiamento e importação de fumo e couro. Essas famílias tinham grandes interesses nesse mercado, e a união de suas fortunas por meio do casamento de seus filhos poderia ser muito vantajosa para expandir seus negócios. Nossa hipótese é sustentada pelo fato de que, em 1882, menos de quatro anos após o casamento, Reinério Martins Ramos apareceu no cartório de notas já na condição de sócio da empresa

---

[1604] APMC. Jornal *O Progresso* de 06.10.1877.
[1605] Conferir verbete de Albino José Milhazes.
[1606] MILTON, Aristides. *Ephemerides cachoeiranas*. Salvador: Ufba, 1979. (Coleção Cachoeira; v. 1). p. 96.
[1607] CALMON, Pedro. *A vida de Simões Filho*. Salvador: Empresa Gráfica da Bahia, 1986. p. 11.

Albino José Milhazes & Cia., assinando uma procuração relacionada aos interesses comerciais da firma[1608]. No mesmo documento, percebe-se o alcance do empreendimento, pois cobravam de Joaquim Raimundo César uma dívida superior a dez contos de réis, como cessionários da Magalhães & Cia, uma firma comercial de Salvador, indicando que provavelmente adquiriram a massa falida da empresa e estavam cobrando seus devedores. Esse documento evidencia a extensão e diversificação dos negócios das famílias Milhazes e Ramos.

A partir da década de 1880, Reinério Ramos impulsionou seus negócios particulares e, buscando projeção, aventurou-se na política, sendo eleito vereador em 1880[1609]. No mesmo ano, obteve a patente de tenente-coronel comandante do 13º Batalhão da comarca de Cachoeira[1610], o que era, efetivamente, mais um título do que uma função militar. Acreditamos que ocupar uma cadeira no espaço político mais influente do Recôncavo, referimo-nos à Câmara da Cachoeira, que detinha o controle das decisões econômicas locais, poderia ser vantajoso para seus negócios. Nesse período, também se estabeleceu como um dos líderes do Partido Liberal em Cachoeira[1611]. Em sua nova empreitada comercial, concentrou-se no comércio do tabaco, fosse na forma de fumo de folha, rolo ou mangote, abandonando a antiga loja de armarinhos. O *Almanaque de Cachoeira* de 1888 reconheceu essa mudança, listando-o como proprietário de um armazém de tabaco e de uma refinaria de açúcar[1612]. Adicionalmente, como observaremos na imagem a seguir, também negociava aguardente de Santo Amaro em larga escala e participava do comércio de couro.

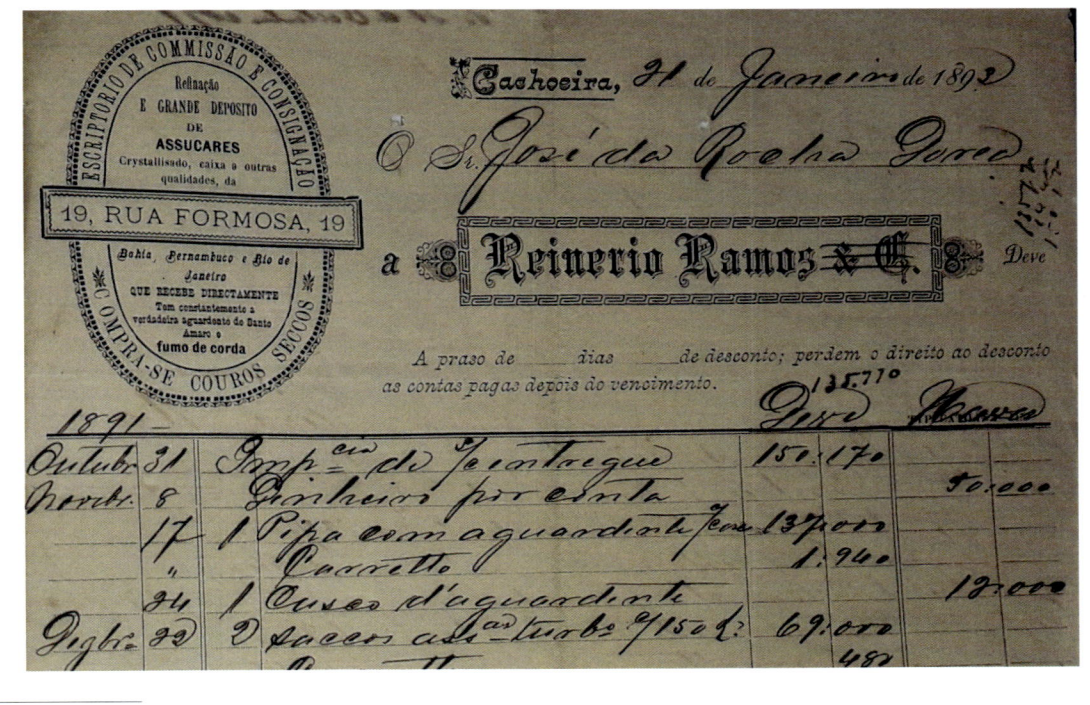

Figura 280 – APMC. Documentos avulsos não catalogados

[1608] APEB. Seção Judiciária. Livro de Notas do Tabelião – Cachoeira, n. 145, p. 46.
[1609] APMC. Livro de Atas da Câmara de Cachoeira, 1878-1882.
[1610] Hemeroteca Digital da Biblioteca Nacional. Jornal *O Monitor*, ed. de 29.10.1880.
[1611] Hemeroteca Digital da Biblioteca Nacional. Jornal *A Reforma*, ed. de 24.07.1887.
[1612] Biblioteca Pública dos Barris. Setor de Periódicos Raros. LEAL, Xavier; VELASQUES, Diogo. *Almanaque da comarca da Cachoeira para o ano de 1889*. Bahia: Imprensa Popular, 1888. p. 80.

Segundo Pedro Calmon, Reinério tornou-se "o marchante mais rico das margens do Paraguaçu"[1613]. Essa riqueza era exteriorizada pela opulência com que ele e sua esposa, dona Constança Milhazes, apresentavam-se e vestiam-se. O esplendor do casal impressionava seus conterrâneos, especialmente após retornarem de longas estadas em Paris[1614]. O luxo que ostentavam gerava surpresa e admiração; ele, com sua sobrecasaca e chapéu alto, típicos de um aristocrata, e ela, dona Constança, trajando vestidos de alta costura, feitos exclusivamente por uma das mais prestigiadas casas de moda da Europa do final do século XIX, sob o renomado estilista John Redfern[1615]. Além disso, o perfume francês que exalava ao seu redor, trazido em grandes quantidades, completava o ar de sofisticação. As crônicas locais relatam um desses momentos icônicos, quando, em uma tarde, as calçadas de pedra da Heroica Cachoeira vibraram sob as rodas de uma luxuosa carruagem, puxada por imponentes cavalos do Rio da Prata, enquanto o casal era conduzido a caminho de sua residência[1616].

Figura 281 – Imagem publicada na edição de 09.04.1923 do jornal *A Tarde*. Com a seguinte legenda: "O milionário cachoeirano, senhor Reinério Martins Ramos, fotografia antiga, numa praia de banhos, em Portugal". Fotografia tirada no final do séc. XIX

[1613] CALMON, *op. cit.*, p. 11.
[1614] Biblioteca Pública dos Barris. Setor de Periódicos Raros. Jornal *A Ordem*, ed. de 24.08.1927.
[1615] Sobre John Redfern, conferir citação em: BUENO, M. L. Moda, gênero e ascensão social. As mulheres da alta-costura: de artesãs a profissionais de prestígio. *Dobra[s]*: Revista da Associação Brasileira de Estudos de Pesquisas em Moda, [s. l.], v. 11, n. 24, p. 101-130, 2018.
[1616] Biblioteca Pública dos Barris. Setor de Periódicos Raros. Jornal *A Ordem*, ed. de 24.08.1927.

O coronel Reinério Ramos destacou-se como uma personalidade singular, não só pelo seu visual exuberante, mas também pelo seu comportamento boêmio. Idalina Moreira[1617], parente do coronel Ramos, observou que ele era conhecido na família por seu espírito galanteador. Um cronista daquele tempo, em um artigo para o jornal *A Ordem*, ao descrever Reinério, registrou que ele "teve sempre com que satisfazer o seu gênio de aventuras, muitas delas, no ambiente severamente provinciano, ecoavam como escândalo"[1618]. Imaginamos que esse comportamento pode ter sido um dos motivos que culminaram no seu divórcio.

O casal Milhazes Ramos também ficou conhecido por ser o primeiro da elite cachoeirana do século XIX a optar pelo divórcio. No seu testamento, Reinério relatou que conviveu com sua esposa, d. Constança, até 1892, quando se divorciaram por consentimento mútuo. O divórcio foi decretado por sentença do Juiz de Direito de Cachoeira em 23 de janeiro de 1893, confirmado pelo acórdão do tribunal de apelação em 26 de julho de 1893, e a divisão dos bens do casal foi realizada conforme o acordo da escritura pública de 14 de outubro de 1893, registrada pelo tabelião Sapucaia da comarca de Cachoeira[1619].

Cristiane Lopes argumenta que a alegação de consentimento mútuo, empregada pelo casal ao solicitar o divórcio, era uma estratégia para acelerar o processo, evitando assim custos elevados e a exposição de suas vidas privadas[1620]. A análise de Lopes adequa-se perfeitamente à situação social do casal Milhazes Ramos, membros proeminentes da elite de Cachoeira. A demora em resolver tal questão poderia ser catastrófica, sobretudo para a esposa. Podemos visualizar o impacto do caso na Cachoeira do final do século XIX. Seria possível perceber a onda de fofocas que se espalhava pelas ruas e becos da cidade colonial do Paraguaçu: a filha do comendador Albino tornou-se uma mulher separada, entre outros comentários, já que o ônus social recaía sempre sobre as mulheres. Um fato notável é que o casal iniciou o processo no ano seguinte ao falecimento do comendador Albino Milhazes, pai de Constança, sugerindo que a esposa talvez temesse a desaprovação de seu pai. Em uma era dominada por valores católicos, pode-se afirmar que a sociedade de Cachoeira era composta por valores conservadores, arraigados à fé cristã, que, entre outros aspectos, viam na indissolubilidade do casamento um de seus pilares mais importantes.

Outro aspecto relevante do coronel é seu apreço pelas letras, podendo ser considerado um entusiasta e promotor da cultura no final do século XIX. Em 1888, por exemplo, ele e José Machado Pedreira idealizaram e fundaram uma sociedade anônima para a construção de um teatro em Cachoeira, visando proporcionar ao município um benefício de amplo alcance social. A sociedade teria um capital de 15 contos, que seria dividido em ações de cem mil réis cada, pagas em seis parcelas, com a primeira e a última correspondendo a 10% do capital e as demais a 20%, com o objetivo de erguer o edifício teatral. No pedido enviado à câmara, Reinério Ramos mencionou o grande número de subscritores e sugeriu que a câmara também contribuísse para essa obra de extrema utilidade pública[1621].

[1617] Conferir verbete de Idalina de Carvalho Moreira.
[1618] Biblioteca Pública dos Barris. Setor de Periódicos Raros. Jornal *A Ordem*, ed. de 24.08.1927.
[1619] APMC. Testamento de Reinério Martins Ramos, anexo ao seu inventário *post mortem*, caixa 269, processo 3206, p. 1.
[1620] VEIGA, Cristiane Fernandes Lopes. Divórcio e desquite na cidade de Campinas (1890-1938). *Resgate*: Revista Interdisciplinar de Cultura, Campinas, v. 23, n. 1, p. 49-60, 2015. p. 56.
[1621] APMC. Legislativo. Requerimentos. Documentos avulsos não classificados.

Embora essa faceta tenha se tornado notória somente após a divulgação de seu testamento, ao examinarmos sua vida, encontramos várias ocasiões que demonstram sua dedicação em fomentar e encorajar as dimensões intelectual e cultural da Cachoeira. Sem delongas, mencionaremos dois eventos que alicerçam nossa afirmação. Em 1889, a escola noturna da Cachoeira, liderada pelo distinto professor Cincinato Franca, tinha como principal objetivo alfabetizar os menos afortunados, principalmente os recém-libertos da escravidão, e contou com o apoio decisivo do coronel Reinério, que se comprometeu a fornecer luz, penas, papel e tinta enquanto a escola existisse[1622]. Semelhantemente, ele ajudou durante o processo de instalação da primeira faculdade jurídica em solo baiano. Em 1891, a Faculdade de Direito da Bahia foi estabelecida em Salvador por iniciativa privada e dependeu da generosidade de várias pessoas para equipar adequadamente o edifício com tudo necessário para seu funcionamento. Reinério Ramos, um dos benfeitores, contribuiu com 400 mil réis para a compra de livros para a biblioteca da instituição[1623].

Reinério Ramos acreditava no potencial da educação intelectual para impulsionar uma sociedade. Por isso, converteu a obra de sua vida, a fortuna herdada de seus pais e ampliada por seu trabalho, em um significativo motor social que, se implementado como ele idealizou e planejou, transformaria a realidade do Recôncavo. Com esse propósito, planejou destinar sua vasta riqueza para a criação de importantes instituições beneficentes, com potencial para se tornarem referências nacionais, dadas as ambições e os recursos disponíveis para sua realização. Esses institutos também serviriam para honrar a memória de seus pais, um dos principais casais associados à prática da caridade na sociedade baiana do século XIX. As entidades seriam denominadas Orfanato Dona Militana Martins Ramos e Instituição Comendador Rodrigo José Ramos, a serem construídas e estabelecidas na cidade de Cachoeira/BA, sua cidade natal[1624].

O objetivo principal dessas fundações seria acolher, educar e instruir crianças desamparadas e órfãs, preferencialmente sem pai e mãe, e naturais da comarca de Cachoeira — que na época incluía algumas cidades vizinhas. No planejamento do coronel, seriam aceitas crianças de 3 a 8 anos, com permissão para deixar as instituições aos 18 anos para casamento ou aos 21 anos para buscar emprego; na instituição Rodrigo José Ramos, a saída seria permitida aos 20 anos, para serem encaminhados pela administração conforme suas habilidades profissionais. As instituições deveriam oferecer educação primária e profissional, além de ensino secundário para os intelectualmente destacados. Os órfãos receberiam educação básica até os 13 anos e, em seguida, seguiriam para o ensino secundário ou para uma profissão, com cursos profissionalizantes tais como: contabilidade, línguas estrangeiras, datilografia, estenografia, música, moda, eletricidade, marcenaria, torneiro, sapataria e serralheria, entre outras, visando a uma rápida inserção no mercado de trabalho[1625]. Aos 18 anos, os jovens deveriam estar preparados para colaborar com as atividades das instituições, contribuindo até alcançarem a maioridade. Os cursos de formação e profissionalização estariam igualmente acessíveis a alunos não internos, mediante o pagamento de uma mensalidade que seria revertida para a instituição. A meticulosidade do coronel Ramos na atenção aos detalhes é notável, visando

---

[1622] Hemeroteca Digital da Biblioteca Nacional. Jornal *Diário do Povo*, ed. n. 290 de 08.05.1889.
[1623] Hemeroteca Digital da Biblioteca Nacional. Jornal *O Brasil*, ed. de 09.04.1891.
[1624] APMC. Testamento de Reinério Martins Ramos, anexo ao seu inventário *post mortem*, caixa 269, processo 3206, p. 1.
[1625] *Ibidem*, p. 6 (verba terceira).

prevenir conflitos potenciais decorrentes da admissão de crianças não órfãs e de diferentes classes sociais na instituição. Ele estabeleceu uma normativa preventiva: caso surgisse um conflito entre um órfão e um aluno externo que comprometesse a harmonia do convívio, o aluno externo seria afastado, já que o propósito primordial das entidades seria auxiliar os menos favorecidos[1626].

Os aspectos mencionados anteriormente, não obstante demonstrem a afinidade do coronel com as artes e as letras, também são provas incontestes de um espírito filantrópico. Entre suas qualidades, a filantropia talvez tenha sido a mais marcante e associada ao seu nome. Quando faleceu, os principais jornais do Brasil destacaram essa faceta para apresentá-lo ao público, com manchetes nas primeiras páginas da imprensa dos anos 1920. Por exemplo, no jornal *A Tarde*: "Um grande benemérito de Cachoeira: abertura do testamento do coronel Reinério Ramos" (edição de 07.04.1923); "Conservou a lembrança do berço humilde... Os legados do filantropo Reinério Ramos" (edição de 09.04.1923); "A fortuna de um cresus. Os legados de um filantropo nos azares da publicidade" (edição de 20.08.1927). E no jornal *A Ordem*: "A obra de um filantropo" (edição de 07.04.1923); "Monumento de Piedade e Amor filial. O coronel Reinério Martins Ramos lega, em testamento, cerca de 1500 contos a Cachoeira, sua amada terra natal" (edição de 11.04.1923). Essa notoriedade surgiu principalmente após sua morte, com a divulgação de seu testamento, mas em vida ele já agia semelhantemente. Como exemplo, ele foi um colaborador significativo da Santa Casa de Misericórdia de Cachoeira e do Monte Pio dos Artistas Cachoeiranos. No dia 18 de fevereiro de 1883, esteve presente na sala de sessões do Montepio para assinar o termo de sócio honorário, título que lhe foi concedido pelos serviços prestados[1627]. É notável, também, que, no início do século XX, o provedor da Santa Casa relatou em ata que, em duas ocasiões, dirigiu-se à capital do estado para pedir auxílio ao coronel Reinério Ramos para o hospital. Conseguiu, assim, apoio imediato para o completo reparo da enfermaria Santa Isabel, que incluiu o envio da Europa de todos os utensílios necessários para o conforto, comodidade e estética do local. Recebeu, também, um cheque de um conto de réis para comprar o assoalho e iniciar as obras, que já estavam em andamento. A mesa diretiva registrou e agradeceu o gesto filantrópico do coronel Ramos[1628].

Em 1923, mais uma vez, o coronel Reinério Ramos tornou-se o assunto mais comentado na região do Recôncavo. Como mencionamos, seu nome esteve estampado na primeira página de diversos jornais. Não foi diferente na sua terra natal; durante quase um mês, teve seu nome em reportagens e artigos veiculados no maior jornal de circulação do interior da Bahia, o periódico *A Ordem*. O seu feito tornou-se quase uma comoção social, devido à proporção que tomou, chegando, inclusive, a ser discutido na Câmara de Deputados[1629]. A seguir, a edição do referido *A Ordem*, ed. 27, de 11.04.1923:

[1626] *Ibidem*, p. 6 (verba terceira).
[1627] Livro n.01 dos termos de admissão e posse dos membros do Monte Pio dos Artistas Cachoeiranos, p. 46.
[1628] Memorial da Santa Casa de Misericórdia de Cachoeira. Livro de Atas n. 87, p. 38.
[1629] Hemeroteca Digital da Biblioteca Nacional. Jornal *A Noite*, ed. de 01.09.1927.

Figura 282 – Biblioteca Pública dos Barris. Setor de Periódicos Raros

Ao contrário da prática que vinculava atos de benemerência ao setor religioso, o coronel Reinério Ramos legou toda sua fortuna ao município de Cachoeira, encarregando-o da construção das instituições educacionais para órfãos, conforme mencionamos anteriormente. As ideias republicanas trouxeram grandes mudanças ao cenário caritativo da Cachoeira no século XX, diminuindo o domínio anteriormente concentrado nas instituições religiosas, fosse pelo acúmulo de capital de doações de imóveis, dinheiro, terrenos etc., ou pela administração de testamentos. Desde o final do século XIX, especialmente após a Proclamação da República, essa prática entrou em declínio, não desaparecendo imediatamente, mas com uma redução drástica no número de doações a essas entidades religiosas, até seu desaparecimento. Reinério Martins Ramos adotou esta nova perspectiva, alterando o cenário social das doações assistenciais, separando as práticas de caridade do aspecto religioso e designando o município de Cachoeira como seu herdeiro, deixando para a municipalidade a responsabilidade de gerir e promover as obras sociais que ele idealizou[1630].

Para compreender o contexto das ações beneméritas nas primeiras décadas do século XX, é crucial distinguir filantropia de caridade. A filantropia, baseada no princípio teórico de se distanciar de qualquer vestígio do ideal de piedade cristã, associa-se à noção de "utilidade social". Por outro lado, a caridade reflete o temor a Deus e uma postura de resignação diante da pobreza; enquanto isso, a filantropia, entendida como uma virtude laica, é reconhecida como uma prática contínua, intencional e sistemática[1631].

Embora a definição dos termos sugira uma grande distância entre as duas práticas, a realidade revelou-se diferente, com a fusão de elementos de ambos os conceitos. Por exemplo, designar o município para liderar um empreendimento social indicaria, teoricamente, uma perspectiva laica. Ademais, a criação de uma comissão responsável pela organização, fundação e instalação do orfanato Militana Ramos e da instituição Rodrigo Ramos, formada por testamenteiros, o Intendente da cidade, o Presidente do Conselho Municipal, o dr. Cândido Vaccarezza, e um cidadão respeitável escolhido pelo juiz do inventário, denotaria atos notórios e públicos, o que contraria à noção de caridade, na qual o anonimato é valorizado como um ato de abnegação[1632]. Neste caso, a filantropia, para efetivar suas obras de utilidade social, dependia da união de pessoas que compartilham sentimentos, afinidades e detentores da confiança do doador, especialmente em um contexto em que este não estaria mais presente; assim, a publicidade do ato também serviria como meio de fiscalização do cumprimento das disposições deixadas. Embora em diversos aspectos a estrutura apresentada se afaste das práticas das obras pias do século anterior, ela manteve elementos do modelo caritativo, como a exigência de que as instituições preservassem a educação católica e fossem geridas por religiosos franceses, membros da Ordem de São Vicente de Paulo e da Lazarista[1633].

A informação anterior, sobre a nomeação de ordens religiosas francesas para administrar instituições, pode estar ligada ao fato de Reinério Ramos ter vivido em Paris nas últimas duas décadas de sua vida. Esse ponto é reforçado por um detalhe em seu testamento. O coronel filantropo determinou a construção de dois edifícios modernos, de arquitetura simples, mas

---

[1630] MOREIRA, Igor Roberto de Almeida. *Nova configuração nas irmandades religiosas de Cachoeira no período pós República*. UFRB, 2015, p. 6.

[1631] SANGLARD, Gisele. *Entre os Salões e o Laboratório*: Guilherme Guinle, a Saúde e a Ciência no Rio de Janeiro, 1920-1940. Rio de Janeiro: Editora Fiocruz. 2008, p. 25-40.

[1632] SANGLARD, Gisele. Laços de sociabilidade, filantropia e o Hospital do Câncer do Rio de Janeiro (1922-1936). *História, Ciências, Saúde*, Manguinhos, Rio de Janeiro, jul. 2010. Supl. 1. p. 128.

[1633] APMC. Testamento de Reinério Martins Ramos, anexo ao seu inventário *post mortem*, caixa 269, processo 3206, p. 5, 12, 13.

abrangendo todos os aspectos de higiene e conforto. Seu planejamento ultrapassou a estrutura física, incluindo a interação interna, ao sugerir cursos de instrução, práticas de exercícios físicos e militares, e educação secundária para alunos que visam ao ensino superior. Nas suas palavras, os institutos seriam responsáveis por formar "mulheres e homens laboriosos, independentes e virtuosos"[1634]. Percebemos as influências dos reformadores sociais franceses, um grupo de intelectuais, médicos, industriais e políticos que buscavam estabelecer um novo contrato social na França. Eles propunham fornecer habitações saudáveis para os trabalhadores, refletindo a influência do higienismo por meio de legislação protetora, e promover a educação cívica e o lazer[1635]; modelo semelhante ao concebido por Reinério Ramos, focado no bem-estar, educação e lazer dos órfãos. A mutualidade, princípio presente na concepção dos reformadores franceses, também pode ser vista no plano de Reinério Ramos, que estipulava que órfãs que estivessem há mais de dez anos no orfanato e tivessem mais de 18 anos, ao se casarem, receberiam 500 mil réis e um enxoval. As que não se casassem, mas chegassem aos 21 anos, também seriam beneficiadas. Órfãos da instituição Comendador Rodrigo José Ramos, com mais de dez anos de estada e maiores de 21 anos, receberiam R$ 500 mil[1636]. Essa medida visava proporcionar aos órfãos um capital inicial para começarem suas vidas, garantindo sustento ou investimento em atividades que oferecessem meios de subsistência.

Infelizmente, devido a circunstâncias alheias à vontade do benfeitor, seu notável projeto social não foi realizado. Residindo em Paris desde 1903, Reinério Ramos conheceu e começou a conviver maritalmente com uma senhora chamada Mathilde Zerjal, que ele nomeou como inventariante de seus bens. Essa senhora prolongou o processo até desaparecer, sem responder às convocações do juízo da comarca de Cachoeira, onde o inventário estava sendo processado, obstruindo assim a execução das últimas vontades do coronel Ramos. Como o patrimônio era majoritariamente composto por títulos ao portador da dívida pública externa do Brasil, com juros pagos na Europa, a inventariante pode ter agido com intenção deliberada de prejudicar o inventário, como evidenciado nos documentos do processo. Ela, possuidora da maior parte dos títulos, ignorou completamente a última vontade do seu companheiro e colocou seus advogados em uma situação insustentável, levando-os a declarar em juízo, em 1932, que:

> Vendo, afinal os suplicantes que semelhante situação não mais pode perdurar e não dispondo de meios que obriguem a inventariante a cumprir o compromisso assumido neste juízo e as promessas feitas por cartas e telegramas aos seus advogados, no tocante a entrega dos valores do espólio, vem desistir, como desistido tem, irrevogavelmente, do mandato que lhes outorgou a inventariante e testamenteira [...].[1637]

Houve muitas dúvidas sobre o coronel Reinério Ramos ter escolhido uma francesa como sua testamenteira e inventariante para um processo no Brasil. No entanto, ao analisar o processo, torna-se claro que essa decisão foi tomada para proteger os interesses envolvidos. Zerjal, tendo vivido com o coronel nos últimos anos, conhecia todos os seus negócios, especialmente porque a maior parte da fortuna estava em apólices e títulos de bancos franceses e de outros países europeus. Isto poderia complicar o trabalho de um inventariante de Cachoeira, principalmente porque, se os consulados intermediassem, o governo francês exigiria o imposto devido a essas

---

[1634] *Ibidem*, p. 6 (verba terceira).
[1635] SANGLARD, *op. cit.*, p. 130.
[1636] APMC. Testamento de Reinério Martins Ramos, anexo ao seu inventário *post mortem*, caixa 269, processo 3206, p. 9 (verba oitava).
[1637] APMC. Inventário *post mortem* de Reinério Martins Ramos, caixa 269, processo 3206, p. 332.

transações. Assim, na visão do coronel Ramos, escolher Zerjal era uma estratégia eficiente para contornar esses obstáculos e realizar seu último desejo de deixar um projeto social de grande escala para sua terra natal, que exigiria uma fortuna considerável para ser concretizado. O que Reinério não previu foi que esta decisão facilitaria as intenções duvidosas de Zerjal. Sua presença não era obrigatória e, como ficou evidente nos registros, ela não se sentiu responsável por declarar os bens, mesmo após ser removida como inventariante, não apresentou contas nem cumpriu outras formalidades necessárias. A comissão encarregada de criar as instituições ficou tão impotente que, mesmo sob pressão, ainda foi ameaçada pela inventariante de ter a existência dos títulos denunciada ao governo francês, o que resultaria no pagamento do imposto de 60% sobre seu valor[1638].

Depois de mais de três décadas, a comissão responsável por estabelecer o orfanato D. Militana e a Instituição Comendador Rodrigo percebeu que os recursos disponíveis seriam insuficientes até mesmo para construir e equipar uma das entidades previstas pelo testador. Sugeriram, então, que o restante do dinheiro e apólices recuperados fosse dividido entre as instituições filantrópicas e caritativas da cidade, muitas já mencionadas no testamento de Reinério, que tinha deixado doações em dinheiro para ajudar em suas manutenção e funcionamento[1639].

O processo, iniciado em 1923, concluiu-se após 32 anos, em 1955, quando o Juiz de Direito da Comarca de Cachoeira Franklin de Souza Carneiro decidiu que o Asilo Filhas de Ana receberia, aproximadamente, 480 mil cruzeiros do saldo líquido no Banco do Brasil em São Félix, além de algumas ações do Banco da Bahia, com a condição de reservar cinco vagas no asilo para crianças indicadas pelo juízo de menores de Cachoeira; o Hospital das Crianças Ana Nery de Cachoeira foi contemplado com 100 mil cruzeiros, sob a mesma condição, além de receber eletricidade e água; a Santa Casa de Misericórdia de Cachoeira recebeu 100 mil cruzeiros com o compromisso de manter três vagas para menores indicados pela justiça; as obras de assistência da paróquia de Cachoeira também receberam 100 mil cruzeiros, com o dever de auxiliar as crianças da cidade, especialmente os órfãos abandonados, incluindo os internados no asilo Filhos de Ana; o Centro Espírita Obreiros do Bem foi agraciado com 100 mil cruzeiros com a exigência de manter cinco vagas em sua instituição para crianças abandonadas; e, finalmente, a Santa Casa de Misericórdia de São Félix também foi beneficiada com 100 mil cruzeiros, com a obrigação de manter três vagas que seriam indicadas pelo juízo de menores da comarca de São Félix.

Reinério Martins Ramos faleceu em Paris em 30 de janeiro de 1923, no luxuoso Hotel Majestic, atualmente denominado de Peninsula Paris, localizado na Avenida Kléber, cidade de Paris[1640].

[1638] APMC. Inventário *post mortem* de Reinério Martins Ramos, caixa 269, processo 3206, p. 332.
[1639] *Ibidem*, p. 702.
[1640] *Ibidem*, p. 2; doc. 40.

Figura 283 – APMC. Nota fiscal anexa ao inventário *post mortem* de Reinério Martins Ramos, caixa 269, processo 3206, doc. 40

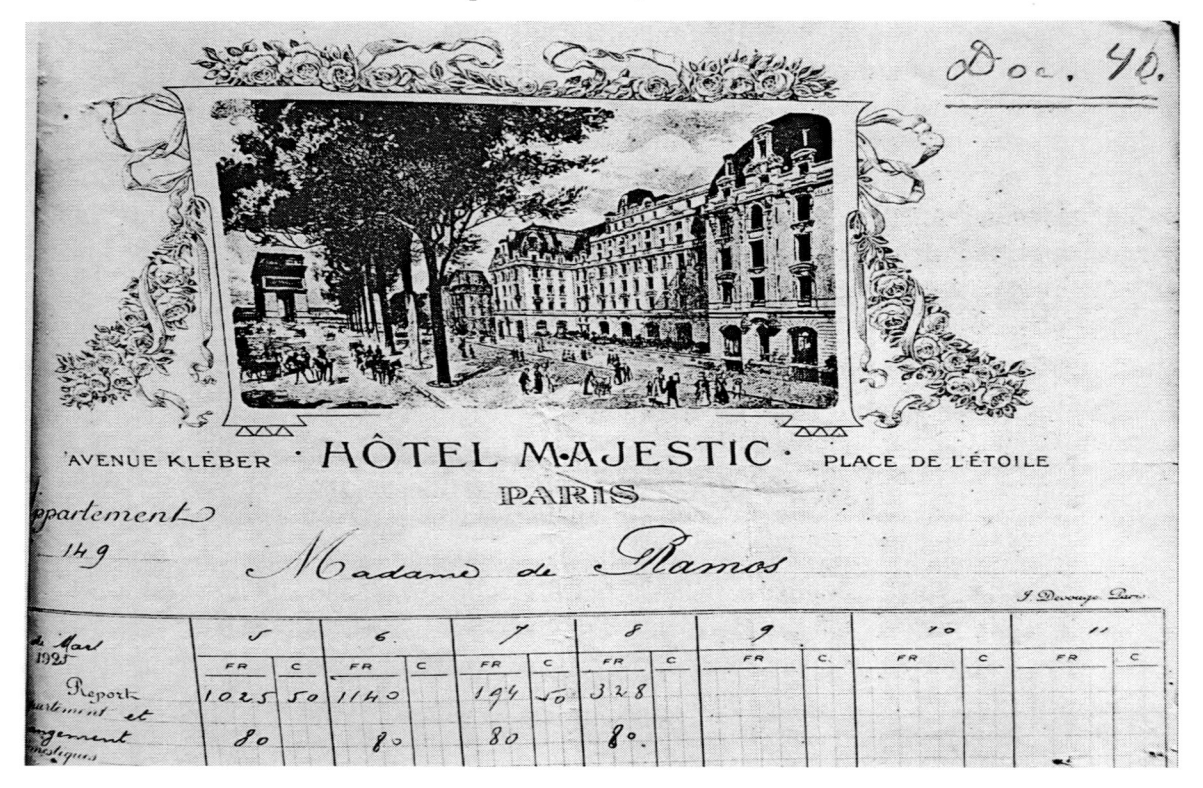

Seu corpo foi embalsamado e transportado para o Brasil pelo navio inglês Arlanza, chegando à cidade de Salvador em 24 de março do mesmo ano. Um bonde mortuário de luxo conduziu seus despojos até a Igreja da Santa Casa para a missa de corpo presente e, em seguida, ao Cemitério do Campo Santo, onde foi sepultado no mausoléu de sua família[1641].

Quando as notícias do seu falecimento e as disposições de seu testamento se tornaram públicas na Heroica Cachoeira, o Conselho Municipal, em sessão no dia 11 de abril de 1923, decidiu prestar uma homenagem à memória do coronel Reinério, reconhecido pelos conselheiros como o maior benfeitor de Cachoeira, conforme apresentado na seguinte moção:

> O Conselho Municipal desta cidade, interpretando os sentimentos dos seus munícipes, pelo falecimento do ilustre cachoeirano Reinério Martins Ramos, resolve inserir, na ata da sessão de hoje, um voto de pesar por tão lastimável acontecimento, e que, em sinal de reconhecimento aos inestimáveis serviços que prestou a esta cidade, se mande colocar na sala das sessões do Conselho seu retrato a óleo, levando uma placa com a seguinte inscrição: *Ao benemérito cachoeirano Reinério Martins Ramos - Homenagem do Conselho Municipal da Cachoeira*. Abril de 1923. E foi subscrita pelo presidente e demais conselheiros: dr. Virgílio César Martins Reis, dr. Cândido Elpídio Vaccarezza, Joaquim Pacheco de Miranda Filho, Albino José Milhazes, Hermilo Cardoso de Santana, Modesto Simões da Silva Freitas, Cândido Cunegundes Barreto, Augusto Léciague Regis e Salvador Rodrigues Gomes.[1642]

[1641] APMC. Inventário *post mortem* de Reinério Martins Ramos, caixa 269, processo 3206, p. 99-101.
[1642] Biblioteca Pública dos Barris. Setor de Periódicos Raros. Jornal *A Ordem*, ed. de 14.04.1923.

Figura 284 – Coronel Reinério Martins Ramos, fotografia divulgada na edição de 11 de abril de 1923 do jornal A Ordem. A fotografia foi restaurada manualmente pelo artista Adson Assis, 2024

Procuramos confirmar se a decisão *supra* tinha sido efetivada, mas não achamos provas que validem se o retrato do coronel foi realmente afixado no salão nobre da câmara. Este resumo oferece um vislumbre da trajetória intrigante de um personagem merecedor de estudo, cujas ações podem revelar aspectos sociais importantes daquela era, cruciais para compreendermos as sutilezas que configuravam o cotidiano em séculos passados. Reinério Ramos ilustra uma das ideias principais deste estudo: a prosperidade não assegura reconhecimento, e não seria exagero adicioná-lo à Galeria dos Anônimos Cachoeiranos que, apesar de suas contribuições valiosas ao tecido social da cidade, seguem sem reconhecimento. Encerramos com a menção a um excerto de uma matéria publicada sobre o caso Reinério Ramos em um dos periódicos de maior alcance da capital federal na década de 1920, *O Social*[1643]. O editor destacava que, embora seja comum a morte de milionários em nosso país, é raro que eles se lembrem de doar para a sociedade onde viveram de forma tão suntuosa e ostentadora, sem pensar em diminuir o sofrimento ou apoiar a importante causa da educação popular, citando o exemplo do coronel filantropo que desafiava essa lamentável estatística.

[1643] Hemeroteca Digital da Biblioteca Nacional. Revista *O Social*, n. 317, ano 7, ed. de 15.04.1923, p. 3.

RICARDA FELICIANA DOS REIS ("FILHINHA")

Praça da Regeneração[1644]

Ricarda Feliciana dos Reis

Ricarda Feliciana dos Reis nasceu na antiga Vila da Tapera, uma localidade que, até seu desmembramento pela Lei Provincial n. 360, de 19 de outubro de 1849, pertencia ao município da Cachoeira. O nome da vila remonta ao tipo de habitação dos primeiros aldeamentos indígenas da região. É importante ressaltar que, até meados do século XIX, a presença indígena era marcante nessa área, evidenciando a continuidade de suas influências culturais e sociais na história local[1645].

Ricarda, conhecida popularmente por *"Filhinha"*, nasceu em 8 de junho do ano de 1858, filha natural de Ângela Maria da Silva, e foi batizada em 2 de julho do referido ano. Foram seus padrinhos: Manoel Felipe São Thiago e Antônia Maria do Sacramento.[1646]

Figura 285 – Ricarda Feliciana dos Reis. Fotografia da primeira década do séc. XX. Acervo da família

Ao que parece, Ângela Maria migrou para Cachoeira pouco tempo depois do nascimento da sua primogênita. É o que nos revela o registro de batismo de Antônio, irmão de Ricarda, que

---

[1644] Atual Dr. Milton.
[1645] APMC. Documentos avulsos não classificados.
[1646] Universidade Católica do Salvador. Laboratório Reitor Eugênio Veiga (LEV). Livro de batismos da Paróquia da Conceição da Tapera, 1858-1866, p. 5.

nasceu na Heroica Cachoeira e foi batizado no ano de 1862[1647], contando, à época do batismo, 8 meses de idade.

Segundo informações deixadas por Idalina de Carvalho Moreira, enteada de Ricarda, ela mantinha uma amizade íntima com Petronilha Ignácia Fernandez, uma paraguaia que residia em Cachoeira[1648]. As duas se tratavam como comadres. Sempre que Petronilha engravidava, Ricarda era chamada para ajudar nos preparativos do parto e, posteriormente, nos cuidados com os banhos das crianças. Em março de 1886, quando Petronilha estava prestes a dar à luz seu quarto filho, Ricarda seguiu, como de costume, para a casa da amiga na Rua do Amparo. No dia 14 de março, nasceu Idalina. No entanto, poucos dias após o parto, Petronilha flagrou Ricarda mantendo relações íntimas com seu companheiro, Antônio Lopes de Carvalho Sobrinho. Esse incidente causou uma ruptura temporária na amizade fraternal entre elas. Embora muitos esperassem que, após o rompimento, Ricarda perderia o apoio financeiro de Petronilha, os acontecimentos que se seguiram mostraram uma realidade diferente.

Após o desfecho do episódio mencionado, Antônio Lopes de Carvalho Sobrinho passou a assumir diretamente as despesas de Ricarda, que a partir de então se tornava sua amásia. A primeira providência de Antônio foi encontrar uma casa para abrigá-la, como revela o documento a seguir:

Figura 286 – APMC. Correspondências. Legislativo. Documentos avulsos não catalogados

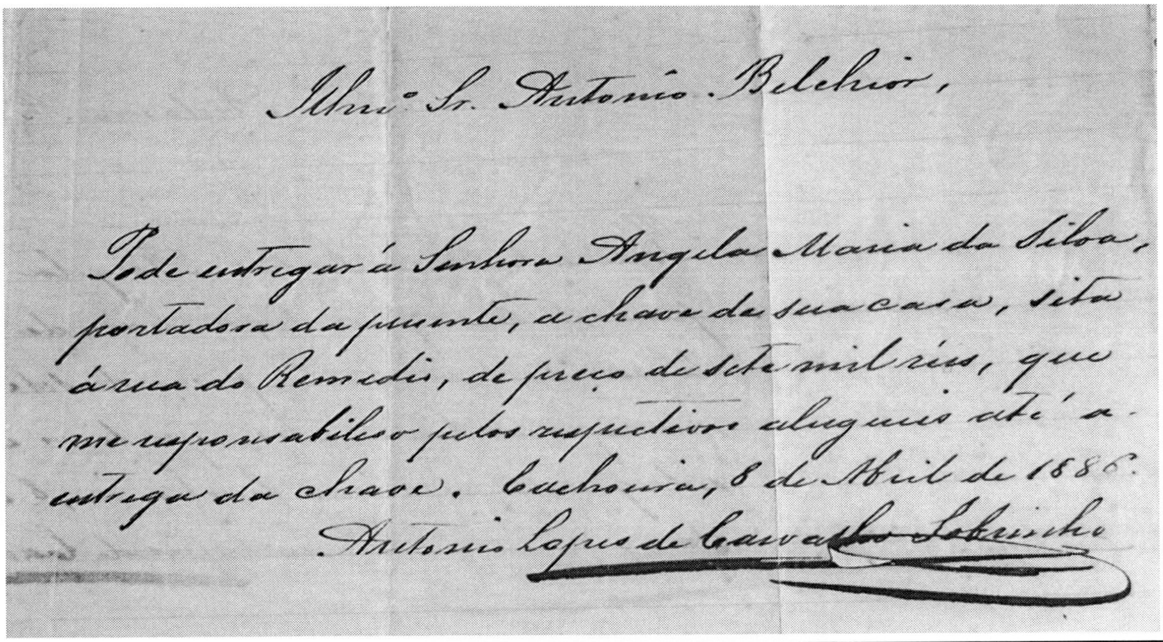

Ilmo. Sr. Antônio Belchior,
Pode entregar a senhora Ângela Maria da Silva, portadora do presente, a chave de sua casa, sita à rua do Remédio, de preço de sete mil reis, que me responsabilizo pelos respectivos aluguéis até a entrega da chave. Cachoeira, 8 de abril de 1886. Antônio Lopes de Carvalho Sobrinho.

[1647] Universidade Católica do Salvador. Laboratório Reitor Eugênio Veiga (LEV). Livro de batismos da Paróquia de Nossa Senhora do Rosário da Cachoeira, 1861-1871, p. 10v.

[1648] Conferir verbetes de Antônio Lopes de Carvalho Sobrinho, Idalina de Carvalho Moreira e de Petronilha Ignácia Fernandez.

Com a saída de Petronilha Ignácia Fernandez da residência de Antônio Lopes de Carvalho Sobrinho em 1891, Ricarda Feliciana finalmente conseguiu ocupar o lugar que sempre almejou: o de companheira de um homem bem estabelecido no município. Após a morte de Antônio, Ricarda passou a viver na casa de número 32 da Rua Rodrigo Brandão, onde permaneceu até 1915[1649]. Nesse ano, uma das enchentes que frequentemente atingiam a cidade destruiu inúmeras casas, incluindo a de Ricarda, espalhando pobreza e doenças pela região.

Ricarda Feliciana dos Reis faleceu na cidade da Cachoeira, em 2 de junho de 1920, aos 62 anos, vítima de disenteria[1650]. Ela passou seus últimos dias na casa de seu filho Durval, localizada na então Rua das Flores. Da sua união com Antônio Lopes de Carvalho Sobrinho, nasceram quatro filhos: Rosalvo Lopes de Carvalho; Deraldo Lopes de Carvalho, que se casou com Alzira Vieira Gomes de Carvalho; Lusbella Ricarda de Carvalho; e Durval Lopes de Carvalho[1651].

[1649] Arquivo Público Municipal de Cachoeira. Documentos avulsos não classificados.
[1650] Cartório do Registro Civil das Pessoas Naturais, Distrito-Sede – Cachoeira/BA. Livro de óbitos n. 22, p. 140.
[1651] Conferir verbetes de Deraldo Lopes de Carvalho, Alzira Vieira Gomes de Carvalho e de Lusbella Ricarda de Carvalho.

RICARDO JOSÉ RAMOS

Rua Formosa[1652]

Ricardo José Ramos, negociante estabelecido em Cachoeira durante a segunda metade do século XIX, nasceu em 1840, na freguesia do Outeiro Redondo, pertencente à cidade da Cachoeira. Era filho de Bernardo José das Neves e Luciana Maria Ramos. Influenciado por seu irmão Rodrigo José Ramos, mudou-se para Cachoeira no início da década de 1860, onde atuou como comerciante por várias décadas[1653]. Ele se associou a instituições renomadas na cidade, tornando-se irmão da Santa Casa de Misericórdia e da Venerável Ordem Terceira do Carmo, onde assumiu a função de tesoureiro em 1872[1654]. Sua atividade comercial abrangia a comercialização de produtos farmacêuticos, provendo medicamentos até mesmo para a Santa Casa de Misericórdia de Cachoeira[1655]. Marcou presença também no setor de licitações de obras públicas da câmara municipal. Em 1889, concorreu ao serviço de limpeza e conservação das vias públicas da sede do município e da freguesia de São Félix, propondo um orçamento de 3:000$000 (três contos de réis).

[1652] Atual Av. ACM.
[1653] Biblioteca Pública dos Barris. Setor de Periódicos Raros. Jornal *A Ordem*, ed. 17.09.1902.
[1654] Arquivo da Venerável Ordem Terceira do Carmo da cidade de Cachoeira. Livro de profissões número 04 (séc. XIX). Livro desorganizado, não sendo possível citar a sua paginação. Assento de admissão de Ricardo José Ramos; Memorial da Santa Casa de Misericórdia de Cachoeira.
[1655] Memorial da Santa Casa de Misericórdia de Cachoeira. Livro de Atas da Santa Casa de Misericórdia de Cachoeira n. 43, p. 40.

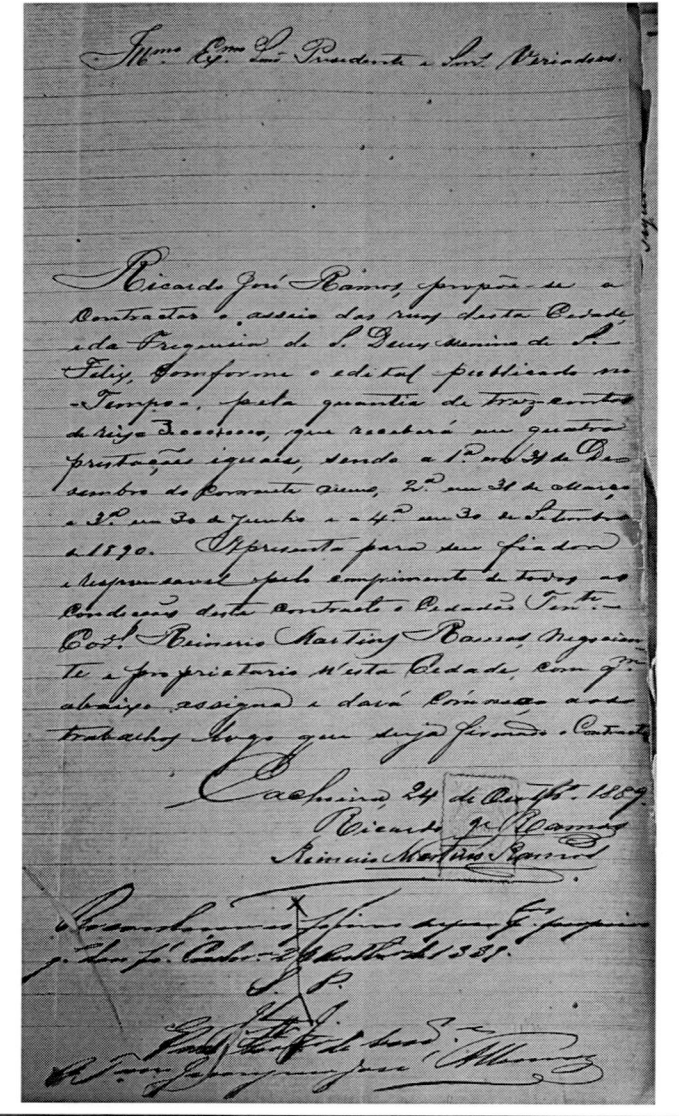

Figura 287 – APMC. Legislativo. Documentos avulsos não catalogados

> Ilmo. Exmo. Srs. Presidente e Srs. Vereadores
> Ricardo José Ramos propõe-se a contratar o asseio das ruas desta cidade, e da freguesia do Senhor Deus Menino de São Félix, conforme edital publicado no - Tempo -, pela quantia de três contos de réis 3:000$000, que receberá em quatro prestações iguais, sendo a 1º em 31 de dezembro do corrente ano, 2º em 31 de março, a 3º em 30 de junho e a 4º em 30 de setembro de 1890. Apresenta, para seu fiador e responsável pelo cumprimento de todas as condições deste contrato, o cidadão tenente coronel Reinério Martins Ramos, negociante e proprietário nesta cidade, com quem abaixo assina e dará começo aos trabalhos logo que seja firmado o contrato. Cachoeira, 24 de outubro de 1889. Ricardo José Ramos, Reinério Martins Ramos.

Faleceu em 12 de setembro de 1902, na cidade do Salvador, decorrente de *arteriosclerose*, solteiro e sem descendência[1656].

[1656] Biblioteca Pública dos Barris. Setor de Periódicos Raros. Jornal *A Ordem*, ed. 17.09.1902.

RITA HENRIQUETA DAS MERCÊS GALVÃO

Rita Henriqueta das Mercês Galvão, uma mulher africana e ex-escravizada, viveu em Cachoeira, onde era amplamente conhecida pelo apelido de Rita Galvão[1657]. Nascida por volta de 1805 no continente africano, não se sabe exatamente quando chegou ao Brasil e à Vila de Cachoeira, onde inicialmente viveu como cativa. Embora o ano de sua alforria não tenha sido identificado, sabe-se que, em 1838, já era uma mulher livre e proprietária de escravizados, conforme revela o batismo de seu cativo, Teodoro. No registro, datado de 7 de janeiro de 1838, o vigário da matriz de Cachoeira batizou Teodoro, filho de Maria Nagô, escravizada de Rita, declarando que ele seria uma doação de Rita para sua filha, Carlota Maria[1658]. Em 1845, Rita reaparece como proprietária de escravizados ao acionar a justiça contra "o moço denominado Benzinho", que havia agredido sua cativa, Maria, uma africana[1659]. Além de garantir sua própria liberdade, Rita também buscou transformar suas filhas em senhoras de escravizados. Em 1860, uma de suas filhas declarou ter recebido de Rita uma escravizada chamada Maria Custódia[1660]. Este ato sugere que Rita pretendia assegurar o sustento de suas filhas mesmo após sua morte, pois, sendo uma ganhadeira, é provável que Rita inserisse seus escravizados no trabalho informal de rua, o que gerava dividendos regulares. Atuando como ganhadeira, Rita era uma das mulheres que movimentavam o comércio de rua de Cachoeira. Em 1861, foi convocada como testemunha em um processo que investigava bens deixados por Fabiana Almeida, também africana e ganhadeira próspera. Durante o depoimento, Rita afirmou que sua profissão era "negociar" e mencionou sua grande proximidade com Fabiana. Os procuradores da filha de Fabiana tentaram desqualificar o testemunho de Rita, alegando que ela ainda era escravizada. Contudo, ficou comprovado que já havia conquistado a liberdade[1661].

Rita foi mãe de pelo menos três filhos: Maria Constância Tibúrcia da Conceição, Carlota Maria e Augusto de Souza Galvão[1662]. Este último se destacou como um homem letrado e proprietário de consideráveis bens em Cachoeira[1663]. Era também membro da Irmandade da Santa Casa de Misericórdia da cidade, onde, em 1878, ocupava o cargo de procurador-geral[1664]. Rita faleceu em 8 de janeiro de 1885, sendo sepultada na Igreja do Amparo[1665]. Sua trajetória exemplifica a importância de cruzar fontes variadas na pesquisa histórica. O advogado e memorialista Aristides Augusto Milton, em sua obra *Efemérides cachoeiranas*, confundiu Rita Galvão com uma mulher chamada Rita Maria do Amor Divino devido a um equívoco quanto à

[1657] MILTON, Aristides. *Ephemerides cachoeiranas*. Salvador: Ufba, 1979. (Coleção Cachoeira; v. 1). p. 29.

[1658] Universidade Católica do Salvador. Laboratório Reitor Eugênio Veiga (LEV). Livro de batismos da Paróquia de Nossa Senhora do Rosário da Cachoeira, 1835-1842, p. 168v.

[1659] APMC. Índice dos registros de petições, escrituras e processos lavrados e tramitados nos cartórios da Comarca da Cachoeira, primeira metade do séc. XIX, p. 42v.

[1660] Carta de alforria registrada no cartório do tabelião Manoel Rodrigues Vieira em 16 de julho de 1864, conforme informação do historiador Uelton Freitas Rocha.

[1661] APEB. Seção Judiciário. Notificação para inventário *post mortem* - Fabiana Almeida, 9/3704/1, p. 81.

[1662] Agradeço ao colega historiador Uelton Freitas Rocha a valiosa indicação referente aos filhos Maria Tibúrcia e Augusto de Souza Galvão.

[1663] APMC. Inventário *post mortem* de Augusto de Souza Galvão, caixa 125, documento 1198.

[1664] Hemeroteca Digital da Biblioteca Nacional. Jornal *O Monitor*, ed. de 22.06.1878.

[1665] Universidade Católica do Salvador. Laboratório Reitor Eugênio Veiga (LEV). Livro de Registro de Óbitos da Paróquia de Cachoeira, 1876-1885, p. 169v.

data de falecimento[1666]. Sendo uma figura notável na cidade e conhecida por sua longevidade e atuação constante no comércio, Rita Galvão gerava a impressão de ter vivido até os 100 anos. Ao encontrar o registro de óbito de Rita Maria do Amor Divino aos 100 anos, Milton associou erroneamente essa identidade à de Rita Galvão. No entanto, documentos comprovam que Rita faleceu aos 80 anos, três anos após a data indicada por Milton.

[1666] APEB. Judiciário. Livro de óbitos n. 03 da cidade de Cachoeira/BA, termo n. 736.

RODRIGO IGNÁCIO DE SOUZA MENEZES (CÔNEGO)

Nascido em 1808 na Freguesia de Maragogipe, Cônego Rodrigo era filho de Luiz de Souza Matos e Ana Florinda de Cerqueira Campos. Foi batizado em uma cerimônia realizada em 2 de maio de 1809 na Capela do Rosário de Nagé, presidida pelo vigário de Santiago do Iguape, Anselmo Dias da Rocha. Seus padrinhos foram José Garcia Cavalcante e Inácia Maria[1667]. Na década de 1840, estabeleceu-se em Cachoeira, onde se destacou em diversas áreas públicas. Exerceu o cargo de vereador, lecionou retórica e, em 1848, criou o periódico *O Cachoeirano*. Esse jornal era reconhecido por sua postura crítica em relação à situação conservadora que se estabeleceu após a dissolução das câmaras[1668]. Em 1850, ele também editou o periódico *Argos Cachoeirano*. Essa atitude corajosa e combativa lhe rendeu inimigos e, em 1850, o padre Rodrigo denunciou à imprensa uma emboscada que haviam preparado contra ele, a qual resultaria em sua morte.

> Bahia. Cachoeira. Ao público. O meu assassinato. Domingo de Ramos fui eu pregar o Encontro na Muritiba; e aí estava predisposto e resolvido o meu assassinato; pessoas da parcialidade e influídas pelo senhor de São Félix estavam incumbidas do plano... Uma fatalidade, que não sei qual fosse, cientificou o plano desse infame covarde a um cidadão; e este para logo ou foi comunicar ao Sr. Marcelino, protestando que de sua parte se ia por com outros em minha defesa; consta que o Sr. Marcelino imediatamente se dirigiu ao club, e que exprobrará aos encarregado tão horroroso crime, concluindo por fazer entender que ele compreendia donde partia esta inspiração infame, usando destas palavras: querem assassinar aqui o padre para o odioso do crime recair sobre mim, pois não será assim senhores, eu vou obrar o que entendo. O plano foi divulgado; e ainda não tinha saído a procissão, já o sabia eu; e alguns cidadãos da Muritiba, meus amigos, e correligionários tinham tomadas precauções reclamadas por um fato desta ordem. Vi em torno de mim em todo progresso da procissão muitos cachoeiranos e sanfelistas que me diziam de estar tranquilo... isto é apenas uma símplice manifestação ao público, a quem a severa veracidade do fato, pois que ele se fez notório e irrecusável. Aqui agradeço ao Sr. Marcelino o serviço relevante que me fez, suspendendo a mão do assassino que esse infame covarde mandou erguer contra minha vida. Breve, e oportunamente analisarei este fato e todos os pormenores, e aí o voto de minha gratidão àqueles que, se apresentando em minha defesa, frustraram o plano do meu assassinato. O padre Rodrigo Ignácio de Souza Menezes[1669].

Além de sua atuação na imprensa, Cônego Rodrigo também se destacou como advogado no foro de Salvador, lidando tanto com questões cíveis quanto eclesiásticas. Ele era conhecido como um orador sacro eloquente e um abolicionista convicto. Além disso, serviu como deputado

---

[1667] SILVA, Candido da Costa e. *Os segadores e a messe*: o clero oitocentista na Bahia. Salvador: SCT; Edufba, 2000. p. 481.

[1668] Hemeroteca Digital da Biblioteca Nacional. Jornal *O Liberal do Pará*, ed. de 07.03.1873, p. 1.

[1669] Hemeroteca Digital da Biblioteca Nacional. Jornal *O Século*, ed. de 13.04.1850.

na Assembleia Provincial da Bahia e era membro do Partido Liberal. Apesar de suas inúmeras contribuições para a Igreja, política e a imprensa, faleceu em extrema pobreza em 10 de fevereiro de 1873, vítima de febre perniciosa[1670].

[1670] SILVA, Candido da Costa e. *Os segadores e a messe*: o clero oitocentista na Bahia. Salvador: SCT; Edufba, 2000. p. 481; Hemeroteca Digital da Biblioteca Nacional. Jornal *O Liberal do Pará*, ed. de 07.03.1873, p. 1.

RODRIGO JOSÉ RAMOS (COMENDADOR)

Rua das Flores[1671]

Rodrigo José Ramos foi um negociante, militar, capitalista e proprietário. Nascido por volta de 1827 na freguesia do Outeiro Redondo[1672], que pertencia à então Vila da Cachoeira, era filho do viúvo Bernardo José das Neves e de Luciana Maria Ramos. Como filho ilegítimo, foi registrado com o sobrenome materno, mas sua condição de nascimento foi alterada após o matrimônio de seus pais, celebrado na Matriz do Outeiro Redondo em 27 de fevereiro de 1840[1673]. Por volta de 1845, transferiu-se para Cachoeira. Dois anos depois, em 10 de julho de 1847, casou-se com dona Militana de Jesus Martins, de uma tradicional família cachoeirana. O registro do seu casamento menciona a presença de figuras proeminentes da elite local como testemunhas, entre elas Frutuoso Gomes Moncorvo, Lino Martins Bastos, Manoel Galdino de Assis, entre outros[1674].

Durante a década de 1850, Rodrigo Ramos administrava sua casa comercial, onde vendia ferragens, miudezas, drogas e outros utensílios. Ele se destacou economicamente ao ingressar no mercado de crédito, oferecendo serviços de agiotagem em sua loja, como se fossem mais um dos produtos disponíveis em seu balcão. Nos diversos processos de inventários *post mortem* arquivados no Arquivo Público Municipal de Cachoeira, encontram-se requerimentos apresentados por Rodrigo José R'amos solicitando a quitação de suas transações creditícias. A seguir, uma imagem e transcrição parcial de uma nota fiscal que confirma essas atividades:

[1671] Atual Prisco Paraíso.

[1672] Estimativa feita com base na idade registrada no atestado de óbito. Universidade Católica do Salvador. Laboratório Reitor Eugênio Veiga (LEV). Livro de óbitos da Freguesia de Nossa Senhora da Penha – Cidade do Salvador, 1886-1912, p. 20v.

[1673] Universidade Católica do Salvador. Laboratório Reitor Eugênio Veiga (LEV). Livro de Registro de Casamentos da Paróquia do Outeiro Redondo, 1839-1860, p. 9; para mais informações sobre esse assunto, conferir o verbete de sua irmã, Rosulina Maria Ramos.

[1674] Universidade Católica do Salvador. Laboratório Reitor Eugênio Veiga (LEV). Livro de casamentos da Paróquia de Nossa Senhora do Rosário da Cachoeira, 1828-1860, p. 188; conferir verbetes de Fructuoso Gomes Moncorvo e Manoel Galdino de Assis.

Figura 288 – APMC. Inventário *post mortem* de Francisco Antônio Bastos, caixa 222, processo 2523, p. 36

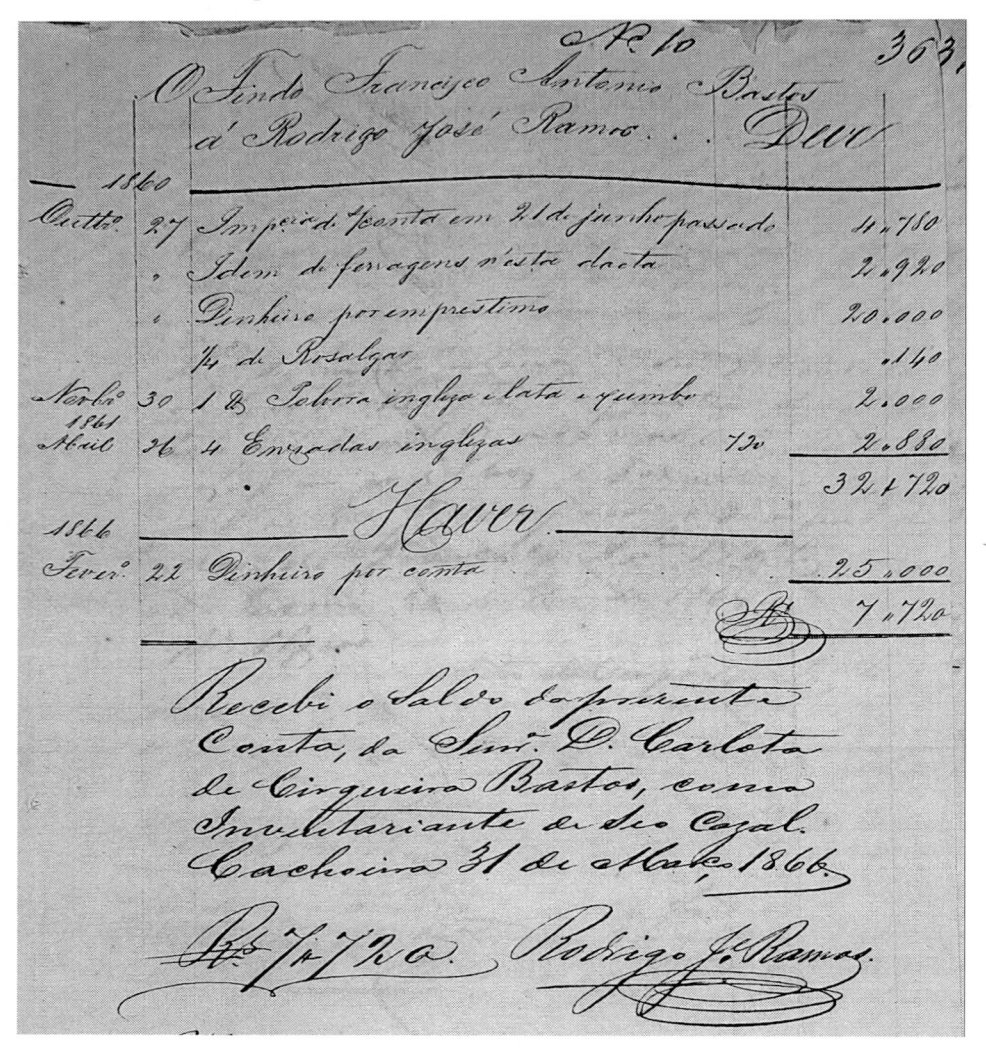

> O finado Francisco Antônio Bastos à Rodrigo José Ramos... Deve:
> 1860
> Outubro, 27 - importância de conta em 21 de junho passado de 4$780.
> Idem de ferragens nesta data 2$920.
> **Dinheiro por empréstimo 20$000.**
> ¼ de rosalgar $140.
> Novembro, 30 - 1 pólvora inglesa e lata de chumbo 2$000.
> 1861
> Abril, 26 - 4 enxadas inglesas $720 – 2$880

   Rodrigo Ramos também fez parte do corpo diretivo da Caixa Comercial de Cachoeira, um estabelecimento creditício com sede na rua da Matriz. Essa importante instituição pode ser considerada a primeira casa bancária instalada no município[1675]. Fundada em 1856 por um grupo de abastados negociantes, funcionou durante pouco mais de uma década. A extinção defi-

---

[1675] Hemeroteca Digital da Biblioteca Nacional. *Almanaque Administrativo, Mercantil e Industrial da Bahia*, edição n. 01, do ano de 1860, p. 445-446.

nitiva do tráfico de escravizados facilitou a expansão dessas casas bancárias, que contribuíram para o aumento do estoque monetário e o deslocamento de capitais anteriormente investidos no comércio de seres humanos[1676]. Até então, em Cachoeira, as atividades de crédito eram realizadas principalmente por irmandades religiosas, especialmente pela Ordem Terceira do Carmo, que disponibilizava o excedente de seus recursos para uso dos moradores e associados. No entanto, o enfraquecimento econômico dessas agremiações no século XIX tornou inviável sua permanência nesse ramo comercial[1677].

Embora de alguma maneira a Caixa Comercial de Cachoeira possa ter suprido a lacuna deixada por essas associações no que se refere ao crédito, não há como compará-las diretamente, pois são instituições com fins distintos. Ademais, a proporção dos valores injetados pela Caixa Comercial na praça de Cachoeira foi infinitamente superior ao das associações religiosas. Segundo o seu estatuto, oferecia o serviço de: "Desconta letras, empresta dinheiro a 1% ao mês com a garantia de firmas, sobre penhores de ouro e prata e com a caução de suas ações e das dos outros estabelecimentos iguais da capital"[1678]. Na edição do *Almanaque Administrativo da Bahia* de 1860, declarou-se que, em 1858, o fundo da Caixa Comercial girava em torno de 890:000$000 (oitocentos e noventa contos de réis). Rodrigo Ramos figurou como um dos seus principais acionistas.

Figura 289 – APMC – Documentos Avulsos. Promissória confeccionada e imprensa com o nome de Rodrigo José Ramos, evidenciando que a prática da agiotagem era uma atividade corriqueira na sua trajetória profissional

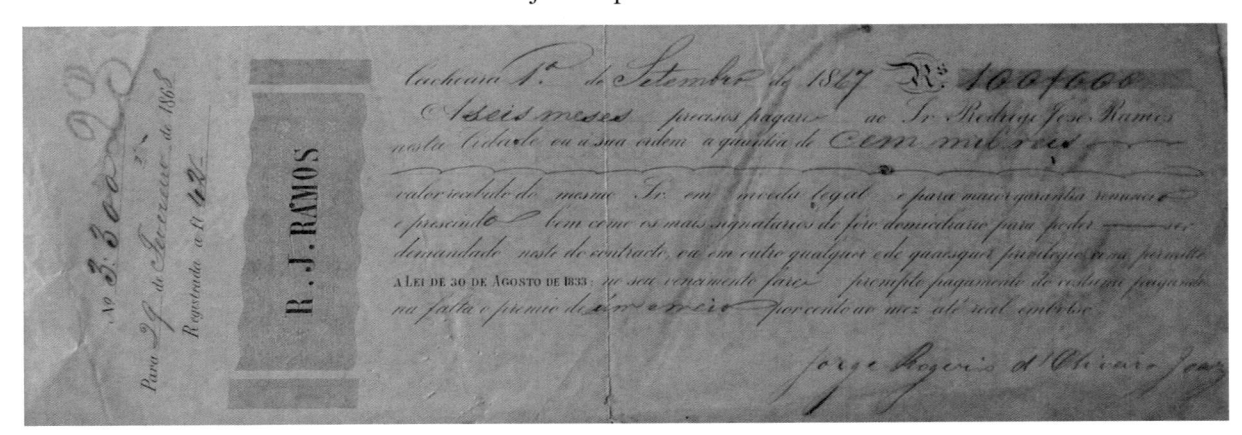

Esse estabelecimento bancário impulsionou significativamente o circuito financeiro da região, favorecendo o enriquecimento de comerciantes locais, como Rodrigo José Ramos. Em menos de dois anos, ele movimentou uma quantia superior a 100:000$000 (cem contos de réis)[1679]. É razoável supor que ele soube capitalizar as vantagens de ser acionista e dirigente da instituição, utilizando parte do capital disponível para empréstimos em suas próprias transações comerciais, como será demonstrado a seguir.

[1676] AGUIAR, Pinto de. História do Banco da Bahia. *Revista de História*, São Paulo, v. 41, n. 83, p. 95-110, 1970. p. 101.

[1677] MOREIRA, Igor Roberto de Almeida. *"E por tais terceiros na Ordem do Carmo"*: os dignitários irmãos da Ordem Terceira do Carmo da Vila da Cachoeira, 1691-1773. 2021. Dissertação (Mestrado) – Universidade do Estado da Bahia, Santo Antônio de Jesus, 2021.

[1678] Hemeroteca Digital da Biblioteca Nacional. *Almanaque Administrativo, Mercantil e Industrial da Bahia*, edição n. 01, do ano de 1860, p. 445.

[1679] APMC. Livro de Escrituração da Caixa Comercial de Cachoeira.

Figura 290 – APMC. Livro de Escrituração da Caixa Comercial de Cachoeira, s/n.

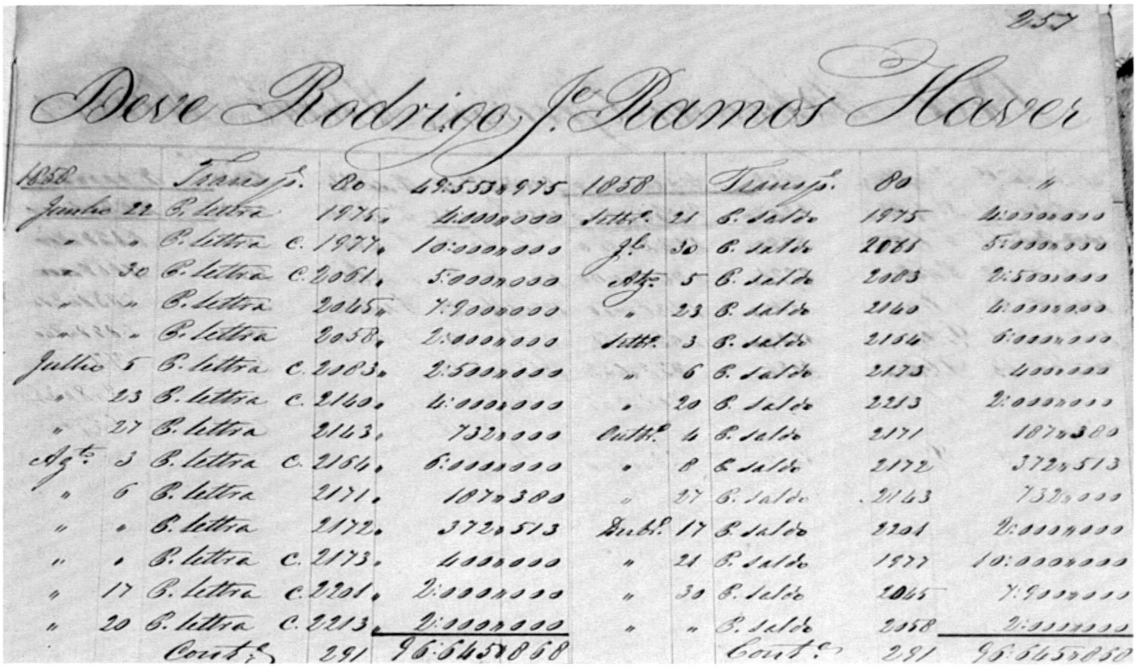

Na década de 1860, consolida seu nome enquanto um dos mais prósperos e abastados negociantes da praça de Cachoeira. Visibilidade que oportunizou a sua inserção no hall dos principais comerciantes da província da Bahia, ao adquirir a carta de Negociante Matriculado pelo Tribunal do Comércio. Nesse mesmo ínterim, resolve diversificar suas atividades financeiras, fundando, em sociedade com Joaquim Pacheco de Miranda, a firma Rodrigo & Pacheco, especializada no ramo do beneficiamento do tabaco e couro, com armazém de enrolas situado no Curiachito[1680]. Em 1880, retira-se da sociedade e transfere o seu domicílio para a cidade do Salvador; vejamos o anúncio a seguir:

> Nós abaixo assinados declaramos que, amigavelmente, dissolvemos na sociedade que tínhamos em um armazém de enrolas nesta cidade, sito à rua do Curiachito que girava sobre a firma Rodrigo & Pacheco, ficando a cargo do segundo de nós todo ativo e passivo da mesma sociedade e o primeiro sem responsabilidade alguma; e para constar fizemos o presente. Cachoeira 31 de dezembro de 1880. Rodrigo José Ramos e Joaquim Pacheco de Miranda.[1681]

No final da década de 1870, Rodrigo José Ramos já havia acumulado um patrimônio considerável. De acordo com o livro de qualificação eleitoral de 1878, ele era o eleitor com a maior renda presumida na cidade, estimada em 10:000$000 (dez contos de réis)[1682]. Nesse mesmo registro, Rodrigo foi descrito como "capitalista", uma mudança em relação ao de 1876, no qual ainda era classificado como "negociante". Segundo o dicionário da língua portuguesa do século XIX, "capitalista" referia-se a indivíduos com grandes recursos financeiros que investiam em empréstimos a juros e viviam dos rendimentos dessas transações, quase como sinônimos de

---

[1680] Biblioteca Pública dos Barris. Setor de Periódicos Raros. FREIRE, Antônio. *Almanaque da província da Bahia*. Salvador: Litho-Tipografia de João Gonçalves Tourinho, 1881. p. 94.
[1681] Hemeroteca Digital da Biblioteca Nacional. Jornal *O Monitor*, ed. de 11.02.1881.
[1682] APMC. Livro de Qualificação de Votantes da Paróquia da Cachoeira, 1878, p. 121.

banqueiros[1683]. A pesquisa realizada indica que ele suplantou, inclusive, o poderio econômico do coronel Fructuoso Gomes Moncorvo, que, até então, era o homem mais rico do município[1684]. Coincidentemente, Rodrigo José Ramos tornou-se credor da viúva do coronel Moncorvo, ao adquirir, como cessionário do Banco da Bahia, os direitos sobre as letras hipotecárias que Fructuoso Moncorvo havia contratado com a instituição, o que lhe conferiu o direito de receber os pagamentos devidos. Vejamos a seguir.

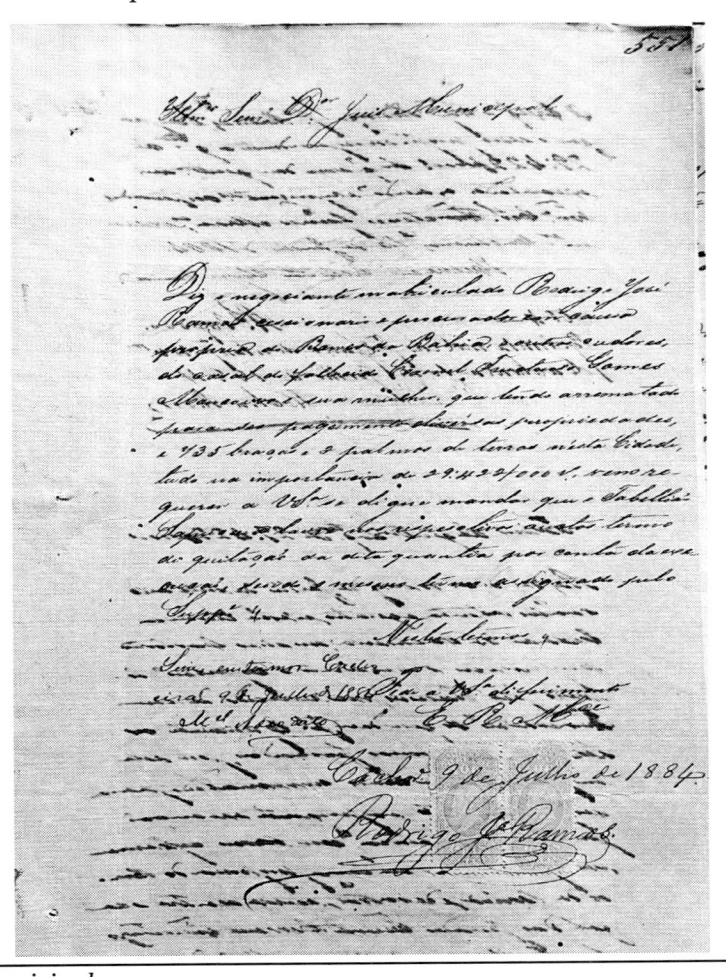

Figura 291 – APMC - Inventário *post mortem* de Fructuoso Gomes Moncorvo. Caixa 135, processo p. 551

Ilmo. Sr. Dr. Juiz Municipal
Diz o negociante matriculado, Rodrigo José Ramos, cessionário e procurador em causa própria do Banco da Bahia, e outros credores do casal do falecido coronel Fructuoso Gomes Moncorvo e sua mulher, que tendo arrematado para seu pagamento diversas propriedades e 735 braças e 2 palmos de terra nesta cidade, tudo na importância de 29:422$000, vem o requerer a V.S. se digne mandar que o tabelião Sapucaia lavre nos respectivos autos termo de quitação da dita quantia por conta da execução, sendo o mesmo termo assinado pelo suplicante. Neste termo, pede deferimento. Espera receber mercê. Cachoeira, 9 de junho de 1884. Rodrigo José Ramos.

[1683] VIEIRA, Frei Domingos. *Grande diccionario portuguez; ou, Thesouro da lingua portugueza*. Porto: Ernesto Chardron e Bartholomeu H. de Moraes, 1871, p. 93. 2 v.

[1684] Conferir verbete de Fructuoso Gomes Moncorvo.

Esse foi outro modelo de investimento muito utilizado por Rodrigo. Em 1891, por exemplo, ajudou na composição e organização de uma Companhia de Cobranças, que tinha por finalidade encarregar-se das cobranças e liquidações de firmas sociais da capital, Recôncavo e Centro do estado da Bahia; atuando na comissão fiscal juntamente com Domingos Dias Brandão[1685].

A consolidação do seu nome enquanto grande investidor e possuidor de uma das maiores fortunas da província da Bahia coincide com a sua projeção social para além do território da cidade da Cachoeira. Em 1884, foi agraciado com o título de Comendador da Real Ordem Militar Portuguesa de Nossa Senhora da Conceição da Vila Viçosa[1686].

A partir desse período, Rodrigo José Ramos parece ter direcionado suas atividades exclusivamente para o setor financeiro. Não por coincidência, mais de dois terços de sua vasta fortuna eram compostos por apólices da dívida pública, ações bancárias e dívidas ativas[1687]. Além disso, durante sua permanência em Salvador, ele integrou redes econômicas envolvidas no gerenciamento institucional de operações bancárias e de crédito. Em 1891, Rodrigo passou a fazer parte da administração do Banco da Bahia, ocupando o cargo de suplente da diretoria[1688].

Rodrigo José Ramos também teve uma breve atuação nos batalhões da Guarda Nacional do município da Cachoeira. Em 1863, ele enviou um requerimento ao comandante superior Barão de Nagé solicitando sua transferência para o serviço de reserva, alegando uma moléstia que o impossibilitava de desempenhar suas funções militares. O pedido, acompanhado de um atestado médico, foi deferido, e Rodrigo foi reformado no posto de Capitão, afastando-se assim das atividades militares[1689].

Em Cachoeira, seu enorme prestígio pode ser atestado pela sua participação em todas as instituições locais. Ingressou na Santa Casa de Misericórdia em 1851[1690], ocupando diversos cargos da mesa diretora; professou na venerável Ordem Terceira do Carmo, e foi eleito para exercer o posto de maior representação dessa instituição, o lugar de Prior[1691]; em situação similar, foi admitido na Irmandade de Nossa Senhora da Conceição do Monte, e em 1855 aparece na condição de Juiz da agremiação[1692]. O traço filantrópico da família Ramos beneficiou essas instituições com serviços e aportes materiais, que contribuíram para a preservação do seu patrimônio. O comendador Rodrigo José Ramos declarou na verba 36ª do seu testamento:

> Deixo de cobrar o saldo de três contos de réis, mais ou menos, que ficou devendo-me a Venerável Ordem Terceira do Carmo de Cachoeira, quando nela servi, e depois de arrecadar quantias que empreguei em doze contos de apólice para seu patrimônio, fiz diversas obras na capela.[1693]

A Santa Casa de Misericórdia de Cachoeira foi outra agremiação beneficiada em testamento. Vejamos a seguir:

[1685] Hemeroteca Digital da Biblioteca Nacional. Jornal *Pequeno Jornal*, ed. de 09.04.1891.
[1686] Hemeroteca Digital da Biblioteca Nacional. Jornal *Diário do Brasil*, ed. de 12.08.1884, p. 2.
[1687] APEB. Seção Judiciário. Inventário *post mortem*, classificação: 02/886/1355/16.
[1688] Hemeroteca Digital da Biblioteca Nacional. Jornal *Pequeno Jornal*, ed. de 13.02.1891.
[1689] APEB. Seção Colonial/Provincial. Maço 3608 – Guarda Nacional
[1690] Memorial da Santa Casa de Misericórdia de Cachoeira. Livro n. 01.
[1691] Arquivo da Venerável Ordem Terceira do Carmo da cidade de Cachoeira, caixa n. 10. Livro de termos de posses e eleições, p. 12.
[1692] APMC. Legislativo (correspondências). Documentos avulsos não classificados.
[1693] APEB. Seção Judiciário. Testamento anexo ao inventário *post mortem*, classificação: 02/886/1355/16.

O irmão provedor comunicou ter o irmão tenente coronel Reinério Martins Ramos entregue ao irmão tesoureiro desta Santa Casa, a quantia de quatro contos de reis, cumprindo, assim, segundo declarou, a vontade de seu finado pai, o irmão Comendador Rodrigo José Ramos, que desta forma queria contribuir para as urgências desta Santa Casa, e propôs que atendendo a seu donativo como legado que o mesmo finado deixara em seu testamento a esta Santa Casa, o montante de um sobrado de nº 07 a praça Manoel Vitorino, e cinco casas térreas sendo duas de nº 4 e 6 à rua do fogo, duas de nº 19 e 20 à rua das flores, e uma de nº 09 a rua do Pagão nesta cidade, das quais a Santa Casa acaba de tomar posse, e mandou a Mesa tirar o retrato do dito irmão falecido Comendador Rodrigo José Ramos, a fim de ser colocado na sala das sessões como prova de gratidão. Inteirado da comunicação e entrando em discursão a indicação e depois submetida a votação, foi aprovado unanimemente[1694].

Figura 292 – Retrato do comendador Rodrigo José Ramos, séc. XIX, óleo sobre tela, Couto. Esta imagem foi gentilmente cedida pelo Museu da Misericórdia, Santa Casa da Bahia. A fotografia foi realizada por Armando Neto

O comendador Rodrigo Ramos faleceu em 3 de agosto de 1893, na freguesia da Penha da cidade da Bahia (Salvador). Seu registro de óbito informa que foi acometido de doença de Bright, termo antigo que designava os casos de insuficiência renal. Contava 66 anos de idade. Foi sepultado no Cemitério do Campo Santo[1695].

[1694] Memorial da Santa Casa de Misericórdia de Cachoeira. Livro de Atas, 1890-1896, p. 6.
[1695] Universidade Católica do Salvador. Laboratório Reitor Eugênio Veiga (LEV). Livro de óbitos da Freguesia de Nossa Senhora da Penha – Cidade do Salvador, 1886-1912, p. 20v.

ROQUE JOSÉ OSÓRIO COLECTOR

Africano, ex-escravizado e lavrador, nascido em 1780 no continente africano. Casou-se em Cachoeira com Silveira Joaquina da Costa, também de origem africana, porém dessa união não houve descendentes. Faleceu em 9 de novembro de 1878, aos 100 anos de idade, sendo sepultado no Cemitério do Rosarinho[1696].

[1696] APEB. Seção Judiciário. Livro de óbitos de Cachoeira n. 2, p. 37, termo 906.

ROSULINA MARIA RAMOS

Rua das Flores[1697]

Rosulina nasceu por volta de 1833 na Freguesia do Outeiro Redondo, que naquela época pertencia à Vila da Cachoeira. Filha natural do lavrador Bernardo José das Neves, uma das figuras mais influentes da freguesia, que ocupou diversos cargos importantes, incluindo o de Juiz de Paz[1698], e de uma moça solteira chamada Luciana Maria Ramos. Bernardo José foi casado em primeiras núpcias com Maria Helena Benedita, que faleceu em 1826 após dar à luz a um dos seus filhos[1699]. Como viúvo, o pai de Rosulina estabeleceu um relacionamento marital com Luciana Maria Ramos, residente em Maragogipe, uma localidade vizinha ao Outeiro Redondo, e filha de Antônio de Barros Brandão e Joaquina Maria do Sacramento. A união, no entanto, só foi legalmente oficializada em 27 de fevereiro de 1840, quando o casal já havia gerado vários filhos.[1700]

O fato de Luciana pertencer a um estrato social distinto do de Bernardo — um homem branco ligado à elite local — pode ter influenciado a demora na oficialização da união. Isso se torna ainda mais evidente ao considerarmos que seu pai, Antônio de Barros, era descrito como pardo[1701]. Essa família exemplifica um fenômeno recorrente no Brasil oitocentista: o processo de branqueamento, no qual marcadores étnicos não europeus eram gradualmente apagados ao longo das gerações. No caso de Luciana, ela não apenas foi oficialmente registrada, mas também percebida socialmente como branca, evidenciando as estratégias sociais adotadas para reclassificar descendentes mestiços. Esse apagamento das origens não brancas não se limitava à assimilação, mas também tinha o propósito de garantir maior aceitação e mobilidade social dentro da hierarquia racial da época[1702].

Ao analisarmos os registros de batismo dos filhos de Bernardo José das Neves e Luciana Maria Ramos — que naquela época serviam como uma espécie de registro de nascimento —, observamos uma clara distinção na transmissão dos sobrenomes, conforme o momento em que os filhos foram concebidos. Os descendentes nascidos antes da oficialização do casamento, período durante o qual Luciana era socialmente vista como concubina, herdaram o sobrenome materno, Ramos. Rosulina, por exemplo, enquadra-se neste grupo, não carregando o sobrenome paterno.[1703]

A legislação vigente naquele período ajuda a esclarecer essa questão. O fato de uma criança ser fruto de uma união não oficializada pela Igreja influenciava diretamente o estatuto jurídico da filiação. Filhos nascidos durante o concubinato eram considerados naturais,

---

[1697] Atual Lauro de Freitas.

[1698] APMC. Documentação avulsa.

[1699] Universidade Católica do Salvador. Laboratório Reitor Eugênio Veiga (LEV). Livro de óbitos da Freguesia do Outeiro Redondo, 1821-1853, p. 45v. Embora o assento em questão contenha alguns equívocos, a partir do cruzamento com o inventário *post mortem* da referida Maria Helena Benedicta, percebemos que se trata da mesma pessoa. A informação sobre a existência do registro de óbito foi obtida a partir da leitura da obra *Depois que atravessaram o mar: família castro e grupos afins*, de Jorge Ricardo Almeida Fonseca.

[1700] Universidade Católica do Salvador. Laboratório Reitor Eugênio Veiga (LEV). Livro de casamentos da Freguesia do Outeiro Redondo, 1821-1853, p. 9.

[1701] Universidade Católica do Salvador. Laboratório Reitor Eugênio Veiga (LEV). Livro de óbitos da Freguesia de Maragogipe, 1842-1854, p. 270v.

[1702] FREYRE, Gilberto. *Casa-grande & senzala*. 32. ed. Rio de Janeiro: Record, 1997.

[1703] Universidade Católica do Salvador. Laboratório Reitor Eugênio Veiga (LEV). Livro de casamentos da Freguesia do Outeiro Redondo, 1821-1853, p. 9.

enquanto aqueles gerados dentro do casamento eram classificados como legítimos. No entanto, o casamento subsequente dos pais legitimava automaticamente os filhos concebidos antes da união formal. Apesar dessa distinção, ela não gerava impacto econômico, já que o casamento assegurava igualdade de status entre todos os descendentes, garantindo-lhes os mesmos direitos de herança. As diferenças se manifestavam sobretudo no aspecto social, como no registro de batismo[1704].

Rosulina Ramos uniu-se em matrimônio com Antônio Lopes de Carvalho Sobrinho em 1859[1705]. Embora houvesse uma diferença de idade entre os dois — Rosulina era cinco anos mais velha, nascida em torno de 1833 —, isso não "violava" o princípio da "igualdade" defendido pela Igreja e pelo Estado, ainda que essa situação fosse incomum na época. Quando se casaram, Rosulina tinha 26 anos, enquanto Antônio estava prestes a completar 21. Dessa união, nasceram quatro filhos: Mariana de Jesus Ramos, José Lopes de Carvalho Ramos, Manuel Lopes de Carvalho Ramos e João Lopes de Carvalho Ramos[1706]. Rosulina faleceu em 21 de maio de 1878, aos 45 anos, vítima de hepatite[1707].

[1704] MATTOSO, Kátia M. de Queirós. *Bahia, século XIX*: uma província no Império. Rio de Janeiro: Nova Fronteira, 1992. 747 p.
[1705] Conferir verbete de Antônio Lopes de Carvalho Sobrinho.
[1706] Conferir verbetes de Mariana de Jesus Ramos Moreira, José Lopes de Carvalho Ramos, Manoel Lopes de Carvalho Ramos e João Lopes de Carvalho Ramos.
[1707] Universidade Católica do Salvador. Laboratório Reitor Eugênio Veiga (LEV). Livro de óbitos da Freguesia de Nossa Senhora do Rosário da Cidade da Cachoeira, 1877-1878, p. 171v.

SEBASTIANA MARIA DA CONCEIÇÃO

Rua Sete de Setembro

Sebastiana Maria da Conceição, comerciante nascida por volta de 1862 na Vila Nova de Nossa Senhora do Livramento das Minas do Rio de Contas, era filha natural de Cassemira Maria da Conceição[1708]. Em 1893, já estabelecida em Cachoeira, foi registrada como proprietária de uma quitanda na então Rua Formosa e também atuava como comerciante ambulante[1709]. Em sua época, esse ofício não apenas possibilitava a comercialização de produtos variados, mas também favorecia o estabelecimento de redes sociais e econômicas estratégicas com as elites locais. Ela percorria as ruas da cidade vendendo seus produtos, prática comum entre negociantes de classes populares, que viam nas vendas ambulantes uma forma de ampliar o alcance e a renda. A relação de Sebastiana com as elites locais, conforme sugerido pelo jornal *A Ordem*, indica sua possível inserção nas redes comerciais da região de Cachoeira, o que poderia incluir negociações com comerciantes ou o fornecimento de produtos. Um exemplo disto é o morador Vicente Ribeiro Brandão, um ganhador africano que exportava sacas de mantimentos para Salvador.

O falecimento de Sebastiana em 27 de agosto de 1912 foi noticiado pelo mesmo periódico, um evento pouco comum para mulheres negras e de classe popular, especialmente considerando que ela não possuía vínculos familiares diretos com homens, como pai, marido ou filho. O fato mais notável é que o editor não se limitou a relatar sua morte, mas também explorou sua trajetória e contribuição para a sociedade cachoeirana, o que enfatiza seu destaque como comerciante. Além disso, o periódico ressaltou sua participação na Irmandade de Nossa Senhora da Boa Morte, onde se tornou uma figura de grande relevância. Conforme indicado em seu atestado de óbito, Sebastiana faleceu em decorrência de "epitélio uterino" e foi sepultada no Cemitério da Misericórdia, aparentemente, deixando uma única filha, de nome Virgilina. Seu funeral atraiu muitos participantes, incluindo figuras das elites e membros de diversas irmandades locais. O jornal *A Ordem* destacou que "o seu saimento fúnebre foi bastante concorrido de pessoas gradas, a ele se incorporaram diversas irmandades, entre elas a de Nossa Senhora da Boa Morte, da qual era a finada figura saliente". Durante a cerimônia, as bandas Lira Ceciliana e Minerva prestaram homenagens, simbolizando a relevância de seu legado na comunidade[1710].

[1708] Cartório do Registro Civil de Pessoas Naturais da Cidade da Cachoeira. Livro de óbitos n. 17, termo 115.

[1709] APMC. Livro de Indústrias e Profissões 1893-1894, p. 20v.

[1710] Biblioteca Pública dos Barris. Setor de Periódicos Raros. Jornal *A Ordem*, ed. 31.08.1912, p. 1.

SERGIA DIAS DA ROCHA

Sergia Dias da Rocha, integrante da Irmandade de Nossa Senhora da Boa Morte, nasceu na Freguesia de Santiago do Iguape e era filha natural de Joana da Rocha. Como negociante, provavelmente atuou como proprietária de uma quitanda ou vendedora ambulante, vivendo em Cachoeira entre o final do século XIX e as primeiras décadas do XX. Em 19 de março de 1883, Sergia foi ao cartório civil para registrar o nascimento de seu filho, ocorrido em 11 de março daquele ano, sem que o nome da criança fosse declarado[1711]. Em 1903, durante o processo de eleição para os festejos da Irmandade da Boa Morte, foi mencionada como irmã de bolsa, termo que designava uma recém-admitida, ainda em fase de noviciado[1712]. Ao investigar a trajetória de Sergia, encontramos um dado relevante que permite refletir sobre as interações entre as associadas da Boa Morte e outras irmandades negras em Cachoeira. Em 1918, com o falecimento de sua filha, Herundina Oliveira, o jornal *A Ordem* destacou que o cortejo fúnebre foi amplamente prestigiado, contando com a presença das irmandades da Paciência e Martírios. Além de classificar Sergia como uma comerciante, a nota indica a possível existência de vínculos entre ela e essas confrarias[1713]. Este dado nos leva a considerar a hipótese de uma rede de sociabilidade mais ampla entre as irmãs da Boa Morte e outras irmandades locais, expressa na participação em cerimônias religiosas e funerárias.

[1711] APEB. Seção Judiciária. Livro de Registro de Nascimento de Cachoeira, n. 02, termo 380.
[1712] Biblioteca Pública dos Barris. Setor de Periódicos Raros. Jornal *A Ordem*, ed. 16.09.1903, p. 3.
[1713] *Ibidem*, p. 3.

SIMÃO PIZZONO

Rua do Moinho[1714]

Simão Pizzono, também conhecido como Simão Pessoa — forma abrasileirada do seu sobrenome —, foi um conhecido chapeleiro que atuou na Heroica Cachoeira durante o século XIX. Imigrante italiano, Simão radicou-se em Cachoeira por volta de 1830, onde constituiu família, casando-se logo após a sua chegada com Maria Roza, com quem teve três filhas. Ao longo de sua vida em Cachoeira, dedicou-se à confecção de chapéus de sol, abrindo uma loja própria para a venda a varejo, localizada na Rua Dentre Pontes[1715], atual Rui Barbosa.

Faleceu em casa do seu genro Jacomini Vaccarezza, na madrugada de 9 de abril de 1878, aos 78 anos, de *"lesão cardíaca"*[1716]. Deixou três filhas havidas do seu casamento, de nomes: Maria Thomazia Pizzono, que vivia com Jacomini Vaccarezza[1717]; Maria Valentina Pizzono, casada com José Macena[1718]; e Emília Maria Pizzono. Curiosamente, os dois genros de Simão também eram italianos, o que poderia indicar uma predileção nacionalista/cultural para os italianos no momento das formações familiares. Interessante notar que seu genro Jacomini Vaccarezza parece ter seguido os mesmos moldes estabelecidos, pois seus filhos também se casam com pessoas de origem italiana[1719]. Este padrão localizado converge ao que foi encontrado por Oswaldo Truzzi em São Carlos/SP nas últimas décadas do século XIX. Segundo Truzzi, a origem nacional atuou significativamente no processo de escolha dos conjugês, demonstrando, assim, certa resistência ao processo de assimilação local, pelo menos quando analisado pelo prisma matrimonial[1720].

[1714] Atual Augusto Regis.

[1715] Hemeroteca Digital da Biblioteca Nacional. *Almanaque Administrativo, Mercantil e Industrial da Bahia*, ed. 01, 1860, p. 468.

[1716] Universidade Católica do Salvador. Laboratório Reitor Eugênio Veiga (LEV). Livro de óbitos da Paróquia de Nossa Senhora do Rosário da Cachoeira, 1877-1878, p. 151.

[1717] Conferir verbetes de Jacomini Vaccarezza e de Maria Thomazia Pizzono Vaccarezza.

[1718] Universidade Católica do Salvador. Laboratório Reitor Eugênio Veiga (LEV). Livro de casamentos da Paróquia de Nossa Senhora do Rosário da Cachoeira, 1828-1860, p. 224.

[1719] Cândido Elpídio Vaccarezza casa-se com sua prima Gabriela Macena, filha da sua tia Maria Valentina e do italiano José Macena; Guilhermina Santos Vaccarezza casa-se com seu primo João Baptista Vaccarezza, italiano. Universidade Católica do Salvador. Laboratório Reitor Eugênio Veiga (LEV). Livro de casamentos da Freguesia de São Pedro, 1844-1899, p. 270v; Memorial da Santa Casa de Misericórdia de Cachoeira. Livro de Atas 1869-1880, p. 120.

[1720] TRUZZI, Oswaldo M. S. Padrões de nupcialidade na economia cafeeira de São Paulo (1860-1930). *Revista Brasileira de Estudos de População*, Rio de Janeiro, v. 29, n. 1, p. 169-189, jan./jun.

SOFIA CÂNDIDA REGADAS

Rua da Matriz[1721]

Sofia Cândida Regadas nasceu em 1816 na Vila de Nossa Senhora do Rosário do Porto da Cachoeira, filha do comerciante português João Lopes Regadas e de Feliciana de tal, uma mulher negra liberta[1722]. Recebeu o batismo na igreja matriz em 24 de março de 1818, com Antônio José de Jesus e Ana Joaquina do Coração de Jesus como padrinhos. Em 1833, casou-se com Manuel Esmeraldino do Patrocínio[1723], com quem teve pelo menos quatro filhas: Acácia Maria, Maria Idalina, Maria Augusta e Joana Maria do Patrocínio[1724]. Faleceu aos 44 anos, em 29 de setembro de 1860, devido a uma "moléstia do coração"; seu sepultamento ocorreu na Igreja do Carmo, com todas as honras fúnebres[1725].

[1721] Atual Ana Nery.

[1722] Universidade Católica do Salvador. Laboratório Reitor Eugênio Veiga (LEV). Livro de Registro de batismos da Paróquia de Cachoeira, 1816-1823, p. 58v.

[1723] Conferir verbete de Manuel Esmeraldino do Patrocínio.

[1724] Universidade Católica do Salvador. Laboratório Reitor Eugênio Veiga (LEV). Livro de óbitos da Paróquia de Nossa Senhora do Rosário da Cachoeira, 1877-1878, p. 22v, 23.

[1725] Universidade Católica do Salvador. Laboratório Reitor Eugênio Veiga (LEV). Livro de óbitos da Paróquia de Nossa Senhora do Rosário da Cachoeira, 1850-1870, p. 150v.

TEODORO DA DIVINA PROVIDÊNCIA (FREI)

Rua do Carmo[1726]

Frei Teodoro da Divina Providência, frade carmelita que atuou em Cachoeira no século XIX, nasceu em 1815 na Vila de Álvaro, Portugal, filho de Manoel Conrado e Maria Rodrigues[1727]. Em 1859, foi detido pelas autoridades locais, acusado de raptar Maria Ribeiro Guimarães, filha natural do dr. José Ribeiro Guimarães[1728], um incidente relatado por Gilberto Freyre em *Sobrados e mucambos*. Freyre descreve o episódio como um exemplo típico do "dom-juanismo" do século XIX, em que clérigos e militares eram frequentemente retratados como sedutores[1729]. Frei Teodoro faleceu em 22 de janeiro de 1881 em Cachoeira, sendo sepultado no Convento do Carmo[1730].

[1726] Atual Inocêncio Boaventura.
[1727] APMC. Livro de rol das pessoas denunciadas. Comarca da Cachoeira. Década 1850-1890, p. 76.
[1728] Memorial da Santa Casa de Misericórdia de Cachoeira. Livro de Atas 1854-1862, p. 20v.
[1729] FREYRE, Gilberto. *Sobrados e mucambos*: decadência do patriarcado rural no Brasil. São Paulo: Global Editora, 2015. Edição digital.
[1730] Hemeroteca Digital da Biblioteca Nacional. Jornal *O Monitor*, ed. de 27.01.1881.

TEODÓSIO FERREIRA

Teodósio Ferreira, detento na cadeia da Vila da Cachoeira, foi uma das figuras da Guerra da Independência do Brasil na Bahia. Suspeita-se que ele tenha sido um desertor ou um dos membros das tropas de Madeira Melo capturados durante os confrontos. Quando faleceu na cadeia da vila, que na época era a sede do governo rebelde, o vigário registrou em seu assento de óbito que ele "faleceu de sufocações, preso na cadeia desta vila a ordem do general Labatut"[1731].

[1731] Universidade Católica do Salvador. Laboratório Reitor Eugênio Veiga (LEV). Livro de óbitos da Paróquia de Nossa Senhora do Rosário da Cachoeira, 1811-1825, p. 303.

THEREZA DE JESUS DA PENHA

Rua da Matriz[1732]

Natural da cidade do Salvador, Thereza de Jesus da Penha, filha de Ursulina da Cunha dos Anjos, mudou-se para Cachoeira após estabelecer um vínculo afetivo com José Antônio Fiuza da Silveira, um abastado proprietário de terras[1733]. Antes disso, já era mãe de José Pedro de São Boaventura, cuja paternidade não foi identificada. Do seu relacionamento com José Antônio, nasceram três filhos: Laurentina, Silvestre e Maria Josefa. Thereza faleceu em sua residência na Rua da Matriz, no dia 6 de janeiro de 1878, por causas naturais, aos 70 anos de idade[1734].

[1732] Atual Ana Nery.
[1733] Conferir verbete de José Antônio Fiuza da Silveira.
[1734] LEV. Livro de óbitos da Freguesia de Nossa Senhora do Rosário da cidade da Cachoeira, 1877-1878, p. 109.

TRANQUILINA AMÉLIA DE MONCORVO MASCARENHAS

Rua de Baixo n. 11[1735]

Proprietária e administradora do engenho Santa Maria do Cabiongo no Capoeiruçu. Natural da Vila de Nossa Senhora do Rosário do Porto da Cachoeira, filha legítima do negociante Frutuoso Gomes Moncorvo e de dona Antônia Francisca das Virgens Moncorvo. Nasceu em 1º de novembro de 1818 e foi levada à pia batismal em 19 de outubro de 1823, pelos seus tios paternos, o capitão Francisco Gomes Moncorvo e dona Maria de Santa Rosa de Lima[1736].

> Aos 19 de outubro de 1823, de licença minha, o padre Manuel Gomes de São Leão batizou solenemente a Tranquilina, nascida em 1º de novembro de 1818, filha legítima de Frutuoso Gomes Moncorvo e de sua mulher dona Antônia Francisca das Virgens. Foram padrinhos Francisco Gomes Moncorvo e sua mulher dona Maria Rosa de Lima, do que mandei fazer este assento e assinei. Vigário Manoel Jacinto Pereira de Almeida.[1737]

Casou-se em 9 de julho de 1840, no oratório particular da sua casa de residência, em um sobrado situado na Rua da Ponte Nova, com o tenente-coronel Christóvão Pereira Mascarenhas[1738]. Tranquilina foi imbuída da função de administradora dos bens da família, em virtude da ausência do seu marido, que se encontrava no sul da província da Bahia, cuidando de investimentos que havia feito na Vila do Prado[1739].

Durante a década de 1850 a família residiu no engenho Santa Maria do Cabiongo, onde Tranquilia Amélia geria todas as atividades que eram executadas pelos funcionários e escravizados, fosse na supervisão da produção de farinha ou na venda de animais, conforme o depoimento de Antônio de Figueiredo Mascarenhas:

> [...] estando ele testemunha por uns tempos em casa do mesmo executado, na ausência deste que se achava no Sul, viu sua família ser suprida com os ganhos de seus escravos, e o produto de venda de farinha que se faziam no engenho, onde se criavam porcos, que também eram vendidos pela mulher do executado, que era quem naquele tempo geria a casa, para o mesmo sustento de toda família.[1740]

[1735] Atual Treze de Maio.

[1736] Conferir verbetes de Francisco Gomes Moncorvo e de Maria de Santa Rosa de Lima.

[1737] Universidade Católica do Salvador. Laboratório Reitor Eugênio Veiga (LEV). Livro de Registro de batismos da Paróquia de Cachoeira, 1816-1823, p. 285.

[1738] Universidade Católica do Salvador. Laboratório Reitor Eugênio Veiga (LEV). Livro de casamentos da Paróquia de Nossa Senhora do Rosário da Cachoeira, 1828-1860, p. 126v; conferir verbete de Christóvão Pereira Mascarenhas.

[1739] APMC. Legislativo. Correspondências. Documentos avulsos não classificados.

[1740] APEB. Seção Judiciário. Processo cível. Estante 78, caixa 2773, documento 22, p. 245.

Na década seguinte, a família adquire uma nova propriedade situada no lugar da Pedra Branca, atual Curiachito[1741]. Em 1861, um grupo de negociantes que vendia pólvora resolve edificar um deposito na Pedra Branca[1742], vizinho à propriedade da família Moncorvo Mascarenhas. Ao visualizar o movimento de construção nas imediações, e lembrando-se da explosão que ocorreu nesse mesmo lugar em 1860[1743], na fábrica de pólvora de Domingos Antônio Neto[1744], cujo triste resultado foram três vítimas fatais, Tranquilina dirige-se à câmara de vereadores e solicita uma intervenção; vejamos o documento a seguir[1745]:

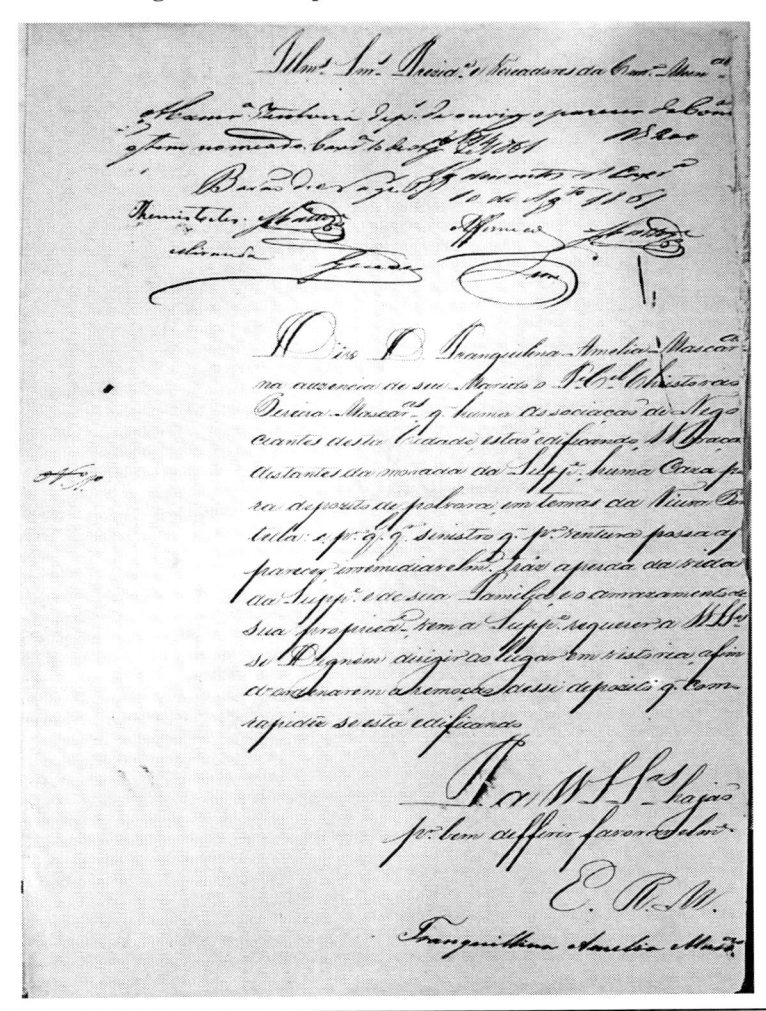

Figura 293 – APMC – Legislativo - Requerimentos. Documentos avulsos não classificados

Diz dona Tranquilina Amélia Mascarenhas, na ausência de seu marido o tenente coronel Christóvão Pereira Mascarenhas, que uma associação de negociantes desta cidade, estão edificando 11 braças distante da morada da suplicante, uma casa para depósito de pólvora, em terras da viúva Portela, e qualquer sinistro que porventura possa aparecer, irremediavelmente traz a perda da vida da suplicante

[1741] APEB. Seção Judiciário. Processo cível. Estante 330, caixa 1162, documento 2, s/n.
[1742] APMC. Legislativo. Requerimentos. Documentos avulsos não classificados.
[1743] Hemeroteca Digital da Biblioteca Nacional. Jornal *O Publicador Maranhense*, ed. de 05.11.1860, p. 2.
[1744] Conferir verbete de Domingos Antônio Neto.
[1745] APMC. Legislativo. Requerimentos. Documentos avulsos não classificados.

> *e de sua família, e o arrasamento de sua propriedade; vem a suplicante requerer a vossas senhorias se digne dirigir ao lugar em vistoria, a fim de ordenarem a remoção desse depósito que com rapidez se está edificando.*

Dona Tranquilina Amélia de Moncorvo Mascarenhas faleceu em 28 de setembro de 1893[1746], em sua casa de residência, sita na Rua Treze de Maio, vítima de "congestão cerebral", contando 74 anos de idade. Foi sepultada no Cemitério da Ordem Terceira do Carmo, por ser filiada à instituição, ingressando como irmã no final da primeira metade do Oitocentos[1747].

[1746] APEB. Judiciário. Livro de óbitos de Cachoeira/BA, n. 06, termo n. 474.
[1747] Arquivo da Venerável Ordem Terceira do Carmo da cidade de Cachoeira. Livro de profissões número 04 (séc. XIX), s/n. Tranquilina Amélia ingressou e professou em 11.04.1846.

TRANQUILINA NOLASCO LAPA ("SINHAZINHA")

Rua Ruy Barbosa

Tranquilina Nolasco nasceu em Cachoeira, Bahia, em 12 de julho de 1876, sendo filha legítima do comerciante Pedro Nolasco da Costa e de sua esposa, Tranquilina Amélia de Moncorvo Mascarenhas Costa. Foi batizada em 23 de novembro de 1876, na igreja matriz, tendo como padrinhos o dr. Francisco Romano de Souza e sua avó paterna, Ana Joaquina do Sacramento[1748]. Órfã de pai e após o segundo casamento de sua mãe, passou a ser tutelada por seu tio materno, o engenheiro Christovão Pereira Mascarenhas. Realizou seus estudos em um internato na capital baiana, conforme a petição subsequente.

Figura 294 – APMC – Inventário *post mortem* de Pedro Nolasco da Costa, caixa 121, documento 1163, p. 37

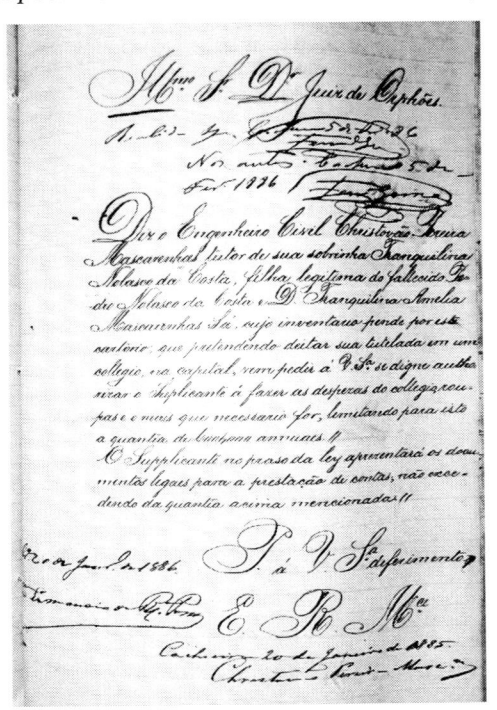

Ilustríssimo Senhor Dr. Juiz de órfãos
Diz o engenheiro civil Christóvão Pereira Mascarenhas, tutor de sua sobrinha Tranquilina Nolasco da Costa, filha legítima do falecido Pedro Nolasco da Costa e de dona Tranquilina Amélia Mascarenhas Sá, cujo inventário pende por este cartório, que pretende deitar sua tutelar em um colégio, na capital,

---
[1748] Universidade Católica do Salvador. Laboratório Reitor Eugênio Veiga (LEV). Livro de batismos da Paróquia de Nossa Senhora do Rosário da Cachoeira, 1872-1878, p. 141.

vem pedir a V.S. se digne autorizar o suplicante a fazer as despesas do colégio, roupas e o mais que necessário for, limitando para isto a quantia de 600$000 (seiscentos mil réis) anuais. O suplicante no prazo da lei apresentará os documentos legais para a prestação de contas; não excedendo da quantia mencionadas.
Pede a V. S. deferimento.
E.R. Mercê.
Cachoeira 20 de janeiro de 1885.
Christóvão Pereira Mascarenhas.

Após regressar para sua cidade natal, casou-se com João Pedreira Lapa, à época caixeiro comercial. A cerimônia nupcial foi realizada em 28 de novembro de 1891[1749], na casa de residência do casal, e teve como paraninfos o doutor Francisco Romano de Souza, e o major Sancho José da Costa, padrinho e tio paterno de Tranquilina, respectivamente.

Tranquilina faleceu em Salvador, no entardecer do dia 4 de janeiro de 1929, aos 53 anos. Seu sepultamento ocorreu no Cemitério do Campo Santo. A notícia de seu falecimento foi divulgada na edição de 12 de janeiro de 1929 do jornal *A Ordem*.

Figura 295 – Biblioteca Pública dos Barris. Setor de Periódicos Raros. Jornal *A Ordem*, ed. de 12.01.1929

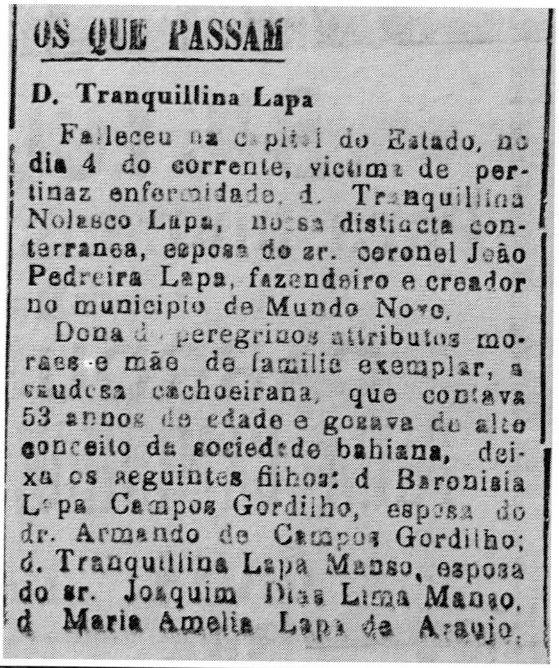

OS QUE PASSAM

D. Tranquillina Lapa

Falleceu na capital do Estado, no dia 4 do corrente, victima de pertinaz enfermidade, d. Tranquillina Nolasco Lapa, nossa distincta conterranea, esposa do sr. coronel João Pedreira Lapa, fazendeiro e creador no municipio de Mundo Novo.

Dona de peregrinos attributos moraes e mãe de familia exemplar, a saudosa cachoeirana, que contava 53 annos de edade e gozava de alto conceito da sociedade bahiana, deixa os seguintes filhos: d Baronisia Lapa Campos Gordilho, esposa do dr. Armando de Campos Gordilho; d. Tranquillina Lapa Manso, esposa do sr. Joaquim Dias Lima Manso, d Maria Amelia Lapa de Araujo,

OS QUE PASSAM

D. Tranquilina Lapa

Faleceu na capital do estado, no dia 4 do corrente, vítima de pertinaz enfermidade, d. Tranquilina Nolasco Lapa, nossa distinta conterrânea, esposa do senhor coronel João Pedreira Lapa, fazendeiro e criador no município de Mundo Novo. Dona de peregrinos atributos morais e mãe de família exemplar, a saudosa cachoeirana, que contava 53 anos de idade e gozava de alto conceito da sociedade baiana, deixa os seguintes filhos: d. Baronísia Lapa Campos Gordilho esposa do doutor Armando de Campos Gordillo; d. Tranquilina Lapa Manso, esposa do senhor Joaquim Dias Lima Manso; d. Maria Amélia Lapa de Araújo, esposa do sr. Manoel Araújo; Ana Pedreira Lapa e Alberto Pedreira Lapa.

[1749] APMC. Inventário *post mortem* de Pedro Nolasco da Costa, caixa 121, documento 1163, p. 37.

UBALDINA EULINA MOREIRA ("POMBA")

Ubaldina Eulina Moreira, popularmente conhecida pelo apelido de "Pomba", foi uma quitandeira que nasceu no distrito de Belém, à época parte da freguesia da Feira da Conceição. Ela nasceu em 10 de maio de 1857, sendo filha legítima de Firmino José Moreira e d. Umbelina Maria das Virgens. Pomba recebeu o batismo na Capela de Belém no dia 25 de maio do mesmo ano, tendo seus avós paternos, José Gabriel Moreira e Francisca Maria de Jesus, como padrinhos[1750]. No final do século XIX, mudou-se para Cachoeira com seus pais, onde estabeleceu uma pequena quitanda em sua casa, situada na Rua dos Artistas[1751]. Ela faleceu em 18 de dezembro de 1943, em decorrência de câncer, solteira e sem deixar descendência[1752].

[1750] Universidade Católica do Salvador. Laboratório Reitor Eugênio Veiga (LEV). Livro de batismos da Paróquia de Feira da Conceição, realizados na capela do distrito de Belém, 1855-1858, p. 11v. Conferir verbete de Firmino José Moreira.

[1751] Informações coletadas por meio de entrevistas com Maria da Conceição Magalhães, sobrinha de Ubaldina Eulina. Durante sua infância, Maria da Conceição conheceu e frequentou a casa de Ubaldina.

[1752] Cartório do Registro Civil das Pessoas Naturais da Cidade da Cachoeira/BA, Distrito-Sede. Livro de óbitos n. 34, termo 1060.

VICÊNCIA PEDREIRA DO COUTO FERRAZ

Rua da Matriz[1753]

A assinatura desgastada pelo tempo é um elo com o passado, um fragmento de história que nos permite vislumbrar a vida e as experiências de Vicência Pedreira do Couto Ferraz. Mesmo que o nome escrito seja quase indecifrável, sua importância transcende a tinta desbotada, sobretudo por registrar a grafia de uma pessoa pertencente a um grupo historicamente excluído do mundo das letras. Em seu testamento, Vicência declarou sua origem mestiça, provavelmente sendo descendente de africanos e indígenas, ao identificar-se como "cabra". Natural de Arraial do Tejuco, em Minas Gerais, onde veio à luz por volta de 1790, ela nasceu como escravizada, filha de Felícia Pedreira, também cativa[1754]. O fato de seu testamento não mencionar explicitamente sua antiga condição jurídica sugere que Vicência pode ter sido alforriada logo após o nascimento. Sua mãe, Felícia, era escravizada de João Pedreira do Couto, que as trouxe para a Vila da Cachoeira no final do século XVIII[1755].

Embora não saibamos detalhes sobre as circunstâncias em que ela entrou no mundo laboral, seu testamento deixa claro que foi uma das negociantes ambulantes que devem ter contribuído para dinamizar a vida comercial da Cachoeira. Vicência declarou que atuava no ramo de fazendas secas, termo que à época referia-se a produtos não alimentícios, abrangendo tecidos e outros utensílios para vestimenta[1756]. Ao que parece, seus negócios foram bem-sucedidos, pois ela adquiriu bens imóveis, escravizados, objetos de ouro e prata e outros pertences. Além disso, pagou mais de 200 mil réis para libertar sua mãe do cativeiro da família Pedreira do Couto. Ela também tinha capital para investir em crédito, declarando que emprestou 47 mil réis ao português Sebastião Correia de Pina para auxiliar na compra de seu sobrado, e que seu antigo senhor, Manuel Ferraz da Mota Pedreira, também lhe devia mais de 100 mil réis[1757]. Esse tipo de relação e interação, que pode ser vista como uma influência dos antigos vínculos da escravidão, principalmente no que diz respeito à dinâmica senhor/escravizado, revela a complexidade do sistema escravagista e a dificuldade de realizar análises simplistas e generalistas. Essas engrenagens, que aparentemente podem indicar relações harmônicas e pacíficas, muitas vezes são poderosas estratégias que os cativos utilizavam na tentativa de driblar as amarras do sistema que os oprimia.

[1753] Atual Ana Nery.
[1754] APEB. Seção Judiciária. Testamento de Vicência Pedreira do Couto Ferraz, anexo ao seu inventário *post mortem*, classificação: 02/705/1167A/02.
[1755] Conferir verbete de João Pedreira do Couto.
[1756] ARAÚJO, Maria Lucília Viveiros. Lojas e armazéns das casas de morada paulistas. *Revista de História*, São Paulo, n. 160, 2009. p. 298.
[1757] APEB. Seção Judiciária. Testamento de Vicência Pedreira do Couto Ferraz, anexo ao seu inventário *post mortem*, classificação: 02/705/1167A/02. Na realidade, Manuel Ferraz da Mota Pedreira era filho de João Pedreira do Couto.

Vicência Pedreira era uma mulher com um forte trânsito social em Cachoeira, como podemos ver em seu testamento. Nele, ela menciona sua participação em várias irmandades, como a do Senhor dos Martírios, Senhor Bom Jesus da Paciência, Nossa Senhora do Rosário do Santíssimo Coração de Maria, Nossa Senhora do Amparo e São Benedito, todas fundadas por pessoas negras e pardas. Essas conexões podem ter contribuído positivamente para seus negócios, permitindo o estabelecimento de relações tanto horizontais quanto verticais. Por exemplo, a aquisição de sua residência pode ser vista como um benefício dessas redes, indicando o início de suas atividades econômicas. De acordo com o que foi registrado, Vicência comprou uma casa na Rua da Matriz de Ana Joaquina de São José, esposa de Luiz Ferreira Rocha, seu confrade na Irmandade do Bom Jesus da Paciência. Ainda devia cerca de 10 mil réis, o que sugere que a transação foi realizada em parcelas. No entanto, o marido de Ana Joaquina estava em débito com Vicência, o que resultou em um saldo positivo de 10 mil réis para ela[1758]. Ana Joaquina faleceu em 1817[1759], o que indica que a transação ocorreu antes desse ano. A partir desses dados, pode-se datar que Vicência possuía uma vida comercial ativa pelo menos desde o ano de 1810. Além disso, a dívida do viúvo de Ana Joaquina com Vicência pode estar relacionada à compra de produtos que ela vendia. Mesmo que apenas duas transações tenham sido mencionadas em seu testamento — com Sebastião Correia de Pina e Luís Ferreira da Rocha, viúvo de Ana Joaquina —, isso sugere que ela mantinha boas relações comerciais com membros importantes da sociedade local.

Vicência Pedreira do Couto Ferraz, embora solteira, declarou ter tido um filho, chamado José Pedreira Pimenta, já falecido, que deixou uma filha natural chamada Maria Francisca das Mercês Pedreira, reconhecida por Vicência como sua neta. Seu testamento é um documento importante que relata as terríveis consequências de uma das maiores enchentes que atingiram a localidade entre dezembro de 1839 e janeiro de 1840. Vicência informou que, nesta ocasião, perdeu o documento de compra e venda de sua casa. É fácil imaginar que muitas pessoas perderam não apenas objetos pessoais, mas também todos os utensílios domésticos. A imprensa da época noticiou que as águas chegaram a um ponto tão alto que impediram os habitantes de salvar ao menos uma cadeira em suas casas de residência ou comercial. Na rua onde residia Vicência, os canos represados das águas arrebentaram-se, inundando-a. Vicência foi uma devota fiel de Nossa Senhora da Conceição e expressou em seu testamento o desejo de ser sepultada junto ao altar da santa na Igreja do Carmo. Ela também apelou à sua neta para que mantivesse a tradição de iluminar todas as noites a imagem de Nossa Senhora da Conceição, juntamente com São José e o Menino Jesus, presentes em seu oratório. Vicência Pedreira do Couto Ferraz faleceu em 19 de setembro de 1844[1760].

[1758] *Ibidem*.

[1759] APMC. Inventário *post mortem* de Ana Joaquina de São José. Caixa 29, processo 299.

[1760] Universidade Católica do Salvador. Laboratório Reitor Eugênio Veiga (LEV). Livro de óbitos da Paróquia de Nossa Senhora do Rosário da Cachoeira, 1834-1844, p. 235.

VICENTE FERREIRA PEREIRA MASCARENHAS

Vicente Ferreira Pereira Mascarenhas, natural da Freguesia de Nossa Senhora do Rosário do Porto da Cachoeira, era filho legítimo de Christóvão Pereira Mascarenhas e Isabel Maria de Lima[1761]. Estima-se que tenha nascido por volta de 1760, no Sítio dos Fojos. Por volta de 1790[1762], casou-se com Francisca Maria das Mercês, da freguesia de São Gonçalo dos Campos. Acreditamos que seu nome foi escolhido em homenagem a São Vicente Ferrer[1763] — referido nos testamentos da Vila da Cachoeira como São Vicente Ferreira —, o que também explicaria a variação no sobrenome de seus filhos entre Pereira Mascarenhas e Ferreira Mascarenhas. Vicente e Francisca viviam na fazenda da Preguiça, cultivando tabaco e mandioca. Analisemos a imagem a seguir, que apresenta o censo realizado na propriedade da família.

Figura 296 – APMC – Censo demográfico, déc. de 1820. Documentos avulsos

[1761] Vicente Ferreira Mascarenhas é arrolado como filho do casal no inventário *post mortem* de Isabel Maria de Lima. APEB. Seção Judiciária. Classificação: 03/931/1400/7.

[1762] O casal aparece batizando o filho do seu irmão e cunhado, Ignácio José Pereira Mascarenhas, em 1799. Nesse mesmo assento, Vicente apresenta-se como Vicente Ferreira Pereira Mascarenhas. Universidade Católica do Salvador. Laboratório Reitor Eugênio Veiga (LEV). Livro de batismos da Freguesia de Nossa Senhora do Rosário da Cachoeira, 1791-1805, p. 205.

[1763] Alguns testamentos dos irmãos da Ordem Terceira do Carmo de Cachoeira assinalam essa devoção.

A imagem mencionada detalha o perfil domiciliar da família Mascarenhas. Observa-se que o censo adota uma abordagem hierárquica para registrar os membros da família, iniciando pelo chefe do lar, seguido de sua esposa, filhos, escravizados e agregados. Vicente Mascarenhas e Francisca Maria, conforme o censo, tiveram no mínimo 12 filhos: Francisco Pereira Mascarenhas, José Ferreira Mascarenhas, Joaquim Ferreira Mascarenhas, Antônio Ferreira Mascarenhas, Christóvão Pereira Mascarenhas, Alexandrina Rosa, Joaquina Josefa, Antônia Marcelina, Francisca Maria, Antônia de Jesus e Alexandrina Maria. Possuíam também 32 escravizados e três agregados classificados como libertos. Apesar do grande número de indivíduos, havia somente uma família nuclear, o que é consistente com os padrões identificados por Marcílio em São Paulo na transição dos séculos XVIII/XIX, onde cerca de 80% dos agrupamentos domésticos consistiam em uma única família[1764]. Outro fato relevante é que Vicente Ferreira Mascarenhas Júnior e Ana Francisca de Jesus[1765], filhos mais velhos do casal, já casados e com sua própria família, não constam no censo, pois residiam em outra localidade. Vicente Ferreira Mascarenhas veio a falecer em idade avançada, após o ano de 1847[1766].

[1764] MARCÍLIO, Maria Luiza. *Crescimento demográfico e evolução agrária paulista 1700-1836*. São Paulo: Hucitec; Edusp, 2000.

[1765] Universidade Católica do Salvador. Laboratório Reitor Eugênio Veiga (LEV). Livro de casamentos da Freguesia de Nossa Senhora do Rosário da Cachoeira, 1820-1828, p. 35.

[1766] Informação obtida a partir da consulta ao Livro de Qualificação de Votantes da Cidade da Cachoeira do ano de 1847, no qual Vicente é mencionado como eleitor.

VICENTE MARTINS GOMES

Vicente Martins Gomes (assinatura)

Vicente Martins Gomes, comerciante cachoeirano, morou na então Rua Formosa n. 38. Nascido em Cachoeira por volta de 1862, era filho natural do coronel Manoel Martins Gomes[1767] e Constança Maria de Jesus. Iniciou seus estudos em sua cidade natal e, posteriormente, entrou para o comércio, começando como caixeiro na casa comercial de seu pai[1768]. Tempos depois, estabeleceu seu próprio negócio, o "Grande Armazém Martins", um armazém de secos e molhados, localizado no térreo de seu sobrado na Rua Formosa.

Figura 297 – APMC. Nota Fiscal do Armazém de Vicente, anexa ao inventário *post mortem* de Raimundo Nonato Pinto, caixa 267, processo 3189

Vicente foi um dos pioneiros na fabricação de licor na Cidade Heroica, com sua produção atendendo toda a região do recôncavo e a capital. Aparentemente, ele produzia em larga escala. Seu renomado "*Superior Licor de Jenipapo*" de Vicente Martins Gomes recebeu a medalha de prata na premiação do Liceu de Artes e Ofícios da cidade da Bahia, conforme o anúncio publicado na seção de publicidade do jornal *A Ordem*, na edição de 16 de janeiro de 1895.

[1767] Conferir verbete de Manoel Martins Gomes.
[1768] APEB. Seção Judiciária. Livro de Registro de Nascimento de Cachoeira, n. 03, p. 120.

Figura 298 – Hemeroteca Digital da Biblioteca Nacional. Jornal *A Ordem*, ed. de 16.10.1895

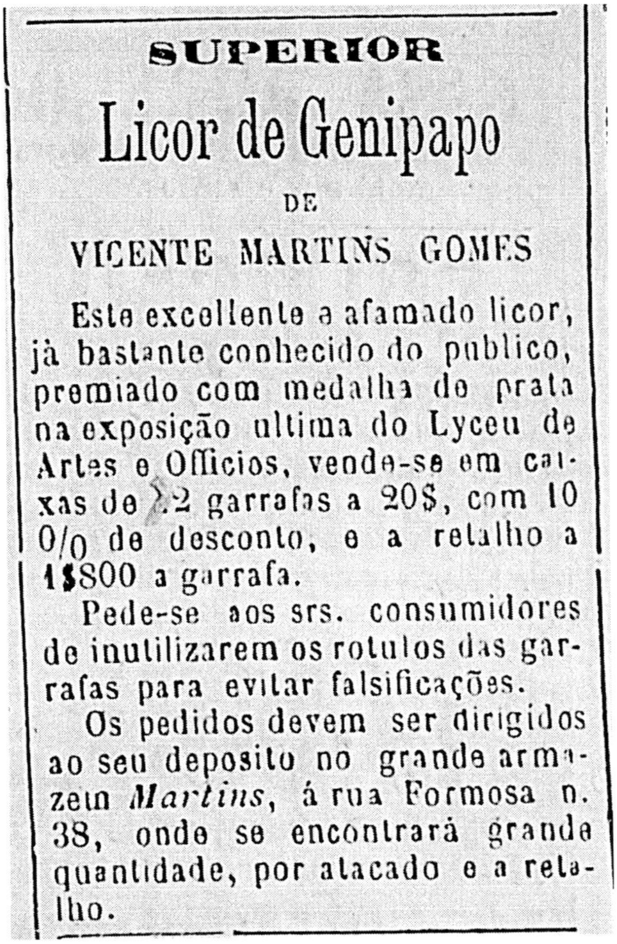

SUPERIOR

Licor de Genipapo

DE

VICENTE MARTINS GOMES

Este excellente a afamado licor, já bastante conhecido do publico, premiado com medalha de prata na exposição ultima do Lyceu de Artes e Officios, vende-se em caixas de 22 garrafas a 20$, com 10 0/0 de desconto, e a retalho a 1$800 a garrafa.

Pede-se aos srs. consumidores de inutilizarem os rotulos das garrafas para evitar falsificações.

Os pedidos devem ser dirigidos ao seu deposito no grande armazem *Martins*, á rua Formosa n. 38, onde se encontrará grande quantidade, por atacado e a retalho.

Superior Licor de Jenipapo de Vicente Martins Gomes. Este excelente e afamado licor, já bastante conhecido do público, premiado com medalha de prata na exposição última do Liceu de Artes e Ofícios, vende-se em caixas de 22 garrafas, a 20$, com 10% de desconto, e a retalho a 1$800 a garrafa. Pede-se aos senhores consumidores de inutilizarem os rótulos das garrafas para evitar falsificações. Os pedidos devem ser dirigidos ao seu depósito, no grande Armazém Martins, à rua Formosa nº38, onde se encontrará grande quantidade, por atacado e a retalho.

Em 7 de setembro de 1889, o padre Guilherme Sales realiza a celebração matrimonial de Vicente Martins Gomes com sua prima-irmã, Martiniana Martins Gomes. A noiva era natural da Freguesia de Nossa Senhora da Conceição dos Olhos D'Águas —atual Ouriçangas —, filha de Antônio Pereira da Fé, irmão do coronel Martins Gomes, e de sua esposa, Rita do Amor Divino[1769].

Vicente Martins Gomes veio a falecer em 6 de setembro de 1913 devido a tuberculose pulmonar. Seu falecimento gerou indignação e comoção entre os habitantes locais, como destacado em um artigo do jornal *A Ordem*, edição de 10 de setembro de 1913. O redator do jornal criticou severamente a administração da Santa Casa de Cachoeira, alegando que não teria providenciada assistência adequada ao falecido. Veja a reportagem a seguir.

1769 Cúria Metropolitana Bom Pastor. Livro de casamentos da Paróquia de Nossa Senhora do Rosário da Cachoeira, 1862-1927, p. 97v.

Figura 299 – Biblioteca Pública dos Barris. Setor de Periódico Raros. Jornal *A Ordem*, ed. de 10 de setembro de 1913

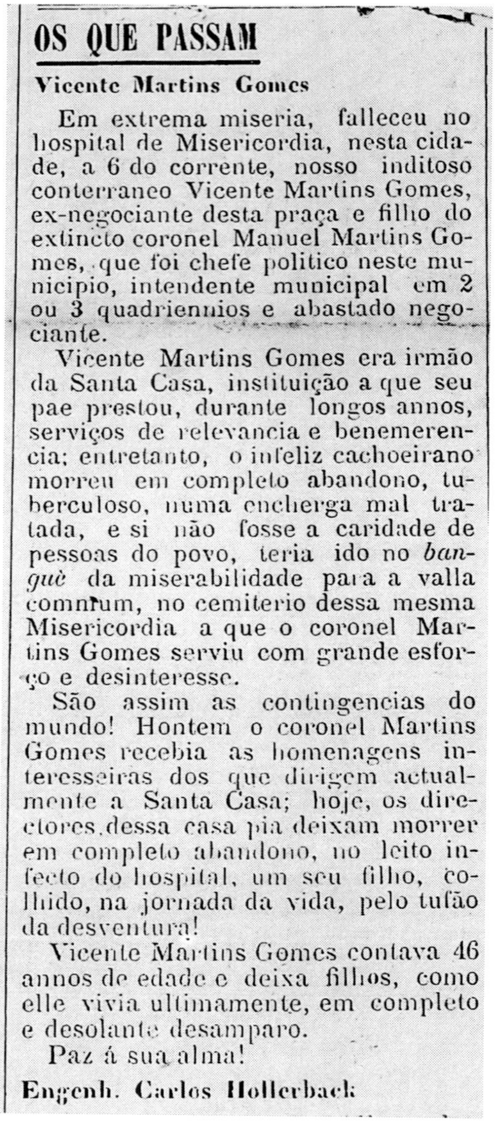

OS QUE PASSAM

Vicente Martins Gomes

Em extrema miseria, falleceu no hospital de Misericordia, nesta cidade, a 6 do corrente, nosso inditoso conterraneo Vicente Martins Gomes, ex-negociante desta praça e filho do extincto coronel Manuel Martins Gomes, que foi chefe politico neste municipio, intendente municipal em 2 ou 3 quadriennios e abastado negociante.

Vicente Martins Gomes era irmão da Santa Casa, instituição a que seu pae prestou, durante longos annos, serviços de relevancia e benemerencia; entretanto, o infeliz cachoeirano morreu em completo abandono, tuberculoso, numa encherga mal tratada, e si não fosse a caridade de pessoas do povo, teria ido no *banguè* da miserabilidade para a valla commum, no cemiterio dessa mesma Misericordia a que o coronel Martins Gomes serviu com grande esforço e desinteresse.

São assim as contingencias do mundo! Hontem o coronel Martins Gomes recebia as homenagens interesseiras dos que dirigem actualmente a Santa Casa; hoje, os directores dessa casa pia deixam morrer em completo abandono, no leito infecto do hospital, um seu filho, colhido, na jornada da vida, pelo tufão da desventura!

Vicente Martins Gomes contava 46 annos de edade e deixa filhos, como elle vivia ultimamente, em completo e desolante desamparo.

Paz á sua alma!

Engenh. Carlos Hollerback

<u>*OS QUE PASSAM*</u> ***- Vicente Martins Gomes.***
Em extrema miséria, faleceu no hospital de Misericórdia, nesta cidade, a 6 do corrente, nosso inditoso conterrâneo Vicente Martins Gomes, ex negociante desta praça e filho do extinto coronel Manuel Martins Gomes, que foi chefe político neste município, Intendente municipal em 2 ou 3 quadriênios e abastado negociante. Vicente Martins Gomes era irmão da Santa Casa, instituição a que seu pai prestou durante longos anos, serviços de relevância e benemerência; entretanto, o infeliz cachoeirano morreu em completo abandono, tuberculoso, numa enxerga maltratada, e se não fosse a caridade de pessoas do povo, teria ido no banguê da miserabilidade para a vala comum no cemitério dessa mesma Misericórdia a que o coronel Martins Gomes serviu com grande esforço e desinteresse. São assim as contingências do mundo! Ontem o coronel Martins Gomes recebia as homenagens interesseiras dos que dirigem atualmente a Santa Casa; hoje os diretores dessa casa pia deixam morrer em completo abandono, no leito infecto do hospital, um seu filho, colhido, na jornada da vida, pelo tufão da desventura! Vicente Martins Gomes contava 46 anos de idade e deixa filhos, como ele vivia ultimamente, em completo e desolante desamparo. Paz a sua alma!

VICENTE RIBEIRO BRANDÃO

Rua das Ganhadeiras[1770] n. 15

Vicente Ribeiro Brandão foi um próspero negociante, africano e egresso do cativeiro. Natural da Costa da África, nasceu por volta de 1785 e foi um dos muitos homens arrancados de suas raízes para enfrentar a dura travessia no Atlântico e o subsequente cativeiro em solo brasileiro. Em seu testamento, Vicente afirmou não saber o nome de seus pais, declarando: "ignoro o nome de meus pais porque vim de tenra idade para o Brasil"[1771]. Embora não tenha revelado o nome do seu antigo senhor, realizamos uma busca a partir do seu sobrenome e encontramos informações interessantíssimas. Vicente Ribeiro Brandão foi escravizado de Manoel Ribeiro Brandão, abastado lavrador no distrito de Belém. Em 1823, segundo o inventário do seu senhor, ainda se encontrava no cativeiro, e foi descrito da seguinte maneira: "Vicente, jeje, do serviço da enxada, avaliado em 180$000 (cento e oitenta mil réis)"[1772].

Durante o cativeiro, Vicente encontrou Teresa, uma mulher africana da nação cotocori, que trabalhava com a enxada e era escravizada pelo mesmo senhor. Com a divisão do inventário, Teresa e Vicente ficaram juntos na meação da viúva. Em 25 de setembro de 1839, já livre, Vicente casou-se com Teresa, sua parceira dos tempos da senzala, agora chamada Teresa Francisca de Matos[1773]. Dessa união, não houve filhos.

Após conquistar sua liberdade, Vicente uniu seu conhecimento prático em agricultura com suas habilidades de negociação. Ele se estabeleceu em Cachoeira e mantinha uma pequena sorte de terras na freguesia de Conceição da Feira, onde cultivava uma roça com diversas plantações. Após as colheitas, levava seus produtos para vender na cidade de Salvador, onde se tornou um comerciante próspero.

[1770] Atual Sete de Setembro.
[1771] APMC. Inventário *post mortem* de Vicente Ribeiro Brandão, caixa 117, processo 1114, p. 9v.
[1772] APMC. Inventário *post mortem* de Manoel Ribeiro Brandão, caixa 9, processo 61, p. 3.
[1773] Universidade Católica do Salvador. Laboratório Reitor Eugênio Veiga (LEV). Livro de casamentos da Paróquia de Nossa Senhora do Rosário da Cachoeira, 1828-1860, p. 111.

Figura 300 – APMC. Requerimentos. Legislativo. Documentos avulsos não catalogados

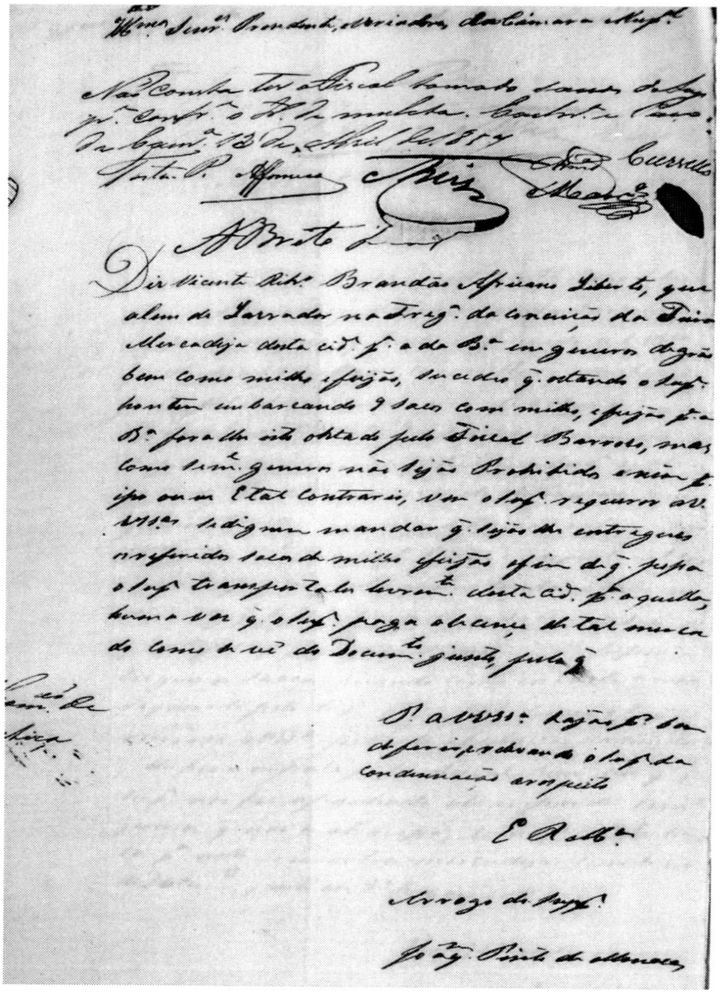

*Diz Vicente Ribeiro Brandão, africano liberto, que além de lavrador na Freguesia da Conceição da Feira mercadeja desta cidade para da Bahia em gêneros de grão bem como milho e feijão, sucedeu que estando o suplicante ontem embarcando nove sacos com milho e feijão para Bahia fora lhe obstado pelo fiscal Barroso, mas como semelhante gêneros não sejam proibidos e assim provou e tal o contrário venha suplicante requerer a vossa senhoria se digna e mandar que sejam-lhe entregues os referidos sacos de milho e feijão, a fim de que possa o suplicante transportá-los livremente dessa cidade para aquela, uma vez que o suplicante paga a licença de tal mercado como se vê do documento junto pelo que Pede a vossa senhoria as que ajam pelo deferimento, e relevando suplicante da condenação a respeito.
E.R.M.
Arrogo do suplicante
Joaquim Pinto de Menezes.*

    Vicente Ribeiro Brandão acumulou alguns recursos que permitiram a compra de propriedades e semoventes. Durante sua vida, teve escravos, casas térreas e outros bens valiosos. Não teve filhos com sua esposa, Teresa Francisca, mas em seu testamento afirmou que, por "fragilidade humana", teve duas filhas com suas cativas, após ficar viúvo. No entanto, pesquisas revelam que, em 21 de agosto de 1848, ele e sua esposa, Teresa Francisca, concederam a alforria gratuitamente a Maria Brígida Brandão, filha de Maria da Conceição, africana[1774]. Isso indica que pelo menos sua filha mais velha foi concebida enquanto sua esposa ainda estava viva. A outra filha, Maria Madalena, era filha da escravizada Maria do Bonfim.

No seu testamento, libertou todos os seus escravizados, incluindo sua filha Maria Madalena, e a mãe dela, Maria do Bonfim. No total, foram mencionadas quatro cativas. Vicente Ribeiro morreu em idade avançada, em 19 de fevereiro de 1877, às 4 h da manhã, em sua residência, completando cerca de 92 anos, sem causa específica mencionada; o seu atestado de óbito registra "morte natural"[1775]. Vicente era membro ativo das irmandades religiosas Sagrado Coração de Maria do Monte Formoso e Martírios. Seguindo as disposições de seu testamento, seu corpo foi vestido com o hábito de São Benedito e enterrado no Convento do Carmo, em conformidade com os benefícios adquiridos enquanto irmão da Irmandade do Senhor Bom Jesus dos Martírios. A preferência pelo Bom Jesus dos Martírios pode ser explicada com base nas informações do inventário de seu antigo senhor, que indicam que Vicente pertencia ao grupo étnico Jeje, mesma origem da irmandade estabelecida no Convento do Carmo no século XVIII.

[1774] APMC. Índice dos registros de petições, escrituras e processos lavrados e tramitados nos cartórios da Comarca da Cachoeira, primeira metade do séc. XIX, p. 33.

[1775] Universidade Católica do Salvador. Laboratório Reitor Eugênio Veiga (LEV). Livro de óbitos da Freguesia de Nossa Senhora do Rosário da cidade da Cachoeira, 1877-1878, p. 13v.

VICTOR JORGE DE SANT'ANA

Nascido em Salvador, Victor mudou-se para Cachoeira com seu patrão, o juiz Antônio José de Castro Lima. Filho de Flora, uma africana, Victor nasceu em 1872 e foi registrado em seu óbito como criado do juiz e capoeira. No final do século XIX, a figura do capoeira era frequentemente associada à marginalidade social, uma vez que se acreditava que esses indivíduos organizavam encontros em locais públicos para a realização de atividades ilícitas, desafiando a ordem pública[1776]. É notável que Victor, sendo capoeira, trabalhasse para a maior autoridade do Judiciário na Comarca da Cachoeira, o que levanta questões sobre sua função junto ao juiz, especialmente por residir na casa do magistrado. Poderia o capoeira exercer uma função semelhante à de guarda de seu patrão? Acredita-se que Flora, sua mãe, tenha sido escravizada pela família Castro Lima. Considerando que Victor nasceu após a promulgação da Lei do Ventre Livre, é plausível imaginar que ele tenha permanecido na casa de seus senhores, não na condição de escravizado, mas em uma situação de subalternidade muito próxima. Ele exerceria, assim, a função de criado, embora sob um regime de subordinação que se assemelhava à escravidão, com condições de trabalho não remunerado que refletiam essa opressiva realidade. Victor Jorge veio a falecer em Cachoeira no dia 24 de janeiro de 1889, aos 27 anos[1777], vítima de uma "febre de mau caráter"[1778].

[1776] BALABAN, M. "Quem tem... barriga tem medo": imagens de capoeiras na imprensa ilustrada da corte. *Afro-Ásia*, Salvador, n. 51, 2015.

[1777] No século XIX, o termo "febres de mau caráter" era empregado para designar uma variedade de doenças infecciosas caracterizadas por sintomas como febre alta, dores de cabeça e musculares. No Brasil daquela época, essas febres eram prevalentes e frequentemente associadas a condições precárias de saneamento e higiene. *In*: BITENCOURT, Daiane Brum. *Remédios da terra, amuletos e medicina popular*: a etnofarmacobotânica nas artes de curar dos Amazônidas entre Oriximiná (PA) à Nhamundá (AM), 1870-1940. Porto Alegre: Pontifícia Universidade Católica do Rio Grande do Sul, 2017.

[1778] APEB. Judiciário. Livro de óbitos n. 04, Cachoeira/BA, termo n. 26.

VIDAL ÁLVARES DA ROSA

Homem pardo, veterano da Independência. Foi um dos soldados que se voluntariaram em prol da causa independentista. Segundo o pároco Rodrigo Rocha, era integrante do batalhão das Minas. Neste caso, não sabemos se o padre se referiu à província de Minas Gerais, ou à região de Rio de Contas, que também aparece na documentação de maneira bastante similar. Vidal Álvares da Rosa faleceu em 13 de outubro de 1823, decorrente de ataque de febre, e foi sepultado na Igreja de São João de Deus[1779].

[1779] Universidade Católica do Salvador. Laboratório Reitor Eugênio Veiga (LEV). Livro de óbitos da Paróquia de Nossa Senhora do Rosário da Cachoeira, 1811-1825, p. 309.

VITOR BAHIANO

Rua do Sabão[1780]

Homem africano que aportou em Cachoeira na condição de escravizado e, mais tarde, conquistou sua liberdade. Imaginamos que deveria possuir alguma venda e/ou quitanda, pois o seu inventário revela que possuía um sítio de terras aforadas, onde cultivava legumes e verduras[1781]. Morou na Rua do Sabão com sua companheira, Benedita Francisca Gonçalves Guimarães, também oriunda da Costa da África, com quem teve uma união estável. À beira da morte, decidiu formalizar o casamento pelos ritos da Igreja, em cerimônia realizada em sua casa no dia 16 de janeiro de 1867[1782]. Poucas horas depois, faleceu, encerrando meio século de trabalho árduo. Foi enterrado no dia seguinte na Capela de Nossa Senhora D'Ajuda[1783].

[1780] Atual Antônio Carlos da Trindade Melo.
[1781] APMC. Inventário *post mortem* de Victor Bahiano, caixa 112, doc. 1079, p. 9.
[1782] Cúria Metropolitana Bom Pastor. Livro de Registro de Casamento da Paróquia de Cachoeira, 1862-1927, p. 21v.
[1783] Universidade Católica do Salvador. Laboratório Reitor Eugênio Veiga (LEV). Livro de Registro de Óbitos da Paróquia de Cachoeira, 1850-1870, p. 236v.

ZACARIAS DA NOVA MILHAZES

Praça Manoel Vitorino n. 15

Negociante português, radicou-se em Cachoeira no último quartel do século XIX. Nasceu em Póvoa do Varzim em 1866, filho de Antônio Tomás da Nova e de Ana Rosa da Conceição Milhazes. Imigrou para o Brasil ainda na infância, deslocando-se para Cachoeira, onde seu tio materno residia[1784]. Na cidade da Cachoeira, casou-se com sua prima de segundo grau, Silvia Mangabeira da Nova Milhazes, neta do referido seu tio, comendador Albino Milhazes[1785]. Inseriu-se no ramo da manufatura do tabaco, fundando uma importante fábrica de charutos em Cachoeira, situada à Rua Formosa números 39, 41 e 43, atual Av. ACM.

Figura 301 – APMC – Nota Fiscal da Fábrica de Charutos de Zacarias Milhazes, anexa ao inventário *post mortem* de Cândido José Moreira, caixa 262, processo 3090, p.36

[1784] Informação fornecida por dona Helena Milhazes, em entrevista realizada em 2016.
[1785] APEB. Seção Judiciário. Livro de Nascimento n. 3 da cidade da Cachoeira, p. 97v.

Aparentemente, a empresa teve uma curta duração, já que, em 1904, a 18ª edição do jornal *A Cachoeira* anunciou a falência de Zacarias Milhazes[1786]. Posteriormente, há registros de sua entrada na política, atuando ao lado do deputado Ubaldino de Assis[1787]. Nos últimos anos de sua vida, Milhazes abandonou o comércio e foi nomeado coletor estadual em São Félix[1788]. Faleceu em Cachoeira, no mês de maio de 1936[1789].

[1786] APMC. Jornal *A Cachoeira*, 27.11.1904. Documentos avulsos.
[1787] Hemeroteca Digital da Biblioteca Nacional. Jornal *Correio da Manhã*, ed. de 02.06.1936.
[1788] *Ibidem*.
[1789] Hemeroteca Digital da Biblioteca Nacional. Jornal *A Noite*, ed. de 30.05.1936.

REFERÊNCIAS

ABREU, Martha. *O império do Divino*: festas religiosas e cultura popular no Rio de Janeiro, 1830-1900. 1996. Tese (Doutorado em História) – Universidade Estadual de Campinas, Campinas, 1996.

AGUIAR, Pinto de. História do Banco da Bahia. *Revista de História*, São Paulo, v. 41, n. 83, p. 95-110, 1970.

ALGRANTI, Leila Mezan. Tabernas e botequins: cotidiano e sociabilidades no Rio de Janeiro (1808-1821). *Acervo*, Rio de Janeiro, v. 24, n. 2, p. 25-42, 2011.

ALMEIDA, Mayara Aparecida Ribeiro de; AMORIM, Amanda Moreira de; PAULA, Maria Helena de. Um cabra de cor ou um cabra da mãe: dinâmicas de sentido para "cabra" entre os séculos XVI e XIX. *Filologia e Linguística Portuguesa*, São Paulo, v. 19, n. 1, p. 143-161, 2017. DOI 10.11606/issn.2176-9419.v19i1p143-161.

ALVES, Marieta. *Intelectuais e escritores baianos*: breves biografias. Salvador: Prefeitura Municipal do Salvador; Fundação do Museu da Cidade, 1997.

ALVES, Marieta. Manoel Lopes de Carvalho Ramos 1865-1911. *Revista do Instituto Genealógico da Bahia*, Salvador, 1967.

AMARAL, Braz do. O federalismo na Bahia (1833-1889). *In*: PRIMEIRO CONGRESSO DE HISTÓRIA DA BAHIA, 3, 1950. *Anais do Primeiro Congresso de História da Bahia*. Salvador, Tipografia Beneditina Ltda. 1950. p 373- 396.

AMORIM, Rodrigo do Nascimento. *Práticas sociais e religiosas em Cachoeira entre os anos de 1840-1883*: um estudo sobre a Irmandade do Bom Jesus da Paciência. Dissertação (Mestrado em História) – Universidade Federal da Bahia, Salvador, 2016.

ARNIZAUT, José Joaquim de Almeida. Memória topográfica, histórica, comercial e política da Vila de Cachoeira. *Revista do IHGB*, n. 25, p. 127-142, 1862.

BAHIA. Secretaria da Indústria e Comércio. *Ipac-BA*: Inventário de Proteção do Acervo Cultural da Bahia. Salvador: Secretaria da Indústria e Comércio, 1982. v. 3, 2. parte.

BALABAN, M. "Quem tem... barriga tem medo": imagens de capoeiras na imprensa ilustrada da corte. *Afro-Ásia*, Salvador, n. 51, 2015.

BARBO, Lenora de Castro; RIBEIRO, Rômulo José da Costa. Os itinerários da rede de caminhos de Vila Boa de Goiás no século XVIII. *In*: SIMPÓSIO LUSO-BRASILEIRO DE CARTOGRAFIA HISTÓRICA, 6. *Atas* [...]. Porto: Universidade do Porto/Faculdade de Letras, 2016.

BARICKMAN, B. J. E se a casa-grande não fosse tão grande? Uma freguesia açucareira do Recôncavo Baiano em 1835. *Afro-Ásia*, Salvador, n. 29-30, p. 108, 2003.

BARROS, José d'Assunção. *A construção social da cor*: diferença e desigualdade na formação da sociedade brasileira. Petrópolis: Vozes, 2009.

BERTIN, Enidelce. *Os meia-cara*. Africanos livres em São Paulo no séc. XIX. 2006. Tese (Doutorado) – Universidade de São Paulo, São Paulo, 2006.

BITENCOURT, Daiane Brum. *Remédios da terra, amuletos e medicina popular*: a etnofarmacobotânica nas artes de curar dos Amazônidas entre Oriximiná (PA) à Nhamundá (AM), 1870-1940. Porto Alegre: Pontifícia Universidade Católica do Rio Grande do Sul, 2017.

BOSI, Alfredo. *História concisa da literatura brasileira*. 43. ed. São Paulo: Cultrix, 2006.

BOSI, Alfredo. "Imagens do Romantismo no Brasil". *In*: GUINSBURG, Jacob (org.). *O Romantismo*. São Paulo: Perspectiva, 2011. p.239-256.

BRAUDEL, Fernand. *O Mediterrâneo e o mundo mediterrâneo na época de Felipe II*. 2. ed. Lisboa: Publicações Dom Quixote, 1995.

BUENO, M. L. Moda, gênero e ascensão social. As mulheres da alta-costura: de artesãs a profissionais de prestígio. *Dobra[s]*: Revista da Associação Brasileira de Estudos de Pesquisas em Moda, [s. l.], v. 11, n. 24, p. 101-130, 2018.

CALMON, Pedro. *A vida de Simões Filho*. Salvador: Empresa Gráfica da Bahia, 1986.

CANCELA, Cristina Donza. *Casamento e relações familiares na economia da borracha*. Belém (1870-1920). 2006. Tese (Doutorado em História Social) – Universidade de São Paulo, São Paulo, 2006.

CÂNDIDO, Antônio. *O romantismo no Brasil* —São Paulo: Humanitas /. FFLCH / SP, 2002.

CARVALHO, Cláudia; NÓBREGA, Cláudia; SÁ, Marcos. Guia da arquitetura colonial. *In*: SANTOS, Suellen Dayse Versiani dos. *A casa brasileira do século XIX e seus desdobramentos na produção residencial de Belo Horizonte – influência dos antecedentes coloniais e o papel do neoclassicismo e do ecletismo*. Dissertação (Mestrado) – Universidade Federal de Minas Gerais, Belo Horizonte, 2011.

CARVALHO, José Murilo de. *A construção da ordem*: a elite política imperial. Rio de Janeiro: Editora UFRJ, 1996.

CARVALHO SOBRINHO, Antônio Lopes de. *Horas vagas*. Salvador: Tipografia de Camilo de Lellis Masson & Cia, 1863.

COELHO, Edmundo Campos. *As profissões imperiais*: medicina, engenharia e advocacia no Rio de Janeiro - 1822-1930. Rio de Janeiro: Record, 1999.

CORRÊA, Aureanice de Mello. Territorialidade e simbologia: o corpo como suporte sígnico, estratégia do processo identitário da Irmandade da Boa Morte. *Revista Brasileira de História das Religiões*, ano 1, n. 1, maio 2008. Dossiê Identidades Religiosas e História.

COTTA, Francis Albert. *Negros e mestiços nas milícias da América portuguesa*. Belo Horizonte: Crisálida, 2010.

CRUZ, Luciana Pereira de Oliveira. *Um olhar sobre as ciências sociais na Bahia*: história de um campo em formação. Tese (Doutorado) – Universidade do Estado da Bahia, Salvador, 2019.

DEBRET, Jean-Baptiste. *Viagem pitoresca e histórica ao Brasil*. São Paulo: Livraria Martins, 1949. t. 1.

DOMINGUES, Cândido Eugênio. Tráfico e traficantes: poder e riqueza dos traficantes de escravos na Cidade da Bahia (1700-1751). *In*: SIMPÓSIO NACIONAL DE HISTÓRIA: POR UMA EST(ÉTICA) DA BELEZA NA HISTÓRIA, 25. *Anais* [...]. Fortaleza: Anpuh, 2009.

EDELWEISS, Frederico G. *A antroponímia patriótica da Independência*. Salvador: Centro de Estudos Baianos; Ufba, 1981.

ÉLIS, Bernardo. *Obra reunida*: Goiás em sol maior (comentários); Lucro e/ou logro (estudos literários); Jeca Jica-Jica Jeca (crônicas). Rio de Janeiro: José Olympio Editora, 1987.

EWBANK, Thomas. *Life in Brazil; or, A journal of a visit to the land of the cocoa and the palm, with an appendix, containing illustrations of ancient South American arts*. New York: Harper & Brothers, 1856.

FARIA, Sheila de Castro. *A Colônia em movimento*: fortuna e família no cotidiano colonial. Rio de Janeiro: Nova Fronteira, 1998.

FERNANDES, Etelvina Rebouças. Duas ferrovias para ligar o mar da Bahia ao rio do sertão: Bahia and San Francisco Railway e a Estrada de Ferro São Francisco. *Cadernos PPG-AU/Ufba*, v. 5, n. 1, 2006.

FIGUEIREDO, Luciano; MAGALDI, Ana Maria. Quitutes e quitandas: um estudo sobre rebeldia e transgressão femininas numa sociedade colonial. *Cadernos de Pesquisa*, n. 54, 1985.

FIGUEIREDO, Nelson Lopes. *Passageiro da história*: do sertão ao infinito. Goiânia: Kelps, 2016.

FRAGA, Estefânia Knotz Canguçu; PEREIRA, Thais Cristina. Um monopólio fúnebre na cidade de São Paulo (1855-1890). *Revista M. Estudos Sobre a Morte, os Mortos e o Morrer*, v. 7, n. 13, p. 127-155, 2022.

FREITAS, Fernando V. de. *Das kitandas de Luanda aos tabuleiros da terra de São Sebastião*: conflitos em torno do comércio das quitandeiras negras no Rio de Janeiro do século XIX. 2015. Dissertação (Mestrado em Planejamento Urbano e Regional) –Universidade Federal do Rio de Janeiro, Rio de Janeiro, 2015.

FREYRE, Gilberto. *Sobrados e mucambos*: decadência do patriarcado rural no Brasil. São Paulo: Global Editora, 2015. Edição digital.

GARCIA, Valéria Eugênia. *Do santo?* Ou de quem... Ribeirão Preto: gênese da cidade mercadoria. Tese (Doutorado) – Universidade de São Paulo, 2013.

GARNIER, P. *O matrimônio considerado nos seus deveres, relações e efeitos conjugais*. Rio de Janeiro: H. Garnier, livreiro editor, 1879.

GODOY, Solange de Sampaio. *Círculo das contas*: joias de crioulas baianas. Salvador: Fundação Museu Carlos Costa Pinto, 2006.

GRAHAN, Richard. *Alimentar a cidade*: das vendedoras de rua à reforma liberal (Salvador, 1780-1860). Tradução de Berilo Vargas. São Paulo: Companhia das Letras, 2013.

GUERRA FILHO, Sergio Armando Diniz. *O povo e a guerra*: a participação popular nas lutas pela independência da Bahia. Mestrado – Ufba, Salvador, 2004.

LIMA, Vivaldo da Costa. Os obás de xangô. *Afro-Ásia*, Salvador, n. 2-3, 1966.

MAGALHÃES, Sônia Maria. Beribéri: doença misteriosa no Brasil oitocentista. *Revista de História da Unisinos*, v. 18, n. 1, 2014.

MARCÍLIO, Maria Luiza. *Crescimento demográfico e evolução agrária paulista 1700-1836*. São Paulo: Hucitec; Edusp, 2000.

MARTA, Michel Mendes. *Em busca de honras, isenções e liberdade*: as milícias de homens pretos forros na cidade do Rio de Janeiro. 2013. Dissertação (Mestrado em História) – Universidade Federal Fluminense, Niterói, 2013.

MATTOSO, Kátia M. de Queirós. *Bahia, século XIX*: uma província no Império. Rio de Janeiro: Nova Fronteira, 1992. 747 p.

MELLO, Guilherme Theodoro Pereira de. *A música no Brasil*: desde os tempos coloniais até o primeiro decênio da República. Bahia: Tipografia de S. Joaquim, 1908.

MILTON, Aristides. *Ephemerides cachoeiranas*. Salvador: Ufba, 1979. (Coleção Cachoeira; v. 1).

MOREIRA, Igor Roberto de Almeida. Análise e reflexão dos anúncios de fuga dos escravizados na Bahia oitocentista, a partir do Jornal Idade d'Ouro - (1811-1823). Universidade Federal do Recôncavo da Bahia, 2016.

MOREIRA, Igor Roberto de Almeida. *"E por tais terceiros na Ordem do Carmo"*: os dignitários irmãos da Ordem Terceira do Carmo da Vila da Cachoeira, 1691-1773. 2021. Dissertação (Mestrado) – Universidade do Estado da Bahia, Santo Antônio de Jesus, 2021.

MOREIRA, Igor Roberto de Almeida. Manoel da Silva Soledade a emblemática figura do 25 de Junho. *In*: *A insurgente Vila da Cachoeira*: poder, imprensa e tensões sociais na independência do Brasil na Bahia. Salvador: Edufba, 2023.

NASCIMENTO, Luís Cláudio. *Bitedô, onde moram os nagôs: redes de sociabilidades africanas na formação do candomblé jêje-nagô no Recôncavo baiano*. Rio de Janeiro: Centro de Articulação de Populações Marginalizadas, 2010.

NASCIMENTO, Luiz do. *História da imprensa de Pernambuco (1821-1954)*. Recife: Universidade Federal de Pernambuco/Imprensa Universitária, 1967-1982. v. 6.

NAZZARI, Muriel. *O desaparecimento do dote*: mulheres, famílias e mudança social em São Paulo, Brasil, 1600–1900. São Paulo: Companhia das Letras, 2001.

OZANAN, Luiz Henrique. *A joia mais preciosa do Brasil*: joalheria em Minas Gerais – 1735-1815. Tese (Doutorado) – Universidade Federal de Minas Gerais, Minas Gerais, 2015.

PARÉS, Luis Nicolau. Milicianos, barbeiros e traficantes numa irmandade católica de africanos minas e jejes (Bahia, 1770–1830). *Tempo*, n. 20, p. 1-23, 2014. DOI 10.5533/TEM-1980-542X-2014203607.

PAZ, Daniel J. Mellado. A Europa dos pobres: a ilha de Itaparica como sanatório do beribéri. *In*: SEMINÁRIO DA HISTÓRIA DA CIDADE E DO URBANISMO, 12. Anais [...]. Porto Alegre: Propur-UFRGS; Propar-UFRGS, 2012. 1 CD-ROM.

PIMENTA, Tânia Salgado. *Artes de curar*: um estudo a partir dos documentos da Fisicatura-mor no Brasil do começo do século XIX. 1997. Tese (Doutorado em História) – Universidade Estadual de Campinas, Campinas, 1997.

PINHEIRO, Fernanda Domingos. Nem liberto, nem escravo: os coartados em disputas judiciais (Mariana/MG –1750-1819). *História*, [São Paulo], v. 37, p. 1-25, 2018.

PINHO, José Ricardo Moreno. *Açambarcadores e famélicos*: fome, carestia e conflitos em Salvador (1858 a 1878). 2015. Tese (Doutorado em História) – Universidade Federal Fluminense, Niterói, 2015.

PRIMO, Bárbara Deslandes. *Aspectos culturais e ascensão econômica de mulheres forras em São João Del Rey*: séculos XVIII e XIX. 2010. Dissertação (Mestrado em História) – Universidade Federal Fluminense, Niterói, 2010.

QUERINO, Manuel. *Artistas baianos*: indicações biográficas. 2. ed. Bahia: Officina da Empresa "A Bahia", 1911.

RABELLO, Evandro Henrique. *Deutschtum na Bahia*: a trajetória dos imigrantes alemães em Salvador. 2009. Dissertação (Mestrado em História) – Universidade Federal da Bahia, Salvador, 2009.

RAGO, Elisabeth Juliska. *Outras falas*: feminismo e medicina na Bahia (1836-1931). São Paulo: Annablume; Fapesp, 2007.

RAMOS, Jorge. *O semeador de orquestras*: história de um maestro abolicionista. Salvador: Solisluna Editora, 2011.

RAMOS, Victor de Carvalho. *Letras goianas*: esboço histórico. Goiânia: Departamento de Cultura da Secretaria da Educação e Cultura, 1967.

REGINALDO, Lucilene. *Os rosários dos angolas*: irmandades negras, experiências escravas e identidade africana na Bahia setecentista. 2005. Tese (Doutorado) – Universidade Estadual de Campinas, Campinas, 2005.

REIS, João José. *A morte é uma festa*: ritos fúnebres e revolta popular no Brasil no século XIX. São Paulo: Companhia das Letras, 1991.

REIS, João José. De escravo rico a liberto: a história do africano Manoel Joaquim Ricardo na Bahia oitocentista. *Revista de História [da] USP*, v. 174, 2016.

REIS, João José. *Domingos Sodré, um sacerdote africano*: escravidão, liberdade e candomblé na Bahia do século XIX. São Paulo: Companhia das Letras, 2008.

REIS, João José. *Ganhadores*: a greve negra de 1857 na Bahia. São Paulo: Companhia das Letras, 2019.

REIS, João José. Recôncavo rebelde: revoltas escravas nos engenhos baianos. *Afro-Ásia*, Salvador, n. 15, 1992.

ROCHA, Uelton Freitas. *"Recôncavas" fortunas*: a dinâmica da riqueza no Recôncavo da Bahia. (Cachoeira, 1834-1889). 2015. Dissertação (Mestrado em História) – Universidade Federal da Bahia, Salvador, 2015.

RODRIGUES, Cláudia. *Nas fronteiras do além*: a secularização da morte no Rio de Janeiro (séculos XVIII e XIX). Rio de Janeiro: Arquivo Nacional, 2005.

RODRIGUES, Cláudia. Sepulturas e sepultamentos de protestantes como uma questão de cidadania na crise do Império (1869-1889). *Revista de História Regional*, v. 13, verão 2008.

SANGLARD, Gisele. *Entre os salões e o laboratório*: Guilherme Guinle, a saúde e a ciência no Rio de Janeiro, 1920-1940. Rio de Janeiro: Editora Fiocruz, 2008.

SANGLARD, Gisele. Laços de sociabilidade, filantropia e o Hospital do Câncer do Rio de Janeiro (1922-1936). *História, Ciências, Saúde*, Manguinhos, Rio de Janeiro, jul. 2010. Supl. 1.

SANTIAGO, Camila Fernanda Guimarães. *A vila em ricas festas*: celebrações promovidas pela Câmara de Vila Rica – 1711-1744. Belo Horizonte: C/arte; Face-Fumec, 2003.

SANTIAGO, Camila Fernanda Guimarães; MOREIRA, Igor Roberto de Almeida; SANT'ANNA, Sabrina Mara. *As igrejas de Cachoeira*: história, arquitetura e ornamentação. Belo Horizonte: Clio Gestão Cultural e Editora, 2020.

SANTOS, Jerlyane Dayse Monteiro dos. Juízes de paz no Império do Brasil: análise da experiência da magistratura leiga e eletiva na Província da Paraíba (1824-1840). *Temporalidades*, Belo Horizonte, v. 6, n. 1, jan./abr. 2014.

SANTOS, Silvana Andrade dos. *Escravidão, tráfico e indústria na Bahia oitocentista*: a sociedade Lacerda e Cia e a Fábrica Têxtil Todos os Santos (c. 1844-c. 1878). 2020. Tese (Doutorado em História) – Universidade Federal Fluminense, Niterói, 2020.

SEIXAS, Mariana Ellen Santos. *Igreja Presbiteriana no Brasil e na Bahia*: instituição, imprensa e cotidiano (1872–1900). Dissertação (Mestrado em História Social) – Universidade Federal da Bahia, Salvador, 2011.

SILVA, Candido da Costa e. *Os segadores e a messe*: o clero oitocentista na Bahia. Salvador: SCT; Edufba, 2000.

SILVA, Marcos José Diniz. Do espiritococus à fábrica de loucos: o espiritismo sob a retórica da aniquilação na imprensa católica cearense. *Revista Brasileira de História & Ciências Sociais*, v. 7, n. 13, 2015.

SILVA, Maria Beatriz Nizza da. *Família e herança no Brasil colonial*. Salvador: Edufba, 2017.

SILVA, Pedro Celestino da. Datas e tradições cachoeiranas. *Anais do Arquivo Público da Bahia*, Salvador, v. 29, p. 363-384, 1943a.

SILVA, Pedro Celestino da. Notas epigráficas e iconográficas dos feitos heroicos da campanha da independência na Bahia. *Anais do Arquivo Público da Bahia*, Salvador, v. 29, 1943b.

SILVEIRA, Luciana de Almeida. As "escolas do imperador" das freguesias da Nossa Senhora da Glória, de São Christovão e de Sant'Anna: sobre a emergência de diferentes estéticas do olhar na cidade do Rio de Janeiro (1870-1889). 2021. Trabalho de Conclusão de Curso (Licenciatura em Educação) – Universidade Federal do Rio de Janeiro, Rio de Janeiro, 2021.

SOARES, Cecilia Moreira. *Mulher negra na Bahia no século XIX*. 1994. Dissertação (Mestrado) – Universidade Federal da Bahia, Salvador, 1994.

SOUZA, Jacó dos Santos. *Outros sujeitos da Abolição*: itinerários de abolicionistas no Recôncavo da Bahia (Cachoeira, 1880-1891). Tese (Doutorado) – Universidade Federal da Bahia, Salvador, 2021.

SOUZA, Rose Mary de Souza e. *Revolta das internas no Recolhimento do Santo Nome de Jesus*: uma edição semidiplomática. 2013. Trabalho de Conclusão de Curso (Licenciatura em Letras) – Universidade Federal da Bahia, Salvador, 2013.

SPÓSITO, Glenda de Castro. *As donas dos tabuleiros*: perfis sociais e interações entre mulheres ganhadeiras da Vila da Cachoeira (1756-1770). 2022. Trabalho de Conclusão de Curso (Graduação em História) – Universidade Federal do Recôncavo da Bahia, Cachoeira, 2022.

TEIXEIRA, Amanda Gatinho. Sob os signos do poder: a cultura objetificada das joias de crioulas afro-brasileiras. *Em Tempo de Histórias*, n. 22, p. 12-31, 2013.

TEIXEIRA, João Batista Guimarães. *Ouro na Bahia*: metalogênese e potencial exploratório. Salvador: CBPM, 2019.

TITARA, Ladislau dos Santos. *Obras poéticas de Ladislao dos Santos Titara*: tomo 4 e primeira parte do Poema Paraguassú. Bahia: Tipografia do Diário de G. J. Bizerra e Comp., 1835.

TRUZZI, Oswaldo M. S. Padrões de nupcialidade na economia cafeeira de São Paulo (1860-1930). *Revista Brasileira de Estudos de População*, Rio de Janeiro, v. 29, n. 1, p. 169-189, jan./jun.

VAILATI, Luiz Lima. As fotografias de "anjos" no Brasil do século XIX. *Anais do Museu Paulista*: História e Cultura Material, São Paulo, v. 14, n. 2, p. 51-71, 2006.

VIANA, Hélio. *Vultos do Império*. São Paulo: Companhia Editora Nacional, 1968. (Coleção Brasiliana; v. 339).

VIDAL, Laurent. Sob a máscara do colonial: nascimento e "decadência" de uma vila no Brasil moderno. Vila Boa de Goiás no século XVIII. *História*, [São Paulo], v. 28, n. 1, 2009.

VILHENA, Luís dos Santos. *A Bahia no século XVIII*. Salvador: Itapuã, 1969. v. 2.

WILDBERGER, Arnold. *Os presidentes da província da Bahia*: 1824-1889. Salvador: Tipografia Beneditina, 1949.

XAVIER, Ângela Barreto; HESPANHA, A. M. A representação da sociedade e do poder. *In*: MATTOSO, José (dir.). *História de Portugal*. Organização de Antônio Manuel Hespanha. Lisboa: Estampa, 1998. v. 4.

ÍNDICE REMISSIVO[1790]

Abolicionismo 174, 190, 371, 411, 442, 459, 467, 597

Acatólicos 194, 255, 257, 268, 352, 460, 467

Advogados 43, 141, 147, 162, 467, 576

Advogados provisionados 230, 306, 411, 444

Africanos 60, 64, 89, 151, 192, 193, 198, 205, 212, 217, 250, 301, 310, 380, 417, 418, 524, 525, 543, 629, 634

Alforriados 60, 64, 68, 89, 136, 151, 156, 193, 198, 205, 212, 217, 289, 301, 310, 350, 380, 395, 398, 401, 417, 418, 462, 506, 520, 524, 525, 539, 543, 567, 595, 622, 629, 634

Antroponímia 70, 91, 98, 195, 323, 331, 333, 346, 349, 367, 422, 436, 548, 607, 611, 624, 629

Antroponímica da Independência 70, 331, 349, 421

Armadores 343, 436, 462

Barqueiro 447

Batalhão dos periquitos 304, 458

Capitão-do-mato 89, 350

Capitalistas 30, 242, 577, 599

Capoeira 632

Cemitérios 180, 194, 231, 255, 257, 352, 459, 497

Comemorações Vinte e Cinco de Junho 371, 430, 436, 452

Comércio 30, 35, 46, 61, 77, 88, 90, 91, 93, 94, 97, 98, 139, 152, 159, 160, 164, 170, 174, 189, 197, 198, 199, 204, 206, 212, 216, 228, 232, 241, 253, 255, 257, 268, 289, 290, 302, 307, 312, 322, 326, 333, 334, 340, 343, 345, 358, 369, 381, 384, 385, 390, 395, 398, 409, 416, 422, 434, 436, 442, 448, 453, 454, 459, 462, 501, 504, 505, 506, 518, 519, 520, 529, 537, 539, 543, 556, 561, 567, 575, 577, 593, 595, 599, 609, 610, 611, 622, 626, 629, 634, 635

Concubinato 95, 98, 158, 199, 212, 294, 302, 309, 322, 330, 346, 353, 398, 436, 454, 528, 548, 568, 577, 590, 607, 615

Edifícios e construções urbanas 52, 73, 97, 156, 174, 180, 199, 232, 242, 268, 322, 358, 422, 511, 567

Elites não brancas 160, 444, 454, 573

Enfermeira(o) 79, 227

Engenheiros 180, 265, 274

Entrudo 318, 355

Epidemia de cólera 227, 254, 257, 358, 385, 573

Escravizada 521

Escritores 98, 147, 265, 371, 430, 467

Estrada de ferro 42, 158, 170, 179, 195, 274, 312, 467

Família Belchior 139, 505, 543

[1790] As numerações indicadas nas palavras-chave correspondem às páginas iniciais dos verbetes que abordam essas temáticas. No entanto, essas não são as únicas abordagens presentes na obra. O leitor, a partir de seus interesses, poderá identificar outras temáticas relevantes.

Família Lopes de Carvalho Ramos 37, 57, 98, 164, 199, 276, 314, 318, 353, 371, 393, 419, 467, 549, 568, 575, 576, 577, 590, 593, 599, 607

Família Mascarenhas 43, 46, 52, 56, 73, 93, 170, 174, 180, 208, 218, 269, 287, 299, 326, 333, 334, 340, 499, 508, 511, 616, 619, 624

Fazenda Pitanga 530, 293

Festa do Divino Espírito Santo 174, 436, 454

Filantropia 147, 302, 444, 577, 599

Futebol 440

Guerra da Cisplatina 96

Guerra do Paraguai 147, 203, 230, 313, 314, 385, 444, 544, 568

Imigração alemã 257, 268, 305, 312

Imigração italiana 83, 158, 195, 265, 294, 313, 611

Imprensa 98, 147, 180, 242, 318, 371, 434, 442, 467

Independência do Brasil na Bahia 70, 86, 94, 96, 140, 155, 232, 300, 330, 343, 360, 367, 385, 411, 421, 434, 436, 452, 462, 467

Indígenas 140, 497, 574, 590

Insurreição de africanos 141

Irmandade da Boa Morte 29, 271, 398, 416, 500, 504, 508, 518, 538, 554, 609, 610

Irmandades religiosas 29, 60, 65, 71, 83, 98, 136, 139, 147, 155, 156, 159, 164, 170, 174, 206, 222, 249, 250, 253, 257, 263, 271, 290, 321, 356, 365, 369, 380, 382, 387, 389, 395, 398, 405, 416, 420, 422, 436, 461, 500, 501, 504, 506, 508, 511, 518, 524, 525, 529, 535, 538, 541, 595, 599, 609, 610, 622, 629

Joias de crioula 271, 290, 506

Jogo de bilhar 30, 384

Lavadeira 392, 542

Lei de Veleano 511

Maçonaria 164, 313

Médicos 190, 287, 430, 573

Mestre pedreiro 156, 348

Morgado do Caquende 219, 407

Mulheres mercadoras 61, 77, 198, 212, 216, 217, 271, 289, 290, 398, 400, 416, 418, 418, 501, 504, 505, 506, 518, 519, 520, 529, 537, 538, 539, 543, 567, 595, 609, 610, 621, 622

Música 70, 170, 174, 222, 232, 250, 254, 263, 269, 356, 365, 380, 387, 389, 461, 462

Ordem Terceira do Carmo 30, 46, 73, 98, 170, 174, 180, 269, 307, 323, 326, 331, 332, 334, 346, 358, 369, 385, 434, 448, 560, 561, 593, 599, 616

Orfanato/Instituição para menores 577

Origem da família Pedreira do Couto 80, 323

Parteiras 66, 534, 541

Pessoas centenárias 154, 205, 301, 391, 447, 525, 534, 536, 606

Pessoas negras letradas 70, 135, 139, 156, 160, 224, 311, 343, 350, 382, 387, 395, 405, 411, 436, 454, 462, 505, 528, 573

Pescador 95

Pititinga 95

Políticos 35, 43, 46, 94, 98, 141, 147, 160, 174, 180, 190, 222, 232, 242, 331, 326, 360, 390, 434, 444, 454, 459, 556, 577, 597, 635

Portugueses 30, 85, 90, 94, 97, 197, 215, 226, 301, 307, 369, 381, 390, 422, 442, 613, 635

Produção de charuto 30, 294, 307, 369, 381, 403, 409, 450, 535, 568, 577, 635

Produção de licor 253, 626

Professores 68, 254, 309, 356, 387, 444, 467, 545, 597

Protagonismo feminino 61, 66, 212, 271, 276, 290, 398, 400, 418, 500, 501, 506, 511, 521, 534, 535, 539, 543, 545, 567, 568, 595, 609, 610, 616, 622

Religiosos 85, 162, 254, 309, 365, 587, 613

Revolução federalista 331

Suicídio 46, 73, 311, 360

Templos católicos 154, 163, 254, 257, 382, 444